Ⅱ 関東・甲信越・北陸・東海

日本民謡事典

竹内勉——〔編著〕

朝倉書店

民謡の血流が脈拍つ事典

編著者竹内勉氏は当代日本民謡研究の第一人者である。日本全土に根付く民の唄声をあまねく収集してその生成流転の経過を探求し、かつ唄の普及に努めた故町田佳聲氏に師事し、その志を継いで赫々の業績を挙げた。

竹内氏とは、一九七〇年、町田氏の紹介で対面した。「民謡の申し子のような」と町田氏は言い、「昔の唄を知る年寄りがいればすっ飛んで行って、根こそぎ聞き漁《あさ》る男。その根気が凄い。」と評された。事実、その後日本コロムビアから刊行された、彼が編集のLP五枚組の『東京の古謡』を聴いて、集めた曲の豊富さと解説の緻密さに瞠目した。常人を超えた彼の足マメ、聴きマメ、記録マメの成果である。その抜群の三《みつ》マメがやがて日本全国の民謡探訪の旅に彼を駆り立てて、すべてが口承の民謡の歴史の霧を払う役割を担うことになった。

元は、「作者の無い歌、捜しても作者のわかる筈のない歌」と柳田国男氏が定義した「民謡」である。しかし、現在われわれが常時耳にする「民謡」のほとんどは、だれかれの手を経た「鑑賞民謡」である。元の素唄をだれかれが磨き、交わらせ、味付けし、伝授し、うたい広め、商品化もしてきた経過があった。作詞・作曲家名を明示する新民謡も加わった。今となっては、その現状から元唄までを遡源させることは、町田氏が「ラッキョウの皮を剝くような」と嘆じたほどの行き先不明の難作業である。竹内氏は、その難行に敢然と挑み、単身各地の伝承者を訪ね求め、実際に聴き、質《ただ》して変遷の糸を手繰った。また、新旧の音盤を集め比較して、歌唱の新旧を検証した。その観察の逐一を幾つもの著書や音盤解説書に記述したが、それらを集大成して一書に凝縮したのが本事典である。

全四八二曲、すべて編著者が北海道から鹿児島まで六十年以上にわたって現地調査を尽して得た成果を示した。唄の源流が、どこの、どんな唄で、どういう人たちによって伝えられ、どのように変化し、定着したかを詳述する。歌詞も注も詳しい。曲の配列を都道府県別にしたことで、かつて諸国を流浪した唄も異なる圏域に伝播すれば、風土と住民の嗜好に揉まれ、土地の名手の能力で多彩な郷土民謡に分化するという血流が実感できる。民謡の血の脈拍が聴こえるようだ。

編著者は、生涯、どの関連学会にも属さず、孤高の民謡研究の旅を貫いた。が、その旅路に注ぎ込んだ情熱は、地熱となって各地の民謡を鼓舞している。その遺産は多く、尊い。

二〇一七年九月

日本民謡協会理事長　三隅治雄

まえがき

この事典は、日本民謡の中から四八二曲を選び、歌詞（注つき）と、その唄の来歴を掲載したものです。（Ⅱ巻「関東・甲信越・北陸・東海」には一五五曲を収録）

歌詞はなるべく多く載せ、詳しい注をつけ、来歴を詳述しました。編修方針は、次ページ「凡例」に述べたとおりですが、編著者、竹内勉が、全編を一人で執筆しました。（ただし、アイヌ民謡と沖縄民謡は、文化圏が異なり、編著者の研究対象外であったため、採録していません。）

編著者は近所の古老に初めて話を聞いた、中学二年の一九五〇年元日から二〇一五年に他界するまで、北海道〜九州を訪ね歩いて民謡研究に没頭しました。その成果が、本書の随所に散りばめられています。（たとえば、曲名『そんでこ節』『七尾まだら』の意味、『津軽山唄』『佐渡おけさ』『津軽じょんがら節』の解説、『お江戸日本橋』の詞型など）

このたび、書き溜めた原稿の価値を朝倉書店が認めてくださり、やっと出版することができます。編著者に日本各地の、唄や逸話、風土、風俗、郷土史などを教えてくださった方々に対して、また、質問状に答えてくださった、市区町村役場の広報課・観光課や教育委員会、歴史民俗資料館などの皆様に対して、厚くお礼申しあげます。

この事典の企画から出版まで三九年の歳月を費やしましたが、なんとか、太陽の光に浴することができます。編著者の研究費を援助してくださった親族の皆様と一緒に、私も歓喜の唄を唄いたいと思います。

二〇一七年五月

編修協力者　菅原　薫

〔町田佳聲《かしょう》と〕師弟で歩いた、百と七年　（二〇〇六年　竹内　勉）

凡　例

一　この事典は、日本民謡の中から四八二曲を選んで歌詞と注を載せ、その唄について解説したものである。

二　配列は、都道府県別に、曲名の五十音順とした。

三　歌詞は、編著者（竹内勉）が収集したレコード・CD・テープや、各地の唄い手に唄ってもらって録音した音源から起こした。

四　歌詞はなるべく多く載せ、また、口説《くど》き節《ぶし》（長い物語）はなるべく長く載せるように努めた。特に、従来誤唱されてきた語句は訂正し、注記した。

五　歌詞の難語・方言・人名・地名には、詳しい注をつけた。原稿の作成にあたっては、公立図書館で調べ、また、市区町村役場の広報課・観光課や、教育委員会、歴史民俗資料館などに問い合わせた。そして、編著者が知り合いの、各地の民謡家に教示を受けた。

六　解説は、編著者が、北海道から鹿児島まで、六十年以上にわたって調査研究した結果をまとめたものである。

七　北海道のアイヌ民謡と沖縄県の民謡は、文化圏が異なり、編著者が研究対象としなかったため、採録していない。

八　東京都の唄で、従来俗曲として扱われてきた『深川節』『木遣《きや》りくずし』『カッポレ』『お江戸日本橋』『江戸相撲甚句』『江戸大津絵』も、同種の唄が他府県では民謡として扱われているので採録した。

九　解説の冒頭に、その唄が、何県の、どういう唄で、どういう人たちが、どんな時に唄ってきたものであるかを記した。

十　「唄の履歴」の項には、その唄の源流は、どこの、どんな唄で、どういう人たちによってその地に伝えられて、どのように変化し、定着したのかを記した。

はやし詞《ことば》と添《そ》え詞《ことば》

「はやし詞」と、それに似て非なるもの（「添え詞」と命名）の定義が、現在、判然としていない。そこで、本書の編著者（竹内勉）の考えを述べておく。

1　**はやし詞**　はやし手や踊り手が、唄の節尻や唄尻に、また、冒頭に加える言葉や掛け声。唄の雰囲気を出したり、唄をひきたてたり、その場をにぎやかにしたりするためのもの。意味が不明になってしまったものが多い。『新相馬節』の「ハアチョーイ　チョイ」や、『さんさ時雨《しぐれ》』の「ハアヤートオ　ヤートオ」「ハア目出度《めでた》い　目出度い」など。

2　**添え詞**　〔本書の編著者の造語〕唄い手が、本来の歌詞に加えて唄う言葉や掛け声。

①　調子を整えるために、本来の歌詞の前に、唄い出しとして加える「ハアー」「サアー」「エー」など。

②　はやし手や踊り手が掛ける「はやし詞」のようなもので、唄い手が節尻や唄尻に加えて唄う部分。『新相馬節』の「ナンダコラヨート」や、『さんさ時雨』の「ショーガイナ」など。

③　本来は「七七七七調」の歌詞だった唄に「七七七五調」の歌詞をあてて唄う時、二音不足する四句目の前に、二音を補足するために加える「コリャ」「ソリャ」「アリャ」「アノ」など。

目次（関東・甲信越・北陸・東海編）

千葉県

東京都

神奈川県

甲信越

山梨県

長野県

新潟県

北陸

富山県

石川県

福井県

東海

岐阜県

静岡県

愛知県

三重県

栃木県

足尾石刀節《あしおせっとうぶし》

〽ハァー鉱夫《こうふ》さんとはヨォーエ　名《な》はよいけれど
奥山住《おくやまず》まいでコーリャ　エェ①穴《あな》の中《なか》
（アァチンカン　チンカン）

〽②発破《はっぱ》かければ　③切羽《きりは》が延《の》びる
延《の》びる切羽《きりは》は　④箔《はく》となる

〽連《つ》れて行《ゆ》くから　髪結《かみゆ》い直《なお》せ
⑤島田《しまだ》じゃ⑥関所《せきしょ》が　通《とお》れない

〽向《む》こう通《とお》るは　鉱夫《こうふ》さんじゃないか
金《かね》がこぼれる　袂《たもと》から

〽鉱夫《こうふ》さんとは　名《な》はよいけれど
聞《き》けば奥山《おくやま》　小屋住《こやず》まい

〽⑦頭《かしら》金貸《かねか》せ　金貸《かねか》せ頭《かしら》
金《かね》がなければ　⑧鏨《たがね》貸《か》せ

〽お嬶喜《かかよろこ》べ　この⑨澗底《かんてい》は
俺《おれ》の切羽《きりは》が　⑩大直利《おおなおり》

〽主《ぬし》は⑪足尾《あしお》の　⑫金掘《かねほ》り大工《だいく》
直利出《なおりだ》すよに　願掛《がんか》ける

〽わたしゃ足尾《あしお》の　鉱夫《こうふ》の女房《にょうぼ》
坑内《しき》を恐《こわ》がる　子《こ》は生《う》まぬ

〽鉱夫《こうふ》さんなら　⑬来《こ》ないでおくれ
一人娘《ひとりむすめ》が　気《き》にかかる

〽浮世苦労《うきよくろう》は　⑭渡良瀬川《わたらせがわ》の
水《みず》に流《なが》して　共稼《ともかせ》ぎ

注①地下の坑道の中。
②爆薬を仕掛けて、鉱石の層を爆破すれば。
③坑道の、鉱石を掘り崩している先端部分が、先へ向かって進む。
④その鉱夫の腕前の評価が上がる。
⑤島田髷《まげ》。日本髪の髪型で、未婚の女性が結う。
⑥交通の要所や藩境に設けて、通行人や荷物の取り締まりを行った施設。江戸時代は、成人女性が遠くへ移動することは厳しく取り締まられたが、夫婦だと、比較的容易に関所を通ることができた。
⑦鉱山の組頭。
⑧槌でたたいて、鉱石を掘ったり割ったりするための、鉄鋼製の工具。
⑨谷の深い所。谷底。
⑩鉱脈の中で、特に鉱物含有量の多い所。
⑪➡解説。
⑫鉱石を採掘する鉱夫。「大工」は職人の意。
⑬鉱夫は、落盤事故などで、いつ命を失うかわからない。もし、娘がそういう職業の人が好きになったら困るから。
⑭栃木県中西部の山地に発して南西流し、さらに栃木・群馬県境を南東流して、茨城県古河市で利根川へ注ぐ川（約一〇八キロ）。

栃木県の仕事唄。栃木県南西部の足尾銅山（日光市足尾町）の鉱夫たちが、爆薬を仕掛ける穴をくりぬく時に、「石刀」（柄の長い金槌《かなづち》）で石ノミをたたきながら唄ってきたものである。足尾銅山は一六一〇年に発見され、江戸幕府が直轄していたが、明治時代からは古河鉱業が経営した。一九七三年

に閉山。（「石刀」と作業内容については六〇九ページ参照）

その穴に黒色火薬を仕掛ける採掘法は、一八六八年に別子《べっし》銅山（愛媛県）で始まったが、ダイナマイトの使用は別子では一八八二年から、足尾銅山では八三年からである。「石刀節」は、その頃から唄い出されたものと思われる。

唄の履歴　この唄の源流は『別子石刀節』（六〇八ページ）であろう。日本中の鉱山・炭坑や工事現場の「石刀節」は共通の節なので、別子銅山などの採掘鉱夫の移動とともに足尾銅山にも伝えられたと考えるのがよい。

さて、一九六七年五月二〇日、足尾町の伊藤正男（一九二六年生まれ）が唄う「石刀節」をＮＨＫが収録し、ラジオの「民謡を訪ねて」で放送した。現在の『足尾石刀節』は、それを佐野市の民謡家大出《おおで》直三郎《なおさぶろう》が聞いて、のちに足尾銅山へ出向いて習い、復元したものである。

節まわしの型　今日広く唄われている節まわしは、大出直三郎のものである。

鬼怒《きぬ》の船頭唄《せんどううた》

〽ハァー船《ふね》は出《で》て行《ゆ》く　ハァ①板戸《いたど》の河岸《かし》を
ハァ②江戸《えど》への土産《みやげ》は　ヤレサァ米《こめ》と酒《さけ》
（ハァドッコイ　サッサト）

〽船《ふね》は出《で》て行《ゆ》く　板戸《いたど》の河岸《かし》を
漕《こ》げばお江戸《えど》が　近《ちか》くなる

〽岸《きし》の下《さ》がり松《まつ》　③木瓜《ぼけ》花盛《はなざか》り
そよと吹《ふ》く風《かぜ》　帆掛《ほか》け船《ぶね》

〽わしもお前《まえ》も　この④鬼怒川《きぬがわ》の
ともに船頭《せんど》で　暮《く》らすのよ

〽船頭帆上《せんどほあ》げて　⑤南風《みなみかぜ》待《ま》つが
わたしゃお前《まえ》さんを　寝《ね》て待《ま》ちる

〽雨《あめ》も降《ふ》らぬに　⑥とば切《き》る船《ふね》は
江戸《えど》で⑦肥《こ》え船《ぶね》　⑧野州《やしゅう》⑨ベカ

〽よくも染《そ》めたよ　船頭《せんど》さんの⑩襦袢《じゅばん》
肩《かた》に櫂棒《かいぼう》　裾《すそ》に波《なみ》

注①現宇都宮市板戸町の、鬼怒川東岸にあった船着き場。一五九八年に作られ、江戸まで五七里を高瀬船が往来していた。
②江戸（現東京都東部）へ向かう船の積み荷。
③バラ科の落葉低木。高さ一〜二メートルほど。春に紅または白の花をつける。紅白の咲き分けもある。実は卵形で、長さ八センチほど、夏に熟して黄緑色となる。
④➡解説。長さ約一七七キロ。
⑤江戸川を上る船は南風を帆に受けて走る。
⑥積み荷が濡れないように、薄《すすき》・葦《あし》・菅などを編んだもので屋根を掛ける。
⑦農作物の肥料にする下肥えを、江戸から現埼玉県川越市方面へ運ぶ船。通称、川越船。
⑧下野《しもつけ》の国（旧国名）の別称。現栃木県全域。
⑨ベカ船。江戸時代に利根川支流で物資の運搬に用いられた川船。船底が平らで、長さ一五メートル、幅二・五メートルほど。
⑩和装の時に着る下着。

栃木県の仕事唄。鬼怒川を上下する高瀬船の船頭たちが、夜下《よさ》がり船の艪《ろ》を押しながら、眠気ざましに唄ってきたものである。

鬼怒川は、栃木県中西部の山地に発して東流し、県中央部から南流して茨城県常総市水海道《みつかいどう》の南で利根《とね》川へ注ぐ。江戸時代には、この両川と江戸川を利用する水運が盛んで、鬼怒川の船着き場も、上流から佐貫《さぬき》（塩谷郡塩谷町）・阿久津《あくつ》（さくら市氏家町）・板戸（宇都宮市板戸町）・石法寺《いしほうじ》（真岡市下籠谷）・久保田（茨城県結城市）のように設けられていた。

船は小鵜飼船《こうかいぶね》と呼ばれる高瀬船で、長さ一五メートル、幅二・五メートルほどあり、特に底の浅い「上船《じょうせん》」が使用された。その積み荷は、米や木炭が中心であった。

唄の履歴　この唄の源流は、日光街道の、江戸から最初の宿場町千住《せんじゅ》（東京都足立区千住）の芸者衆が酒席で唄っていた『千住節』（三四二ページ）である。その唄を、千住宿の脇を流れる荒川（墨田川）などの川船船頭たちが覚えて舟唄に用いるうち、鬼怒川の船頭たちも口ずさむようになった。

一九六七、六八年頃、真岡《もおか》市の飯塚晃（一九〇二年生まれ）が、ＮＨＫラジオの「のど自慢素人演芸会」に船頭姿で出場し、この唄を唄った。それは、飯塚が同市下籠谷《しもこもりや》（石法寺河岸近く）の三代目の船頭中三川茂吉から習ったものである。尺八で伴奏を務めたのは、小学校長の市塚哲であった。
その放送を聞いた、小山市の民謡家角田潮邦（のちに白寄邦穂《しらよりくにお》）は、それを元にして節まわしを整え、一九七一年一一月に東芝レコードに吹き込んだ。以後、それがしだいに栃木県下へ広まっていった。
節まわしの型　今日広く唄われている節まわしは、白寄邦穂のものである。

越名《こいな》の舟唄《ふなうた》

〽ハァーエ　船《ふね》は艪《ろ》で行《ゆ》く　ハァー越名《①こいな》の河岸《②かし》を
ハァーお江戸通《③えどがよ》いのヨー　高瀬船《④たかせぶね》
（アァヤッサノ　コラサ）

〽着《つ》いた着《つ》いたよ　馬門《⑤まかど》の河岸《かし》へ
主《ぬし》も出《で》て取《と》れ　表舫《⑥おもてもや》

〽佐野《⑦さの》の船橋《⑧ふなばし》　六斎船《⑨ろくさいぶね》で
またも手《て》を振《ふ》る　三杉川《⑩みすぎがわ》

〽行《ゆ》こかお江戸《えど》へ　戻《もど》ろか越名《こいな》
ここは関宿《⑪せきやど》　命懸《いのちが》け

〽利根《⑫とね》の川風《かわかぜ》　⑬まともに受《う》けて
のぼる渡良瀬《⑭わたらせ》　越名河岸《こいながし》

〽押《お》せな押《お》せ押《お》せ　二挺艪《にちょろ》で押《お》せな
押《お》せばお江戸《えど》が　近《ちか》くなる

〽雨《あめ》の降《ふ》らぬに　⑮とば切《き》る船《ふね》は
江戸《えど》で肥《⑯こ》え船《ぶね》　栃木《とちぎ》⑰ベカ

〽船《ふね》は⑱チャンコロでも　炭薪《すみまき》や積《つ》まぬ
積《つ》んだ荷物《にもつ》は　米《こめ》と酒《さけ》

〽十《じゅう》と二反《にたん》の　帆《ほ》を捲《ま》き上《あ》げて
行《ゆ》くよお江戸《えど》が　近《ちか》くなる

〽筑波《⑲つくば》　男体《⑳なんたい》　長竿《ながさお》かけて
間《あい》の渡良瀬《わたらせ》　布晒《㉑ぬのざら》し

後ばやし

〽アーヤッサノ山猫《やまねこ》　山積《やまづ》み死《し》んだら
お医者《いしゃ》が貧乏《びんぼ》で　お寺《てら》が繁昌《はんじょ》だ
（ハー　ヤッサノ　コラサット）

注①現佐野市南東部の旧船着き場。今は干拓されて水田となった旧越名沼の西、秋山川旧流の北岸にあった。越名の現正式名は「こえな」だが、「こいな」ともいい、古くは「古井名」とも書いた。
②船着き場。
③現東京都東部。江戸幕府の所在地。船は、秋山川—越名沼—渡良瀬川—利根川—江戸川を経て江戸へ至る（三五里）。
④河川で貨物や人を輸送した、船底の平らな船。櫂《かい》や棹《さお》を用いる。
⑤越名の西にあった船着き場。越名河岸とともに、佐野藩の外港。
⑥船首に備えた、船を岸や他の船とつなぐための綱。
⑦現佐野市。
⑧船を横に並べてつなぎ、その上に板を渡した仮橋。
⑨六斎市（月に六回開く定期市場）で売買された織物を運ぶ、特別仕立ての高瀬船。現佐野市犬伏の六斉市では、織物を当日午後に馬で越名河岸へ届け、翌日、六斎船で江戸まで運んだ。
⑩栃木市南西部の山地に発し、南流して越名沼へ注いでいた川。今は、干拓された旧越名沼の中央部を南流して渡良瀬川へ注ぐ（約一七キロ）。
⑪千葉県北西端の旧城下町。現野田市内。利根川と江戸川の分流点にあり、水上交通の要所。
⑫利根川。群馬県北部の山地に発して南流し、関東平野の中央部を南東流して、千葉県銚子市の北東で太平洋へ注ぐ川（約二九八キロ）。長さ、日本第二。
⑬帆船が、後方からの追い風を受けて。
⑭栃木県中西部の山地に発して南西流し、さらに栃木・群馬県境を南東流して、茨城県古河市の南西で利根川へ注ぐ川（約一〇八キロ）。
⑮積み荷が濡れないように、薄《すすき》・葦《あし》・菅などを編んだもので屋根を掛ける。
⑯農作物の肥料にする下肥えを、江戸から現埼玉県川越市方面へ運ぶ船。通称、川越船。
⑰ベカ船。江戸時代に利根川支流で物資の運搬に用いられた川船。船底が平らで、長さ一五メートル、幅二・五メートルほど。
⑱「チンコロでも」「チンチロでも」とも。ちっぽけでも。

⑲筑波山。茨城県の中央部にそびえる山（八七六メートル）。
⑳男体山。栃木県の中西部にそびえる山（二四八四メートル）。「筑波山と男体山の間に」の意。
㉑布を水洗いし、日光に当てて白くすること。

栃木県の仕事唄。栃木県の南西部、現佐野市にあった越名沼周辺の船頭たちが、高瀬船を操って江戸へ出て行く下り船で、艪《ろ》を押しながら唄ってきたものである。

　佐野は、旧日光例幣使《れいへいし》街道の宿場で、鋳物《いもの》・綿縮《めんちぢみ》などの本場であり、西隣りには米の集散地、足利《あしかが》が控えていた。江戸時代、この越名辺りの船頭は、こうした物資を高瀬船に積み込むと、渡良瀬《わたらせ》川から、利根《とね》川を利用して関宿《せきやど》まで出、あとは江戸川を下って江戸へ入り、戻り船には江戸の雑貨を積んで帰ってきた。

唄の履歴　この唄の源流は、日光街道の、江戸から最初の宿場町千住《せんじゅ》（東京都足立区千住）の酒席で、芸者衆が唄っていた『千住節』（三四二ページ）である。

　その唄が近郷の人たちの間に広まって、「酒盛り唄」のほかに、遊廓への往来に歩きながら唄う「流し唄」になり、お盆に唄い踊って「盆踊り唄」になり、さらには農民たちが農作業をしながら口ずさむようになった。そのうちに、千住宿の脇を流れる荒川（墨田川）の高瀬船の船頭たちも船上で唄うようになって、『千住節』は「舟唄」化していった。その「舟唄」は、夜、川を下る折りに、眠気ざましに唄っていたため、「夜下《よさ》がり節」とも呼ばれた。また、高瀬船は、江戸から下肥えを運ぶ、川越の船が多かったため、「川越舟唄」とも呼ばれた。

　そうした「舟唄」が、荒川から江戸川へと伝わり、ついには関東地方の各地へ広まっていき、越名の船頭たちも唄うようになったのである。

　一九六二年、佐野市の民謡家大出直三郎《おおでなおさぶろう》がその唄を須藤新造（七四歳）から習い、節まわしに手を加えて整える一方、歌詞を補作して『越名の舟唄』と命名した。初放送したのは、同年五月のNHKラジオ「関東さまざま」の中でである。次いで六七年五月一八日に、NHKラジオ「民謡を訪ねて」の番組用収録が行われ、この頃より『越名の舟唄』は栃木県の代表的民謡になっていった。

節まわしの型　今日広く唄われている節まわしは、大出直三郎のものである。

篠井《しのい》の草刈《くさか》り唄《うた》

〽曇《くも》りゃ曇《くも》りゃんせヨー　①ガンガラ山《やま》よ
（ハイィ　ハイ）
どうせ②篠井《しのい》はヨー　見《み》えやせぬヨー
（ハイィ　ハイ）

〽わしと行《ゆ》かぬか　③朝草刈《あさくさか》りに
草《くさ》のない山《やま》　④七巡《ななめぐ》り

〽⑤障子開《しょうじあ》ければ　⑥門前《もんぜん》⑦田中《たなか》
なぜか篠井《しのい》は　山《やま》の陰《かげ》

〽嫁《よめ》に行《ゆ》きたや　ガンガラ山越《やまこ》えて
篠井《しのい》にゃ⑧黄金《こがね》の　米《こめ》がなる

〽朝《あさ》の暗《くら》いのに　⑨横鉢巻《よこはちま》きで
草刈《くさか》りするのも　⑩親《おや》がかり

〽草《くさ》を刈《か》りなよ　⑪堆肥《たいひ》を積《つ》みゃれ
年《とし》の作柄《さくがら》　肥《こ》えしだい

〽恋《こい》しなつかし　あの⑫山《やま》ぞねに
今朝《けさ》も鎌磨《かまと》ぐ　音《おと》がする

〽⑬篠井山《しのいやま》から　牡丹餅《ぼたもち》投げりゃ
⑭小池《こいけ》　⑮小林《こばやし》　ひとねばり

注①現篠井町にある榛名《はるな》山（五二四メートル）の俗称。
②旧篠井村。一九五四年に南部は宇都宮市へ、北部は今市市（現日光市内）へ併合。
③早朝に、牛馬の飼料用の草を野山で刈ること。
④「実数ではなく」何回もまわること。
⑤日光街道にあった徳次郎宿の宿屋の、あるいは妓楼の。
⑥⑦徳次郎宿の西隣りの集落（ともに現宇都宮市内）。篠井はその北方に位置する。
⑧現篠井町東部の山地では、中世から昭和初期まで、金を採掘していた。
⑨鉢巻きの結び目が、頭の右または左にくるようにしたもの。
⑩親の指導を受けながら草刈りをすること。まだ半

人前だ、の意。
⑪草・藁《わら》・落ち葉などを積み重ね、水や糞尿をかけて腐らせて作った有機肥料。
⑫山のきわの、砂利の混じっている、やせた土地。
⑬注①の榛名山のこと。
⑭榛名山の西方の地名。現宇都宮市内。
⑮榛名山の北方の地名。現日光市内。

栃木県の仕事唄。宇都宮《うつのみや》市の北西端にある篠井町と周辺の農民たちが、朝草刈りの折りに唄ってきたものである。（朝草刈りと「草刈り唄」については一〇〇ページ参照）

唄の履歴　この唄の源流は、江戸時代後期から明治時代に日本中で大流行した「甚句《じんく》」で、酒席で唄われていた。地元の言い伝えによると、日光街道の宿場、徳次郎《とくじら》（現宇都宮市徳次郎《とくじろう》町）の飯盛《めしも》り女たちが唄っていたという。そうした酒席の唄を覚えた旧篠井村（現宇都宮市・日光市内）の農民たちが、朝草刈りへの往来や、草刈る手を休めた時に唄うようになり、今日のような、長く伸ばす唄にと変わったのであろう。

この草刈り唄が世に出たきっかけは、一九三〇年四月の第五回「郷土舞踊民謡大会」（日本青年館主催）に、手塚正秋・林作兄弟が出演したことである。その唄を藤井清水《きよみ》が採譜して「世界音楽全集」に載せた。その楽譜を、フランスへ遊学した声楽家荻野綾子が持参し、コッポラに依頼して管弦楽の伴奏を加え、レコードに吹き込んだ。したがって、この唄は、民謡とは別の世界の出来事で有名になった。

節まわしの型　民謡としては、これから節まわしを整える必要がある。

那須博労節《なすばくろうぶし》

〽ハァーエ那須《なす》①の博労《ばくろ》②さん（ハイイ）　ハァ器《き》
用《よう》なものよ
（ハァイ　ハイ）
唄《うた》で（ハイイ）ハァーエ宿場《しゅくば》③の　ハー戸《と》を
開《あ》ける
（ハイィ　ハイ　ハイ　ハイ）

〽ここは難所《なんしょ》よ　麦飯坂《ばくはんざか》④よ
上《のぼ》る下《くだ》るも　命懸《いのちが》け

〽道《みち》の悪《わる》さよ　眺《なが》めのよさよ
博労《ばくろ》泣《な》かせの　大峠《おおとうげ》⑤
〔以上二首、大出直三郎・竹内勉作〕

〽博労《ばくろ》すりゃこそ　昼酒《ひるざけ》⑥飲《の》める
家《うち》じゃ重湯《おもゆ》⑦も　吸《す》いかねる

〽笠《かさ》を忘《わす》れた　峠《とうげ》の茶屋《ちゃや》に
雨《あめ》の降《ふ》るたび　思《おも》い出《だ》す

〽駒《こま》よ出《で》て見《み》ろ　那須岳《なすだけ》⑧見《み》れば
黄金《こがね》混《ま》じりの　霧《きり》⑨が涌《わ》く

〽奥《おく》⑩の博労《ばくろ》さん　どこで夜《よ》が明《あ》けた
三十三坂《さんじゅうさんさか》⑪　麦飯《ばくはん》⑫よ

〽七《なな》⑬つ八《や》つ曳《ひ》く　親方《おやかた》よりも
一《ひと》⑭つ手曳《てび》きの　主《ぬし》や可愛《かわ》い

長ばやし

〽ハー貰《もら》⑮った馬《うま》でも　関東《かんとう》に曳《ひ》き出《だ》しゃ
十五両二分《じゅうごりょうにぶ》だよ　ハイーハイ

注①栃木県北東部の、那珂川上流域一帯。
②牛馬の仲買いを職業とする人。獣医を兼ねる人もいる。
③江戸時代に街道筋に設けられた集落で、宿泊設備や、輸送用の人馬を備えてある所。
④那須塩原市板室から南会津に至る会津中街道の、旧三斗小屋宿の南にある坂。標高千メートルほど。馬子たちが谷向こうの宿へ向かって、「飯を炊いておけ」とどなると、着いた時には麦飯が炊けていたことによる名称。
⑤旧三斗小屋宿の北東方、現栃木・福島県境にある峠（一四六八メートル）。
⑥昼間に飲む酒。酒は、本来は一日の仕事が終わったあとや、祭りや祝い事の時に飲むもの。
⑦水の量を多くして炊いた、のり状のおかゆ。ここでは、貧乏暮らしで、普通の御飯を炊くだけの米がないことをいう。
⑧茶臼岳。栃木県の北端にそびえる活火山（一九一七メートル）。山頂北側の爆裂火口から硫黄ガスを噴出している。
⑨朝霧が降ると、日中はよい天気になる。
⑩奥州。陸奥《むつ》の国。ここでは現福島県南会津郡をさ

す。
⑪実数ではなく、つづら折りの、沢山の坂。「二十三坂　七曲がり」とも。
⑫麦飯坂。
⑬一人で七頭も八頭もの馬を連れて歩ける熟練者。
⑭一頭の馬だけ、しかも手綱を曳くことでしか馬を動かせない初心者。
⑮使いものにならないので貰った、の意。

栃木県の仕事唄。栃木県の北東部、那須地方の馬子たちが馬を曳《ひ》きながら唄ってきたものである。馬子は、炭俵（五貫目＝約一八・八キロ入り）を四俵積んだ馬を三頭ほど曳き、山間部から黒磯《くろいそ》（那須塩原市）までの五里（約一九・六キロ）の道を往来していた。その道中、馬への子守り唄代わりに、また、自分をなぐさめるために唄を唄ったのである。この馬子の多くは農家の女で、副業であった。

唄の履歴　この唄の源流は、東北地方の博労たちが、馬市などへの往来に、夜間、馬を曳きながら唄っていた「夜曳《よび》き唄」（一七七ページ）である。それを那須地方の馬子たちもまねて口ずさむようになった。

一九七五年に、佐野市の民謡家大出直三郎《おおでなおさぶろう》がその唄を現那須塩原市板室《いたむろ》の菊池セン（一八九九年生まれ）から習い覚えた。そして、七七年一月に筆者（竹内勉）宅に来て節まわしを整理し、一九八二年六月一二日にクラウンレコードに吹き込んだ。その後、この『那須博労節』は栃木県下一円へ広まっていった。

節まわしの型　今日広く唄われている節まわしは、大出直三郎のものである。

那須松坂《なすまつざか》

上の句

〽目出度《めでた》いものは　お①恵比須様《えびすさま》よ

口説《くどき》

②岩《いわ》の端先《はさき》に　腰《こし》を掛《か》け
鯛《たい》を釣《つ》り上《あ》げ　にここと

下の句

これほど目出度《めでた》い　ものはない

〽今夜貰《こんやもろ》うた　花嫁様《はなよめさま》に
花《はな》を咲《さ》かせて　実《み》をならせ
その実《み》を播《ま》いて　育《そだ》て上《あ》げ
③大黒柱《だいこくばしら》と　するわいな

〽これの座敷《ざしき》は　目出度《めでた》い座敷《ざしき》
座敷《ざしき》へ金箱《かねばこ》　背負《しょ》い込《こ》んで
金縁桝《きんぶちます》に　④金斗掻《きんとか》き
黄金《こがね》の襷《たすき》で　金計《きんはか》る

〽目出度目出度《めでためでた》の　この酒盛《さかも》りよ
鶴《つる》と亀《かめ》とが　舞《ま》い遊《あそ》ぶ
肴《さかな》あげましょ　扇子《せんす》に載《の》せて
扇子目出度《せんすめでた》く　末広《すえひろ》く

〽これのお家《いえ》は　目出度《めでた》いお家《いえ》
上《かみ》の盃《さかずき》　嬶《かか》さんに
下《しも》の盃《さかずき》　父《とと》さんに
仲《なか》のよいとこ　嫁《よめ》と婿《むこ》

〽竹《たけ》になりたや　⑤紫竹《しちく》の竹《たけ》に
⑥元《もと》は尺八《しゃくはち》　中《なか》は笛《ふえ》
⑦末《うら》は恵比須《えびす》の　釣《つ》り竿《ざお》に
鯛《たい》を釣《つ》り上《あ》げ　お目出度《めでた》い

注①七福神の一。福徳・漁・商売繁昌などの神。右手に釣り竿を持ち、左手で鯛を抱える。
②「石の」は誤り。
③日本家屋の中心部にある、最も太い柱。その家を支える、最も大事な柱とされる。転じて、その家の中心となる人。
④黄金製の斗掻き。斗掻きは、桝の中へ米や豆などを入れたあと、上を平らにならすための棒。
⑤中国から伝来した淡竹《はちく》の栽培変種で、稈《かん》が黒紫色の竹。黒竹。
⑥竹の稈の、根元側の太い部分。
⑦竹の稈の、先のほうの細い部分。

栃木県の祝い唄。栃木県の北東部、那須塩原市板室《いたむろ》の人たちが、祝いの席で唄ってきたものである。

唄の履歴　この唄の源流は、新潟県下の『越後松坂』（三九三ページ）である。それが阿賀野川沿いに会津《あいづ》地方へ入り、南隣りの那須地方にも伝えられたのであろう。この「松坂」は、上の句（七七）と下の句（七五）の間に七五・七五の歌詞を挟んで繰り返していく、長編の「口説《くどき》松坂」であった。

一九七三年に、佐野市の民謡家大出直三郎《おおでなおさぶろう》が、その唄を高根沢マキ（一八九七年生まれ）と菊池セン（一八九九年生まれ）から習い覚えた。そして、一九七七年九月、筆者（竹内勉）宅に来て節まわしを整理し、口説部分を七五・七五（二十四音）に整えた。その後、八二年六月一二日にクラウンレコードに吹き込み、それからこの『那須松坂』は栃木県下へ広まっていった。

節まわしの型　今日広く唄われている節まわしは、大出直三郎のものである。

那須湯揉み唄《なすゆもみうた》

〽ベル①が鳴《な》りますヨー　ヨイヨイ　湯揉《ゆも》みの
　ベルがヨー
（コラサァ　コラサット）
調子揃《ちょうしそろ》えてヨー　ヨイヨイ　勇《いさ》ましくトカ
ヨー
（ハァ　ヨイヨイ　コラサー　コラサ
　ット）

〽調子揃《ちょうしそろ》えて　声張《こえは》り上《あ》げて
唄《うた》いましょうよ　湯揉《ゆも》み唄《うた》

〽調子揃《ちょうしそろ》えて　声張《こえは》り上《あ》げて
板②《いた》に合《あ》わせて　唄《うた》いましょ

〽最初五十度《さいしょごじゅうど》　順《じゅん》に度《ど》を上《あ》げて
最後熱度《さいごねつど》は　五十二度《ごじゅうにど》

〽那須③《なす》はよい所《とこ》　後《うし》ろに茶臼④《ちゃうす》
前《まえ》は十里⑤《じゅうり》の　那須野原⑥《なすのはら》

〽元湯馴染⑦《もとゆなじ》みは　お互《たが》いさまに
お手《て》を引《ひ》いたり　引《ひ》かれたり

〽親《おや》の意見《いけん》と　那須野⑧《なすの》のお湯《ゆ》は
千《せん》に一《ひと》つの　無駄《むだ》もない

〽一《いち》にかぶり湯⑨《ゆ》　二《に》に湯浴《ゆよく》して
なれりゃ熱度《ねつど》を　順《じゅん》に増《ま》す

〽湯長合図⑩《ゆちょうあいず》で　一緒《いっしょ》に入《はい》りゃ
六七八九十⑪《むなやこのとお》　二三分《にさんぷん》

〽元湯《もとゆ》入《はい》れば　一切万事《いっさいばんじ》
まかせますぞえ　湯長殿《ゆちょうどの》

〽日本温泉《にほんおんせん》　数々《かずかず》あれど
砒素⑫《ひそ》を含《ふく》むは　那須《なす》のお湯《ゆ》

注①時間湯で、入湯する時や湯から出る時の合図のベル。
②湯揉みをするのに用いる、松の板。長さ六尺（約一八二センチ）、幅八寸（約二四センチ）、厚さ三分（約九ミリ）ほど。
③栃木県北東部の、那珂川上流域一帯。
④茶臼岳。栃木県の北端にそびえる活火山（一九一七メートル）。山頂北側の爆裂火口から硫黄ガスを噴出している。
⑤約三九・三キロ。「十里四方」の意。
⑥栃木県の北東部、那須岳南麓に広がる地域。
⑦那須湯本温泉の鹿ノ湯。那須温泉発祥の地で、那須郡那須町にある。
⑧各地の民謡で唄われる歌詞「茄子《なすび》の花は」を替えたもの。
⑨身体を湯になれさせるため、ひしゃくで頭から湯をかぶること。
⑩入湯客を指揮する人。時間湯の湯揉みや入湯は、湯長の号令によって行われる。
⑪羽根突き唄の文句を流用したもの。
⑫元素の一。硫砒鉄鉱など、硫化物として天然に広く存する。化合物は毒性が強く、殺虫剤や薬剤に用いる。

栃木県のお座敷唄。この唄は、湯本《ゆもと》温泉（那須郡那須町）で湯揉み板を用いて湯をかきまぜながら（⬇二七四ページ）唄っていた唄であるが、芸者衆が三味線の伴奏をつけて湯治客相手の酒席で唄ううちにお座敷唄になった。

唄の履歴　この唄の源流は、草津温泉（群馬県吾妻郡草津町）の『草津ヨホホイ節』（二七五ページ）である。

那須七湯の一つ、湯本温泉は、湯温が七六度もあり、草津温泉のような、板で湯を揉んで湯温を下げてから入湯する「時間湯」の制度があった。そこで、一九二三年頃より、草津温泉の「湯揉み唄」をまね、歌詞を新たに作って観光客誘致のための唄に用いた。妙なもので、歌詞を新しくすると、唄の節まわしも雰囲気も変わり、草津温泉の唄とは別の唄になっていった。

一九八二年六月一二日、鹿沼《かぬま》市の女性民謡家西《にし》邦満佐《くにまさ》がこの『那須湯揉み唄』をクラウンレコードに吹き込み、以後、それが栃木県下へ広まっていった。

節まわしの型　今日広く唄われている節まわしは、西邦満佐のものである。

日光山唄《にっこうやまうた》

〽ハァー①男体《なんたい》お山《やま》をヨー　紅葉《もみじ》が飾《かざ》りゃ
馬子《まご》も小粋《こいき》なヨー　ハァー②紅緒笠《べにおがさ》ヨー

〽黄金造《こがねづく》りの　あの③東照宮《とうしょうぐう》は
国《くに》の宝《たから》の　守《まも》り神《がみ》

〽④華厳大滝《けごんおおたき》　花《はな》と散《ち》る飛沫《しぶき》
谷《たに》にゃ飛《と》び交《か》う　岩燕《いわつばめ》

注①男体山。栃木県中西部にそびえる山（二四八四メートル）。南麓にある二荒山《ふたらさん》神社の御神体。
②紅色のあごひものついている菅笠。菅笠は、菅（水辺や湿地に生える多年草）を編んで作った笠。
③日光東照宮。徳川家康の霊廟で、家康を東照大権現としてまつる神社。一六一七年、二代将軍秀忠が駿河《するが》の国久能山から改葬し、一六三四～三六年に三代将軍家光が現在の社殿を建立した。
④華厳の滝。中禅寺湖から流れ出る大尻川にかかる滝。上部の幅約一〇メートル、落差約九九メートル。日本三名瀑の一。

栃木県の、祝い唄形式の新民謡。栃木県の人たちは、日光東照宮と、霊峰男体山を初めとする山々に住む神々を敬慕している。その気持ちを唄に託したもので、『津軽山唄』（六六ページ）のような、山の神々に対する祝い唄として扱えばよいであろう。

唄の履歴　宇都宮《うつのみや》市在住の民謡尺八家金子嗣憧《しどう》は、日光地方の山の唄、とりわけ尺八伴奏で唄える唄を探したが見つからなかった。そこで、歌詞を自ら作り、節は『能登舟漕《のとふなこ》ぎ唄』（四五〇ページ）をそっくり借用する形で作り、一九七六年七月四日、宇都宮市の栃木会館大ホールで『日光山唄』と『男体音頭』の「誕生発表披露会」を催した。『日光山唄』の唄い手は藤堂輝明《とうどうてるあき》で、藤堂は、翌年、この唄をコロムビアレコードに吹き込んだ。

その後、金子嗣憧の弟子小森百合子《ゆりこ》が手掛け、さらに宇賀神詠鳳《うがじんえいほう》が節まわしに手を加えるなどするうち、しだいに『能登船漕ぎ唄』色がなくなっていった。すなわち、能登地方の唄は、低い声で、重く、うめくように唄うものであったが、北関東地方では高い声を張っていく。そのために、この『日光山唄』は派手な、大きな唄になり、関東以西の民謡愛好者の間へ広まっていった。

節まわしの型　今日広く唄われている節まわしは、宇賀神詠鳳のものである。

日光和楽踊《にっこうわらくおど》り

〽ハァーエー①丹勢山《たんぜやま》から（アァヨイ　ヨイ）
②精銅所《せいどうしょ》を見《み》れば
銅積《かねつ》む③電車《でんしゃ》が（コラショ）　アレサヨー出入《でい》りする
（ハァ　アリャ　アリャ　アリャサ）

〽一目見《ひとめみ》せたや　故郷《こきょう》の親《おや》に
④和楽踊《わらくおど》りの　⑤この姿《すがた》

〽山《やま》は⑥男体《なんたい》　水《みず》⑦清滝《きよたき》の
和楽踊《わらくおど》りは　精銅所《せいどうしょ》

〽日光《にっこ》　⑧名物《めいぶつ》　⑨朱塗《しゅぬ》りの橋《はし》よ
下《した》を流《なが》るる　⑩大谷川《だいやがわ》

〽⑪日光街道《にっこかいどう》の　⑫並木《なみき》を行《ゆ》けば
風《かぜ》がそよそよ　夏知《なつし》らず

〽日光《にっこ》よい所《とこ》　⑬お宮《みや》と⑭滝《たき》の
中《なか》に和楽《わらく》の　精銅所《せいどうしょ》

〽笠《かさ》は花笠《はながさ》　くるりとまわりゃ
笠《かさ》の陰《かげ》から　主《ぬし》の顔《かお》

〽親子兄弟《おやこきょうだい》　皆出《みなで》て踊《おど》れ
家《うち》じゃ猫《ねこ》めが　留守居《るすい》する

〽揃《そろ》う踊《おど》り子《こ》　音頭《おんど》につられ
月《つき》も浮《う》かれて　雲《くも》を出《で》る

〽和楽踊《わらくおど》りに　ついうかうかと
月《つき》も傾《かたむ》く　丹勢山《たんぜやま》

〽和楽踊《わらくおど》りに　娘《むすめ》を連《つ》れて
力瘤《ちからこぶ》ある　婿選《むこえら》び

〽⑮粗銅相手《あらどうあいて》の　この⑯二《に》の腕《うで》も
和楽踊《わらくおど》りにゃ　⑰科《しな》を出《だ》す

〽⑱八染《やしお》つつじは　春咲《はるさ》く花《はな》よ
和楽踊《わらくおど》りは　夏《なつ》の花《はな》

〽好《す》きと好《す》きなら　踊《おど》りもはずむ
和楽踊《わらくおど》りは　なおさらに

〽年《とし》を取《と》ろうが　小皺《こじわ》が寄《よ》ろが
作《つく》る科《しな》には　艶《つや》がある

〽主《ぬし》もわたしも　清滝育《きよたきそだ》ち
踊《おど》る花笠《はながさ》　親譲《おやゆず》り

〽和楽踊《わらくおど》りに　深山《みやま》の鹿《しか》も
月《つき》の丹勢《たんぜ》の　嶺《みね》に立《た》つ

〽⑲水《みず》に映《うつ》した　花笠踊《はながさおど》り
憎《にく》や⑳汽笛《きてき》が　吹《ふ》き散《ち》らす

注①日光市の中央部にある山（一四八二メートル）。
②古河鉱業会社（⬇解説）日光電気精銅所。銅の鉱石を電気製錬する工場。丹勢山の南東方にある。
③日光電気軌道株式会社の産業用電車で、清滝と日光駅を結ぶ。一九一〇年に開通し、六八年に廃線。
④⬇解説。
⑤「伊達姿《だてすがた》」とも。
⑥男体山。日光市の中禅寺湖北方にそびえる山（二四八四メートル）。南麓にある二荒山《ふたらさん》神社の御神体。
⑦日光市の地名。日光電気精銅所の所在地。「清い」を掛ける。
⑧「名所は」とも。
⑨神橋《しんきょう》。日光東照宮南東方の、大谷川に架かる橋。祭礼にのみ用いる。
⑩華厳の滝の下から日光市の中央部を東流して鬼怒川へ注ぐ川（約二九キロ）。
⑪江戸時代の五街道の一。江戸の日本橋から日光に至る交通路。ただし、宇都宮までは奥州街道と同じ。
⑫日光東照宮に至る街道の杉並木。日光街道のほか、現日光市内の例幣使街道・会津西街道の両側に、一六二五年頃から約二〇年かけて松平正綱が植えたもの。
⑬日光東照宮。現日光市にある、徳川家康の霊廟で、家康を東照大権現としてまつる神社。一六一七年、二代将軍秀忠が駿河《するが》の国（静岡県）久能山から改葬し、一六三四〜三六年に三代将軍家光が現在の社殿を建立した。
⑭華厳の滝。中禅寺湖から流れ出る大尻川にかかる滝。上部の幅約一〇メートル、落差約九九メートル。日本三名瀑の一。
⑮そどう。不純物をほとんど除いた、半製品の銅。純度九七〜九九パーセント。
⑯肩から肘《ひじ》までの部分。
⑰なまめかしいしぐさをする。
⑱紫八染つつじ。ツツジ科の落葉低木。高さ二メートルほど。本州中部以北と北海道の山地に自生。五〜六月頃、枝先に直径四センチほどの、濃い紅紫色の五弁花をつける。
⑲精銅所の中庭にある池の水。和楽踊りはこの池の周りで演じられる。
⑳注③の電車の。

栃木県の盆踊り唄。栃木県の中西部、日光市清《きよ》滝《たき》町の古河鉱業会社（現古河電気工業株式会社）の従業員が、毎年八月四日と五日の両日、士気の高揚と娯楽と労資協調の目的を兼ねて唄い踊ってきたものである。

唄の履歴　この唄の源流は、越後《えちご》（新潟県）の北部、北蒲原《かんばら》地方に広く分布している盆踊り唄の「甚句《じんく》」である。それは日本中へ広まって、『相馬盆唄』（福島）・『三浜盆唄《さんぴん》』（茨城）・『秩父《ちちぶ》音頭』（埼玉）・『北海盆唄』（北海道）など、多くの盆踊り唄を生んだ。これらの唄の特徴は、七七七五調の歌詞の四句目の前に「アレサ」（または、「ヤレサ」）が入ることである。そこで、民謡研究家の町田佳《か》聲《しょう》は、この系統の唄に「アレサ型」（ヤレサ型）盆踊り唄」と命名した。

さて、その越後の「甚句」は、阿賀野川沿いに現福島県の会津地方へ入り、さらに栃木県・茨城県方面まで広まっていった。そして、八月の稲の開花期に唄い踊る「豊年踊り」に用いられていた。ところが、作神《さくがみ》信仰が薄れてくると、同じ頃に踊るということで、盆踊りに吸収されてしまった。

一九一三年九月六日、大正天皇が民間工場へ初の行幸となり、現日光市清滝町の古河鉱業日光電気精銅所を訪れた。これは当時としては大変なことであった。そのため、翌年九月六日の行幸記念日に何か催し物をと、時の所長鈴木恒三郎（一八七三年生まれ）が思案していると、経理課長の佐竹房夫が盆踊りを催すことを提案した。所長は早速この考えを取りあげることにした。では、何の唄を盆踊りに利用するか、この時すぐに頭に浮かんだのは前年のことである。すなわち、一九一三年九月六日に大正天皇が、翌七日には皇后もおいでになるという二日続きの行事のすんだ七日の夜、所長を中心に慰労会が開かれた。宴たけなわの頃、この酒宴の手伝いに来ていた老婆が、興に乗って先の「豊年踊り」を唄い始めた。すると従業員が、多くは旧那須郡下の出身者だったので、この唄に合わせて踊り出した。その記憶があるため、この唄を用いることにした。

ところが、県庁へ工場内での盆踊りの許可願いを出したところ、警察では、盆踊りは風紀を乱すということで反対した。そこで、佐竹課長が、これは大正天皇行幸記念として「相和し相楽しむもの」、すなわち和合協調のリクレーション踊りであり、単なる盆踊りではないと説明し、「和楽踊り」と命名したらよいだろうと提案した。これには反対もできず、時の岡田文治知事が、酒を飲まずに踊る、草履または足袋で踊るなどの、風紀の乱れを禁じる条件で許可したのであった。

そうなると、これまで唄われてきた歌詞の多くは卑猥《ひわい》で、用いるわけにはいかなかった。そこで、庶務課の高橋善が、前掲一首目の「〽丹勢山から…」などの歌詞を作る一方、所内から公募し、二〇首ばかり集まったところで唄い踊ったのである。

その後、九月六日は台風のシーズンで、毎年雨風にたたられるところから、七月一日の会社の創立記念日と、行幸記念日の九月六日の中をとって、八月四日と五日の両日に唄い踊られるようになった。

節まわしの型　今日広く唄われている節まわしは、古河電気工業の唄を参考にした、東京の民謡界のものである。

福原《ふくわら》・那須《なす》餅搗《もちつ》き唄《うた》

福原餅搗き唄・練り節

〽アァ目出度目出度《めでためでた》が　たび重《かさ》なれば
（ヨイショ）
鶴《つる》が御門《ごもん》に　巣《す》をかけた
（アァヨイショ　ヨイショ）

福原餅搗き唄・掛け搗き節

〽①福原《ふくわら》の　②湯泉林《ゆぜんばやし》の　八重桜《やえざくら》
（アァヨイサッサッサッ　サッサッサッ　サーイ）
八重《やえ》に蕾《つぼ》んで　③九重《ここのえ》に咲《さ》く
（アァヨイサッサッサッ　サッサッサッ　サーイ）

那須餅搗き唄・練り節

〽④白河《しらかわ》の　⑤天守櫓《てんしゅやぐら》の　八重桜《やえざくら》
八重《やえ》に蕾《つぼ》んで　九重《ここのえ》と咲《さ》く
（アァヨイトサノ　サッサ）

☆〔以下、歌詞はすべて共通〕

〽⑥朝草《あさくさ》に　桔梗《ききょう》⑦刈萱《かるかや》　刈《か》り混《ま》ぜて
これの⑧御厩《みまや》は　花《はな》で輝《かがや》く

〽⑨この臼《うす》は　どこで生《う》まれて　音《おと》がよい
⑩会津若松《あいづわかまつ》　千本《せんぼん》⑪小桜《こざくら》

〽⑫鍋掛《なべか》けて　沸《わ》かした酒《さけ》は　⑬大田原《おおたわら》
飲《の》んだ心《こころ》は　花《はな》の⑭佐久山《さくやま》（咲く山）

〽⑮十七《じゅうしち》が　⑯ゆんべ⑰湯殿《ゆどの》で　落《お》とし物《もの》
金《きん》の簪《かんざし》　銀《ぎん》の⑱笄《こうがい》

〽烏《からす》めが　木《き》から⑲ぼっこちて　世迷《よま》い言《ごと》

二度《にど》と登《のぼ》るまい　枯《か》れ木《き》小枝《こえだ》に
〽⑳鍋掛《なべかけ》の　橋《はし》の袂《たもと》の　㉑なめら蛇《へび》
人《ひと》が通《とお》れば　縒《よ》れてからまる
〽雨《あめ》降《ふ》らば　たんと降《ふ》りゃんせ　庭《にわ》の水《みず》
可愛《かわ》い男《おとこ》の　影《かげ》の㉒さすまで
〽㉓娘様《あねさま》の　前《まえ》の綻《ほころ》び　なぜ切《き》れた
可愛《かわ》い殿御《とのご》の　お手《て》の入《い》れどこ
〽恥《は》ずかしや　今宵湯殿《こよいゆどの》へ　落《お》とし物《もの》
楊枝《ようじ》歯磨《はみが》き　㉔七《なな》つ恋文《こいぶみ》
〽この臼《うす》は　なんぼ搗《つ》いたか　ちょと聞《き》けば
㉕二石三石《にこくさんごく》　㉖七桶《ななおけ》八《や》㉗叺《かます》

注①⬇解説。「佐久山の」とも。
②大田原市佐久山の湯泉神社境内の林。
③九重に重なって咲く意に、宮中が栄えよと咲くの意を掛ける。
④白河藩。一六二七年、那須のすぐ北、現福島県白河市に丹羽長重が立藩。一〇万石。のち、藩主は本多氏・松平氏・阿部氏と替わった。
⑤天守閣。城の中心部の高い建物。戦時には物見台や司令塔として、また、弓・鉄砲の足場として用いた。白河城のは、一六二九〜三二年に整備。
⑥早朝に、牛馬の飼料用の草を野山で刈ること。また、その草。
⑦イネ科の多年草。山野に自生。高さ一メートルほど。葉は細長い。秋に褐色の長い花穂をつける。
⑧馬屋。馬を飼っておく小屋。
⑨「山の神唄」などの歌詞「鶯は　どこで生まれて声がよい…」の替え唄。
⑩現会津若松市。福島県北西部にある。松平氏二三万石の旧城下町。
⑪山桜の一種、また、彼岸桜のこと。淡紅色の、小さな花をつける。
⑫現那須塩原市の地名「鍋掛」を掛ける。⬇注⑳。
⑬現大田原市。栃木県北東部にある。一五四三年、大田原資清《すけきよ》が築城。城下町・宿場町・市場町として栄えた。酒が大きな腹の中へ入った、の意を掛ける。
⑭大田原市南西部にある山（二三メートル）。佐久山泰隆が一一八七年に築城。一七〇二年以後明治維新まで福原氏の居城。
⑮十七歳の娘。年頃の娘のこと。
⑯「ゆうべ」の訛り。
⑰風呂場。
⑱女性用の髪飾り。髷《まげ》などにさすもの。金・銀・水晶・鼈甲《べっこう》・瑪瑙《めのう》などで作る。
⑲栃木県の方言。「落ちて」の強意。
⑳現那須塩原市の地名。那珂《なか》川の鍋ヶ淵の岸は鍋のような形をしていたが、洪水で崩れてしまい、鍋欠けの意から「鍋掛」となった。
㉑縞蛇。体長一メートルほど。体色は緑がかった黄褐色で、首から尾にかけて四本の黒い縦縞がある。北海道から九州地方に分布。
㉒映る。
㉓娘さんの。
㉔〔実数ではなく〕沢山の、の意。
㉕一石は一〇斗。約一八リットル。
㉖一桶は一斗入り。
㉗蓆《むしろ》を二つに折り、左右両端を細縄でぬって作った袋。穀物が一斗入る。

栃木県の祭礼祝い唄・祝い唄。栃木県の北東部、大田原市福原の曹洞《そうとう》宗玄性寺《げんしょうじ》へ、九月八日に餅搗きを奉納する時に、近郷の農民たちが餅を搗きながら唄ってきたものである。また、この唄が周辺の農村部へ広まり、現那須塩原市一円の農村でも、農民たちが、正月用やお祝い用の餅を搗く時に唄ってきた。唄の感じから、横杵《よこきね》ではなく、手杵（兎の餅搗きの杵）で、三人か五人で掛け合いで搗く時の唄のように思われる。

唄の履歴　この唄の源流は不明である。歌詞の中に白河や会津《あいづ》が出てくるので、福島県下から伝えられたものと思われるが、現在、同県下には同系統の唄は見当たらない。また、詞型は五七五・七七という短歌形式であるが、こうした詞型は祝い唄か田植え唄にしか存在しない。さらに前掲五首目の歌詞「〇〇〇〇は　どこで生まれて　□□がよい…」という形式は、中世の「はやし田」や、その亜流の、東北地方の『そんでこ節』（一七一ページ）系統の唄に見かけられる。

したがって、古い田植え唄から派生した『そんでこ節』系統の唄が、山の神への祝い唄として東北地方一円へ広まり、白河地方や会津地方にまで及んだものと思われる。そして、屋根の葺き替えで祝いの餅を搗く時などに、山の神へ捧げるために唄い始めたのであろう。

今日の『那須餅搗き唄』は、昭和四〇年代（一九六五〜）末になって、小林照玉《しょうぎょく》が現那須塩原市の鍋《なべ》掛《かけ》地方の餅搗き唄に伴奏を加えてから、しだいに広く唄われるようになった。

節まわしの型　今日広く唄われている節まわしは、小林照玉の『那須餅搗き唄』である。

八木節《やぎぶし》

国定忠治

上げ

〽ハアー①御来席《ごらいせき》なる　皆《みな》さん方《がた》よ
平《ひら》に御免《ごめん》を　蒙《こうむ》りまして
何《なに》か一席《いっせき》　うかがいまする
そのや②外題《げだい》は　何《なに》よと聞《き》けば
お気《き》に召《め》さぬか　知《し》れないけれど
③上州《じょうしゅう》④名代《なだい》の　⑤国定忠治《くにさだちゅうじ》
それも細《こま》かにゃ　読《よ》めないけれど
時間来《じかんく》るまで　読《よ》み上《あ》げまするがオオイサ
ネー

口説《くどき》

〽ハアー⑥今度珍《こんどめずら》し　⑦侠客話《きょうかくばなし》
国《くに》を詳《くわ》しく　尋《たず》ねて聞《き》けば
国《くに》は上州《じょうしゅう》　⑧佐位郡《さいごおり》にて
音《おと》に聞《き》こえし　⑨国定村《くにさだむら》よ
そのや村《むら》にて　一二《いちに》と言《い》われ
地面地屋敷《じめんじやしき》　⑩相応《そうおう》なもので
親《おや》は忠兵衛《ちゅうべえ》と　言《い》う百姓《ひゃくしょう》で
二番息子《にばんむすこ》は　忠治《ちゅうじ》と言《い》うて
力自慢《ちからじまん》で　武芸《ぶげい》が好《す》きで
人《ひと》にすぐれし　剣術《けんじゅつ》なれば
親《おや》は見限《みかぎ》り　⑪是非《ぜひ》ないことと
近所親類《きんじょしんるい》　相談《そうだん》いたし
⑫地頭役所《じとうやくしょ》へ　お願《ねが》いなさる
殿《との》の御意向《ごいこう》で　⑬無宿《むしゅく》となりて
近所近辺《きんじょきんぺん》　さまよい歩《ある》き
ついに博徒《ばくと》の　親分株《おやぶんかぶ》よ
子分《こぶん》⑭子方《こかた》も　その数知《かずし》れず
一《いち》の子分《こぶん》は　⑮日光無宿《にっこうむしゅく》
⑯両刀使《りょうとうづか》いの　円蔵《えんぞう》と言《い》うて
二番子分《にばんこぶん》は　⑰甲州無宿《こうしゅうむしゅく》
甲斐《かい》の近《こん》とて　日《ひ》の出《で》の男《おとこ》
それに続《つづ》いて　朝起《あさお》き源吾《げんご》
またも名高《なだか》き　坂東安二《ばんどうやすじ》
これが忠治《ちゅうじ》の　子分《こぶん》の中《なか》で
⑱四天王《してんのう》とて　呼《よ》ばれし男《おとこ》
頃《ころ》は⑲弘化《こうか》の　丙《ひのえ》の午《うま》の
秋《あき》の頃《ころ》より　大小屋掛《おおごやか》けて
夜《よる》も昼間《ひるま》も　分《わ》かちはなくて
博奕渡世《ばくちとせい》で　月日《つきひ》を送《おく》る
あまり悪事《あくじ》が　増長故《ぞうちょうゆえ》に
今《いま》はお上《かみ》の　お耳《みみ》に入《い》りて
あまたお⑳手先《てさき》　その数知《かずし》れず
㉑上意上意《じょういじょうい》と　その声高《こえたか》く
今《いま》は忠治《ちゅうじ》も　身《み》の置《お》き所《どころ》
いかがなるのか　㉒一座《いちざ》の諸君《しょくん》

止め

〽あまり長《なが》いは　この座《ざ》の無礼《ぶれい》
まずはこれにて　止《と》め置《お》きまするがオオイ
サネー

上げ

〽ハアーまたも出《で》ました　㉓三角野郎《さんかくやろ》が
四角四面《しかくしめん》の　櫓《やぐら》の上で
音頭取《おんどと》るとは　恐《おオそ》れながら
国《くに》の訛《なま》りや　文句《もんく》の違《ちが》い
平《ひら》にその儀《ぎ》は　お許《ゆる》しなされ
許《ゆる》しなされば　文句《もんく》にかかるがオオイサネ
ー

口説《くどき》

〽ハアーちょうどその頃《ころ》　㉔無宿《むしゅくかしら》の頭
音《おと》に聞《き》こえし　㉕島村伊三《しまむらいさぶ》
これと争《あらそ》う　その始《はじ》まりは
㉖かすり場《ば》につき　三度《さんど》も四度《よど》も
恥《はじ》をかいたが　遺恨《いこん》の元《もと》よ
そこで忠治《ちゅうじ》は　我慢《がまん》をしたが
一《いち》の子分《こぶん》の　文蔵《ぶんぞ》が聞《き》かぬ
ある日文蔵《ひぶんぞ》が　忠治《ちゅうじ》に向《む》かい
首《くび》をめあてに　㉗引導船《いんどうぶね》を
㉘腰《こし》に差《さ》したる　商売《しょうばい》なれば
飯《めし》の食《く》い上《あ》げ　棄《す》てておかれぬと

聞《き》いて忠治《ちゅうじ》は　小首《こくび》をかしげ
さらばこれから　喧嘩《けんか》の用意《ようい》
いずれ頼《たの》むは　強者《つわもの》ばかり
頃《ころ》は㉙午年《うまどし》　七月二日《しちがつふつか》
㉚鎖帷子《くさりかたびら》　㉛着込《きご》みを着《ちゃく》し
手勢《てぜい》すぐって　㉜境《さかい》の町《まち》へ
様子《ようす》うかがう　忍《しの》びの人数《にんず》
それと知《し》らずに　島村伊三《しまむらいさぶ》
子分《こぶん》引《ひ》き連《つ》れ　馴染《なじ》みの茶屋《ちゃや》で
酒《さけ》を注《つ》がせる　銚子《ちょうし》の口《くち》が
もげて盃《さかずき》や　㉝微塵《みじん》に砕《くだ》け
㉞稀有《けう》なことだと　顔色《かおいろ》変《か》えて
虫《むし》が知《し》らすか　この世《よ》の不思議《ふしぎ》
酒手《さかて》払《はら》って　お茶屋《ちゃや》を出《で》れば
いつに変《か》わって　この胸騒《むなさわ》ぎ
さても今夜《こんや》は　安心《あんしん》ならぬ
左右前後《さゆうぜんご》を　守護《しゅご》する子分《こぶん》
道《みち》にゃ㉟目配《めくば》せ　よく気《き》をつけて
㊱目釘湿《めくぎしめ》して　小山《こやま》にかかる
気性激《きしょうはげ》しき　大親方《おおおやかた》は
ちょっと身《み》の丈《たけ》　㊲六尺二寸《ろくしゃくにすん》
音《おと》に聞《き》こえし　大力無双《だいりきむそう》
運《うん》の尽《つ》きかや　今宵《こよい》が限《かぎ》り
あわれ命《いのち》は　藻屑《もくず》の肥《こ》やし
しかもその夜《よ》は　雨《あめ》しんしんと

闇《やみ》を幸《さいわ》い　国定組《くにさだぐみ》は
子分《こぶん》引《ひ》き連《つ》れ　小山《こやま》にかかる
それと知《し》らずに　伊三親方《いさおやかた》も
子分《こぶん》引《ひ》き連《つ》れ　小山《こやま》にかかる
そこで忠治《ちゅうじ》は　大音声《だいおんじょう》で
名乗《なの》り上《あ》げれば　伊三親方《いさおやかた》は
聞《き》いてにっこり　けなげな奴等《やつら》
命《いのち》　知《し》らずの　蛆虫《うじむし》なりと
互《たが》い互《たが》いに　㊳段平物《だんびらもの》を
抜《ぬ》いて目覚《めざ》まし　剣《つるぎ》の光《ひかり》
互《たが》い互《たが》いに　㊴上段《じょうだん》㊵下段《げだん》
右《みぎ》に打《う》ち込《こ》む　左《ひだり》に受《う》ける
受《う》けつ流《なが》しつ　また振《ふ》り上《あ》げて
秋《あき》の木《こ》の葉《は》の　飛《と》び散《ち》るごとく
上《うえ》よ下《した》よと　闘《たたか》ううちに
運《うん》の尽《つ》きかや　伊三親方《いさおやかた》は
胸《むね》を突《つ》かれて　急所《きゅうしょ》の痛《いた》み
弱《よわ》るところを　つけ込《こ》む忠治《ちゅうじ》
首《くび》を掻《か》き取《と》り　勝《か》ち鬨《どき》あげる
しめたしめたの　声諸共《こえもろとも》にオオイサネー

止め

〽もっとこの先《さき》　読《よ》みたいけれど
上手《じょうず》で長《なが》いは　またよけれども
下手《へた》で長《なが》いは　御座《おんざ》のじゃまよ
やめろやめろの　声《こえ》なきうちに
ここらあたりで　㊶段切《だんき》りまするがオオイサ
ネー

注
①「御来場なる」「さても一座の」とも。
②『八木節』の題名。
③上野《かみつけ》の国（旧国名）の別称。現群馬県全域。
④有名な。
⑤江戸時代末期の博徒。本名、長岡忠次郎。
⑥「ここに名高き　国定忠治」とも。
⑦博徒の話。
⑧群馬県の南東部にあった郡。一八九六年に那波郡と合併して佐波郡と改称。
⑨現伊勢崎市東《あずま》町内。
⑩それにふさわしい。
⑪しかたがない。
⑫領主の事務所。
⑬一定の住居や正業を持たず、人別帳から名前を除かれた人。博徒や浮浪人など。
⑭親分と盃を交わしていない子分。
⑮現栃木県日光市。
⑯左右の手に長短二本の刀を持って戦うこと。二刀流。
⑰甲斐《かい》の国（旧国名）の別称。現山梨県全域。
⑱子分の中で、最も力のある四人。
⑲弘化三年（一八四六）のこと。十干と十二支を組み合わせて年を表したもの。丙は十干の三番目、午は十二支の七番目。
⑳犯人逮捕にあたる役人の部下。
㉑お上の考え。
㉒観客の皆さん。
㉓四角を半分に切ると三角で、半人前の、いいかげんな男、の意。四角四面の（折り目正しい、きまじめな）人と反対の男が。
㉔博徒の親分。
㉕本名は伊三郎。

㉖ばくち場。
㉗めあてに殴り込みをかけて、死んでもらいましょうよ。
㉘刀を。博徒稼業だから、の意。
㉙弘化三年。
㉚下着に、細い鎖を編んで縫いつけたもの。防御具で、上着の下に着ける。
㉛上着の下に、腹巻きなどの、軽便な防御具をつけて。
㉜現伊勢崎市境。
㉝粉々に。
㉞滅多にないこと。
㉟目配りをし。
㊱刀を抜く用意で、抜いた時に刀身が柄《つか》から抜けないように、目釘をつばなどで湿らせて穴に固定して。目釘は、刀身の穴に柄の表からさし込む釘。竹製や鉄製。
㊲約一八八センチ。
㊳刀。
㊴刀を頭上に高くかざして構えること。
㊵刀の先を水平より低くして構えること。
㊶物語をくぎりますが。

　栃木県・群馬県の盆踊り唄。栃木県南西端の足《あし》利《かが》市から群馬県高崎市にかけての、日光例幣使《れいへいし》街道沿いの町や村を中心に、栃木県・群馬県と、利《と》根《ね》川を挟んだ埼玉県の三県下で、お盆に唄い踊られてきたものである。

唄の履歴　この唄の源流は、越後《えちご》十日町（新潟県十日町市）の『新保広大寺《しんぼこうだいじ》』（四〇五ページ）である。それが、のちに瞽女《ごぜ》たちによって長編の「口《く》説節《どきぶし》」に仕立て直され、日本中へ広められていった。一方、十日町周辺には太神楽《だいかぐら》の一座が数多くあり、この人たちが余興の手踊りに『新保広大寺』を加え、『神楽広大寺』の名で唄い踊っていた。さて、中山道《なかせんどう》と高崎市倉賀野《くらがの》で分かれる日光例幣使街道沿いには、醤油《しょうゆ》や日本酒を醸造する蔵が軒を連ねていた。ここの職人たちは越後からの出稼ぎ人で、その中に十日町周辺の人もいて、暇な時に、醤油などの空き樽をたたきながら手踊りの『神楽広大寺』を唄い、踊っていた。それは、『新潟甚句』の樽たたき（四一六ページ）をまねたものであった。

　その唄が、いつか日光例幣使街道沿いの遊廓の盆踊り唄になり、周辺にも広まり始めた。そして、栃木県梁田《やなだ》郡堀込《ほりごめ》村（のちに足利郡山辺村堀込。現足利市内）出身の唄い手、渡辺源太郎（一八七二年生まれ）、通称堀込源太が現れた。源太は、山辺村朝倉の馬車曳き、朝倉の清三から唄を習ったといわれている。

　今日の『八木節』の唄い出し「ハアー」は、『新保広大寺』の唄い出し三音の次の「サァエー」部分を「ハアー」に置き替えたものである。これは堀込源太が案出したようにいわれているが、周辺の同系統の唄「赤碗節《あかわんぶし》」や「横樽音頭《よこだる》」にも見られるので、源太が考えたものではない。しかし、長く伸ばして、声を高く張るようにしたのは、源太の工夫である。

　そして「口説」は、「七七調二句」（十四音）を七行続けたあとに「間奏」を加え、これを一単位にして唄っていく。

　「新保広大寺口説」の「口説」部分は、「七七調二行」（二十八音）を一単位にして繰り返していく。それは、唄が単調にならないように、前の行を高い節に、後の行を低い節にというように、対照的な節を並べて唄っていくものであった。ところが、現埼玉県比企《ひき》郡ときがわ町玉川出身の安藤改助《かいすけ》（本名改吉。一八四五年生まれ）が、一八六八年頃に東京神田の「祭文《さいもん》語り」東一陽《あずまいちよう》に弟子入りし、のちに利根川流域の「新保広大寺口説」に「祭文」（浪花節《なにわぶし》の前身）の語り口を取り入れた。それは「七五調三行」を一単位にして繰り返していくもので、安藤は、「七七調二行」を一単位とする「新保広大寺口説」を、「七七調三行」一単位に仕立て直したのである。そして、前の行を高い節に、中と後の行を低い節にして唄っていき、「間奏」として「祭礼ばやし」を加えた。それを「軍談音頭・改助節」と呼んでいたが、一九〇五年に日露戦争の戦勝祝いに、その「改助節」を「東音頭《あずまおんど》」と改称して、東京の浅草劇場で一週間にわたって興行した。また、大正時代の初め（一九一三・一四）には、群馬県現藤岡市で「音頭大会」を開催した。そのため、「新保広大寺口説」系統の唄を「東音頭式」で演じる演奏法が利根川流域へ広まっていった。その影響を受けて、朝倉の清三が、今日の『八木節』の原形にあたるものを編み出したようであり、さらに初代堀込源太が「七七調七行」を一単位にする「八木節形式」を完成させた。

　『八木節』の節尻の「オオイサネー」は『新保広大寺』の節尻「サァエー」の変化したもので、「ヨオイ　サァ　エー」→「オオイ　サ　エー」→「オオイサネー」となったようである。

　『八木節』の踊りについては、一八六八年に、梁田郡上渋垂《かみしぶたれ》村（現足利市内）の石井芳兵衛（のちに芳平）と斎藤勘十（勘十郎とも）が、祭礼の「ひょっとこ踊り」の手を取り入れたという話が地元に残っている。今日では、花笠や番傘を持って踊る踊りが中心となっているが、これは、『新保広大寺』発祥の地、現新潟県十日町市の神楽師たちが神楽の幕間《まくあい》に演じた、『神楽広大寺』の「花笠踊り」や「傘踊り」が持ち込まれたものである。今日の『八木節』の踊りでは、導入部の手踊りが、石井と斎藤の創作部分と思われる。

その後、堀込源太は群馬県山田郡矢場川村（現太田市内）の荒井勝一郎（俗称、矢場勝《やばかつ》）と一座を組み、芝居の間に唄を唄ってみせるようになった。そして、一九一四年七月、ニッポノフォン（コロムビアレコードの前身）に『八木節』を吹き込んだが、その際、源太は「源太節」と命名しようとしたらしい。というのは、当時は単に「盆踊り唄」といった呼び方しかなく、源太の節まわしが有名になると、「源太節」と呼ばれたためと思われる。しかし、同行した人たちの中に、源太の個人名にするのに反対する者がいて、一行の出身地の中心である八木宿《やぎじゅく》（現足利市福居町内）の名をとって『八木節』とすることにした。

以後、八木宿は栃木県にあり、堀込源太も栃木県在住であることから、『八木節』は栃木県の唄と主張されるようになった。しかし、この唄は、もともと日光例幣使街道沿いの村々で唄い踊られていたものであり、源太個人は馬車曳きで、運送の仕事をしながら群馬県側の町や村でも唄っていた。加えて、一九二三、二四年頃に国定忠治（群馬県側の出身）の歌詞が生まれると、どちらの県の唄とするべきか、その根拠はますます混乱してきた。考えてみれば、行政上の県境は、こうした唄の線引きには不向きで、『八木節』は野州（栃木県）と上州（群馬県）の、両方の唄と見るほうがよい。

一九三〇年五月七日、東京兜町《かぶとちょう》の東京商機新聞社社長ら一行五百名が、足利市へ観光旅行に出かけた。その中に両国矢ノ倉（現墨田区両国）の福井楼の女将《おかみ》がいて、堀込源太一行が余興として演じた『八木節』に感激した。そして、後日、福井楼で「八木節試演会」を催し、源太はそれがきっかけで浅草公園の演芸館へも出演するようになった。

節まわしの型　今日広く唄われている節まわしは、初代堀込源太のものである。

野州麦打ち唄《やしゅうむぎうちうた》

〽嫁《よめ》に行《ゆ》くなら　アァ①植野《うえの》へおいで
（ハァドッサラ　ドッサラ　ドッサラ
ドッサラ）
②鬼《おに》の金歯《きんば》を　アリャやるほどに
（ハァドッサラ　ドッサラ　ドッサラ
ドッサラ）

〽主《ぬし》と麦打《むぎう》ちゃ　心《こころ》も軽《かる》い
めぐる③振《ふ》り棒《ぼう》の　音《ね》も軽《かる》い

〽④堀田《ほった》の殿様《とのさま》　俵《たわら》を積《つ》んで
⑤七福神《しちふくじん》と　舞《ま》い遊《あそ》ぶ

〽⑥お江戸通《えどがよ》いの　船頭衆《せんどしゅ》に惚《ほ》れりゃ
逢《お》う瀬《せ》七日《なのか》に　ただ一夜《いちや》

〽⑦三毳《みかも》お山《やま》は　お洒落《しゃれ》な山《やま》よ
いつも⑧越名《こいな》で　水鏡《みずかがみ》

〽主《ぬし》は⑨西岡《にしおか》　わたしは⑩越名《こいな》
想《おも》い⑪渡良瀬《わたらせ》　渡《わた》し舟《ぶね》

〽春《はる》は桜《さくら》の　⑫唐沢山《からさわやま》よ
秋《あき》は⑬献上《けんじょう》の　茸山《きのこやま》

字あまり

〽植野《うえの》⑭二万石《にまんごく》　お米《こめ》の出所《でどこ》
桝《ます》で計《はか》らねで　⑮箕《み》で計《はか》る

〽⑯野州《やしゅう》　⑰唐沢《からさわ》　城跡《しろあと》に立《た》てば
⑱武州《ぶしゅう》⑲野州《やしゅう》は　目《め》の下《した》に

注
①植野郷（現佐野市植野町）。一六九八年の佐野藩廃藩により古河藩領となっていたが、一八二六年に堀田正敦が復藩、佐野藩領となった。
②良質の米のこと。
③くるり棒。唐竿。⬇三五三ページ。
④堀田正敦のこと。
⑤福徳をもたらす七体の神。恵比須《えびす》・大黒天・毘沙門《びしゃもん》天・弁財天・布袋《ほてい》・福禄寿・寿老人。
⑥高瀬船で、越名河岸（注⑩）から、利根川などを利用して江戸へ通うこと。江戸は現東京都東部で、江戸幕府の所在地。

⑦佐野市の南東部、下都賀郡岩舟町との境にある山（三三五メートル）。
⑧越名沼。現佐野市南東部にあった沼。今は干拓されて水田になっている。
⑨現群馬県邑楽郡板倉町の地名。渡良瀬川の南岸で、船着き場があった。
⑩現佐野市の地名。旧越名沼の西、秋山川旧流の北岸で、船着き場があり、江戸との間を高瀬船が往来していた。「恋」を掛ける。越名の現在の正式名は「こえな」だが、「こいな」ともいい、古くは「古井名」とも書いた。
⑪渡良瀬川。栃木県中西部の山地に発して南西流し、さらに栃木・群馬県境を南東流して、茨城県古河市の南西で利根川へ注ぐ川（約一〇八キロ）。「わたらせ給う」を掛ける。
⑫佐野市の南東部にある山（二三〇メートル）。唐沢城址がある（➡注⑰）。
⑬殿様（堀田正敦）へさしあげる。
⑭実際は、佐野藩全体で一万六千石であった。
⑮穀物を入れて上下にふるい、殻やごみを除くための農具。豊作なので、枡で正確に計らずに、箕で大ざっぱに計る、の意。
⑯下野《しもつけ》の国（旧国名）の別称。現栃木県全域。
⑰平安時代に藤原秀郷が築城。鎌倉時代に佐野氏が再興して居城としたが、一六〇七年に廃城。
⑱武蔵の国（旧国名）の別称。現東京都・埼玉県と、神奈川県北東部。
⑲「武蔵」は誤り。武蔵と武州は同じである。

栃木県の仕事唄。栃木県南西部の、佐野市と周辺の農村で、農民たちが麦打ちをしながら唄ってきたものである。麦打ちとは、唐竿《からざお》（この地方では「振り棒」と呼ぶ）を用いて麦の脱穀をする作業のことである（➡三五三ページ）。

唄の履歴　この唄の源流は不明であるが、「甚句」の一種らしい。それが江戸時代末期か明治時代初期に、麦打ち作業に利用されたのであろう。

その唄を、一九六六年に佐野市の民謡家大出《おおで》直《なお》三郎《さぶろう》が飯塚辰郎（一九〇四年生まれ）から録音し、節まわしを整えた。翌年五月一八日、その大出の唄を、NHKラジオ「民謡を訪ねて」の収録班が佐野市中央公民館で収録した。その時、大出が成田敏子に三味線の伴奏を依頼し、それ以来、伴奏つきの麦打ち唄が広まって、今日では栃木県を代表する唄になっている。なお、歌詞の多くは大出の作である。

節まわしの型　今日広く唄われている節まわしは、大出直三郎のものである。

群馬県

碓氷馬子唄《うすいまごうた》

〽①碓氷峠《うすいとうげ》の　真《ま》ん中頃《なかごろ》で
（コラー　コラ）
またもハァ聞《き》こえる　鹿《しか》の声《こえ》
（ハイィ　コラー　ハイハイト）

〽西《にし》は②追分《おいわけ》　東《ひがし》は③関所《せきしょ》
せめて④峠《とうげ》の　茶屋《ちゃや》までも

〽碓氷峠《うすいとうげ》の　⑤権現様《ごんげんさま》は
⑥わしがためには　守《まも》り神《がみ》

〽碓氷峠《うすいとうげ》の　あの⑦風車《かざぐるま》
誰《たれ》を待《ま》つやら　くる（来る）くると

〽雨《あめ》が降《ふ》りゃこそ　⑧松井田泊《まついだど》まり
⑨降《ふ》らなきゃ越《こ》します　⑩坂本《さかもと》へ

〽⑪浅間山《あさまやま》さん　なぜ⑫焼《や》けしゃんす
裾《すそ》に⑬三宿《さんしゅく》　持《も》ちながら

〽⑭浅間嶺腰《あさまねごし》の　焼《や》け野《の》の小砂利《こじゃり》
菖蒲《あやめ》咲《さ》くとは　しおらしや

〽浅間嶺腰《あさまねごし》の　焼《や》け野《の》の桔梗《ききょう》
花《はな》は千《せん》咲《さ》く　実《み》は一《ひと》つ

字あまり

〽追分《おいわけ》⑮桝形《ますがた》よ　⑯お茶屋《ちゃや》の前《まえ》で
ほろと泣《な》いたが　忘《わす》らりょか

注①➡解説。
②現長野県北佐久郡軽井沢町の地名。中山道と北国《ほっこく》街道の分岐点にあった宿場。「追分節」発祥の地。
③交通の要所や藩境に設けて、通行人や荷物の取り締まりを行った施設で、碓氷関所をさす。一六二三年に現群馬県の旧碓氷郡松井田町横川（現安中市内）に開設。
④碓氷峠の頂上、中山道の南側にあった茶店。
⑤碓氷権現熊野皇大《こうたい》神社。碓氷峠の、中山道の北側、群馬・長野県境上にある。
⑥馬子唄は馬子自身が唄うので「わしがため」であるが、酒席で飯盛り女が唄う「追分節」では「主（客のこと）のため」となる。
⑦熊野皇大神社の境内にある、一対の円形の石。直径約六〇センチ。軽井沢の問屋佐藤市右衛門と代官佐藤平八郎が境内に石畳を敷いたのを記念して、市右衛門とその子が、家紋の源氏車を石に刻んで一六八九年に奉納した。風車のように見えるため、「石の風車」と呼ばれた。
⑧中山道の宿場。現安中市松井田町内。脇本陣が二軒、旅宿が二五軒あった。
⑨「降らにゃ　越しましょ」とも。
⑩松井田宿西方約九・六キロの、上州側最後の宿場。次の軽井沢宿までは約一〇キロ。
⑪碓氷峠の北西、群馬・長野の県境にそびえる火山（二五四二メートル）。
⑫火山が火を噴くことと、やきもちをやくことを掛ける。
⑬浅間三宿。中山道の軽井沢宿・沓掛宿・追分宿（いずれも現軽井沢町内）のこと。「三宿」を「三四九」と解し、足して十六になることから「十六歳の飯盛り女を持ちながら」の意。「三宿」は「お十六」とも。
⑭浅間山の中腹。
⑮高さ六尺ほどの石垣で四角に囲った交通取締所。追分宿の西の出入り口にあった。大名や役人はその中を、一般の旅人はその脇を通って宿場に出入りした。

⑯桝形の茶屋。桝形の外にあった茶店兼商人宿。

群馬県の仕事唄。群馬県の南西部。上州と信州の国境にある碓氷峠（九五六メートル）を中心に中山道《なかせんどう》を往来する馬子たちが、馬の背に人や荷物をのせて、歩きながら唄ってきたものである。

唄の履歴　この唄の源流は、関東地方一円の主要街道を往来する駄賃付け馬子たちが、東北地方の博労《ばくろう》の「夜曳き唄《よびきうた》」（⬇一七七ページ）をまねて口ずさんでいた「馬子唄」である。それに、追分《おいわけ》宿《じゅく》（長野県北佐久郡軽井沢町追分）の飯盛り女《めしもりおんな》たちが三味線の伴奏を加え、酒席の唄「追分節」（⬇三八一ページ）となった。「追分節」と「馬子唄」の違いは、三味線伴奏を加えたか、加えていないかというところにある。

その「追分節」が江戸時代後期に日本中で大流行すると馬子たちも覚え、碓氷峠を往来する駄賃付け馬子も、馬を曳きながら、流行《はや》り唄の「追分節」を唄った。したがって、『碓氷馬子唄』は、馬子唄→酒席の唄→馬子唄と変化したもので、その点、長野県側の『追分宿馬子唄』（三七五ページ）と同じである。

その唄を樺沢芳勝《かばさわよしかつ》（勢多郡富士見村小暮）が、一九六二、六三年頃、キングレコードに吹き込んだ。しかし、同人の『上州馬子唄』（二七七ページ）の陰に隠れて、名曲のわりには普及していない。

なお、樺沢は駄賃付け馬子をしていたが、のちに三浦為七郎に『江差追分《えさしおいわけ》』を習っているので、この唄の声の使い方は追分調になっている。

節まわしの型　今日広く唄われている節まわしは、樺沢芳勝のものである。

草《くさ》津《つ》節《ぶし》

〽①草津《くさつ》よい所《とこ》　一度《いちど》はおいで
（アァドッコイ　ショー）
お②湯《ゆ》の中《なか》にもコーリャ　花《はな》が咲《さ》くヨー
〔唄い手・はやし手〕
チョイナ　チョイナー

〽草津《くさつ》よい所《とこ》　③白根《しらね》の麓《ふもと》
暑《あつ》さ④知《し》らずの　風《かぜ》が吹《ふ》く

〽草津《くさつ》よい所《とこ》　里《さと》への土産《みやげ》
袖《そで》に⑤湯花《ゆばな》の　香《か》が残る

〔以上二首、平井晩村作〕

〽夏《なつ》の暑《あつ》さも　白根《しらね》(知らね)で暮《く》らす
草津《くさつ》よい所《とこ》　湯《ゆ》の名所《めいしょ》

〽草津《くさつ》よい所《とこ》　夏来《なつき》てみれば
軒場近《のきばちか》くに　四季《しき》の花《はな》

〽お医者様《いしゃさま》でも　草津《くさつ》の湯《ゆ》でも
⑥惚《ほ》れた病《やまい》は　治《なお》りゃせぬ

〽⑦惚《ほ》れた病《やまい》も　治《なお》せば治《なお》る
好《す》いたお方《かた》と　⑧添《そ》や治《なお》る

〽朝《あさ》の湯煙《ゆけむり》　夕《ゆう》べの湯靄《ゆもや》
草津《くさつ》湯《ゆ》の町《まち》　夢《ゆめ》の町《まち》

〽⑨忘《わす》れしゃんすな　草津《くさつ》の道《みち》を
南《みなみ》⑩浅間《あさま》に　西白根《にししらね》

〽馬子《まご》の⑪追分《おいわけ》　浅間《あさま》は焼《や》けて
暮《く》れる草津《くさつ》に　湯《ゆ》の煙《けむり》

〽浅間山《あさまやま》ほど　胸《むね》をば焼《や》けど
主《ぬし》は白根《しらね》(知らね)の　峰《みね》の雪《ゆき》

〽積《つ》もる想《おも》いと　草津《くさつ》の雪《ゆき》は
融《と》けるあとから　花《はな》が咲《さ》く

〽尽《つ》きぬ想《おも》いの　浅間《あさま》の煙《けむり》
なぜか草津《くさつ》が　忘《わす》られぬ

〽暑《あつ》さ白根《しらね》(知らね)の　山風《やまかぜ》受《う》けて
草津娘《くさつむすめ》の　夕涼《ゆうすず》み

〽⑫錦織《にしきお》りなす　野末《のずえ》を見《み》れば
晴《は》れた浅間《あさま》に　煙立《けむりた》つ

〽春《はる》は嬉《うれ》しや　降《ふ》る淡雪《あわゆき》に
浮《う》いた姿《すがた》が　目《め》に残《のこ》る

〽草津《くさつ》よい所《とこ》　紅葉《もみじ》の名所《めいしょ》
紅《べに》の流《なが》れる　お湯《ゆ》の川《かわ》

〽草津名物《くさつめいぶつ》　紅葉《もみじ》につつじ
可愛《かわ》い鈴蘭《すずらん》　ほととぎす

〽草津湯《くさつゆ》の香《か》は　ほんのり薫《かお》る
山《やま》や谷間《たにま》の　木《こ》の葉《は》まで

〽明日《あす》はお立《た》ちか　今宵《こよい》が限《かぎ》り
病《やまい》治《なお》した　湯《ゆ》が憎《にく》い

〽⑬上州草津《じょうしゅうくさつ》は　恋《こい》しうてならぬ
人目《ひとめ》離《はな》れた　山《やま》の中《なか》

〽⑭チョイナチョイナで　草津《くさつ》は明《あ》けて
⑮揉《も》んだ揉《も》んだで　日《ひ》が暮《く》れる

〽白根《しらね》お山《やま》は　煙《けむり》が便《たよ》り
主《ぬし》の草津《くさつ》は　湯《ゆ》が便《たよ》り

〽ちょいと触《さわ》れば　揺《ゆ》らいでみせて
心許《こころゆる》さぬ　揺《ゆ》るぎ岩《いわ》

〽草津恋《くさつこい》しと　海山越《うみやまこ》えて
逢《あ》いに来《き》たかよ　山燕《やまつばめ》

〽草津恋《くさつこい》しと　幾山越《いくやまこ》えて
羽《はね》を休《やす》める　渡《わた》り鳥《どり》

〽明《あ》けりゃ湯煙《ゆけむり》　暮《く》れれば湯靄《ゆもや》
草津湯《くさつゆ》の町《まち》　湯《ゆ》の香《かお》り

〽夢《ゆめ》もほのかな　思《おも》い出残《でのこ》す
明《あ》けて草津《くさつ》の　涙雨《なみだあめ》

〽草津湯《くさつゆ》の町《まち》　湯靄《ゆもや》の中《なか》に
月《つき》もおぼろの　物思《ものおも》い

〽白根登《しらねのぼ》れば　お花《はな》の畑《はたけ》
草津町《くさつまち》には　⑯湯《ゆ》の畑《はたけ》

〽草津恋《くさつこい》しや　あの湯煙《ゆけむり》に
浮《う》いた姿《すがた》が　目《め》に残《のこ》る

〽草津名物《くさつめいぶつ》　⑰湯揉《ゆも》みの時間《じかん》
待《ま》てば⑱湯長《ゆちょう》が　合図《あいず》する

〽湯揉《ゆも》みはやすか　山《やま》ほととぎす
草津千軒《くさつせんげん》　靄《もや》の中《なか》

〽主《ぬし》は⑲白旗《しらはた》　わしゃ⑳熱《ねつ》の湯《ゆ》よ
㉑千代《ちよ》の契《ちぎ》りを　㉒松《まつ》のお湯《ゆ》

〽湯揉《ゆも》み調子《ちょうし》に　馴《な》れたる頃《ころ》は
旅《たび》の日数《ひかず》が　満《み》ちてくる

〽わしの湯長《ゆちょう》は　小粋《こいき》なお方《かた》
酸《す》いも辛《から》いも　揉《も》み分《わ》ける

〽きつい㉓時間湯《じかんゆ》　㉔地蔵《じぞう》の慈悲《じひ》か
そっと浸《ひた》れば　夢心地《ゆめごこち》

注①➡解説。
②温泉のお湯。
③白根山。群馬県北西端の草津町と長野県上高井郡高山村の境にそびえる山（二一五〇メートル）。
④本来は「知らず」。のちに、「白根」に「知らね」を掛けた歌詞が多数作られたため、「知らね」とも唄われている。
⑤湯の花。温泉中に含まれている鉱物質の成分が沈澱したもの。草津温泉のは硫黄分。
⑥⑦「恋の病」とも。
⑧「添えや」の略。
⑨四五三ページ中段の歌詞の替え唄。

⑩浅間山。白根山の南方、吾妻郡嬬恋村《つまごい》と長野県北佐久郡軽井沢町の境にそびえる火山（二五六八メートル）。
⑪追分節。正しくは「馬子唄」。
⑫金銀糸や色糸などを縦横に交差させて美しい模様を織り出した、厚手の絹織物。ここでは、紅葉・黄葉の美しいことをいう。
⑬上野《こうづけ》の国（旧国名）の別称。現群馬県全域。
⑭はやし詞から、『草津節』を唄って、の意。
⑮「湯揉み」をすること。⬇解説。
⑯湯畑。草津温泉の中央部にある源泉。湧出した湯は、七本ほどの、長い、板の樋の中を流れている。この樋で湯温を下げて、各旅館へ送られる。樋に付着した湯の花（硫黄分）は、江戸時代より土産品として売り出され、現在の採取量は年間約五トン。
⑰⑱⬇解説。
⑲白旗の湯。湯畑のそばにある共同浴場。源頼朝が入湯したと伝えられる。
⑳湯畑のそばにある浴場。現在、観光のための湯揉みと踊りのショーを、一日五、六回行っている。
㉑千年後までもという約束を。共同浴場の「千代の湯」を掛ける。ここでは、現在も時間湯を行っている。
㉒共同浴場。以前は時間湯が行われていた。「待つ」を掛ける。
㉓⬇解説。
㉔共同浴場の「地蔵の湯」を掛ける。ここでは、現在も時間湯を行っている。

群馬県の仕事唄・お座敷唄。群馬県の北西端、それも白根山の山裾《やますそ》に開けた日本三名湯の一つ、草津温泉（吾妻郡草津町）で、入湯客たちが湯揉《ゆも》みをしながら唄ってきたものである。また、それを芸者衆がお座敷唄に用いている。

草津温泉は、一一九三年に源頼朝が三原野へ狩りにきた折りに発見されたといわれる。湯質は無色透明の、酸味や硫化水素臭の濃い硫黄泉で、摂氏六四度という高温の湯が涌いている。そのため、入湯するには四五～四六度まで下げなければならないが、水を加えてうめたのでは湯の効能が薄れてしまうので、湯をかきまわして温度を下げて入湯するようになった。しかし、それでもかなり熱く、入湯客の中には体に晒布《さらし》を巻きつけたり、足袋《たび》をはいたりして入る者も現れたが、これが逆効果で、火傷《やけど》をおう者まで出てきた。そこで、江戸時代末期から、一日四回、午前七時と一一時、午後三時と七時から三分間ずつ時間を限って入湯する、「時間湯」の制度が決められた。そうなると、入湯客に指示を与える者が必要になる。それが「湯長《ゆちょう》」である。湯長は、草津の湯に詳しい人が務め、その給金は町と入湯客でまかなうことにした。こうした「時間湯」制度の湯は草津に六ヶ所あったが、一九六九年三月には二ヶ所に減ってしまった。

さて、入湯時刻近くなり、湯長が豆腐屋のラッパのようなものを吹くと、入湯客が集まってくる。その数は三〇人から四〇人、多い時は二百人にもなる。湯船の周囲に集まった入湯客は、酸に強い松の板（長さ一八〇センチ、幅一八センチ、厚さ二センチほど）を渡され、湯長の拍子木を合図に一斉に揉み始める。そして、一〇人が一首ずつ唄を唄うと、再び拍子木が鳴り、湯船の湯を桶で汲んで三〇杯ほど頭にかけてから、全員が同時に入湯する。三分間たつと、また拍子木が鳴って湯船より出る。この一回の入湯を「一本」と呼び、四、五本まで行われる。しまいのほうでは、熱い湯に入れない者も入ることができた。

その入湯客が、湯を松板で揉みながら『草津節』を唄ってきたのである。湯揉みは、観光ショーでは歌詞一首分で板を一一回上下させ、歌詞九首で四分間ほどかかる速さである。

別名　草津湯揉み唄（⬇補足）。

唄の履歴　この唄の源流は、埼玉県地方の「甚句《じんく》」である。それは、のちに「機織《はたお》り唄」に転用されたが、一九一五年に草津へ湯治に来た、この地方の農民たちが湯揉みの時にその機織り唄を唄った。当時、草津では、湯揉みには『越中オワラ節』あり、『佐渡おけさ』ありで、まちまちであった。その中で、この「機織り唄」は、俗に「バッタン」と呼ばれる織機のリズムに合わせて唄うもので、湯揉みに合い、しかも節は日本中に広まっている「甚句」だけに、誰にでもすぐ唄える。そこで、まず「千代の湯」ではやり始め、たちまち周辺の湯で大流行して、草津の湯揉みはこの唄一色になっていった。

なお、「お座敷唄」（芸者節）のほうは、一九一五年に草津の芸者竹寿《たけじゅ》が三味線の伴奏をつけて整えたものである。

節まわしの型　今日広く唄われている節まわしは、「仕事唄」（湯揉み節）は草津温泉の観光ショーの湯揉みの唄、「お座敷唄」（芸者節）は草津芸者のものである。

補足　この唄には「草津節」と「草津湯揉み唄」の、二通りの呼び方がある。前者が「お座敷唄」、後者が湯を揉む折りの「仕事唄」と区別ができる。ところが、草津にはもう一曲、「ヨホホイ」が挿入される『草津ヨホホイ節』があり、これを「草津湯揉み唄」と呼ぶ人たちがいるため、『草津節』の「湯揉み唄」と混同してしまう。そこで、これからはそれぞれの唄の特徴となっている「ドッコイショ」と「ヨホホイ」を曲名に起用して、「草津ドッコイショ節」（お座敷唄）・「草津湯揉み唄」（仕事唄）・「草津ヨホホイ節」と呼ぶことで区別するのがよいであろう。

草津《くさつ》ヨホホイ節《ぶし》

〽草津《①くさつ》よい所《とこ》ョォホホーイ　里《さと》への土産《みやげ》ヨー
　袖《そで》に湯花《②ゆばな》のョォホホーイ　香《か》が残《のこ》るトカヨ
　ー
（ハァヨイ　ヨイ）
（ハァドッコイサ　ヨイ　ヨイ）
〔平井晩村作〕
☆〔歌詞は『草津節』と共通〕

注①⬇解説。
②湯の花。温泉中に含まれている鉱物質の成分が沈澱したもの。草津温泉のは硫黄分。

群馬県のお座敷唄。群馬県の北西端、白根山の山裾《やますそ》にある名湯、草津温泉（⬇前項）の芸者衆が、湯治客相手の宴席で唄ってきたものである。

別名　草津湯揉《ゆも》み唄（⬇後記）。

唄の履歴　この唄の源流は不明であるが、「ヨホホイ」が入るのは千葉県下の念仏踊りの特徴であるから、この地方の唄だったようである。その唄を東京商船学校（現東京商船大学）の学生たちが、一九一五年に草津温泉に来て、湯揉みの折りや酒席で盛んに唄った。それに、草津の芸者竹寿《たけじゅ》が三味線の伴奏をつけて、お座敷唄にした。

ところが、その唄に「草津湯揉み唄」と命名したため、現在、湯船の湯を揉みながら唄う『草津節』（はやし詞「ドッコイショ」が入る。⬇前項）と紛らわしくなった。したがって、この唄の曲名は、歌詞に添える「ヨホホイ」によってつけられた『草津ヨホホイ節』を用いるほうがよい。

節まわしの型　今日広く唄われている節まわしは、草津芸者のものである。

上州《じょうしゅう》田植《たう》え唄《うた》

朝　唄

問い掛け唄〔問い掛け手〕
〽朝露《あさつゆ》に　髪《かみ》（ホォイ）結《ゆ》い上《あ》げて　ヤァハ
　ーノ花摘《はなつ》めば

返し唄〔返し手〕
花摘《はなつ》めば　小《①こ》づ（ホォイ）まが濡《ぬ》れて　ヤ
　アハーノ花摘《はなつ》めぬ
（ハァー　まだ　まだ）

朝　唄

〽田《た》の神《かみ》が　馬鍬《②まんが》の上《うえ》に　お乗《の》りやる
　お乗《の》りやる　秋穂《あきほ》にいでて　ゆさゆさと
〽今日《きょう》の田《た》の　田主《③たろうじ》が息子《むすこ》　どれがそだ
　どれがそだ　金鍔《④きんつば》大小《だいしょう》に　絽《⑤ろ》の羽織《はおり》
〽今日《きょう》の田《た》の　田主《たろうじ》が娘《むすめ》　どれがそだ
　どれがそだ　小袖《⑥こそで》の着物《きもの》に　綾襷《⑦あやだすき》
〽今日《きょう》の田《た》の　田主殿《たろうじどの》の　駒《こま》はどれ
　駒《こま》はどれ　栗毛《⑧くりげ》の駒《こま》よ　あの肥《こ》えた

昼　唄

〽今日《きょう》の日《⑨ひ》の　時打《ときう》つ鐘《かね》は　いくつ打《う》つ
　いくつ打《う》つ　七《なな》つも八《や》つも　九《ここの》つも
〽日照《ひて》るとも　蓑笠《みのかさ》持《も》てよ　二之宮《⑩にのみや》の
　二之宮《にのみや》の　根笹《ねざさ》の露《つゆ》が　雨《あめ》と立《た》つ
〽十七《⑪じゅうしち》を　使《つか》いに出《だ》せば　橋《はし》がない
　橋《はし》がない　我《わ》が身《み》を橋《はし》に　渡《わた》らせる
〽十七《じゅうしち》が　柳《やなぎ》の下《した》で　糸取《⑫いとと》れば
　糸取《いとと》れば　柳《やなぎ》の露《つゆ》で　縒《よ》れてくる
〽十七《じゅうしち》が　柳《やなぎ》の下《した》で　糸縒《いとよ》れば
　糸縒《いとよ》れば　柳《やなぎ》が色目《いろめ》で　縒《よ》れかかる

〽十七《じゅうしち》が　向《む》かいの土手《どて》で　⑬布晒《ぬのさら》す
布晒《ぬのさら》す　布《ぬの》を晒《さら》さで　身《み》を晒《さら》せ

〽十七《じゅうしち》の　植《う》えたる苗《なえ》は　⑭早稲《わせ》もよい
早稲《わせ》もよい　早稲《わせ》もよいが　⑮中稲《なかせ》(泣かせ)
よい

〽山奥《やまおく》の　薊《あざみ》の花《はな》が　いくつ咲《さ》く
いくつ咲《さ》く　七《なな》つも八《や》つも　九《ここの》つも

〽⑯山陰《やまかげ》の　薊《あざみ》の花《はな》は　幾重咲《いくえさ》く
幾重咲《いくえさ》く　七重《ななえ》も八重《やえ》も　九重《ここのえ》も

〽⑰鎌倉《かまくら》の　⑱八《や》つ棟造《むねづく》り　なんで葺《ふ》く
なんで葺《ふ》く　⑲檜《ひのき》と⑳椹《さわら》　㉑柿葺《こけらぶ》き

〽㉒利根《とね》越《こ》えて　㉓八幡《やわた》の森《もり》の　八重桜《やえざくら》
八重桜《やえざくら》　八重《やえ》には咲《さ》かぬ　㉔九重《ここのえ》に

〽葦《あし》の根《ね》の　そよめく中《なか》で　寝《ね》たいもの
寝《ね》たいもの　花茣蓙《はなござ》敷《し》いて　その上《うえ》に

夕　唄

〽日《ひ》の暮《く》れに　浜辺《はまべ》を㉕行《ゆ》けば　千鳥鳴《ちどりな》く
千鳥鳴《ちどりな》く　も㉖一《ひと》つ鳴《な》け千鳥《ちどり》　声競《こえくら》べ

〽夕暮《ゆうぐ》れに　浜辺《はまべ》を㉗行《ゆ》けば　千鳥鳴《ちどりな》く
千鳥鳴《ちどりな》く　妻恋《つまこ》い恋《こ》いと　三声鳴《みこえな》く

注
①小褄。着物の裾《すそ》の、左右の端。
②すき起こして水を引いた田の土を、牛馬に曳《ひ》かせて砕き、どろどろにするための農具。約一メートルの横木の下に、長さ約二〇センチの鉄の歯を十本ほどつけたもの。まぐわ。
③「たろうじ」は「たあるじ」の訛り。諸歌詞集では「太郎次・太郎治」の字をあてているが、不適。
④金の鍔のついた、長い刀と短い刀。
⑤縦糸と横糸をからませて透き目を作った、絹の織り物。
⑥袖が小さく、袖下が丸い着物。男女の普段着。
⑦背中で斜めに交差するように掛けた襷。
⑧黒みをおびた茶色の毛の馬。
⑨「田の」とも。
⑩前橋市二之宮町にある二之宮赤城神社。
⑪十七歳の娘。年頃の娘のこと。
⑫糸をつむげば。
⑬布を水洗いし、日光に当てて白くする。
⑭稲の品種で、早期に実るもの。
⑮なかて。稲の品種で、標準時期に実るもの。
⑯「利根越えて　八幡の桜」とも。
⑰鎌倉御所。鎌倉幕府の将軍の邸宅。
⑱〔「八」は実数ではなく〕棟がいくつもあって、形が複雑な造りになっている屋根。
⑲ヒノキ科の常緑高木。日本の特産種。福島県以南の山地に自生。高さ三〇～四〇メートル。材は淡黄色で芳香があり、建材・家具等に用いる。
⑳ヒノキ科の常緑高木。岩手県以南の山地に自生。檜に似る。高さ三〇～四〇メートル。材は建材・桶・器具等に用いる。
㉑四角の、小さな、薄い板を重ね合わせて屋根を葺くこと。
㉒利根川。群馬県北部の山地に発して南流し、関東平野の中央部を南東流して、千葉県銚子市の北東で太平洋へ注ぐ川（約二九八キロ）。長さ、日本第二。
㉓八幡宮の森。
㉔九重に重なって咲く意に、宮中に咲くの意を掛ける。
㉕「見れば」とも。
㉖「もっと・また・やよ」とも。
㉗「見れば」とも。

群馬県の仕事唄。群馬県南東部の農村で、農民たちが田植えの折りに唄ってきたものである。

唄の履歴　この唄の源流は不明である。しかし、同系の唄は、近畿地方を中心に、西は香川県・鳥取県あたり、中部地方は富山県・新潟県・山梨県、そして関東地方は神奈川県・群馬県下に点在している。各地に共通して伝わる歌詞は、

〽おもしろや　京には車　淀《よど》に舟
淀に舟　桂の里の　鵜飼《うか》い舟

〽鶴の子の　育ちはどこじゃ　八幡山《やわたやま》
八幡山　八幡の森の　松の枝

〽日の暮れに　浜辺を行けば　千鳥鳴く
千鳥鳴く　も一つ鳴け千鳥　声競べ

の三首である。一首目の歌詞は「閑吟集」（一五一八年刊）にも載っていて、これらの唄は室町小歌の一種らしい。

右の歌詞中の「京」は現京都市の中心部、「車」は牛車《ぎっしゃ》のことである。「淀」は現京都市伏見区の淀地区、桂川下流の東岸にあった河港のこと、「桂の

里」は現西京区桂辺りで、桂川中流の西岸のことである。また、「八幡山」は、淀の南方、現八幡市にある男山のことで、山頂に石清水八幡宮《いわしみずはちまんぐう》がある。そして、これらの唄には、近畿地方では「ソーヨノ」や「ソーヤノ」が挿入されるが、節まわしもほぼ同じである。

これらのことを考え併せると、この田植え唄は、京・大坂の、それも桂川・淀川筋で生まれた唄で、田植えの音頭取りを専業とする一団が、かつては存在していてこの唄を持ち歩き、各地の田植えの指揮をとっていたらしい。群馬県下の唄は、その人たちが北陸路を通って、三国《みくに》峠越えに群馬県下へ持ち込み、関東平野を横切って現神奈川県小田原市へ、さらに山梨県南都留《つる》郡忍野《おしの》村へと伝えたものであろう。

その『上州田植え唄』、土地により多少節まわしが異なるが、大同小異である。今日広く唄われているのは、勢多郡富士見村小暮の樺沢芳勝《かばさわよしかつ》が、同県人で民謡研究家の町田佳聲《かしょう》の勧めで復元したもので、初放送は、一九五七年六月一六日、ラジオ東京（現東京放送）の「民謡お国自慢」でであった。その時は三味線に太鼓まで加えられていたが、しだいに尺八か横笛の伴奏にまとめられていった。

なお、『上州田植え唄』の場合は、歌詞が「朝唄」「昼唄」「夕唄」の三つに分かれている（節は同じ）。「朝唄」は田の神を田圃《たんぼ》へ招く、あるいは、その日の田植えの成功を祈るような歌詞である。「昼唄」は、仕事が、単純ながらきついので、男女関係のことや、早乙女《さおとめ》をからかうような、植え手たちの関心の強い事柄である。そして「夕唄」は、田の神に、今日一日の仕事が無事に済むことを感謝するもので、特に「帰る」「終わる」や、「夕暮れ」「日暮れ」のような語が含まれる歌詞である。これは、古い時代の「田植え唄」が持つ特徴である。

節まわしの型　今日広く唄われている節まわしは、樺沢芳勝のものである。

上《じょう》州《しゅう》馬《ま》子《ご》唄《うた》

〽①三国峠《みくにとうげ》で　ハァー烏《からす》にヨー　ハァー鳴《な》かれ
（ハイイ　ハイト）
嬶《かか》が②身持《みも》ちでヨー　ハァー気《き》が揉《も》める
（ハァイ　ハイト）

〽山《やま》で床取《とこと》りゃ　木《き》の根《ね》が枕《まくら》
落《お》ちる木《こ》の葉《は》が　夜具《やぐ》となる

〽③北山《きたやま》④時雨《しぐ》れて　⑤越後《えちご》は雪《ゆき》よ
あの雪消《ゆきき》えねば　逢《あ》われない

〽⑥赤城《あかぎ》時雨《しぐ》れて　⑦沼田《ぬまた》は⑧雨《あめ》か
明日《あす》は⑨水上《みなかみ》　⑩湯檜曽《ゆびそ》まで
〔畔上三山作〕

〽一夜泊《いちやど》まりの　⑪道者《どうしゃ》に惚《ほ》れて
ついちゃ行《い》かれず　泣《な》き別《わか》れ

〽可愛《かわ》い男《おとこ》に　馬方《うまかた》させて
鈴《すず》の鳴《な》るたび　出《で》てみたい

〽さても見事《みごと》な　⑫博労《ばくろ》の浴衣《ゆかた》
肩《かた》にゃ⑬鹿毛《かげ》馬《うま》　⑭裾栗毛《すそくりげ》

〽行《ゆ》くも帰《かえ》るも　この山道《やまみち》は
馬《うま》もせつなや　馬子《まご》も泣《な》く

〽⑮蚕《かいこ》あがれば　沼田《ぬまた》の城下《じょうか》
連《つ》れて行《い》くから　辛抱《しんぼ》しな

注
①群馬県利根郡みなかみ町と新潟県南魚沼市湯沢町の境にある峠（一二四四メートル）。三国街道が通じている。
②妊娠しているので。
③金北山。佐渡島の中央部にある（一一七二メートル）。この歌詞は、本来、佐渡島のもの。
④初冬の雨が、しばらくの間激しく降ってはやみ、降ってはやみして。
⑤旧国名。佐渡島を除く現新潟県全域。
⑥赤城山（一八二八メートル）。群馬県の中央部にそびえる。
⑦現沼田市。旧城下町で、三国街道の宿場町。
⑧一般に「雨よ」と唄われているが、今いる所は赤城山付近だから、沼田のことは推量形になる。
⑨現利根郡みなかみ町。温泉で有名。
⑩現みなかみ町内。一八七四年に開通した清水峠越え道路沿いの宿場。
⑪仏道を修行する人。
⑫牛馬の仲買いを職業とする人。獣医を兼ねる人もいる。
⑬鹿のような、茶褐色の毛の馬の図柄。「黒鹿毛」と

も。
⑭裾模様は、黒みをおびた茶色の毛の馬の図柄だ。
⑮蚕が繭になったら。

群馬県の仕事唄。三国《みくに》街道を往来する駄賃付け馬子たちが、馬の背に人や荷物をのせて、歩きながら唄ってきたものである。三国街道は、群馬県を東西に二分する利根《とね》川に沿って北上し、三国峠越えに越後《えちご》（新潟県）へ入り、長岡に至る街道である。運ぶ荷物は、赤城の氷や、越後の米・酒・わかめなどであった。

唄の履歴　この唄の源流は、旧南部藩領（岩手県中央部から青森県東部一帯）の博労《ばくろう》たちが、馬市などへの往来に唄っていた「夜曳《よび》き唄」（⬇一七七ページ）である。それが博労仲間によって東北地方一円へ広まり、のちには関東地方の主要街道で副業として駄賃付けをしていた農民たちの間に広まっていった。その上州化したものが『上州馬子唄』である。

上州の馬子唄には、かつては種々の節まわしがあったものと思われる。そのうちの勢多《せた》郡桂萱《かいがや》村上泉（現前橋市内）の博労、観音トク（一八六五年頃の生まれ）が唄っていたものを、同郡富士見村小暮の駄賃付け馬子樺沢芳勝《かばさわよしかつ》が覚え、実際に馬を曳きながら唄っていた。

一九三五年頃に、唄好きの樺沢は、東京の竪川《たてかわ》（現墨田区立川辺り）にあった、三浦為七郎の『江《え》差追分《さしおいわけ》』の稽古場へ出入りするようになると、それまで唄ってきた「馬子唄」に、周囲の人たちの勧めで『上州馬子唄』と命名した。

その『上州馬子唄』が一九五七年六月一六日のラジオ東京（現東京放送）「民謡お国自慢」で樺沢芳勝（尺八神山天水）によって電波に乗った。出演を勧めたのは、同県人で民謡研究家の町田佳聲《かしょう》であったが、この時の歌詞は「〽可愛い男に…」と「〽さても見事な…」である。今日よく知られている「〽赤城時雨れて…」は畔上三山《あぜがみさんざん》の作で、同年八月二四日のラジオ東京「ふるさとの民謡」で、畔上が樺沢の節を借りて発表したものである。

節まわしの型　今日広く唄われている節まわしは、樺沢芳勝のものである。

上州松前《じょうしゅうまつまえ》

本唄〔唄い手〕

〽①蝦夷《えぞ》や②松前《まつまえ》　ハァやらずの雨《あめ》が
七日《なのか》ハァ七夜《ななよ》も　降《ふ》ればよい
（スイィ　スイ）

合の手〔唄い手〕

〽お前《まえ》③越後《えちご》か　わたしも越後《えちご》ヨーイトナァ
コリャお国訛《くになま》りが　出《で》てならぬ
越後《えちご》出《で》る時《とき》　涙《なみだ》で出《で》たがネー
コリャ今《いま》じゃ④越後《えちご》の　風《かぜ》も嫌《いや》
（スイィ　スイ　スイ　スイ）

注①明治以前の北海道全域の呼び名。
②旧松前藩領。現北海道南西部。
③旧国名。佐渡島を除く現新潟県全域。
④「新潟の」は誤唱。

群馬県の遊芸唄。群馬県下の家々をまわって門付けをし、また、唄好きな人の家の座敷を借りて近所の人々を集め、種々の唄を披露する遊芸人（瞽女《ごぜ》や座頭たち）が、好んで唄ってきたものである。

唄の履歴　この唄の源流は、新潟県下の『越後《えちご》追分《おいわけ》』（三九〇ページ）である。曲名の「松前」は「松前節」の略で、『越後追分』という曲名になる前の時代の呼び名であるが、上掲の「本唄」の唄い出しからの名称である。

越後の瞽女・座頭などを初めとする遊芸人たちは日本中を巡業して歩いていたが、群馬県下をも訪れてこの唄を唄いまわった。それを聞いた県下の唄好きの人たちの間に、この唄は流行《はや》り唄として広まっていった。

一九六〇年一二月一二日、樺沢芳勝《かばさわよしかつ》（勢多郡富士見村小暮）がNHKラジオでこの『上州松前』を放送した。その後、六五年一月六日に樺沢がコロムビアレコードに吹き込み、それが、のちに群馬県下へ広まった。

節まわしの型　今日広く唄われている節まわしは、樺沢芳勝のものである。

上州麦打ち唄《じょうしゅうむぎうちうた》

〽①男伊達《おとこだて》なら（ホイ）　あの②利根川《とねがわ》のヨー
（ハァドッコイ　ドッコイ　ドッコイ
ドッコイ）
水《みず》の流《なが》れを（ホイ）　ヤレ止《と》めてみなヨー

（ハァドッコイ　ドッコイ　ドッコイ
ドッコイ）

〽③赤城山《あかぎやま》から　谷底《たにそこ》見《み》れば
瓜《うり》や茄子《なすび》の　花盛《はなざか》り

〽雨《あめ》は降《ふ》ってくる　庭《にわ》の薪《まき》や濡《ぬ》れる
背中《せなか》じゃ餓鬼《がき》や泣《な》く　飯《めし》や焦《こ》げる

〽ねじり鉢巻《はちま》き　④棒打《ぼうう》ちゃ軽《かる》い
唄《うた》う若《わか》い衆《しゅ》は　声高《こえたか》らかに

〽可愛《かわ》い男《おとこ》は　どこへもやらぬ
⑤佐渡《さど》や⑥松前《まつまえ》　なおやらぬ

〽唄《うた》じゃ⑦松坂《まつざか》　男《おとこ》は気立《きだ》て
花《はな》じゃ⑧吉野《よしの》の　⑨糸桜《いとざくら》

〽赤城山《あかぎやま》から　⑩沼田《ぬまた》を見《み》れば
沼田煙草《ぬまたたばこ》は　花盛《はなざか》り

〽なんだこの⑪阿魔《あま》　夕立《ゆうだ》ち阿魔《あま》め
降《ふ》られる（振られる）覚悟《かくご》で　蓑《みの》と笠《かさ》

〽赤城山《あかぎやま》から　春風吹《はるかぜふ》けば
麦《むぎ》も盛《さか》りに　青々《あおあお》⑫ほきる

〽風《かぜ》はそよそよ　日和《ひより》も続《つづ》く
麦《むぎ》は波打《なみう》つ　黄金《こがね》に実《みの》る

〽主《ぬし》が唄《うた》えば　調子《ちょうし》が揃《そろ》う
調子揃《ちょうしそろ》えば　麦《むぎ》よく⑬落《お》ちる

〽⑭棒《ぼう》の軽《かる》さよ　調子《ちょうし》のよさよ
娘相手《むすめあいて》の　麦打《むぎう》ち仕事《しごと》

〽生《う》まれながらに　頭《あたま》を上《あ》げて
人《ひと》の肩越《かたこ》す　麦《むぎ》の丈《たけ》

注①男としての面目を立てるために、意地や見栄を張ったり、強きをくじき、弱きを助けたりする人。
②群馬県北部の山地に発して南流し、関東平野の中央部を南東流して、千葉県銚子市の北東で太平洋へ注ぐ川（約二九八キロ）。長さ、日本第二。
③群馬県の中央部にそびえる山（一八二八メートル）。
④唐竿を振るって麦打ちをすること。
⑤新潟県の佐渡島。ここでは相川金山をさす。
⑥旧松前藩領。ここでは北海道全域をさす。
⑦越後松坂（三九三ページ）。
⑧吉野山。現奈良県吉野郡吉野町の、桜の名所。
⑨枝垂れ桜。
⑩現群馬県沼田市。旧城下町で、三国街道の宿場町。
⑪女をののしっていう語。
⑫茂る。
⑬麦の粒が穂から放れて落ちる。
⑭くるり棒（唐竿）。

群馬県の仕事唄。群馬県の中東部、勢多《せた》郡地方の農民たちが、麦打ちをしながら唄ってきたものである。麦打ちは「棒打ち」ともいい、唐竿《からざお》（くるり棒）を用いて麦の脱穀をする作業のことである（⬇三五三ページ）。

唄の履歴　この唄の源流は不明であるが、節の感じでは、地固め唄を転用したものらしい。

一九五七年六月一六日、その唄を樺沢芳勝《かばさわよしかつ》（勢多郡富士見村小暮）が、ラジオ東京（現東京放送）の「民謡お国自慢」で初放送した。伴奏は三味線藤本秀夫・尺八神山天水・太鼓畔上三山《あぜがみさんざん》で、曲名は「棒打ち唄」であった。

それがしだいに広まって、昭和三〇年代（一九五五～）後半には広く唄われるようになった。そして、曲名も『上州麦打ち唄』にと統一されていった。

節まわしの型　今日広く唄われている節まわしは、樺沢芳勝のものである。

利根川舟唄《とねがわふなうた》

〽吹《ふ》けよ川風《かわかぜ》　あがれよアァ簾《すだれ》
①あがるお客《きゃく》の　アァ顔見《かおみ》たい

〽しばしの別《わか》れに　②鳴海《なるみ》の浴衣《ゆかた》
未練涙《みれんなみだ》の　③玉絞《たましぼ》り

〽船《ふね》が着《つ》く着《つ》く　④赤岩《あかいわ》の⑤河岸《かし》に
船《ふね》は帆掛《ほか》けて　⑥のぼり込《こ》む

〽⑦船《ふね》の小縁《こべり》に　両手《りょうて》をついて
主《ぬし》は今日《きょう》出《で》て　いつ⑧のぼる

〽船《ふね》は帆《ほ》まかせ　帆《ほ》は風《かぜ》まかせ
わたしゃあなたに　身《み》をまかせ

〽⑨月《つき》を眺《なが》めた　その天罰《てんばつ》で
めぐる⑩因果《いんが》の　⑪火《ひ》の車《くるま》

〽前《まえ》は⑫利根川《とねがわ》　後《うし》ろは⑬広瀬《ひろせ》
なぜかわたしは　川《かわ》の中《なか》

〽行《ゆ》こか⑭深谷《ふかや》へ　帰《かえ》ろか⑮境《さかい》
ここが思案《しあん》の　⑯中瀬橋《なかぜばし》

〽船《ふね》の船頭《せんど》に　真《まこと》があらば
立てた帆柱《ほばしら》に　花《はな》が咲《さ》く

〽船《ふね》はチンコロ⑰でも　炭薪《すみまき》ゃ積《つ》まぬ
積《つ》んだ荷物《にもつ》は　米《こめ》と酒《さけ》

五字冠り

〽筏乗《いかだの》り
⑱実《じつ》で乗《の》るのか　浮気《うわき》で乗《の》るか
浮気《うわき》ゃ流《なが》して　実《じつ》で乗《の》る

注①遊廓に。「中の」とも。
②鳴海絞り。「有松絞り」とも。現愛知県名古屋市緑区の鳴海・有松地方で生産される絞り染め。木綿を藍で染めたもので、浴衣・手ぬぐい・兵庫帯《へこおび》などにする。
③絞り染めの柄で、水玉模様に染めることらしい。
④現邑楽郡千代田町の地名。
⑤船着き場。
⑥上流へ向かって、勢いよく進むこと。
⑦船の両側のへり。船べり。船端。
⑧川を上流へ向かって進む。ここでは、今いる船着き場に戻ってくること。「戻る」とも。
⑨放浪した。
⑩原因と結果。
⑪経済状態のひどく悪いこと。
⑫群馬県北部の山地に発して南流し、関東平野の中央部を南東流して、千葉県銚子市の北東で太平洋へ注ぐ川（約二九八キロ）。長さ、日本第二。
⑬前橋市北西部の、利根川に架かる阪東橋際から前橋市・伊勢崎市を南東流し、伊勢崎市境で利根川へ注ぐ川（約二・八キロ）。
⑭現埼玉県深谷市。中山道の旧宿場町。
⑮現伊勢崎市境。日光例幣使街道の旧宿場町。
⑯現深谷市北西部の、利根川に架かる上武大橋付近にあった橋。
⑰「チンチロでも」「チャンコロでも」とも。ちっぽけでも。
⑱まごころで。

群馬県の仕事唄。群馬県の南東部、それも利根川の北岸にあって、日光例幣使街道の宿場としてもにぎわった境（伊勢崎市内）や、その周辺の尾島《おじま》（太田市尾島町）の砂利船《じゃりぶね》船頭たちが、船を漕《こ》ぎながら唄ってきたものである。

砂利船とは、利根川の砂利や玉石（建築用材）を運ぶ、底の平らな高瀬船で、長さが五間半（約九・九メートル）、幅が三尺三〜四寸（約九九〜一二〇センチ）ほどのものであった。これに帆が掛けてあり、船は一人で操る。その船頭の多くは前島の河岸《かし》（前島町）近くの人たちであった。日給は、大正時代の中頃で二円五〇銭（米一俵七円）ほどで、高給取りだったため、深谷《ふかや》（埼玉県深谷市）の宿場女郎たちにとっては上客であった。

なお、当時の利根川の主な河岸（船着き場）は、倉賀野（高崎市）・平塚《ひらづか》（境）・五料（佐波郡玉村町）・赤岩（邑楽《おうら》郡千代田町）などであった。

唄の履歴　この唄の源流は『江差追分《えさしおいわけ》』（三ページ）の「本唄」部分であるが、今日の節まわしほど完成していない「旧節」の時代に、北海道から本州の日本海側の港へ、船乗りたちによって伝えられた。それは、明治時代に入ってまもなくのことである。

そうした唄が日本中ではやって、利根川沿いの宿場の花柳界でも流行し、砂利船の船頭たちも艪《ろ》や棹《さお》を操りながら口ずさんだのである。その唄を、境町島村（現伊勢崎市内）の船大工、橋本悦が覚えていて、今日まで残った。

節まわしの型　今日広く唄われている節まわしは、橋本悦のものである。

八《や》木《ぎ》節《ぶし》

二六六ページ参照。

茨城県

網《あみ》のし唄《うた》

〽ハァー①のせやのせのせ（コラショ）　②大目《おおめ》の
目《め》のし
（ハァヨイのせ　ヨイのせ）
のせばのすほど（コラショ）　アレッサ目《め》が
締《し》まる
（ハァヨイのせ　ヨイのせ）

〽③小間《こま》も④十四《じゅうし》も　大目《おおめ》の網《あみ》も
切《き》れりゃ網師《あみし》の　手《て》にかかる

〽わたしゃ⑤湊《みなと》の　荒浜育《あらはまそだ》ち
波《なみ》も荒《あら》いが　気《き》も荒《あら》い

〽沖《おき》の⑥瀬《せ》の瀬《せ》で　ドンと打《う》つ波《なみ》は
みんなあなたの　度胸試《どきょうだめ》し

〽波《なみ》の花咲《はなさ》く　湊《みなと》の浜《はま》よ
あみのしう

⑦平磯《ひらいそ》⑧護摩壇《ごまだん》　⑨神楽岩《かぐらいわ》

〽沖《おき》にチラチラ　灯《あかり》が見《み》える
あれは平磯《ひらいそ》の　秋刀魚船《さんまぶね》

〽沖《おき》の⑩鰹《かつお》の　瀬《せ》の立《た》つ時《とき》は
⑪四寸厚《しすんあつ》みの　艪《ろ》がしなう

〽⑫実《じつ》の平磯《ひらいそ》　情《なさ》けの湊《みなと》
⑬男伊達《おとこだて》なら　⑭磯《いそ》の浜《はま》

注①➡解説。
②結び目の間隔が五寸（約一五㌢）から一尺（約三〇㌢）ある網。鮪漁に用いる。
③結び目が、五寸の間に二四ある網。網の目が小さく、背黒鰯の漁に用いる。
④結び目が、五寸の間に一四ある網。中・小形の鰯の漁に用いる。
⑤現ひたちなか市中心部の地名。那珂川河口の北岸一帯。
⑥潮の流れの速い所。
⑦現ひたちなか市の地名。湊の北東にある。
⑧平磯町の海岸にある、立方形の岩。その上で弘法大師が護摩を焚き、瞑想したと伝えられる。阿字石とも。
⑨護摩壇岩の近くにあった岩。神楽を舞っているような形からの呼称らしいが、崩れて、今はない。神門石とも。
⑩鰹の大群が押し寄せ、海面が、鰹で潮の流れのように見える時。
⑪艪の先の、水をかく部分の厚さが約一二㌢の。
⑫まごころ。
⑬男としての面目を立てるために、意地や見栄を張ったり、強きをくじき、弱きを助けたりすること。
⑭現東茨城郡大洗町磯浜町のこと。那珂川河口の南にある。

茨城県の仕事唄。茨城県の中東部、ひたちなか市の漁師たちが、鮪《まぐろ》の流し網漁に用いる大目網を新しく作った折りに、網を引っぱり合いながら唄ってきたものである。新調した網は、結び目の締まりぐあいが悪いので、浜辺へ持って行き、水で濡らして広げ、十人ほどで双方から引っぱり合い、結び目を固く締める。これを「網のし」という。

唄の履歴　この唄の源流は、現宮城県松島湾沿岸の漁師たちが酒席で唄ってきた「浜甚句《はまじんく》」である。「浜甚句」とは、沿岸部で唄われている甚句という意味で、『遠島《とおしま》甚句』（二〇八ページ）もその一種である。そうした唄が太平洋岸沿いに南へ広まり、漁師などによって那珂湊《なかみなと》（ひたちなか市）へも伝えられた。そして、酒盛り唄として唄われるうちに浜辺へ持ち出され、『網のし唄』にと転用された。

一九四二年一一月一五日、NHKラジオ「茨城へ送る夕」の中で、平磯（ひたちなか市平磯町）の柏平七ほか男一人、女四人が『網のし唄』を初放送した。それを、民謡研究家の町田佳聲《かしょう》が、自家用の録音機で収録した。のちにその話を聞いた、那珂湊の「磯節保存会」会長、初代谷井法童が復元しようと考えて節まわしを整理し、一九五七年三月二一日に「第一回茨城県郷土民謡大会」で発表した。場所は那珂湊商工会館で、唄は柏平七と根本竜町・坂本良次であった。谷井は、四月二八日の「網のし唄発表会」では踊りの振り付けをし、三味線・尺八・太鼓の伴奏を加えて、「磯節保存会」の有志に演じさせた。

その後、伊東律子（「磯節保存会」の唄い手）が、無伴奏で唄う、野性的で豪快な『網のし唄』を復元し、十八番にして唄うようになった。そして、それに「元唄」と名づけたが、舞台芸化されない、本来の「元唄」とも多少異なる。したがって、筆者（竹内勉）はこれを「漁師節」と呼び、三味線などの伴奏をつけるもの（「新節」にあたる）には「踊り節」と命名して区別しておく。

節まわしの型　今日広く唄われている節まわしは、「踊り節」は福田佑子のもの、「漁師節」は伊東律子のものである。

磯《いそ》原《はら》節《ぶし》

〽①末《すえ》の松並《まつなみ》　東《ひがし》は海《うみ》よ
吹《ふ》いてくれるな　汐風《しおかぜ》よ
風《かぜ》に吹《ふ》かれりゃ　松《まつ》の葉《は》さえも
オーヤこぼれ松葉《まつば》に　なって落《お》ちる

〽お色黒《いろくろ》いは　②磯原生《いそはらう》まれ
風《かぜ》に吹《ふ》かれた　汐風《しおかぜ》に
鳴《な》いてくれるな　渚《なぎさ》の千鳥《ちどり》
末《すえ》の松並《まつなみ》ァ　風晒《かざざら》し

〽波《なみ》はドンドと　小磯《こいそ》に打《う》てど
打《う》つは③徒波《あだなみ》　音《おと》ばかり
風《かぜ》にゃ晒《さら》され　波《なみ》には④揉《も》まれ
⑤沖《おき》の磯石《いそいし》ァ　⑥一人《ひとり》ぽち

〽汐《しお》は引《ひ》き汐《しお》　まだ月《つき》ァ出《で》ない
出《で》れば東《ひがし》が　白《しろ》くなる
夜明《よあ》け千鳥《ちどり》か　あの鳴《な》く⑦声《こえ》は
便《たよ》り少《すく》ない　声《こえ》ばかり

注①北茨城市磯原町にある松並木。
②➡解説。
③いたずらに立ち騒ぐ波。「荒波」は誤唱。
④「打たれ」を、雨情がのちに改めた。
⑤海岸から少し離れた海上にある石。
⑥原詞では「ひとりぽち」。「ぼっち」ではない。
⑦「磯原節全国大会」のプログラムでは「鳥は」となっている。

茨城県の、お座敷唄形式の新民謡。茨城県の北東端、北茨城市磯原町の花柳界の宴席で、芸者衆が唄ってきたものである。

唄の履歴　この唄の作詞者は磯原出身の詩人野口雨情《うじょう》（一八八二年生まれ）、作曲者は広島県呉《くれ》市出身の藤井清水《きよみ》（一八八九年生まれ）である。

一九三二年の地元の新聞「いはらき」によれば、七月一四日午後五時から磯原町公会堂で『磯原節』の披露会が行われたという。そして、翌年一月には、磯原お鯉という芸者の唄、磯原万太郎・磯原かきつの三味線伴奏によるレコード（ビクター）が発売された。しかし、これは裏面で、表面は市丸の『磯原小唄』（雨情作詞）で、藤井が二六年一〇月にすでに作曲していた唄であった。レコードが裏面ということは、当時の価値観では添えものであったから、『磯原節』は、当初は、たぶん、さして期待された唄ではなかったのであろう。先のレコードにも、さしたる反響はなかった。ちなみに、磯原お鯉の節まわしは、今日の『磯原節』と全く変わりがない。

昭和二〇年代（一九四五〜）の終わりに、日立市在住の民謡愛好者で郷土民謡協会初代理事長の煙山喜八郎が、私財を投じて磯原の花柳界のテコ入れをした。その一方、一九五七年に、東京在住の民謡家黒田幸子《さちこ》（初代）の社中と、峰村利子（初代）の社中を自宅へ招き、磯原の老妓《ろうぎ》の唄で『磯原節』の講習会を催した。その後、『磯原節』は、黒田が

NHKラジオの電波に乗せ、峰村が弟子の大塚美春に覚えさせてビクターレコードに吹き込ませ、これがきっかけで東京で広まり始めた。そして、今日では茨城県を代表する唄になっている。

節まわしの型　今日広く唄われている節まわしは、煙山喜八郎を中心に整えられた節を、那珂湊《なかみなと》（ひたちなか市）の「磯節保存会」の福田佑子や伊東律子が覚えたものである。

磯《いそ》節《ぶし》

〽①磯《いそ》で名所《めいしょ》は　②大洗様《おおあらいさま》よ
（ハァ　サイショネ）
松《まつ》が見《み》えます　ほのぼのと
《繰り返し》
（〔はやし手の一人〕松《まつ》がネ）
見《み》えますイソー　ほのぼのと
（ハァ　サイショネ）

〽③三十五反《さんじゅうごたん》の　帆《ほ》を捲《ま》き上《あ》げて
行《ゆ》くよ④仙台《せんだい》　⑤石巻《いしのまき》

〽磯《いそ》で曲《ま》⑥がり松《まつ》　⑦湊《みなと》で⑧女松《めまつ》
⑨中《なか》の⑩祝町《いわいまち》　⑪男松《おとこまつ》（待つ）

〽磯《いそ》や湊《みなと》の　⑫東雲《しののめ》烏《がらす》
来《き》ては鳴《な》いたり　鳴《な》かせたり

〽ゆらりゆらりと　寄《よ》せては返《かえ》す
⑬波《なみ》の背《せ》に乗《の》る　秋《あき》の月《つき》

〽親《おや》のない子《こ》と　浜辺《はまべ》の千鳥《ちどり》
日《ひ》さえ暮《く》れれば　⑭しおしおと

〽潮《しお》は満《み》ちくる　想《おも》いは募《つの》る
千鳥《ちどり》ばかりにゃ　鳴《な》かしゃせぬ

〽船《ふね》の戻《もど》りが　なぜ遅《おそ》かろう
ちょうど⑮いなさの　⑯送《おく》り風《かぜ》

〽⑰海門橋《かいもんばし》とは　誰《た》が⑱岩船《いわふね》の
恋《こい》の浮《う》き名《な》も　⑲辰《たつ》ノ口《くち》

〽藁《わら》の鉢巻《はちま》き　伜《せがれ》にさせて
親《おや》が連《つ》れくる　鰹釣《かつおつ》り

〽当《あ》たって砕《くだ》けて　別《わか》れてみたが
未練《みれん》でまた逢《あ》う　岩《いわ》と波《なみ》

〽磯《いそ》の鮑《あわび》を　九《ここの》つ寄《よ》せて
これが九貝《くがい》⑳（苦界）の　片想《かたおも》い

〽わずか三筋《みすじ》の　三味線《しゃみせん》さえも
逢《あ》わぬその日《ひ》の　音《ね》の悪《わる》さ

〽㉑平磯沖《ひらいそおき》から　帆《ほ》を捲《ま》き上《あ》げて
㉒那珂《なか》の川口《かわぐち》　走《はし》り込《こ》む

〽㉓実《じつ》の平磯《ひらいそ》　情《なさ》けの湊《みなと》
㉔男伊達《おとこだて》なら　㉕磯《いそ》の浜《はま》

〽波《なみ》に浮《う》かれた　㉖鰯《いわし》の色《いろ》に
沖《おき》の鷗《かもめ》が　立《た》ち騒《さわ》ぐ

〽沖《おき》にチラチラ　白帆《しらほ》が見《み》ゆる
あれは湊《みなと》の　鰹船《かつおぶね》

〽㉗水戸《みと》を離《はな》れて　東《ひがし》へ㉘三里《さんり》
波《なみ》の花散《はなち》る　㉙大洗《おおあらい》

〽行《い》こか祝町《いわいまち》　帰《かえ》ろか湊《みなと》
ここが思案《しあん》の　㉚橋《はし》の上《うえ》

〔河合花門恋夢作〕

注①現東茨城郡大洗町磯浜町の海岸部。
②大洗磯前《いそざき》神社。
③三五反の麻布で作った帆。一反は、幅二尺五寸（約七六センチ）、長さ二丈六尺（約七・九メートル）か八尺。千五百石積みぐらいの大型船の帆。

④現宮城県仙台市。伊達氏六二万石の城下町。
⑤現宮城県石巻市。旧北上川の河口に開けた港町。仙台藩の米の積み出し港であった。
⑥潮風のために曲がりくねった松。
⑦現ひたちなか市の地名。那珂川河口の北岸一帯。
⑧雌松。樹皮の赤い、赤松のこと。
⑨現大洗町磯浜町と、ひたちなか市湊の間の。
⑩現大洗町の地名。遊廓があった。
⑪雄松。樹皮の黒い、黒松のこと。男を待つ遊女がいる、の意。
⑫夜明け方、東の空が明るくなる頃に飛ぶ鳥。
⑬波の、高い部分。
⑭しょんぼりして、元気のない様子。
⑮茨城県では、南東～東の強風。
⑯帆船の進む方向へ向かって吹く風。順風。
⑰那珂川の河口にかかる橋。大洗町と、ひたちなか市を結ぶ。
⑱現東茨城郡城里町の地名。「言う」の意を掛ける。
⑲現常陸《ひたち》大宮市の地名。「立つ」を掛ける。
⑳遊女の世界。
㉑現ひたちなか市平磯町の東方の海。
㉒那珂川。栃木県北部の山地に発して南東流し、ひたちなか市と大洗町の境で太平洋へ注ぐ川（約一五〇キロ）。
㉓まごころ。
㉔男としての面目を立てるために、意地や見栄を張ったり、強きをくじき、弱きを助けたりする人。
㉕現大洗町磯浜町のこと。
㉖海面に鰯の大群が見えることをいう。
㉗現水戸市。水戸徳川家三五万石の城下町。
㉘約一一・八キロ。
㉙現大洗町。
㉚海門橋のこと。⬇注⑰。

茨城県のお座敷唄。茨城県の中東端、那珂川《なか》が太平洋へ注ぐ河口の北側に広がる那珂湊《なかみなと》（ひたちなか市）から、南側の祝町遊廓《いわいまちゆうかく》（東茨城郡大洗町）にかけての花柳界の宴席で、芸者衆が唄ってきたものである。

祝町遊廓は、文久年間（一八六一～六四）の記録によると、妓楼《ぎろう》五軒、娼妓一四人・禿《かむろ》一四人・芸者二四人・引き手茶屋の女八三人から成っていた。一九三二年でも、料理屋十数軒・置屋八軒・待合一五軒、抱え芸者五五人、酌婦にいたっては、一軒につき三人から四人はおり、その数は千人を下らなかったという。

祝町遊廓の客は、那珂湊に寄港する、東まわり航路で江戸入りする帆船の船乗りが多かったが、明治時代に帆船が消えると、今度は漁港那珂湊の漁師が客の中心になっていった。

ところで、遊廓は住民の居住地区と離して設けるので、那珂湊では那珂川の対岸の祝町に作った。そして、行政上の町の境界を那珂川にしたため、結果的に『磯節』を大洗町側へ追い払うことになった。したがって、『磯節』は、本来は那珂湊と大洗双方の唄である。

唄の履歴　この唄の源流は、越後《えちご》地方（佐渡島を除く新潟県全域）に伝わる「越後甚句《じんく》」（⬇四一六ページ）である。東京最後の瞽女《ごぜ》、足立区高野《こうや》町（現西新井本町）在住の榎本《えのもと》ふじ（一八七一年生まれ）が、一九六〇年一〇月四日に「越後甚句」を筆者（竹内勉）に唄って聞かせてくれた。それは、唄尻に「ネー」がつき、「サイショネ」というはやし詞がつく「甚句」であった。「サイショネ」は、『磯節』と『新磯節』にしか見られないはやし詞である。

榎本ふじの話によると、その「越後甚句」は現千葉県船橋市の人に習ったものであるが、筆者が聞かせてもらった時より八〇年ほど昔（一八八〇年前後）に流行したという。この流行期は、『磯節』を広めた関根安中《あんちゅう》の時代と重なるので、大洗の花柳界でも流行していた「越後甚句」が、『大洗甚句』（二八七ページ）へ、さらに『磯節』へと発展していったものと思われる。（なお、その「越後甚句」は、越後のどの地域のものであったのかは不明である。また、今日、新潟市で唄われている『新潟甚句』とは別種である。）

福島県北東部の海岸部、相馬地方には、同種の唄が『相馬節』の名で伝わっているので、「越後甚句」は海路広まったもののようであるが、東北地方の日本海側には全く痕跡《こんせき》が見当たらない。したがって、ひょっとしたら越後から東京へ、千葉県へと広まり、それから海へ出たものが、茨城県の那珂湊や福島県の原釜港などへ伝えられたと考えるほうがよさそうである。

那珂湊の芸者置屋の主人、矢吹万助（通称、下駄万）は、その流行《はや》り唄の「越後甚句」から発展した『大洗甚句』を、明治時代に今日の『磯節』にまとめあげた。旧来の『大洗甚句』は口説《くどき》で、酒席を盛り上げるための唄なので、派手で、にぎやかで、熱っぽくて、しかも速く唄うものであったと思われる。それを七七七五調に統一し、ゆったりとした踊りをつけるために、また、格調と重厚さを加えるために、ゆったりと、折り目正しく、しかもきりっと唄う節まわしに整えた。さらに、下の句（七五）を繰り返す形にした。それも、初めの三音は、「合の手」のような扱いではやし手に掛けさせ、後の四五を唄い手が唄うという、言ってみれば『大洗甚句』の「遅間《おそま》調《ちょう》繰り返しつき新節」を作り出したのである。なお、『大洗甚句』は、今日では『磯節』の中に同化されてしまい、わずかに「字あまり口説入り」のものだけが一首、『磯節』の後唄のような扱いで伝わっている（⬇二八七ページ）。

一説に、『磯節』は竹楽房（通称ちくらっぽ、本名渡辺精作）という俳諧の宗匠が作ったという話がある。しかし、俳諧師は節はいじれないので、歌詞を何首か作ったと考えればよいであろう。

その『磯節』を有名にしたのは、矢吹万助の長女金太である。ところが水戸《みと》（水戸市）にも金太という芸者がおり、この人がこの唄をレコードで広めた。しかし、日本中へ広めたのは、花柳界の三味線唄ではない、三味線に乗りにくい「浜唄」的な『磯節』の関根安中であった。

安中は本名を丑太郎《うしたろう》といい、一八七七年五月三日に現大洗町の磯浜町で漁師の息子として生まれたが、二〇歳頃に風眼で失明し、按摩《あんま》になった。ところが、一九〇七年頃に、時の横綱、水戸出身の常陸山《ひたちやま》と出会った。横綱は、力の強い按摩で、美声で、少し頭が弱い安中を幇間《ほうかん》として連れ歩いた。そして、巡業先で招かれると、客の前で『磯節』を唄わせた。かくして、『磯節』と関根安中の名は、常陸山の名声とともに日本中へ広まっていった。

さて、一八九五年に常磐線が開通して水戸がこの地方の玄関口になったため、『磯節』を生み出した那珂湊は寂れ始めた。そして、茨城日日新聞社の社長河合政善（号、河合花門恋夢《はなとれんむ》）が前掲あとから二首目の歌詞「波の花散る大洗」を作ったことや、最初の「磯で名所は大洗様よ」の文句と関根安中、そして観光地大洗が重なって、『磯節』は大洗で花を咲かせることとなった。

その後、第二次世界大戦が終わって民謡ブームが始まると、那珂湊の尺八家、初代谷井法童が、「大衆用磯節」として、三味線のほかに尺八の伴奏も加え、簡易な節まわしにまとめた。それが、福田佑子と「磯節保存会」の唄と踊りで、日本中で再流行した。

一方、大洗では、「関根よし節」が唄われている。これは、かつて現潮来《いたこ》市の花柳界で唄っていた関根よしが、大洗に戻ってきて、娘の浜久美子に覚えさせて広めたものである。筆者（竹内勉）は、一九六七年五月二一日に、その関根よし（六一歳）の唄をＮＨＫラジオの「民謡を訪ねて」用に録音した。それが、種々の民謡全集に収められて広まっている。

なお、日本各地に「新磯節」という唄があるが、これは『大洗甚句』をもじった、大正時代初期の流行《はや》り唄である。

節まわしの型　今日広く唄われている節まわしは福田佑子ら「磯節保存会」のものであるが、大洗では関根よしのものである。関根安中の節まわしは、野趣豊かな、独自のものなので、今日では唄われていない。

補足　はやし詞の「サイショネー」は「最初ネー」で、廓にあがった客が今日は最初だという意味だとする説が、まことしやかに広まっている。しかし、これは北隣りの福島県の『相馬壁塗り甚句』や、南隣りの千葉県の『イッチャ節』（ともに同系統の酒盛り唄）などで用いられている「合の手」と同種と見るほうが自然である。

潮来《いたこ》音《おん》頭《ど》

〽揃《そろ》た揃《そろ》たよ　踊《おど》り子《こ》が揃《そろ》た（アリャサ）
秋《あき》の出穂《でほ》より　よく揃《そろ》たションガーイー

《**繰り返し**》〔芸者衆〕
よく揃《そろ》た　秋《あき》の出穂《でほ》より　よく揃《そろ》たション
ガァイー

〽①潮来《いたこ》出島《でじま》の　②真菰《まこも》の中《なか》に
菖蒲《あやめ》咲《さ》くとは　しおらしや

〽ここは③加藤洲《かとうず》　④十二《じゅうに》の橋《はし》よ
行《ゆ》こか戻《もど》ろか　思案橋《しあんばし》

〽潮来《いたこ》出《で》てから　⑤牛堀《うしぼり》までは
雨《あめ》も降《ふ》らぬに　袖絞《そでしぼ》る

〽並《なら》ぶ灯《ともし》は　潮来《いたこ》の廓《くるわ》
月《つき》はおぼろの　十二《じゅうに》橋《きょう》

〽君《きみ》と別《わか》れて　松原《まつばら》行《ゆ》けば
松《まつ》の露《つゆ》やら　涙《なみだ》やら

〽⑥筑波颪《つくばおろし》を ⑦片帆《かたほ》に受《う》けて
潮来《いたこ》出島《でじま》へ 一走《ひとはし》り
〽さらばこれより ⑧ションガイ節《ぶし》やめて
次《つぎ》の⑨甚句《じんく》に 移《うつ》りましょ

注①潮来市南西方の、利根川流域にできた中州のこと。
②イネ科の多年草。水辺に群生する。丈は一・五メートルほど。葉は細長く、秋に穂状の花をつける。
③千葉県佐原市北東部の地名。潮来市の南西、北利根川を挟んだ対岸にある。低湿地帯で、水路が縦横に走る。
④十二橋。北利根川と与田浦を結ぶ水路に架かる、小さな、十二の木橋。両岸の民家の人たちが日常通行するためのもの。下を、女船頭の操る舟が観光客を乗せて通る。
⑤現潮来市北西部の地名。霞ヶ浦の南東端、北利根川流出部の東にある。
⑥筑波山から吹きおろす風。筑波山は茨城県の中央部にそびえる山（八七六メートル）。
⑦帆船が横風を受けて走るために、進行方向に対して斜めに張った帆。
⑧はやし詞から、『潮来音頭』のこと。
⑨潮来甚句。

茨城県のお座敷唄。茨城県の南東部にある潮来市の花柳界の宴席で、芸者衆が唄い踊ってきたものである。

潮来は、利根《とね》川河口の千葉県銚子《ちょうし》港から一五キロほどさかのぼった所にある。ここは、奥州の各藩より江戸へ送られる米の中継地としてにぎわった。というのは、当時の造船技術と航海技術では、房総半島をまわって江戸湾へ入るのは、西からの強風のため、大変危険であった。そこで、奥州からやってきた千石船は、銚子から利根川へ入り、この潮来で積み荷をおろして帰っていった。荷は高瀬船に積み直され、「内海江戸まわり」の場合は利根川をさらに上り、現千葉県北西端の関宿《せきやど》（現野田市内）から江戸川を下って江戸入りした。「外海江戸まわり」の場合は、再び銚子へ出て、波の荒くない沿岸ぞいに房総半島をまわると、江戸湾の沿岸ぞいに江戸入りした。潮来は、そのために、千石船や高瀬船の船頭たちでにぎわったのである。

潮来はまた、香取、鹿島、息栖《いきす》の水郷三社《すいごうさんじゃ》の中間にあり、この三社参りの人々でにぎわった。当時は、妓楼《ぎろう》九軒、引き手茶屋四十余軒が浜一丁目に軒を連ねる繁栄ぶりで、『潮来図志』によれば、「常陸《ひたち》なる潮来の里、江戸五町街（吉原のこと）に倣《なら》ひし廓《くるわ》なり、……近き頃まで銚子港より親船ひきもきらず入津せし処なり」というほどであった。

別名　潮来の花柳界では、『潮来音頭』と『潮来甚句』を続けて唄い踊って、「あやめ踊り」と称している。あやめは、潮来の名物である。

唄の履歴　この唄の源流は不明である。ただ、唄のしまいに「ションガイ」がつくのは、江戸時代後期の流行《はや》り唄「潮来節」によく見られる特徴なので、あるいはその系統の唄なのかもしれない。

今日、「ションガイ」がつく唄は、周辺では銚子や神栖《かみす》市波崎《はさき》町の盆踊り唄『浄観節《じょうかんぶし》』ぐらいしかない。これらの唄の繰り返しのつけ方を見ると、盆踊りのほうが先で、それがのちに花柳界入りしてお座敷唄になったようである。

節まわしの型　今日広く唄われている節まわしは、潮来の花柳界のものである。

潮来甚句《いたこじんく》

本唄

〽揃《そろ》た揃《そろ》たよ 足拍子《あしびょうし》手拍子《てびょうし》
（アラ ヨイ ヨイサー）
秋《あき》の出穂《でほ》より ヤレよく揃《そろ》た

長ばやし〔芸者衆〕

〽①潮来通《いたこがよ》いの 船《ふね》なれば
②津宮河岸《つのみやがし》から 帆《ほ》を上《あ》げて
潮来《いたこ》の河岸《かし》へと 乗《の》り込《こ》め 乗《の》り込《こ》め

本唄

〽③潮来出島《いたこでじま》の ④ザンザラ ⑤真菰《まこも》
誰《だれ》が刈《か》るやら 薄《うす》くなる
〽潮来姐《いたこねえ》やの ⑥投《な》げ盃《さかずき》は
親《おや》の意見《いけん》じゃ やめられぬ
〽⑦筑波颪《つくばおろし》を ⑧片帆《かたほ》に受《う》けて
潮来出島《いたこでじま》へ 一走《ひとはし》り
〽⑨潮来《いたこ》くずしと 頭《あたま》で知《し》れる
藁《わら》で束《たば》ねた ⑩投《な》げ島田《しまだ》
〽どうせやるなら 大《おお》きなことおやり

〽奈良《なら》[11]の大仏《だいぶつ》　蟻《あり》が曳《ひ》く

長ばやし

〽鹿島《かしま》[12]香取《かとり》[13]に　神《かみ》あるならば
会《あ》わせたまえや　いま一度《いちど》

〽前《まえ》は利根川《とねがわ》[14]　後《うし》ろは蓮池《はすいけ》
蛙《かえる》の性《しょう》なら　飛《と》び込《こ》め飛《と》び込《こ》め

〽恋《こい》に焦《こ》がれて　鳴《な》く蟬《せみ》よりも
鳴《な》かぬ蛍《ほたる》が　身《み》を焦《こ》がす

〽山中通《やまなかとお》れば　鶯《うぐいす》が
梅《うめ》の小枝《こえだ》に　昼寝《ひるね》して
花咲《はなさ》け咲《さ》けと　鳴《な》くわいな

〽松前殿《まつまえとの》[15]さん　持《も》ち物《もの》は
烏賊《いか》蛸《たこ》海鼠《なまこ》に　鰊《にしん》の子《こ》
数《かず》の子持《こも》て来《こ》い　醬油《しょうゆ》かけろ

注①➡解説。
②現千葉県佐原市の地名。利根川の舟運が盛んな頃は、香取神宮参詣の玄関口であった。「河岸」は船着き場。「津宮前から　帆を下げて」とも。
③潮来市南西方の、利根川流域にできた中州のこと。
④葉が風に揺れて立てる音。
⑤イネ科の多年草。水辺に群生する。丈は一・五メートルほど。葉は細長く、秋に穂状の花をつける。
⑥遊女が廓の二階から、表を通る若い衆に盃を投げること。「飲んでいかないか」というあいさつ代わり。
⑦筑波山から吹きおろす風。筑波山は茨城県の中央部にそびえる山（八七六メートル）。
⑧帆船が横風を受けて走るために、進行方向に対して斜めに張った帆。
⑨潮来の農村部の娘たちが髪をきちんと結わないでいるのを、からかって言ったもの。
⑩島田髷の根を低く下げて結い、髷が後ろに反る形にした髪型。結婚した女性が結うもの。
⑪現奈良県奈良市にある東大寺の大仏。
⑫鹿島神宮。現鹿嶋市にある。常陸《ひたち》の国一の宮。
⑬香取神宮。現千葉県佐原市にある。下総《しもうさ》の国一の宮。
⑭群馬県北部の山地に発して南流し、関東平野の中央部を南東流して、千葉県銚子市の北東で太平洋へ注ぐ川（約二九八キロ）。長さ、日本第二。
⑮北海道の南西部、渡島《おしま》半島にあった旧松前藩。

茨城県のお座敷唄。茨城県の南東部にある潮来市の花柳界の宴席で、芸者衆が唄い踊ってきたものである。

潮来の花柳界では、芸者衆の顔見世の総踊りに、お座付きの、品があって優雅なものとして『潮来音頭』を先に演じ、そのあと、パッと、にぎやかにということで、この『潮来甚句』を唄い踊ってきた。

別名　あやめ踊り。（潮来の花柳界では、『潮来音頭』と『潮来甚句』を続けて唄い踊って、「あやめ踊り」と称している。あやめは潮来の名物）

唄の履歴　この唄の源流は、九州は天草《あまくさ》の牛深《うしぶか》港（熊本県天草市牛深町）の宴席で、帆船の船乗り相手の女たちが唄い踊っていた『牛深はいや節』（六七四ページ）である。それが、千石船で九州西海岸→関門海峡→瀬戸内海沿岸→関門海峡→日本海沿岸→津軽海峡→太平洋沿岸と運ばれ、現宮城県の塩釜港（塩釜市）に伝えられて、花柳界の『塩釜甚句』（一九八ページ）となった。

当時、仙台藩（伊達《だて》藩）では、領内の米を「本《ほん》穀米《ごくまい》」の名で江戸へ回漕して藩の財源にしていた。その船が塩釜港や石巻《いしのまき》港（石巻市）から江戸へ向かったので、『塩釜甚句（芸者節）』も、船乗りたちとともに南下した。その頃は、九十九里浜沖合いから房総半島をまわって江戸湾へ入るのは、強い西風と、大きな港のないことなどで難しく、千石船は銚子《ちょうし》（千葉県銚子市）から利根《とね》川へ入り、潮来の仙台河岸で一度米を降ろし、高瀬船に積み替えて江戸へ向かい直した（➡前項）。そのため、『塩釜甚句』が潮来の花柳界でも唄われ、いつか曲名も『潮来甚句』となった。

「はいや節」は、その頃は千葉や江戸でも唄われたものと思われるが、今は残っていない。したがって、この『潮来甚句』が、「はいや節」の最も遠くまで達したものになっている。

節まわしの型　今日広く唄われている節まわしは、潮来の花柳界のものである。

大洗《おおあらい》甚句《じんく》

上の句

〽わたしに　会《あ》いたけりゃ
音《おと》に聞《き》こえし　大洗下《おおあらいした》[①]の

（ハァ　サイショネ）

大《おお》きな石《いし》を　かき分《わ》けて（ソレー）

小《ちい》さな石《いし》を　かき分《わ》けて（ソレー）

（ソレー）

口説《くどき》

「細《こま》かい小砂利《こじゃり》を　紙《かみ》に包《つつ》んで

三尺小窓《②さんじゃくこまど》の　小屏風《③こびょうぶ》の陰《かげ》から

パラリパラリと　投《な》げしゃんせ」（ソレー）

その時《とき》ゃわたしが　推量《④すいりょ》して

下の句

雨《あめ》が降《ふ》ってきたと　イソー会《あ》いに出《で》る

（ハァテヤ　テヤ　テヤ　イササカ　リ

ンリン）

（スカレチャ　ドン　ドンン）

（ハァ　サイショネ）

注①大洗磯前《いそざき》神社（大洗町磯浜町）の下の海岸の。

②約九一センチ。

③すきま風などをさけるために枕元に立てる、小さな屏風。枕屏風。

④おしはかって。

茨城県のお座敷唄。茨城県の中東部、東茨城郡大洗町 祝町《いわいまち》の花柳界の宴席で、芸者衆が唄ってきたものである。祝町は、那珂《なか》川が太平洋へ注ぐ河口の南側に開けた町で、にぎやかな遊廓があった（⬇二八四ページ）。

唄の履歴　この唄の源流は、越後《えちご》地方（佐渡島を除く新潟県全域）の「越後甚句」（⬇四一六ページ）である。それが現東京都や千葉県下へ伝えられ、さらに、海路、船乗りたちによって現茨城県那珂《なか》湊《みなと》に持ち込まれたようである（⬇二八四ページ）。そして、祝町の花柳界で『大洗甚句』となり、『磯節』（二八三ページ）となった。

今日の『大洗甚句』は、「上の句」と「下の句」の間に「口説《くどき》」（字あまりの「語り」を含む）を挟んだ、変化に富んだ唄になっていて、一種の「相撲甚句くずし」である。

この「口説」部分は、花柳界のお座敷で、唄が苦手なお客に受け持たせて唄った気分にさせ、宴《うたげ》に参加した気分にさせてお客の顔を立てた、芸者衆の生活の知恵であった。

節まわしの型　今日広く唄われている節まわしは、関根安中《あんちゅう》の唄を大洗芸者がまねたものではないかと思われる。

鹿《か》島《しま》甚《じん》句《く》

〽ハァー外浪逆浦《①そとなさかうら》ではヨー（キター）　鷗《かもめ》と言《い》うが

（ハァ　イヤサカ　サッサ）

隅田川《②すみだがわ》ではヨー（キター）　アレサ都鳥《③みやこどり》

（ハァ　イヤサカ　サッサ）

〽船《ふね》は千来《せんく》る　万来《まんく》る中《なか》に

わしの待《ま》つ船《ふね》　まだ見《み》えぬ

〽わたしゃ鹿島《④かしま》の　荒浜育《あらはまそだ》ち

波《なみ》も荒《あら》いが　気《き》も荒《あら》い

〽涙隠《なみだかく》して　寝《ね》る夜《よ》はともに

浜《はま》で千鳥《ちどり》が　泣《な》き明《あ》かす

〽鹿島様《⑤かしまさま》には　あまたの名所《めいしょ》

中《なか》でも御手洗《⑥みたらし》　要石《⑦かなめいし》

〽矢田部恋《⑧やたべこい》しや　大鳥様《⑨おおとりさま》の

森《もり》が見《み》えます　ほのぼのと

〽ここは鹿島《かしま》の　下津《⑩おりつ》の浜《はま》よ

今日《きょう》も大漁《たいりょ》の　⑪カッタ捲《ま》き

注①茨城県の南東部、潮来《いたこ》市の南にある湖。周囲約一五キロ。水深八・九メートル。「鹿島中浦」は誤唱。

②東京都の東部を南流して東京湾へ注ぐ川（約一二五キロ）。埼玉県西部の山地に発して南東流する荒川旧流の最下流部で、東京都北区の岩淵水門より下流の呼称。

③百合鷗《ゆりかもめ》のこと。体長四〇センチほど。体は白で、くちばしと脚は赤い。在原業平《ありわらのなりひら》の「名にし負はばいざ言問はむ都鳥　我が思ふ人はありやなしやと」で有名。

④茨城県南東部の、太平洋沿岸地方。

⑤鹿島神宮。茨城県鹿嶋市にある。常陸《ひたち》の国一の宮。

⑥鹿島神宮奥宮の北方にある湧水池。

⑦鹿島神宮奥宮の近くにある石。ここに、鹿島の神

が降臨したという。石は地上に少しだけ見えているが地中深く達して、地震を起こす大鯰の頭を押さえているといわれる。
⑧現神栖《かみす》市波崎《はさき》町中央部の地名。利根川の河口から一〇キロほどさかのぼった所にある。東は太平洋に、西から南は利根川に面する。
⑨大鳥神社。矢田部にある。
⑩現鹿嶋市北東部の地名。東は太平洋に面する。
⑪蛤《はまぐり》を取る漁法の名。海底に沈めたカッタ（馬鍬《まぐわ》のようなもの）の綱を、船首と船尾の漁師が二、三人で轆轤《ろくろ》を用いて捲き取り、蛤を掻き集める。

茨城県の酒盛り唄。茨城県南東部の鹿島灘《かしまなだ》沿岸の漁師たちが、酒席で唄ってきたものである。

唄の履歴　この唄の源流は、越後《えちご》（新潟県）の北部、北蒲原《かんばら》地方に広く分布している盆踊り唄の「甚句」である。それが阿賀野川沿いに現福島県の会津地方へ入り、しだいに太平洋側へも広まって、『相馬盆唄』（福島）・『三浜《さんぴん》盆唄』（茨城）・『日光和《わ》楽《らく》踊り』（栃木）・『秩父《ちちぶ》音頭』（埼玉）など、多くの盆踊り唄を生んだ。これらの唄は、七七七五調の歌詞の四句目の前に「アレサ」（または「ヤレサ」）が入るのが特徴である。そこで、民謡研究家の町田佳聲《かしょう》は、この系統の唄に「アレサ型（ヤレサ型）盆踊り唄」と命名した。

さて、その越後の「甚句」は、鹿島地方へも、たぶん、盆踊り唄として伝えられ、のちに酒盛り唄になったのであろう。その唄は、在来の「鹿島甚句」と区別する意味で、「鹿島くずし」と呼ばれていた。ところが、その後、在来の「鹿島甚句」が廃ってしまったため、この「鹿島くずし」を『鹿島甚句』と呼ぶようになった。

その、新しいほうの『鹿島甚句』は、一九七二年三月のNHKテレビ「ふるさとの歌まつり」でフィナーレ曲として紹介された。それは藤本秀也の編曲によるものであった。その後、昭和五〇年代（一九三五〜）に入って本條秀太郎も編曲したが、東京色が濃いためか根づかなかった。

一九八一年、那珂湊《なかみなと》（ひたちなか市）の「磯節保存会」会長の初代谷井法童と唄い手の福田佑子が、祭礼ばやし的な伴奏を加えてまとめ、五月一三日にクラウンレコードに吹き込んだ。これで、どうやら『鹿島甚句』の形が定まったようである。

節まわしの型　今日広く唄われている節まわしは、福田佑子のものである。

鹿島目出度《かしまめでた》

上の句〔音頭取り〕
〽目出度《めでた》いものは　①芋《いも》の種《たね》

口　説《くどき》〔音頭取り〕
背高《せたか》ゆらりと　葉《は》を開《ひら》く

下の句〔音頭取り・祝い座敷の客〕
②親《おや》がナーエー鰊《にしん》で（ハァそうだよ　目出度《めでた》い）　子《こ》があまたヨ　ナーエー
（ハァ目出度《めでた》い　目出度《めでた》い）

〽われらが前《まえ》なる　小池《こいけ》には
鮒《ふな》見《み》ろ鯉《こい》見《み》ろ　③鱸《すずき》見《み》ろ
それを肴《さかな》に　④銚子《ちょうし》あがれ

〽このや座敷《ざしき》は　目出度《めでた》いな
鶴《つる》のお酌《しゃく》で　亀《かめ》が飲《の》み
⑤恵比須《えびす》⑥大黒《だいこく》　舞《ま》い踊《おど》る

〽⑦鹿島《かしま》の浦《うら》から　⑧宝船《たからぶね》
⑨艫舳《ともへ》にお⑩伊勢《いせ》　⑪春日様《かすがさま》
中《なか》に⑫鹿島《かしま》の　大社《おおやしろ》

注①里芋の、球状の根茎のこと。
②干した鰊を肥料にするため、鰊を「芋の親」といったもの。「二親」を掛ける。
③スズキ目の近海魚。出世魚で、成長するにつれて呼び名がセイゴ、フッコ、スズキ（体長六〇〜九〇センチ）と変わる。背面は青黒色、腹面は銀白色。
④酒を召しあがれ。「銚子」は徳利のこと。
⑤七福神の一。福徳・漁・商売繁昌などの神。右手に釣り竿を持ち、左手で鯛を抱える。
⑥七福神の一。福徳・財宝・食物などの神。右手に打ち出の小槌《こづち》を持ち、左肩に大きな袋をかつぎ、米俵二俵の上に立つ。
⑦現茨城県南東部沿岸の東方海域。
⑧宝を積んだ船。また、縁起物の帆掛け船で、種々の宝を積み、七福神が乗り込んだもの。
⑨船の、ともとへさき。船尾と船首。
⑩伊勢神宮。三重県伊勢市にある。
⑪春日大社。奈良県奈良市にある。
⑫鹿島神宮。茨城県鹿嶋市にある。常陸《ひたち》の国一の宮。

茨城県の祝い唄。茨城県の南東部、鹿島地方の農村の人たちが「孫渡し」の儀式の折りに唄ってきたものである。

長男の嫁が第一子を産む時は、実家の屋敷内に小さな小屋（産屋《うぶや》）を建て、そこで出産する。そして、二一日後に母屋へ移る。これを「産屋明き」と呼ぶ。この日、嫁の両親・兄弟姉妹や親戚の人たちが、初孫と嫁を婚家へ送り届ける。婚家には近所の人たちが招かれており、蓬莱山《ほうらいさん》をかたどった島台が飾られ、祝いのお膳が並べられている。その正面に孫を抱いた人が座り、「孫渡し」の儀式が行われる。孫を認知する盃が取り交わされ、「島台曳き」になる。赤い襷《たすき》を掛け、鉢巻きをした人が、縮緬《ちりめん》の帯を掛けた島台を持ち、その帯を手にした曳き手が、船の艪《ろ》を漕《こ》ぐ格好で島台を曳いて、座敷の外へ運び出す。その時に『鹿島目出度』が唄われる。

別名　目出度もし（「目出度申し」の訛ったもの）。はつせ（「発声」で、祝いの席で最初に唄う意）。芋の種（唄い出しの「目出度いものは芋の種…」から）。

唄の履歴　この唄の源流は不明である。「目出度いものは芋の種…」「目出度いものは蕎麦《そば》の種…」「目出度いものは大根種…」といった歌詞が好んで唄われるが、鹿島神宮の信仰とともに太平洋沿岸に広まったらしい。今日でも、茨城県の鹿島灘《かしまなだ》沿岸から千葉県・東京都・神奈川県沿岸や、静岡県の伊豆《いず》半島にかけて、広く唄い継がれている。その流れは、南は鹿児島県屋久島の宮之浦（熊毛郡上屋久町）、北は秋田県湯沢市にまで及んでいる。

しかし、唄が古風すぎ、今日の民謡界では見捨てられて消え去るのみかと思われていた。ところが、「磯節保存会」創立四〇周年を記念して、会長の谷井武が中心になって鹿島地方の民謡発掘を行い、一九八五年五月に谷井と福田佑子・伊東律子によって復元された。そして、翌年五月一八日に福田と伊東がクラウンレコードに吹き込んだ。そのまとめ方の巧みさと古風さがからみ合って、関東地方屈指の名曲としてよみがえり、今では茨城県を代表する祝い唄になっている。

節まわしの型　今日広く唄われている節まわしは、福田佑子と伊東律子のものである。

霞ヶ浦《かすみがうら》帆曳《ほび》き唄《うた》

〽①霞ヶ《かすみが》（ソレー）浦風《うらかぜ》　②帆曳《ほび》きに受《う》けりゃ
（ソレー）
唄《うた》も（ソレー）はずんで　③菖蒲節《あやめぶし》
ヤンサノ　コラサァ　エンヤコラ　ホーイ
ショー

〽④娘船頭《むすめせんど》は　⑤潮来《いたこ》の花《はな》よ
⑥茜襷《あかねだすき》に　⑦飛《と》び絣《がすり》

〽帆曳《ほび》き⑧土浦《つちうら》　日暮《ひぐ》れの風情《ふぜい》
霞残《かすみのこ》して　陽《ひ》が沈《しず》む

〽わたしゃ土浦《つちうら》　⑨水郷《すいごう》の育《そだ》ち
今《いま》じゃ帆曳《ほび》きで　夫婦乗《めおとの》り

〽水郷菖蒲《すいごうあやめ》は　⑩真菰《まこも》の中《なか》で
花《はな》は咲《さ》けども　実《み》は寄《よ》せぬ

〽⑪白魚曳《しらうおひ》く船《ふね》　大帆《おおほ》に風《かぜ》を
受《う》けりゃ太陽《たいよう》が　西《にし》に行《ゆ》く

〽娘船頭《むすめせんど》の　⑫棹《さお》さす先《さき》に
焦《こ》がれてからまる　折《お》れ真菰《まこも》

注①茨城県の南東部にある淡水湖。周囲約一四二キロ。水深七・三メートル。
②➡解説。
③霞ヶ浦の岸辺には菖蒲が自生している。その菖蒲の里の唄、の意。「あやめ踊り」をさすものではない。
④観光船の女船頭。現茨城県潮来《いたこ》市から千葉県佐原市にかけての水路を、観光客を乗せて往来する。
⑤現潮来市。北と東は北浦に、北西部から南にかけては北利根川に、南は外浪逆浦《そとなさかうら》に面している。
⑥黄色みを帯びた、暗い赤色の襷。茜（アカネ科の多年草）の根を用いて染めたもの。
⑦着物の絣の模様が、連続しないで飛び飛びになっているもの。
⑧現土浦市。霞ヶ浦の北西端に面する。
⑨川や沼・湖が沢山あって、景色のよい所。
⑩稲科の多年草。水辺に群生する。丈は一・五メートルほど。葉は細長く、秋に穂状の花をつける。
⑪サケ目シラウオ科の魚。体形は細長く、体長一〇センチほど。無色半透明で、死ぬと白くなる。春先に、産卵のため、海から霞ヶ浦にのぼってくる。
⑫竹や木の長い棒を水底へ突っぱって舟を進める。

茨城県の、仕事唄形式の新民謡。作詞・作曲者は初代谷井法童で、一九六三年（昭和三八年）の作である。

唄の履歴　一九六三年六月二日、茨城県那珂湊《なかみなと》（ひたちなか市）にある「磯節保存会」の福田佑子が、皇后陛下還暦奉祝の錦江会園遊会に招かれ、『磯節』（二八三ページ）を披露した。この『霞ヶ浦帆曳き唄』は、それを記念して、師匠の谷井が福田のために作ったものである。

この唄の形式の基本になっているのは山形県の『最上《もがみ》川舟唄』（一五五ページ）で、「掛け声」と「追分節」を組み合わせたものである。

唄の舞台となった霞ヶ浦の帆曳き網漁は、一八八〇年頃に霞ヶ浦（かすみがうら市）の折本良平が考案したもので、高瀬船（平底の船）に大きな帆を張り、風を利用して網を曳き続ける地曳き網漁である。獲物は公魚《わかさぎ》や白魚《しらうお》で、そうした船が五百隻から出漁するため、霞ヶ浦の風物詩になっていた。しかし、一九六八年からは機械船によるトロール漁が普及し、帆曳き網漁は姿を消した。今は、行《なめ》方《がた》市麻生《あそう》の漁業組合が、その技法を守っている。また、かすみがうら市では、夏の土曜日・日曜日や祝日などに、観光用として帆曳き網漁を行っている。

節まわしの型　今日広く唄われている節まわしは、福田佑子のものである。

ゲンタカ節《ぶし》

〽わしと行《ゆ》かぬか（アァドッコイショ）①鹿島《かしま》
の浜《はま》へヨーホイ（ヨーホイ）
②片手《かたて》地曳《じび》きの　綱曳《つなひ》きに
〘繰り返し〙〔漁師たち〕
片手《かたて》地曳《じび》きの　綱曳《つなひ》きに
（ハァ　ゲンタカホー　ゲンタカホー）

〽③矢田部《やたべ》恋《こい》しや　④大鳥様《おおとりさま》の
森《もり》が見《み》えます　ほのぼのと

〽ここは⑤常陸《ひたち》よ　向《む》かいは⑥下総《しもうさ》
間《あい》を取《と》り持《も》つ　⑦渡《わた》し守《も》り

〽ままよ鹿島《かしま》に　⑧神《かみ》あるならば
逢《あ》わせたまえや　いま一度《いちど》

〽⑨南《みなみ》吹《ふ》かせて　⑩浜呼《はまよ》ばらせて
⑪上《あ》がり⑫下《さ》がりの　顔見《かおみ》たや

〽わたしゃ鹿島《かしま》の　⑬縞山育《しまやまそだ》ち
ほかに木《き》(気)はない　⑭松《まつ》(待つ)ばかり

注①現茨城県南東部の、太平洋沿岸地方。
②「片手まわし地曳き網漁」の略。一隻の船を用いて地曳き網を仕掛ける漁法。一方の曳き網を浜辺に固定し、船を沖へ走らせて袖網と袋網を海中へ投入し、逆走して他方の袖網を投入してから、双方の曳き網をそろえて曳いて袋網を浜辺へ曳き上げる。
③神栖《かみす》市波崎町中央部の地名（➡解説）。
④大鳥神社。矢田部にある。
⑤旧国名。現茨城県の、南西部を除くほぼ全域。
⑥旧国名。現千葉県北部と茨城県南西部にあたる。
⑦常陸の国と下総の国の間を流れる利根川の渡し舟の船頭。「渡し舟」とも。
⑧鹿島神宮。鹿嶋市にある。常陸の国一の宮。
⑨南風。
⑩漁を始める時に、漁師を集めるために、集落中を大声で呼んでまわらせて。
⑪浜辺から陸《おか》へ向かう人たちの。
⑫陸から浜辺へ向かう人たちの。
⑬風のために縞模様ができた砂丘のこと。
⑭砂防のために植えた木。

茨城県の仕事唄。茨城県南東端の利根《とね》川河口から一〇キロほどさかのぼった神栖《かみす》市波崎《はさき》町矢田部《やたべ》の漁師たちが、漁船で漁に出る折りに、潮の関係などで時間待ちをしている時に唄ってきたものである。

唄の履歴　この唄の源流は不明である。酒盛り唄の「甚句《じんく》」の一種が漁師などによって銚子《ちょうし》港（千葉県銚子市）か波崎《はさき》漁港辺りに伝えられ、矢田部の漁師たちも覚えたのであろう。（「ヨーホイ」が入るのは千葉県下の唄の特徴なので、銚子系と見るほうがよさそうである。）それを、矢田部の漁師たちも酒盛り唄として唄ったが、のちには潮待ちをする時に利用した。

その『ゲンタカ節』、本来は素唄であったが、昭和四〇年代（一九六五〜）に入ると、東京の民謡家たちによって、何度か三味線の手がつけられた。しかし、どれも定着しなかった。

一九八一年、那珂湊《なかみなと》（ひたちなか市）の「磯節保存会」の会長谷井武が、元NHK水戸《みと》放送局員の森谷秀雄から地元の録音資料をもらい、それを元に節まわしを改め、三味線などの伴奏をつけ、はやし詞を整理して今日の形にまとめた。そして、福田佑子が同年五月一三日にクラウンレコードに吹き込んだ。

節まわしの型　今日広く唄われている節まわしは、福田佑子のものである。

古河音頭《こがおんど》

上げ

〽ハァー西《にし》に富士山《ふじさん》　東《ひがし》を見《み》れば
（ハァ　ソレカラ　ドシタイ）
夫婦姿《めおとすがた》の　①筑波《つくば》の嶺《みね》よ
（ハァ　イイトモ　ドッコイショ）

口説《くどき》

北《きた》は②日光《にっこう》で　また南《みなみ》には
（ハァ③　ソレカラ　ドシタイ）
④花《はな》のお⑤江戸《えど》の　都《みやこ》がござる
（ハァ⑥　イイトモ　ドッコイショ）
⑦日光街道《にっこうかいどう》の　緑《みどり》の松《まつ》に
⑧城《しろ》の櫓《やぐら》が　目《め》に映《うつ》るよな
⑨土井《どい》の殿様《とのさま》　八万石《はちまんごく》の
⑩古河《こが》は名高《なだか》い　城下《じょうか》の町《まち》よ
昔《むかし》なつかし　花街《いろまち》行《ゆ》けば
粋《いき》な姐《ねえ》さん　招《まね》くじゃないか
男《おとこ》⑪大利根《おおとね》　⑫渡良瀬川《わたらせがわ》に
⑬思川《おもいがわ》なら　⑭逢《あ》わせてやろと
架《か》けて結《むす》んだ　あの⑮三国橋《みくにばし》
眺《なが》め千両《せんりょ》の　見晴《みは》らし所《どころ》
町《まち》にゃ名物《めいぶつ》　名所《めいしょ》はあれど
今《いま》じゃ⑯音頭《おんど》が　土産《みやげ》の一《ひと》つ

納め

聞《き》いてお帰《かえ》り（ハァ　イイトモ　ドッコイショ）　この⑰古河音頭《こがおんど》をエー

注①筑波山。茨城県の中央部にそびえる山。男体山（八七〇メートル）と女体山（八七六メートル）の二峰から成る。
②現栃木県日光市。日光東照宮や二荒山《ふたらさん》神社の鳥居前町。
③以下、奇数行の次に入る。
④はなやかで美しい。
⑤現東京都東部。江戸幕府の所在地。
⑥以下、偶数行の次に入る。
⑦江戸時代の五街道の一。江戸の日本橋から日光に至る交通路。ただし、宇都宮までは奥州街道と同じ。
⑧古河城の天守閣。
⑨一七六二年、土井利里が入封（七万石）。一八二二年に八万石に加増。その後、明治維新まで襲封。
⑩現古河市。
⑪利根川。群馬県北部の山地に発して南流し、関東平野の中央部を南東流して、千葉県銚子市の北東で太平洋へ注ぐ川（約二九八キロ）。長さ、日本第二。
⑫栃木県中西部の山地に発して南西流し、さらに栃木・群馬県境を南東流して古河市の南西で利根川へ注ぐ川（約一〇八キロ）。
⑬栃木県南西部の山地に発して南流し、古河市の北西で渡良瀬川へ注ぐ川（約七八キロ）。「思い」を掛ける。
⑭「添わせて」とも。
⑮渡良瀬川に架かる橋。古河市と北川辺町を結ぶ。一八八一年に架けられた橋は現在地の上流、思川と渡良瀬川の合流点付近にあり、下総《しもうさ》の国悪戸新田村（現古河市内）から思川を越えて下野《しもつけ》の国下宮村（現栃木県藤岡町内）へ、さらに渡良瀬川を越えて武蔵《むさし》の国川辺村（現埼玉県北川辺町内）へ通じていた。そのため、三国橋と命名されたもの。
⑯⑰一九六五年のレコードでは「甚句」となっているが、解説中で述べた理由で、筆者が「音頭」と改めた。

茨城県の盆踊り唄。茨城県の北西部、日光街道の旧宿場町中田（現古河市内だが、利根《とね》川の河川敷になってしまった）を中心とする一円の農村の人たちが、お盆に唄い踊ってきたものである。

別名　中田音頭。古河甚句《こがじんく》（ただし、この命名法は誤り⬇後記）。

唄の履歴　この唄の源流は、越後《えちご》（新潟県）の『新保広大寺《しんぼこうだいじ》』（四〇五ページ）が長編化した「新保広大寺口説《くどき》」である。それが越後の醤油《しょうゆ》造りの職人たちによって例幣使街道の木崎宿（群馬県太田市新田町木崎）などに伝えられ、盆踊り唄として用いられた。その唄がのちに『木崎音頭』や『八木節』になるのだが、そのようなものになる以前に周辺に広まった唄が中田宿にも伝えられ、「中田音頭」

とか「中田踊り」とか呼ばれていた。

一九六二年頃、その「中田音頭」に、古河の尾花英之が、伴奏の三味線に乗るように手を加えたが、歌詞は、旧来の長編物「鈴木主水《もんど》」や「国定忠治」などであった。尾花は、その折りに曲名を「古河甚句」とした。古河には新民謡の「古河音頭」があったため、同曲名になるのをさけたのである。しかし、「甚句」は七七七五調で、「口説」とは全く別種のものである。これでは後世の人たちに誤解されるから、今のうちに本来の曲名に正す必要がある。したがって、本書では『古河音頭』にしておく。(なお、前掲の歌詞の最後のほうにある「音頭」は、「甚句」を、同じ理由で筆者、竹内勉が改めたものである。)

その『古河音頭』、一九六五年五月に尾花たかしが現在の歌詞を作り、レコード吹き込みが行われた。それが古河市民謡連盟を中心に唄われ、しだいに茨城県下一円へ広まっていった。

節まわしの型　今日、節まわしはまだ確立していない。

猿島《さしま》お茶節《ちゃぶし》

〽ハァー①猿島新茶《さしましんちゃ》と　②狭山《さやま》のお③茶《ちゃ》と
出会《であ》いましたよ　④横浜《よこはま》で
(ハァ縒《よ》れてこ　縒《よ》れてこ)

〽お茶《ちゃ》は縒《よ》れ縒《よ》れ　⑤縒《よ》らねばならぬ
縒《よ》れば大葉《おおは》も　小葉《こは》となる

〽猿島茶《さしまちゃ》の木《き》の　緑《みどり》の中《なか》で
⑥茜襷《あかねだすき》の　手《て》が動《うご》く

〽新茶恋《しんちゃこい》しや　五月《ごがつ》の月日《つきひ》
⑦八十八夜《はちじゅうはちや》も　もどかしや

〽お茶師殺《ちゃしころ》すに　刃物《はもの》はいらぬ
八十八夜《はちじゅうはちや》の　⑧別《わか》れ霜《じも》

〽⑨お茶《ちゃ》は終《お》えるし　⑩お茶師《ちゃし》さんは帰《かえ》る
⑪焙炉《ほいろ》眺《なが》めて　目《め》に涙《なみだ》

〽嫁《よめ》がお茶師《ちゃし》に　来《き》たのは因果《いんが》
お茶《ちゃ》に似《に》てきて　渋《しぶ》くなる

注①茨城県南西部の、利根川東岸一帯。
②現埼玉県南西部から東京都北西部にかけての丘陵地帯。
③「古茶」「濃茶」は誤り。
④横浜港(神奈川県横浜市)。一八五九年に海外貿易港に指定されてから、輸出されるお茶は、すべて横浜港に集められた。
⑤「大葉も小葉も」とも。
⑥黄色みを帯びた、暗い赤色の襷。茜(アカネ科の多年草)の根を用いて染めたもの。
⑦立春から数えて八十八日目の日。新暦の五月二日頃にあたる。この頃から新茶が出まわる。
⑧その年の春、最後の霜。
⑨製茶作業。
⑩茶の生産農家に招かれて、茶作りをする人。「茶摘みは」とも。
⑪畳一枚大の木枠の底に和紙を重ねてはり、その下に炭火を入れ、上に茶葉をのせて乾燥させる道具。乾燥させながら、手で揉んで縒《よ》りをかける。

茨城県の仕事唄。茨城県の南西部、猿島地方の農村で、お茶師(➡注⑩)が、焙炉《ほいろ》(➡注⑪)の上でお茶の葉を揉《も》みながら唄ってきたものである。

猿島のお茶は「水戸茶」とも呼ばれ、太平洋側の北限とされている。寛文年間(一六六一〜七三)に、領主の牧野氏の勧めで生産を始めたが、品質はかなり劣っていた。そこで、中山元成が一八三四年に京都の宇治へ行ってお茶師の多田文平から習い、以来、技術が進んだ。

唄の履歴　この唄の源流は、埼玉県狭山《さやま》地方の『狭山茶作り唄』(三〇七ページ)である。江戸時代末期か明治時代初期に狭山地方と技術交流があって、その折りに伝えられたのか、あるいは、横浜の野毛山(神奈川県横浜市神奈川区内)にあった「お茶場」(輸出用茶の火入れをした所)から、猿島のお茶師が持ち帰ったかの、いずれかであろう。

その『猿島お茶節』、昭和三〇年代(一九五五〜)より尺八伴奏で唄われるうち、しだいに間のびし始め、今日では、本来の唄の二倍ほどの長さになってしまっている。したがって、本来の速さへ戻す必要がある。

節まわしの型　地元や、東京在住の民謡家が唄っているが、定まってはいない。

三《さん》浜《ぴん》盆《ぼん》唄《うた》

〽ハァーイヨォー（コラサー）
①那須《なす》の与一《よいち》は　②三国一《さんごくいち》の
（ハァアリヤ　アリヤ　アリヤサ）
③男《おとこ》自慢《じまん》の　アレサ旗頭《はたがしら》
（ハァアリヤ　アリヤ　アリヤサ）

〽月《つき》のよいのに　みな浮《う》かされて
沖《おき》の鷗《かもめ》も　盆踊《ぼんおど》り

〽西《にし》は④広浦《ひろうら》　東《ひがし》は⑤那珂《なか》よ
漁《あさ》る蓑着《みのぎ》に　水煙《みずけむ》る

〽遠《とお》く聞《き》こゆる　あの笛太鼓《ふえたいこ》
あれは⑥湊《みなと》の　盆踊《ぼんおど》り

〽⑦男伊達《おとこだて》なら　あの那珂川《なかがわ》の
水《みず》の流《なが》れを　止《と》めてみな

〽水《みず》の流《なが》れは　止《と》めようじゃ止《と》まる
止《と》めて止《と》まらぬ　恋《こい》の道《みち》

〽浜《はま》で千鳥《ちどり》の　鳴《な》く夜《よ》の長《なが》さ
逢《お》うたその夜《よ》の　明《あ》けやすさ

〽盆《ぼん》が来《き》たのに　踊《おど》らぬ者《もの》は
木仏金仏《きぶつかなぶつ》　石仏《いしぼとけ》

注①鎌倉時代初期の、源氏の武将。下野《しもつけ》の国（現栃木県）の人。弓の名手。屋島の合戦で、平家の舟が掲げた扇を射落とした話で有名。
②世界一。三国は日本・中国・インド。昔の日本人は、それで全世界と考えた。
③男っぷりがよい人の中で、第一位の人だ。
④涸沼《ひぬま》のこと。茨城県中東部、東茨城郡大洗町の南西方にある。日沼・広沼とも。周囲約二二キロ。水深約三メートル。
⑤那珂川。栃木県北部の山地に発して南東流し、ひたちなか市と大洗町の境で太平洋へ注ぐ川（約一五〇キロ）。
⑥現ひたちなか市中心部の地名。
⑦男としての面目を立てるために、意地や見栄を張ったり、強きをくじき、弱きを助けたりする人。

茨城県の盆踊り唄。茨城県の中東端、那珂《なか》川の河口に開けた港町那珂湊《なかみなと》（ひたちなか市）一円の人たちが、お盆に唄い踊ってきたものである。

唄の履歴　この唄の源流は、越後《えちご》（新潟県）の北部、北蒲原《かんばら》地方に広く分布している盆踊り唄の「甚句《じんく》」である。それは日本中へ広まって、『相馬盆唄』（福島）・『日光和楽《わらく》踊り』（栃木）・『秩父《ちちぶ》音頭』（埼玉）・『北海盆唄』（北海道）など、多くの盆踊り唄を生んだ。これらの唄の特徴は、七七七五調の歌詞の四句目の前に「アレサ」（または「ヤレサ」）が入ることである。そこで、民謡研究家の町田佳聲《かしょう》は、この系統の唄に「アレサ型（ヤレサ型）盆踊り唄」と命名した。

さて、その越後の「甚句」は、阿賀野川沿いに福島県下へ広まり、さらに南下して栃木県・茨城県下にも及んだ。そして、那珂湊へ伝えられたものが『三浜盆唄』となったが、当初は、単に「盆踊り唄」という曲名であった。この唄は、上掲の「〽那須の与一は…」を元唄のように扱っているので、栃木県下から伝えられたのであろう。

一九五五年、那珂湊の民謡家、初代谷井法童が、東茨城郡大洗町の西約三キロにある常澄《つねずみ》村秋成新田《あきなりしんでん》（現水戸市秋成町）でこの盆踊り唄を採集して、今日の節まわしに整え、弟子の福田佑子に唄わせた。初放送は一九五八年一二月七日のラジオ東京（現東京放送）「民謡お国自慢」で、唄福田佑子、三味線藤本秀夫・谷井糸子、尺八神山天水・谷井法童、太鼓谷井宗行であった。しかし、この時の曲名は単に「盆踊り唄」であった。

それから一年半ほどたった一九六〇年五月一〇日のNHKラジオ「民謡を訪ねて」では、『三浜盆唄』となっていた。改名者は谷井法童で、この唄が那珂湊・平磯（ひたちなか市平磯町）・磯浜（大洗町磯浜町）の三地方で広く唄われている盆踊り唄であるところから、三つの浜で『三浜盆唄』としたのである。

節まわしの型　今日広く唄われている節まわしは、福田佑子のものである。

篠山木挽き唄《しのやまこびきうた》

〽ハァーここは①篠山《しのやま》（ハァズイコン）　ハァ木《こ》
　挽《び》きの里《さと》よ
昔《むかし》や殿様《とのさま》ヨォ　アレヨー鹿狩《しかが》りにヨー
　（ハァズイコンン　ズイコン）

〽②ズイッコンズイッコンと　挽《ひ》き出《だ》す③大鋸《おが》は
黄金《こがね》混《ま》じりの　大鋸《おが》が出《で》る

〽声《こえ》はすれども　姿《すがた》は見《み》えぬ
ほんに主《ぬし》さんは　④ほだの陰《かげ》か

〽⑤旦那《だんな》　⑥大黒《だいこく》　おかみさんは⑦恵比須《えびす》
⑧挽《ひ》き場《ば》に立つのが　⑨福《ふく》の神《かみ》

注①➡解説。
②大鋸を挽く音。
③「大鋸屑」の略。鋸《のこぎり》で材木を挽いた時に出るくず。
④わらびやぜんまいが生長し、大きく葉を広げて茂っているもの。
⑤山の立ち木を買い取った人。
⑥七福神の一。福徳・財宝・食物などの神。右手に打ち出の小槌《こづち》を持ち、左肩に大きな袋をかつぎ、米俵二俵の上に立つ。
⑦七福神の一。福徳・漁・商売繁昌などの神。右手に釣り竿を持ち、左手で鯛を抱える。
⑧木挽きの作業場に立つ人。賄《まかな》い婦のこと。
⑨人に幸せや利益をもたらす神。

茨城県の仕事唄。茨城県南西部にある常総市の北部、篠山地区の山々で働く木挽き職人たちが、木材を大割りにしたり板に挽いたりする折りに、大鋸《おおのこ》を引く手に合わせて唄ってきたものである。（木挽きが唄を唄う理由については一七八ページ参照）

唄の履歴　この唄の源流は、旧南部藩領（岩手県中央部から青森県東部一帯）の『南部木挽き唄』（一七七ページ）である。南部木挽きは、冬の農閑期を利用して、出稼ぎ仕事として東日本各地の山々へ入っていった。この篠山周辺でも、地元の木挽きたちと一緒に働いたのであろう。そして、技術とともに唄も伝えたため、『篠山木挽き唄』の節も、元は『南部木挽き唄』と同じものであった。しかし、木挽き職人の個人差によって、いろいろな節まわしが生まれた。

『篠山木挽き唄』を今日の形に整えたのは、「石《いし》下《げ》町（現常総市内）芸能保存会」の副会長本橋吉末であるが、その後、いろいろな人たちがレコードに吹き込んでいる。

節まわしの型　今日の節まわしは十人十色で、まだ確立されていない。

常磐炭坑節《じょうばんたんこうぶし》

〽ハァー朝《あさ》も早《は》よからヨー　①カンテラさげて
　ナイイ
　（アァヤロ　ヤッタナイ）
②坑内通《こないがよ》いもヨー　ドント③主《ぬし》のためナイ
　（アァヤロ　ヤッタナイ）

〽炭坑《やま》で高《たか》いは　④竪坑《たてこう》の⑤櫓《やぐら》
まわる車《くるま》は　右左《みぎひだり》

〽俺《おら》が炭坑《たんこ》に　一度《いちど》はござれ
義理《ぎり》と人情《にんじょ》の　花《はな》が咲《さ》く

〽俺《おら》が炭坑《たんこ》で　見《み》せたいものは
男《おとこ》純情《じゅんじょ》と　よい⑥女《おんな》

〽坑夫《こうふ》さんには　どこようて惚《ほ》れた
⑦飯場通《はんばがよ》いの　ほどのよさ

〽⑧発破《はっぱ》かければ　⑨切羽《きりは》が⑩延《の》びる
⑪延《の》びる切羽《きりは》は　金《かね》となる

〽⑫台《だい》ノ山《やま》から　⑬飛《と》んで来《く》る烏《からす》
金《かね》もないのに　カオ（買おう）カオと

〽主《ぬし》は坑内《こうない》　わたしは⑭選炭場《せんたんば》
便《たよ》りやりたい　坑内《こうない》に

〽坑夫《こうふ》さんなら　来《こ》ないでおくれ
来《く》れば娘《むすめ》の　気《き》をそそる

〽娘《むすめ》よう聞《き》け　坑夫《こうふ》の嬶《かか》は
⑮岩《いわ》がドンと来《く》りゃ　若後家《わかごけ》よ

〽堅坑《たてこう》⑯三千尺《さんぜんじゃく》　下《くだ》れば地獄《じごく》
死《し》ねば廃坑《はいこう》の　土《つち》となる

注①携帯用の灯油ランプ。
②炭坑の坑道内。
③「親のため」とも。
④地下の石炭採掘現場へ通じる坑道で、地表から垂直に掘って作ったもの。
⑤坑道への鉱夫の出入りや、掘った石炭を運び出すのに用いる捲き上げ機械を据えつけたもの。
⑥「おなご」とも。
⑦坑夫の宿泊用・休息用として、採掘現場近くに設けた建物。
⑧爆薬を仕掛けて、石炭の層を爆破すれば。
⑨石炭を掘りくずしている、坑道の先端部分が、先へ向かって進む。
⑩⑪「残る」とも。
⑫現いわき市常磐湯本町台ノ山。常磐炭坑本社のあった所。「ダミネ山」は誤唱。
⑬以下、日本中の遊廓で好んで唄われた、酒盛り唄の文句。
⑭坑外へ運び出した石炭から、質の悪い石炭や岩石を取り除く作業をする所。
⑮落磐事故が起こると。
⑯約九〇九メートル。ただし、実数ではなく、非常に深い、の意。

福島県と茨城県の酒盛り唄・盆踊り唄。福島県南東部の磐城《いわき》地方から茨城県北東部（北茨城市）にかけての常磐炭坑の坑夫たちが、酒席で、また、お盆に唄い踊ってきたものである。

常磐炭坑は、福島県双葉郡富岡町を北限に、南は茨城県日立市十王町に至る長さ約九五キロ、太平洋岸から阿武隈《あぶくま》山脈の東裾に至る幅約五〜二五キロの、細長い炭坑であった。一八五五年に現福島県いわき市平の片寄《かたよせ》平蔵が弥勒沢《みろくさわ》（同市内郷白水町）で石炭を発見し、小名浜《おなはま》港から京浜地方へ積み出して以来、掘り続けられてきたが、一九七六年までに閉山となった。

唄の履歴　この唄の源流は、現いわき市四倉《よつくら》町や周辺の農村で、朝草刈りの折りに唄われてきた「草刈り唄」である。そのはやし詞《ことば》は「野郎《やろ》刈ったナイ」であった。ところが、常磐炭坑へ坑夫として働きに出た近郷の農民たちによって炭坑に持ち込まれ、酒盛り唄として唄われるようになると、はやし詞は「ヤロヤッタナイ」という、いかにも炭坑の唄らしい、荒々しいものに変わっていった。その唄が、近くの湯本温泉（いわき市湯本）の花柳界に持ち込まれ、芸者衆によって本調子の三味線伴奏がつけられた。そして、この頃から「炭坑節」の名が生まれたようである。それは一九三五年頃のことである。

その「炭坑節」が、芸者の鞍替えによってか客によってか、八六キロ南の茨城県水戸市の花柳界へ伝えられた。その名も「磐城炭坑節」の名で。しかし、この頃の唄はまだ「草刈り唄」時代の名残りがあって、唄い出しの「ハー」の部分は今のものよりはるかに長かった。そして、はやし詞も花柳界らしく、艶っぽく「ヤロヤッタナ」といった軽いものであった。そのため、一九三八年七月五日、ビクターレコードへ吹き込みに行った水戸芸者の加津江は、担当者から力を入れて荒く唄うように注意を受けたほどだった。

その後、第二次大戦中はこの唄はさして知られることなく福島・茨城県下で唄われていたが、一九四五年八月に終戦を迎え、焼け野原と化した日本の復興の原動力にと、農業や石炭産業中心の政策がとられることとなった。ＮＨＫラジオでも、こうした所で働く人々を勇気づけるために、同年八月二三日より「炭坑へ送る夕べ」という番組を始めた。それに、九州は筑豊炭坑（福岡県田川市）の「炭坑節」（➡六一七ページ）が登場した。そうなると、次は常磐炭坑の唄も必要となり、この唄が脚光をあびたのである。そして、一九四八年頃、相馬民謡の唄い手初代鈴木正夫によってレコード化された。曲名は、「俚謡　炭坑節」で、ビクター管弦楽団の伴奏で唄ったものであるが、なぜかはやし詞「ヤロヤッタナイ」はついていなかった。しかし、その後は「ヤロヤッタナイ」か「ヨイショ　ヨイショヨイショ」を用いて唄うようになり、曲名も『常磐炭坑節』と呼ばれるようになった。

ところが、鈴木正夫ですっかり広まった昭和三〇年代（一九五五〜）に入ると、茨城県日立市の実業家で民謡愛好者の煙山喜八郎が、茨城県那珂湊《なかみなと》（ひたちなか市）の尺八家初代谷井法童の伴奏でこの『常磐炭坑節』を唄い始め、谷井も弟子の福田佑子に唄わせるなどして、しだいに福島県の唄が茨城県側でも盛んになっていった。

なにしろ福島県民謡といえば相馬で代表され、南東端の磐城地方などは眼中にない時代に、郷土民謡協会の理事長まで務め、東京在住の民謡家たちににらみのきく煙山喜八郎と、福田佑子を抱えて勢力を急激に伸ばしてきた谷井法童が力を合わせたのでは、福島県側はかなうはずもない。昭和三〇年代中頃には、もう『常磐炭坑節』は茨城県の唄にと籍を移させられていた。そして民謡解説者も、「ヤロヤッタナイ」は関東的だからと、茨城県側の肩を持ったため、すっかり茨城県民謡に定着してしまったのである。

そこで、筆者（竹内勉）は、「草刈り唄」が元唄であること、その他の事情のわかった一九七〇年九月より、この唄を福島・茨城両県の民謡とすることにした。

節まわしの型　今日広く唄われている節まわしは、初代鈴木正夫のものである。

波崎《はさき》鰯《いわし》網《あみ》大漁《たいりょう》祝《いわ》い唄《うた》

本　唄〔音頭取り〕

〽エェー明日《あす》は　大漁《たいりょ》だトーヨーエー
（はやし手）エェトーヨトエー　ヤレ
ソレ

長ばやし〔はやし手〕

おしゃらく　トーヨーエー

本　唄

〽鹿島《①かしま》の　浦《うら》から
〽大漁《たいりょ》が　来《き》たなら
〽こちらの　ものだよ
〽背負《②しょ》い籠《かご》　持《も》ちゃげろ
〽ごっそりごっそり　持《も》ちゃげろ
〽③にごりに　なればね
〽三日月《みかづき》　宝山《④ほうやま》
〽五穀《⑤ごこく》も　豊穣《ほうじょう》だ
〽目出度《めでた》が　重《かさ》なる
〽鹿島《⑥かしま》の　豊竹《⑦とよたけ》

注①現茨城県南東部沿岸の東方海域。
②ひもをつけて、背負えるようにしてある籠。
③鰯の大群が押し寄せて来て、海の色が変われば。
④波崎町北西端の地名。北利根川が利根川へ注ぐ地点の東にある。高さ百㍍ほどの砂山があったが、崩され開発された。諸歌詞集では「細山」とするが、そういう地名も山も存在しない。
⑤人間にとって主要な五種の穀物。米・麦・粟《あわ》・黍《きび》（または稗《ひえ》）・豆のこと。
⑥鹿島神宮。鹿嶋市にある。常陸《ひたち》の国一の宮。
⑦祭頭祭（⇩解説）に用いられる大豊竹《だいほうだけ》のこと。注《し》連縄《めなわ》を掛けて大切に育てた真竹で、祭りの当日、根から掘り起こして神前に立てる。

茨城県の祝い唄。茨城県南東端の利根《とね》川河口から一〇キロほどさかのぼった神栖《かみす》市波崎町矢田部《やたべ》の漁師たちが、鰯《いわしりょう》漁の大漁の折りに唄ってきたものである。漁師たちは万祝《まいわ》いを着込み、氏神へ大漁のお礼参りをする道中で、太鼓をたたきながらこの唄を豪快に唄う。

この辺りの鰯地曳き網漁は、肥料にする干鰯《ほしか》や〆粕《しめかす》を生産するために、一七世紀初めに関西地方の漁民が始めたものである。

唄の履歴　この唄の源流は、鹿島神宮の「祭頭《さいとう》歌《か》」（俗に「トーヨーエー」とも）である。毎年三月九日の「祭頭祭」に、七、八歳の少年に甲冑《かっちゅう》を着けさせて大将に仕立て（役名を「祭頭新発意《しんぼち》」と呼ぶ）、大人が肩車をする。その後に、幼年組・青年組・壮年組の二、三百人が兵となって行列を作り、鹿島神宮へ練り込む。その道中、六尺（約一・八㍍）の樫《かし》棒を、ガッシ、ガッシと勇壮に打ち合いながら「祭頭歌」を唄う。

その唄を、矢田部の漁師たちは、大漁祝いに参詣する道中で、「祭頭祭」の道中をもじって唄ったのである。それが、鹿島灘《かしまなだ》沿岸の漁師たちから九十九里浜沿岸（千葉県）の漁師たちの間にも広まって、大漁節として唄われた。ところが、一八六四年に、現千葉県銚子《ちょうし》市で『銚子大漁節』が作られると、各地ともこの唄に取り替えてしまったため、旧来の「トーヨーエー」の大漁節は、この矢田部ぐらいにしか残らなかった。

一九五一年に長谷川辰之助がＮＨＫ水戸放送局に資料として唄の録音を残した。その曲名は「鰯網大漁唄」であった。それを元にして筆者（竹内勉）が歌詞を補い、黒田幸文《さちふみ》に伴奏をつけてもらって、一九六八年二月、コロムビアレコードの「大漁節大会」の中に「波崎大漁節」の名で加えた。唄い手は初代黒田幸子《さちこ》である。その後、一九八五年六月二四日に、那珂湊《なかみなと》（ひたちなか市）の「磯節保存会」の谷川武がまとめ直したものを、伊東律子がクラウンレコードに吹き込んだ。それが、しだいに茨城県下へ広まっていった。

節まわしの型　今日広く唄われている節まわしは、伊東律子のものである。

常陸《ひたち》麦《むぎ》打《う》ち唄《うた》

平打《ひらぶ》ち唄《うた》〔音頭取り〕

〽ハァ揃《そろ》た揃《そろ》たよ（チョイ）麦打《むぎぶ》ち衆《しゅ》が揃《そろ》た
（チョイィ　ヨヤサー　ヨヤサー）
麦《むぎ》の出穂《でほ》より（ソレ）よく揃《そろ》た
（チョイィ　ヨヤサー　ヨヤサー）

追っかけ打《ぶ》ち唄

〽〔音頭取り〕打《ぶ》てた打《ぶ》てたよ（ソレ）この
麦《むぎ》や打《ぶ》てた　打《ぶ》てた
〔麦打ち手〕《繰り返し》この麦《むぎ》や打《ぶ》てた
打《ぶ》てた
〔音頭取り〕①掛《か》け矢揃《やそろ》えて（ソレ）一休《ひとやす》み
（ハァ御座《ござ》れや　御座《ござ》れや　参《まい》るぞ
参《まい》るぞ）

〽うちの嫁御《よめご》は　②働《はたら》き者《もの》よ
朝《あさ》も暗《くら》いのに　麦刈《むぎか》りに

〽御座《ござ》れ御座《ござ》れと　口先《くちさき》ばかり
行《ゆ》けば③大戸《おおど》を　パタリと閉《た》てる

〽麦《むぎ》の青《あお》いのに　麦刈《むぎか》れ刈《か》れと
麦《むぎ》が青《あお》くて　④七巡《ななめぐ》り

〽雲雀《ひばり》鳴《な》け鳴《な》け　青空《あおぞらたか》高く
麦《むぎ》ができたと　鳴《な》いて飛《と》べ

☆〔これらの歌詞は、「平打ち唄」に用いても「追っかけ打ち唄」に用いてもよい。〕

注①木製の大きな槌を一ヶ所に並べて。
②ここを「気さくな働き者よ」とする歌詞集もある。麦の打ち手は、本来は音頭取りの唄う言葉を繰り返して唄うのであるが、即興で他の言葉を入れたのが残ったのであろう。
③家の表口の大きな戸。
④〔「七」は実数ではなく〕畑の周囲を何回もまわり歩くこと。

茨城県の仕事唄。茨城県の北東部、日立市から那珂《なか》郡東海村にかけての太平洋沿岸の農村で、農民たちが麦打ちをしながら唄ってきたものである。

麦打ちとは、庭先に広げた麦の穂をたたいて脱穀する作業のことである（⬇三五三ページ）。たたく道具は、全国的に唐竿《からざお》（くるり棒）が用いられたが、茨城県北東部では掛け矢（木製の大きな槌《つち》）が用いられた。

この麦打ちには、「平打《ひらぶ》ち」と「追っかけ打《ぶ》ち」がある。「平打ち」は、同じ場所で、繰り返したたき続けるものである。麦がかなり脱穀されてくると仕上げになって、右まわりに少しずつ移動しながらたたいていく。それが「追っかけ打ち」である。その、掛け矢でたたきながら唄う唄が「麦打ち唄」で、「平打ち唄」と「追っかけ打ち唄」の二種類がある。

唄の履歴　この唄の源流は、江戸時代後期から明治時代に日本中で大流行した「甚句《じんく》」である。この地方では、酒盛り唄として唄われていた「甚句」を麦打ちに転用した。「平打ち唄」は、その酒盛り唄を、掛け矢を打つ拍子に合わせたものである。「追っかけ打ち唄」は、七七七五調の二句目を、麦打ち手（音頭取り以外の）が繰り返すが、この「繰り返し」によって、掛け矢を振る手に勢いをつけ、作業を速く、鋭く、熱っぽく進めていく効果を出している。

その『常陸麦打ち唄』、一九六〇年頃、那珂湊《なかみなと》（ひたちなか市）の民謡家、初代谷井法童が整えて歌詞を補い、「磯節保存会」の福田佑子に唄わせ、踊りを添えて茨城県下へ広めた。

節まわしの唄　今日広く唄われている節まわしは、福田佑子のものである。

本町《ほんちょう》二丁目《にちょうめ》

上げ

〽〔音頭取り〕①本町《ほんちょう》〔曳き手〕二丁目《にちょうめ》のナー
〔曳き手〕ナーナー　ヨーイサー

口説《くどき》

〔音頭取り〕本町《ほんちょう》〔曳き手〕二丁目《にちょうめ》の　糸《いと》
屋《や》の娘《むすめ》
〔音頭取り〕姉《あね》が　〔曳き手〕二十一《にじゅういち》ナー
〔曳き手〕ナーナー　ヨーイサー
〔音頭取り〕姉《あね》が　〔曳き手〕二十一《にじゅういち》　妹《いもと》が

二十《はたち》
〔音頭取り〕妹《いもと》　〔曳き手〕欲《ほ》しさにナー
〔曳き手〕ナーナー　ヨーイサー
☆〔以下、七七調の前の句「妹欲しさに…」を、四行前の「姉が二十一…」の節で繰り返す形で唄っていく〕
妹《いもと》欲《ほ》しさに　②御立願《ごりょがん》掛《か》ける
③伊勢《いせ》へ七度《ななたび》　④熊野《くまの》へ三度《さんど》

止め

〔音頭取り〕⑤芝《しば》の　〔曳き手〕⑥愛宕《あたご》さんにヤンレー　月参《つきまい》り　月参《つきまい》り

〽⑦鎌倉《かまくら》の　御所《ごしょ》のお庭《にわ》で
庄屋《しょうや》さんの娘《むすめ》が　酌《しゃく》に出《で》た
酒《さけ》よりも　肴《さかな》よりも
庄屋《しょうや》さんの娘《むすめ》が　目《め》についた
目《め》についたら　連《つ》れて行《ゆ》かんせ
そりゃどこまでも　山《やま》の奥《おく》
⑧女子《おなご》は他所《よそ》の　縁《えん》じゃもの
竹《たけ》の柱《はしら》に　⑨萱《かや》の屋根《やね》
どんな苦労《くろう》も　厭《いと》やせぬ

注①江戸の町名。現東京都中央区日本橋辺り。
②望みがかなうように、神や仏に祈り、願うこと。「りょがん」は「りつがん」「りゅうがん」の転。
③伊勢神宮。三重県伊勢市にある。
④熊野三山。熊野本宮大社（和歌山県田辺市本宮町）・熊野速玉大社（新宮市）・熊野那智大社（東牟婁郡那智勝浦町）の三社。
⑤現東京都港区の地名。新橋付近から高輪《たかなわ》付近に至る地域。
⑥愛宕神社。現港区愛宕一丁目の、愛宕山上にある。
⑦鎌倉幕府の将軍の邸宅。歌詞の背景に、地方に住む人の鎌倉へのあこがれがある。
⑧女は、縁のある、ほかの土地で暮らすべきものだから。
⑨屋根を葺くのに用いる、丈の高い草の総称。薄《すすき》・刈安・刈萱《かるかや》・葦《あし》・菅など。

茨城県の祭礼唄。茨城県の中東部、ひたちなか市（旧那珂湊《なかみなと》市）中央町にある天満宮《てんまぐう》の八朔《はっさく》祭り（現在は八月二一〜四日）の最終日に、氏子たちが唄ってきたものである。

神輿《みこし》が天満宮に納まったあと、祭り屋台の各町への道行きに、「祭礼ばやし」の連中が演じるのがこの『本町二丁目』である。屋台の綱を曳《ひ》く連中も、この唄を唄いながら帰っていく。

唄の履歴　この唄の源流は、『伊勢音頭』（四八九ページ）である。それを願人坊主などが長編の口《く》説《どき》にし、手踊りをつけて演じたのが流行《はや》り唄となって、江戸時代末期から明治時代にかけて、江戸を中心に広まった。唄は『本町二丁目』とか「鎌《かま》倉節《くらぶし》」、あるいは「鎌倉くずし」と呼ばれたが、いずれも唄い出しの語からの命名である。そうした唄が那珂湊にも伝えられた。伊勢神宮（三重県伊勢市）の遷宮式では、御用材を積んできた車の戻り道に『伊勢音頭』を唄う風習がある。天満宮の氏子たちは、それをまねたのであろう。

その『本町二丁目』を、「磯節保存会」の初代谷井法童が好んで演じていたが、一時、三味線の手が廃ってしまった。そこで、かつて谷井に習った芸者の小ねこ（笠間市在住）が、昭和五〇年代（一九七五〜）末に復元した。そして、一九八六年五月一八日、福田佑子を中心とする「磯節保存会」の人たちが、クラウンレコードに吹き込んだ。

節まわしの型　今日広く唄われている節まわしは、福田佑子のものである。

水戸《みと》の二上《にあが》り

〽秋《あき》の月《つき》とは　冴《さ》ゆれども
わたしの心《こころ》は　冴《さ》えやらぬ
①堅田《かただ》に落《お》つる　雁《かりがね》の
ただ忘《わす》られぬが　主《ぬし》のこと
なろうことなら　そばにいて
会《あ》いたい見《み》たいと　思《おも》えども
②粟津《あわづ》（会わず）に戻《もど》る　あの船《ふね》は
あれが③矢橋《やばせ》の　アァー④帰帆《きはん》かえ

〽浮世荒波《うきよあらなみ》　漕《こ》ぎ出《で》てみれば
徒《あだ》や疎《おろ》かに　過《す》ごされぬ
浮《う》くも沈《しず》むも　みなその人《ひと》の
舵《かじ》の取《と》りようと　風《かぜ》しだい

〽里《さと》を離《はな》れし　⑤草《くさ》の家《や》に

二人《ふたり》のほかは　虫《むし》の声《こえ》
⑥隙漏《すきも》る風《かぜ》に　ともしびの
消《き》えてうれしき　窓《まど》の月《つき》
〽⑦水戸《みと》の⑧偕楽《かいらく》　梅所《うめどころ》
白梅紅梅《はくばいこうばい》　春《はる》を待《ま》つ
どこにいるのか　鶯《うぐいす》の
ホーホケキョーと　鳴《な》く声《こえ》に
初《はつ》の姿《すがた》を　三分咲《さんぶざ》き

注①現滋賀県大津市の地名。琵琶湖最狭部の西岸にある。「堅田の落雁」は近江八景の一。
②現大津市の地名。琵琶湖の南端部に面した、松原の美しい所であった。「粟津の晴嵐」は近江八景の一。
③現滋賀県草津市の地名。矢走・八橋・八馳などとも書く。琵琶湖南端部の東岸にある。「矢橋の帰帆」は近江八景の一。
④帆船が港へ戻ってくること。
⑤草家。薄《すすき》などの、草で屋根を葺いた家。
⑥戸障子や壁の隙間から入ってくる風。
⑦現茨城県水戸市。水戸藩の城下町。
⑧偕楽園。現水戸市常磐町にある公園。日本三名園の一。水戸藩主徳川斉昭が一八四二年に築造させたもの。

茨城県のお座敷唄。茨城県中東部にある水戸市の花柳界の宴席で、芸者衆が唄ってきたものである。水戸は、徳川御三家の水戸家の城下町であった。

唄の履歴　この唄の源流は不明である。江戸時代後期に、廓《くるわ》へ通う人たちは「よしこの節」（別名「どどいつ」）を「投げ節」にして歩きながら唄ったため、長く伸ばし、ゆっくり唄う唄になった。それに再び三味線をつけ直したものが、「二上り」の名で廓を中心に大流行した。そして、関東地方一円の花柳界へ広まり、水戸にも伝えられた。

そんな下地のあるところへ、「二上り」のさらに変化した「二上り新内」が全国的に流行した。この『水戸二上り』は、その「二上り」が「二上り新内」へと変わる過渡期の唄である。

なお、「二上り新内」になると、たとえば、前掲一首目のしまい「アアー」にあたるところを、「マアどんなに　どんなに」のように二回繰り返し、せつなさを、より色濃く出す唄になっている。

節まわしの型　今日広く唄われている節まわしは、水戸市大工《だいく》町の芸者金太のものである。

轆轤船曳《ろくろふなひ》き唄《うた》

前ばやし

〽〔音頭取り〕ヤァーンレー
〔はやし手〕エェエンヤラホー
エンヤーマーケ　エンヤラホー　エンヤ
ラマーケ　エンヤラホー
エンヤーホーラ　エーンヤー
〔音頭取り〕ヤー　エェンヤラホー　エンヤ
ホーラ　エーンヤー
〔はやし手〕ハァソレー　ソレ

本　唄〔音頭取り〕

〽船《ふね》をハァー曳《ひ》き揚《あ》げヨッホラ　①とば切《き》りす
めばヨ　ホーラ　エーンヤー
（〔はやし手〕ハァソレー　ソレ）
ハァー年《ねん》に一度《いちど》のヨッホラ　里帰《さとがえ》りヨ　ホ
ーラ

後ばやし〔はやし手〕

〽エンヤマーケ　エンヤラホー　エンヤマー
ケ　エンヤラホー
エンヤホーラ　エーンヤ
ハァソレー　ソレ

本　唄

〽②音頭《おんど》はずめば　③枕木《まくらぎ》きしむ
かけた曳《ひ》き綱《づな》　④滑車《せみ》が鳴《な》る

注①仮設の船小屋を作り、薄《すすき》・葦《あし》・菅《すげ》などを編んだもので屋根を掛けること。
②『轆轤船曳き唄』のこと。
③船を浜へ曳き揚げる際、船の下に並べてコロにした丸太。
④轆轤に巻きつけた綱と船との間に用いる滑車。

茨城県の、仕事唄形式の新民謡。茨城県中東部の那珂湊《なかみなと》（ひたちなか市）では、轆轤（別名「神楽《かぐら》さん」）を用いて漁船を浜辺へ曳き揚げる。轆轤は、船につけた綱を捲き取る機械で、四本の柄が放射状についている。漁師たちは、船の下にコロ（丸太）を並べ、その柄を押して綱を捲く。

唄の履歴　この唄は、一九六三年に、那珂湊の民謡家、初代谷井法童が、その轆轤曳きの情景を元にして作詞作曲したものである。唄の構成法は山形県の『最上川《もがみがわ》船唄』（一五五ページ）を手本にしたもので、「前ばやし」「本唄」「後ばやし」から成り、音頭取りとはやし手の掛け合い形式になっている。

その『轆轤船曳き唄』、一九六三年一二月二八日の「国際芸能祭」で、「磯節保存会」の福田佑子の唄で発表された。

節まわしの型　今日広く唄われている節まわしは、福田佑子のものである。

埼玉県

吾野《あがの》の機織《はたお》り唄《うた》

〽わたしゃ①吾野《あがの》の　機屋《はたや》の娘《むすめ》
思《おも》い（ハァ一反《いったん》）思《おも》い一筋《ひとすじ》　恋《こい》の糸《いと》トーカ
ナンダイー
（ハァ一反《いったん》　トーン　トン）

〽川《かわ》の流《なが》れと　吾野《あがの》の機《はた》は
汲《く》めど②つくせぬ　③情《じょう》(丈)がある

〽待《ま》てど帰《かえ》らぬ　お方《かた》と知《し》りつ
今日《きょう》もくる(来る)くる　糸車《いとぐるま》

〽今《いま》はこうして　機屋《はたや》の④年季《ねんき》
末《すえ》は機屋《はたや》の　おかみさん

〽来《く》るか来《く》るかと　⑤機音《はたおと》止《と》めて
⑥牽棒《けんぼう》詰《つ》めたり　ゆるめたり

〽嫌《いや》で幸《さいわ》い　好《す》かれちゃ困《こま》る
好《す》きなお方《かた》は　ほかにある

〽逢《あ》いに来《く》るなら　草履《ぞうり》でおいで
下駄《げた》じゃ⑦二《に》の字《じ》の　跡《あと》がつく

〽子守《こも》り三年《さんねん》　飯炊《ままた》き二年《にねん》
やっと⑧手機《てばた》に　手《て》が届《とど》く

〽糸《いと》は千度《せんたび》　切《き》れてもつなぐ
⑨お前《まえ》と切《き》れたは　つなげない

〽糸《いと》は切《き》れ役《やく》　わしゃつなぎ役《やく》
つなぎながらも　腹《はら》が立《た》つ

〽嫁《よめ》に行《ゆ》きたい　世話《せわ》しておくれ
姑《しゅうと》　小姑《こじゅうと》の　ない所《ところ》

〽今日《きょう》は北風《きたかぜ》　明日《あす》南風《みなみかぜ》
明後日《あさって》浮《う》き名《な》の　⑩辰巳風《たつみかぜ》

〽南風《みなみかぜ》でも　冬吹《ふゆふ》きゃ寒《さむ》い
便《たよ》り来《き》た(北)風《かぜ》　寒《さむ》くない

〽可愛《かわ》い男《おとこ》さんよ　今度来《こんどく》る時《とき》は
⑪紅《べに》と白粉《おしろい》　忘《わす》れずに

〽切《き》れた切《き》れたは　人前《ひとまえ》ばかり
水《みず》に浮《う》き草《ぐさ》　根《ね》は切《き》れぬ

〽逢《あ》わせておくれよ　⑫淡島様《あわしまさま》よ
お礼参《れいまい》りは　二人連《ふたりづ》れ

〽わたしの⑬年明《ねんあ》け　来三月《らいさんがつ》よ
早《はや》く年明《ねんあ》け　来《く》ればよい

〽惚《ほ》れて通《かよ》えば　⑭千里《せんり》も一里《いちり》
長《なが》い田圃《たんぼ》も　ひとまたぎ

〽惚《ほ》れて三年《さんねん》　通《かよ》って二年《にねん》

ほどよく寝《ね》たのは　ただ一夜《いちや》

注①➡解説。
②「汲みつくせぬ」の略。
③「情」は人情、「丈」は反物の長さ。
④年季奉公。奉公人が雇い主と年限を定め、雇われて働くこと。
⑤機を織る音。
⑥縦糸を張る時、その幅を整えるための棒（約七五センチ）。思う人がやってくる足音が聞こえるように、音を立てず、しかも、仕事をしているふりをして、糸の間隔を縮めたり広げたりしている、の意。
⑦下駄の、二本の歯の跡。
⑧動力を用いず、人が手足で操作する織機。手織り機《ばた》。
⑨「主と」とも。また、「切れた情けは　つながれぬ」とも。
⑩南東の風。「立つ」を掛ける。
⑪口紅。
⑫和歌山市加太にある淡島神社の末社。飯能市内にはないので、どこにある神社か不明。
⑬年季明け。奉公人が雇主と約束した雇用年限が過ぎること。
⑭約三九二七キロ。

埼玉県の仕事唄。埼玉県中南部の旧吾野村（現飯能市内）の機屋で、織り子たちが、機を織りながら唄ってきたものである。この辺りの機屋では、秩父銘仙や夜具地を織っていたが、唄を唄うのは、単純な柄の夜具地の場合である。

唄の履歴　この唄の源流は不明である。しかし、唄の感じは、大正時代の流行《はや》り唄か、作曲者のはっきりしている新民謡かと思われるほど新しい。吾野出身の唄い手小沢千月《ちげつ》は、両親が唄うのを聞いてその唄を覚えていた。そして、自分で伴奏をつけて一九六八年一一月一三日にコロムビアレコードに吹き込んだ。

節まわしの型　今日広く唄われている節まわしは、小沢千月のものである。

川越舟唄《かわごえふなうた》

本　唄〔船頭〕

〽ハァー①千住《せんじゅ》マーター出《で》てから　アーまきの②
　やまでは
棹《さお》も艪櫂《ろかい》もエー　手《て》につかぬ

長ばやし

〽〔船頭〕アイヨノ　ヨトキテ　③夜下《よさ》がりか
〔水手《かこ》〕夜下《よさ》がりどころか　朝帰《あさがえ》り
〔船頭〕ヨイサー　コラサー

〽④九十九曲《くじゅうくま》がり　⑤徒《あだ》では越《こ》せぬ
通《かよ》い船路《ふなじ》の　⑥三十里《さんじゅうり》

〽主《ぬし》が⑦棹《さお》さしゃ　わたしは⑧艫《とも》で
舵《かじ》を取《と》り取《と》り　艪《ろ》をば押《お》す

〽着《つ》いた着《つ》いたよ　⑨新河岸橋《しんがしばし》に
主《ぬし》も出《で》て取《と》れ　⑩表舫《おもてもや》

〽押《お》せよ押《お》せ押《お》せ　二挺艪《にちょうろ》で押《お》せよ
押《お》せば千住《せんじゅ》が　近《ちか》くなる

〽千住女郎衆《せんじゅじょろしゅ》は　錨《いかり》か綱《つな》か
今朝《けさ》も二杯《にはい》の　船止《ふねと》めた

〽わたしゃ沖《おき》では　鷗《かもめ》と言《い》えど
⑪花《はな》の⑫隅田《すみだ》で　⑬都鳥《みやこどり》

〽⑭戸田《とだ》の渡《わた》しで　今朝見《けさみ》た⑮島田《しまだ》
島田見《しまだみ》るたび　思《おも》い出《だ》す

〽吹《ふ》けよ川風《かわかぜ》　帆《ほ》をはらませて
風《かぜ》が頼《たよ》りの　⑯帰《かえ》り船《ぶね》

〽⑰船《ふね》の小縁《こべり》に　両手《りょうて》をついて
主《ぬし》は今日《きょう》出《で》て　いつ戻《もど》る

〽艫《とも》で舵取《かじと》る　親方《おやかた》よりも
小縁《こべり》で棹《さお》さす　主《ぬし》がよい

〽行《ゆ》こか千住《せんじゅ》へ　帰《かえ》ろか家《うち》へ
ここが思案《しあん》の　⑱戸田《とだ》の橋《はし》

☆〔歌詞は『千住節』と共通〕

長ばやし

〽ギュッギュッテバ　夜下《よさ》がりか
夜下《よさ》がりどころか　⑲朝潮《あさしお》だい

注①➡解説。
②千住大橋から隅田川を少し上流へ上った辺り。川が大きく曲がり、うねっているので「巻き野の原」の意という。また、槙の木の森があったので、ともいう。
③夜間に船を下流へ向かって進めること。夜は水路が見えず、危険なため、普通は航行しない。
④〔実数ではなく〕川の曲がりくねっている箇所が多い、の意。
⑤いいかげんな気持ちでは。
⑥約一一八キロ。現川越市の新河岸川にあった仙波の船着き場から、現東京都江東区深川にあった木場までの距離。
⑦竹や木の長い棒を水底へ突っぱって舟を進め。
⑧船尾。
⑨川越市南西部の、新河岸川に架かる橋。
⑩船首にある綱で、船を岸や他の船とつなぐためのもの。
⑪はなやかで美しい。「花の都の隅田川」という気持ち。
⑫隅田川。東京都の東部を南流して東京湾へ注ぐ川（約二五キロ）。埼玉県西部の山地に発して南東流する荒川旧流の最下流部で、東京都北区の岩淵水門より下流の呼称。
⑬百合鷗《ゆりかもめ》のこと。体長四〇センチほど。体は白で、くちばしと脚は赤い。在原業平《ありわらのなりひら》の「名にし負はばいざ言問はむ都鳥　我が思ふ人はありやなしやと」で有名。
⑭中山道戸田宿（現戸田市）南方にあった、荒川の渡し場。
⑮島田髷《まげ》の娘。島田髷は日本髪の髪型で、未婚の女性が結うもの。
⑯荒川を川越方面へ向かって上る船。
⑰船の両側のへり。船べり。船端。
⑱旧戸田宿南方の、荒川に架かる橋。一八七四年に木橋が架設された。
⑲朝、海の潮が満ちてきて、さらに河口から川をさかのぼること。

埼玉県の仕事唄。埼玉県の中央部を南東流する荒川の、川越船の船頭たちが、艪《ろ》や棹《さお》を操りながら唄ってきたものである。

川越船とは、川越（川越市）から千住《せんじゅ》（東京都足立区千住）や深川（江東区深川）辺りまで、三〇里の水路を通う高瀬船で、大きさは八〇石から百石、人なら六〇人から七〇人乗れる船であった。そして、川越を午後五時に出航すれば、三日目の夜には江戸へ着いた。これが「並みの速さの船」で、船頭は一人であった。これに対して「早船」は、船頭が四人で、夕方出航すると翌朝には江戸へ着いた。さらに「飛び切り」は八人の船頭で、一〇時間ほどで着けた。あとは肥え船で、農作物の肥料にする下肥えを積んで、江戸の下町から川越へ帰ってくるものであった。

唄の履歴　この唄の源流は、日光街道の、江戸から最初の宿場町千住の芸者衆が、酒席で唄っていた『千住節』（三四二ページ）である。それを、千住宿の脇を流れる荒川（墨田川）を往来する川越船の船頭たちが覚え、艪や棹を操りながら口ずさむうちに、「舟唄」としての節まわしが生まれていった。特に夜下がり船（➡注③）の船頭たちは、眠気ざましに好んで唄った。前掲の「長ばやし」は、その辺の事情を物語っている。

近年、「見沼通船堀《みぬまつうせんぼり》舟唄」や「新河岸川《しんかしがわ》舟唄」の名称で、『川越舟唄』と多少異なる節まわしの唄を唄う人たちもいるが、すべてをひっくるめて『川越舟唄』である。節まわしの違いは船頭の個人差であるから、別種の唄ではない。

その『川越舟唄』、昭和三〇年代（一九五五～）には、青森県出身の成田収玉《しゅうぎょく》（埼玉県在住）が好んで唄っていたが、関東地方の唄としては声質に違和感があり、定着しないまま終わった。その後、昭和五〇年代に入ると、今度は飯能市出身の小沢千月《ちげつ》が、節まわしを改めて唄い広めた。

節まわしの型　今日広く唄われている節まわしは、小沢千月のものである。

埼《さい》玉《たま》松《まつ》坂《ざか》

上の句

〽これのヨォー館《やかた》は　目出度《めでた》い館《やかた》

口《く》説《どき》

今日《こんにち》こちらへ　招《まね》かれて
ここの座敷《ざしき》に　上《あ》げられて
床《とこ》の間掛《まか》け軸《じく》　見申《みもう》せば
一《いち》には①天照《てんしょう》　大神宮《だいじんぐう》
二《に》には②豊受《とようけ》　大神宮《だいじんぐう》
三《さん》に③橿原《かしはら》　大神宮《だいじんぐう》
幸《しあわ》せなるぞや　旦那様《だんなさま》
幸《しあわ》せなるぞや　おかみさん
④七福神《しちふくじん》の　孫《まご》を抱《だ》き

⑤打《う》ち出《で》の小槌《こづち》で　あやしたて
下の句
末代《まつだい》ヨォー長者《ちょうじゃ》とヨォー　暮《く》らします

☆〔　〕内は編者が補ったもの

〽〔これの館《やかた》は　目出度《めでた》い館《やかた》〕
これの館《やかた》に　招《まね》かれて
表御門《おもてごもん》を　眺《なが》むれば
孔雀《くじゃく》の鳥《とり》が　巣《す》を作《つく》り
羽《はね》で銭《ぜに》をば　捲《ま》き込《こ》んで
口《くち》には小判《こばん》を　くわえ込《こ》み
脚《あし》には⑥小粒《こつぶ》を　掻《か》き揃《そろ》え
この家繁昌《やはんじょ》と　舞《ま》い遊《あそ》ぶ

〽これの館《やかた》は　目出度《めでた》い館《やかた》
お家《いえ》の造《つく》りを　見申《みもう》せば
入《い》り口土台《ぐちどだい》は　⑦銀《ぎん》ぐるみ
柱々《はしらはしら》は　金《きん》ぐるみ
⑧梁《はり》さし見《み》れば　銭《ぜに》で候《そろ》
屋根《やね》は小判《こばん》の　⑨柿葺《こけらぶ》き
東窓《ひがしまど》には　銭簾《ぜにすだれ》
銭《ぜに》の恵《めぐ》みで　朝日《あさひ》さす
〔朝日輝《あさひかがや》く　この館《やかた》〕
⑩朝日長者《あさひちょうじゃ》と　暮《く》らします

〽これの館《やかた》は　目出度《めでた》い館《やかた》
前《まえ》のお庭《にわ》を　見申《みもう》せば
梅《うめ》の大木《たいぼく》　植《う》えてある
左《ひだり》の枝《えだ》には　花《はな》が咲《さ》く
右《みぎ》の枝《えだ》には　実《み》が生《な》りて
中《なか》なる小枝《こえだ》の　新芽《しんめ》には
鶯《うぐいす》留《と》まりて　⑪法華経《ほけきょ》読《よ》む
〔梅《うめ》に鶯《うぐいす》　ホーホケキョ〕

〽これの館《やかた》は　目出度《めでた》い館《やかた》
目出度《めでた》い館《やかた》に　招《まね》かれて
床《とこ》の間掛《まか》け軸《じく》　見申《みもう》せば
鶴《つる》と亀《かめ》との　舞《ま》い遊《あそ》ぶ
鶴《つる》は上《うえ》から　舞《ま》い下《さ》がり
下《した》では亀《かめ》が　這《は》い歩《あゆ》み
鶴《つる》と亀《かめ》とが　水遊《みずあそ》び
⑫こちらの身上《しんしょ》は　盛《も》り上《あ》がる

〽酒《さけ》の肴《さかな》を　望《のぞ》まれまして
⑬胸《むね》の内《うち》には　肴《さかな》なし
海《うみ》が遠《とお》くて　間《ま》に合《あ》わず
山《やま》は近《ちか》くで　花《はな》はある
一枝《ひとえだ》あげましょ　梅《うめ》の花《はな》
それを肴《さかな》に　お酒盛《さかも》り

〽酒《さけ》の肴《さかな》を　望《のぞ》まれまして
盃台《さかずきだい》へと　松植《まつう》えて
松《まつ》の小枝《こえだ》に　鷹留《たかと》めて
小鳥捕《ことりと》らせて　お肴《さかな》に

〽所《ところ》は⑭高砂《たかさご》　尾《お》の上《え》の松《まつ》よ
松《まつ》の⑮元《もと》にて　臼《うす》を取《と》り
そのまた⑯末《うら》で　杵《きね》を取《と》り
目出度目出度《めでためでた》の　餅《もち》を搗《つ》く

注①皇大神宮。伊勢神宮の内宮《ないくう》。天照大神《あまてらすおおみかみ》をまつる。三重県伊勢市にある。
②伊勢神宮の外宮《げくう》。豊受大神をまつる。
③奈良県橿原市久米町にある神社。神武天皇と、その皇后をまつる。
④福徳をもたらす七体の神。恵比須《えびす》・大黒天・毘沙《びしゃ》門《もん》天・弁財天・布袋《ほてい》・福禄寿・寿老人。ここでは、福の神のような、七人の孫の意。
⑤振れば、欲しいものがなんでも出てくるという、小さな槌。
⑥小粒金の略。一分金（一両の四分の一）の俗称。
⑦銀の板でくるむこと。
⑧屋根を支えるために、柱の上に横に渡してある木。
⑨小判を重ね合わせて屋根を葺くこと。
⑩朝日のように昇り調子の（隆盛へ向かっている）長者として。
⑪大乗仏教の重要経典。天台宗・日蓮宗はこれによる。
⑫この家の財産が増え、家格が上がる。
⑬考えてみても、肴になるようなものはない。
⑭現兵庫県高砂市辺りの山の上の松。一帯は松の名所であった。

⑮木の幹の、根元側の太い部分。
⑯木の幹の、梢側の細い部分。

埼玉県の祝い唄。埼玉県の南東端、越谷《こしがや》市から吉川《よしかわ》市や北葛飾《かつしか》郡松伏《まつぶし》町一帯の人たちが、祝いの席で唄ってきた唄である。歌詞は唄問答のような形式で、本来は即興で作るものであった。

婚礼の座敷を例にとると、上座の、向かって左側に花婿、右側に花嫁が座り、婿方の客は嫁側に、嫁方の客は婿側に並ぶ。下座に「お相伴《しょうばん》番頭」と呼ばれる座持ち役が控える。そして、小謡「高砂《たかさご》」に続いて「松坂」と「これさま」を唄う。この二曲の歌詞は即興で作り、婿方は花嫁方を、嫁方は花婿方を、容姿・人柄から、座敷の造りや、出された料理に至るまで褒めたたえる。この風習は、関東地方の太平洋岸に広く分布する。

唄の履歴　この唄の源流は、新潟県下の『越後《えちご》松坂』(三九三ページ)である。それが越後瞽女《ごぜ》や座頭によって江戸へも伝えられ、千住宿《せんじゅじゅく》(東京都足立区千住)を中心に広まった。現在でも足立区一円ではかなり広く唄われているので、そうした唄が越谷方面にまで及んだのであろう。それに、昭和五〇年代(一九七五〜)に小林照玉《しょうぎょく》が三味線の手をつけ、柴田隆章の唄でレコード化した。

『埼玉松坂』の詞型は、上の句(七七)と下の句(七五)の間に「口説《くどき》」を挿入する形式になっている。その口説部分は、七五・七五を一組にして、対の節を繰り返していくものである。ところが、唄い継がれていくうちに上の句や、対になるはずの一方(七五)を略してしまうなど、いろいろなものが伝わっている。

柴田隆章のレコードの一首目には、上の句「これの館は　目出度い館」がきちんとついているので、本書ではこれを基本にし、口説部分も偶数行にして載せておく。(編者、竹内勉が補った部分は〔　〕でくくって示した。)

節まわしの型　今日広く唄われている節まわしは、柴田隆章のものである。

狭山茶作《さやまちゃづく》り唄《うた》

〽①狭山《さやま》よい所《とこ》　アァ銘茶《めいちゃ》の場所《ばしょ》よ
娘《むすめ》やりたや　お茶摘《ちゃつ》みに
(アァ　縒《よ》り込《こ》め　縒《よ》り込《こ》め)

〽②宇治《うじ》の新茶《しんちゃ》と　狭山《さやま》のお③茶《ちゃ》が
出会《であ》いましたよ　④横浜《よこはま》で

〽⑤お茶《ちゃ》は終《お》えるし　⑥お茶師《ちゃし》は帰《かえ》る
⑦焙炉眺《ほいろなが》めて　目《め》に涙《なみだ》

〽温《ぬる》いお茶《ちゃ》でも　お前《まえ》の手《て》から
淹《い》れてもらえば　熱《あつ》くなる

〽揉《も》めよ揉《も》め揉《も》め　揉《も》まなきゃ縒《よ》れぬ
揉《も》めば古葉《ふるは》も　お茶《ちゃ》となる

〽お茶《ちゃ》の⑧転繰《でんぐ》り揉《も》みゃ　⑨甲手《こうで》の毒《どく》よ
揉《も》ませたくない　主《ぬし》さんに

〽⑩八十八夜《はちじゅうはちや》も　通《かよ》わせおいて
九十九夜目《くじゅうくよめ》の　⑪別《わか》れ霜《じも》

〽⑫焙炉頭《ほいろがしら》の　親方《おやかた》よりも
⑬青葉殺《あおばごろ》しの　主《ぬし》がよい

〽狭山《さやま》出《で》てから　⑭川越《かわごえ》までは
露《つゆ》か涙《なみだ》か　袖濡《そでぬ》らす

〽狭山《さやま》出《で》てから　川越《かわごえ》までは
後《あと》で呼《よ》ぶよな　声《こえ》がする

〽宇治《うじ》で⑮下揉《したも》み　⑯駿河《するが》で⑰仕上《しあ》げ
⑱火入《ひい》れ狭山《さやま》で　して欲《ほ》しや

注①➡解説。
②現京都府宇治市。宇治茶で有名。
③「古茶」「濃茶」は誤り。
④横浜港(神奈川県横浜市)。一八五九年に海外貿易港に指定されてから、輸出用のお茶は、すべて横浜に集められた。
⑤製茶作業。
⑥⑦➡解説。
⑧焙炉上の茶葉を両手で団子状に丸めて転がしたり、引っくり返したりして縒りをかける作業。
⑨手の表側。ここに力が入るため、職業病として、

腕が動かなくなることがある。
⑩数多くの夜。この数字は、立春から八十八日目の「八十八夜」（茶摘みで忙しい頃）と合わせたもの。
⑪その年の春、最後の霜。「（男女が）別れる」を掛ける。
⑫お茶師の頭領。
⑬茶葉を蒸したり、下揉みをしたりする、未熟な、若いお茶師のこと。⬇解説。
⑭現川越市。
⑮⬇解説。
⑯旧国名。現静岡県の中部・東部。
⑰⬇解説。
⑱縒り上がった茶に香りをつけるため、強火で煎る作業。製茶の最終工程。

埼玉県の仕事唄。埼玉県中南郡の現所沢市・入《いる》間《ま》市を中心とする狭山丘陵から、東京都の旧北多摩郡や、中野区・杉並区・練馬区にかけての農家で、お茶師が茶葉を縒《よ》りながら唄ってきたものである。狭山茶が盛んになったのは、横浜港開港の一八五九年以降である。

お茶師とは、日常は農業に従事しているが、五月の茶摘み時になると、お茶の生産農家に招かれてお茶作りをする人たちのことである。作業は、畳一枚ほどの焙炉《ほいろ》（木枠の底に和紙を重ねてはり、その下に炭火を入れて茶葉を乾燥させる道具）に入れた生葉《なまは》を蒸しながら、手で揉み、縒りをかけていく。一般には、一日かかって生葉五貫目（約一九キロ）で製茶一貫目できる。これだけ作れれば一人前の腕といわれた。

お茶作りには、蒸す作業の「青葉《あおは》殺し」と、揉む作業の「下揉み」「中揉み」と、最後に縒りをかける「仕上げ」の三段階がある。作業は後へいくほど高度の技術を必要とするので、若手が「青葉殺し」や「下揉み」を行い、熟練した人が「中揉み」や「仕上げ」にたずさわる。唄は「青葉殺し」と「下揉み」「中揉み」の時に唄い、「中揉み」では唄が少し速くなる。土地によっては別の唄を用いる所もあるが、一般的には同じ唄をテンポだけ変えて唄う場合が多い。「仕上げ」は、神経を使う作業なので、普通は唄わない。

唄の履歴　この唄の源流は、静岡県下のお茶師たちが唄っていた茶揉み唄である。明治時代に入って、そのお茶師たちが技術指導で各地の茶所へ出向いたため、その唄もお茶師仲間へ広まり、各地とも共通の節になっている。

『狭山茶作り唄』は、一九七九、八〇年頃、小沢千月《ちげつ》が尺八伴奏で仕立てたものであるが、それは、仕事唄としての、お茶師の唄そのままであった。一方、小林照玉《しょうぎょく》あたりが三味線の伴奏を加えて踊り唄風に仕立てたものが、柴田隆章《りゅうしょう》によってレコード化されている。

節まわしの型　今日広く唄われている節まわしは柴田隆章のもので、三味線伴奏で、軽快に、はずんで唄う。しかし、尺八伴奏の唄へ戻すほうが、仕事唄としての雰囲気が出る。

秩《ちち》父《ぶ》音《おん》頭《ど》

本　唄〔音頭取り〕

〽ハァーエー①花《はな》の②長瀞《ながとろ》　あの③岩畳《いわだたみ》
花《はな》の長瀞《ながとろ》　あの岩畳《いわだたみ》
（コラショー）
誰《たれ》をナァーエー誰《たれ》を待《ま》つやら　アレッサー
おぼろ月《づき》

長ばやし〔踊り手〕

〽アァおらがほうじゃ　こうだよ
おかしけりゃ　お笑《わら》いなット

本　唄

〽咲《さ》くは山吹《やまぶき》　つつじの花《はな》よ
④秩父銘仙《ちちぶめいせん》　⑤機所《はたどころ》

〽⑥秋蚕《あきご》しもうて　麦播《むぎま》き終《お》えて
⑦秩父夜祭《ちちぶよまつ》り　待《ま》つばかり

〽⑧炭《すみ》の俵《たわら》を　編《あ》む手《て》にひびが
切《き》れりゃ⑨雁坂《かりさか》　雪《ゆき》かぶる

〽さす手引《てひ》く手《て》の　揃《そろ》いの浴衣《ゆかた》
どれが姉《あね》やら　妹《いもと》やら

〽主《ぬし》のためなら　⑩賃機《ちんばた》⑪夜機《よばた》
たまにゃ寝酒《ねざけ》も　買《こ》うておく

〽月《つき》が櫓《やぐら》の　真上《まうえ》に来《く》れば
踊《おど》り組《く》む輪《わ》の　十重《とえ》二十重《はたえ》

〽霧《きり》に濡《ぬ》れてか　踊《おど》りの汗《あせ》か
月《つき》にかざした　手《て》が光《ひか》る

〽踊《おど》り疲《つか》れて　輪《わ》を出《で》てみたが
主《ぬし》の音頭《おんど》で　また踊《おど》る

〔以上、金子伊昔紅作〕

〽鳥《とり》も渡《わた》るか　あの山《やま》越《こ》えて
⑫雲《くも》の沢《さわ》立《た》つ　⑬奥秩父《おくちちぶ》

〔小林倉八作〕

〽忍《しの》び逢《あ》う時《とき》や　⑭浅間山《せんげんやま》の
尾根《おね》の松《まつ》の葉《は》　月隠《つきかく》せ

〽桑《くわ》を摘《つ》む手《て》も　⑮筬持《おさも》つ手《て》でも
盆《ぼん》にゃ踊《おど》りの　手《て》に変《か》わる

〽⑯紺《こん》や⑰浅葱《あさぎ》は　⑱紺屋《こんや》で染《そ》める
わしの白歯《しらは》は　⑲誰《た》が染《そ》める

〽⑳狭霧朝霧《さぎりあさぎり》　㉑炭付《すみつ》け馬《うま》の
影《かげ》は見《み》えねど　シャラシャラと

〽唄《うた》が負《ま》けるか　踊《おど》りが勝《か》つか
唄《うた》と踊《おど》りの　根競《こんくら》べ

〽わたしゃ本場《ほんば》の　秩父《ちちぶ》の娘《むすめ》
徒《あだ》にゃ織《お》らない　色模様《いろもよう》

長ばやし

〽㉒三峰《みつみね》お山《やま》の　夜《よ》は明《あ》けて
秩父《ちちぶ》繁昌《はんじょ》と　陽《ひ》が昇《のぼ》るット

〽押《お》せ押《お》せ　押《お》っせえな
押《お》してもいいから　突《つ》っつくなット

〽そうともそうとも　㉓そうだんべえ
㉔あちゃ㉕むし㉖だんべに　吊《つ》るし柿《がき》ット

〽朝霧《あさぎり》蹴立《けた》てて　よく来《き》たね
㉗地炉端《じろばた》寄《よ》って　おあたんなット

〔金子伊昔紅作〕

〽いいから貸《か》すから　飲《の》んできな
ある時《とき》ゃさらりと　置《お》いてきなット

〽㉘べえべえ言葉《ことば》が　嫌《や》んだらば
鍋《なべ》や釣瓶《つるべ》は　㉙なんちゅうべえット

〽寄《よ》って飲《の》みなよ　㉚せくこたねェよ
㉛朝茶《あさちゃ》はその日《ひ》の　難《なん》のがれット

〽㉜しちふりこいてと　言《い》われても
でっけえことを　やってみなット

〽㉝ああだんべえに　こうだんべえ
言《い》わなきゃ話《はなし》が　まとまらぬット

注①桜の花。
②皆野町から長瀞町に至る、荒川の渓谷。一九二四年に名勝・天然記念物に指定。
③長瀞町の荒川西岸にある河岸段丘で、平たい結晶片岩。長さ約五〇〇メートル。
④秩父名産の、平織りの絹織物。縦は絹糸、横は玉糸で織る。丈夫で、女性の普段着や、丹前・布団地用。
⑤「織り所」とも。
⑥晩夏から晩秋にかけて飼育する蚕。
⑦秩父市秩父神社の例大祭（現行一二月二～三日）。神輿渡御があり、屋台ばやしや屋台芝居・踊りが上演され、花火が打ち上げられる。
⑧炭を入れる俵。萱を編んで作る。
⑨雁坂峠（二〇八二メートル）。秩父市と山梨県山梨市の境にある。秩父盆地と甲府盆地を結ぶ交通路。
⑩手間取りとして機を織ること。
⑪夜なべ仕事に機を織ること。
⑫雲が山の谷間から涌き立つ。
⑬埼玉県の西端部、秩父地方の山岳地帯。
⑭仙元峠（一四七三メートル）。秩父市浦山と東京都西多摩郡奥多摩町の境にある。
⑮機織り用具。竹を薄く切って櫛の歯のように並べ、枠をつけたもの。縦糸を整えて織物の幅と織り目の密度を決め、通した横糸をたたいて締める器具。

⑯藍（タデ科の一年草）で何度も染め返して濃く染めた、暗い紫色を帯びた濃い青色。
⑰藍で薄く染めた、緑色を帯びた薄い青色。
⑱染め物屋。
⑲江戸時代、女性は結婚するとお歯黒をつけて歯を染めたことから、誰と結婚するか、の意。
⑳霧。「さ」は接頭語で、語調を整えるためのもの。「狭」は、それにあてた漢字
㉑炭俵を背に付けた、駄賃付け馬。
㉒三峰山（一一〇一メートル）。秩父市大滝の東部にある山で、修験道の霊場であった。三峰神社がある。
㉓秩父方言。そうでしょう、の意。
㉔それでは。それなら。言葉の初めに冠せる語。
㉕言葉尻に加える語。
㉖推量の終助詞で、「…だろう」の意。
㉗土間に造った囲炉裏。
㉘語尾に「べえ」がつく言葉。関東・東北地方の方言。「べえ」は、推量や意志を表す終助詞。
㉙なんと言うのだろう。
㉚急ぐことはないよ。
㉛朝飲むお茶は、その日一日の災難を防ぐという俗信がある。
㉜格好つけてと。
㉝ああだろうと。

埼玉県の盆踊り唄。埼玉県の中西部、秩父郡皆野町の人たちが、お盆に唄い踊ってきたものである。

唄の履歴　この唄の源流は、越後《えちご》（新潟県）の北部、北蒲原《かんばら》地方に広く分布している盆踊り唄の「甚句《じんく》」である。それは日本中へ広まって、『相馬盆唄』（福島）・『三浜《さんぴん》盆唄』（茨城）・『日光和楽踊り』（栃木）・『北海盆唄』（北海道）など、多くの盆踊り唄を生んだ。これらの唄の特徴は、七七七五調の歌詞の四句目の前に「アレサ」（または「ヤレサ」）が入ることである。そこで、民謡研究家の町田佳聲《かしょう》は、この系統の唄に「アレサ型（ヤレサ型）盆踊り唄」と命名した。

さて、その越後の「甚句」は三国《みくに》峠越えに群馬県下へ広まったが、『八木節』の流行以前に埼玉県下にも伝えられ、皆野では「豊年踊り」に用いられるようになった。豊年踊りとは、八月の初め、稲が花咲く頃に、田の神に豊作を願って唄い踊り、一〇月下旬から一一月にかけて、収穫祝いにまた唄い踊るものである。ところが、稲作技術が向上して作神《さくがみ》信仰が薄くなり、しかも八月のほうの踊りは盆踊りに吸収されて、以後、盆踊り唄にとなっていった。

その「豊年踊り」は、大正時代にはすっかり寂れてしまったが、ちょうど新民謡運動が始まった。皆野の医師金子元春（号は伊昔紅《いせきこう》）は、郷土にも唄をと考え、一九三〇年八月、父親の記憶していた唄を元にして、吉岡儀作に節まわしを整えさせた。一方、歌詞の懸賞募集を、郷土芸術研究会の力を借りて行った。その時の第一席は「〽好いて好かれて好かれて好いて　好いて好かれた皆野町」という「どどいつ」の替え唄で、観光目的には向いていたが、今日では全く唄われていない。第二席が、今日元唄のようにして唄われている「〽鳥も渡るか…」で、「馬酔木《あしび》」の俳人小林倉八（当時二六歳）の作である。しかし、ほかにはこれといったものがないため、金子元春自身が前掲九首目までの歌詞や、長ばやし「〽朝霧蹴立てて…」などを作って加えた。そして、一九三〇年一一月二日には明治神宮遷宮十周年大祭の奉納に参加した。唄は吉岡儀作と相沢左門次であった。

その後、一九三三年に北海道帯広市で催された全国リクレーション大会に参加した時から、曲名も「豊年踊り」や「盆踊り唄」だったものを「秩父豊年踊り」とした。そして、その年のうちにコロムビアレコードに、唄吉岡儀作、指揮金子伊昔紅で吹き込んでいる。歌詞は「〽鳥も渡るか…」「〽咲くは山吹…」「〽炭の俵を…」であった。この曲名は一九四一年八月一五日の放送でも用いられていた。それが、正式に『秩父音頭』となったのは、五〇年四月、埼玉県下小中学校の集団体技に採用された時からである。というのも、『秩父音頭』なる唄は別に存在していたのである。別名を『秩父銘仙音頭』と呼び、「〽主へ藍縞《あいじま》らんたつ縞の　やがて子持ちに　なる三筋ヨイヨイ　ヨイトナ」といったもので、この唄が廃ったため、『秩父音頭』という曲名が利用できるようになったようである。

その『秩父音頭』、皆野を中心に、秩父地方一円に広まり、約二〇キロ南東の吾野《あがの》（現飯能市内）でもお盆に盛んに唄い踊られた。それを覚えていた小沢千月《ちげつ》がコロムビアレコード「ふるさとの歌」（一九六八年四月発売）に吹き込んだ。しかし、節まわしは、「小沢千月節」とか「飯能盆踊り唄」と呼んでもよいほど異なったものである。唄の感じも、皆野の「吉岡儀作節」は、剛で、歯切れがよいのに対して、吾野の「小沢千月節」は、柔で、のどかである。

節まわしの型　今日広く唄われている節まわしは、地元皆野では吉岡儀作のものである。東京方面やマスコミでは小沢千月のものである。

秩父木挽き唄《ちちぶこびきうた》

〽アァ嫌《いや》だ嫌《いや》だよ　木挽《こび》きは嫌《いや》だ
仲《なか》のよい木《き》を　アァリャサー挽《ひ》き分《わ》けるヨ
ー
（アァ締《し》めてこい　締《し》めてこい）

〽木挽《こび》き女房《にょうぼ》に　なるなよ妹《いもと》
花《はな》の盛《さか》りを　山奥《やまおく》に

〽鳴《な》いてくれるな　山《やま》ほととぎす
里《さと》の妻子《つまこ》を　思《おも》い出《だ》す

〽木《き》の根《ね》①萱《かや》の根《ね》　草《くさ》の根《ね》までも
分《わ》けて行《ゆ》きたい　人《ひと》がある

〽山《やま》は深《ふか》いし　木《き》は大木《たいぼく》だ
頼《たの》みますぞえ　山《やま》の神《かみ》

〽山《やま》に小屋掛《こやが》け　生木《なまき》を焚《た》いて
苦労《くろう》するのも　主《ぬし》のため

〽霧《きり》も晴《は》れない　あの沢奥《さわおく》で
今朝《けさ》も②板木《ばんぎ》が　鳴《な》り響《ひび》く

〽木挽《こび》きゃ③山家《さんか》の　山《やま》には住《す》めど
木《き》の実《み》④榧《かや》の実《み》　食《た》べはせぬ

〽⑤旦那《だんな》⑥大黒《だいこく》　おかみさんは⑦恵比須《えびす》
渡《わた》る⑧西行《さいぎょ》さんは　⑨福《ふく》の神《かみ》

注
①薄《すすき》のこと。
②木槌《きづち》でたたいて食事の時間などを知らせるための、木の板。
③山の中の家。
④イチイ科の常緑高木。宮城県以南の山野に自生し、また庭木とする。高さ約二〇メートル。雌雄異株。春に開花し、翌年の秋に、長さ二、三センチの、種皮に包まれた長円形の実をつける。実は茶褐色に熟し、食用とし、油を取る。材は建材や碁盤とする。
⑤山の立ち木を買い取った人。
⑥七福神の一。福徳・財宝・食物などの神。右手に打ち出の小槌を持ち、左肩に大きな袋をかつぎ、米俵二俵の上に立つ。
⑦七福神の一。福徳・漁・商売繁昌などの神。右手に釣り竿を持ち、左手で鯛を抱える。
⑧渡り職人の木挽き。西行は、平安時代末期～鎌倉時代初期の僧侶で歌人。歌集に「山家集」がある。西行が日本中を巡り歩いたことから、各地を渡り歩く木挽き職人を、俗に「西行さん」と呼ぶ。
⑨人に幸せや利益をもたらす神。

埼玉県の仕事唄。埼玉県の西部、秩父地方の山々で働く木挽き職人たちが、材木を大割りにしたり、板に挽いたりする折りに、大鋸《おおのこ》を引く手に合わせて唄ってきたものである。（木挽きが唄を唄う理由については一七八ページ参照）

唄の履歴　この唄の源流は　旧南部藩領（岩手県中央部から青森県東部一帯）の『南部木挽き唄』（一七七ページ）である。南部木挽きは腕がよく、冬の農閑期を利用して、出稼ぎ仕事として東日本各地の山へ入っていったため、技術とともに唄のほうも各地へ広まり、伝わっていった。しかし、木挽き職人の個人差などによって、各地とも、今日では『南部木挽き唄』とはかなり異なった節まわしになっている。

一九六六年一〇月二五日、NHKの録音班は、秩父郡皆野町腰の、『秩父音頭』の音頭取り、吉岡儀作（一八九七年生まれ）の『秩父木挽き唄』を録音し、一一月一一日の「民謡を訪ねて」（NHKラジオ）で全国放送した。その後、昭和五〇年代（一九七五～）に入って柴田隆章《りゅうしょう》がそれを元に復元し、唄い広めた。

節まわしの型　今日広く唄われている節まわしは、柴田隆章のものである。

飯能筏唄《はんのういかだうた》

〽エー今朝《けさ》の寒《さむ》さに　エー乗《の》り出《だ》す筏《いかだ》
①家《うち》じゃ妻子《つまこ》が　送《おく》り舟《ぶね》ヨート
（ヨイショォ　ヨイショ）

〽②飯能出《はんのうで》てから　③千住《せんじゅ》へ五日《いつか》
棹《さお》にまかせた　この命《いのち》

〽船頭可愛《せんどかわ》いや　④冱寒《ごかん》の冬《ふゆ》も

⑤襦袢一《じゅばんひと》つで　汗《あせ》をかく
〽雨《あめ》が降《ふ》ります　筏《いかだ》が出《で》ます
⑥山《やま》のお客《きゃく》が　出《で》て来《き》ます
〽⑦千住河岸《せんじゅがし》さえ　⑧竿差《さおさ》しゃ届《とど》く
差《さ》して届《とど》かぬ　主《ぬし》の胸《むね》
〽惚《ほ》れて通《かよ》えば　⑨千里《せんり》も一里《いちり》
長《なが》い流《なが》れも　ひとまたぎ
〽押《お》せよ押《お》せ押《お》せ　押《お》さなきゃ筏《いかだ》
押《お》して木《き》(気)をやる　筏乗《いかだの》り
〽⑩吾野谷《あがのだに》より　七里《しちり》の難所《なんしょ》
あとは⑪千住《せんじゅ》の　夢《ゆめ》の中《なか》
〽雨《あめ》を降《ふ》らせて　雨水出《あまみずだ》せば
山《やま》の⑫筏《いかだ》さん　出《で》てきます
〽山《やま》で育《そだ》った　この材木《ざいもく》も
今日《きょう》はお⑬江戸《えど》へ　お嫁入《よめい》り
〽筏乗《いかだの》るのは　浮気《うわき》で乗《の》るか
浮気《うわき》ゃ流《なが》して　⑭実《じつ》で乗《の》る
〽筏乗《いかだの》りさん　昨夜《ゆうべ》はどこよ
昨夜《ゆうべ》⑮笹井《ささい》の　橋《はし》の下《した》
〽⑯木《こ》の葉水《はみず》かよ　筏《いかだ》が軽《かる》い
⑰二間棹《にけんざお》まで　⑱楽《らく》をする

☆〔歌詞は『千住節』と共通〕

注①筏師の自宅。
②現飯能市。
③現東京都足立区の地名。⬇解説。
④凍りつくような厳しい寒さ。
⑤和装の時に着る下着。
⑥猿のこと。
⑦千住の船着き場。現在の、隅田川に架かる千住大橋辺りにあった。
⑧竿を差し出せば。
⑨約三九二七キロ。
⑩現飯能市の北西部、名栗川流域にある谷。
⑪千住の宿場女郎と寝る夢。
⑫筏乗りが。
⑬現東京都東部。深川の木場をさす。
⑭まごころで。
⑮現埼玉県狭山市の地名。
⑯秋の豪雨による増水。木の葉を沢山捲き込んで流れる川水ということらしい。
⑰長さ約三・六メートルの棹。
⑱棹をあまり使わないで済むことをいう。

埼玉県の仕事唄。埼玉県の中南部、名栗《なぐり》川上流域から飯能（飯能市）一帯の筏師たちが、名栗川・入間川《いるまがわ》・荒川を利用して木材を深川（東京都江東区深川）の木場《きば》まで筏に組んで運ぶ折りに、棹《さお》を操りながら唄ってきたものである。

名栗地方の木材は、大正時代の初めまでは「飯能材」と呼ばれ、吾野谷《あがのやつ》・成木谷《なりきやつ》・名栗谷の三地区から伐り出されていたが、その後は、埼玉県西部地区の川を利用して出荷する木材すべてが「西川材」と呼ばれ、東京で評判になった。その木材は杉材と檜《ひのき》材が中心で、足場丸太や角材などであった。

足場丸太は、四間半物だと二七尺（約八・二メートル）、五間物だと三〇尺（約九メートル）で、それを前に七本、後ろに八本並べて筏に組んだ。角材の一丈物は、筏を組む穴をあけるための予備の部分を前後に五寸（約一五センチ）加えた一丈一尺（約三・三メートル）であった。

その一枚の筏を一人の筏師が下名栗から飯能までの四里（約一五・七キロ）を、雨で水量が増えた名栗川を利用して流していったが、上手な人は二時間半、下手な人は三〜四時間かかった。そして、飯能の筏宿に溜めておいて、四枚で一組にし、ここから伊草（比企郡川島町）まで、二人の筏師が前と後ろに乗って入間川を下っていった。さらに伊草からはそれを二段に重ねて、荒川を利用して深川や本所（東京都墨田区）の問屋まで、五日ほどかかって運んだ。唄を唄ったのは、主に飯能から下流で、川幅が広く、水量が多く、水深の深い、ゆったりした流れの所であった。

別名　名栗川筏流し唄（ただし、⬇後記）。

唄の履歴　この唄の源流は、日光街道の、江戸から最初の宿場町千住《せんじゅ》（東京都足立区）の芸者衆が酒席で唄っていた『千住節』（三四二ページ）である。荒川（墨田川）は千住宿のすぐ脇を流れていたため、筏師は、千住の花柳界で芸者衆が唄う唄や、同じ荒川を往来する川船船頭が唄う唄を覚えて、棹をさしながらその唄を唄った。

一九七五年頃、小沢千月《ちげつ》がそれを、入間《いるま》郡名栗村下名栗（現飯能市内）の筏師、町田卯之助（一八九四年生まれ）から習い覚えた。そして、今日の節まわしに仕立て、『飯能筏唄』と命名して放送やレコードで紹介した。その後、埼玉県民謡協会が「名栗川筏流し唄」と改名したが、この唄が唄われたのは主として名栗川も飯能から下流の、入間川から荒川にかけてである。飯能は、筏を集める場所であり、名栗川沿いの要所でもあったので、筆者（竹内勉）は、その地名を冠せた『飯能筏唄』のほうを採ることにした。

節まわしの型　今日広く唄われている節まわしは、小沢千月のものである。

千葉県

朝《あさ》の出掛《でが》け

〽ハァー朝《あさ》の出掛《でが》けにヨォ　ハーどの山《やま》ヨー
　ホイィ　ハー見《み》てもッコラ　ヨーホーイ
　ー
　（チョイサァ　キタサ）

①霧《きり》のかからぬヨーホイィ　アー山《やま》はないッ
　コラ　ヨーホーイー
　（チョイサァ　キタサ）

〽昼《ひる》の出掛《でが》けに　伜《せがれ》を連《つ》れて
②嫁菜探《よめなさが》して　③菜《さい》（妻）にする

〽晩《ばん》の出掛《でが》けに　出《で》て空見《そらみ》れば
金《きん》と銀《ぎん》との　星《ほし》が降《ふ》る

〽④奥《おく》の⑤博労《ばくろ》さん　⑥十七連《じゅうしちつ》れて
行《ゆ》くよ⑦仙台《せんだい》　⑧駒《こま》の市《いち》

〽石《いし》の地蔵《じぞ》さん　頭《あたま》が丸《まる》い
烏留《からすと》まれば　⑨投《な》げ島田《しまだ》

〽朝《あさ》の出掛《でが》けに　⑩袖褄引《そでつまひ》かれ
家《うち》へ帰《かえ》りが　遅《おそ》くなる

〽雲《くも》か霞《かすみ》と　眺《なが》めた山《やま》も
今《いま》じゃわしらの　仮枕《かりまくら》

〽雉子《きじ》の雌鳥《めんどり》　薄《すすき》の根元《ねもと》
卵抱《たまごかか》えて　雄《おす》を待《ま》つ

注①朝霧がかかると、日中はよい天気になる。
②キク科の多年草。山野に自生。高さ五〇センチほど。若芽は食用になり、古くから摘み草の対象とされる。秋に淡青紫色の花をつける。花嫁の「嫁」を掛ける。
③御飯のおかず。
④奥州。陸奥《むつ》の国（旧国名）。現、青森・岩手・宮城・福島県全域と秋田県の一部。
⑤牛馬の仲買いを職業とする人。獣医を兼ねる人もいる。
⑥十七歳の娘。年頃の娘のこと。
⑦現宮城県仙台市。伊達氏六二万石の旧城下町。
⑧馬市。
⑨島田髷の根を低く下げて結い、髷が後ろに反る形にした髪型。結婚した女性が結うもの。
⑩（遊女などに）引き止められ。「褄」は、着物の裾の、左右の端。

千葉県の酒盛り唄。千葉県下一円の農漁村の人たちが、酒席で唄ってきたものである。

唄の履歴　この唄の源流は、信州追分宿《おいわけじゅく》（長野県北佐久郡軽井沢町追分）の飯盛《めしも》り女たちが、酒席で旅人相手に唄っていたお座敷唄「追分節」である（➡三八一ページ）。それが、江戸時代後期の文化文政（一八〇四〜三〇）頃に、流行《はや》り唄として日本中へ広まり、千葉県下にも伝えられた。しかし、その経路は不明である。

千葉県・茨城県下には「お洒落《しゃらく》」と呼ばれる、農民の遊芸団があり、「小念仏」を芝居仕立てにして、茶番狂言を演じてまわっていたが、幕間《まくあい》に、娘たちに手踊りを演じさせた。その出し物の中にこの『朝の出掛け』もあった。客は、芝居仕立ての部分は、難しいのと、長編で覚えきれないため、手踊り唄だけを覚え、それを酒席で唄ったのである。

曲名の『朝の出掛け』は、唄い出しの語を取ったもので、南房総市白浜町では同系統の唄を『房州追分』と呼んでいる。

節まわしの型　今日広く唄われている節まわしは、伊橋光夫（匝差《そうさ》郡光町篠本）のものである。

安《あ》房《わ》節《ぶし》

本　唄〔唄い手〕

〽ハアーイ（イヤ　ホイ）
白帆《しらほ》眠《ねむ》れる　①鏡《かがみ》ケ《が》浦《うら》の
（アイ　ヨォーイ）
粋《いき》な安《あ》房《わ》節《ぶし》や　主《ぬし》の声《こえ》

長ばやし〔はやし手の一人〕

エェー②ちん違《ちげ》ねェや　③そんそこだよ
④暇《ひま》な烏《からす》が　オロロンローン
（アイ　ヨォーイ）

〽⑤布良《めら》の⑥片瀬《かたせ》の　やもめの鮑《あわび》
海女《あま》が獲《と》らなきゃ　瀬《せ》で果《は》てる

〽鰯《いわし》や　⑦片浜《かたはま》　秋刀魚《さんま》は⑧平館《へだて》
⑨天津鮪《あまつまぐろ》で　とどめ刺《さ》す

〽鮪《まぐろ》獲《と》らせて　⑩万祝《まいわ》い着《き》せて
詣《まい》りやりたや　⑪高塚《たかつか》へ

〽沖《おき》じゃ寒《さむ》かろ　着《き》て行《ゆ》かしゃんせ
わしが寝巻《ねま》きの　茶《ちゃ》の⑫褞袍《どてら》

〽⑬伊豆《いず》じゃ⑭稲取《いなとり》　⑮房州《ぼうしゅ》じゃ布良《めら》よ
粋《いき》な男《おとこ》の　出《で》る所《ところ》

〽房州《ぼうしゅ》どころか　⑯上総《かずさ》の者《もの》も
⑰馬鹿《ばか》があまって　売《う》りにくる

〽見《み》えた見《み》えたよ　陸《おか》の灯《ひ》が見《み》えた
⑱波畔高《なみぐろたか》くて　チラッと見《み》えた

〽房州者《ぼうしゅもの》かよ　⑲肋骨《あばら》が足《た》らぬ
肋骨《あばら》どころか　気《き》が足《た》らぬ

〽⑳船《ふね》の小縁《こべり》に　両手《りょうて》をかけて
主《ぬし》は今出《いまで》て　いつ戻《もど》る
おおさ来月《らいげつ》　半《なか》ば頃《ごろ》

長ばやし

〽㉑ちゃんが持《も》ってきた　㉒烏賊《いか》なます
俺《おん》らも㉓ちっとべい　食《く》ってんべかな

〽㉔地金《じがね》か㉕刃金《はがね》か　聞《き》いてくれ
聞《き》いたら地金《じがね》と　言《い》ってくれ

〽来《き》たか㉖長《ちょう》さん　待《ま》ってたよ
一文《いちもん》なくとも　お客《きゃく》だよ
㉗晦日《みそか》に勘定《かんじょ》は　ちゃあんとちゃんと

〽堰《せき》を通《とお》れば　田圃道《たんぼみち》
鶏《にわとり》掴《つか》めェて　㉘キャッキャと鳴《な》かせる

〽㉙八間間口《はちけんまぐち》の　土蔵倉《どぞうくら》売《う》っても
いい嬶《かかも》持たねば　一生《いっしょ》の損《そん》だよ

注①館山湾の別称。館山市の西の海。
②③次の「違ねェ」「そこ」を強調するために加えた語。
④お客がつかない、港の遊女のこと。
⑤館山市南端の地名。沖合いの布良瀬は好漁場。
⑥目立たない瀬に棲んでいる、連れ合いをなくした鮑。瀬は、潮の流れの速い所。
⑦〔入り江は両側が浜になっているのに対して、片側だけの浜の意から〕九十九里浜のこと。房総半島の北東部、行部岬《ぎょうぶみさき》から太東崎《たいとうざき》に至る、太平洋に面した弓状の砂丘海岸。長さ約六〇キロ。
⑧房総半島の南東端、南房総市の千倉漁港のある所。
⑨房総半島の南東部、鴨川市の地名。
⑩大漁の折りに網元が漁師に配る長袢纏《ながばんてん》。鯛や鶴・亀・七福神・波模様などを染め抜いたもの。万祝い着。
⑪高塚不動尊。千倉町の南部、高塚山（二〇六メートル）の山頂にある。真言宗智山派大聖院の奥の院で、漁師の信仰が篤い。
⑫綿を厚く入れた、広袖の着物。夜具・防寒具に用いる。

⑬旧国名。現静岡県東部。
⑭賀茂郡東伊豆町の地名。
⑮安房の国（旧国名）の別称。現千葉県南部。
⑯旧国名。現千葉県中央部。
⑰馬鹿貝。海に棲む二枚貝。殻の長さ八《センチ》ほどで、蛤《はまぐり》に似る。むき身を青柳《あおやぎ》と言う。
⑱波の、高い部分。
⑲肋骨が三本足りない。人並みでないことから、「馬鹿だ」の意。
⑳船の両側のへり。船べり。船端。
㉑父親。
㉒烏賊を適当な大きさに切り、刻んだ野菜などを加えて酢で調味した料理。
㉓少しばかり食べようかな。
㉔包丁・刀剣など、刃物の本体の材料として用いる金属。ここでは、本心・本根の意。
㉕刃物の刃に用いる金属。ここでは、うわべ・表向きの意。
㉖水商売の人たちが、船長・漁労長などをさして呼んだのが始まりで、当世の「社長さん」に同じ。
㉗その月の最後の日。三〇日。江戸時代の売買は「つけ」で行い、月末に精算するのが普通であった。
㉘鶏は、鳴いて夜明けを知らせる。ここでは、花街へ行ってもてなかった男が、うっぷん晴らしに、鶏を鳴かせて人々を起こしてまわることをいう。
㉙道路側の幅が八間（約一四・五《メートル》）もある、大きな（普通の約三倍）土蔵や倉。

千葉県のお座敷唄。千葉県の南西端、東京湾の出入り口に面した港町館山《たてやま》（館山市）の花柳界の宴席で、芸者衆が唄ってきたものである。

唄の履歴　この唄の源流は、江戸時代末期から明治時代初期に江戸の花柳界を中心に流行した「二上り甚句《じんく》」である。それが、海路、館山に伝えられて、酒盛り唄として唄われるようになったが、無伴奏であった。

ところが、一九二八年か、二九年の初め頃に、館山で「安房節振興会」が結成された。その中心人物が芸者の寺西しずと寺西美代香で、唄をしず、三味線を美代香が務めて復活させ、放送にレコードにと普及を始めた。それ以後、館山の花柳界で、芸者衆が唄うようになっていった。

節まわしの型　今日広く唄われている節まわしは、寺西しずのものである。

イッチャ節《ぶし》

〽ハァー①イッチャイッチャさせるようなチョイトォ　開《ひら》②けた親《おや》はナーエ
（ハァイッチャ　イッチャ　イッチャヤサ）
同《おな》じ親《おや》でも（アァヨイショ）イッチャヤサット　ありがたいナーエ
（ハァイッチャ　イッチャ　イッチャヤサ）

〽わたしゃ房州《ぼうしゅう》③　荒海育《あらうみそだ》ち
波《なみ》も荒《あら》いが　気《き》も荒《あら》い

〽波《なみ》に乗《の》ってくる　イッチャイッチャ節《ぶし》は
漕《こ》ぐ手巧《てたく》みな　主《ぬし》の声《こえ》

〽可愛《かわ》いあの娘《こ》の　帆《ほ》を捲《ま》く姿《すがた》
水《みず》に映《うつ》りて　ほどのよさ

〽イッチャイッチャ唄《うた》えば④　渚《なぎさ》の波《なみ》も
さらりさらりと　音頭取《おんどと》る

注①男と女がふざけ合っているのをとがめない。
②ものわかりのよい親。
③安房《あわ》の国（旧国名）の別称。現千葉県南部。
④『イッチャ節』を。

千葉県の酒盛り唄。千葉県下一円の農漁村の人たちが、酒席で唄ってきたものである。

唄の履歴　この唄の源流は、江戸時代後期から明治時代に日本中で大流行した「甚句《じんく》」である。それが北関東地方から福島県下の浜通り地方へ広まって、『相馬甚句』などを生んだ。そのような唄がどこかの花柳界で唄われているうちに、男と女が「イッチャイッチャする」から生まれた、バレ唄のはやし詞「イッチャイッチャ　イッチャヤサ」を曲名にした『イッチャ節』が生まれた。それは、明治時代に入ってからのことではないかと思われる。

ところが、この唄が女相撲の「相撲甚句」に用いられて女相撲の巡業とともに広まり、千葉県下を中心に、西は東京都の葛飾《かつしか》区・江戸川区から、北は山形県下にまで及び、広く唄われるようになった。

節まわしの型　今日広く唄われている節まわしは、南房総市白浜町の海女《あま》芸者のものである。

押《お》し込《こ》み甚句《じんく》

〽ハァー押《お》せや押《お》せ押《お》せ（コイショ）　船頭《せんど》さ
　んも①水手《かこ》も
　（アァ　ヨイ　ヨイ　ヨイヤセ）
ハァー押《お》せば港《みなと》が（コイショ）　アリャサ近《ちか》
　くなる
　（アァ　ヨイ　ヨイ　ヨイヤセ　コイ
　　ショ　コイショ）

〽沖《おき》で釣《つ》るかよ　②五尺《ごしゃく》の鯛《たい》を
俺《おれ》はあの娘《こ》を　陸《おか》で釣《つ》る

〽俺《おれ》もなりたや　③小浜《おはま》の鰯《いわし》
可愛《かわ》いあの娘《こ》の　手《て》で跳《は》ねる

〽④大原港《おおはらみなと》に　ドンと打《う》つ波《なみ》は
可愛《かわ》い男《おとこ》の　度胸定《どきょうさだ》め

〽泣《な》いてくれるな　出船《でふね》の時《とき》は
沖《おき》で艪櫂《ろかい》が　手《て》につかぬ

〽大原港《おおはらみなと》に　一度《いちど》はおいで
⑤根《ね》のない桜《さくら》に　花《はな》が咲《さ》く

〽俺《おら》がちゃんら⑥は　⑦太東《たいとう》の沖《おき》で
飯《まんま》炊《た》くかや　煙《けむ》が立《た》つ

注①船の乗組員で、船頭以外の者。
②約一五二センチ。
③いすみ市大原の地名。
④⬇解説。
⑤桜鯛のこと。桜の花の咲く頃に獲れる真鯛で、産
　卵期のために肌色が赤くなっている。
⑥父親たちは。
⑦太東崎。九十九里浜の南端にある岬。高さ六〇メ
　ートルほどの絶壁が連なる。

千葉県の仕事唄。千葉県の房総半島南東部、いすみ市大原の漁師たちが、大漁旗をなびかせて漁港へ船を漕《こ》ぎ寄せる時に、艪櫂《ろかい》を漕ぐ拍子に合わせて唄ってきたものである。大原は、九十九里浜の南端が太東崎《たいとうざき》で切れる、そのすぐ南にあり、『押し込み甚句』の「押し込み」とは、港へ押し込むの意である。

唄の履歴　この唄の源流は、現宮城県の松島湾沿岸の漁師たちが酒盛りで唄っていた「浜甚句」（海岸地方の甚句の意。その有名なものが『遠島《とおしま》甚句』）である。それが、漁師たちによって、海路、大原に持ち込まれた。松島湾では、船の艪を押すのに「浜甚句」も用いていたので、あるいは、初めから「舟唄」として伝えられたのかもしれない。曲名も、初めは「艪ばやし」などと呼ばれていた。

その『押し込み甚句』、太平洋戦争後に、地元の斎藤俊太郎が得意にして唄い広め、しだいに知られるようになった。

節まわしの型　今日広く唄われている節まわしは、斎藤俊太郎のものである。

鴨川《かもがわ》ヤンザ節《ぶし》

〽ハァー①ヤンザヤンザと（キタサ）　繰《く》り出《だ》す
　声《こえ》はヨー
　（アァヤンザ　ヤンザ）
ほかにゃあるまい　地曳《じび》き網《あみ》
　（アァヤンザ　ヤンザ）

〽②鴨川《かもがわ》よい所《とこ》　一度《いちど》はおいで
海《うみ》に鷗《かもめ》と　波《なみ》の花《はな》

〽③後《うし》ろ嶺岡《みねおか》　前《まえ》④加茂川《かもがわ》よ
⑤沖《おき》にゃ⑥弁天《べんてん》　⑦海鹿島《あしかじま》

〽赤《あか》い鉢巻《はちま》き　揃《そろ》いの⑧襦袢《じゅばん》
沖《おき》じゃ大漁《たいりょ》の　旗標《はたじるし》

〽なんと⑨漁撈長《おけど》よ　⑩おろそじゃないか
沖《おき》にゃ⑪魳《かます》の　色《いろ》がある

注①地曳き網を曳く掛け声。実際は「ヤッサア　ヤッ
　サア」と掛ける。
②⬇解説。
③嶺岡山。鴨川市の南西部から太平洋岸に至る、東
　西約三〇キロの山地。最高峰は愛宕山（四〇八メートル）。

④嶺岡山中に発して東流し、鴨川市中心部で太平洋へ注ぐ川（約三五キロ）。
⑤「沖じゃ」ではない。
⑥弁天島。加茂川河口の南東約五百メートルにある島。周囲約五百メートル。七福神の弁財天をまつる厳島《いつくしま》神社がある。
⑦弁天島の東方約一キロにある小島。周囲約八〇メートル。周辺は好漁場。
⑧和装の時に着る下着。
⑨「おけどん」は、唄いにくい人が、口を結んで「ん」を加えたもの。
⑩網を。
⑪鰤の大群が押し寄せて、海面の色が変わっていること。鰤は、スズキ目鰤科の海魚の総称。体は細長く、口先がとがり、歯が鋭い。体長五〇センチほど。

千葉県の酒盛り唄。千葉県の南部、太平洋に面した漁港鴨川（鴨川市）の漁師たちが、酒席で唄ってきたものである。

唄の履歴　この唄の源流は、鴨川地方の酒盛り唄の「甚句《じんく》」らしい。

鴨川には、江戸時代の延宝年間（一六七三〜八一）に、紀州の栖原浦《すはらうら》（和歌山県有田郡湯浅町）の漁師がまかせ網漁法を伝え、加茂川河口の東側に開けた前原海岸で大地曳き網が行われるようになった。

一九二五年、その鴨川で国鉄外房《そとぼう》線と内房《うちぼう》線が連絡することになり、地元では観光客を誘致するため、唄を作ることにした。そこで、料亭梅松屋の西宮はるが、それまであった唄に三味線の伴奏をつけ、今日の節まわしに改めた。観光地曳き網と唄と芸者とで東京方面の客を集めようと考え、曲名は「地曳き唄」としたのである。ところが、お座敷で「地曳き唄」ではなんとも不粋すぎるというので、一九二九年に、網元であり町会議員であった西宮清平が、商工会長の水島進の勧めで『ヤンザ節』と改名した。はやし詞から取った名称である。しかし、さしたる広がりを見せないままに終わった。

その後、昭和三〇年代（一九五五〜）に入って、地元の石川清九郎が、潮焼けした漁師声で、この唄を放送にレコードにと紹介して知られるようになった。そして、一九六七年には、初代黒田幸子《さちこ》や初代浜田喜一がレコード化して日本中へ広まっていった。

節まわしの型　今日広く唄われている節まわしは、石川清九郎のものである。

木更津甚句《きさらづじんく》

〽ハァー①木更津《きさらづ》照《て》るとも　②東京《とうきょ》は曇《くも》れ
可愛《かわ》い③男《おとこ》がヤッサイ　モッサイ　ヤレコリ
ヤ　ドッコイィ　コリヤコーリヤア　日《ひ》
に焼ける

〽船《ふね》は千来《せんく》る　万来《まんく》る中《なか》に
わたしの待《ま》つ船《ふね》　まだ見《み》えぬ

〽沖《おき》の④州崎《すさき》に　茶屋町《ちゃやまち》建《た》てて
⑤上《のぼ》り下《くだ》りの　船《ふね》を待《ま》つ

〽抱《だ》いて寝《ね》もせず　暇《いとま》もくれず
それじゃ港《みなと》の　つなぎ船《ぶね》

〽沖《おき》は⑥凪《なぎ》だよ　木更津日和《きさらづびより》
⑦船《ふね》でお⑧江戸《えど》へ　ひとまたぎ

〽浜辺《はまべ》の入《い》り日《ひ》に　⑨橘媛《たちばなひめ》の
恋《こい》の面影《おもかげ》　⑩君《きみ》去《さ》らず

〽船《ふね》は出《で》て行《ゆ》く　鷗《かもめ》は帰《かえ》る
波《なみ》は磯《いそ》打《う》つ　日《ひ》は暮《く》れる

〽沖《おき》を眺《なが》めて　ホロリと涙《なみだ》
空《そら》飛《と》ぶ鷗《かもめ》が　恨《うら》めしい

五字冠り

〽船乗《ふなの》りは
風《かぜ》が頼《たよ》りで　帆柱《ほばしら》　⑪身上《しんしょ》
行《ゆ》く先《さき》ゃ我《わ》が家《や》で　女郎《じょろ》が妻《つま》

注
①⬇解説。
②「お江戸は」であったが、明治時代になって替えたもの。時間をかけて、戻すほうがよい。
③「お方が」とも。
④「すのさき」とも。房総半島南西端の岬。館山市内。
⑤上方向へ向かう船と、上方の反対方向へ向かう船を。

⑥風がやんで、海が穏やかになること。
⑦木更津船。江戸時代、安房《あわ》（千葉県南部）・上総《かずさ》の国（中央部）の物資と旅客輸送の独占権を与えられ、木更津と、江戸の日本橋・江戸橋間を往来していた船。
⑧現東京都東部。江戸幕府の所在地。
⑨弟橘媛《おとたちばなひめ》。伝説上の人物で、日本武尊《やまとたけるのみこと》の妃。東征に従い、浦賀水道を上総へ向かう途中、海が荒れ、海神を鎮めるために入水した。
⑩日本武尊が弟橘媛をしのんでこの地を立ち去りかねたため、「君去らず」という地名が生まれた。それが今日の「木更津」だという。
⑪財産。

千葉県のお座敷唄。千葉県の中西部、東京湾に面した港町木更津（木更津市）の花柳界の宴席で、芸者衆が唄ってきたものである。

唄の履歴　この唄の源流は、江戸時代末期から明治時代初期に江戸の花柳界を中心に流行した「二上り甚句」である。それが、海路、木更津に伝えられ、木更津の漁師たちによって、「ヤッサイモッサイ　ヤレコリャドッコイ」という、地曳《じび》き網の掛け声が、しまい五音の前に挿入され、木更津独得の「甚句」に作り上げられた。そして、木更津の花柳界に持ち込まれ、江戸好みの粋で伝法なお座敷唄になった。

さて、江戸時代末期の安政年間（一八五四〜六〇）に、江戸で人情噺を得意にしていた春錦亭柳桜という噺家《はなしか》の弟子で、木更津生まれの木更津亭柳勢が、今日の『木更津甚句』の節まわしにまとめあげて江戸の高座で唄い、大評判を取った。ところが、その柳勢は一八六七年に四〇歳で死亡したため、その『木更津甚句』も廃ってしまった。しかし、木更津の南片町にあった料亭松川楼のおかみ、露崎せきが覚えていて、抱えていた芸者の若福（本名、小野きく）に教え込んだ。若福は、その後、一九一五年頃より東京は新橋烏森の花柳界に出て、この唄で人気を集めるようになった。こうして二度目の流行を見せたのである。

そして、一九二八年五月二四日に、NHK東京中央放送局から「千葉県の夕べ」と題する番組で、地元芸者衆の唄で初放送された。それらはいずれも、今日木更津で唄われている、「照る」で節を下げる唄い方であった。ところが、一九四九、五〇年頃、『安来《やすぎ》節』の唄い手、初代黒田幸子《さちこ》が、この唄をキングレコードに吹き込んだ。それは、今日広く唄われている、「照る」で節を上げる唄い方で、今日では地元木更津と東京の、二通りの節まわしが存在する。黒田の節まわしは、たぶん、尺八の渡辺嘉章《かしょう》がどこかで仕込んでおいたものと思われるが、誰の節まわしなのかは不明である。

節まわしの型　今日広く唄われている節まわしは、初代黒田幸子のものであるが、地元のものとは異なる。地元木更津芸者の節まわしは、小柴君代のものである。

九十九里《くじゅうくり》大漁《たいりょう》木遣《きや》り

〽ハァーここは①九十九里《くじゅうくり》　②東浪見ヶ浜《とらみがはま》は
（ハァヨーイ　ヨーイ）
③今日《きょう》も大漁《たいりょ》のヤーレ　旗《はた》の波《なみ》
（ハァヨーイ　ヨーイ　ヨーイトセ）
ハァアリャ　リャ
（ハァコレワノセ）
ハァヤー　ヤットセー
（ハァ大漁《たいりょ》だ　大漁《たいりょ》だ）

〽浜《はま》が大漁《たいりょ》で　陸《おか》満作《まんさく》で
村《むら》に黄金《こがね》の　花《はな》が咲《さ》く

〽西《にし》は④軍荼利《ぐんだり》　東《ひがし》は青田《あおた》
浜《はま》は大漁《たいりょ》で　宮参《みやまい》り

〽船《ふね》は出《で》て行《ゆ》く　⑤入熊沖《いりぐまおき》に
沖《おき》にゃ鰯《いわし》が　泡《あわ》を吹《ふ》く

〽⑥賄籠《まかねかご》出《だ》せ　入熊《いりぐま》寄《よ》りだ
今朝《けさ》も⑦双船《もろぶね》　旗標《はたじるし》

〽⑧太東岬《たいとうみさき》で　入熊見《いりぐまみ》れば
明日《あす》も大漁《たいりょ》か　鳥《とり》の群《む》れ

注
①九十九里浜。房総半島の北東部、行部《ぎょうぶ》岬から太東崎に至る、太平洋に面した弓状の砂浜海岸。長さ約六〇キロ。
②九十九里浜の南部、長生郡一宮町の浜辺。一宮海岸の南部をいう。
③「今朝も」とも。
④一宮町東浪見にある天台宗東浪見寺。漁師の信仰が篤い。本尊が軍荼利明王。その立像は檜の一木

彫りで、高さ約二メートル。平安時代の作。
⑤太東崎の南東にある漁場の名。暖流と寒流がぶつかり合う好漁場。
⑥「まかない」の訛り。地曳き網の世話人。
⑦地曳き網を沖合いに張っている、二艘一組の船。
⑧太東崎。九十九里浜の南端にある岬。高さ六〇メートルほどの絶壁が連なる。

千葉県の祝い唄。千葉県の南東部、それも九十九里浜の南端で、太東崎《たいとうざき》の北にある上総《かずさ》一の宮玉前《たまさき》神社周辺の漁村の漁民たちが、大漁の折りに唄ってきたものである。

唄の履歴　伊勢神宮（三重県伊勢市）の社殿建て替えは、二〇年に一度ずつ行われる。この唄の源流は、その建て替えに用いる材木を氏子たちが曳《ひ》く折りに唄ってきた「お木曳き木遣り」のうちの「松前木遣り」（〽アリャリャン　コリャリャン」というはやし詞を持つ）である。

それを、伊勢神宮を信仰する、瀬戸内海の塩飽《しあく》水軍が千石船で日本中の港へ持ちまわった。その唄が、東まわり航路で銚子《ちょうし》（千葉県銚子市）辺りへ伝えられ、さらに周辺の漁村にも広まったのであろう。

ところが、九十九里浜の漁民たちは、伊勢神宮ゆかりの唄であるから目出度いものだし、木遣り唄であるから大勢で唄うのに都合よいしで、それを大漁祝い唄に用い始めた。大漁になると、万祝《まいわ》いを着込んだ若い衆が、大漁旗や地曳き網の標旗《しるしばた》を押し立て、棒に吊るした酒樽《さかだる》や大太鼓を担いで、近くの上総一の宮玉前神社や東浪見《とらみ》寺（軍荼利《ぐんだり》不動明王）へお礼参りに出かけた。その道中で、この唄を唄ったのである。

一九六五年四月、地元の民謡研究家長谷川宝がこの地方の唄を保存する会を結成した。そこで、翌年一〇月二七日にNHK録音班と筆者（竹内勉）とが出向いて、保存会員の田中みよ（七八歳）・長谷川はつ（七〇歳）・長谷川ぎん（六〇歳）・横山ハル（六五歳）の唄を収録し、一一月二七日のNHKFM「日本の民謡」で放送した。

その後、初代浜田喜一が、この辺り（長生郡一宮町東浪見）に稽古場を持ったことから、一九六九年の春、ビクターレコードに吹き込んだ。その折りに、それまでの「大漁木遣り」という曲名を『九十九里大漁木遣り』とした。それが浜田一門によって唄われ、大舞台での、大人数での斉唱に向くこともあって、急速に広まっていった。

節まわしの型　今日広く唄われている節まわしは、初代浜田喜一のものである。

白浜音頭《しらはまおんど》

上げ

〽サァーノーエー　ヨーホイイ
サァさ皆様《みなさま》ヨーホイ　踊《おど》ろじゃないかヨォ
（オサ）
①浜《はま》の音頭《おんど》でサ　コラショォ　ほどのよさヨー
（ソラ　ほォんとかよー）
踊《おど》りゃ身《み》も世もサァ　からりと晴《は》れてヨー
（オサ）
明日《あす》もいそいそサァ　笑《わら》い顔《がお》ヨー
（ヨォホイ　ヨーホイ　ヨーイコラシヨー）

本唄②

〽③房州《ぼうしゅう》④白浜《しらはま》　住《す》みよい所《ところ》
真冬菜種《まふゆなたね》の　花盛《はなざか》り
夏《なつ》は涼風《すずかぜ》　沖《おき》から吹《ふ》いて
⑤松《まつ》の根《ね》ごろで　夢《ゆめ》を見《み》る

止め⑥

〽あまり長《なが》いと　皆様困《みなさまこま》る
俺《おら》もそろそろ　⑦払《はら》い箱《ばこ》
明日会《あしたあ》う時《とき》ゃ　笑顔《えがお》で頼《たの》む
ならば皆様《みなさま》　さようなら

本唄

〽⑧野島崎《のじまざき》から　⑨大島《おおしま》呼べば
島《しま》の⑩あんこが　出《で》て招《まね》く
粋《すい》をきかせて　⑪三原《みはら》も燃《も》えて
いとしいとしと　煙吐《けむりは》く
〽昔名残《むかしなご》りの　⑫岩目《いわめ》の港《みなと》
今《いま》じゃあの娘《こ》の　⑬想《おも》い場所《ばしょ》
主《ぬし》の名前《なまえ》を　砂地《すなじ》に書《か》いて
波《なみ》に消《け》されて　またも書《か》く

〽大漁祈願《たいりょきがん》に　⑭弁天様《べんてんさま》へ
詣《まい》りゃ⑮恵比須《えびす》の　笑《わら》い顔《がお》
締《し》めた⑯万祝《まいわ》い　ぬかりはないか
はずむ思《おも》いの　鰹船《かつおぶね》

〽⑰男伊達《おとこだて》なら⑱　白浜漁夫《しらはまぎょふ》よ
⑲百里千里《ひゃくりせんり》の　海《うみ》を呑《の》む
荒《あら》い黒潮《くろしお》　八挺艪《はっちょろ》で越《こ》えて
鯨《くじら》片手《かたて》で　掴《つか》み捕《ど》り

〽⑳海女《あま》の口笛《くちぶえ》　伊達《だて》には吹《ふ》かぬ
主《ぬし》を想《おも》えば　よく響《ひび》く
せめて日暮《ひぐ》れにゃ　女《おんな》の㉑甲斐性《かいしょ》に
磯《いそ》で髪《かみ》すく　水鏡《みずかがみ》

注①『白浜音頭』のこと。「浜の音頭の」とも。
②「本唄」も「止め」も、「上げ」と同じ節で唄い、同じ「はやし詞」ではやす。
③安房《あわ》の国（旧国名）の別称。現千葉県南部。
④➡解説。
⑤根元あたりで。
⑥「本唄」を何首か唄って、唄い収める時に唄う。
⑦不要になる、の意。
⑧房総半島の最南端にある岬。
⑨伊豆大島。白浜町の南東約五〇キロの海上にある島。東京都大島町に属する。
⑩伊豆大島の方言で、若い娘。「あねこ」の転。
⑪三原山。伊豆大島の中央にそびえる活火山（七五八メートル）。
⑫白浜町の中南部にある。
⑬恋しい男のことを想う場所。
⑭野島崎灯台の脇にある厳島《いつくしま》神社。弁天をまつる。弁天は弁財天ともいい、七福神の一。福徳・財宝・音楽・穀物などの神。女神で、宝冠をつけ、琵琶《びわ》を抱える。
⑮恵比須のような。恵比須は七福神の一。福徳・漁・商売繁昌などの神。右手に釣り竿を持ち、左手で鯛を抱える。
⑯大漁の折りに網元が漁師に配る長袢纏《ながばんてん》。鯛や鶴・亀・七福神・波模様などを染め抜いたもの。万祝い着。
⑰男としての面目を立てるために、意地や見栄を張ったり、強きをくじき、弱きを助けたりする人。
⑱ここを「だよ」とすれば、「白浜漁夫は」となる。
⑲約三九三キロ。
⑳海中にもぐっていた海女が海面に浮かび、息を整える時に口をすぼめて出す、笛のような音。
㉑かいがいしい性質。

千葉県の、酒盛り唄・盆踊り唄形式の新民謡。千葉県の房総半島の南端にある現南房総市白浜町の関係者が観光用に作った踊り唄で、酒席で、また、お盆に、盛んに唄い踊られている。白浜は太平洋に面した、漁業と園芸の町であり、海女《あま》の町としても有名である。

唄の履歴　一九五三、五四年頃、ラジオ東京（現東京放送）の番組「全国民謡バラエティー」のスタッフの一人であった作曲家並岡龍司が、房総の唄を紹介するため、白浜の岩目館に宿泊した。そこへ、当時の白浜町長森茂と観光課長吉田市郎が出かけていって、白浜の観光開発と白浜民謡の話をしているうちに、新民謡を作ることになった。しかも、当時の観光協会会長が岩目館の主人森田福之助で、話はトントン拍子にまとまり、作詞・作曲を並岡龍司に依頼した。そして完成したのは一九五六年のことであった。『白浜音頭』という曲名は並岡の命名である。振り付けは、並岡の紹介で石川美峰が行った。

一九五六年七月二〇日、『白浜音頭』は、岩目館の新館落成の柿落《こけら》としに、庭の芝生の上で発表された。その顔触れは、唄渋谷さくら子、三味線円山みね子、太鼓小谷八十吉、踊り石川美峰・石川美和香であった。

それから半年後の一九五七年一月、文化放送のスタジオを借りて録音し、プライベート用のレコードをキングレコードで作った。唄は伊藤かず子、伴奏は三味線初代峰村利子、尺八菊池淡水、太鼓山田三鶴《さんつる》であった。

その年の一一月一四日、東京都体育館で「日本赤十字社創立八十周年記念式典」前夜祭の「みんようふぇすてぃばる」の構成・演出を務めた並岡龍司は、その中に『白浜音頭』を加えた。唄は伊藤かず子である。それをビクターの製作部長が見ていて、伊藤に再吹き込みをさせた。その後、『白浜音頭』は伊藤の唄で広まっていき、お盆にも唄い踊られるようになった。

なお、白浜町観光協会のパンフレットを見ると、案森田福之助、詞並岡龍司・森茂、曲並岡龍司となっているので、岩目館で話し合った時の関係者が材料提供のようなことにかかわっているのであろう。

節まわしの型　今日広く唄われている節まわしは、伊藤かず子のものである。

銚子大漁節《ちょうしたいりょうぶし》

上げ

（アァコリャ　コリャ）
エェコーノ
（アァコリャ　コリャ）

本唄

一《ひと》つとせ
①一番《いちばん》ずつに　②積《つ》み立《た》てて
③川口《かわぐち》押《お》し込《こ》む　④大矢声《おおやごえ》（エェコーノ）
⑤大漁船《たいりょうぶね》
（アァコリャ　コリャ）

二《ふた》つとせ
⑥二潤《ふたま》の沖《おき》から　⑦外川《とがわ》まで
続《つづ》いて⑧寄《よ》せ来《く》る　大鰯《おおいわし》
大漁船《たいりょうぶね》

三《みっ》つとせ
皆一同《みないちどう》に　⑨まねを揚《あ》げ
⑩通《かよ》わせ船《ぶね》の　にぎやかさ
大漁船《たいりょうぶね》

四《よっ》つとせ
夜昼《よるひる》炊《た》いても　⑪炊《た》きあまる
⑫三杯一《さんばいいっ》チョの　大鰯《おおいわし》
大漁船《たいりょうぶね》

五《いつ》つとせ
いつ来《き》て見《み》ても　⑬干鰯場《ほしかば》は
空《あ》き間《ま》も透《す》き間《ま》も　さらにない
大漁船《たいりょうぶね》

六《むっ》つとせ
⑭六《む》つから六《む》つまで　⑮粕割《かすわり》が
⑯大割《おおわり》小割《こわり》で　⑰手《て》にあまる
大漁船《たいりょうぶね》

七《なな》つとせ
名高《なだか》き⑱利根川《とねがわ》　⑲高瀬船《たかせぶね》
⑳粕《かす》や㉑油《あぶら》を　積《つ》み送《おく》る
大漁船《たいりょうぶね》

八《やっ》つとせ
㉒八手《はちだ》の㉓沖合《おきあい》　㉔若《わか》い衆《しゅ》が
㉕万祝《まいわ》い揃《そろ》えて　㉖宮参《みやまい》り
大漁船《たいりょうぶね》

九《ここの》つとせ
この浦守《うらまも》る　㉗川口《かわぐち》の
明神御利益《みょうじんごりやく》　あらわせり
大漁船《たいりょうぶね》

十《とお》とせ
十《とお》を重《かさ》ねて　百《ひゃく》となり
千《せん》を飛《と》び越《こ》す　㉘万両年《まんりょうどし》
㉙大漁船《たいりょうぶね》

注①一番網で一隻目、二番網で二隻目と、一網ごとに鰯を船に積んで。
②「積み込んで」「積み出して」とも。
③利根川の河口。
④船を漕ぐ時の掛け声。
⑤「浜　大漁だね」とも。
⑥利根川河口の南方、夫婦《めおと》ヶ鼻《がはな》付近から海鹿島《あしか》付近にかけての沖合い。
⑦外川漁港。銚子市南端にある。
⑧「寄り来る」とも。
⑨大漁を陸の人たちに知らせる印。帆柱に笠や樽などを吊るす。
⑩漁場と銚子漁港の間を往来する船。
⑪沸かした湯の中に鰯を入れて油を採る作業が追いつかない。
⑫ヤッサ籠（約三八キロ入り）に三杯の鰯で、魚油が樽（一八リットル入り）一本分採れるほどの、脂ののった、大形の鰯。
⑬油を採ったあとの鰯を広げて、天日で干す場所。
⑭明け六つ（午前六時）から暮れ六つ（午後六時）まで。
⑮大釜で炊いた鰯を万力でしぼったあとのしめ粕を、割って小さくする人。
⑯鰯のしめ粕を木槌でたたいて割ったり、手でさらに小さく割ったりする作業。

⑰作業が追いつかない。
⑱群馬県北部の山地に発して南流し、関東平野の中央部を南東流して、銚子市の北東で太平洋へ注ぐ川（約二九八キロ）。長さ、日本第二。
⑲河川で貨物や人を輸送した、船底の平らな船。櫂や棹を用いる。
⑳鰯のしめ粕。
㉑鰯から採った魚油。
㉒八手網。敷き網の一。八本の曳き網がついている。二隻以上の船で水中に敷き、集魚灯やまき餌で魚を網の上に誘って、すくい上げる。
㉓船頭の別称。
㉔船頭の下で働く、若手の漁師。「水手《かこ》」と呼ばれる。
㉕大漁の折りに網元が漁師に配る長袢纏《ながばんてん》。鯛や鶴・亀・七福神・波模様などを染め抜いたもの。万祝い着。
㉖川口神社へ、大漁のお礼参りをすること。
㉗川口神社。銚子市の北東端、川口町にある。『銚子大漁節』を奉納する神社。
㉘一万両の水揚げになる、豊漁の年。「万両船」とも。
㉙これで唄い納めなので、ここだけは「大漁だね」とも。

千葉県の祝い唄・盆踊り唄。千葉県の北東端、それも利根《とね》川河口の南岸に開けた銚子市の漁民たちが、大漁祝いに唄い、のちにはお盆にも唄い、踊ってきたものである。

唄の履歴　この唄の源流は、江戸時代後期に読売りの人たちが唄っていた、「一つとせ」の「心中節」である。それは、一番から一〇番まで、あるいは一五番までの数え唄形式になっていて、何か事件が起こると、その話を数え唄に作って、同じ節で唄う、一種の替え唄として唄われていた。

明治に入る四年前の一八六四年に、銚子は未曽有の鰯《いわし》の大漁となった。そこで、この大漁を記念して「大漁節」を作る話がもち上がり、飯貝根浦《いがいねうら》生まれの網元網代《あじろ》久三郎、銚子の松本旭江、俳諧師の石毛利兵衛が松本宅に集まった。三人が知恵を絞って一〇番までの歌詞を作り、節は「心中節」を利用し、その形を整える役を、地元の常磐津《ときわづ》の師匠遊蝶《ゆうちょう》が受け持った。そして、清元の師匠である川安楼のきん子が振り付けをした。さらに茨城県稲敷郡桜川村（現稲敷市内）の疱瘡《ほうそう》の神様、大杉大明神の祭礼に唄われる「阿波《あんば》ばやし」の前奏と、銚子の「早ばやし」を加えて形を整えた。

ただ、『銚子大漁節』とよく似た唄に、伊豆の新島に『新島大漁節』がある。この唄の節は「心中節」そのままで、歌詞も銚子のものより単純なので、ひょっとすると、この新島的な唄がすでに千葉県下で唄われていて、それを遊蝶が今日の節まわしに改めたのかもしれないが、確証はない。

こうしてできあがった唄は川口明神へ奉納された。その後、利根川を少し上流へ上った現銚子市松岸町の開新楼では、この『銚子大漁節』を売り物にし、百五十畳もある大広間に百匁蠟燭《ろうそく》をつけて花魁《おいらん》たちの総踊りを披露し、人気を集めた。それがきっかけで、この唄は、銚子を中心とする太平洋沿岸の漁村一円へ広まっていった。

節まわしの型　今日広く唄われている節まわしは、銚子市外川《とがわ》の漁師たちが結成していた保存会のものである。

東浪見甚句《とらみじんく》

〽ハァー①東浪見《とらみ》よい所《とこ》（コラサット）一度《いちど》は
　おいで
　鰺《あじ》の塩焼《しおや》きゃ　ただ食《か》せる
　（アァキターサッサ　ヨイサッサ）

〽東浪見《とらみ》恋《こい》しや　②軍荼利様《ぐんだりさま》よ
　森《もり》が見《み》えます　ほのぼのと

〽わたしゃ③九十九里《くじゅくり》　荒浜育《あらはまそだ》ち
　と言《い》うて鰯《いわし》の　子《こ》ではない

〽鷗《かもめ》来《き》て鳴《な》け　④東浪見ヶ浜《とらみがはま》へ
　今日《きょう》も大漁《たいりょ》の　旗《はた》の波《なみ》

〽⑤太東岬《たいとうみさき》で　⑥入熊《いりぐま》見《み》れば
　明日《あす》も大漁《たいりょ》か　鳥《とり》の群《む》れ

〽⑦東浪見天王《とらみてんのう》　朝日《あさひ》が当《あ》たる
　当《あ》たるはずだよ　東向《ひがしむ》き

〽⑧浜《はま》を呼《よ》ばらせ　⑨納屋《なや》降《お》りさせて
　⑩上《あ》がり⑪下《さ》がりの　顔見《かおみ》たや

注①⬇解説。
②一宮町東浪見にある天台宗東浪見寺。漁師の信仰が篤い。本尊が軍荼利明王。その立像は檜の一木彫りで、高さ約二メートル。平安時代の作。
③九十九里浜。房総半島の北東部、行部《ぎょうぶ》岬から太東崎に至る、太平洋に面した弓状の砂浜海岸。長さ約六〇キロ。
④九十九里浜の南部、現一宮町の浜辺。一宮海岸の南部をいう。
⑤太東崎。九十九里浜の南端にある岬。高さ六〇メートルほどの絶壁が連なる。
⑥太東崎の南東にある漁場の名。暖流と寒流がぶつかり合う好漁場。
⑦八坂神社。牛頭《ごず》天王をまつる。一宮町東浪見にある。
⑧地曳き網の曳き手を集めるために、集落中を大声で呼んでまわらせて。
⑨漁師を、起居するために海岸に設けられた建物から、浜辺へ降りて来させて。
⑩浜辺から陸《おか》へ向かう人たちの。
⑪陸から浜辺へ向かう人たちの。

千葉県の酒盛り唄。千葉県の南東部、それも九十九里浜の南端、太東崎《たいとうざき》の北にある半農半漁の町、長生郡一宮《いちのみや》町東浪見の人たちが、酒席で、手拍子に合わせて唄ってきたものである。

唄の履歴　この唄の源流は、江戸時代末期から明治時代初期に江戸の花柳界を中心に流行した「二上り甚句」である。それが、江戸通いの船によって房総半島の沿岸部一円に広まると、『安房節《あわぶし》』や『上総《かずさ》二上り』などの名で酒盛り唄として唄われるようになり、東浪見にも伝えられた。

さて、その唄、東浪見では『東浪見甚句』と呼ばれたが、しだいに忘れられ、老人の記憶に残るだけとなっていた。ところが、一九六五年四月、地元の民謡研究家長谷川宝が中心になり、保存会を結成した。そこで、翌年一〇月二七日、NHK録音班と筆者（竹内勉）とが、東浪見の長谷川八郎宅で、田中みよ（七八歳）・長谷川はつ（七〇歳）・長谷川ぎん（六〇歳）・横山ハル（六五歳）といった保存会の人たちの唄を収録し、一一月二七日のNHKFM「日本の民謡」で初放送した。

それから三年後の一九六九年春、初代浜田喜一が、稽古場を東浪見に作ったことから、この『東浪見甚句』をビクターレコードに吹き込んだ。その折りに、浜田社中によって伴奏が加えられ、以後、その節まわしで広まっていった。

なお、一九七〇年四月、太東崎に、前掲五首目の歌詞の碑が建った。字は、詩人白鳥省吾《しろとりせいご》のものである。

節まわしの型　今日広く唄われている節まわしは、初代浜田喜一のものである。

東京都

江戸大津絵《えどおおつえ》

〽①大坂《おおさか》を　立《た》ち退《の》いて
わたしの姿《すがた》が　目《め》に立《た》たば
借《か》り②駕籠《かご》に　身《み》をやつし
③奈良《なら》の旅籠屋《はたごや》　④三輪《みわ》の茶屋《ちゃや》
五日三日《ごにちさにち》と　日《ひ》を送《おく》り
二十日《はつか》あまりに　四十両《しじゅうりょう》
使《つか》いはたして　⑤二分《にぶ》残《のこ》る
⑥金《かね》ゆえ大事《だいじ》の　⑦忠兵衛《ちゅうべえ》さん
⑧科人《とがにん》に　ならしゃんしたも
みんなわたしゆえ
さぞやお腹《はら》も　立《た》ちましょうが
⑨因縁《いんねん》ずくじゃと　あきらめくださんせ
〽⑩上野《うえの》の⑪鐘《かね》の　音《ね》も冴《さ》えて
春《はる》の寒《さむ》さに　白梅《しらうめ》の
香《かお》る⑫湯島《ゆしま》の　境内《けいだい》に
淡《あわ》き木影《こかげ》を　⑬玉垣《たまがき》に
映《うつ》す⑭二人《ふたり》の　影法師《かげぼうし》
固《かた》い⑮契《ちぎ》りも　⑯筒井筒《つついづつ》
今宵限《こよいかぎ》りと　誰《たれ》が知《し》ろ
⑰浮世《うきよ》のしがらみに　血《ち》の涙《なみだ》
水《みず》に流《なが》すも　⑱江戸育《えどそだ》ち
⑲恩師《おんし》の命《めい》に　力《ちから》なく
いとしお⑳蔦《つた》は　㉑切《き》り通《どお》し
〽正月《しょうがつ》は　松竹《まつたけ》㉒注連飾《しめかざ》り
㉓年始《ねんし》の御祝儀《ごしゅうぎ》と　㉔年玉投《としだまな》げ込《こ》んで
陽気《ようき》な㉕声《こえ》して　お㉖宝《たから》㉗道中双六《どうちゅうすごろく》
二日《ふつか》は㉘初夢《はつゆめ》　㉙姫初《ひめはじ》め
㉚万歳《まんざい》が　㉛素襖着《すおうき》て　まじめ顔《がお》
㉜才蔵《さいぞう》が㉝オホホラホンの　㉞マッチャラコで
㉟恵方詣《えほうまい》りの　派手姿《はですがた》
㊱鳥追《とりお》いが㊲チャラチャラ　お㊳獅子《しし》が㊴トッピキ
ピー
㊵白酒羊羹《しろざけようかん》　肩《かた》には㊶もよぎの風呂敷《ふろしき》　㊷祓《はら》い
㊸扇箱《おうぎばこ》
十一二日《じゅういちににち》は　㊹お蔵《くら》を開《ひら》いて　目出度《めでた》く祝《いわ》い
ましょ
〽㊺浅草《あさくさ》の　㊻年《とし》の市《いち》
所狭《ところせま》しと　居並《いなら》んで　注連飾《しめかざ》り
伊勢海老《いせえび》か㊼串柿《くしがき》か　㊽破魔弓《はまゆみ》　㊾橙《だいだい》　㊿毬《まり》か羽子《はご》
板《いた》か
(51)椹《さわら》か　椹桶《さわらおけ》か　俎板《まないた》か
(52)御神酒《おみき》の口《くち》か　山椒《さんしょ》の(53)摺《す》り粉木《こぎ》か
旦那《だんな》これは(54)縁起縁起《えんぎえんぎ》　(55)木鉢《きばち》か(56)あぶりこか
(57)組《く》み入《い》れか
まけたまけた　まけたまけた　買《か》い物揃《ものそろ》っ
て　荷《に》ごしらい
揃《そろ》いの袢纏《はんてん》　対《つい》の手拭《てぬぐ》い鉢巻《はちま》き　戻《もど》ります

注
①現大阪府大阪市。「大坂」は江戸時代までの表記。この歌詞の題材は「新口村《にのくちむら》」（➡解説）。
②竹や木で作った箱状の乗り物。人を乗せ、上部の棒を前後から担いで運ぶ。
③現奈良県奈良市の旅館。
④現奈良県桜井市の地名。
⑤二分金。江戸時代の金貨。二枚で一両。
⑥⑦大坂淡路町の飛脚宿、亀屋の養子忠兵衛は、預

り金の為替三百両の封印を切って新町の遊女梅川を身請けする。しかし、追っ手に追われ、故郷の父に別れを告げようと、二人で大和《やまと》の国新口村へ逃げる。

⑧罪を犯した人。罪人。

⑨前世から決まっていて、自分の力ではどうにもならないことだと。

⑩現東京都台東区の地名。この歌詞の題材は、泉鏡花作の小説を脚色した芝居「婦系図《おんなけいず》」。

⑪寛永寺か東照宮の、時を知らせる鐘の音。

⑫湯島神社。現東京都文京区湯島三丁目にある。祭神は菅原道真で、別名を湯島天神。一三五五年の創建。一四七八年、太田道灌が再興。

⑬神社の周囲に巡らした垣根。

⑭早瀬主税《ちから》と柳橋の芸者お蔦《つた》。恩師のドイツ文学者酒井俊蔵に内緒で二人は所帯を持つが、反対されて別れなければならなくなる。

⑮約束。

⑯男女の仲。（「伊勢物語」中の、筒状に丸く掘った井戸の井桁と、少年少女が背くらべをした話から、本来は、幼なじみの男女の仲）

⑰この世の事柄に縛られて。

⑱現東京都東部。江戸幕府の所在地。

⑲⑳➡解説。

㉑山・丘などを切り開いて通した道。湯島神社の北にある、湯島の切り通しのこと。

㉒正月に、魔よけのために家の門口や神棚などに飾る注連縄。また、それに海老・橙・海藻・山草などを添えたもの。

㉓近縁者や知人の家をまわって、新年のあいさつをすること。

㉔お年玉。新年のお祝いに贈るお金や、種々の品。

㉕物売りの声のこと。

㉖七福神が乗り、種々の宝を積んだ宝船の絵を紙に刷ったもの。

㉗東海道五十三次を絵にした双六。江戸の日本橋が振り出しで、京都が上がりになっている。

㉘その年最初に見る夢。よい夢を見ると幸せになるとされる。諸説があるが、現在では、元日の夜、二日の朝または夜見たものをさすのが一般的。

㉙「姫飯」（柔らかい飯）をその年初めて食べる日、「飛馬始め」で、馬に乗り始める日、「姫糊始め」で、女が洗濯や洗い張りを始める日などとされるが、江戸時代以後は、その年初めて夫婦が性交をする日。

㉚正月に門付けをする、二人一組の祝福芸人。家々をまわり、鼓に合わせて新年の祝い言を述べ、舞を舞う。

㉛下級武士の礼服。家紋をつけた、麻のひとえで、同色・同地質の長袴をはく。

㉜万歳で、主役の太夫の相手をする人。侍烏帽子に素襖姿で鼓を持ち、滑稽なしぐさをする三枚目役。

㉝才蔵の、福を招く笑い声。万歳の歌詞中のもの。

㉞（おしろいをつけて顔が）真っ白で。

㉟その年の目出度いとされる方角の神社や寺にお詣りし、福徳を祈ること。

㊱正月に門付けをする女遊芸人。編み笠・日和下駄姿で家々をまわり、三味線をひいて鳥追い唄や新年を祝う唄を唄い、金品をもらい歩いた。

㊲日和下駄の音。

㊳獅子舞い。

㊴おはやしの笛の音。

㊵清酒や味醂に、蒸したモチ米と麴を加えて発酵させ、できたもろみを摺りつぶして作った、白い酒。

㊶もえぎ色。やや黄色みを帯びた緑色。

㊷お祓い箱。伊勢神宮が配る、厄よけのお札を入れておく箱。

㊸扇を入れる箱。扇は末広がりで縁起がよいとされ、箱に入れて新年のお祝いに贈る。

㊹蔵開きをして。その年初めて蔵の扉を開け、家産が増えるように祈ること。蔵の入り口にお神酒を供え、鏡餅を割って雑煮や汁粉を作る。

㊺現台東区の地名で、浅草寺周辺。

㊻新年に必要な品々を売る市。年末に開かれる。

㊼渋柿の皮をむき、串に刺して干したもの。

㊽細長い板に小さな弓矢を飾りつけ、下に武者人形の押し絵などをはったもの。悪魔ばらいのため、正月に飾る。男児の初正月に里方から贈る地方もある。

㊾ミカンに似た果実。冬になっても枝から落ちないため、「代々続く」の意で正月のお飾りに用いる。

㊿綿などを丸めて芯とし、色糸を固く巻きつけたもの。投げ上げてお手玉のようにしたり、ついたりして遊ぶ。手毬。

(51)ヒノキ科の常緑高木。山中に自生し、高さ四〇メートルに達する。建築や器具の材料とする。

(52)御神酒徳利の略。酒を入れて神棚へ供える、一対の徳利。

(53)摺り鉢で物を摺りつぶし、粉状にするのに用いる棒。山椒の木で作ったものが香りがよく、好まれる。

(54)売り手の声で、「縁起物だよ」の意。

(55)木をくりぬいて作った鉢。うどん粉などをこねるのに用いる。

(56)餅・魚などを焼くのに用いる、鉄製の網。

(57)供え物を入れるのに用いる、白木の角盆。三つぐらいを一組とし、中に順に重ねて組み入れられるようになっている。

東京都のお座敷唄。旧城下町江戸の花柳界（葭町・吉原・品川・赤坂・新宿など）の宴席で芸者衆が、また、寄席《よせ》の音曲吹き寄せなどで芸人たちが唄ってきたものである。ただし、現江戸川区の葛西《かさい》や、品川区の品川辺りでは祝い唄として唄われているので、単なるお座敷唄ではなく、格調の高い唄であった。

唄の履歴　この唄の源流は、現滋賀県の『近江《おうみ》大津絵』（四九九ページ）である。唄の「大津絵」は、土産品の大津絵の画題づくしの趣向によって日本中へ広まり、各地でその地方の名所・名物や風物を詠み込んだ歌詞が作られて、宴席などで唄われた。その「大津絵」が江戸へ伝えられたのは、江戸時代末期ではないかと思われる。

ところが、江戸では歌詞を歌舞伎などの物語を元にして作ったり、時の事件を題材にして作ったりして、むしろ節よりも歌詞に人気が集まるようになった。その中で最も人気を呼んだのが、梅川・忠兵衛の道行を詠んだ、前掲一首目の歌詞で、近松門左衛門作の浄瑠璃《じょうるり》「新口村《にのくちむら》」（「冥途《めいど》の飛脚」中の一段）を題材にしたものである。

昭和時代の初めに、藤本二三吉《ふみきち》がそれをコロムビアレコードに吹き込み、日本中へ広まっていった。

節まわしの型　今日広く唄われている節まわしは、藤本二三吉のものである。

江戸《えど》相撲《すもう》甚句《じんく》

前　唄〔音頭取り〕

（アァドスコイ　ドスコイ）
〽土俵《どひょう》のヤァー砂《すな》つけて　男《おとこ》を磨《みが》く
（アァドスコイ　ドスコイ）
錦《にしき》をヤァー飾《かざ》りて　母待《ははま》つ故郷《くに》へ
（アァドスコイ　ドスコイ）
さらばヤーァーここいらで　唄《うた》の節《ふし》を替《か》えて
（アァドスコイ　ドスコイ）
今《いま》もヤァー変《か》わらぬ　相撲取《すもうと》り甚句《じんく》
（アァドスコイ　ドスコイ）

本　唄〔音頭取り〕

上　げ

（アァドスコイ　ドスコイ）
〽ハァーエ
（アァドスコイ　ドスコイ）

上の句

〽花《はな》を集《あつ》めて　甚句《じんく》に①解《と》けばヨー
（アァドスコイ　ドスコイ）

口　説《くどき》

ハァー正月寿《しょうがつことほ》ぐ　福寿草《ふくじゅそう》
二月《にがつ》に咲《さ》くのが　梅《うめ》の花《はな》（ハイ）
三月桜《さんがつさくら》や　四月藤《しがつふじ》
五月菖蒲《ごがつあやめ》に　杜若《かきつばた》（ハイ）
六月牡丹《ろくがつぼたん》に　舞《ま》う蝶《ちょう》や
七月野山《しちがつのやま》に　咲《さ》く萩《はぎ》か
八月《はちがつ》お盆《ぼん》で　蓮《はす》の花《はな》（ハイ）
桔梗《ききょう》②刈萱《かるかや》　女郎花《おみなえし》
冬《ふゆ》は水仙《すいせん》　③玉椿《たまつばき》
あまた名花《めいか》の　ある中《なか》で
自慢《じまん》で抱《かか》えた　④太鼓腹《たいこばら》
⑤繻子《しゅす》の⑥締《し》め込《こ》み　⑦馬簾《ばれん》づき（ハイ）
⑧雲州束《うんしゅうたば》ねの　⑨櫓鬢《やぐらびん》
⑩清《きよ》めの塩《しお》や　⑪化粧水《けしょうみず》（ハイ）
⑫四股踏《しこふ》み鳴《な》らすは　土俵上《どひょうじょう》
四《よ》つに組《く》んだる　雄々《おお》しさは

下の句

これぞ真《まこと》のヨーホホイィ　ハー⑬国《くに》の花《はな》（華）ヨー
（アァドスコイ　ドスコイ）

後ばやし〔はやし手の一人〕

〽アァせっかくなじんだ　皆様《みなさま》と（ホイ）
泣《な》きの涙《なみだ》を　振《ふ》り捨《す》てて
今日《きょう》はお別《わか》れ　せにゃならぬ（ホイ）
いつまた再《ふたた》び　会《あ》えるやら
それともこのまま　会《あ》えぬやら
思《おも》えば涙《なみだ》が　パラリパラリと

前　唄

〽揃《そろ》た揃《そろ》いました　⑭加賀《かが》⑮越前《えちぜん》の
稲《いね》の出穂《でほ》より　まだよく揃《そろ》た
さらばここいらで　唄《うた》の節《ふし》を替《か》えて
いつも変《か》わらぬ　相撲取《すもうと》り甚句《じんく》
〽⑯安芸《あき》の宮島《みやじま》　まわれば⑰七里《しちり》
⑱浦《うら》は七浦《ななうら》　⑲七恵比須《ななえびす》
さらばここいらで　唄《うた》の節《ふし》を替《か》えて

東　京　都

当世《とうせ》はやりの　⑳三《み》つ拍子《びょうし》

本　唄

〽立《た》つもの集《あつ》めて　甚句《じんく》に解《と》けば
正月《しょうがつ》㉑門《かど》に　㉒松《まつ》が立《た》つ
二月《にがつ》は㉓初午《はつうま》　㉔幟《のぼり》立《た》つ
三月《さんがつ》㉕節句《せっく》で　㉖雛《ひな》が立《た》つ
㉗四月八日《しがつようか》にゃ　㉘釈迦《しゃか》が立《た》つ
五月《ごがつ》は㉙節句《せっく》で　㉚幟《のぼり》立《た》つ
六月《ろくがつ》㉛祇園《ぎおん》で　㉜鉾《ほこ》が立《た》つ
七月《しちがつ》㉝七夕《たなばた》　㉞笹《ささ》が立《た》つ
八月《はちがつ》お盆《ぼん》で　仏《ほとけ》立《た》つ
九月《くがつ》は秋風《あきかぜ》　ほこり立《た》つ
十月《じゅうがつ》㉟出雲《いずも》に　神《かみ》が立《た》つ
十一月《じゅういちがつ》も　はや過《す》ぎて
十二月《じゅうにがつ》とも　なったなら
どこの家《うち》でも　同《おな》じこと
借金《しゃっきん》取《と》りが　門《かど》に立《た》つ
借《か》りた覚《おぼ》えは　あるけれど
返《かえ》す時《とき》には　腹《はら》が立《た》つ

〽娘十七八《むすめじゅうしちはち》　嫁入《よめい》り盛《ざか》り
簞笥《たんす》㊱長持《ながもち》　㊲挟《はさ》み箱《ばこ》
これほど持《も》たせて　やるからは
必《かなら》ず戻《もど》ろと　思《おも》うなよ

もうし母《かあ》さん　そりゃ無理《むり》よ
西《にし》が曇《くも》れば　雨《あめ》となる
東《ひがし》が曇《くも》れば　風《かぜ》となる
㊳千石積《せんごくつ》んだる　㊴船《ふね》でさえ
追《お》い風《かぜ》変《か》われば　出《で》て戻《もど》る

〽ままになるなら　㊵横綱《よこづな》張《は》らんせ
㊶まわしの模様《もよう》が　㊷隅田川《すみだがわ》
㊸百本杭《ひゃっぽんぐい》には　㊹都鳥《みやこどり》
㊺東雲烏《しののめがらす》が　二羽三羽《にわさんば》
かすかに見《み》ゆるが　富士《ふじ》の山《やま》
「ストトコトンと　打《う》ち出《だ》す太鼓《たいこ》は」
㊻向両国《むこうりょうごく》　㊼回向院《えこういん》
明日《あす》は㊽初日《しょにち》の　ことなれば
主《ぬし》さんと㊾地取《じど》りが　してみたい

〽当地興行《とうちこうぎょう》　今日限《こんにちかぎ》り
㊿勧進元《かんじんもと》や　世話人《せわにん》衆《しゅう》
御見物《ごけんぶつ》なる　皆様《みなさま》よ
いろいろお世話《せわ》に　なりました
お名残《なご》り惜《お》しゅうは　候《そうら》えど
今日《きょう》はお別《わか》れ　せにゃならぬ
我々《われわれ》立《た》ったる　そのあとも
お家繁昌《いえはんじょう》　町繁昌《まちはんじょう》
51悪《わる》い52病気《びょうき》が　はやらぬよう

陰《かげ》からお祈《いの》り　いたします
これから我々《われわれ》　一行《いっこう》も
しばらく地方《ちほう》を　巡業《じゅんぎょう》して
53晴《は》れの場所《ばしょ》で　出世《しゅっせ》して
またの御縁《ごえん》が　あったなら
再《ふたた》び当地《とうち》に　参《まい》ります
その時《とき》ゃこれにまさりし　ごひいきを
どうかひとえに　願《ねが》います

〽東京名所《とうきょうめいしょ》を　甚句《じんく》に解《と》けば
54芝《しば》か55上野《うえの》か　56浅草《あさくさ》か
春《はる》は花咲《はなさ》く　57向島《むこうじま》
隅田川《すみだがわ》には　都鳥《みやこどり》
58九十六間《くじゅうろっけん》　架《か》け渡《わた》し
あれが名高《なだか》い　59両国《りょうごく》か
ひときわ目《め》に立《た》つ　60国技館《こくぎかん》
61千代《ちよ》に八千代《やちよ》に　62二重橋《にじゅうばし》

〔呼び出し多賀之丞作〕

後ばやし

〽女《おんな》の髪《かみ》も　数《かず》ある中《なか》に
チョイト巻《ま》いたが　63ハイカラで
娘《むすめ》結《ゆ》うのが　64高島田《たかしまだ》
小粋《こいき》で小憎《こにく》い　65丸髷《まるまげ》か
66銀杏返《いちょうがえ》しは　67二心《ふたごころ》

㊽モダンガールは　断髪《だんぱつ》で㊾
パーマネントは　雀《すずめ》の巣《す》
誰《だれ》がつけたか　相撲取《すもうと》り頭《あたま》を
丁髷《ちょんまげ》　丁髷《ちょんまげ》

〽その声聞《こえき》かせて　十日《とおか》も病《や》ませて
二十日《はつか》も看病《かんびょ》に　行《い》きたい行《い》きたい

注
①「詠《よ》めば」とも。
②イネ科の多年草。山野に自生。高さ一メートルほど。葉は細長い。秋に褐色の長い花穂をつける。
③椿の美称。
④太鼓の胴のようにふくらんでいる腹。
⑤絹織物の一。布面に縦糸だけ、または横糸だけを浮かせたもので、光沢があり、肌ざわりがよい。
⑥力士のまわし。
⑦さがりのこと。まわしの前に垂らす飾りのひも。糸をよったもので、一七本か一九本か二一本。本来の「馬簾」は、纏《まとい》の周囲に垂らす飾り。色紙や革を細長く切って作る。
⑧不詳。「雲州」は出雲の国（旧国名）の別称。現島根県東部。
⑨力士の髪型の一。左右の側頭部と後頭部の髪の毛を、三方に大きく張り出させ、髷《まげ》を後方へ下げて結うもの。
⑩土俵を清めるためにまく塩。
⑪力水。土俵上の力士が、身を清めるために用いる水。勝ち力士か控え力士からひしゃくで渡され、口をすすぐ。「化粧紙」とも。
⑫力士が下半身を鍛えるための基本動作。両足を開いて腰を落とし、膝に手を添えて足を交互に高く上げ、踏みおろす。
⑬日本を代表する花のような、美しい姿。
⑭加賀の国（旧国名）。現石川県南部。
⑮越前の国（旧国名）。現福井県中部・北部。
⑯広島県の南西端にある厳島《いつくしま》の通称。「安芸」は旧国名で、現広島県西部。島全域が廿日市市宮島町に属する。島北部の厳島神社は、安芸の国一の宮。
⑰宮島を一周すれば、約二七・五キロある。
⑱入り江は、景勝の、七つの入り江があり。
⑲七つの恵比須神社がある。恵比須は七福神の一。福徳・漁・商売繁昌などの神。右手に釣り竿を持ち、左手で鯛を抱える。
⑳『江戸相撲甚句』の「前唄・本唄・後ばやし」のこと。
㉑家の門口。
㉒門松。
㉓二月最初の午の日。稲荷神社で初午祭りが行われる。
㉔細長い布を、長い竿に取り付けたもの。赤白青などの布に「奉納　正一位稲荷大明神」などと書き、初午の日に境内に立てる。
㉕三日の桃の節句。
㉖女の子の成長と幸せを願って雛人形を飾り、桃の花を供える。
㉗仏教の開祖、釈迦の誕生日。
㉘釈迦は生まれてすぐに立って七歩歩き、右手で天を、左手で地をさして「天上天下唯我独尊」と言ったという。
㉙五日の端午の節句。
㉚男の子の成長と幸せを願って鯉幟や、武者や鐘馗《しょうき》を描いた幟を立てる。
㉛祇園祭り。各地の祇園社・天王社の祭礼。神輿《みこし》が出、山車《だし》や山鉾が笛・太鼓・鉦《かね》のはやしで街を練り歩く。特に京都市八坂神社の祇園祭りが有名（現在は七月の約一月間行われる）。
㉜祭礼の山鉾。
㉝七日の、牽牛星と織女星を祭る行事。
㉞笹つきの竹を庭に立て、願い事を書いた短冊をつるして字や裁縫の上達などを願う。
㉟旧国名。現島根県東部。
㊱衣服・調度品などをしまっておくための、大きな箱。木製で、ふたつき。

㊲衣服などを持ち運ぶための、浅い箱。ふたに取り付けた棒を担ぐ。「鋏箱」ではない。

㊳千石の米。四斗（約七二・二リットル）入りの俵で二千五百俵分。

㊴千石船。

㊵横綱（大相撲力士の最高の地位）になりなさい。この歌詞の「横綱」は、土俵入りの時に横綱（地位）が腰につける、白色の綱のこと。

㊶化粧まわし。

㊷東京都の東部を南流して東京湾へ注ぐ川（約二五キロ）。埼玉県西部の山地に発して南東流する荒川旧流の最下流部で、東京都北区の岩淵水門より下流の呼称。

㊸波よけのために打ち込んである、沢山の杭。また、そのことから、隅田川の東岸、旧安田庭園（墨田区横網一丁目）辺りの俗称。

㊹百合鷗《ゆりかもめ》のこと。体長四〇センチほど。体は白で、くちばしと脚は赤い。在原業平《ありわらのなりひら》の「名にし負はばいざ言問はむ都鳥　我が思ふ人はありやなしやと」で有名。

㊺夜明け方、東の空が明るくなり始めた頃に飛ぶ烏。

㊻東京都の中東部、隅田川に架かる両国橋の東側の地域の俗称。東両国。

㊼現墨田区両国二丁目にある浄土宗の寺。国豊山（旧諸宗山）無縁寺。明暦の大火（一六五七年）による死者を供養するために江戸幕府が万人塚を築いたのが始まり。その後、安政大地震の犠牲者や水死者・刑死者等を弔った。一八世紀末頃から境内で供養のための相撲が興行されたが、一九六七年に東京大角力協会が旧両国国技館を建設。

㊽大相撲興行の最初の日。

㊾相撲の稽古。特に、大相撲で、力士たちが自分の

部屋の土俵で行う稽古。ここでは、男女が抱き合うこと。
⑤⓪大相撲で、地方巡業の興行の主催者。
⑤①「悪い病気に　かからぬよう」とも。
⑤②「病の」とも。
⑤③本場所のこと。
⑤④現港区の東部、新橋付近から高輪《たかなわ》付近に至る地域名。徳川家の菩提寺《ぼだいじ》、浄土宗三縁山増上寺がある。
⑤⑤現台東区の地名。東叡山《とうえいざん》寛永寺（徳川家廟所《びょうしょ》）・東照宮などがある。
⑤⑥現台東区の地名。浅草寺がある。
⑤⑦現墨田区の地名。この辺りの隅田川東岸の堤防は、桜の名所であった。
⑤⑧約一七五メートル。
⑤⑨両国橋。墨田川の下流に架かる橋。一六五九年に初めて架橋。武蔵と下総の二国を結ぶ橋、の意。
⑥⓪⬇注㊼。
⑥①何千年もの長い年月にわたって栄えるように。
⑥②皇居の正門を入った所にある鉄の橋。寛政年間（一七八九〜一八〇一）頃に架けられた木橋の橋桁が二重構造になっていたための俗称。現在では、誤って、正門手前の石橋（めがね橋）をさすとも、石橋と鉄橋を併せて呼ぶとも思われている。
⑥③ハイカラ髪。日本髪に対して、西洋風に結った、女性の髪型。束髪など。
⑥④島田髷の根を高く上げて結った髪型。明治時代以降は若い女性の正装時の髪型であった。
⑥⑤結婚した女性の髪型。髷の中に楕円形の型を入れて、丸い形に結ったもの。
⑥⑥髻《もとどり》から先の髪を二つに分けて左右に輪を作り、半円形に結んだ髪型。明治時代以降は中年女性用であった。
⑥⑦二人の男を、ともに愛すること。
⑥⑧昭和初期の流行語。現代的な娘の意だが、洋装で断髪・引きまゆ毛の、新しがり屋のこと。モガ。
⑥⑨髪を首筋のあたりで切りそろえた、女性の髪型。昭和初期に流行。

東京都の遊芸唄。日本相撲協会の力士たちが、地方巡業や花相撲の折りに、化粧まわしをつけ、振りを加えて唄ってきたものである。『隠岐《おき》相撲取り節』（島根）や『鹿児島相撲取り節』など、同種のものがすでに民謡として扱われているので、本書では「江戸相撲」の「江戸」を冠せ、『江戸相撲甚句』と名づけて載せることにした。

この唄は、力士が土俵の周囲を囲んで内側を向き、手踊り風の所作を加えて唄うもので、地方巡業の余興などで演じられる。この手踊りのような所作は相撲の「型」で、本来は土俵上の攻めと守りの型を取り入れたものといわれ、次のような振りが定められている。「三歩出て、手を開いて、手を一つ打って胸を三つたたく。手を一つたたき、足を三つたたき、手を二つ打って、ここで足をかえて、右足を左足の前へ持っていき、最後に肩をそびやかしておいて、右足から戻る。」

この振りを繰り返しながら唄うのが『江戸相撲甚句』である。そして、「前唄」「本唄」「後ばやし」の三つから成るものを「三つ拍子《びょうし》」と呼ぶ。「前唄」のことを「枕《まくら》唄」ともいうが、これは唄の初め（頭）に冠せるものという意味である。

唄の履歴　この唄の源流は、江戸時代末期から明治時代初期に日本中の花柳界で大流行した「本調子甚句」である。それを、ひいき筋などの招待で力士が花柳界へ遊びに行った折りに覚えたのであろう。しかし、どういうことから大相撲の興行に取り込まれたのかは不明である。

ただ、「本唄」の唄い出し「〽〇〇を集めて甚句に解けば…」は、寄席《よせ》で行われる謎《なぞ》掛けである。客から題をもらって即興で落ちをつけるもので、「〇〇と掛けて△△と解く。その心は□□である。」という形式からきている。また、「本唄」のしまい五音の前に入る「ヨーホホイー」は、千葉県下の唄に数多く見られる特徴で、あるいは千葉県下の「女相撲」の人たちが演じていた唄を大相撲の興行に取り込んだのかもしれない。（ただし、今日の「女相撲」では『イッチャ節』を用いている。）

節まわしの型　今日広く唄われている節まわしは、大相撲の力士たちのものである。

江戸《えど》二上《にあが》り新内《しんない》

〽①悪留《わるど》めせずと　そこ放《はな》せ
②明日《あす》の月日《つきひ》が　ないじゃなし
留《と》めるそなたの　心《こころ》より
帰《かえ》るこの身《み》は　マアどんなに　どんなに
辛《つら》かろう

〽去《さ》りし女房《にょうぼ》の　形見《かたみ》とて
③行灯《あんど》に残《のこ》せし　④針《はり》の跡《あと》
我《わ》が子《こ》を膝《ひざ》に　抱《いだ》き上《あ》げ
男《おとこ》涙《なみだ》の　⑤貰《もら》い乳《ぢち》

〽とても添《そ》われぬ　縁《えん》ならば
思《おも》い切《き》りたや　忘《わす》れたや

とはいうものの　どうかして
添《そ》いとげたいのが　⑥身《み》の願《ねが》い

〽⑦達磨木菟《だるまみみずく》　風車《かざぐるま》
よその子供《こども》を　見《み》るにつけ
うちの坊《ぼう》やも　今頃《いまごろ》は
⑧賽《さい》の河原《かわら》で　⑨小石《こいし》積《つ》む

〽⑩隅田《すみだ》のほとりに　住《す》ま居《い》して
⑪萩《はぎ》の枝折《しお》り戸《ど》　⑫四畳半《よじょうはん》
⑬和歌《わか》　⑭俳諧《はいかい》に　⑮茶《ちゃ》の湯《ゆ》して
そして二人《ふたり》が　⑯身《み》の因果《いんが》

〽来《く》るとそのまま　喧嘩《けんか》して
背中合《せなかあ》わせの　泣《な》き寝入《ねい》り
「⑰火《ひ》の用心《ようじん》さっしゃりましょう
火《ひ》の用心《ようじん》さっしゃりましょう」
⑱煙草《たばこ》の音《おと》に　目《め》をさまし
他人《ひと》の知《し》らない　仲直《なかなお》りする
⑲明《あ》けの鐘《かね》

注①帰ろうとするのを無理に引き留めないで。
②「明日という日が」と唄う人もいるが、響きが汚い。
③木や竹の枠に紙をはり、中に火をともす照明具。
④行灯の紙に針で穴をあけて綴った文章。
⑤乳飲み子に与える母乳を、乳の出る女から貰うこと。
⑥私の。
⑦以下、子供のおもちゃ。
⑧この世から冥土へ向かう途中にあるという、三途《さんず》の川の河原。親より先に死んだ子が苦を受ける所。
⑨仏教説話。親より先に死んだ幼児は、賽の河原で、親への罪の償いに小石を積んで塔を作ろうとするが、そのたびに鬼にこわされてしまう。そこへ地蔵菩薩が現れて幼児を救う。
⑩隅田川。東京都の東部を南流して東京湾へ注ぐ川（約二五キロ）。埼玉県西部の山地に発して南東流する荒川旧流の最下流部で、東京都北区の岩淵水門より下流の呼称。
⑪萩の木の枝を折って作った、簡素な開き戸。
⑫畳を四枚半敷いた、小さな部屋。
⑬短歌。
⑭俳句。
⑮抹茶を立てること。
⑯別れる結果となること。
⑰夜まわりの人の声。
⑱吸い殻を落とすために、きせるを煙草盆に打ちつける音。
⑲明け六つ（午前六時頃）に寺で鳴らす鐘。

東京都のお座敷唄。旧城下町江戸の花柳界（葭町・深川・吉原・新橋・品川・新宿など）の宴席で、芸者衆が唄ってきたものである。

唄の履歴　この唄の源流は「どどいつ」のようである。それを花街帰りの客が、歩きながら鼻唄まじりに唄ううち、節がしだいに長くなった。その唄に「二上り」の三味線の手をつけ直し、しかも一首では唄が短すぎるところから、二首分で一つにまとめたのである。それは江戸時代後期のことと思われるが、一時はかなり流行したらしい。今日の『岡本新内』（秋田）・『水戸《みと》二上り』（茨城）・「投げ節」（群馬・東京）などは、この系統の唄である。

さて、その唄は、江戸では遊廓などを中心に大流行すると、異性を刺激するべく、裏声を多用し、哀れに、せつなく唄うようになっていった。そして、その声の使い方が新内に似ているところから、「二上り新内」という名称が生まれた。

その「二上り新内」がはやり始めたのは、名古屋（愛知県名古屋市）では一八二三年だ（小寺玉晁編「小歌志彙集《おかしいしゅう》」）というから、江戸ではそれより少し早かったと思われる。

節まわしの型　今日広く唄われている節まわしは、太平洋戦争前の、東京の芸者衆のものである。

お江戸《えど》日本橋《にほんばし》

〽①お江戸《えど》②日本橋《にほんばし》　③七《なな》つ立《だ》ち　④初上《はつのぼ》り
⑤行列《ぎょうれつ》　揃《そろ》えて　アレワイサノサ
コチャ⑥高輪《たかなわ》夜明《よあ》けて　提灯《ちょうちん》消《け》す
コチャエエ　コチャエー

〽恋《こい》の⑦品川《しながわ》　⑧女郎衆《じょろしゅう》に　袖《そで》引《ひ》かれ
⑨乗《の》り掛《か》け御馬《おんま》の　⑩鈴ケ森《すずがもり》
⑪大森細工《おおもりざいく》の　⑫松茸《まつたけ》を

〽⑬六郷《ろくごう》渡《わた》れば　⑭川崎《かわさき》の　⑮万年屋《まんねんや》
⑯鶴《つる》と亀《かめ》との　⑰米饅頭《よねまんじゅう》
⑱神奈川《かながわ》急《いそ》いで　⑲保土ヶ谷《ほどがや》へ

〽痴話《ちわ》と⑳口説《くぜつ》は　㉑品濃坂《しなのざか》　㉒戸塚前《とつかまえ》
㉓藤沢《ふじさわ》お寺《てら》の　門前《もんぜん》に
とどめし車《くるま》を　㉔綱《つな》で曳《ひ》く

〽㉕馬入《ばにゅう》渡《わた》りて　㉖平塚《ひらつか》の　女郎衆《じょろしゅう》は
㉗大磯《おおいそ》㉘小磯《こいそ》の　客《きゃく》を引《ひ》く
㉙小田原評議《おだわらひょうぎ》で　㉚熱《あつ》くなる

〽登《のぼ》る㉛箱根《はこね》の　お関所《せきしょ》で　ちょとまくり㉜
㉝若衆《わかしゅ》のものとは　受《う》け取《と》れぬ
㉞新造《しんぞ》じゃないかと　ちょと㉟三島《みしま》

〽酒《さけ》も㊱沼津《ぬまず》(飲まず)に　㊲原《はら》(腹)鼓《つづみ》　㊳吉原《よしわら》で
㊴富士《ふじ》の㊵山川《やまかわ》　白酒《しろざけ》を
姐《ねえ》さん出《だ》しかけ　㊶蒲原《かんばら》へ

〽愚痴《ぐち》を㊷由比《ゆい》(言い)出《だ》す　㊸薩埵坂《さったざか》　馬鹿《ばか》らし
や
からんだ口説《くぜつ》も　㊹興津川《おきつがわ》
だまして寝《ね》かして　㊺恋名坂《こいなざか》

〽㊻江尻《えじり》突《つ》かれて　気《き》が㊼府中《ふちゅう》　はま㊽㊾鞠子《まりこ》
銅鑼《どら》を㊿宇津谷《うつのや》(打つのは)　㊿十団子《とおだんご》
52岡部《おかべ》(おかめ)で笑《わら》わば　笑《わら》わんせ

〽53藤枝娘《ふじえだむすめ》の　54投《な》げ島田《しまだ》　しおらしや
55大井川《おおいがわ》へと　抱《だ》き締《し》めて
嫌《いや》でも応《おう》でも　56金谷《かなや》(かまや)せぬ

〽57小夜《さよ》の中山《なかやま》　58夜鳴《よな》き石《いし》　59日坂《にっさか》の
名物《めいぶつ》60蕨《わらび》の　餅《もち》を焼《や》く
61急《いそ》いで通《とお》れや　62掛川《かけがわ》へ

〽63袋井《ふくろい》通《とお》りて　64見附《みつけ》(見つけ)られ　65浜松《はままつ》の
木陰《こかげ》で66舞阪《まいさか》　まくりあげ
67渡《わた》しに乗《の》るのは　68新居宿《あらいじゅく》

〽お前《まえ》と69白須賀《しらすか》　70二川《ふたがわ》で　71吉田屋《よしだや》の
二階《にかい》の隅《すみ》で　初《はつ》の72御油《ごゆ》
お顔《かお》は73赤坂《あかさか》　74藤川《ふじかわ》へ

〽75岡崎女郎衆《おかざきじょろしゅ》は　76珍池鯉鮒《ちんちりふ》　よく揃《そろ》い
77鳴海絞《なるみしぼ》り着《き》て　78宮《みや》の浜《はま》
79焼《や》き蛤《はまぐり》を　ちょと80桑名《くわな》(食わな)

〽81四日市《よっかいち》から　82石薬師《いしやくし》　願《がん》を掛《か》け
83庄野《しょうの》(性の)悪《わる》さを　治《なお》さんと
84亀山薬師《かめやまやくし》を　伏《ふ》し拝《おが》む

〽互《たが》いに手《て》を取《と》り　急《いそ》ぐ旅《たび》　心《こころ》85関《せき》(急《せ》き)
86坂之下《さかのした》から　見上《みあ》ぐれば
87土山《つちやま》つつじで　日《ひ》を暮《く》らす

〽88水口《みなくち》びる(皆唇)に　紅《べに》を差《さ》し　89玉揃《たまぞろ》い
どんな90石部《いしべ》の　お方《かた》でも
色《いろ》に迷《まよ》うて　ぐにゃぐにゃと

〽お前《まえ》とわたしは　91草津縁《くさつえん》(腐れ縁)　ボチャ
ボチャと
夜《よ》ごとに搗《つ》いた　92姥ケ餅《うばがもち》

矢走《やばせ》[93]の大津《おおつ》[94]で　都入《みやこい》り[95]

注
①現東京都東部。江戸幕府の所在地。
②現中央区北部の、日本橋川に架かる橋。現日本橋室町一丁目と日本橋一丁目を結ぶ。一六〇三年に木橋を架設。翌年、里程元標が設置され、五街道の基点となった。
③午前四時頃に出発して。
④初めて京都へ行くこと。
⑤大名行列。
⑥高輪大木戸のこと。現港区高輪二丁目にあった、江戸への出入り口で、東海道を旅する人の送迎はここまでと定められていた。
⑦品川宿（現品川区品川）。日本橋より二里（約七・八五キロ）で、最初の宿場。「しなさい」の意を掛ける。
⑧一七六四年に飯盛り女五百人を置くことが許可された。
⑨馬の両側に荷箱をつけ、間にふとんを敷いて人を乗せるもの。
⑩旧地名。現品川区南大井二丁目辺り。江戸時代には処刑場があった。
⑪品川宿と川崎宿の中間、現大田区大森にあった間《あい》の宿《しゅく》の土産品。麦わらを赤・青・緑などに染めて、動物や宝舟・まといなどに細工したもの。
⑫麦わらで作ったもの。ここでは男性性器を連想させようとしている。
⑬六郷川。多摩川の最下流部の称。
⑭川崎宿（現神奈川県川崎市川崎区）。
⑮茶店兼旅館の名。ここの名物は奈良茶飯（米に大豆・あずき・栗などを加え、茶の煮汁で炊き上げたもの）。
⑯鶴屋と亀屋。現鶴見市場辺りにあった、米饅頭の店。
⑰米の粉で作った皮であんを包み、米粒の形にした饅頭。
⑱神奈川宿（現横浜市神奈川区）。
⑲保土ヶ谷宿（現横浜市保土ヶ谷区）。
⑳男女間の愛情のもつれから起こる、たわいのない言い争い。
㉑現横浜市戸塚区品濃町の品濃一里塚南方にある坂。信濃坂・科野坂とも書く。「しない」を掛ける。
㉒戸塚宿（現横浜市戸塚区）の手前。「とっつかまえ」を掛ける。
㉓藤沢宿（現藤沢市）の遊行寺《ゆぎょうじ》（正称は清浄光寺《しょうじょうこうじ》）。一遍（遊行上人）が開宗した時宗《じしゅう》の総本山。一三二五年に開山。
㉔説経節などで知られる「小栗判官」の物語。常陸《ひたち》の小栗城主は、毒酒を飲まされて餓鬼の姿になる。遊行寺の上人は、熊野神社参詣者が身を清める湯ノ峰温泉に入れば蘇生すると、小栗を車に乗せ、これを曳けば功徳がある旨の札を胸につけて熊野へ送り出す。妻の照手姫も、夫の供養のためにその車を曳く。しかし、夫の車であるとは気がつかない。
㉕馬入川（相模川の最下流部の称）。
㉖平塚宿（現平塚市）。
㉗大磯宿（現中郡大磯町の東部）。「大急ぎ」を掛ける。
㉘大磯宿の西の地名。現大磯町東小磯・西小磯。「小急ぎ」を掛ける。
㉙小田原評定。一五九〇年、豊臣秀吉が小田原城の北条氏を攻めた時、城内で和戦の意見が対立し、なかなか結論が出なかった。そのことから、いつまでたっても結論の出ない会議や相談。小田原（現小田原市）は、江戸時代は大久保氏・阿部氏・稲葉氏の城下町で、宿場町。
㉚「長くなる」とも。
㉛箱根宿（現足柄下郡箱根町）の北、芦ノ湖南東端の湖岸にあった関所。一六一九年に設置。関所は、交通の要所や藩境に設けて、通行人や荷物の取り締まりを行った施設。
㉜箱根の関所は、特に上方へ向かう女に厳しく、女が男装している疑いのある場合は、裾をまくって性別を確かめた。
㉝若い男の性器。
㉞武家の妻女。
㉟三島宿（現静岡県三島市）。着物の裾をまくって「見る」を掛ける。
㊱沼津宿（現沼津市中心部）。

㊲原宿（現沼津市原）。

㊳吉原宿（現富士市吉原）。

㊴富士山と富士川。富士川は、山梨県北西部の山地に発して南東流する釜無川を上流とし、市川三郷町の西で笛吹川を合わせて南流し、富士市の南西で駿河湾へ注ぐ川（約一二八キロ）。日本三急流の一。

㊵桃の節句に用いる白酒に同じ。清酒や味醂に、蒸したモチ米と麹を加えて発酵させ、できたもろみを摺りつぶして作る。谷川の水が白く濁って見えることから、どぶろくを意味する白酒と区別して「山川白酒」と称した。

㊶蒲原宿（現静岡市清水区蒲原）。

㊷由比宿（現庵原郡由比町）。

㊸薩埵峠（九〇メートル）の坂。現由比町の南西端、静岡市との境にある。旧東海道の難所。

㊹興津宿（現静岡市清水区興津本町）の興津川。身延山地に発して南流し、興津で駿河湾へ注ぐ川（約二六キロ）。「そのままにしておく」の意を掛ける。

㊺未詳。興津駅の南西方、東海道（現国道一号）が東海道本線と交差する辺りにあった坂のことか。旧清水市教育委員会の教示によれば、この坂の南方の海浜を「こいしゃら」（「恋し原」か「小石原」の訛り）と呼ぶ。「恋し原」は、長者の娘が投身した伝説による。

㊻江尻宿（現静岡市清水区江尻町）。「柄尻で」（柄の後端で）を掛ける。

㊼府中宿（現静岡市葵区）。「気がふれる」の意を掛

ける。

㊽未詳。「花鞠」か。

㊾鞠子宿（現静岡市駿河区丸子）。丸子・麻利子とも書く。とろろ汁で有名。

㊿宇津谷峠（二七九メートル）。丸子と志太郡岡部町の境にある。旧東海道の難所。

51宇津谷峠の上り口の茶店で売っていた名物。古くは、杓子で鍋から十箇ずつすくって食べたものらしい。一七世紀中頃からは、あずきほどの大きさの団子を十箇ずつ麻糸に通して乾燥させ、数珠のような形にしたもの。厄よけ・魔よけ用。また、子供に飲ませると、万病に効くという。「峠」を掛ける。

52岡部宿（現志太郡岡部町）。

53藤枝宿（現藤枝市）。

54島田髷の根を低く下げて結い、髷が後ろに反る形にした髪型。結婚した女性が結うもの。島田宿（現島田市中心部）を掛ける。

55静岡県北部の山地に発し、南流して島田市の南東方で駿河湾へ注ぐ川（約一八五キロ）。江戸幕府は、西からの攻撃に備えて、この川には橋を架けさせず、渡し舟も置かせなかった。

56金谷宿（現島田市金谷）。

57現掛川市の中東部にある坂道。旧東海道の難所で、古来、歌枕として有名。

58昔、日坂宿の女が金谷宿の夫を訪ねる途中、この山中で山賊に殺された。腹の中の赤ん坊は助かったが、母親の霊が乗り移った石が夜ごとに泣くので、弘法大師がこの石に仏号を刻み、お経をあげると泣かなくなった。子育て飴（水飴）で育った子は、のちに母の仇を討ったという。

59日坂宿（現掛川市日坂）。「新坂・西坂」とも書く。

60蕨餅。蕨の根茎からとった澱粉にクズまたはモチ米の粉と水を加えて練り、蒸したもの。冷えたところで小さく切り、砂糖または塩入りのきなこをまぶして食べる。「焼く」ものではない。文献には、クズ粉ばかりで蕨粉は少しも入ってないとするものが多い。

61「食うて急いで」とも。

62掛川宿（現掛川市中心部）。

63袋井宿（現袋井市）。

64見附宿（現磐田市見付）。

65浜松宿（現浜松市）の浜辺の松。

66舞阪宿（現浜松市舞阪町）。「着物の前を」の意を掛ける。

67渡し船。旧東海道が通じていた、浜名湖の砂州が一四九八年の地震で切れ、湖は海とつながった。そのため、渡し船を備え、ここを「今切《いまぎれ》の渡し」と称した。

68現浜名郡新居町にあった宿場。「荒井」とも書く。関所があり、取り締まりが特に厳しかった。

69白須賀宿（現湖西市白須賀）。「〔ともに〕白髪《しらが》か」「〔お前は〕しらふか」を掛ける？

70二川宿（現愛知県豊橋市二川町）。「二人で」の意を掛ける？

71吉田宿（現豊橋市吉田町）と屋号を掛ける。歌詞は俗謡「吉田通れば二階から招く　しかも鹿の子の振り袖が」をふまえた表現。

72御油宿（現豊川市御油町）。「御酒」の意を掛ける。

73赤坂宿（現宝飯郡音羽町赤坂）。「赤い」を掛ける。

74藤川宿（現岡崎市藤川町）。

75岡崎宿（現岡崎市中心部）の。

76池鯉鮒宿（現知立市）に「珍」をつけ、「ちんちくりん」（背の低い人）の意を掛ける。

77鳴海宿（現名古屋市緑区鳴海町）の鳴海絞り。「有松絞り」とも。鳴海・有松地方で生産される絞り染め。木綿を藍で染めたもので、浴衣・手ぬぐい・兵児帯などにする。

78宮の宿（現名古屋市熱田区内）。熱田神宮の鳥居前にあった宿場。旧東海道は、ここから船で次の桑名宿へ渡る。その間七里（約二七・五キロ）あり、「七里の渡し」と呼ばれた。「宮の船」とも。

79桑名の名物。蛤を殻のまま、松かさの火で焼いたもの。

80桑名宿（現三重県桑名市）。

81四日市宿（現四日市市）。

82石薬師宿（現鈴鹿市石薬師町）の石薬師寺。正称は高富山瑠璃光院で、真言宗東寺派。土中から大きな花崗岩が出現したので泰澄が堂を建て、弘法大師が八一二年にこれに薬師如来を線刻した。

83庄野宿（現鈴鹿市庄野町）。

84亀山宿（現亀山市）の亀山薬師。現川崎町にあった長善寺（真言宗御室派）のこと。本尊が薬師如来。その座像は室町時代の作。

85関宿（現亀山市関町）。東海道と大和街道・伊勢別街道の分岐点で、鈴鹿の関があった。

86坂之下宿（現関町坂下）。鈴鹿峠（三五七メートル）の登り口にあった。

87土山宿（現滋賀県甲賀市土山町）。鈴鹿峠を下った所にあった。

88水口宿（現甲賀市水口町）。

89上玉（美人）揃いだ。

90石部宿（現湖南市石部町）。「石部金吉」（固くて、きまじめで、女性に興味を示さない男）を掛ける。

91草津宿（現草津市中心部）。東海道と中山道が合流する所で、規模は通常の宿場の二倍であった。

92草津宿の名物。小さくちぎった餅をあずきのあんで包み、砂糖をふりかけたもの。江戸時代に、殺された武士の遺児を養育するために乳母が売り出したのが始まりと伝えられる。

93現草津市矢橋《やばせ》。琵琶湖の南東端にあった渡船場。「矢走」は矢橋の別表記で、ここでは「矢のように走る」の意を掛ける。「矢橋の帰帆」は近江八景の一。歌詞は「矢走で大津の」とも。

94大津宿（現大津市）。江戸から第五三番目の宿場。

95京都へ入ること。東海道の起終点は、現京都市中東部の、鴨川に架かる三条大橋。江戸日本橋よりの距離は、本によって異なるが、一二四里半から一二六里半（約四八九～四九七キロ）。

東京都のお座敷唄。旧城下町江戸の花柳界（葭町・吉原・新橋・品川・赤坂・新宿など）の宴席で芸者衆が、また、寄席《よせ》の音曲吹き寄せなどで芸人たちが唄ってきたものである。

唄の履歴　この唄の源流は、現茨城県・千葉県・東京都・神奈川県に広く分布する祝い唄『芋の種』である。元唄は「〽これさまの　目出度いものは　芋の種　茎《くき》長く　葉広く子供　あまたに」で、詞型は「五七五五七四」である。（「芋の種」は、里芋の、球状の根茎のこと）

元々、この地方の祝いの席では、謡曲（小謡《こうたい》）の代わりに、「〽これさまの…」（この家の、の意）で始まる歌詞を作って唄い合う風習があった。それは、婚礼などで、「座配」（進行役）が「問い掛け唄」（五七五五調）を「これさまの…」と唄うと、同席の客が「返し唄」（五七五五調）を唄って、花嫁・花婿や家柄などを褒める形式の唄であった。

ところが、即興で歌詞を作れない人たちは、それまで見聞きした唄の中で印象的なものを覚えて、「問い掛け唄」「返し唄」の双方を続けて唄うようになった。詞型は「五七五　五七五」である。しかし、三首、四首と唄って「これさまの」という語が重なるのが気になる場合や、歌詞の内容が「これさまの」に不向きな場合などには、「これさまの」の代わりに「ヤレー」と唄い出すようになった。その後、その「ヤレー」は、単なる唄い出しの「ハー」と同じようなものと思われて省略され、いつか、「七五五七五」という珍しい詞型が生まれた。さらに、しまい五音の中の「助詞」などを省略して「名詞止め」にした。これは、最後の名詞の印象を強くするための技法で、謡曲の世界で用いられていたものを模倣したようである。かくして、「七五五七四」という詞型ができ上がった。（以上、詞型成立過程の考察は、筆者竹内勉の、長年の調査研究による。）

そうした祝い唄が、多摩川河口の現東京都大田区羽田《はねだ》へ伝えられ、『羽田節』と呼ばれるようになった。その羽田（現羽田空港地内）には、干拓中の堤防の穴から水が漏れて決壊しないようにと建立された「穴守稲荷《あなもりいなり》」があり、神社名から、「女性性器の守護神」として水商売の女たちの信仰を集めた。その中に東海道品川宿《しながわじゅく》の遊女たちがいたため、『羽田節』は流行《はや》り唄として、品川宿で大流行した。

その替え唄として生まれたのが、

〽お前待ち待ち　蚊帳《かや》の外　蚊に食われ
　七つの鐘の　鳴るまで
《繰り返し》
コチャ七つの鐘の　鳴るまで
コチャカマヤセヌ
　　（コチャエー　コチャエー）

で、これが流行り唄『コチャエ節』となって日本中へ広まった。詞型は「七五五七四・七四」であるが、しまいの「七四」を繰り返さずに、そこへ別の語を入れて作ったのが前掲の歌詞である。東海道五十三次の宿場が詠み込まれているのは、十《じっ》返舎一《ぺんしゃいっく》九の「東海道中膝栗毛《ひざくりげ》」の大評判にあやかってのもので、この頃は、街道の宿場づくしの唄が流行した。

なお、尾張名古屋（名古屋市）の小寺玉晁《こでらぎょくちょう》が書き残した歌謡集「小唄のちまた」に、天保三年（一八三二）春「江戸より流行はねだ節」として、「日本橋をば　七つ立ち　初上り　行列《ぎょうれつ》揃へてこれわいさ　こちゃ行列揃へてこれわいさ　コチャカマヤセヌ　コチャエイコチャエイ」など一八首が載っている。したがって、前掲の歌詞は天保年間（一八三〇～四四）頃に作られたものと思われる。

節まわしの型　今日広く唄われている節まわしは、寄席芸人たちのものである。

大島《おおしま》あんこ節《ぶし》

〽エェー東京《とうきょう》 ①大島《おおしま》は　②雁便《かりがねだよ》り〔唄い手・はやし手〕エンヤラヤノヤー
ソラ主《ぬし》とわたしは　③文便《ふみだよ》り
（ソォラ　エンヤラヤノヤー　ハァ
　エンヤラヤノ④あんこさんに　わしゃ
　迷《まよ》たー）

〽わしが想《おも》うこと　字《じ》に書《か》いたならば
⑤一帖紙《いちじょうがみ》にも　書《か》き余《あま》る

〽船《ふね》の⑥艫艪《ともろ》に　鶯《うぐいす》留《と》めて
浜《はま》が大漁《たいりょ》と　鳴《な》かせたい

〽⑦お江戸《えど》行《ゆ》くなら　言《こと》づて頼《たの》む

達者《まめ》でいるよと　言《い》うておくれ
〽⑧三原颪《みはらおろし》の　雪風《ゆきかぜ》よりも
主《ぬし》の一声《ひとこえ》　身《み》にしみる
〽思《おも》い出《だ》したら　また来《き》ておくれ
椿《つばき》花《はな》咲《さ》く　大島《おおしま》へ
〽送《おく》りましょうか　⑨乳ヶ崎《ちがさき》までは
それから先《さき》は　神頼《かみだの》み
〽別《わか》れ出船《でふね》の　帆影《ほかげ》を追《お》って
未練鷗《みれんかもめ》が　⑩下田《しもだ》まで
〽翼《つばさ》あるなら　飛《と》んでもみたや
⑪三宅《みやけ》⑫八丈《はちじょう》は　風便《かぜだよ》り
〽誰《たれ》の想《おも》いか　天《てん》まで焦《こ》がす
島《しま》のお⑬山《やま》の　黒煙《くろけむり》
〽あんこ可愛《かわ》いや　⑭磯山椿《いそやまつばき》
濡《ぬ》れて咲《さ》きます　黒潮《くろしお》に

☆〔歌詞は『大島節』と共通〕

注①伊豆大島。周囲約五〇キロ。伊豆七島中最大の島。
②「がん」の別称。言づてを鳥に託すという文学的表現。「針金便り」と唄う人が多いが、それでは、海底ケーブルを用いた電話連絡で、詩情がない。
③手紙で連絡すること。
④➡解説。
⑤半紙二〇枚。「一丈」は誤り。
⑥四挺以上の艪を持つ船で、最も船尾に近い艪。
⑦現東京都東部。江戸幕府の所在地。
⑧伊豆大島の中央にそびえる三原山（七五八メートル）から吹きおろす風。
⑨伊豆大島北西端の岬。高さ四五メートルほどの断崖絶壁が連なる。沖は潮流の速い難所。
⑩現静岡県下田市。伊豆半島南東端の港町。
⑪三宅島。伊豆大島の南方約六〇キロにある火山島。周囲約三五キロ。伊豆七島の一。
⑫八丈島。伊豆大島の南方約一七〇キロにある。周囲約五九キロ。大きさは伊豆七島中第二の島。
⑬三原山。
⑭磯辺の山椿。

東京都のお座敷唄。東京とはいっても、都心から百キロメートルほど南方の太平洋上に浮かぶ伊《い》豆《ず》大島の芸者衆が、宴席で唄ってきたものである。曲名の「あんこ」は「あねこ」の転で、若い娘の意。

唄の履歴　この唄の源流は、長崎県の北西端にある平戸島《ひらどしま》の田助《たすけ》港（平戸市田助町）へ港入りする帆船の船乗りたちが、伝馬船を降ろして艪《ろ》を漕《こ》ぎながら唄っていた『エンヤラヤ』（六四八ページ）である。

その唄が、田助の花柳界に入って三味線伴奏がつけられ、酒席の唄になった。そのお座敷唄の『エンヤラヤ』が、明治時代後期に、帆船の船乗りたちによって日本中の港へ持ちまわられた。そして、大正時代中頃に伊豆大島北岸の岡田にも伝えられた。伝えた人は、能登《のと》（石川県）出身とも北海道出身ともいわれる、「杜氏《とうじ》さん」とか「次郎さん」とか呼ばれる男であった。

岡田には、新しく島に伝えられた唄は、正月一五日に催される、岡田八幡宮（氏神）の祭礼に奉納する習慣がある。そのため、「杜氏さん」の伝えた『エンヤラヤ』も奉納することになり、地元の青年たちが、岡田の旧家大屋宅で稽古を始めた。ちょうど大屋宅には、東京辺りの美人の娘が静養に来ていた。そこで、若者たちはその娘の気を引こうと考え、はやし詞が、

ソラ　エンヤラヤアノヤー
エンヤラヤノ　エンヤラヤノ
エンヤラヤノヤー

であったものを、

ソラ　エンヤラヤアノヤー
大屋の　ハイカラさんに
わしゃ迷うた

と替えた。そして、翌年、大島西岸の元町に住む大久保寅吉《とらきち》（大島里喜《りき》の父）が、この唄を元町で広めた折りに、「岡田の　ハイカラさんに」と改めた。

その後、一九三二、三三年になって、大島の三原山を目当てに観光客が集まるようになると、地元としては客に聞かせる唄が必要になってきた。そこで、芸者置屋を営みながら東海汽船の改札口で切符切りをしていた白井米造が、さらに「エンヤラヤノ　あんこさんに」と改め、「あんこ芸者」の売り出しを計った。この時から、曲名も「あんこ節」としたのである。なお、三味線伴奏は、芸

者お照がつけた。

その『大島あんこ節』がレコード化されたのは一九三七年一月で、キングレコードに「野村ふさと大島あんこ連中」によって吹き込まれている。（野村は白井米造の妻である。）しかし、有名になったのは、太平洋戦争後、大島里喜がラジオに出るようになってからである。

節まわしの型　今日広く唄われている節まわしは、大島里喜のものである。

大島節《おおしまぶし》

〽ハァーわたしゃ大島《おおしま》①　御神火《ごじんか》②育《そだ》ちヨー
（アァ　ハイハイトー）
胸《むね》に煙《けむり》はヨォ　絶《た》えはせぬナー
（アァ　ハイハイトー）

〽つつじ椿《つばき》は　御山《みやま》③を照《て》らす
殿《との》の御船《みふね》は　灘《なだ》④照《て》らす

〽野増村《のましむら》⑤から　来《こ》いとの書面《しょめん》
行《ゆ》かざなるまい　ひとまずは

〽島《しま》と名《な》がつきゃ　どの島《しま》も可愛《かわ》い
わけて利島《としま》⑥（年増）は　なお可愛《かわ》い

〽わたしゃ大島《おおしま》　萱葺《かやぶ》⑦き育《そだ》ち
瓦《かわら》（変わら）ないのが　わしの棟《むね》（胸）

〽わたしゃ大島《おおしま》　一重《ひとえ》の桜《さくら》
八重《やえ》に咲《さ》く気《き》は　さらにない

〽波浮《はぶ》⑧の小池《こいけ》⑨の　茶釜《ちゃがま》⑩の水《みず》は
沸《わ》⑪くも早《はや》いが　さめやすい

〽男伊達《おとこだて》⑫なら　乳ヶ崎沖《ちがさきおき》⑬の
潮《しお》の速《はや》いを　止《と》めてみろ

〽潮《しお》の速《はや》いのは　止《と》めようで止《と》まる
止《と》めて止《と》まらぬ　恋《こい》の道《みち》

〽乳《ち》ヶ《が》崎沖《さきおき》⑭まじゃ　見送《みおく》りましょが
それから先《さき》をば　神頼《かみだの》み

〽咲《さ》いた花《はな》より　咲《さ》く花《はな》よりも
咲《さ》いて乱《みだ》れた　主《ぬし》がよい

〽別《わか》れ辛《つら》くも　帆《ほ》を捲《ま》く朝《あさ》は
涙《なみだ》流《なが》すな　波《なみ》が立《た》つ

☆〔歌詞は『大島あんこ節』と共通〕

注①伊豆大島。周囲約五〇キロ。伊豆七島中最大の島。
②伊豆大島の中央にそびえる三原山（七五八メートル）の噴火や噴煙のこと。火山を神聖視した表現。
③三原山のこと。
④風波が荒く、航海困難な海域。ここでは相模灘。
⑤伊豆大島中西部の旧村名。現大島町内。
⑥伊豆大島の南西約二〇キロにある小島。円錐形で、周囲約七キロ。伊豆七島中最小の島。
⑦屋根を、薄《すすき》・刈安《かりやす》などの、丈の高い草で葺いた家。
⑧伊豆大島南東端の地名。
⑨波浮の港のこと。
⑩波浮港は、円形の火口湖が一七〇三年の津波で海とつながったためにできたもの。その噴火口跡を茶釜に見立てた。
⑪港の男たちは短気でおこりっぽいが、さっぱりした性格だ、の意。
⑫男としての面目を立てるために、意地や見栄を張ったり、強きをくじき、弱きを助けたりする人。
⑬伊豆大島北西端の岬。高さ四五メートルほどの断崖絶壁が連なる。沖は潮流の速い難所。
⑭までは。

東京都の酒盛り唄。東京とはいっても、都心から百キロほど南方の太平洋上に浮かぶ伊豆《いず》大島の人たちが、酒席で唄ってきたものである。

唄の履歴　この唄の源流は、現神奈川県横浜市野毛山《のげやま》のお茶場で唄われていた、「ヨイトサ節」とか「お茶場節」とか呼ばれる流行《はや》り唄である。お茶は、江戸時代末から明治時代にかけて、日本の輸出品の花形であった。お茶場とは、お茶が船の長旅に耐えられるように火入れをし直す所で、野毛山には、火入れ工場が軒を連ねていた。

その「お茶場節」の元唄は「伊豆で七島四国で屋島　わたしゃ年増で苦労する」といった歌詞で、「島節」とも呼ばれた。

一八八七年頃、お茶場でこの唄を覚えた、伊豆大島の野増《のまし》（大島町野増）の人たちが島へ戻ると、茶摘みやお茶揉みに唄うようになった。それが、大島の島内から、八丈島を除く伊豆五島へ「島節」の名で広まっていった。その大島の「島節」は、のちに伊豆の下田へ伝わって、「下田島節」の名で、花柳界の酒席の唄になった。そして、それが東京方面へも広まっていった。

　ところが、伊豆大島に徳市という名人が現れ、さらにそのあとお仲さんが出て、一九二七年にはNHKラジオで初放送をした。その時、それまでの「島節」から『大島節』へと改名したが、三味線の伴奏はなかった。

　一九三三年六月に新橋喜代三《きよぞう》がポリドールレコードに吹き込んだ『大島節』は、「下田島節」のほうの唄であったらしい。その後、三七年一月に「野村ふさと大島あんこ連中」が、野村が伴奏をつけてキングレコードに吹き込んでいる。この野村の唄を大島里喜《りき》が覚えて太平洋戦争後に広めたが、一九四八、四九年頃、NHKラジオの番組で藤本秀夫（東京在住）が伴奏を務めた。その時に藤本がつけた三味線の手が定着して、今日広く用いられている。

　節まわしの型　今日広く唄われている節まわしは、大島里喜のものである。

カッポレ

本唄

（カッポレ　カッポレ）
（ヨーイィトナー）
（ヨイ　ヨーイ）
〽沖《おき》の暗《くら》いのに　白帆《しらほ》がサァー見《み》える
（ヨイトコリャサ）
あれは①紀《き》の国《くに》ヤレコノ　コレワノサ
（ヨイトサッ　サッサ）
②蜜柑船《みかんぶね》じゃエー（サテ蜜柑船《みかんぶね》）
《繰り返し》
蜜柑船《みかんぶね》じゃ　サァー見《み》える
（アァ　ヨイトコリャサ）
あれは紀《き》の国《くに》ヤレコノ　コレワノサァ
（ヨイトサッ　サッサ）
蜜柑船《みかんぶね》じゃエー

後唄・その1

〽サテ豊年《ほうねん》じゃ　満作《まんさく》じゃ
明日《あす》は旦那《だんな》の　稲刈《いねか》りで
小束《こたば》にからげて　ちょいと投《な》げた
投《な》げた枕《まくら》に　投《な》げた枕《まくら》に　③科《とが》はない
（オセセノ　コレワイサ）

後唄・その2

④尾花《おばな》に穂《ほ》が咲《さ》いた　この妙《みょう》かいな

上の句

〽ねんねこせ　ねんねこせ
ねんねのお守《も》りは　どこへ行《い》った

口説《くどき》

あの山越《やまこ》えて　里《さと》へ行《い》った
里《さと》の⑤おみやに　なによ貰《もろ》た
⑥でんでん太鼓《だいこ》に　⑦笙《しょう》の笛《ふえ》

下の句

寝《ね》ろてばよ　寝《ね》ろてばよ
寝《ね》ろてば寝《ね》ないのか　⑧この子《こ》はよ

注①紀伊の国（旧国名）の古称。紀州。現和歌山県全域と三重県南部。
②江戸時代中期に、紀州生まれの豪商紀国屋文左衛門が、紀州蜜柑を暴風雨をついて江戸へ船送し、巨利を得た。
③罪。
④薄《すすき》のこと。
⑤「土産にゃ」とも。
⑥子供のおもちゃ。柄のついた小さな太鼓の左右に、鈴のついた糸を垂らしたもの。柄を振って鳴らす。
⑦雅楽の管楽器（長短一七本の竹を立てて環状に並べたもの）に似せて作ったおもちゃ。
⑧梅坊主は「この餓鬼め」と唄っていた。

東京都のお座敷唄・遊芸唄。旧城下町江戸の花柳界（葭町・吉原・品川・赤坂・新宿など）の宴席で、芸者衆が踊りを添えて唄ってきたものである。また、三多摩地方では、「万作踊り」の人たちが、「ソーダヨ節」の段物の幕間《まくあい》に、手踊り唄として唄い踊ってきた。

唄の履歴　この唄の「本唄」の源流は「鳥羽《とば》節」で、天保年間（一八三〇〜四四）に流行した唄といわれるが、現存しない。「鳥羽節」という曲名から考えると、現三重県鳥羽市にかかわりのある唄なのであろう。

伊豆大島（東京都大島町）には『沖の大船《たいせん》』（通称「大島カッポレ」）という唄が伝わっている。

〽（サテ　よい凪《なぎ》　よい風　よい天気）
沖の大船　岸に近く
三十五反の　帆を上げて
船は新造で　ほどがよい
表は剣菱　男山
面舵《おもかじ》取り舵　合点だ
向こうをはるかに　眺むれば
向こうはるかに　あんこ衆が出てきて　チョイト招く
若衆伝馬に　艪《ろ》を立てて
海にザンブと　錨《いかり》を投げ込んで
サァサ港入り

といった歌詞は千石船の船乗りのことなので、港町で唄われたことだけは確かである。鳥羽も東まわり航路上の要港であり、『カッポレ』は、海路江戸入りしたということは言えそうである。

なお、曲名の『カッポレ』に「活惚れ」という字をあて、「活惚れ込め」とはやしていた時代もある。

「後唄」の節は、明治時代の流行《はや》り唄「梅が枝の手水鉢《ちょうずばち》」によっている。また、「その1」の歌詞は尻取り形式のものであったが、今日では、かなり省略されている。なお、しまいの「この妙かいな」は、「奴さん」の「それもそうかいな」をもじったものである。

「その2」の歌詞は「江戸子守り唄」である。歌舞伎舞踊「寿獅子《ことぶきじし》」では、獅子が寝るくだりで、横笛で「江戸子守り唄」を吹く。たぶん、そんなところからヒントを得て流用したのであろう。

本来、「後唄」は、遊芸人が、短い「本唄」だけでは商売に用いにくいために加えるものと考えられる。『カッポレ』の場合は、願人坊主が加えたのであろう。

その『カッポレ』を今日の形にまとめたのは、豊年斎梅坊主である。梅坊主は、本名を松本梅吉といい、江戸は神田三河町の源兵衛店の髪結い「江戸家」の次男で、一八五四年一月元日の生まれである。子供の頃、阿呆陀羅経《あほだらきょう》の門付けを始め、十七歳で遊芸人の仲間に入った。そして、願人坊主になって豊年斎梅坊主一座を結成し、舞台上で、江戸前のそろいの浴衣を着た、二〇〜四〇人ほどの人たちに『伊勢音頭』（四八九ページ）などを演じさせた。それは、住吉踊りで用いる、二階傘の万灯《まんどう》を舞台に立て、その下で音頭取りが唄い、太鼓・三味線・笛・当たり鉦《がね》・拍子木などの伴奏で踊るものであった。その出し物の中に『カッポレ』もあった。

当時、『カッポレ』を十八番にする一座は「浅草組」「芝組」「下谷《したや》組」などいろいろあったが、梅坊主が政治家などのひいきを得て有名になるにつれ、独壇場となっていった。そして、歌舞伎の九世市川団十郎も「初霞空住吉《はつがすみそらもすみよし》」で踊る時に梅坊主に習ったため、梅坊主は『カッポレ』の元祖になっていった。

この芝居の外題でもわかるように、「住吉踊り」は願人坊主の芸であった。したがって、三多摩地方の「万作踊り」の一座の人々も、幕間の手踊りに、この『カッポレ』を好んで唄い踊った。それは、のちの寄席《よせ》や花柳界の、粋な、しゃれた『カッポレ』とは違って、野趣に富んだ、色気の混じった、大道芸的なものであった。

一方、花柳界に入った『カッポレ』は、梅坊主時代より洗練されたものになり、一九〇七年から〇九年の間に新橋小静や吉原〆治《しめじ》がニッポノフォンレコードに吹き込むに及んで日本中へ広まっていった。そのあと、藤本二三吉《ふみきち》が二九、三〇年頃に吹き込んだコロムビアレコード盤で広まり、以後は『カッポレ』といえば二三吉にとどめをさすことになった。

節まわしの型　今日広く唄われている節まわしは、藤本二三吉のものである。

木遣《きや》りくずし

〽サァーエ格子造《こうしづく》り①に　御神灯《ごしんとう》②さげて
兄貴《あにき》や家《うち》③かと　姐御《あねご》に問《と》えば
兄貴《あにき》や二階《にかい》で　木遣《きや》り④の稽古《けいこ》
音頭取《おんどと》るのは　アリャ家《うち》の人《ひと》エエンヤラネー
サノヨォイーサ　エンヤラネー
エンヤラヤレコノセェ　サノーセー
アレワサ　エェンヤラネー
〽つねりゃ紫《むらさき》　食《く》いつきゃ紅《べに》よ
「ア痛《いた》！」

⑤色《いろ》で仕上《しあ》げた　この体《からだ》
〽君《きみ》は小鼓《⑥こつづみ》　調《⑦しら》べの糸《いと》よ
「締《し》めろ！」
締《し》めつゆるめつ　音《ね》を出《いだ》す
〽目出度目出度《めでためでた》の　若松様《わかまつさま》よ
枝《えだ》も栄《さか》えて　葉《は》も繁《しげ》る
〽浅草《⑧あさくさ》出茶屋《⑨でぢゃや》の　娘《むすめ》の小万《こまん》
花《はな》か紅葉《もみじ》か　花《はな》ならば一枝《ひとえだ》欲《ほ》しい
活《い》けて眺《なが》めて　暮《く》らしたい
〽鎌倉四代目《⑩かまくらよだいめ》の　北条時頼《⑪ほうじょうときより》が
諸国修行《しょこくしゅぎょう》に　出《いで》られし時《とき》に
天骨《⑫てんこち》ない大雪《おおゆき》に　したたか濡《ぬ》れて
佐野《⑬さの》の源左衛門《げんざえもん》　常世《つねよ》が情《なさ》け
粟《あわ》の飯《めし》に　梅桜松《⑭うめさくらまつ》を
焚《た》いて寒《さむ》さを　しのがれた

注①細い角材を縦横に、すき間をあけて組んだものを、表側に取り付けてある家。
②「御神灯」と書いた提灯《ちょうちん》。職人・芸人などが、縁起のために家の入り口に吊るしておくもの。
③家にいるかと。
④「江戸木遣り」のこと。
⑤紫色と紅色と愛人とで。
⑥能・歌舞伎・長唄などで用いる、はやし用の打楽器。
⑦調べの緒。小鼓の両面を締めつけ、音を調節するためのひも。
⑧現東京都台東区の地名。
⑨道端などに小屋掛けして出した茶店。
⑩鎌倉幕府の第四代執権（実際は第五代）。
⑪第三代執権北条泰時の孫。北条氏の独裁体制を確立した。民政に努めたため、地方の実情を視察して人民を救ったという伝説を生む。
⑫途方もない。思いもよらない。
⑬鎌倉時代の武士。上野《こうづけ》の国佐野（栃木県佐野市）の領主。
⑭謡曲「鉢の木」のこと。所領を失って貧乏暮らしの常世が、雪の夜、旅僧に変装した北条時頼を泊めた。そして、薪がないので、大切にしていた盆栽の梅・桜・松を燃やしてもてなし、「いざ鎌倉」の際の心掛けを語る。後日、常世は鎌倉からの武士召集に応じて駆けつけ、褒美に佐野の領地を与えられた。

東京都のお座敷唄。旧城下町江戸の花柳界（葭町・深川・吉原・新橋・品川・新宿など）の宴席で、芸者衆が唄ってきたものである。

唄の履歴　この唄の源流は不明である。しかし、「木遣り唄」は、今日でも岩手県・山形県・福島県・埼玉県下で『七之助節』の名で唄われているところを見ると、七之助という名音頭取りがいて、好んで唄ったものなのかもしれない。

その木遣り唄、江戸でもかなり広く唄われていたのであろう。加賀百万石（石川県金沢市）のお抱え火消し、加賀鳶《とび》も、この木遣り唄を江戸から金沢へ持ち帰って唄っていたので、あるいは江戸火消しの間で流行したことがあるのかもしれない。江戸では、一七〇一年に材木問屋一五人に払い下げられた深川の貯木場、木場《きば》（江東区木場）で働く職人たちの間でも唄われていた。その職人たちが出入りする深川の花柳界の芸者が三味線の伴奏をつけて、『木遣りくずし』の名で唄っていたものが江戸中の花柳界へ広まっていったのであろう。

その『木遣りくずし』、吉原〆治《しめじ》がニッポノフォンレコードに吹き込んだが、その後、藤本二三吉《ふみきち》がコロムビアレコードに吹き込み、これが日本中へ広まった。今日では、二三吉以外のものは認められないほどである。

藤本二三吉は、本名を婦美といい、浅草で生まれた、チャキチャキの江戸っ子である。六歳から常盤津《ときわず》を習い始め、長唄・清元と、なんでもこなした。大正時代の初めに葭町《よしちょう》（現中央区日本橋人形町）で芸者となったが、裏声を嫌って、男っぽい、さっぱりした、江戸前の気っぷのよさで唄ったのが、なによりも好まれたようである。他界したのは一九七六年一〇月二九日で、七八歳であった。

節まわしの型　今日広く唄われている節まわしは、藤本二三吉のものである。

千《せん》住《じゅ》節《ぶし》

仕事唄・「舟唄」の場合

〽ハァー千住《①せんじゅ》出《で》てから　コラァまき②のやまでは
棹《さお》も艪櫂《ろかい》も　手《て》につかぬ

長ばやし〔唄い手〕

ギイ　ギッテバ　③夜下《よさ》がりかア
夜下《よさ》がりどころか　④朝潮《あさしお》だァィ

〽⑤千住通《せんじゅがよ》いを　やめよとすれば
おいでおいでの　⑥文《ふみ》が来《く》る

〽またも⑦関原《せきばら》へ　御参詣《ごさんけい》の節《せつ》は
お寄《よ》りください　⑧中田屋《なかだや》へ

〽声《こえ》はすれども　姿《すがた》が見《み》えぬ
藪《やぶ》に鶯《うぐいす》　声《こえ》ばかり

〽千住女郎衆《せんじゅじょろしゅ》は　⑨木《き》の末　雀《うらすずめ》
お客目《きゃくめ》がけて　飛《と》んで出《で》る

〽千住女郎衆《せんじゅじょろしゅ》は　錨《いかり》か⑩舫《もや》か
上《のぼ》り下《くだ》りの　船止《ふねと》める

〽今《いま》の若《わか》い衆《しゅ》は　⑪胡麻幹育《ごまがらそだ》ち
⑫人《ひと》の軒場《のきば》に　立《た》ちたがる

〽千住女郎買《せんじゅじょろか》って　うちの嬶見《かかみ》れば
村《むら》の案山子《かかし》に　よく似《に》てる

〽⑬お前《まえ》が⑭棹《さお》さしゃ　⑮わたしが⑯艫《とも》で
⑰御膳《ごぜん》炊《た》き炊《た》き　舵《かじ》を取《と》る

〽惚《ほ》れて通《かよ》えば　⑱千里《せんり》の道《みち》も
さほど遠《とお》いとは　思《おも》わない

〽抱《だ》いて寝《ね》てさえ　話《はなし》が残《のこ》る
まして⑲格子《こうし》の　内《うち》と外《そと》

〽土手《どて》の桜《さくら》は　嵐《あらし》に揉《も》める
わたしゃお前《まえ》さんに　気《き》が揉《も》める

〽親《おや》の意見《いけん》を　俵《たわら》に詰《つ》めて
今日《きょう》も千住《せんじゅ》の　⑳土手普請《どてぶしん》

〽行《い》こか㉑板橋《いたばし》　帰《かえ》ろか㉒馬橋《まばし》
行《い》って行《い》かれぬ　㉓戸田《とだ》の橋《はし》

〽一《いち》に中田屋《なかだや》　二《に》に㉔竹吾妻《たけあずま》
三《さん》に㉕相模屋《さがみや》で　とどめさす

〽いとしお客《きゃく》の　来《く》るのは知《し》れる
裏《うら》の小池《こいけ》の　㉖鴨《かも》が立《た》つ

〽千住出《せんじゅで》てから　まきのやまでは
雨《あめ》も降《ふ》らぬに　袖絞《そでしぼ》る

〽㉗九十九曲《くじゅうくま》がり　㉘徒《あだ》では越《こ》せぬ
通《かよ》い船路《ふなじ》の　㉙三十里《さんじゅうり》

〽千住《せんじゅ》㉚小塚原《こづかっぱら》　鳴《な》いて飛《と》ぶ烏《からす》
銭《ぜに》もないのに　カオ（買おう）カオと

〽㉛小塚千住《こづかせんじゅ》で　㉜お茶挽《ちゃひ》くよりも
家《うち》で田《た》の草《くさ》　取《と》るがよい

注
①➡解説。
②千住大橋から隅田川を少し上流へ上った辺り。川が大きく曲がり、うねっているので「巻き野の原」の意という。また、槙の木の森があったので、ともいう。
③夜間に船を下流へ向かって進めること。夜は水路が見えず、危険なため、普通は航行しない。
④朝、海の潮が満ちてきて、さらに河口から川をさかのぼること。
⑤千住にあった遊廓へ通うこと。
⑥手紙。
⑦関原不動。現足立区関原二丁目にある真言宗豊山派大聖寺。本尊は不動明王。
⑧千住にあった遊女屋。
⑨木の枝の先の。
⑩もやい。船を岸につないだり、他の船とつないだりする綱。
⑪胡麻（植物）の茎。
⑫胡麻の茎を根元から抜いてきて、実が落ちやすくなるように、軒先に立てかけ、天日で干す。若者が、娘のいる家の軒先に立って、のぞき見したが

ることをいう。
⑬主人。
⑭竹や木の長い棒を水底へ突っぱって舟を進めれば。
⑮女房。
⑯船尾。
⑰食事の支度をしながら。
⑱約三九二七キロ。
⑲細い角材を縦横に、すき間をあけて組んだもの。遊女屋の表に設けて、中の遊女が通行人から見えるようにしていた。
⑳堤防の工事。隅田川の土手が、千住遊廓へ通うために踏み固められることをいう。
㉑現板橋区の地名。中山道板橋宿があった。
㉒現千葉県松戸市の地名。江戸川左岸にあった、水戸街道松戸宿の船着き場。
㉓中山道戸田宿（埼玉県戸田市）南方の、荒川に架かる橋。一八七四年五月に木橋が架設された。幅約四・二メートル、長さ約一三六メートル。低いので、高瀬船は帆柱を寝かせてくぐり抜けた。一九二九年に架け替え。
㉔㉕ともに、千住にあった遊女屋。
㉖鴨が、人の足音に驚いて飛び立つから。
㉗〔実数ではなく〕川の曲がりくねっている箇所が多い、の意。
㉘いいかげんな気持ちでは。
㉙約一一八キロ。現埼玉県川越市の新河岸川にあった仙波の船着き場から現東京都江東区深川にあった木場までの距離。
㉚千住大橋の南方、現荒川区南千住にあった地名。日光街道脇の町場として発展、江戸時代末には、飯盛り女を置く旅宿が一四軒あった。
㉛小塚原の略。
㉜遊女が、客がなくて暇なこと。

東京都のお座敷唄・盆踊り唄・流し唄・仕事唄・手踊り唄・遊芸唄。日光街道（奥州街道）の、江戸から最初の宿場町千住（足立《あだち》区千住）の芸者衆が唄っていたお座敷唄であるが、それは、その後廃ってしまった。しかし、周辺の人たちはお盆に唄い踊ったり、遊廓への往来に唄ったりし、また、川船の船頭（荒川・江戸川・中川の）や筏師《いかだし》（入間《いるま》川・荒川の）は艪《ろ》を押したり棹《さお》を操ったりしながら唄った。そして、万作師は掛け小屋で、瞽女《ごぜ》は瞽女宿で唄ってきた。

唄の履歴　この唄の源流は、江戸時代末期から明治時代初期に、江戸の花柳界を中心に大流行した「二上り甚句《じんく》」である。それが千住の宿場にも持ち込まれ、芸者衆によって、酒席で盛んに唄われた。そのため、地名をとって『千住節』と呼ばれた。

その『千住節』、千住の遊廓へ通う人たちは歩きながら「流し唄」として唄い、近郷の人たちは、酒席でのほかに「盆踊り唄」として唄い踊り、農作業の折りなどにも口ずさんだ。そして、その節まわしは唄う用途によって少しずつ異なっていった。

一方、千住宿の脇を流れる荒川（墨田川）を往来する川越船《かわごえぶね》（肥え船）の船頭は、艪を押しながら「舟唄」として唄った。（それは、のちに『川越舟唄』などになった。）そして、名栗村（現埼玉県飯能市内）の木材を筏に組んで江戸深川（江東区深川）の木場へ流してくる筏師たちも、棹を操りながら「筏節」として唄った。（それは、のちに『飯能筏唄』などになった。）

さて、『千住節』が大流行すると、唄を商売にする人たちも、唄わないとお客が承知をしなくなる。そこで、農民芸能の万作師は、秋祭りなどの掛け小屋で、『白桝粉屋《しらますこなや》』など段物の幕間《まくあい》に、娘たち四、五人の手踊りをつけて演じた。また、瞽女たちは、技巧的な「瞽女節」を作り出した。

したがって、唄う用途と演じる場所を考え、その区別をきちんとして唄わないと、単なる「二上り甚句」へ戻ってしまうおそれがある。

節まわしの型　今日広く唄われている「仕事唄」（舟唄）の節まわしは、葛飾《かつしか》区内の船頭のものである。「盆踊り唄」「流し唄」「万作踊り唄」「瞽女唄」の節まわしは、足立区内の体験者たちのものである。

佃島《つくだじま》　盆踊《ぼんおど》り唄《うた》

〽エェ①秋《あき》の七草《ななくさ》で　エェ申《もう》そうなれば
（〔踊り手〕アァ　コラショ）
《繰り返し》〔音頭取り〕
エェ秋《あき》の七草《ななくさ》で　エェ申《もう》そうなれば

はやし詞〔踊り手〕
ソラ　ヤートセェ　ヨーイヤナ　コラショ

☆〔以下、この方式で唄っていく〕
②人《ひと》も草木《くさき》も　盛《さか》りは花《はな》よ
心《こころ》しぼまず　勇《いさ》んで踊《おど》れ
③思《おも》い草《ぐさ》なら　④忍《しの》ぶで晴《は》らせ
招《まね》く薄《すすき》に　気《き》も⑤刈萱《かるかや》と
⑥明日《あす》の朝顔《あさがお》　宵《よい》から化粧《けしょう》
⑦蕾《つぼ》み⑧や紅筆《べにふで》　咲《さ》きゃ⑨紅猪口《べにちょこ》よ

恋《こい》に桔梗《ききょう》は　⑩色《いろ》よい仲《なか》ぞ
萩《はぎ》は寝《ね》乱《みだ》れ　錦《にしき》の床《とこ》よ
善《ぜん》に導《みちび》け　⑪観音草《かんのんぐさ》よ
若《わか》い⑫芙蓉《ふよう》も　⑬翁《おきな》の草《くさ》も
秋《あき》の⑭野分《のわ》けは　無情《むじょう》な風《かぜ》ぞ
散《ち》れば残《のこ》らず　みな土《つち》となる
悟《さと》り開《ひら》けば　草木《くさき》も⑮得度《とくど》
仏《ほとけ》頼《たよ》れよ　南無阿弥陀仏《なむあみだぶつ》

〽踊《おど》れ人々《ひとびと》　目出度《めでた》い盆《ぼん》じゃ
⑯五穀《ごこく》稔《みの》りて　大風《おおかぜ》もなし
神《かみ》の恵《めぐ》みぞ　仏《ほとけ》の恩《おん》ぞ
恩《おん》を思《おも》わば　信心《しんじん》しやれ
⑰信《しん》に徳《とく》あり　数《かぞ》えてみやれ
一《いち》に⑱一世《いっせ》の　災難《さいなん》のがれ
二《に》には日夜《にちや》に　気《き》も和《やわ》らぎて
三《さん》に⑲三毒《さんどく》　消滅《しょうめつ》するぞ
四《し》には自然《しぜん》と　家富《いえと》み栄《さか》え
五《ご》には⑳後生《ごしょう》の　疑《うたが》い晴《は》れて
六《ろく》は㉑六親《ろくしん》　皆睦《みなむつ》まじく
七《しち》は㉒七福《しちふく》　その身《み》に備《そな》え
八《はち》に㉓八大《はちだい》　地獄《じごく》へ落《お》ちず
九《く》には㉔九品《くほん》の　浄土《じょうど》へ生《う》まれ
十《じゅう》に㉕十方《じっぽう》　諸仏《しょぶつ》の助《たす》け
忘《わす》れまいぞや　朝夕《あさゆう》ともに
信《しん》の一字《いちじ》が　ただ肝要《かんよう》よ
㉖座臥《ざふ》せに唱《とな》えよ　南無阿弥陀仏《なむあみだぶつ》

〔五世柄井川柳作〕

注①一般には秋に咲く、代表的な七種の草花のことだが、ここでは、秋に咲く、沢山の草花の意。
②以下、各行を二回繰り返して唄う。
③物思いの種。また、尾花・撫子《なでしこ》・女郎花《おみなえし》・龍胆《りんどう》などの別称。
④シノブ科の多年草。岩や木に着生するシダ植物。耐え忍んで心を晴らせ、の意。「のぼうで囃せ」とも。
⑤稲科の多年草。山野に自生。高さ一《メートル》ほど。葉は細長い。秋に褐色の長い花穂をつける。「軽々と」とも。
⑥「朝の」は誤唱。
⑦蕾めば。
⑧女性が口紅をぬるのに用いる筆。
⑨赤い色の杯。
⑩桔梗の花は紫色。「紫のゆかり」の故事で、一つの縁から、情愛が他の関係者に及ぶこと。
⑪吉祥草。百合科の常緑多年草。山野の林に自生。根茎から細長い葉を多く立てる。秋、花茎に淡紫色の小花を穂状につける。「観音様」を掛ける。
⑫葵科の落葉低木。高さ一～三《メートル》ほど。夏から秋に直径一三センチほどの五弁花をつける。淡紅色や白色の一日花だが、園芸品種では八重咲きや、白色から紅色に変化するものも。
⑬翁草。菊の異名。
⑭秋から初冬に吹く強い風。
⑮仏門に入り、僧になること。
⑯人間にとって主要な五種の穀物。米・麦・粟《あわ》・黍《きび》（または稗《ひえ》）・豆のこと。
⑰信心すれば必ず福徳がある。
⑱一生。生まれてから死ぬまで。
⑲人の心を毒する三つの煩悩、貪《とん》（強い欲望）・瞋《じん》（怒りや怨み）・痴《ち》（理非のわからないこと）。
⑳死後に極楽へ生まれ変わることを疑わなくなり。
㉑自分に最も近い六種の親族。父母兄弟妻子、または父子兄弟夫婦。
㉒その人に備われば幸せとされる、律義・有福・威光・愛嬌・大量・人望・寿命のこと。
㉓八熱地獄。現世で罪を犯した者が死後に落ちて苦しめられる、八種類の地獄。ここに落ちた者は炎熱で責められるという。
㉔九品浄土。往生する者が、生前の行いによって分けられる、九つの浄土。極楽のこと。
㉕東西南北と、北東・南東・南西・北西と、上と下。あらゆる方角。
㉖座る時も寝る時も。いつも。

東京都の盆踊り唄。東京も隅田《すみだ》川河口の中州にある佃島（中央区佃）の人たちが、お盆に唄い踊ってきたものである。

佃島は、天正年間（一五七三～九二）に摂津の国西成郡佃村（現大阪市西淀川区佃町）の名主森孫右衛門以下三四人の漁師が移住して作った町である。徳川家康が江戸へ入城するに際して摂津多田の廟所《びょうしょ》や住吉神社へ参詣した折りに、家康を、佃村の漁師たちが漁船で渡したのが起縁であった。

唄の履歴　この唄の源流は、瀬戸内海の沿岸部や島を中心に広く点在する念仏踊りである。それは、室町時代から江戸時代初めにかけて大流行したようで、京都の東本願寺にも伝わり、「チレバ踊り」の名で唄い踊られていたらしい（ただし、現存しない）。その「チレバ踊り」が江戸の築地《つきじ》（東京都中央区）の東本願寺別院へ伝えられ、お盆になると、檀家の人たちが唄い踊っていた。

築地は、明暦の大火（一六五七年）を機会に埋め立てた所であるが、浜町（中央区日本橋浜町）にあった本願寺もこの大火で焼けてしまい、寺を築地へ移した。それは一六八〇年で、その時、京都から「チレバ踊り」を移したといわれている。

その築地本願寺の檀家には佃島の人たちもいたが、佃島は隅田川河口の中州にあり、水死人がよく流れ着く。そこで、その供養のために佃島で「チレバ踊り」を唄い踊るようになった。

「チレバ踊り」は、江戸時代末にはまだ築地や鉄砲洲でも踊られており、明治時代になっても佃島の人たちは築地本願寺へ踊りに行ったという話が残っている。しかし、明治政府の盆踊り弾圧の中で消えてしまい、水死人とのかかわりの深い佃島だけに残った。そして、お盆になると、隅田川の土手に線香を立て、太鼓を囲んでぐる輪になって、はやしながら唄っていた。ところが、一九六四年八月二七日に佃大橋が完成し、その後、盆踊りの太鼓と音頭取りは櫓《やぐら》の上に上がるようになった。

その『佃島盆踊り唄』、太平洋戦争後に井関辰之助という名音頭取りが現れ、一九六一年にコロムビアレコードに吹き込んだ。その後、音頭取りは藤間陽一郎から、さらに次の人へと移って今日に至っている。

なお、前掲二首目の歌詞「〽踊れ人々…」を作った五代目柄井川柳《からいせんりゅう》は、佃島の住人であった。

節まわしの型　今日広く唄われている節まわしは、井関辰之助のものである。

東京《とうきょう》サノサ

〽花《はな》づくし
山茶花《さざんか》桜《さくら》に　水仙花《すいせんか》
①寒《かん》に咲《さ》くのが　梅《うめ》の花《はな》
牡丹芍薬《ぼたんしゃくやく》ネー　百合《ゆり》の花《はな》
②万年青《おもと》のことなら　南天菊《なんてんきく》の花《はな》
（〔唄い手〕アァ　サノサー）

〽主《ぬし》さんと
会《あ》わで寝《ね》る夜《よ》の　淋《さび》しさに
せめて便《たよ》りの　一筆《ひとふで》も
思《おも》いせかれて　ままならぬ
なまじ照《て》らすな　窓《まど》の月《つき》　サノサ

〽十五夜《じゅうごや》の
月《つき》より清《きよ》い　主《ぬし》さんと
今別《いまわか》れては　真《しん》の闇《やみ》
③山家育《やまがそだ》ちの　ほととぎす
先《さき》じゃ知《し》らねど　鳴《な》き明《あ》かす　サノサ

〽三味線《しゃみせん》の
④糸《いと》につながる　この身《み》じゃとても
なんでひきましょ⑤　ひかれよか
たとえ意地《いじ》でも　こればかり
ひいちゃいられぬ　恋《こい》の道《みち》　サノサ

〽手《て》を取《と》りて
二人《ふたり》で拝《おが》む　十五夜《じゅうごや》の
月《つき》は昔《むかし》に　変《か》わらねど
変《か》わりしこの身《み》の　行《ゆ》く末《すえ》を
泣《な》いてくれるは　虫《むし》ばかり　サノサ

〽道《みち》ならぬ
恋《こい》と知《し》りつつ　陸奥《みちのく》の
⑥忍《しの》ぶ捩《も》じ摺《ず》り　誰《たれ》ゆえに
乱《みだ》れに染《そ》めし　⑦おだまきの
糸《いと》のもつれを　繰《く》り返《かえ》す　サノサ

〽逢《あ》いたさを
じっとこらえて　いる身《み》の辛《つら》さ
忘《わす》れようと　飲《の》む酒《さけ》は
⑧五臓六腑《ごぞうろっぷ》に　しみわたる
飲《の》めばなお増《ま》す　我《わ》が想《おも》い　サノサ

〽月《つき》づくし
⑨三笠《みかさ》の山《やま》では　春《はる》の月《つき》
⑩四条河原《しじょうがわら》は　夏《なつ》の月《つき》
⑪三保《みほ》の松原《まつばら》　秋《あき》の月《つき》
⑫田《た》ごとの⑬更科《さらしな》　冬《ふゆ》の月《つき》　サノサ

〽主《ぬし》さんに
とても添《そ》われぬ　縁《えん》ならば
思《おも》い切《き》りましょ　忘《わす》れましょ
とは言《い》うものの　心《こころ》では
添《そ》いとげたいのが　身《み》⑭の願《ねが》い　サノサ

注①暦の上で、最も寒いとされる時期。立春の前三〇日間。
②ユリ科の常緑多年草。夏、細長くて厚い葉の間に花茎を立て、緑黄色の穂状の花をつける。実は赤または黄色で、丸い。庭や鉢に植えて観賞する。また、「おもと」は、古語で「あなた」の意。以下、「あなたのことなら、なんでも聞く」を掛ける。
③山の中の家。
④芸者の身。
⑤「三味線をひく」と「退く」を掛ける。
⑥シノブの葉や茎で染め、捩じれ乱れた模様を摺り出した布。現福島県信夫《しのぶ》郡地方で生産された。シノブはシノブ科の多年草。シダ植物で、岩や木に着生する。百人一首に「陸奥の忍ぶ捩ぢ摺り誰ゆゑに　乱れそめにし我れならなくに」。
⑦紡いだ麻糸を巻いて、中空の玉にしたもの。
⑧内臓。腹の中。
⑨奈良市市街地の東方、春日大社の東にある山（二八三メートル）。古くから歌に詠まれているが、安倍仲麻呂の「天の原ふりさけ見れば春日なる　三笠の山に出でし月かも」で有名。
⑩京都市の四条大橋付近の、鴨川の河原。江戸時代は芝居小屋が軒を連ね、にぎわった所。
⑪静岡市南東端にある、駿河湾岸の突堤状の砂浜。白砂青松の景勝地で、北東に富士山を望む。天女の羽衣伝説がある。
⑫山の斜面に作られた、小さな、狭い田一枚一枚に映る月のこと。
⑬長野県の中央部、現千曲《ちくま》市一円の地域。姨捨《おばすて》山の「田ごとの月」は有名だが、この地方の冬の月もすばらしい、の意。
⑭私の。

東京都のお座敷唄。江戸時代には城下町であった東京の花柳界（葭町・吉原・新橋・品川・赤坂・新宿など）の宴席で芸者衆が、また、寄席《よせ》の音曲吹き寄せなどで芸人たちが唄ってきたものである。

唄の履歴　この唄の源流は、清楽《しんがく》（中国清代の音楽）の「九連環《きゅうれんかん》」である。それは、中国の清代に福建省を中心に流行し、中国船の船乗りの間で恋の唄として唄われていたが、中国人の金琴江によって長崎へ伝えられたという。

その伴奏楽器は蛇皮線・胡弓・太鼓・鉄鼓《てっこ》（トライアングル）などであったが、のちには月琴《げっきん》が用いられた。歌詞は、滝沢馬琴「著作堂一夕話《いっせきわ》」によれば、

〽看看吓《カンカンカ》　送奴個《ソンヌコ》九連環《キウレンクワン》　九吓《キウカ》　九連環双《キウレンクワンツアン》
手拿来《シュナアライ》解《カイ》不開《ブカイ》　奴把《ヌハ》刀児《タウル》割々《コユッコユッ》不断了《ブタンリョウ》
呀々有々《ヤアヤアユウユウ》

である。意味は「見てよ。あなたにもらった九連環（九つの環でできている、知恵の輪）を両手で抱えて持ってきた。しかし、環が解こうにも解けない、切ろうにも切れない。どうしましょう。」というたものである。

それは、寛文・延宝年間（一六六一～八一）には、すでに長崎を中心に流行し始め、文化・文政年間（一八〇四～三〇）になると、京都・大坂・堺・江戸にも広まって大流行した。初めは唐音のままで唄われていたが、しだいに文句がくずれ、

〽かんかんのう　きゅうれんす　きゅうわ
きゅうれんす　さんしょならえ　さあいほう
にいかんさん　いっぴんたいたい　や
ああんろ　めんこがこかくて　しいかんさん
もえもんとはいい　ぴいはうはう

といった、意味不明の「かんかんのう節」になり、これに合わせて踊る、唐人踊り風の「看々踊り」を伴って大流行した。

そのうちに日本語の歌詞も生まれたが、その最初が「梅が枝の手水鉢《ちょうずばち》　たたいてお金が出るならば　もしもお金が出たならば　その時ゃ身請けをそれ頼む」で、戯作者の仮名垣魯文《かながきろぶん》が、義太夫「ひらがな盛衰記」中の逸話を元にして作ったものといわれる。これは、俗曲「梅が枝節」として、寄席芸人や門付け芸人によっても唄われて流行した。

さて、明治二〇年代（一八八七～）になると、日本語の歌詞に「九連環」中の「不開《ブカイ》」（解けない、の意）をはやし詞としてつけた「ホーカイ節」（「法界節」の字をあてる）を唄い歩く人たちが現れた。彼らは「法界屋」と呼ばれ、男女二人が一組になり、月琴をひきながら、遊廓周辺を流してまわった。男は編み笠をかぶり、絣《かすり》の着物に袴《はかま》をはき、下駄ばき姿の書生風で、女は編み笠で襷《たすき》掛け、白脚絆《きゃはん》に草履《ぞうり》ばきであった。

ところが、一八九四年に日清戦争が始まると、「明清楽《みんしんがく》」も月琴も敵性音楽・敵性楽器として追放され、明清楽は廃ってしまった。しかし、「法界節」のほうは、戦争後、詞型や節など装いを変えて、月琴の伴奏で再び盛んに唄われるようになっ

た。歌詞は、たとえば、

〽一日も　早く年明《ねん》け　主のそば
縞《しま》の着物に　繻子《しゅす》の帯　ホーカイ
似合いますかえ　こちの人
素人じみたで　ないかいな
ササ　ホーカイ

といったもので、この五七五・七五・七五・七五という詞型と節は、のちの「サノサ節」と同じである。

その後、この唄は伴奏楽器が三味線へと替わり、唄のしまいの「ササ　ホーカイ」も一八九九年頃から「サノサ」と替わって、曲名も「サノサ節」と呼ばれるようになった。そして、「サノサ節」は、「どどいつ」とともに、花柳界のお座敷唄として流行した。しかし、「九連環」→「法界節」→「サノサ節」と変わる直接の原因については不明である。

節まわしの型　今日広く唄われている節まわしは、寄席芸人たちのものである。

八丈《はちじょう》ショメ節《ぶし》

〽イヤァー沖《おき》で見《み》た時《とき》や　鬼島《おにしま》と見《み》たが
①来《き》てみりや②八丈《はちじょ》は　情《なさ》け島《じま》
（ショメー　ショメエィ）

〽わしの心《こころ》と　③底土《そこど》の浜《はま》は
小石《こいし》（恋し）小石《こいし》と　松《まつ》（待つ）ばかり

〽④木履《ぼくり》⑤ひんなぶして　袖《そで》⑥ひっちかめェて
⑦おめえはわ⑧せどか　この雨《あめ》に

〽⑨大和男《やまとおのこ》の　度胸《どきょう》があらば
越《こ》えて⑩おじゃれよ　⑪黒瀬川《くろせがわ》

〽月《つき》と同時《どうじ》の　約束《やくそく》だろが
月《つき》はは や出《で》て　松《まつ》の陰《かげ》

〽ついておじゃれよ　八丈島《はちじょうじま》へ
荒《あら》い風《かぜ》にも　当《あ》てやせぬ

〽黒《くろ》い髪《かみ》の毛《け》　長《なが》さは背丈《せたけ》
可愛《かわ》い⑫女童《めならべ》　島育《しまそだ》ち

〽沖《おき》の⑬青ヶ島《あおがしま》は　⑭殿御《とのご》の島《しま》よ
⑮南《みなみ》　そよそよ　⑯女護ヶ島《にょごがしま》

〽⑰南風《みなみかぜ》だよ　皆出《みなで》ておじゃれ
⑱迎《むか》え草履《ぞうり》の　紅鼻緒《べにはなお》

〽⑲三根《みつね》⑳倉《くら》の坂《さか》　坂真《さかま》ん中《なか》で
出船眺《でふねなが》めて　袖絞《そでしぼ》る

〔以上二二首、野口雨情作〕

〽麦《むぎ》は穂《ほ》が出《で》る　桑《くわ》の木《き》は芽《め》だつ
松《まつ》は㉑五葉《ごよう》に　出《で》るわいな

〽八丈《はちじょう》㉒神湊《かみなと》に　㉓二瀬《ふたせ》がござる
思《おも》い切《き》る瀬《せ》と　切《き》らぬ瀬《せ》と

〽花《はな》が燃《も》えたつ　椿《つばき》の下《した》で
八丈娘《はちじょうむすめ》は　髪《かみ》けずる

〽㉔下田宵立《しもだよいた》つ　夜中《よなか》は㉕三宅《みやけ》
明《あ》けりゃ八丈《はちじょう》の　㉖神湊《かみみなと》

〽波《なみ》を枕《まくら》に　一夜《いちや》が明《あ》けりゃ
椿花咲《つばきはなさ》く　八丈島《はちじょうじま》

〽八丈《はちじょう》㉗八重根《やえね》の　ばらばら松《まつ》は
㉘落《お》ちて枯《か》れても　二人連《ふたりづ》れ

〽わたしゃ八丈《はちじょう》の　㉙萱葺《かやぶ》き㉚屋根《やね》よ
瓦《かわら》（変わら）ないのが　わしの棟《むね》（胸）

〽㉛五尺丈《ごしゃくたけ》なす　みどりの髪《かみ》に
椿花散《つばきはなち》る　八丈島《はちじょうじま》

〽見《み》やれ水瓶《みずがめ》㉜　黄八丈《きはちじょう》㉝の羽織《はおり》
　わたしゃ頭《あたま》も　濡《ぬ》らしゃせぬ

注①「陸《おか》へ上がれば」とも。
②➡解説。島の大きさは伊豆七島中第二。周囲約五九キロ。江戸時代には流刑地とされた。
③八丈島中央部の、東海岸の砂浜。底土港のすぐ北にある。
④下駄。
⑤「つんなぶして」とも。隠して。「ひん・つん」は強意の接頭語。
⑥ひっつかまえて。
⑦あなたは。
⑧お行きなさるのか。
⑨日本男子。
⑩おいでなさいよ。
⑪御蔵島と八丈島の間の海のこと。黒潮の流れる川、という意識。
⑫若い、未婚の女性。
⑬八丈島の南方約六〇キロにある、円錐形の島。周囲約九キロ。伊豆七島の一。
⑭八丈島の伝説。秦の始皇帝から不老不死の霊薬を探せと命じられた徐福は東海の島々を探しまわったが見つからず、紀州（和歌山県）で没した。その後、従者の男女各五百人は二隻の船に分乗して出発し、男たちの船は青ヶ島に漂着した。以来、この島は男ヶ島《おがしま》と呼ばれた。
⑮南風。
⑯女性だけが住んでいる島。徐福の女の従者たちの船は八丈島に漂着し、以来、この島は女護ヶ島と呼ばれた。
⑰海神は、青ヶ島の男たちと八丈島の女たちが一緒に住むことを許さず、南風の吹く頃、年に一度だけ会うことを許した。
⑱青ヶ島の男たちの船が港に入ると、八丈島の女たちは船着き場に草履を並べておく。それを履いた男とその持ち主とが契りを結ぶ。
⑲八丈島中央部の、東海岸の地名。「八丈」とも。
⑳三根にある坂。東方に神湊港が見える。
㉑五葉松のこと。針形の葉が五本ずつ小枝に束生し、夫婦と三人の子にたとえて一家繁栄の象徴とされる。
㉒三根にある港。「かみみなと」とも。
㉓「瀬」は、潮の流れの速い所。
㉔現静岡県下田市。伊豆半島南東端の港町。
㉕三宅島。八丈島の北方約百キロにある島。周囲約三五キロ。伊豆七島の一。
㉖「灘を乗る」とも。
㉗八丈島中央部の、西海岸の地名。八重根港がある。
㉘「誰が伐るやら　薄くなる」とも。
㉙薄《すすき》・刈安などの、丈の高い草で葺いた屋根。
㉚「育ち」とも。
㉛約一五二センチ。
㉜女性が、飲み水を汲み、頭にのせて運ぶ。高価な着物はもちろん、頭さえも濡らさないほど運び方がうまい、の意。
㉝八丈島名産の絹織物。八丈刈安を用いて染めた黄色の糸に黒や茶色の糸を加えて、縦縞や格子縞を織り出すもの。

東京都の酒盛り唄。東京とはいっても、都心から二九〇キロほど南方の太平洋上に浮かぶ、伊豆《いず》七島《しちとう》最南端の八丈島（八丈町）の人たちが、酒席で唄ってきたものである。

唄の履歴　この唄の源流は不明であるが、曲形は「甚句《じんく》」で、本州から伝えられたものであることだけは確かである。はやし詞《ことば》「ショメー　ショメ」の意味は、種々いわれているが不明である。あるいは、静岡県の伊豆半島（賀茂郡南伊豆町中木）で唄われている『中木節』（四八〇ページ）のはやし詞「アーショメー　ショメショメ」を流用したのかもしれない。

その『八丈ショメ節』、太平洋戦争前に八丈島の稲田カエらによってラジオなどで紹介されたが、有名になったのは戦後で、伊豆大島の大島里喜《りき》が唄うようになってからである。

節まわしの型　今日広く唄われている節まわしは、八丈島の人たちの唄を大島里喜が覚え、それをさらに東京都心の民謡界の人たちが仕立て直したものである。

八丈太鼓節《はちじょうたいこぶし》

本　唄〔上拍子役〕

〽ソリャ　キタマタ　キタマタ　エエィ
　（〔下拍子役〕ソリャ　キタマタ　キタ
　　マタ　エエイ）
ソリャ　キタマタ　キタマタ　エエィ
太鼓叩《たいこたた》①いて　人様寄《ひとさまよ》せてナーィ
　（〔下拍子役〕ソリャ　キタマタ　キタ
　　マタ　エエイ）
わしも会《あ》いたい　人《ひと》②があるヨーィ
ソリャ　キタマタ　キタマタ　エエィ
　（〔下拍子役〕ソリャ　キタマタ　キタ
　　マタ　エエイ）

長ばやし〔下拍子役〕
ソリャ今《いま》こそ　太鼓《たいこ》の音《おと》だよ
③その手《て》をかわさず　討《う》ちやれ斬《き》りやれ
キタマタ　マタマタ　マタマタ　エェイ

本　唄

〽④三根《みつね》⑤倉《くら》の坂《さか》　坂真《さかま》ん中《なか》で
出船《でふね》眺《なが》めて　袖絞《そでしぼ》る　〔野口雨情作〕
〽ついておじゃれよ　⑥八丈《はちじょう》ヶ島《がしま》へ
荒《あら》い風《かぜ》にも　当《あ》てはせぬ

注①元唄は「太鼓叩いて　軍勢寄せて　戦略授ける　大櫓《おおやぐら》」「ソレからめ手　手薄だ　大手を固めて　討ち取れ斬り取れ　その手をかわさず　討ちやれ　斬りやれ　ソレ今こそ　太鼓の音だよ」だった、という伝説が残っている。
②「方が」「様が」とも。
③⬇注①。
④八丈島中央部の、東海岸の地名。「八丈」とも。
⑤三根にある坂。東方に神湊港が見える。
⑥八丈島。⬇解説。

東京都の恋唄。東京とはいっても、都心から二九〇キロほど南方の太平洋上に浮かぶ、伊豆七島《いずしちとう》最南端の八丈島（八丈町）の人たちが、異性を呼び出すために、また、互いに心を通わせるために、海岸などで太鼓の曲打ちをしながら唄ってきたものである。

用いる太鼓は胴の直径が二尺（約六一センチ）で、これを横にして、立ったまままたたける高さの所に置き、双方からたたく。一方を上拍子《うわびょうし》、他方を下《した》拍子《びょうし》と呼び、上拍子が主導型でたたき、下拍子が受け身となって、相手のリズムの間をぬって音を拾っていく感じでたたく。そして、「本唄」は上拍子が唄い、「長ばやし」は下拍子が掛ける。

別名　八丈太鼓ばやし（⬇後記）。

唄の履歴　この唄の源流は不明である。一説には流刑者《るけいしゃ》が故郷恋しと、たたいたという。しかし、八丈島の人たちとこの太鼓とのかかわり方を見ると、夜、異性を誘い出すための招き太鼓であり、想う相手と二人で、一つの太鼓を双方からたたき合うようなものであったらしい。

なお、曲名は、地元では『八丈太鼓節』と呼んでいるが、本州側では「八丈太鼓ばやし」と呼んでいる。本書では、地元の曲名を用いることにする。

節まわしの型　今日広く唄われている節まわしは、八丈島の人たちの唄を伊豆大島の大島里喜《りき》が覚え、ラジオで紹介したものである。

深《ふか》川《がわ》節《ぶし》

〽①猪牙《ちょき》でサッサーェ行《ゆ》くのは　②深川通《ふかがわがよ》い
（サーテー）
あがる桟橋《さんばし》をアレワイサノサ　いそいそと
客《きゃく》の③務《つと》めは　上《うわ》の空《そら》
飛《と》んで行《ゆ》きたいアレワイサノサ　主《ぬし》のそば
〽④駕籠《かご》で行《ゆ》くのは　⑤吉原通《よしわらがよ》い
⑥おりる⑦衣紋坂《えもんざか》　いそいそと
⑧大門内《おおもんうち》を　眺《なが》むれば
深《ふか》い⑨馴染《なじ》みが　⑩差《さ》し向《む》かい
〽駕籠《かご》で行《ゆ》くのは　吉原通《よしわらがよ》い
⑪あがる⑫梯子《はしご》は　いそいそと
大門内《おおもんうち》を　眺《なが》むれば
⑬差《さ》しつ押《お》さえつ　お楽《たの》しみ
〽坊《ぼう》さん二人《ふたり》で　⑭葭町通《よしちょうがよ》い
あがるお茶屋《ちゃや》の　いそいそと
隣《となり》座敷《ざしき》を　眺《なが》むれば
好《す》いた同士《どうし》が　⑮狐拳《きつねけん》

注①猪牙船。一人か二人で漕ぐ、屋根なしの和船。江戸時代に、遊廓通いなど、市中の水路を行くのに利用された。
②現東京都江東区深川辺りにあった遊廓。
③「心は」とも。
④竹や木で作った、箱状の乗り物。人を乗せ、上部の棒を前後から担いで運ぶ。吉原通いは、担ぎ手が前二人、後二人の四つ手駕籠が多かった。
⑤新吉原。現台東区千束にあった遊廓。
⑥土手から坂を下っていく意。「あがる」は誤唱。
⑦山谷堀川の日本堤（現台東区日本堤一丁目と東浅草二丁目の境）から新吉原の大門へ向かって下る坂。吉原への客が、ここで衣服（衣紋）を正したことからの名称。

⑧新吉原の入り口にあった門の中を。門は正午から午後四時まで（昼見世）と、午後六時から一〇時まで（夜見世）開き、あとは閉じられた。「大門口を」は誤唱。
⑨何度も通って、親しい間柄になっている遊女が、知らない客と。
⑩「お楽しみ」とも。
⑪「のぼる」は誤唱。
⑫廓の二階へ上がる階段のこと。「段梯子」は、下世話な言い方で、下品。
⑬杯を差したり、相手の差してくれるのを押し返して勧めたりして。
⑭現中央区日本橋人形町にあった遊廓。
⑮ジャンケンの一。狐・庄屋・鉄砲を両手を用いて表し、狐は庄屋に、庄屋は鉄砲に、鉄砲は狐に勝つとするもの。

東京都のお座敷唄。東京都の南東部、深川（江東区）の花柳界を中心に、のちには東京中の花街で、芸者衆が唄ってきたものである。

深川は、慶長年間（一五九六〜一六一五）に小名木《おなぎ》川を開削し、両岸を埋め立てたことに始まる。深川八郎右衛門らによって開発が続けられたが、明暦の大火（一六五七年）後に木場が移設され、また、富岡八幡宮周辺に遊廓ができてにぎわった。その深川は江戸城の辰巳（南東）の方角にあるため、深川芸者は辰巳芸者と呼ばれて、新吉原の「派手」に対して「粋」で売り、木場の材木商たちにひいきにされた。

唄の履歴　この唄が作られたのは、江戸時代後期、文政年間（一八一八〜三〇）頃であろうといわれるが、詳しいことは不明である。詞型は五七五・七五・七五という変わったものであるが、節の感じや「アレワイサノサー」が入るところなどを見ると、「木遣《きや》り唄」を元にして作ったものと思われる。本来の歌詞は、前掲一・二首目の二つしかない。これは深川通いの粋人がまとめたものであろう。

その『深川節』のレコード化は、浅草の吉原〆《しめ》治《じ》が一九一七年に鷲印レコードに吹き込んだのが最初である。その後、藤本二三吉《ふみきち》（三四二ページ）がコロムビアレコードに吹き込み、それが日本中へ広まった。

節まわしの型　今日広く唄われている節まわしは、藤本二三吉のものである。

武蔵野《むさしの》麦打《むぎう》ち唄《うた》

〽①大山先《おおやまさき》から　雲《くも》が出《で》た
（コラァ　コラト）
あの雲《くも》が　かかれば雨《あめ》か　嵐《あらし》か
（アァ　ノゲッポイ　ノゲッポイ）

〽②大岳山《おおだけやま》の　黒雲《くろくも》が
あの雲《くも》が　かかれば雨《あめ》か　③嵐《あらし》か

〽④牡丹餅《ぼたもち》はやる　世《よ》の中《なか》で
おらがでは　⑤碾《ひ》き割《わ》りばなの　焼《や》き餅《もち》

〽⑥十七八《じゅうしちはち》の　麦打《むぎう》ちは
⑦くるり棒《ぼう》が　折《お》れるか⑧ノゲが　落《お》ちるか

〽⑨お江戸《えど》に名所《めいしょ》　三《み》つござる
⑩愛宕山《あたごやま》　⑪上野《うえの》に⑫芝《しば》の　⑬御霊屋《みたまや》

〽河原《かわら》の石《いし》は　いくつある
千五百《せんごひゃく》　また千五百《せんごひゃく》　九《ここの》つ

〽十七《じゅうしち》連《つ》れて　瓜山《うりやま》へ
瓜《うり》の葉《は》を　寝茣蓙《ねござ》に瓜《うり》を　枕《まくら》に

〽十七《じゅうしち》連《つ》れて　寺参《てらまい》り
お手《て》にゃ数珠《じゅず》　袂《たもと》にゃ⑭恋《こい》の　痴話文《ちわぶみ》

〽十七《じゅうしち》連《つ》れて　⑮富士参《ふじまい》り
天気《てんき》よく　お富士《ふじ》の山《やま》も　のどかに

〽⑯お天道様《てんとさま》の　申《もう》し子《ご》か
⑰六月《ろくがつ》の　日照《ひで》りに笠《かさ》も　かぶらず

〽あの山陰《やまかげ》で　鳴《な》く鳥《とり》は
声《こえ》もよし　音《ね》もよし⑱山《やま》の　⑲響《ひび》きで

〽唄《うた》ならおいで　いくつでも
天《てん》じゃ星《ほし》　河原《かわら》じゃ石《いし》の　数《かず》ほど

〽六月《ろくがつ》くれば　恨《うら》めしや
日《ひ》は暮《く》れる　仕事《しごと》は富士《ふじ》の　山《やま》ほど

〽⑳品川《しながわ》よいと　誰《た》が褒《ほ》めた
前《まえ》は海《うみ》　後《うし》ろは㉑七《なな》ツ　㉒八《や》ツ山《やま》

〽お寺《てら》の前《まえ》の　㉓石榴花《ざくろばな》
咲《さ》き乱《みだ》れ　御門《ごもん》の内《うち》が　輝《かがや》く

〽㉔青梅《おうめ》の宿《しゅく》は　長《なが》い宿《しゅく》
長《なが》いとて　物干《ものほ》し竿《ざお》にゃ　なるまい

〽御門《ごもん》の外《そと》で　鶯《うぐいす》が
なんと鳴《な》く　長者《ちょうじゃ》になれと　囀《さえず》る

〽十七八《じゅうしちはち》は　眠《ねむ》いもの
井戸端《いどばた》で　㉕米《こめ》かし桶《おけ》を　枕《まくら》に

〽お江戸《えど》はわずか　㉖四里四方《よりしほう》
㉗君様《きみさま》の　おいでは㉘御本《ごほん》　丸《まる》の内《うち》

〽お江戸《えど》に三日《みっか》　いてみたい
㉙上様《うえさま》の　御用《ごよう》の水《みず》を　汲《く》みたい

〽みな若《わか》い衆《しゅ》は　江戸江戸《えどえど》と
江戸《えど》だとて　枯《か》れ木《き》に花《はな》は　咲《さ》くまい

〽枯《か》れ木《き》に花《はな》が　咲《さ》くならば
わしも江戸《えど》　姉《あね》もまた江戸《えど》　みな江戸《えど》

〽㉚目黒《めぐろ》に建《た》てた　㉛比翼塚《ひよくづか》
恋《こい》の道《みち》　残《のこ》すは㉜白井《しらい》　権八《ごんぱち》

〽見上《みあ》げてみれば　㉝御殿山《ごてんやま》
見下《みお》ろせば　八《や》ツ山下《やました》の　㉞水茶屋《みずぢゃや》

〽品川裏《しながわうら》の　㉟六地蔵《ろくじぞう》
三丁目《さんちょうめ》の　女郎《じょろう》見《み》てよだれ　たらしゃる

〽㊱品川沖《しながわおき》で　㊲投網《とあみ》打《う》つ
網《あみ》の目《め》に　かかるは鰯《いわし》　㊳鮗《このしろ》

〽親《おや》ない子《こ》には　㊴目《め》を掛《か》けな
親《おや》たちが　草葉《くさば》の陰《かげ》で　喜《よろこ》ぶ

〽お江戸《えど》ではやる　㊵加賀《かが》の笠《かさ》
㊶吉原《よしわら》で　はやるは㊷蛇《じゃ》の目《め》　㊸唐傘《からかさ》

〽目出度《めでた》いこれの　麦打《むぎう》ちは
㊹天気《てんき》よく　風《かぜ》出《で》てノゲを　㊺折《お》りたい

字あまり

〽お前《まえ》さんとならば　どこまでも
親《おや》を棄《す》て　この世《よ》が闇《やみ》に　なるとも

〽お前《まえ》さんの着《き》ている　仕事着《しごとぎ》は
㊻色《いろ》もよぎ　㊼八王子縞《はちおうじじま》で　㊽着手《きて》よい

〽お前《まえ》さんのことが　想《おも》われる
夜《よる》は夢《ゆめ》　昼間《ひるま》は㊾門《かど》に　面影《おもかげ》

〽お前《まえ》さんはいくつ　なんの年《とし》
十六《じゅうろく》で　㊿ささぎの年《とし》で　(51)生《な》り頃《ごろ》

〽(52)棒《ぼう》打《う》ちの(53)茶菓子《ちゃがし》にゃ　何《なに》がよい
芋《いも》でよし　(54)餡《あん》ころ餅《もち》なら　なおよい

注①神奈川県の中央部にそびえる山（一二四六メートル）。別名、雨降山《あふりやま》・阿夫利山。山頂に阿夫利神社奥ノ院がある。この山に雲がかかると、約一時間後には東京西部に夕立ちが来る。
②東京都の西部にそびえる山（一二六七メートル）。
③「あられか」とも。
④私の家では。
⑤小麦を石臼で粗碾《あらび》きし、それに水を加え、こねて押しつぶし、鉄鍋で焼いたもの。「ばな」は、「…したて」の意。
⑥十七、八歳の娘。年頃の娘のこと。

⑦⑧➡解説。
⑨現東京都東部。江戸幕府の所在地。
⑩港区愛宕一丁目にある山（二六メートル）。山頂に愛宕神社が鎮座。
⑪台東区の地名。東叡山《とうえいざん》寛永寺（徳川家廟所《びょうしょ》）・東照宮などがある。
⑫港区の東部、新橋付近から高輪《たかなわ》付近に至る地域名。
⑬先祖の霊をまつっておく建物。港区芝公園内にある浄土宗三縁山増上寺のこと。徳川家の菩提寺《ぼだいじ》。
⑭恋文。
⑮富士山信仰の講に入り、富士山頂に登って祈願すること。
⑯太陽にお祈りして授かった子。
⑰太陰暦。太陽暦の七月下旬以降にあたる。「百日の」とも。
⑱「岩の響きで」とも。
⑲「ほととぎす」とも。
⑳品川区の地名。品川宿は東海道の、江戸日本橋から一番目の宿場。江戸四宿の一。
㉑次の「八ツ山」を導くために加えた語。
㉒港区高輪にある高台。かつては東京湾を見下ろせる景勝地であった。
㉓「八重椿」とも。
㉔現青梅市。江戸時代の宿場町。南は多摩川、北は山の狭い所を青梅街道（甲州裏街道）が東西に通じている。
㉕米をとぐ時に用いる、木の桶。
㉖約一五・七キロ。
㉗徳川将軍。
㉘城の中心部。城の一番重要な部分。城主の本拠。
㉙徳川将軍。
㉚目黒区の地名。
㉛相愛の男女を一緒に葬った墓。
㉜歌舞伎・浄瑠璃などの作中人物。モデルは江戸時代初期の鳥取藩士平井権八。同僚を斬って江戸へ出たが、金に困って辻斬りなどをし、鈴ヶ森で処刑された。愛人、新吉原の遊女小紫は後を追って自刃。その比翼塚は、下目黒の目黒不動（滝泉寺）仁王門前にある。
㉝「八ツ山」の南、現北品川四～六丁目にある高台。地名は、参勤交代の諸大名を送迎するための御殿があったことによる。桜の名所であった。
㉞江戸時代、道端や寺社の境内などにあって、お茶を飲ませ、通行人を休ませた店。
㉟品川区南品川三丁目の海照山品川寺《ほんせんじ》にある地蔵尊。深川の地蔵坊正元が江戸六街道口に建てた江戸六地蔵の第一番。
㊱品川宿の東方に広がる、現東京湾。

㊲水面に投げ広げて、魚を捕る網。円錐形で、上端に手綱を、下端におもりをつけたもの。

㊳ニシン目の海魚。全長二五センチほど。背部は青で、黒点がある。腹部は銀白色。

㊴かわいがり、面倒を見なさい。

㊵加賀笠。加賀の国（現石川県南部）で生産された菅笠。中央が高い、白い笠で、糸ぬいが細かくしてある。町家の女房や比丘尼《びくに》が用いた。貞享・元禄年間（一六八四～一七〇四）頃流行。

㊶吉原遊廓。現台東区千束にあった。

㊷中央の丸と周辺の輪を赤・黒または紺色に塗って、蛇の目の形を表した図柄の傘。

㊸〔中国風のかさの意〕細く割った竹を骨とし、油紙をはった傘。

㊹「日和よく」とも。

㊺「立てたい」とも。

㊻もえぎ色。やや黄色みを帯びた緑色。

㊼八王子産の縞織物。現東京都八王子市で生産された織物で、縞を縦または横に織り出したもの。

㊽着ている人。

㊾家の門口。

㊿十六歳で。「ささぎ」は「ささげ」ともいい、豆科の一年草。「十六ささぎ」という品種があり、長さ三〇センチほどのさやに十六粒の豆が入っている。
(51)年頃。「生る」は、実るの意。
(52)麦打ち。
(53)午前一〇時と午後三時の休憩時間に、お茶を飲みながら食べる菓子。
(54)砂糖を加えて煮た小豆《あずき》をつぶし、丸めた餅をそれでくるんだもの。

東京都の仕事唄。東京都の西部（池袋と品川を結ぶ山手線以西）から埼玉県北足立《あだち》郡にかけての農民たちが、麦打ちをしながら唄ってきたものである。

麦打ちは「棒打ち」ともいい、唐竿《からざお》を用いて麦の脱穀をする作業のことである。（「ぼううち」は、棒で打つ意とも、「穂打ち」の訛《なま》りかともいう。）晴れた日に、庭先に広げた蓆《むしろ》の上に、刈った麦の穂首だけを厚さ三〇センチほどに敷きつめる。それを、向き合って並んだ一〇人から一五人ほどの男女が唐竿でたたいて、麦の粒を穂から放し、ノゲ（「ノギ」とも。麦の粒についているトゲ）を取る。

唐竿は中国伝来の農具で、くるり棒とも呼ばれる。二メートルほどの竹竿の先に五〇センチほどの打ち棒を一本か三本（筏《いかだ》状に並べて）つけたもので、竹竿を振って打ち棒を回転させ、麦の穂を打つ。その拍子に合わせて唄うのが「麦打ち唄」（別名「棒打ち唄」）である。

唄の履歴　この唄の源流は、現茨城県・千葉県・東京都・神奈川県に広く分布する祝い唄『芋の種』である。それは、三三七ページに述べたような経過をたどって、「七五五七四」という、珍しい詞型になった唄である。その祝い唄の『芋の種』が「餅搗《もちつ》き唄」に利用され、また、「麦打ち唄」に転用された。

『武蔵野麦打ち唄』に三味線の伴奏をつける工夫

は、すでに太平洋戦争前、民謡研究家町田佳聲《かしょう》によって行われ、以後、多くの人たちが試みてきた。しかし、三味線の伴奏に乗りにくく、これといったものはまだ生まれていない。その原因は、この特殊な詞型にあるのかもしれない。したがって、麦打ちの拍子を刻む、打楽器中心の伴奏を考えるべきであろう。

節まわしの型　今日広く唄われている節まわしは、現練馬区・杉並区と、世田谷《せたがや》区北部に住んでいた農民たちのものである。

武蔵《むさし》野《の》餅《もち》搗《つ》き唄《うた》

〽目出度《めでた》ナァーエ　目出度目出度《めでためでた》の　若松様《わかまつさま》よ
（ハァ　ヤレヤレット）
枝《えだ》もナァーエ　枝《えだ》も栄《さか》えて　ヤレサ葉《は》も繁《しげ》る
《繰り返し》〔搗き手〕
またもナァーエ　またも返《かえ》すが
（〔音頭取り〕ハァ　ヤレヤレット）
ヤレサ葉《は》も繁《しげ》る

〽目出度目出度《めでためでた》の　重《かさ》なる時《とき》は
頼《たの》みますぞえ　餅搗《もちつ》き音頭《おんど》

〽ここのおかみさん　いつ来《き》てみても
①銭《ぜに》の襷《たすき》で　金計《かねはか》る

〽②門《かど》に立《た》つのは　③雌松《めまつ》に④雄松《おまつ》
仲《なか》を取《と》り持《も》つ　⑤注連飾《しめかざ》り

〽可愛《かわ》いお前《まえ》に　差《さ》された酒《さけ》は
こぼすまいぞえ　露《つゆ》ほども

〽目出度目出度《めでためでた》と　搗《つ》くこの餅《もち》は
一夜明《いちやあ》ければ　神棚《かみだな》へ

〽目出度目出度《めでためでた》で　搗《つ》きたる餅《もち》は
力《ちから》入《い》れてよ　気《き》のゆくまでも

〽さても見事《みごと》な　⑥このての米《こめ》は
⑦水戸《みと》か⑧尾張《おわり》か　⑨越後《えちご》の米《こめ》か

〽奥《おく》じゃ三味《しゃみ》ひく　中《なか》の間《ま》じゃ踊《おど》る
お台所《だいどころ》じゃ　音頭《おんど》がはずむ

〽この家館《ややかた》は　目出度《めでた》い館《やかた》
奥《おく》じゃ三味《しゃみ》ひく　中《なか》の間《ま》じゃ踊《おど》る
お台所《だいどころ》じゃ　餅搗《もちつ》いて騒《さわ》ぐ

〽⑩本町《ほんちょう》二《に》丁目《ちょうめ》の　糸屋《いとや》の娘《むすめ》
姉《あね》は二十一《にじゅういち》　妹《いもと》は二十《はたち》
姉《あね》にゃ少《すこ》しの　望《のぞ》みもないが
妹《いもと》欲《ほ》しさに　⑪御立願掛《ごりょがんか》ける
⑫伊勢《いせ》へ七度《ななたび》　⑬熊野《くまの》へ三度《さんど》
⑭芝《しば》の⑮愛宕《あたご》へ　毎月参《まいつきまい》り
愛宕土産《あたごみやげ》に　なんとなに貰《もら》た
笠《かさ》が⑯三蓋《さんがい》　刀《かたな》が⑰三腰《みこし》
笠《かさ》は嫁御《よめご》に　刀《かたな》は婿《むこ》に

〽⑱お江戸《えど》今朝《けさ》出《で》て　⑲板橋《いたばし》越《こ》えて
⑳戸田《とだ》の渡《わた》し場《ば》を　朝船《あさふね》で越《こ》す
㉑蕨《わらび》㉒中食《ちゅうじき》　㉓桶川《おけがわ》泊《ど》まり
同《おな》じ旅籠《はたご》じゃ　桶川《おけがわ》よして
駒《こま》を勇《いさ》めて　㉔鴻巣《こうのす》へ

〽竹《たけ》になりたや　㉕紫竹《しちく》の竹《たけ》に
元《もと》は尺八《しゃくはち》　中《なか》は杖《つえ》
㉖末《うら》はそもじ㉗の　筆《ふで》の軸《じく》
㉘想《おも》いまいらせ　候《そうろ》うかしこ㉙

娘《むすめ》なによする　㉚行灯《あんどん》の陰《かげ》で
可愛《かわ》い男《おとこ》の　帯《おび》よ㉛絎《く》ける
帯《おび》に短《みじか》し　襷《たすき》に長《なが》し
わしとそなたの　笠《かさ》の紐《ひも》
お子《こ》ができたら　㉜付《つ》け紐《ひも》に

＼これがこの家《や》の　㉝とどめの臼《うす》よ
御縁《ごえん》あるなら　また来年《らいねん》も
頼《たの》みますぞえ　頼《たの》まれましょぞ
この家土台《やどだい》の　朽《く》ちるまで

＼この家《や》お庭《にわ》の　㉞七福榎《しちふくえのき》
元《もと》にゃ銀《しろがね》　中《なか》ほどに黄金《こがね》
末《うら》の小枝《こえだ》に　玉《たま》が生《な》る

注①穴あき銭を、ひもに通して作った襷。裕福な家であることを表現したもの。
②家の門口。
③赤松。樹皮の赤い松。
④黒松。樹皮の黒い松。
⑤正月に、魔よけのために家の門口や神棚などに飾る注連縄。また、それに海老《えび》・橙《だいだい》・海藻・山草などを添えたもの。
⑥この種類の。
⑦水戸藩の産米。水戸藩は、現茨城県水戸市にあった。徳川御三家の一。
⑧尾張の国（現愛知県西部）の産米。尾張藩は徳川御三家の一。
⑨越後の国（旧国名）。佐渡島を除く、現新潟県全域。
⑩江戸の町名。現東京都中央区日本橋辺り。二九八ページの歌詞の流用。
⑪望みがかなうように、神や仏に祈り、願うこと。「りょがん」は「りつがん」「りゅうがん」の転。
⑫伊勢神宮。三重県伊勢市にある。
⑬熊野三山。熊野本宮大社（和歌山県田辺市本宮町）・熊野速玉大社（新宮市）・熊野那智大社（東牟婁郡那智勝浦町）の三社。
⑭現東京都港区の地名。新橋付近から高輪《たかなわ》付近に至る地域。
⑮愛宕神社。現港区愛宕一丁目の、愛宕山上にある。
⑯三個。「蓋」は笠を数える助数詞。
⑰三本。「腰」は刀を数える助数詞。
⑱現東京都東部。江戸幕府の所在地。
⑲板橋宿。現板橋区仲宿辺りにあった。中山道の、江戸から一番目の宿場。
⑳中山道戸田宿（現埼玉県戸田市）の南方にあった、荒川の渡し場。
㉑蕨宿。現埼玉県蕨市にあった、中山道の宿場。
㉒昼食をとり。
㉓桶川宿。現埼玉県桶川市にあった、中山道の宿場。
㉔鴻巣宿。現埼玉県鴻巣市にあった。桶川の次の宿場。
㉕中国から伝来した淡竹《はちく》の栽培変種で、稈《かん》が黒紫色の竹。黒竹。
㉖先の細い所。
㉗あなたの。
㉘以下、恋文の常用語。
㉙女性が手紙の最後に書いて、敬意を表す語。
㉚木や竹の枠に紙をはり、中に火をともす照明具。
㉛布の端を折り曲げ、縫い目が表に出ないように縫うこと。
㉜子供の着物の胴の両側、または後方に付ける紐。
㉝その日の最後に搗く餅。
㉞沢山の幸せをもたらす榎。榎はニレ科の落葉高木で、高さ二〇メートルに達する。

東京都の仕事唄。東京都の西部（現豊島《としま》区・渋谷区・目黒区以西）から埼玉県中央部にかけての農民たちが、正月用や祝い事の餅を搗く折りに唄ってきたものである。

　正月用の餅を搗く時は、一般の農家では各家で一石（二俵半）ぐらいのモチ米を用意する。臼は三升入りで、まず、蒸した米を三人から五人で横《よこ》杵《きね》（柄のついた杵）で練りつぶす。これが「練り搗き」で、この時の唄を「練り節」と呼ぶ。次は、三人から五人で交互に、練りつぶしてある米を横杵で搗き合う。これが「掛け搗き」で、唄は「掛け搗き唄」と呼ぶ。仕上げは、一人で、太くて重い、大きな横杵で搗く。これを「仕上げ搗き」と呼ぶが、唄はない。この『武蔵野餅搗き唄』は「練り節」である。なお、「掛け搗き唄」は、「一つとせ」の数え唄を利用している。

唄の履歴　この唄の源流は、中山道《なかせんどう》の桶川宿《おけがわじゅく》（埼玉県桶川市）地方の「木遣《きや》り唄」である。それは、大勢で力を合わせる餅搗きに転用され、多摩川北岸にまで及んだ。その節まわしは、川越街道を挟んで、北の板橋区（東京都）側と南側の地域で大きく異なる。また、南側の地域では、南の多摩川北岸方面へ行くほど、ゆっくりした唄になっている。

　その南側の唄を小沢千月《ちげつ》（埼玉県飯能市出身）が世に出したが、それは小沢が一九六〇年に、豊島区長崎五丁目に住む田島キン（七〇歳）から習ったものである。小沢は、翌年、三味線の手をつけ、六二年の「日本郷土民謡協会」春季大会で「研究発表」として披露し、「豊島餅搗き唄」と命名した。そして、一九六八年一一月一三日にコロムビアレコードに吹き込んだ。しかし、その「豊島餅搗き唄」は、『武蔵野餅搗き唄』の「小沢千月節」と見るべきものである。

節まわしの型　今日広く唄われている節まわしは、「地元節」は杉並区の農民たちのもの、「小沢千月節」は小沢千月のものである。

六郷《ろくごう》ひやかし節《ぶし》

〽ハァー①六郷鳶《ろくごうとんび》に　②羽田《はねだ》の烏《からす》
③大師《だいし》や雀《すずめ》で　ほどのよさ
（ハァ　ぜひとも　ぜひとも）

〽雨《あめ》の降《ふ》る日《ひ》と　④お茶挽《ちゃひ》く晩《ばん》は
どんな野暮《やぼ》でも　来《く》ればよい

〽⑤新地遊《しんちあそ》んで　⑥六郷《ろくごう》の土手《どて》で
雨《あめ》の降《ふ》らぬに　袖絞《そでしぼ》る

〽親《おや》の意見《いけん》を　俵《たわら》に詰《つ》めて
新地通《しんちがよ》いの　⑦土手普請《どてぶしん》

〽⑧格子《こうし》や梅《うめ》の木《き》　女郎衆《じょろしゅ》は花《はな》よ
留《と》まれ鶯《うぐいす》　この枝《えだ》に

〽葱《ねぎ》の枯《か》れっ葉《ぱ》のような　股引《ももひ》きょはいて
新地《しんち》ゃどこよと　笑《わら》わしゃがる

〽⑨鳶凧《とんびたこ》なら　⑩糸目《いとめ》をつけて
手繰《たぐ》り寄《よ》せます　膝元《ひざもと》へ

〽雪《ゆき》はチラチラ　話《はなし》は積《つ》もる
わしが思《おも》いは　いつ溶《と》ける

〽鐘《かね》が近《ちか》いぞ　大師《だいし》の鐘《かね》が
今日《きょう》は南《みなみ》の　風《かぜ》が吹《ふ》く

注①大田区の南端、多摩川北岸の地名。
②六郷の東隣りの地名。現在、飛行場のある所。
③川崎大師。正称は金剛山金乗院平間寺。真言宗智山派の大本山。六郷・羽田の南、多摩川南岸（川崎市）にある。
④遊女が、客がなくて暇な晩。
⑤遊里。現川崎市堀之内町にあった遊廓をさす。
⑥六郷川（⬇解説）の堤防。
⑦堤防の工事。土手が、遊廓へ通うために踏み固められることをいう。
⑧細い角材を縦横に、すき間をあけて組んだもの。遊女屋の表に設けて、中の遊女が通行人から見えるようにしていた。
⑨鳶が、もしも凧ならば。
⑩凧の釣り合いを取るために表面に結びつける、数本の糸。

東京都の恋唄。東京都の南部、それも多摩川の河口にほど近い現大田区大森から現世田谷《せたがや》区玉川奥沢町にかけての人たちが、六郷川（多摩川最下流部の称）を渡って川崎宿（神奈川県川崎市）の遊廓へ遊びに行く、その往来に鼻唄まじりに唄っていたものである。宿場女郎たちは、その唄を聞いてどの客が訪ねてきたかがわかり、迎えに出たという。川崎宿は、東海道の、江戸から二つ目の宿場であった。

唄の履歴　この唄の源流は、東海道の、江戸から三つ目の宿場、神奈川宿《かながわじゅく》（横浜市神奈川区）の酒席で唄われていた「神奈川節」である。それが川崎の遊廓にも広まって、酒席で三味線の伴奏つきで唄われていたと思われる。ところが、それを廓通いの人たちが覚え、歩きながら「ひやかし節」に用いるうち、唄はゆっくりした、長く伸ばして唄うものにとなっていった。

この唄、一時かなり流行したらしく、川崎市では「代掻《しろか》き唄」に用いられているし、東京都江戸川区では「海苔採《のりと》り唄」として唄われている。

その「ひやかし節」を世田谷区玉川奥沢町の毛利三次郎が覚えていて、一九六四年八月三日に、コロムビアレコード「東京の古謡」に吹き込んだ。その後、大田区大森の、ばら田芳三が三味線の手をつけ、昭和四〇年代（一九六五～）の中頃、藤沢登志夫に「大森甚句」の名で東芝レコードに吹き込ませたが、編曲に無理があり、広まることはなかった。本来は歩きながらの唄だけに、伴奏を加えるなら尺八によるほうが妥当である。

節まわしの型　今日広く唄われている節まわしは、ばら田芳三が編曲したものである。しかし、歩きながら唄っていた唄なので、毛利三次郎の節まわしへ戻すほうがよい。

神奈川県

ダンチョネ節《ぶし》

〽①三浦《みうら》三崎《みさき》で　ドンと打《う》つ波《なみ》はヨー
可愛《かわ》い②男《おとこ》のサ　度胸《どきょ》試《だめ》しダンチョネー

〽沖《おき》の鷗《かもめ》に　潮時《しおどき》③聞《き》けば
わたしゃ立《た》つ鳥《とり》　波《なみ》に④聞《き》け

〽泣《な》いてくれるな　出船《でふね》の⑤時《とき》は
沖《おき》で艪櫂《ろかい》が　手《て》につかぬ

〽明日《あす》はお立《た》ちか　お名残《なご》り惜《お》しや
雨《あめ》の十日《とおか》も　降《ふ》ればよい

〽雨《あめ》の十日《とおか》は　まだまだ⑥疎《おろ》か
槍《やり》の千本《せんぼん》も　降《ふ》ればよい

〽船《ふね》は出《で》て行《ゆ》く　煙《けむり》は残《のこ》る
残《のこ》る煙《けむり》が　⑦癪《しゃく》の種《たね》

〽逢《あ》いはせなんだか　⑧館山沖《たてやまおき》で
二本《にほん》マストの　⑨大成丸《たいせいまる》

注①現三浦市の中心部。➡解説。
②「お方の」とも。
③「問えば」とも。
④「問え」とも。
⑤「時にゃ」とも。
⑥十分ではない。
⑦腹を立てる原因。
⑧現千葉県館山市。東京湾の出入り口の東側、房総半島の先端部にある。西側の対岸に三崎港がある。
⑨東京商船学校の練習船の名。

神奈川県のお座敷唄。神奈川県の南東端、それも三浦半島の突端にある港町、三浦市三崎の花柳界の宴席で、芸者衆が唄ってきたものである。

唄の履歴　この唄の源流は不明であり、どこではやり始めたのかも不明である。ただ、大正時代に全国的な流行を見せ、「三浦三崎で」の歌詞があることから、一応神奈川県民謡にしてあるだけのことで、広めたのは東京越中島の東京商船学校（現東京商船大学）の学生たちである。「ダンチョネー」は「断腸ネー」の意で、別れの唄である。この、蛮カラな漢語の入っている歌詞は、「デカンショ節」などと時を同じくして旧制高校の学生たちが作ったものではないかと思われるが、節は「甚句《じんく》」である。

さて、この唄、流行《はや》り唄として広まり、昭和二〇年代（一九四五～）までは民謡には加えていなかったが、新橋千代菊が昭和一〇年代的な、のどかな中にロマンを感じさせる声で、艶っぽく、哀調を盛り込んで唄い始めてから、しだいに神奈川県の三崎港の民謡となっていった。

節まわしの型　今日広く唄われている節まわしは、新橋千代菊あたりのものである。なお、森繁久弥の節まわしは独自のものであり、小林旭《あきら》の唄は歌謡曲なので、ともに本人一代限りの唄と考えるほうがよい。

箱根駕籠《はこねかご》かき唄《うた》

〽〔先棒〕竹《たけ》にナァーなりたや（〔後棒〕ヤレヤレェー）　①箱根《はこね》の竹《たけ》に
〔後棒〕諸国《しょこく》ナァー大名《だいみょう》の

〔先棒・後棒〕②杖《つえ》の竹《たけ》ナーエー
（〔先棒〕ヘッヘッ　ヘッ）
（〔後棒〕ヘッヘッ　ヘッ）

〽松《まつ》になりたや　箱根《はこね》の松《まつ》に
諸国大名《しょこくだいみょう》の　日《ひ》よけ松《まつ》

〽③箱根八里《はこねはちり》の　落《お》ち葉《ば》を屋根《やね》に
のせて④三島《みしま》へ　戻《もど》り駕籠《かご》

〽ここが⑤箱根《はこね》の　⑥甘酒茶屋《あまざけちゃや》よ
⑦東下《あずまくだ》りを　思《おも》い出《だ》す

〽⑧箱根御番所《はこねごばんしょ》と　⑨新居《あらい》がなけりゃ
連《つ》れて⑩逃《に》げましょ　上方《かみがた》へ

〽三島照《みしまて》る照《て》る　⑪小田原曇《おだわらくも》る
⑫間《あい》の関所《せきしょ》は　雨《あめ》が降《ふ》る

〽笠《かさ》を忘《わす》れた　箱根《はこね》の茶屋《ちゃや》に
空《そら》が曇《くも》れば　思《おも》い出《だ》す

☆〔歌詞は『箱根馬子唄』と共通〕

注①⬇解説。
②「杖竹に」とも。
③④⬇解説。
⑤「峠の」とも。
⑥現箱根町元箱根の東方、旧東海道沿いにある茶店。甘酒が名物。
⑦赤穂浪士、神崎与五郎は、江戸へ下る途中、この茶屋で馬方に難癖をつけられる。しかし、主君の仇討ちが大事と、恥を忍んで詫び証文を書く。
⑧箱根関所のこと。
⑨新居関所。現静岡県浜名郡新居町の、浜名湖湖畔にあった。箱根関所とともに、取り締まりが厳しかった。
⑩「行きましょ」とも。
⑪⬇解説。
⑫箱根関所のこと。

神奈川県の仕事唄。神奈川県の南西部にあった箱根宿（足柄下郡箱根町）や箱根峠（標高八四九メートル）を中心にして働いていた駕籠かきたちが唄っていたものである。

東海道の小田原宿《おだわらじゅく》（神奈川県小田原市）から箱根宿までは四里八丁、箱根宿から三島宿（静岡県三島市）までは三里二八丁で、合わせて「箱根八里」（約三二キロ）である。この距離は通常の宿場から宿場までの二倍ほどあり、しかも、急坂の続く難所であった。そのため、旅人は荷物を駄賃付け馬子に頼み、足の強くない人は駕籠や馬に乗った。したがって、箱根宿には沢山の駕籠かき（俗称「雲助」）や馬子がいた。

「雲助」という語の由来は、浮き雲のように住所を定めない生活をしている人の意とも、蜘蛛《くも》のように、街道に網を張って客を待つからとも言う。また、早駕籠を前二人、後ろ二人で担ぐため、足が八本なので蜘蛛のようだというところからとも言われる。

その「雲助」は二三歳ぐらいから四〇歳ぐらいまでの男で、宿場裏の小さな家や木賃宿に住み、夏も冬も下帯一本の裸暮らしで、冬の寒さの厳しい時だけ、「ボッコ」と呼ばれる着物をまとっていた。そして、三階級に分けられていた。「上の品《じょうぼん》」は、力と声がすぐれていて、三〇貫（約一一二・五キロ）に及ぶ納戸長持《なんどながもち》を六人で担ぐ。「中の品《ちゅうぼん》」は、力と声がそれに次ぐ者で、引き戸駕籠を六人で担ぐ。垂れ駕籠や山駕籠は四人で担ぐ。「下の品《げぼん》」（俗称「平人担《ひらびとかつ》ぎ」）は、荷物五貫目ほどを担ぐ。その「下の品」の多くは素人で、近郷の農民であった。

唄の履歴　この唄の源流は、江戸時代後期から明治時代に日本中で大流行した「甚句《じんく》」である。東海道の宿場では、駕籠や長持の担ぎ手が交替する時に、かつては荷を引き継ぐ儀式唄を唄ったものと思われるが、古風すぎたために、箱根宿辺りではそれに代わってこの「甚句」が用いられるようになったのであろう。

箱根は東海道随一の難所であり、また芦ノ湖湖畔には関所があって「入り鉄砲に出女《でおんな》」を厳しく取り締まっていたので、参勤交代の大名はここを通り抜けることを最も重要視した。そして、家臣だけでは手が足りないため、「雲助」の力を借りた。「雲助」たちは、旅人を駕籠に乗せたり、その荷物を運んだりする時に唄を唄っていたが、大名行列が宿場を出立する時や、次の宿場で荷物を受け渡す時にも、供奴《ともやっこ》たちと一緒に同じ唄を唄った。

その「雲助」たちの唄（雲助唄）を、助郷《すけごう》制度で参勤交代の荷物運びに狩り出された農民たちが覚えた。そして、故郷に帰ると、婚礼の花嫁行列を大名行列に見立て、嫁入り道具を運ぶ時にこの唄を唄った。したがって、この「雲助唄」は街道沿いに日本各地へ広まり、「長持唄」「簞笥《たんす》長持唄」とか「嫁入り唄」と呼ばれるようになった。現在、この種の唄が採集されていないのは、日本列島北端の北海道・青森県と、南端の沖縄県だけである。

　さて、その『箱根駕籠かき唄』、現小田原市入生《いりう》田《だ》出身の杉崎長太郎（一八八六年生まれ）と亀次郎（一八八九年生まれ）の兄弟が伝えてきた。二人は、かつては山駕籠を担いで小田原・箱根間を往来していたが、のちに箱根町の湯本温泉で、観光客に『箱根駕籠かき唄』と『箱根馬子唄』を唄って聞かせるようになった。そして、一九六二年にコロムビアレコードに吹き込み、六六年にはNHK録音集「ふるさとの唄」が発売されて、この唄は日本中に知られるようになった。

　なお、「駕籠かき唄」は、駕籠を担いで歩きながら唄ったものではない。疲れて肩が痛くなった時に、手に持っている息杖《いきづえ》を駕籠の柄にかって一休みし、その間に客を楽しませるために唄ったものである。駕籠を担いでいる時は、「ヘッチョイヘッチョイ　ヘッチョイ」や「ヘッヘッヘッヘッ」といった掛け声だけである。

　節まわしの型　今日広く唄われている節まわしは、杉崎長太郎・亀次郎兄弟のものである。

箱根馬子唄《はこねまごうた》

〽①箱根《はこね》（ハイィ　ハイ）エェ八里《はちり》は（ハイィ　ハイ）馬《うま》でも越《こ》すが（ハイィ　ハイ）
越《こ》すに越《こ》されぬ　②大井川《おおいがわ》
（ハイィ　ハイ）

〽③咲《さ》いて見事《みごと》な　④小田原《おだわら》つつじ
元《もと》は箱根《はこね》の　⑤山《やま》つつじ

〽雲《くも》か山《やま》かと　眺《なが》めた峰《みね》も
今《いま》じゃわしらの　眠《ねむ》り床《どこ》

☆〔歌詞は『箱根駕籠《かご》かき唄』と共通〕

注①⬇前項の解説。
②静岡県北部の山地に発して南流し、島田市の南東で駿河湾へ注ぐ川（約一六五キロ）。江戸幕府は、西からの攻撃に備えて橋を架けさせず、渡し船も置かせなかった。通行人は川越え人足を頼んで渡ったが、大雨が降ると川留めとなった。
③「さても」とも。
④小田原（現小田原市）の町場に咲いたつつじ、の意。美人の飯盛り女のこと。
⑤「山育ち」とも。

神奈川県の仕事唄。神奈川県の南西部にあった箱根宿（足柄下郡箱根町）や箱根峠（標高八四九メートル）を中心にして働いていた駄賃付け馬子たちが、馬を曳《ひ》きながら唄っていたものである。

「箱根八里」（⬇前項）は東海道第一の難所であった。したがって、旅人は朝早出をし、荷物は駄賃を払って馬で運んでもらい、足の強くない人は馬の背を借りるか駕籠《かご》に乗るかした。そのため、箱根宿には沢山の馬子や駕籠かきがいた。

唄の履歴　この唄の源流は、旧南部藩領（岩手県中央部から青森県東部一帯）の博労たちが、馬市などへの往来に唄っていた「夜曳《よび》き唄」（⬇一七七ページ）である。それが、東北地方一円の博労仲間の間へ広まって、種々の「馬子唄」になった。

　関東地方から中部地方の駄賃付け馬子たちは、農家の副業として馬を曳き、人や荷物を運んでお金をもらう内職型である。したがって、馬の売買をする専門職の博労のすることは格好よく見えるため、その「夜曳き唄」の「馬子唄」をまねて口ずさむようになった。それが「駄賃付け馬子唄」である。

　ところが、仕事の内容は、博労は沢山の馬を曳いて夜道をゆっくり歩いて行くのに対して、駄賃付け馬子は一頭の馬を曳いて、人や荷物を目的地まで速く運ぶというように異なる。それが唄の上にも表れて、博労の場合はゆっくり、駄賃付け馬子の場合は速くとなった。そうした唄が、箱根の駄賃付け馬子の間に広まったのである。

　その箱根で駕籠かきをしていた、現小田原市入《いり》生《う》田《だ》出身の杉崎長太郎（一八八六年生まれ）と杉崎亀次郎（一八八九年生まれ）の兄弟が、のちに湯本温泉（箱根町湯本）で、観光客に『箱根馬子唄』と『箱根駕籠かき唄』を唄って聞かせるようになった。

　一九六二年四月に、その杉崎兄弟の唄がコロムビアレコードでレコード化され、さらに六六年五月にNHK録音集「ふるさとの唄」で紹介されると、しだいに広く唄われるようになった。

　なお、それ以前にマスコミで取り上げられた

『箱根八里』と呼ばれる唄は、歌詞は同じでも、節は歌曲的なものから洋楽的発声のものまで種々あり、今日の民謡『箱根馬子唄』とは別の分野の唄と考えるほうがよい。

節まわしの型　今日広く唄われている節まわしは、杉崎長太郎・亀次郎兄弟のものである。

三崎甚句《みさきじんく》

本唄〔唄い手〕

〽エエー①三崎港《みさきみなと》に（アイ　ヨォイ）錨《いかり》はいらぬ
（エエー　ソダヨーエ）
三味《しゃみ》や太鼓《たいこ》で　船《ふね》つなぐ
（アイ　ヨォイ）

長ばやし〔はやし手の一人〕

〽②トコ　③ラットの　④帆前船《ほまえせん》
エエ上《うえ》は⑤デッキで　⑥滑《すべ》くるよエー　キタサーイ

本唄

〽⑦三崎港《みさきみなと》で　ドンと打《う》つ波《なみ》は
⑧可愛《かわ》いお⑨方《かた》の　⑩度胸定《どきょうさだ》め

〽わたしゃ三崎《みさき》の　⑪浜辺《はまべ》の育《そだ》ち
色《いろ》の黒《くろ》いは　親譲《おやゆず》り

〽⑫三崎城ヶ島《みさきじょうがしま》は　みごとな島《しま》よ
根《ね》から生《は》えたか　浮《う》き島《しま》か

〽松《まつ》になりたや　三崎《みさき》の松《まつ》に
⑬上《のぼ》り下《くだ》りの　船《ふね》を待《ま》つ（松）

〽沖《おき》に見《み》えるは　⑭丁半丸《ちょうはんまる》よ
一《いち》に五六《ごろく》の　帆《ほ》が見《み》える

〽沖《おき》の暗《くら》いのに　⑮苫取《とまと》れ言《い》やる
苫《とま》が取《と》らりょか　濡《ぬ》れ苫《とま》を

〽船《ふね》の船頭衆《せんどしゅ》は　何着《なにき》て寝《ね》りゃる
苫《とま》を蒲団《ふとん》に　舵枕《かじまくら》

長ばやし

〽お前《まえ》もそうなら　わたしもそう
誰《たれ》にも恋路《こいじ》は　同《おな》じこと
しかけた仕事《しごと》は　やめられぬ

〽三崎港《みさきみなと》に菊植《きくう》えて　根《ね》もきく葉《は》もきく　枝《えだ》もきく　晩《ばん》にゃあなたの　便《たよ》りきく

〽⑯三《みっ》つも四《よっ》つも　まわせども
なかなか⑰下田《しもだ》に　取《と》りつかぬ
⑱元《もと》の三崎《みさき》へ　お直《なお》しお直《なお》し

〽兄貴《あにき》の持《も》ってきた　⑲烏賊《いか》なます
俺《おい》らも一杯《いっぱい》　食《く》うべかな

注①➡解説。「三浦三崎に」とも。
②はやし詞。
③rudder（舵輪）の転。機械船の舵《かじ》を動かすための、輪形の把手《とって》。
④洋式帆船。明治時代初期の、三本マストの帆船をさす。
⑤甲板。
⑥滑るよ。
⑦「三浦三崎で」とも。
⑧「若い船頭衆の」とも。
⑨「男の」とも。
⑩「度胸試し」とも。
⑪「荒浜育ち」とも。
⑫城ヶ島。三崎港の南にある小島。周囲約四㌔。
⑬上方方向へ向かう船と、青森方向へ向かう船を。
⑭「丁半」は、さいころの目が偶数（丁）か奇数（半）かによって勝負を決めるばくち。帆に一・五・六の数字が書いてあるので、あれは「ばくち丸だ」と皮肉ったもの。
⑮薄《すすき》・芦・萱などを編んで作ったおおい。船の胴の間をおおって雨露をしのぐためのもの。
⑯舵輪を三回も四回もまわしても。裏の意味は、遊女を三人も四人も替えてみても。
⑰下田港（静岡県の伊豆半島南端部にある）に船が着かない。裏の意味は、どの女にも満足できない。
⑱出港してきた三崎港へ戻れ。裏の意味は、最初の女を呼び直せ。
⑲烏賊を適当な大きさに切り、刻んだ野菜などを加

えて酢で調味した料理。

神奈川県のお座敷唄。神奈川県の南東端、それも三浦半島の突端に開けた港町、三浦市三崎の花柳界の宴席で、船乗りや漁師相手の女たちが唄ってきたものである。

唄の履歴　この唄の源流は、江戸時代末期から明治時代初期に江戸の花柳界を中心に流行した「二上り甚句《じんく》」である。それが、海路、船乗りや漁師たちによって三崎へ持ち込まれたのであろう。

ところが、大正時代か昭和初期に、しだいに節まわしに柔らかみが加わり、唄い出しの「エー」が長くなって、今日の節まわしにまとまった。そして、NHKラジオで、寿歳三《ことぶきさいぞう》・蘇武《そぶ》はじめらによって放送されるようになり、有名になっていった。

節まわしの型　今日広く唄われている節まわしは、寿歳三あたりのものらしい。

山梨県

市《いち》川《かわ》文《もん》殊《じゅ》

〽①市川文殊《いちかわもんじゅ》　②知恵文殊《ちえもんじゅ》　③女《おな》にゃ針《はり》（ソレ）
男《おとこ》にゃ硯《すずり》　墨紙《すみかみ》
《繰り返し》
ドッコイ男《おとこ》にゃ　〔踊り手〕硯《すずり》　墨紙《すみかみ》

〽④一番鶏《いちばんどり》に　家《いえ》を出《で》て　夜明《よあ》けには
⑤石和《いさわ》の宿《しゅく》で　まごまご

〽富士山《ふじさん》よりも　⑥八ヶ岳《やつがたけ》　八ヶ岳《やつがたけ》
麓《ふもと》は殿《との》の　⑦御在所《ございしょ》

〽⑧富士川下《ふじがわくだ》り　⑨身延山《みのぶさん》　御祈願《ごきがん》が
済《す》んだら⑩下部《しもべ》　湯《ゆ》の宿《やど》

〽⑪名《な》だたる⑫江戸《えど》の　絵描《えか》きでも　⑬平岡《ひらおか》の
柚子《ゆず》の木絵《きえ》には　描《か》けまい

〽身延《みのぶ》の者《もの》は　声《こえ》がよい　よいはずだ
⑭南天山《なんてんやま》の　水飲《みずの》む

〽⑮七面山《しちめんざん》の　鐘《かね》が鳴《な》る　鐘《かね》じゃない
⑯おじょもんの⑰雪駄《せった》　チャラチャラ

〽落《お》とさば落《お》とせ　落《お》とされて　梅《うめ》の実《み》は
お壺《つぼ》の⑱紫蘇《ちそ》と　色《いろ》づけ

〽嫌《いや》よの所《ところ》へ　親《おや》がやる⑲　やらばやれ
お命《いのち》や親《おや》の　ためじゃない

〽お寺《てら》の裏《うら》で　⑳土鳩《どば》が鳴《な》く　土鳩《どば》じゃない
㉑四十九《しじゅうく》の仏《ほとけ》　出《で》て泣《な》く

注①表門神社のこと。⬇解説。
②知恵をつかさどる文殊菩薩。
③女には針を、男には硯・墨・紙を持たせて参詣させれば、女は裁縫が、男は習字がうまくなる。
④朝早く、鶏が最初に鳴く頃に。
⑤甲州街道の宿場町。現笛吹市石和町。
⑥山梨県の北西部に南北に連なる火山群。最高峰は赤岳（二八九九メートル）。
⑦お住みになっている所。
⑧山梨県北西部の山地に発して南東流する釜無川を上流とし、市川三郷町の西で笛吹川を合わせ南流して、静岡県富士市の南西で駿河湾へ注ぐ（約一二八キロ）。日本三急流の一。
⑨身延山久遠寺。日蓮宗の総本山。南巨摩郡身延町の身延山（一一五三メートル）中腹にある。
⑩下部温泉。身延町下部にある。
⑪「なんたる」は誤唱。
⑫現東京都東部。江戸幕府の所在地。
⑬南アルプス市櫛形町の地名。山の斜面を利用して、柚子の栽培が盛ん。
⑭南天の木が多いことから、身延山の通称。
⑮久遠寺の西方にある、身延山地の最高峰（一九八二メートル）。日蓮宗の聖山で、山頂近くに、守護神の七面天女をまつる敬慎院がある。
⑯若い娘。
⑰竹皮の草履の裏に獣の革をはったもの。
⑱「しそ」の訛り。
⑲嫁にやる。
⑳どばと。寺・神社・公園などに住みついている鳩。
㉑死後四九日目を迎えた人のことらしい。この日、縁者は、死者の冥福を祈って法要を行う。

山梨県の盆踊り唄。山梨県の中央部、西八代《やつしろ》郡市川三郷《みさと》町の市川大門《だいもん》一円（旧市川郷）の人たちが、お盆に唄い踊ってきたものである。

別名　甲州盆唄（ただし、➡後記）。

唄の履歴　この唄の源流は、現茨城県・千葉県・東京都・神奈川県に広く分布する祝い唄『芋の種』（➡三三七ページ）である。

それは、東京都下では多摩川・江戸川流域に広まり、多摩川の河口にあった漁師町羽田《はねだ》（大田区羽田）では、『羽田節』の名で、祝いの席で唄われた。その羽田には「穴守稲荷《あなもりいなり》」があり、神社名から「女性性器の守護神」として、水商売の女たちの信仰を集めた。その中に東海道品川宿《しながわじゅく》の遊女たちがいたため、『羽田節』は品川宿の流行《はや》り唄となった。

尾張名古屋（名古屋市）の小寺玉晁《こでらぎょくちょう》が書き残した歌謡集「小唄のちまた」には、天保三年（一八三二）春「江戸より流行のはねだ節」が一八首載っているが、その多くが東京に現存している歌詞である。ただ、それらには、『市川文殊』にはない「コチャエ」がついているので、山梨県下へは『羽田節』に「コチャエ」が加えられる前（天保三年以前）に流行していた流行り唄が伝えられたと見ればよい。そして、県下で「酒盛り唄」として唄われていたのが、のちに「盆踊り唄」として定着したのである。

『市川文殊』という曲名は、現市川三郷町にある表門《うわと》神社の文殊菩薩《ぼさつ》を唄った歌詞（前掲一首目）によってつけられたものである。そして、一九五二年頃に地元の一瀬正造が採譜し、整理した唄が、この辺りの民謡界の人たちによって唄われたようである。

ところが、一九六〇、六一年頃になって、『市川文殊』という曲名では一地方の唄になってしまい、山梨県下の他の市町村の人たちが唄うのに都合が悪いということで、『甲州盆唄』と改名された。しかし、やはり無理があって、今日では再び『市川文殊』の名で呼ばれている。

節まわしの型　今日広く唄われている節まわしは、東京の民謡界のものである。

馬《うま》八《はち》節《ぶし》

上の句〔問い掛け手〕

〽オォヤレヨー①馬八《うまはち》ゃ馬鹿《ばか》とコリャ　おしゃれども

下の句〔返し手〕

馬八《うまはち》の　唄聞《うたき》く奴《やつ》はコリャ　なお馬鹿《ばか》

〽大川端《おおかわばた》で　葦《よし》ょ刈《か》れば
葦《よし》や靡《なび》く　②葦切《よしき》りゃ鳴《な》いて　からまる

〽田《た》の草取《くさと》りに　頼《たの》まれて
行《ゆ》くも嫌《いや》　行《ゆ》かぬも義理《ぎり》の　悪《わる》さよ

〽田《た》の草取《くさと》りは　暑《あつ》けれど
③秋作《あきさく》が　当《あ》たれば銀《ぎん》の　簪《かんざし》

〽五月《ごがつ》が来《く》ると　思《おも》い出《だ》す
④我《わ》が殿《との》は　水掛《みずか》け論《ろん》で　討《う》たれた

〽田《た》の草取《くさと》らば　⑤ねつく取《と》れ
⑥沢瀉《おもだか》や　⑦びり藻《も》や⑧いごの　ないように

〽わしの生《う》まれは　⑨入大坊《いりだいぼう》
⑩藪《やぶ》の湯《ゆ》へ　来《き》たらばお寄《よ》り　下《くだ》され

〽雨降《あめふ》り空《そら》だ　急《いそ》ぎやれ
⑪韮崎《にらさき》へ　早《は》よ着《つ》け⑫諏訪《すわ》の　馬方《うまかた》

〽嫌《いや》がる所《ところ》へ　親《おや》がやる⑬
やらばやれ　⑭お命《いのち》ゃ川《かわ》の　瀬《せ》に住《す》む

〽馬八《うまはち》くれた　⑮江戸《えど》土産《みやげ》
姉《あね》にゃ三味《しゃみ》　妹《いもと》にゃ銀《ぎん》の　簪《かんざし》

〽韮崎出《にらさきで》たが　⑯日《ひ》の七《なな》つ
⑰勝沼《かつぬま》へ　着《つ》いたが⑱夜《よる》の　九《ここの》つ

〽⑲怠《なま》けくわっちょ　⑳早乙女衆《さおとめしゅう》
この下《しも》に　㉑五斗五升《ごとごしょ》播《ま》きの　田《た》がある

〽お前《まえ》さんとならば　どこまでも

奥山《おくやま》の　㉒猿掛《さるか》け茨《いばら》の　中《なか》までも

注①➡解説。
②大葦切り。ウグイス科の小鳥。羽毛は淡褐色。体長二〇センチほど。川や池・沼などの葦原にすむ。騒々しい鳴き声から「行々子《ぎょうぎょうし》」とも。
③秋に米が豊作になれば。
④中世の長編叙事詩の残片。京の御室の御所の若殿の物語。ほんの一部分だけしか残っていないが、北は青森県、南は福岡県にまで分布している。
⑤念入りに。ていねいに。
⑥オモダカ科の水生多年草。池・沼・水田などに自生。泥土中の根茎から出る長い柄の先に、やじり形の葉をつける。夏、六〇センチほどの花茎に白色の花が咲く。
⑦蛭藻《ひるも》。蛭蓆《ひるむしろ》。ヒルムシロ科の水生多年草。池・沼・水田などに自生。茎は、泥土中を横に伸びる根茎から出て六〇センチほどになる。水面に浮かぶ葉は長楕円形、水中の葉は細長い。夏、水上に黄緑色の花穂を出す。
⑧黒慈姑《くろぐわい》。カヤツリソウ科の水生多年草。関東地方以西の池・沼・水田などに自生。茎は叢生して直立し、高さ六〇センチほど。地下茎の先に小さな、慈姑に似た塊茎をつける。葉は退化して、茎にサヤ状につく。秋、茎頂に緑褐色の花穂をつける。
⑨現北杜市白州町の地名。
⑩入大坊の南方約一キロ、武川町柳沢にある。大武川畔の鉱泉で、大藪温泉とも。
⑪現韮崎市。江戸時代は、甲州街道・駿信《すんしん》街道・佐久街道の会合点で、富士川舟運の終点。
⑫現長野県諏訪市や諏訪郡地方。
⑬嫁にやる。
⑭川へ身投げして、その魂は川の瀬に住むのだ。「瀬」は、川の流れの速い所。
⑮現東京都東部。江戸幕府の所在地。
⑯昔の時刻。午前四時頃。
⑰甲州街道の宿場町。現甲州市勝沼町。
⑱昔の時刻。午後一二時頃。
⑲なまけてくれるな。
⑳田植えをする娘たち。
㉑約一町五反（約一四九アール）の田。
㉒猿捕り茨のこと。ユリ科の蔓性落葉小低木。山野に自生。高さ五〇～二〇〇センチ。雌雄異株。茎は節ごとに曲がり、とげを持つ。葉は円形・楕円形。葉柄の基部に巻きひげがあり、他の木などにからみつく。春、黄緑色の小花を球状につけ、晩秋に赤い球形の実を結ぶ。

山梨県の仕事唄。山梨県北西部の北杜《ほくと》市武川《むかわ》町を中心に、富士川流域の旧中巨摩《こま》郡・南巨摩郡・西八代《やつしろ》郡の農民たちが、田の草を取りながら唄ってきたものである。

田の草取り唄を唄うのは、炎天下の広い田圃で稲の根元をかきまわして雑草を取るという単調な作業にあきるためで、だれかが唄えば、他の人が下の句を即興でつけて唄ったり、はやし詞を掛けたりして、連帯感を高める。

唄の履歴　この唄の源流は不明であるが、七五五七四という珍しい詞型は山梨県下独自のもののようであるから、県下で生まれたものであろう。しかも、唄い出しは旧北巨摩郡下では「オオヤレヨー」、中巨摩郡下では「ヤレヤレヨー」であり、南巨摩郡下から西八代郡下にかけてはついていない。唄が広まっていく場合、途中で唄い出しが消えてしまうことはないので、この唄は山梨県の南部で生まれて、しだいに北部へ広まっていったのであろう。たぶん、元は酒盛り唄のようなものと思われるが、田の草取りに利用されるようになって、ゆっくりした、朗々とした唄になったのであろう。

なお、曲名の『馬八節』は、馬子の馬八の話を歌詞にしたため、その唄い出しの「馬八」を取ってつけたもので、「馬子唄」でも、馬八の作った唄でもない。また、『馬八節』の読みは、昭和三〇年代（一九五五～）までは「まはちぶし」だとする人もいたが、歌詞は「うまはち」なので、本書では「うまはちぶし」にしておく。

その馬八は、江戸時代末期に武川村（現北杜市内）に住んでいた実在の人物で、隣村のお政と恋をした。しかし、横恋慕した代官所の手代、助定に馬とともに殺され、大武川《おおむかわ》へ投げ込まれた。それを悲しんだお政は後を追って川へ身を投じたという。

節まわしの型　今日広く唄われている節まわしは、現北杜市武川町から現中央市南部一円の農民たちが唄ってきたものである。

縁故節《えんこぶし》

〽縁《えん》で添《そ》うとも　縁《えん》で添《そ》うとも　①柳沢《やなぎさわ》②嫌《いや》だ
ヨー
（アリャセェ　コリャセエー）
女《おなご》が木《き》を伐《き》る　女《おなご》が木《き》を伐《き》る　③萱《かや》を刈《か》るシ
ヨンガイネー
（アリャセェ　コリャセー）

〽河鹿《かじか》④ホロホロ　釜無川《かまなしがわ》⑤に
鐘《かね》が鳴《な》ります　七里岩《しちりいわ》⑥

〽甲州《こうしゅう》⑦出掛《でが》けの　吸《す》⑧い付《つ》け煙草《たばこ》
涙《なみだ》湿《しめ》りで　火《ひ》がつかぬ

〽お月《つき》ゃちょろり出《で》て　山《やま》⑨の腰照《こして》らす
娘《むすめ》繻子《しゅす》⑩の帯《おび》ゃ　腰《こし》ょ照《て》らす

〽主《ぬし》は釜無《かまなし》　わしゃ塩川《しおかわ》⑪よ
末《すえ》は富士川《ふじがわ》⑫　深《ふか》い仲《なか》

〽見《み》せてやりたい　甲州《こうしゅう》の山《やま》を
白根《しらね》⑬　鳳凰《ほうおう》⑭　駒ヶ岳《こまがたけ》⑮

〽見《み》せてやりたい　甲州《こうしゅう》の名所《めいしょ》
三里《さんり》⑯　松原《まつばら》⑰　七里岩《しちりいわ》

〽香《かお》りゃ鈴蘭《すずらん》　色《いろ》ならつつじ
甲州《こうしゅう》　初夏《はつなつ》　甘利山《あまりやま》⑱

〽来《き》たら寄《よ》っとくれんけ　あばら家《や》だけんど
温《ぬる》いお茶《ちゃ》でも　熱《あつ》くする

〽駒《こま》⑲の深山《みやま》で　炭焼《すみや》く主《ぬし》は
今朝《けさ》も無事《ぶじ》だと　白煙《しろけむり》

〽縁《えん》がありゃ添《そ》う　なければ添《そ》えぬ
みんな出雲《いずも》⑳の　神《かみ》まかせ

〽蛍《ほたる》飛《と》びます　鎌田《かまだ》㉑の水《みず》に
鳴《な》けぬ哀《あわ》れが　身《み》を焦《こ》がす

〽さぁさ縁故《えんこ》縁故《えんこ》　縁故節踊《えんこぶしおど》れ
月《つき》の隠《かく》れる　夜明《よあ》けまで

注①現北杜市武川町の地名。元禄時代の老中、柳沢吉保の出身地。
②「およしヨー」とも。
③屋根を葺くのに用いる、丈の高い草の総称。薄《すすき》・刈安《かりやす》・刈萱《かるかや》・葦《あし》・菅《すげ》など。
④河鹿蛙。背面は灰褐色の地に暗褐色の斑点、腹面は淡黄色。体長は雄は三・五センチ、雌は六センチほど。谷川にすむ。雄の鳴き声が美しい。
⑤山梨県北西部の山地に発して南東流し、市川三郷町の西で笛吹川と合流する川（約六八キロ）。「釜無川原」「釜無下りゃ」とも。
⑥武川町から韮崎市まで続く、釜無川北岸の断崖。長さ約一〇キロ、高さ五〇～百メートルほど。
⑦甲斐の国（旧国名）の別称。現山梨県全域。
⑧火をつけて、すぐ吸えるようにして他人に渡す煙草。親しみや歓待の意を表す。
⑨山の中腹。「山の峰照らす　娘十八里照らす」は改悪。
⑩絹織物の一。布面に縦糸、または横糸を浮かせたもので、光沢があり、肌ざわりがよい。
⑪山梨県北西部の山地に発して南西流、南東流し、韮崎市の南東で釜無川へ注ぐ川（約三七キロ）。
⑫釜無川を上流として笛吹川を合わせ、南流して静岡県富士市の南西で駿河湾へ注ぐ川（約一二八キロ）。日本三急流の一。
⑬白根山。白根三山とも。山梨県の中西部にそびえる北岳（三一九三メートル）・間ノ岳（三一八九メートル）・農鳥岳（三〇二六メートル）の総称。南アルプスの主峰。
⑭鳳凰山。鳳凰三山とも。韮崎市の西方にそびえる地蔵岳（二七四〇メートル）・観音岳（二八四一メートル）・薬師岳（二七六五メートル）の総称。
⑮甲斐駒ヶ岳。山梨県の北西部にそびえる山（二九六六メートル）。
⑯三里ヶ原。八ヶ岳連峰（山梨県の北西部に南北に連なる）の南端にある編笠山の南西麓に広がる高原。
⑰松原湖。八ヶ岳連峰の北東麓にある湖。猪名湖《いな》（周囲約一一・九キロ）をさす場合と、長湖など、周辺の小湖沼群を含めて総称する場合とがある。
⑱韮崎市の南部にそびえる山（一七三一メートル）。
⑲甲斐駒ヶ岳のこと。
⑳出雲大社。島根県出雲市大社町にある神社。男女の縁結びの神。
㉑鎌田川。甲斐市竜王町の北西部で釜無川から取水し、南東流、南西流して中央市の南部で笛吹川へ注ぐ川（約一三・二キロ）。

山梨県のお座敷唄。山梨県の北西部、韮崎《にらさき》市の花柳界の宴席で、芸者衆が唄ってきたものである。

唄の履歴　この唄の源流は、現北杜市武川《むかわ》町富岡辺りの農民たちがお盆に唄い踊っていた『えごえご節』である。それは、この地方へ長崎県島原地方から入植した人たちがジャガイモを常食にしていたのを皮肉って、「〽さァさえごえご　ジャガ

タライモえごいね　煮ても焼いても　えごいね」
などと唄っていたものである。（「えごい」は、あくが強くて、えがらっぽい、の意）

一九二四年、折りからの新民謡運動の中で、南アルプスへの登山口である韮崎の観光用の唄が必要だとして、平賀月兎《げっと》（登山家）・小屋忠子《ただし》（医師）などが中心になって歌詞を作った。そして、『えごえご節』と「縁で添うとも…」という歌詞から、『縁故節』なる曲名を作り出した。

一方、節のほうは、同席していた尺八家の植松和一が、七七七五調の一句目と三句目の七音を繰り返し、その繰り返しの頭部分の音程を上げて唄う形式にして、また、はやし詞の節尻を「アリャセー　コリャセー」と伸ばして、粋で、穏やかな感じにまとめた。そして、町の芝居小屋、寿座で発表会を開いた。それ以来、この『縁故節』は山梨県下へしだいに広まっていった。

節まわしの型　今日広く唄われている節まわしは、韮崎の芸者衆のものである。

武《たけ》田《だ》節《ぶし》

〽甲斐《かい》①の山々《やまやま》　陽《ひ》に映《は》えて
我《わ》れ出陣《しゅつじん》②に　憂《うれ》いなし
おのおの馬《うま》は　飼《か》いたるや
妻子《つまこ》に恙《つつが》③　あらざるや　あらざるや

〽祖霊《それい》④まします　この山河《さんが》
敵《てき》に踏《ふ》ませて　なるものか
人《ひと》は石垣《いしがき》　人《ひと》は城《しろ》
情《なさ》けは味方《みかた》　仇《あだ》は敵《てき》

〔詩　吟〕

〽疾《と》⑤きこと　風《かぜ》の如《ごと》く
徐《しず》かなること　林《はやし》の如《ごと》し
侵掠《しんりゃく》すること　火《ひ》の如《ごと》く
動《うご》かざること　山《やま》の如《ごと》し

〽躑躅《つつじ》ヶ崎《がさき》⑥の　月《つき》さやか
宴《うたげ》をつくせ　明日《あす》よりは
おのおの京《きょう》⑦を　めざしつつ
雲《くも》⑧と興《おこ》れや　武田武士《たけだぶし》

注①旧国名。現山梨県全域。
②戦場へ向かうについて心配がない。
③異状がないか。
④先祖の霊がいらっしゃる。
⑤速いこと。以下、中国古代の兵法家孫子の兵法の一句を詩吟にしたもの。武田信玄はこの句や、これの略「風林火山」を記して軍旗とした。
⑥武田氏三代の居館（現甲府市古府中町）の東方にある丘陵。居館は、その丘陵名から躑躅ヶ崎館と呼ばれた。現在、居館跡は、信玄を祭神とする武田神社になっている。
⑦京都。当時の首都。
⑧雲のように涌きおこれ。

山梨県の、酒盛り唄形式の新民謡。甲斐《かい》の英雄武田信玄を唄にしたもので、作詞者は米山愛紫《よねやまあいし》、作曲者は明本京静《あけもときょうせい》である。

唄の履歴　一九五五年（昭和三〇年）頃、山梨県東八代《やつしろ》郡御坂《みさか》町下黒駒（現笛吹《ふえふき》市内）出身の米山愛紫（本名、直照。一九〇六年生まれ）が、戦国時代の武将武田信玄を題材にして歌詞を作った。それを、当時、山梨県教育主事であった、甲州民謡の研究家沢登初義《さわとはつぎ》が補作した。二人は山梨師範学校の先輩と後輩であったが、初めは、今日のものとは異なった節で唄っていたようである。

その後、明本京静が曲をつけ直し、唄を三橋美《みはしみ》智也《ちや》に依頼して、一九五七年八月に委託盤（自主製作盤）レコードを作った。そして、一九六一年五月に、キングレコードが三橋の唄で一般発売をした。

その唄は、甲州という武骨な土地柄に加えて、創価学会の推薦歌になったことから、日本中へ急激に広まっていった。そのブームを加速したのが舞踊で、鉢巻きに袴《はかま》姿という男形の振りが、大衆舞踊の人たちの関心を集めた。

節まわしの型　今日広く唄われている節まわしは、三橋美智也のものである。

奈良田追分《ならだおいわけ》

〽アァヨー嫌《いや》な追分《おいわけ》①　身《み》の毛《け》がよだつヨー
（アァドッコイ　ドッコイ　ドッコイシ
ヨット）
身《み》の毛《け》ばかりょか　髪《かみ》②もよる

長ばやし〔はやし手の一人〕

その声出《こえだ》すから　わたしはべた惚《ぼ》れト
（アァドッコイ　ドッコイ　ドッコイショ　ヨットト）

〽三味《しゃみ》を横抱《よこだ》き　③浅間山眺《あさまやまなが》め
④辛《つら》い勤《つと》めと　目《め》に涙《なみだ》

〽年《とし》は寄《よ》っても　まだ気《き》は若《わか》い
孫《まご》よ手《て》を引《ひ》け　出《で》て踊《おど》る

〽可愛《かわ》い男《おとこ》にゃ　千万箱七《せんりょばこなな》つ
憎《にく》い男《おとこ》にゃ　⑤石《いし》を七《なな》つ

〽山《やま》の中《なか》でも　⑥在所《ざいしょ》は恋《こい》し
⑦花《はな》の都《みやこ》も　旅《たび》や辛《つら》い

〽⑧湯島《ゆじま》⑨奈良田《ならだ》の　女衆様《おんなしゅさま》は
⑩米《こめ》のなる木《き》を　足《あし》に履《は》く

〽咲《さ》いた桜《さくら》に　なぜ駒《こま》つなぐ
駒《こま》が勇《いさ》めば　花《はな》が散《ち》る

〽世間渡《せけんわた》るにゃ　豆腐《とうふ》で渡《わた》れ
⑪豆《まめ》で四角《しかく》で　柔《やわ》らかで

〽お月様《つきさま》のよに　真《しん》まん丸《まる》の
心《こころ》持《も》ちたや　持《も》たせたや

〽桜三月《さくらさんがつ》　菖蒲《あやめ》は五月《ごがつ》
菊《きく》は九月《くがつ》が　花盛《はなざか》り

長ばやし

〽⑫白根《しらね》お山《やま》じゃ　⑬かのししが鳴《な》いてた
⑭時雨《しぐ》れて　いるらよト

〽⑮そうずら⑯蕎麦切《そばき》り　⑰下地《したじ》が大事《だいじ》だ
⑱澄《す》まして　⑲掻《か》き込《こ》めト

〽⑳棟石《むねいし》ゃゴロゴロ　下《した》にはおられぬ
逃《に》げなきゃ　ならないト

〽㉑一昨昨日《いっさくさくじつ》　お便《たよ》り出《だ》したに
御返事《ごへんじ》ないのが　いささか御心配《ごしんぱい》ト

〽奈良田《ならだ》の里《さと》でも　㉒牡丹餅《ぼたもち》や米《こめ》だよト

〽里《さと》では鶏《にわとり》　山《やま》では郭公鳥《かっこどり》
あの娘《こ》は　唄姫《うたひめ》ト

〽お盆《ぼん》と正月《しょうがつ》　一緒《いっしょ》に来《き》たよな
㉓幸《しゃわ》せが　いっぱいト

注①元は『信濃追分』の歌詞。追分宿や追分節が嫌なのではなく、街道の分岐点（追分）で別れるのが嫌だ、の意。今は「奈良田追分　身の毛が…」と唄う人が多いが、それでは、『奈良田追分節』が嫌だ、の意になる。替えたのは昭和五〇年代（一九七五〜）のようである。
②「髪の毛も」とも。「しわも寄る」「年が寄る」は誤唱。
③長野県の中東部にそびえる活火山（二五六八メートル）。
④遊女としての勤め。
⑤江戸時代に、容疑者を拷問するのに用いた石の板。正座させ、股《もも》の上に置く。
⑥住んでいる所。また、故郷。
⑦はなやかで、美しい。
⑧現南巨摩郡早川町の地名。奈良田の南方、早川の下流約五キロにある。
⑨➡解説。
⑩稲の藁《わら》で作った、草履やわらじを。
⑪達者の意の「まめ」を掛ける。
⑫白根山。白根三山とも。山梨県の中西部にそびえる北岳《きただけ》（三一九二メートル）・間《あい》ノ岳《たけ》（三一八九メートル）・農鳥岳《のうとりだけ》（三〇二六メートル）の総称。南アルプスの主峰。
⑬鹿。
⑭しぐれが降っているらしいよ。「しぐれ」は、初冬の雨で、しばらくの間激しく降ってはやみ、降ってはやみするもの。
⑮そうだろう。
⑯食品の「そば」のこと。そば粉を、水などを加えてこね、薄く伸ばして、細く切ったもの。
⑰だし汁や、つけ汁。
⑱すまし汁。しょうゆまたは塩仕立てのお汁。
⑲「かっ込め」とも。

⑳板屋根などを押さえるために、屋根にのせてある石。「屋根石ゃ」とも。
㉑三日前のこと。一昨日の前日。
㉒もち米とうるち米とをまぜて炊き、軽く搗いて小さく丸め、小豆《あずき》のあんやきなこをまぶした食べ物。おはぎ。奈良田は山の中で米はとれないが、物々交換で入手した米で作る、の意。
㉓「しゃあせ」とも。

山梨県の酒盛り唄。山梨県の中西端、それも南アルプスの東裾《すそ》に沿って南流する早川の上流にある山村、南巨摩《こま》郡早川町奈良田の人たちが、酒席で唄ってきたものである。

唄の履歴　この唄の源流は、信州追分宿《おいわけじゅく》（長野県北佐久郡軽井沢町追分）の飯盛《めしも》り女たちが、酒席で旅人相手に唄っていたお座敷唄「追分節」である（⬇三八一ページ）。それは、江戸時代後期の文化文政（一八〇四〜三〇）頃に、流行《はや》り唄として日本中へ広まった。

奈良田の人たちは、その「追分節」を、村の東の峠にある池ノ茶屋辺りで、甲府方面の商人と物々交換をしているうちに聞き覚えたようである。しかし、奈良田では、三味線など高級な楽器は入手しにくいので、自作の板三味線（杉板張りのもの。箱三味線ともいう。）に合わせて唄ってきた。

ところが、唄い継がれるうち、各地で広く唄われている「甚句《じんく》」の節まわしと混じってしまった。筆者（竹内勉）が奈良田で一九六七年七月一六日に深沢静子（六〇歳）に何回か唄ってもらったが、その半分近くは「追分節」ではなく、「甚句」になってしまっていた。そして、その後の発掘民謡ブームでは、「甚句」の節のほうの『奈良田追分』を広めてしまったようである。

節まわしの型　今日広く唄われている節まわしは、東北地方出身で東京在住の民謡家がまとめた、「甚句」のものである。本来の「追分節」の節まわしへ戻す必要がある。

粘《ねん》土《ど》節《ぶし》

仕事唄（農民節）

〽ハァー①粘土《ねんど》おっ高《たか》やんが　来《こ》ないなんて言《い》えば
広《ひろ》い川原《かわら》も　真《しん》の闇《やみ》
《繰り返し》〔搗き手〕
広《ひろ》い川原《かわら》も　真《しん》の闇《やみ》

〽②行《い》ってごらんよ　③釜無《かまなし》の土手《どて》へ
粘土《ねんど》お高《たか》やんの　④日除《ひよ》け松《まつ》

〽粘土《ねんど》搗《つ》くにも　⑤繻子《しゅす》の帯《おび》ょ締《し》めて
嫁《よめ》に行《ゆ》く時《とき》ゃ　何《なに》ょ締《し》める

〽粘土《ねんど》搗《つ》くにも　紅白粉《べにおしろい》で
堅《かた》い石屋《いしや》さんを　迷《まよ》わせる

〽粘土《ねんど》お高《たか》やんの　唄声《うたごえ》聞《き》けば
重《おも》いビール⑥も　軽《かる》くなる

〽裏《うら》のこせ⑦道《みち》ょ　よく来《き》てくれた
さぞや⑧濡《ぬ》れつら　豆《まめ》の葉《は》で

〽買《か》っておくれよ　⑨朝鮮《ちょうせん》鼈甲《べっこう》の櫛《くし》を
村《むら》で差《さ》さぬは　わし一人《ひとり》

〽⑩平打《ひらう》ちぶっ担《かつ》いで　⑪ゆっくら搗《つ》いておくれ
⑫杵《きね》と調子《ちょうし》が　合《あ》うように

〽粘土《ねんど》搗《つ》けばこそ　米《こめ》の飯《めし》魚《さかな》
家《うち》じゃお粥《かゆ》の　湯《ゆ》も飲《の》めぬ

〽粘土《ねんど》お高《たか》やんは　⑬山之神《やまのかみ》照《て》らす
娘《むすめ》繻子《しゅす》の帯《おび》ゃ　腰《こし》照《て》らす

〽山《やま》じゃ山鳥《やまどり》　川原《かわら》じゃ千鳥《ちどり》
こっちじゃ鶏《にわとり》⑭時作《ときつく》る

〽上《あ》げて下《お》ろしなって　これたけばっかの杵《きね》を
杵《きね》が揃《そろ》わにゃ　⑮歩《ぶ》が下《さ》がる

注①粘土搗きのお高さん。⬇解説。
②「見せてやりたや　釜無の土手の」「掛けてやりたい　小井川土手に」とも。
③釜無川。山梨県北西部の山地に発して南東流し、

西八代郡市川三郷町の西で笛吹川と合流する川（約六〇キロ）。富士川の上流部。
④日光の直射をさけるのに格好の日陰を作っている松。
⑤絹織物の一。布面に縦糸だけ、または横糸だけを浮かせたもので、光沢があり、肌ざわりがよい。
⑥粘土などを運ぶためのトロッコ。
⑦細い道を。
⑧濡れただろう。
⑨朝鮮半島産出の、タイマイ（海亀）の甲を煮て作った櫛。
⑩地固めに用いる、柄のついた棒。→解説。
⑪ゆっくり。
⑫「唄と」「杵が調子と」とも。
⑬お高さんが住んでいた、現中央市の地名。「川原を」とも。
⑭鳴いて、夜明けを知らせる。
⑮歩合。仕事量に応じてもらう給金。

山梨県の仕事唄・お座敷唄。山梨県の北西端、それも御勅使《みだい》川が釜無《かまなし》川へ直角に流れ込む、現甲《か》斐《い》市竜王町一円の農民たちが、堤防造りの粘土搗《つ》きの拍子に合わせて唄ってきたものである。それが、のちに三味線の手がつけられて韮崎《にらさき》市の花柳界でお座敷唄になり、さらに甲府市の花柳界へも広まっていった。

粘土搗きとは、セメント使用以前に行われた、堤防工事の地固めの一方法である。細い雑木を川岸の底に敷きつめ、その上に石を置く。幅は五間（約九メートル）ほど。そこへ粘土を七寸（約二一センチ）ほど敷くと、二尺（約六一センチ）ほどの柄のついた、餅《もち》搗き用の杵《きね》のようなもの（杉や檜製）を持った人が、三人か五人一組になって、音頭取りの唄に合わせて搗き込んでいく。

搗き手は女で、伊達《だて》股《もも》引き・脚絆《きゃはん》に手甲をつけ、夏は三度笠を、冬は手ぬぐいをかぶり、幅広の襷《たすき》を掛け、帯をきりっと締め、薄化粧をしていた。そうした搗き手が一つの工事場に五〇人から百人ほどもおり、賃金は一日一五銭だった。その女たちの中の花が、歌詞に登場する「粘土お高やん」だったのである。

その「お高やん」は、現中央市山之神の農家の児玉たか（一八七〇年一一月一三日生まれ）である。一八八五年八月の大水害で堤防の決壊は五九八箇所に及んだが、その復旧工事（一八九四年まで行われた）のために各家から人夫を出すことになった。その中に児玉たかがいて、堤防補修工事現場の花となった。

たかは、工事場で知り合った、トロッコ押しの藤巻茂三郎の元へ一八九〇年三月に嫁した。歌詞に、

〽粘土お高やんの　父ちゃんをごらん
　破れ障子で　しらみ取る

などといった中傷の文句があるところを見ると、一八八五年から九〇年頃までの間に種々の歌詞が生まれたようである。なお、たかは小柄な美人で、美声だったという。一九三二年八月一八日に六三歳で亡くなり、墓は中央市布施の妙泉寺にある。

また、「粘土節保存之碑」が、一九七九年四月一日に、中央市旧臼井沼の総合公園に建立された。

唄の履歴　この唄の源流は『ザンザ節』である。それは、伊勢神宮の遷宮式（二〇年に一度行われる）で、社殿建て替え用の御用材を曳《ひ》く「お木《き》曳き木遣《や》り唄」として、現三重県伊勢市山田の町人山原佳木が一七八四年に作った唄である（→六三七ページ）。曲名の『ザンザ節』は、はやし詞から命名された。

その唄が、伊勢土産としてか、河川の堤防工事の音頭取りによってか、中部地方にも伝えられ、静岡県では安倍《あべ》川などで、山梨県ではこの釜無川などで唄われた。

その『粘土節』、一九五八年にビクターレコードから伊藤かず子の唄で世に出た。そして踊りもつけられたが、この時に、地元の唄い方から、三味線に乗るように編曲されている。

なお、お座敷唄には「繰り返し」がつかず、はやし詞「ハーゴッション　ゴッション」がつく。この「ゴッション」は、重い物を落とした時の擬音「ドッシャン」が変化したものである。

節まわしの型　今日広く唄われている節まわしは、伊藤かず子の、三味線伴奏つきのものである。

長野県

安《あ》曇《ずみ》節《ぶし》

盆踊り唄〔音頭取り〕

〽サァ寄《よ》れや寄《よ》って来《こ》い　①安曇野踊《あずみのおど》り
田《た》から町《まち》から　田《た》から町《まち》から　野山《のやま》から
《繰り返し》〔踊り手〕
野山《のやま》から　野山《のやま》から
（チョコサイ　コラコイー）

〽何《なに》か思案《しあん》の　②有明山《ありあけやま》に
小首《こくび》かしげて　出《で》た蕨《わらび》

〽③白馬七月《はくばしちがつ》　残《のこ》りの雪《ゆき》を
割《わ》りて咲《さ》き出《だ》す　花《はな》の数《かず》

〽安曇六月《あずみろくがつ》　まだ風寒《かぜさむ》い
④田植《たう》え布子《ぬのこ》に　⑤雪袴《ゆきばかま》

〽⑥日本《にほん》アルプス　どの山見《やまみ》ても
冬《ふゆ》の姿《すがた》で　夏《なつ》となる

〽⑦月《つき》と⑧一茶《いっさ》で　名《な》の出《で》た⑨信濃《しなの》
今《いま》じゃアルプス　⑩上高地《かみこうち》

〽一夜《いちや》⑪穂高《ほたか》の　山葵《わさび》となりて
⑫京《きょう》の⑬小町《こまち》を　泣《な》かせたや

〽登《のぼ》る⑭常念《じょうねん》　⑮豊科口《とよしなぐち》の
⑯一《いち》の沢辺《さわべ》は　夏桜《なつざくら》

〽⑰烏帽子《えぼし》下《くだ》れば　⑱葛《くず》の湯《ゆ》泊《ど》まり
浮世離《うきよはな》れた　⑲高瀬《たかせ》⑳いり

〽㉑まめで会《あ》いましょ　また㉒来年《らいねん》も
踊《おど》る輪《わ》の中《なか》　月《つき》の夜《よ》に

〽㉓岳《だけ》の㉔黒百合《くろゆり》　咲《さ》き出《だ》す頃《ころ》は
安曇娘《あずみむすめ》も　日《ひ》に焼《や》ける

〽夏《なつ》も涼《すず》しや　㉕木崎湖《きざきこ》行《い》けば
岳《だけ》の白雪《しらゆき》　㉖舟《ふね》で越《こ》す

〽昨日《きのう》㉗四《よ》ツ谷《や》で　今日《きょう》㉘白馬《しろうま》よ
明日《あす》は㉙杓子《しゃくし》か　㉚鑓ケ岳《やりがたけ》

〽誰《たれ》か行《ゆ》かぬか　高瀬《たかせ》のいりに
㉛夏《なつ》も残《のこ》りの　雪取《ゆきと》りに

〽色気《いろけ》づいたか　㉜大原《おおばら》りんご
赤《あか》い顔《かお》して　人招《ひとまね》く

〽鳥《とり》も通《かよ》わぬ　あの谷越《たにこ》えて
思《おも》いかけたる　㉝爺ケ岳《じいがたけ》

〽花《はな》に焦《こ》がれて　白馬登《しろうまのぼ》り
残《のこ》る白雪《しらゆき》　踏《ふ》み分《わ》ける

注①長野県の北西部で、北アルプスの東麓、梓川流域から北の姫川流域にかけての地域名。
②大糸線穂高駅の北西方にそびえる山（二二六八メートル）。

別名、信濃富士。
③正しくは「しろうま」。白馬岳。長野県の北西端にそびえる山（二九三二メートル）。白馬三山の一。
④田植えの頃、寒い時に着る、木綿の綿入れ。
⑤〔多く雪国で用いられたことから〕足首のところを細く絞った、作業用の袴。
⑥本州の中部、中央高地に南北に連なる、飛驒・木曽・赤石山脈の総称。一八八一年、ガウランド（英人）が飛驒山脈に命名、のち、ウェストン（英人）が三山脈の総称とした。なお、それぞれに北・中央・南アルプスと命名したのは小島烏水である。
⑦千曲市の篠ノ井線姨捨《おばすて》駅近くの、田ごとの月。山の斜面に作られた、小さな、狭い田一枚一枚に映る月。
⑧小林一茶。江戸時代後期の俳人。現上水内郡信濃町柏原の出身。
⑨旧国名。現長野県全域。
⑩長野県中西部松本市の、梓川上流域の地名。大正池尻から横尾までの南北約一三キロ、最大幅約二キロの景勝地。標高約一五〇〇～一六〇〇メートル。北アルプスの登山基地。
⑪安曇野市穂高町。長野県北西部にある。
⑫京都。
⑬小町娘。小野小町のような、評判の美人。
⑭常念岳。穂高町の南西端にそびえる山（二六五七メートル）。
⑮常念岳の登山口（安曇野市豊科町）。
⑯常念岳への登山ルート。この沢を西へ進めば、常念岳頂上の北方へ出る。
⑰烏帽子岳。大町市の南西部にそびえる山（二六二八メートル）。
⑱葛温泉。大糸線信濃大町駅の西方、高瀬川畔にある。北アルプスの登山基地。
⑲高瀬川。大町市南端部の槍ヶ岳に発して北流、東流し、大町市街地より南流して穂高町の東で犀川へ注ぐ川（約五六キロ）。
⑳奥。
㉑達者で。元気で。
㉒「来年に」は誤唱。
㉓高い山。
㉔ユリ科の多年草。本州中部以北の高山に自生。高さ三〇センチほど。夏に暗紫褐色で、黄色の斑点のある鐘状花をつける。
㉕大町市の北部にある、細長い湖。周囲約六キロ。
㉖湖面に映っている山を漕ぎ分けていくことをいう。
㉗大糸線の旧信濃四ツ谷駅（現白馬《はくば》駅）。
㉘⬇注③。
㉙杓子岳。白馬岳の南にそびえる山（二八一二メートル）。白馬三山の一。
㉚杓子岳の南にそびえる山（二九〇三メートル）。白馬鑓。白馬三山の一。
㉛「うどやわらびの　芽を摘みに」とも。
㉜旧大原村（現上水内郡信州新町日原東地区）産のりんご。
㉝鑓ヶ岳の南方約一七キロにそびえる山（二六七〇キロ）。

長野県の、盆踊り唄・お座敷唄形式の新民謡。長野県の北西部、北安曇郡松川村の医師、榛原太《しんはらふと》生《う》が、一九二三年夏に発表したものである。

唄の履歴　一九二三年頃は新民謡運動の始まった頃であるが、榛原太生は、長野県出身の有名作曲家、中山晋平に刺激されてこの唄を作ったのであろう。ただ、榛原は作曲家ではないので、周辺に伝わる民謡を土台にして、今流にいえば、編曲したのである。

利用したのは盆踊り唄の「チョコサイ節」で、七七七五調の、単純な唄である。それに繰り返しと、はやし詞「チョコサイ　コラコイ」を加え、音頭取り（唄い手）と踊り手（はやし手）との掛け合い形式にした。それを図にすると、次のようになる。（○で囲んだのが繰り返し）

七　七　七 → ⑦　五 → ⑤ → ⑤　はやし詞
音頭取り（唄い手）　踊り手（はやし手）

一方、歌詞は旧来から唄われていたものを利用したが、のちに『安曇節』が有名になってから、前掲三首目以下のような、観光用の歌詞を加えている。

節まわしの型　今日広く唄われている節まわしは、地元芸者のものである。

補足　この唄は、レコード吹き込みの権利を昭和三〇年代（一九五五～）末に個人へ譲渡してしまったため、以後、マスコミでは扱いにくくなり、しだいに忘れられていった。また、歌詞があまりに山岳観光用のものばかりで、民謡の特質である、そこに住む人たちの生活感や人情味などに乏しいことも、不人気の原因になっているのかもしれない。

伊《い》那《な》節《ぶし》

お座敷唄

〽サァー①天竜下《てんりゅうくだ》れば　②飛沫《しぶき》がかかる
持《も》たせやりたや　持《も》たせやりたや　③檜笠《ひのきがさ》
（アァ　ヨサコイ　アバヨ）

〔小笠原晃作〕

〽桑《くわ》の中《なか》から　④小唄《こうた》が漏《も》れる
小唄《こうた》聞《き》きたや　顔見《かおみ》たや　〔大谷亀次郎作〕

〽松《まつ》になりたや　峠《とうげ》の松《まつ》に
登《のぼ》り下《くだ》りの　⑤手掛《てか》け松《まつ》

〽こぼれ松葉《まつば》を　手《て》で掻《か》き寄《よ》せて
主《ぬし》のおいでを　焚《た》いて待《ま》つ

〽天竜下《てんりゅうくだ》りて　川下見《かわしもみ》れば
松《まつ》が見《み》えます　⑥浜松《はままつ》が

〽わしが心《こころ》と　⑦御嶽山《おんたけやま》の
峰《みね》の氷《こおり》は　いつ融《と》ける

〽峰《みね》の氷《こおり》は　朝日《あさひ》で融《と》ける
娘《むすめ》⑧島田《しまだ》は　寝《ね》て解《と》ける

〽はるか向《む》こうの　⑨赤石山《あかいしやま》に
雪《ゆき》が見《み》えます　初雪《はつゆき》が

〽⑩木曽《きそ》へ木曽《きそ》へと　⑪つけ出《だ》す米《こめ》は
⑫伊那《いな》や⑬高遠《たかとお》の　⑭あまり米《ごめ》

〽⑮諏訪《すわ》の湖水《こすい》を　鏡《かがみ》にかけて
雪《ゆき》で化粧《けしょう》する　お月《つき》さん

〽心細《こころぼそ》いよ　⑯木曽路《きそじ》の旅《たび》は
笠《かさ》に木《こ》の葉《は》が　降《ふ》りかかる

〽⑰恵那《えな》の高嶺《たかね》に　雨雲《あまぐも》かかりゃ
家内総出《かないそうで》で　桑摘《くわつ》みに

〽可愛《かわ》い主《ぬし》さんに　敷《し》く⑱四幅布団《よのぶとん》
わしが⑲在所《ざいしょ》の　⑳伊那紬《いなつむぎ》

〽天竜川原《てんりゅうがわら》で　昼寝《ひるね》をしたら
㉑鮎《あい》と鯉《こい》との　夢《ゆめ》を見《み》た

〽わたしゃ伊那《いな》の谷《たに》　谷間《たにま》の娘《むすめ》
蚕《かいこ》恐《わ》がる　子《こ》は産《う》まぬ

〽谷《たに》の㉒狭霧《さぎり》か　糸引《いとひ》く湯気《ゆげ》か
㉓岳《だけ》に日《ひ》が射《さ》しゃ　昼《ひる》の鐘《かね》

〽東《ひがし》ゃ赤石《あかいし》　西《にし》ゃ㉔駒ヶ岳《こまがたけ》
間《あい》を流《なが》るる　天竜川《てんりゅうがわ》

〽天竜《てんりゅう》㉕二十五里《にじゅうごり》　紅葉《もみじ》の中《なか》を
舟《ふね》が縫《ぬ》うぞえ　㉖糸乗《いとの》せて

〽㉗神坂《みさか》越えて来《く》りゃ　㉘木通《あけび》の口《くち》へ
釣瓶落《つるべお》としの　日《ひ》がのぞく

〽菅《すげ》の小笠《こがさ》に　㉙峡間《きょうま》の㉚時雨《しぐれ》
送《おく》り迎《むか》えの　渡《わた》し舟《ぶね》

〽淵《ふち》は深《ふか》いし　岩険《いわけわ》しいし
岸《きし》の白百合《しらゆり》　誰《たれ》が折《お》る

注①天竜川。長野県中央部の諏訪湖に発して伊那谷を南流し、静岡県浜松市の南東で遠州灘へ注ぐ川（約二一三キロ）。
②小笠原作の歌詞は「飛沫に濡れる」であるが、作曲家の中山晋平は「飛沫がかかる」と唄うほうがよいと、市丸にすすめた。以後、しだいに「かかる」が広まっていった。これは改良であり、原作にこだわる必要はない。
③檜の板を薄く削り、編んで作った笠。
④流行《はや》り唄。
⑤旅人が峠の坂を登り下りする時につかまる松の木。
⑥浜辺の松と地名（現静岡県浜松市）を掛ける。
⑦長野県の南西部にそびえる山（三〇六三メートル）。修験道の信仰の山で、富士山・立山とともに日本三大霊山と称せられる。
⑧島田髷。日本髪の髪型で、未婚の女性が結うもの。
⑨長野県の南東端にそびえる山（三一二〇メートル）。
⑩長野県南西部の、木曽川上流域地方。
⑪一六九六年、木曽の古畑権兵衛が、現伊那市南西端と中山道宮越宿（木曽町日義）を結ぶ街道を、牛馬が通れるように改修した。以後、この権兵衛街道を利用して、米を馬で木曽へ運んだ。

⑫長野県中南部の、天竜川上流域地方。
⑬現伊那市高遠町。内藤氏の高遠藩三万三千石の城下町。
⑭「涙米」「お蔵米」とも。
⑮諏訪湖。長野県の中央部にある。周囲約一七キロ。
⑯木曽街道。木曽川沿いに通じている中山道の、贄《にえ》川宿《かわじゅく》（塩尻市贄川）から馬籠宿《まごめじゅく》（岐阜県中津川市神坂《みさか》）までの一一宿辺りをいう。
⑰恵那山。長野県の南端部にそびえる山（二一九〇メートル）。
⑱表裏ともに並幅四枚分の布で作った布団。
⑲住んでいる所。また、故郷。
⑳伊那地方で生産される紬。紬は、くず繭や真綿から紡いだ糸で織った絹織物。
㉑「あい」は「あゆ」の訛り。「愛と恋」を掛ける。
㉒霧。「さ」は接頭語で、語調を整えるためのもの。「狭」は、それにあてた漢字。
㉓高い山。
㉔木曽駒ヶ岳。長野県の中南部にそびえる山（二九五六メートル）。木曽山脈の主峰。
㉕約九八キロ。
㉖蚕からとった絹糸。
㉗神坂峠。下伊那郡阿智村と岐阜県中津川市の境にある峠（一五九五メートル）。奈良時代から平安時代にかけての官道で、東山道が通じていた。歌枕。現恵那山トンネルの上にあたる。
㉘木通の実の裂け目へ。「木通」は、木通科のつる性落葉低木で、山野に自生。葉は五枚の小葉から成る。実は長卵形で長さ七、八センチになり、秋、熟して厚い皮が紫色になると、縦に裂ける。黒い小さな種を含む果肉は、白くて甘い。つるは細工物に用いる。
㉙谷間。
㉚初冬の雨で、しばらくの間激しく降ってはやみ、降ってはやみするもの。

長野県のお座敷唄・酒盛り唄・盆踊り唄。長野県の南部、天竜川沿いの伊那谷の花柳界の宴席で、芸者衆が唄ってきた唄である。そして、伊那谷一円の人たちが、酒席で、また、お盆に唄い踊ってきたものである。

唄の履歴　この唄の源流は不明である。ただ、霊峰、木曽の御嶽山《おんたけさん》を唄った歌詞が多く、その唄い出しの語から曲名を「御嶽」とか「御嶽山」と呼んでいるので、信仰の山、御嶽山を中心に広まっていることだけは確かである。そのため、この唄は岐阜県・愛知県・山梨県下の山村でも広く唄われている。

その「御嶽山」、初期の唄は複雑な繰り返しがついていたので、掛け合いでの踊り唄として育ってきたものと思われる。しかし、のちに現飯田市などの花柳界に入ってお座敷唄になったものは、その繰り返し部分をかなり省略してしまっている。

一九〇八年、上伊那郡西春近村（現伊那市内）の唐沢某《なにがし》は、この唄を世に出そうと考え、長野市の権堂《ごんどう》芸者に唄と踊りを覚えさせ、長野市で催された関東一府十県の共進会の余興で上演させた。そこには、木曽谷の「中乗りさん節」（のちの『木曽節』）を唄う連中も来ていた。御嶽山は、伊那谷の西に連なる木曽山脈の西にある木曽谷の、さらに西にそびえる山である。その山を曲名とする「御嶽山」という唄を木曽谷の人たちの前で唄うのは、伊那谷の人たちにとっては、木曽谷の人たちのものを借りるような感じがしたのであろう。そのため、この唄は伊那谷の唄であるという意味で、曲名を『伊那節』と変更した。

その『伊那節』、一九一六年に伊那風景探勝会が主催して歌詞の募集を行った。前年に木曽谷の福島町（現木曽町）の町長伊東淳《すなお》が『木曽節』（三七六ページ）の踊りの免状を出して観光客を集めようとした企画に対抗して、これに負けてはならじと始めたのであろう。

その結果、一位は前掲一首目の「〽天竜下れば…」、二位は二首目の「〽桑の中から…」であった。また、三位は「〽娘にここ夕餉《ゆうげ》の仕度　かいた蚕繭《こまゆ》に月がさす」で、四位は前掲八首目の「〽はるか向こうの…」であった。それ以来、「〽天竜下れば…」が『伊那節』の元唄扱いをされるようになった。

その後、伊那谷では、この唄の主導権争いが激しくなり、唐沢某の地元西春近村の「飯島平次郎派」と、これに反対する「普及会派」、さらに飯田の花柳界を中心とする「二業組合派」の三派が、それぞれ節まわしを多少変えて競った。そして、伊那芸妓連《げいこれん》（二業組合派）が一九三〇年七月にビクターレコードからレコードを出し、小唄勝太郎（新潟市出身）が同年一二月に同じくビクターから出し、三三年三月には、浅間温泉の芸者だった市丸が、やはりビクターから出した。その市丸の唄が最も評判がよく、以後、東京では『伊那節』といえば市丸のものとなった。

地元の、野調ともいうべき節まわしは、太平洋戦争前に山口勝清がレコード化し、戦後は、伊那市の鈴木繁重の唄で代表されるようになっていった。しかし、内陸部の風土によるものか、しなやかさが欠如しているために大衆にはなじみにくくなっている。しかも、今日でも伊那谷では主導権争いを続けているので、せっかくの名曲がもったいない。共存するゆとりと知恵を持てないのは、あるいは自然の厳しさと、閉鎖社会ゆえかもしれない。

節まわしの型　今日広く唄われている節まわしは、「お座敷唄」は市丸のもの、「盆踊り唄」は山口勝清や鈴木繁重のものである。

追分宿馬子唄《おいわけじゅくまごうた》

〽①浅間山《あさまやま》さん　なぜ②焼《や》けしゃんすヨー
裾《すそ》に③三宿《さんしゅく》　エェ持《も》ちながら
（〔唄い手〕ハイィ　ハイ）

〽④小諸《こもろ》出《で》て見《み》りゃ　浅間《あさま》の山《やま》に
今朝《けさ》も⑤煙《けむり》が　三筋《みすじ》立《た》つ

〽⑥碓氷峠《うすいとうげ》の　⑦権現様《ごんげんさま》は
⑧わしがためには　守《まも》り神《がみ》

〽一《いち》に⑨追分《おいわけ》　二《に》に⑩軽井沢《かるいざわ》
三《さん》に⑪坂本《さかもと》　⑫ままならぬ

〽西《にし》は追分《おいわけ》　東《ひがし》は⑬関所《せきしょ》
せめて⑭峠《とうげ》の　茶屋《ちゃや》までも

〽碓氷峠《うすいとうげ》の　あの⑮風車《かざぐるま》
誰《たれ》を待《ま》つやら　くる(来る)くると

三音省略型

〔嫌《いや》な〕追分《おいわけ》　⑯桝形《ますがた》の茶屋《ちゃや》で
ホロと泣《な》いたが　忘《わす》らりょか

☆〔歌詞は『信濃追分』と共通〕

注①長野県の中東部、群馬県との境にそびえる火山（二五六八メートル）。追分宿の北方、小諸の北東方に見える。
②火山が火を噴くことと、やきもちをやくことを掛ける。
③浅間三宿。追分宿・沓掛宿・軽井沢宿のこと。「三宿」を「三四九」と解し、足して十六になることから「十六歳の飯盛り女を持ちながら」の意。「三宿」は「お十六」とも。
④現小諸市。牧野氏一万五千石の城下町で、北国街道の宿場町。
⑤「三筋の煙立つ」とも。ただし、上掲のほうが、煙の印象が強くてよい。
⑥軽井沢町と群馬県安中市松井田町の境にある峠（九五六メートル）。中山道が通じている。
⑦碓氷権現熊野皇大《こうたい》神社。碓氷峠の、中山道の北側、長野県と群馬県の県境上にある。
⑧馬子唄は馬子自身が唄うので「わしがため」。酒席で飯盛り女が唄う場合は「主のため」となる。
⑨追分宿。➡解説。
⑩軽井沢宿。
⑪坂本宿（松井田町坂本）。軽井沢宿の東隣り、上州側最初の宿場。
⑫飯盛り女が旅人の袖を引くので、素通りしようとしても思うようにならない。
⑬交通の要所や藩境に設けて、通行人や荷物の取り締まりを行った施設で、碓氷関所をさす。一六二三年に現松井田町横川に開設。
⑭碓氷峠の頂上、中山道の南側にあった茶店。
⑮熊野皇大神社の境内にある、一対の円形の石。直径約六〇センチ。軽井沢の問屋佐藤市右衛門と代官佐藤平八郎が境内に石畳を敷いたのを記念して、市右衛門とその子が、家紋の源氏車を石に刻んで一六八九年に奉納した。風車のように見えるため、「石の風車」と呼ばれた。
⑯追分宿の西の出入り口の、桝形の外にあった茶店兼商人宿。一一軒あった。桝形は、高さ六尺ほどの石垣で四角に囲った交通取締所。大名や役人はその中を、一般の旅人はその脇を通って宿場に出入りした。

長野県の仕事唄。長野県の中東部、それも中山《なかせん》道《どう》と北国《ほっこく》街道の分岐点に栄えた信州追分宿（北佐久郡軽井沢町追分）の脇本陣であった「油屋」の主人小川誠一郎（一九〇一年二月一三日生まれ）が唄ってきたものである。

別名　追分馬子唄（➡後記）。

唄の履歴　この唄の源流は、「油屋」の飯盛《めしも》り女たちが、酒席で旅人相手に唄っていた「追分節」である。それは、街道を往来する駄賃付け馬子が唄う「馬子唄」（馬方節）に、飯盛り女たちが、酒宴用に三味線伴奏を加えたお座敷唄である。

小川誠一郎は、一九一八年頃に、「油屋」の遊女おのぶ（一八四六年頃の生まれ）からその「追分節」を習い覚えた。ところが、当時の軽井沢は高級静養地になっており、また、遊女のお座敷唄という時代ではなかったので、小川は三味線をはずし、馬子唄仕立てにして「追分馬子唄」の名で唄い始めた。しかし、「追分」という言葉は、今日では『江差《えさし》追分』を代表とする、尺八の伴奏で朗々と唄う唄を連想させるので、この曲名では『江差追分』

系の「馬子唄」と混同しかねない。したがって、筆者（竹内勉）は曲名をより詳しく『追分宿馬子唄』とすることにした。

その『追分宿馬子唄』、「油屋」の観光用の唄という印象が強く、なかなか広まっていかなかったが、近年、小川誠一郎個人の唄から、やっと長野県民謡となってきた。

なお、前掲最後の歌詞で「〽嫌な追分…」と唄うのは地元の人たちには認めがたく、「嫌な」を略して唄い出す「三音省略型」もある。しかし、この「嫌な」は、追分宿が嫌なのではなく、別れるのが嫌な追分宿という意味であるから、過剰に反応してはいけない。

節まわしの型　今日広く唄われている節まわしは、小川誠一郎のものである。

木《き》曽《そ》節《ぶし》

上の句

〽〔音頭取り〕①木曽《きそ》のナァー②中乗《なかの》りさん　木曽《きそ》
の③御嶽《おんたけ》ナンジャラホーイ
〔踊り手〕夏《なつ》でも寒《さむ》いヨイヨイヨーイ

下の句

〔音頭取り〕④袷《あわし》ょナァー中乗《なかの》りさん　袷《あわし》ょ
やりたやナンジャラホーイ
〔踊り手〕足袋《たび》ょ添《そ》えてヨイヨイヨイ

〽袷《あわし》ょばかりは　やられもすまい
⑤襦袢《じゅばん》仕立《した》てて　足袋《たび》ょ添《そ》えて

〽心細《こころぼそ》いぞ　⑥木曽路《きそじ》の旅《たび》は
笠《かさ》に木《こ》の葉《は》が　舞《ま》いかかる

〽⑦木曽《きそ》の桟《かけはし》　⑧太田《おおた》の渡《わた》し
⑨鳥居峠《とりいとうげ》が　無《な》かよかろ

〽木曽《きそ》へ木曽《きそ》へと　皆行《みなゆ》きたがる
木曽《きそ》に木山《きやま》が　あればこそ

〽木曽《きそ》の名木《めいぼく》　⑩檜《ひのき》に⑪椹《さわら》
⑫杜松《ねず》や⑬翌檜《あすひ》に　⑭高野槇《こうやまき》

〽踊《おど》りましょうぞ　踊《おど》らせましょぞ
月《つき》が山端《やまは》に　かげるまで

〽木曽《きそ》の名物《めいぶつ》　⑮お六《ろく》の櫛《くし》は
解《と》けし前髪《まえがみ》　留《と》めに差《さ》す

注①長野県南西部の、木曽川上流域地方。
②➡解説。
③長野県の南西部にそびえる山（三〇六三メートル）。修験道の信仰の山で、富士山・立山とともに日本三大霊山と称せられる。
④「あわせを」の転。「あわせ」は、裏地のついた着物。単衣《ひとえ》や綿入れに対していう。
⑤和装の時に着る下着。
⑥木曽街道。木曽川沿いに通じている中山道の、贄《にえ》川宿《かわじゅく》（塩尻市贄川）から馬籠宿《まごめじゅく》（岐阜県中津川市神坂《みさか》）までの一一宿辺りをいう。
⑦現木曽郡上松町にあった、木曽谷の崖道の途切れた所に渡した橋。鉄のくさりの桁《けた》に、板を藤のつるで縛りつけたもの。木曽街道の難所。
⑧中山道太田宿（岐阜県美濃加茂市）にあった、木曽川の渡し場。
⑨塩尻市奈良井と木曽郡木祖村の境にある峠（一一九七メートル）。木曽街道の難所。
⑩ヒノキ科の常緑高木。日本の特産種。福島県以南の山地に自生。高さ三〇～四〇メートル。材は淡黄色で芳香があり、建材・家具等に用いる。以下、木曽の五木。
⑪ヒノキ科の常緑高木。岩手県以南の山地に自生。檜に似る。高さ三〇～四〇メートル。材は建材・桶・器具等に用いる。
⑫ヒノキ科の常緑小高木。関東以南の山地に自生。高さ一～一〇メートル。盆栽として重用される。材は建材・器具等に用いる。ネズコ・ネズミサシ・クロベ・ムロ・杜松《としょう》とも。
⑬アスナロ・ヒバ。ヒノキ科の常緑高木。日本の特産種。本州・四国・九州の山地に自生。高さ一〇～三〇メートル。材は淡黄色で、建材・家具・船材等に用いる。
⑭スギ科の常緑高木。日本の特産種。本州中部以南の山地に自生。高さ二〇～四〇メートル。材は船材・建材・家具・桶等に用いる。
⑮黄楊《つげ》の梳き櫛。木曽街道藪原宿（木祖村藪原）の名産品。江戸時代中期にお六という女が、御嶽山のお告げで作り始めたという。

長野県の盆踊り唄。長野県の南西部、木曽郡木曽町を中心とする木曽谷一円の人たちが、お盆に唄い踊ってきたものである。

唄の履歴　この唄の源流は不明である。が、京都府南部辺りでも唄われていた、「ネンジャラホイ」というはやし詞を持つ盆踊り唄「はねそ踊り」などと同種の唄が木曽谷に伝えられ、酒盛り唄として唄われたのであろう。

山で伐採した木を運送するには川を利用し、まず、一本ずつバラで流す。各地の川狩り人足は、上流部では、岩や岸にひっかかった木を鳶口《とびぐち》で引っ張《ぱ》り出しては下流へ流していき、水量が十分になった地点から川口までは、木を筏《いかだ》に組んで運んでいく。その長い筏の前方に乗る人を先乗り、後方に乗る人を後乗《あとの》りと言い、熟練者が務める。「中乗り」は、先乗りの脇についている、見習いの若者のことなのであろう。その、未熟ながらも元気のよい若者たちにあこがれる、周辺の女たちの気持ちが、唄の中に取り込まれたものと思われる。

上流部で、鳶口で引っかけて木を引っぱり出す時の木遣《きや》り唄は「ヨイヨイヨイノ　ヨイヨイヨイ」といった掛け声のようなもので、それと木曽の「中乗りさん」と酒盛り唄の節とが結びつく。現在の『木曽節』は、そのようにして成長してきたものと考えられる。

こうしてまとまってきた「中乗りさん節」が、一九〇八年に長野市で催された関東一府十県の共進会で余興として演じられた頃から、伊那谷の『伊那節』（三七二ページ）に対抗して、木曽谷の人たちは曲名を『木曽節』と改めようと考えたようである。

この共進会の余興を見た和田垣謙三が、東京の音楽学者、田中正平博士にそのことを話した。当時、邦楽や民謡を採譜していた田中は、一家そろって楽しめる「家庭踊り」（今日のフォークダンスのようなもの）を広めようと考えていたので、その中に加えるべく、地元から唄い手を招いて採譜した。その時、「御嶽山節《おんたけさんぶし》」（『伊那節』のほう）を、木曽の御嶽山だから『木曽節』とし、「中乗りさん節」も、木曽谷の唄なので第二の「木曽節」とした。このような、「御嶽山節」と「中乗りさん節」を同一視する、東京の人たちのいいかげんさに対して、地元関係者はその区別をはっきりさせなければ、と考えたこともあったかもしれない。

一九一五年に福島町（現木曽町）の町長に就任した伊東淳《すなお》は、御嶽山の登山口としての観光の町、福島を宣伝するために「中乗りさん節」を役立てようと考え、曲名を『木曽節』と改めた。また、その唄には踊りがなかったので、当時、地元の人たちがお盆に踊っていた『中津川甚句』の振りを利用した。そして、観光客に教えて踊らせ、自分が踊りの司《つかさ》となって、「相許し候事の木曽踊」という免状を出した。

伊東町長は、「木曽節踊り」の意味で「木曽踊り」としたのであって、江戸時代初期の、曲名だけ残っている「木曽踊り」とは全く関係がない。ところが、「中に居る女や巴《ともえ》木曽踊り」という句が「毛吹草《けふきぐさ》」（一六四五年刊？）に載っているところから、一九七四年に、木曽義仲の菩提寺《ぼだいじ》、興禅寺に「木曽踊り発祥之地」なる碑を建てたため、その区別はややこしくなっている。

さて、その『木曽節』のレコードは、三島一声が一九二八年四月にビクターレコードから出したのが最も早いようである。保存会の牛山仁郎がキングレコードに吹き込んだのは三一年一一月である。

なお、東京の民謡歌手は、三味線伴奏で、付け手の分まで一人で通して唄うが、地元では、「上の句」「下の句」とも、「ナンジャラホイ」までを音頭取りが唄い、残りを踊り手が付け手となって掛け合いで唄う形式になっている。

節まわしの型　今日広く唄われている節まわしは、牛山仁郎のものである。

小諸馬子唄《こもろまごうた》

〽①小諸《こもろ》出《で》て見《み》ろ　②浅間《あさま》の山《やま》に
今朝《けさ》も③煙《けむり》が　エェ三筋《みすじ》立《た》つ
（〽唄い手〉ハイィ　ハイ）

〽④あおよ鳴《な》くなよ　もう家《うち》ゃ近《ちか》い
森《もり》の中《なか》から　灯《ひ》が見《み》える

〽馬《うま》を追《お》いかけ　後《あと》から行《ゆ》くに
くわえ煙管《ぎせる》の　面白《おもしろ》さ

〽浅間《あさま》の煙《けむり》が　北《きた》へと靡《なび》く
今宵《こよい》泊《と》まらにゃ　雨《あめ》となる

〽雨《あめ》が降《ふ》りゃまた　⑤松井田《まついだ》泊《ど》まり
雨《あめ》を降《ふ》らせて　また一夜《いちや》

〽馬《うま》は豆好《まめず》き　馬子酒《まごさけ》が好《す》き
乗《の》ったお客《きゃく》は　唄《うた》が好《す》き

注①現小諸市。牧野氏一万五千石の城下町で、北国街道の宿場町。
②長野県の中東部にそびえる火山（二五六八メートル）。小諸の北東方に見える。
③「三筋の煙立つ」とも。ただし、前掲のほうが、煙の印象が強くてよい。
④青みがかった黒い毛色の馬。また、その馬の名。
⑤中山道の宿場。現群馬県安中市松井田町。碓氷峠の東方の、上州側三番目の宿場。

長野県の仕事唄。長野県の中東部、現小諸市を中心にして中山道《なかせんどう》や北国《ほっこく》街道を往来する駄賃付け馬子たちが、馬を曳《ひ》きながら唄ってきたものである。駄賃付け馬子とは、農家の副業で、馬の背に荷物を積んだり、旅人を乗せたりして運び、その運び賃をもらう人たちのことである。

唄の履歴　この唄の源流は、旧南部藩領（岩手県中央部から青森県東部一帯）の博労《ばくろう》たちが、馬市などへの往来に唄っていた「夜曳《よび》き唄」（➡一七七ページ）である。それが、のちに東北地方一円の博労の間に広まると、隣接する関東地方の駄賃付け馬子たちも、まねて唄うようになった。しかし、彼らは荷物や人を運ぶのが仕事であり、移動するのは日中で、目的地へ早く着く必要があるため、博労の唄より早間の、歯切れのよいものになっていった。

その唄が、関東地方から主要街道沿いに西方へ広まり、中山道・北国街道の馬子たちも口ずさむようになった。したがって、郷土性には乏しい。

ところで、小諸辺りの農民は、冬になると江戸へ出て、吉原通いの人たちを運ぶのを出稼ぎ仕事とした。江戸では、この人たちを「ふくら雀《すずめ》」と呼んだ。馬子は、寒いので何枚も着込んで着ぶくれしていたためのあだ名である。小諸の「馬子唄」は、その馬子たちによって江戸でも広まり、今日東京に残っている「馬子唄」は、ほとんどがこの唄である。

さて、一九三七年一一月、コロムビアレコードでは、歌謡曲「浅間の煙」（作詞西条八十《さいじょうやそ》・作曲古《こ》関裕而《せきゆうじ》・編曲奥山貞吉・唄赤坂小梅）を売り出した。その中に、赤坂小梅は「馬子唄」を挿入して唄った。それは、民謡尺八の菊池淡水《きくちたんすい》から習った唄で、淡水は師匠の後藤桃水から教わったものである。その「馬子唄」は、東京も吉原辺りのもの、すなわち、小諸からの出稼ぎの馬子たちが伝えたもので、歌詞は前掲一首目の「〽小諸出て見ろ…」であった。こうして小諸の「馬子唄」は、小梅によって東京でよみがえった。

それでも、昭和三〇年代（一九五五〜）初めまでは歌謡曲「浅間の煙」の添えものであったが、一九五七、五八年頃より「馬子唄」部分だけを独立させ、唄い出しの歌詞から『小諸馬子唄』と呼ばれて広く愛唱されるようになっていった。したがって、『小諸馬子唄』は、地元小諸とは直接関係のない所で育ち、曲名ゆえに小諸の唄として日本中へ広まっていった。そのため、地元にはこの唄の世に出てくる経過が気に入らぬ人たちがいて、あえて別の節まわしを作ろうとしたが、「赤坂小梅節」を否定するわけにはいかず、今日では小梅の節まわし一色になっている。

節まわしの型　今日広く唄われている節まわしは、赤坂小梅のものである。

信濃《しなの》追分《おいわけ》

本唄・定型

〽①小諸《こもろ》出《で》て見《み》りゃ　エー②浅間《あさま》の山《やま》にヨー
（アァ　キッタホイ　ホイー）
今朝《けさ》もエェ③煙《けむり》が　三筋《みすじ》立《た》つ

長ばやし〔はやし手の一人〕
〽行《い》くよで来《く》るよで　面影《おもかげ》さすよだ
オオサ　ドンドンン

定型

〽④浅間嶺腰《あさまねごし》の　⑤焼《や》け野《の》の原《はら》で
菖蒲《あやめ》咲《さ》くとは　しおらしい

〽一《いち》に⑥追分《おいわけ》　二《に》に⑦軽井沢《かるいざわ》
三《さん》に⑧坂本《さかもと》　⑨ままならぬ

〽浅間山《あさまやま》さん　なぜ⑩焼《や》けしゃんす
裾《すそ》に⑪三宿《さんしゅく》　持《も》ちながら

〽⑫碓氷峠《うすいとうげ》の　⑬権現様《ごんげんさま》は
⑭主《ぬし》のためには　守《まも》り神《がみ》

〽西《にし》は追分《おいわけ》　東《ひがし》は⑮関所《せきしょ》
せめて⑯峠《とうげ》の　茶屋《ちゃや》までも

〽碓氷峠《うすいとうげ》の　あの⑰風車《かざぐるま》
誰《たれ》を待《ま》つやら　くる（来る）くると

〽浅間山《あさまやま》から　出《で》てくる水《みず》は
雨《あめ》も降《ふ》らぬに　⑱ささ濁《にご》り

〽あのや追分《おいわけ》　沼《ぬま》やら田《た》やら
⑲行《ゆ》くに行《ゆ》かれず　一足《ひとあし》も

〽あの山陰《やまかげ》の　わしゃほととぎす
人《ひと》こそ知《し》らねど　鳴《な》き明《あ》かす

〽⑳七里八里《しちりはちり》の　恋路《こいじ》を踏《ふ》んで
㉑衣紋繕《えもんつくろ》う　㉒笑《わら》い坂《ざか》

〽送《おく》りましょうか　送《おく》られましょか
せめて㉓桝形《ますがた》の　茶屋《ちゃや》までも

〽離《はな》れ離《ばな》れの　㉔群雲《むらくも》さえも
会《あ》えば㉕口説《くぜつ》の　㉖雨《あめ》が降《ふ》る

〽さらばと言《い》う間《ま》に　はや森《もり》の陰《かげ》
かすかに見《み》ゆるは　菅《すげ》の笠《かさ》

〽苦労《くろう》する（摺る）墨《すみ》　身《み》は㉗細筆《ほそふで》よ
命《いのち》ゃお前《まえ》に　懸《か》け（欠け）硯《すずり》

〽さぞやさぞさぞ　さぞ今頃《いまごろ》は
さぞや焦《こ》がれて　いるであろ

〽人《ひと》が言《い》うなら　言《い》わせておきな
屋根《やね》に降《ふ》る雪《ゆき》　棟《むね》（胸）で融《と》く

〽㉘浅間押《あさまお》せ押《お》せ　㉙六里ヶ原《ろくりがはら》を
押《お》せば追分《おいわけ》　近《ちか》くなる

〽枝《えだ》は折《お》るまい　折《お》らせもすまい
心《こころ》おきなく　行《ゆ》かしゃんせ

〽宵《よい》は月《つき》にも　紛《まぎ》れてすむが
更《ふ》ける鐘《かね》には　袖絞《そでしぼ》る

〽君《きみ》の心《こころ》は　㉚田《た》ごとの月《つき》よ
どこに誠《まこと》を　照《て》らすやら

〽色《いろ》の道《みち》にも　㉛追分《おいわけ》あらば
こんな迷《まよ》いは　せまいもの

〽嘘《うそ》も誠《まこと》も　売《う》る㉜身《み》の勤《つと》め
そこが買《か》い手《て》の　上手下手《じょうずへた》

〽まとまるものなら　まとめて欲《ほ》しい
想《おも》いは同《おな》じ　恋《こい》の道《みち》

〽なるとならぬは　目元《めもと》で知《し》れる
今朝《けさ》の目元《めもと》は　なる目元《めもと》

〽浅間《あさま》の煙《けむり》に　㉝文《ふみ》ことづけて
主《ぬし》のお庭《にわ》へ　落《お》としたい

〽㉞追分唄《おいわけうた》えば　㉟浅間《あさま》の鬼《おに》も
目元《めもと》やさしく　㊱恵比須顔《えびすがお》

〽浅間《あさま》の煙《けむり》と　追分節《おいわけぶし》は
㊲千代《ちよ》を契《ちぎ》りて　絶《た》えはせぬ

〽浅間颪《あさまおろし》の　北風《きたかぜ》よりも
主《ぬし》の一言《ひとこと》　身《み》にしみる

〽離《はな》れ離《ばな》れの　あの雲見《くもみ》れば
明日《あす》の別《わか》れが　思《おも》われる

五字冠り

〽吹《ふ》き飛《と》ばす
石《いし》も浅間《あさま》の　㊳野分《のわ》けと詠《よ》んで
㊴芭蕉翁《ばしょうおきな》は　江戸《えど》へ去《さ》る

〽㊵高砂《たかさご》の
声《こえ》を聞《き》かねば　㊶日陰《ひかげ》の妻《つま》よ
早《はや》く聞《き》きたい　㊷四海波《しかいなみ》

〽㊸更科《さらしな》の
月《つき》は田《た》ごとに　映《うつ》るといえど
わたしゃほかへは　移《うつ》りゃせぬ

〽朝咲《あささ》いて
㊹四《よ》つにしおるる　朝顔《あさがお》さえも
思《おも》い思《おも》いの　花《はな》が咲《さ》く

〽鳥《とり》ならば
近《ちか》き森《もり》にと　巣《す》を懸《か》けおいて
焦《こ》がれて鳴《な》く声《こえ》　聞《き》かせたや

三音省略型

〽〔嫌《いや》な〕追分《おいわけ》　桝形《ますがた》の茶屋《ちゃや》で
ホロと泣《な》いたが　忘《わす》らりょか

〽〔嫌《いや》な〕追分《おいわけ》　㊺油屋《あぶらや》の㊻掛《か》け行灯《あんどん》にゃ
浮気《うわき》や御免《ごめん》と　書《か》いちゃない

字あまり

〽追分一丁二丁《おいわけいっちょにちょ》　三丁四丁《さんちょしちょ》　五丁《ごちょう》ある宿《しゅく》で
中《なか》の㊼三丁目《さんちょめ》が　ままならぬ

長ばやし

〽三里《さんり》も先《さき》から　足音《あしおと》するよだ
オオサ　ヨイヨイ

〽来《き》たよで戸《と》が鳴《な》る　出《で》てみりゃ風《かぜ》だよ
オオサ　ドンドン

〽お国《くに》は㊽大和《やまと》の　㊾郡山《こおりやま》
㊿お高《たか》は十《じゅう》と　五万石《ごまんごく》
51茶代《ちゃだい》がたった　二百文《にひゃくもん》

〽銭《ぜに》は52内藤《ないとう》　豊後《ぶんご》の守《かみ》
袖《そで》からボロが　53下《さ》がり藤《ふじ》

注
①現小諸市。長野県中東部にある。牧野氏の旧城下町で、北国街道の宿場町。
②長野県の中東部にそびえる火山（二五六八メートル）。小諸の北東方に見える。
③「三筋の煙立つ」とも。ただし、前掲のほうが、煙の印象が強くてよい。
④浅間山の中腹。
⑤溶岩の原。「小砂利の中で」とも。
⑥追分宿。⬇解説。
⑦中山道の軽井沢宿（軽井沢町）。追分宿の東方にあった。
⑧坂本宿（群馬県安中市松井田町内）。軽井沢宿の東隣り、上州側最初の宿場。
⑨飯盛り女が袖を引くので、素通りしようと思ってもできない。
⑩火山が火を噴くことと、やきもちをやくことを掛ける。
⑪浅間三宿。追分宿・沓掛宿・軽井沢宿のこと。「三宿」を「三四九」と解し、足して十六になることから「十六歳の飯盛り女を持ちながら」の意。「三宿」は「お十六」とも。
⑫軽井沢町と松井田町の境にある峠（九五六メートル）。中山道が通じている。
⑬碓氷権現熊野皇大神《こうたい》社。碓氷峠の、中山道の北側、長野・群馬県境上にある。
⑭飯盛り女が唄う場合は「主のため」、馬子など客が唄う場合は「わしがため」。
⑮交通の要所や藩境に設けて、通行人や荷物の取り締まりを行った施設で、碓氷関所をさす。一六二三年に現松井田町横川に開設。
⑯碓氷峠の頂上、中山道の南側にあった茶店。
⑰熊野皇大神社の境内にある、一対の円形の石。直径約六〇センチ。軽井沢の問屋佐藤市右衛門と代官佐藤平八郎が境内に石畳を敷いたのを記念して、市右衛門父子が、家紋の源氏車を石に刻んで一六八九年に奉納した。風車のように見えるため、「石の風車」と呼ばれた。
⑱川の水が少し濁ること。
⑲追分宿の飯盛り女の深情けのために出発できなくなること。
⑳約二七・五キロ。

㉑衣装の乱れを直す。
㉒追分宿の南西方にある、中山道の坂。呼称は、佐久地方の若者がこの坂までやって来て、なじみの飯盛り女のことを思って笑うところから。
㉓追分宿の西の出入り口の、枡形の外にあった茶店兼商人宿。一一軒あった。桝形は、高さ六尺ほどの石垣で四角に囲った交通取締所。大名や役人はその中を、一般の旅人はその脇を通って宿場に出入りした。「峠の茶屋」「関所の茶屋」とも。
㉔一群れの雲。
㉕男女間の愛情のもつれから起こる、たわいのない言い争い。
㉖暗に、男女が涙を流す、の意を表す。
㉗「細る」を掛ける。
㉘船唄「押せや押せ押せ下関までも　押せば港が近くなる」の替え唄。
㉙浅間山の北麓に広がる高原。
㉚山の斜面に作られた、小さな、狭い田一枚一枚に映る月。
㉛道が二つに分かれる所。
㉜遊女の仕事。
㉝手紙を頼んで。
㉞追分節を。
㉟浅間山が噴火するのは、鬼のしわざだと考えられていた。
㊱恵比須のように、にこにこ笑っている顔。恵比須は七福神の一。福徳・漁・商売繁昌などの神。右手に釣り竿を持ち、左手で鯛を抱える。

㊲千年間の約束をして。

㊳秋から初冬にかけて吹く強い風。芭蕉の下の句は「野分きかな」。「更科《さらしな》紀行」中の一句。

㊴松尾芭蕉。江戸時代前期の俳人。伊賀上野（三重県伊賀市）の人。

㊵謡曲「高砂」の一部。小謡として婚礼で謡われるため、結婚式をあげなければ、の意。

㊶入籍していない妻。内縁の妻。

㊷謡曲「高砂」の一節。小謡として謡われる。

㊸現千曲市一円の地域。月は、姨捨《おばすて》山の「田ごとの月」で、山の斜面に作られた、小さな、狭い田一枚一枚に映る。

㊹昔の時刻。午前一〇時頃。

㊺追分宿の脇本陣の屋号。

㊻照明具。家の入り口や廊下の柱などに掛けておく行灯。行灯は、木や竹の枠に紙をはり、中に火をともすもの。

㊼追分宿の中心地。油屋・大国屋・永楽屋などの高級旅宿があり、飯盛り女の代金も高かった。

㊽旧国名。現奈良県全域。

㊾郡山藩（現奈良県大和郡山市）。

㊿郡山藩主柳沢氏の禄高。
(51)追分宿の本陣へ払ったチップの金額。
(52)高遠藩（現伊那市高遠町）三万三千石の藩主。「無い」を掛ける。
(53)内藤家の家紋。藤の花房を二つ下に垂らして向き合わせ、円形に納めた図柄。「下がる」を掛ける。

長野県のお座敷唄。長野県の中東部、それも中《なか》山道《せんどう》と北国《ほっこく》街道の分岐点に栄えた信州追分宿（北佐久郡軽井沢町追分）の飯盛《めしも》り女たちが、酒席で旅人相手に唄ってきたものである。

唄の履歴　この唄の源流は、中山道・北国街道などを往来する駄賃付け馬子たちが、馬を曳《ひ》きながら唄っていた「馬方節」（馬子唄）である。それが追分宿の酒席に持ち込まれて、初めは無伴奏で、次いで、銚子《ちょうし》の袴《はかま》を伏せて床などをたたいたり、飯盛り女たちが帯の脇を手でたたいたりして、ひずめの音を入れながら唄っていたのであろう。そのうち三味線であしらいの手を加え、やがて三下り調の、粋な伴奏つきの唄にしていった。これを「馬方三下り」と呼ぶ。

その唄は、「〽嫌《いや》な追分身の毛がよだつ　身の毛どころか髪の毛も」という歌詞が好んで唄われたために、唄い出しの語から「追分節」と呼ばれた。そして、のちには、「追分宿名物の唄」の意で「追分節」と呼ばれるようになった。それが、江戸時代後期の文化文政（一八〇四〜三〇）頃に、流行《はや》り唄として日本中へ広まった。広まったのは、瞽女《ごぜ》・飯盛り女・旅人・船乗りなどの移動や、芸者の鞍替《くらが》えなどによるものと思われる。

さて、信越線の敷設工事が進んで信州追分宿が寂れてしまうため、宿の遊廓は一八八九年に岩村《いわむら》田《だ》（現佐久市内）へそっくり移転した。しかし、その岩村田遊廓もうまくゆかず、一九二四年には公娼制度廃止令が出されたこともあって、遊廓を閉鎖することになった。そこで、かつての追分宿繁栄の証として矢ヶ崎七之助らが「追分節」を復興しようと考え、南大井村御影新田《みかげしんでん》（現小諸《こもろ》市内）から渡辺善吾（七六歳?）を招いて「追分節」を習った。（渡辺は、追分宿の永楽屋の「おさの」から唄を教わった遊び人である。）そして、一九二五年五月五日に、唄清香、三味線百合子・すずめで鷲印レコードに吹き込んだ。その「すずめ」がのちの簾《みす》田《だ》じょうで、彼女が一九五三年の「NHKのど自慢」長野大会に出て優勝して以来、追分宿の「追分節」は簾田の唄で生き続けることになった。

『信濃追分』という曲名は、このレコード作りの関係者たちが追分宿から移転した人たちだけに、「追分宿の」ではない、「我が信州の」追分節という意味でつけたのであろうが、発祥の地追分宿の「追分節」であるから、単なる「追分節」か「追分」でよかったのかもしれない。

なお、『信濃追分』には、「定型」（七七七五調）のほかに、新潟の瞽女《ごぜ》たちが生み出したと思われる「五字冠《かぶ》り」（五・七七七五調）がある。さらに、「〽嫌な追分…」と唄うのが地元では気に入らないのか、「嫌な」を省略して唄い出す「三音省略型」もある。しかし、この「嫌な」は、追分宿が嫌なのではなく、別れるのが嫌な追分宿という意味であるから、過剰に反応してはいけない。

節まわしの型　今日広く唄われている節まわしは、簾田じょうのものである。

補足　信州追分宿の「追分節」は、日本各地へ伝えられてその地特有の唄になった。それらの「追分節」は、大きく二種類に分けることができる。一つは酒席の騒ぎ唄で、『本荘《ほんじょう》追分』（秋田）・『隠《お》岐《き》追分』（島根）・『江《え》差《さし》三下り』（北海道）・『津軽三下り』（青森）・『南部馬方三下り』（青森）などである。もう一つは長く伸ばして唄うもので、『江差追分』（北海道）や『越後追分』（新潟）の「本唄」などである。

相《あい》川《かわ》音《おん》頭《ど》

源平軍談《げんぺいぐんだん》　五段目

景清《かげきよ》の錣引《しころび》き

〽さても源氏《げんじ》の　その勢《いきお》いは
風《かぜ》に①嘯《うそぶ》く　猛虎《もうこ》の如《ごと》く
雲《くも》を望《のぞ》める　飛竜《ひりゅう》に等《ひと》し
②天魔《てんま》③鬼神《きじん》も　恐《おそ》れをなして
仰《あお》ぎ敬《うやま》う　④大将軍《だいしょうぐん》は
⑤藤《ふじ》の裾濃《すそご》の　⑥御着背長《おんきせなが》に
⑦赤地錦《あかじにしき》の　⑧直垂《ひたたれ》を召《め》し
げにも美々《びび》しく　出《い》で立《た》ち給《たま》う
時《とき》に平家《へいけ》の　⑨大将軍《だいしょうぐん》は
勢《ぜい》を集《あつ》めて　語《かた》りて曰《いわ》く
去年《きょねん》⑩播磨《はりま》の　⑪室山《むろやま》初《はじ》め
⑫備州《びしゅう》⑬水島《みずしま》　⑭鵯越《ひよどりごえ》の
数度《すど》の合戦《かせん》は　味方《みかた》に利《り》なし
これはひとえに　源氏《げんじ》の⑮九郎《くろう》
智謀武略《ちぼうぶりゃく》の　⑯弓取《ゆみと》り故《ゆえ》ぞ
何《なに》ぞ九郎《くろう》を　討《う》つべき手《て》だて
⑰あらまほしやと　⑱宣《のたま》いければ
時《とき》に⑲景清《かげきよ》　座《ざ》を進《すす》み出《い》で
よしや⑳義経《よしつね》　㉑鬼神《おにかみ》にても
命《いのち》　棄《す》てなば　易《やす》かりなんと
㉒能登《のと》に最期《さいご》の　暇《いとま》を告《つ》げて
陸《くが》に上《あ》がれば　源氏《げんじ》の勢《ぜい》は
逃《のが》すまじとて　㉓おめいてかかる
それと見《み》るより　㉔悪七兵衛《あくしちびょうえ》
腕《うで》に覚《おぼ》えの　大薙刀《おおなぎなた》を
㉕弓手《ゆんで》㉖馬手《めて》へと　閃《ひらめ》かしつつ
斬《き》ってかかれば　たまりもあえず
刃向《はむ》いたる武者《むしゃ》　四方《しほう》へバッと
逃《に》げる敵《かたき》を　㉗手捕《てど》りにせんと
すぐに薙刀《なぎなた》　小脇《こわき》に挟《はさ》み
我《わ》れはそもそも　平家《へいけ》の方《かた》に
鬼《おに》と呼《よ》ばれし　景清《かげきよ》なりと
名《な》乗《の》りかけつつ　なお追《お》い行《ゆ》けり
ここに源氏《げんじ》の　その兵士《つわもの》に
三保谷四郎《みおのやしろう》　踏《ふ》み留《とど》まりて
名《な》乗《の》りかけつつ　二打《ふたう》ち三打《みう》ち
㉘鎬《しのぎ》削《けず》りて　戦《たたか》いけるが
㉙いかがなしけん　太刀《たち》打《う》ち折《お》って
㉚是非《ぜひ》に及《およ》ばず　逃《に》げんとせしを
兵衛《びょうえ》すかさず　追《お》い掛《か》けながら
㉛やがて四郎《しろう》の　兜《かぶと》の㉜錣《しころ》
しかも二三度《にさんど》　手《て》は掛《か》けたれど
ついにはずして　取《と》り留《と》められず
さても無念《むねん》と　悪七兵衛《あくしちびょうえ》
思《おも》う敵《かたき》を　逃《のが》さじものと
跳《と》んで兜《かぶと》の　錣《しころ》をつかみ
足《あし》を踏《ふ》みしめ　エイヤと引《ひ》けば
命《いのち》　限《かぎ》りと　三保谷《みおのや》も引《ひ》く
引《ひ》きつ引《ひ》かれつ　兜《かぶと》の錣《しころ》
切《き》れて兵衛《びょうえ》が　手《て》に留《とど》まれば
四郎《しろう》逃《に》げのび　また立《た》ち帰《かえ》り
さても㉝ゆゆしき　腕《かいな》の強《つよ》さ
音《おと》に聞《き》こえし　景清殿《かげきよどの》と
褒《ほ》めて立《た》ちたる　四郎《しろう》を見《み》やり
兵衛同《びょうえおな》じく　三保谷殿《みおのやどの》の

首《くび》の骨《ほね》こそ　強《つよ》かりけれと
共《とも》に褒《ほ》め合《あ》う　その武者《むしゃ》ぶりを

義経《よしつね》の弓流《ゆみなが》し

〽㉞ドッと笑《わろ》うて　㉟立《た》つ浪風《なみかぜ》の
（ハイイ　ハイハイ）
荒《あら》き折《お》り節《ふし》　義経公《よしつねこう》は
（ハイイ　ハイハイ）
㊱いかがしつらん　弓取《ゆみと》り落《お》とし
（ハイイ　ハイハイ）
しかも引《ひ》き潮《しお》　矢《や》よりも速《はや》く
（ハイイ　ハイハイ）
㊲浪《なみ》に揺《ゆ》られて　はるかに遠《とお》き
弓《ゆみ》を敵《かたき》に　渡《わた》さじものと
駒《こま》を浪間《なみま》に　うち入《い》れ給《たま》い
泳《およ》ぎ泳《およ》がせ　敵船近《てきせんちか》く
流《なが》れ寄《よ》る弓《ゆみ》　取《と》らんとすれば
敵《てき》は見《み》るより　船漕《ふねこ》ぎ寄《よ》せて
熊手《くまで》取《と》りのべ　打《う》ちかくるにぞ
㊳すでに危《あや》うく　見《み》え給《たま》いしが
すぐに熊手《くまで》を　切《き》り払《はら》いつつ
ついに弓《ゆみ》をば　御手《おんて》に取《と》りて
元《もと》の渚《なぎさ》に　上《あ》がらせ給《たま》う
時《とき》に㊴兼房《かねふさ》　御前《ごぜん》に出《い》でて
さても㊵拙《つたな》き　御振《おんふ》る舞《ま》いや
たとえ秘蔵《ひぞう》の　御弓《おんゆみ》にして
㊶千々《ちぢ》の黄金《こがね》を　延《の》べたりとても
君《きみ》の命《いのち》が　千万金《せんまんきん》に
代《か》えらりょうやと　涙《なみだ》を流《なが》し
申《もう》し上《あ》ぐれば　否《いな》とよそれは
弓《ゆみ》を惜《お》しむと　思《おも》うは愚《おろ》か
もしや敵《かたき》に　弓取《ゆみと》られなば
末《すえ》の世《よ》までも　義経《よしつね》こそは
㊷不覚者《ふかくもの》ぞと　名《な》を汚《けが》さんは
無念至極《むねんしごく》ぞ　㊸よしそれ故《ゆえ》に
討《う》たれ死《し》なんは　運命《うんめい》なりと
語《かた》り給《たま》えば　兼房初《かねふさはじ》め
諸軍勢皆《しょぐんぜいみな》　鎧《よろい》の袖《そで》を
絞《しぼ》るばかりに　感嘆《かんたん》しけり

稀代の名馬

〽なおも哀《あわ》れを　世《よ》に留《とど》めしは
ここに㊹相国《そうこく》　㊺新中納言《しんちゅうなごん》
御子知章《おんこともあき》　監物太郎《りんもつたろう》
主従三騎《しゅじゅうさんき》に　うちなされけり
さらば冥途《めいど》の　土産《みやげ》のためと
命《いのちかぎ》限りに　戦《たたか》いければ
子息知章《しそくともあき》　駆《か》け塞《ふさ》がりて
父《ちち》を助《たす》けて　御身代《おんみが》わりに
なりて㊻二八《にはち》の　御年盛《おんとしざか》り
ついに討《う》ち死《じ》に　さて㊼知盛《とももり》の
召《め》され給《たま》いし　㊽井上黒《いのうえぐろ》は
㊾二十余町《にじゅうよちょう》の　沖《おき》なる船《ふね》へ
泳《およ》ぎ渡《わた》りて　主君《しゅくん》を助《たす》け
陸《くが》に上《あ》がりて　船影認《ふなかげみと》め
四足縮《しそくちぢ》めて　高《たか》いななきし
主《しゅ》との別《わか》れを　悲《かな》しみたるは
古今稀《ここんまれ》なる　名馬《めいば》と言《い》わん

知盛《とももり》の碇担《いかりかつ》ぎ

〽かかるところへ　敵船二艘《てきせんにそう》
㊿安芸《あき》の小太郎《こたろう》　同《おな》じく次郎《じろう》
進《すす》み漕《こ》ぎ寄《よ》せ　大音声《だいおんじょう》に
能登《のと》はいずくぞ　(51)教経《のりつね》居《い》ぬか
勝負決《しょうぶけっ》せん　兜《かぶと》を脱《ぬ》げと
言《い》えば能登殿《のとどの》　あら易《やさ》しやと
二騎《にき》を相手《あいて》に　戦《たたか》いけるを
よそに見《み》なして　知盛卿《とももりきょう》は
もはや味方《みかた》の　運尽《うんつ》きぬれば
とても勝《か》つべき　戦《いくさ》にあらず
かくて(52)永《なが》らえ　何《なに》かはせんと
(53)大臣殿《おおいどの》へも　暇《いとま》を告《つ》げて
兜一刎《かぶとふたはね》　鎧《よろい》も二領《にりょう》
取《と》って重《かさ》ねて　ざっくと召《め》され
能登《のと》に代《か》わりて　大手《おおで》を広《ひろ》げ
安芸《あき》の小太郎《こたろう》　小脇《こわき》に挟《はさ》み
己冥途《おのれめいど》の　案内《あんない》せよと
馬手《めて》に弟《おとと》の　次郎《じろう》を挟《はさ》み

なおも我《わ》が身《み》の　重《おも》みにせんと
担《かつ》ぐ碇《いかり》は　⑭十八貫余《じゅうはちかんよ》
海《うみ》へザンブと　跳《と》び入《い》りければ
浮《う》かぶ便《たよ》りも　⑮如渡得船《にょどとくせん》の
船《ふね》も⑯弘誓《ぐぜい》の　舵取《かじと》り直《なお》し
至《いた》り給《たま》えや　⑰とく彼《か》の岸《きし》へ
浪《なみ》も音《おと》なく　風静《かぜしず》まりて
国《くに》も治《おさ》まり　民安《たみやす》らかに
神《かみ》と君《きみ》との　恵《めぐ》みも広《ひろ》き
⑱千代《ちよ》の春《はる》こそ　げに久《ひさ》しけれ

注
①吠える。
②仏教で、人が善事を行うのを妨げる悪魔。
③荒々しく、恐ろしい神。訓読みして「おにかみ」とも言う。
④源義経。頼朝の異母弟。幼名牛若丸。源氏を指揮して平家を滅ぼした。のち、兄にうとまれて奥州平泉へ逃れたが、藤原泰衡《やすひら》に襲われ、自刃。
⑤藤色で、上部が薄く、下になるほど濃くなっていくようにしたもの。
⑥大将が着る大鎧《おおよろい》。
⑦赤い地色の錦。錦は、金銀糸や色糸などを縦横に交差させて美しい模様を織り出した、厚手の絹織物。
⑧鎧の下に着る衣服。袖口と裾をくくり緒でくくるもの。袴は短い。
⑨平教経《のりつね》。能登の守。教盛（清盛の弟）の二男。
⑩旧国名。現兵庫県南西部。
⑪現たつの市御津《みつ》町室津港の東方の山。一説に、現小野市樫山町の地名とも。
⑫備前・備中・備後の国（旧国名）の総称。現岡山県南東部から広島県東部にあたる。
⑬現岡山県倉敷市中南部の地名。室山・水島の合戦は平家の勝ちであった。これを鵯越の合戦とともに平家の負けと言うのは、義経の智謀を強調するためらしい。これは謡曲「景清」以来の表現。
⑭現兵庫県神戸市中南部の、六甲山地西部を横断する山道。一一八四年二月、源義経軍は、この急坂を馬で駆け下り、平家を奇襲した。
⑮〔源義朝の九男で〕義経のこと。
⑯弓矢を用いる人の意から、武将。
⑰欲しいものだと。
⑱おっしゃれば。
⑲姓は平。
⑳➡注④。
㉑➡注③。
㉒「能登の守」の略。➡注⑨。
㉓大声をあげて。
㉔景清の俗称。「悪」は勇猛な、「七」は忠清の七男の意。
㉕〔弓を持つ方の手から〕左手。
㉖〔馬の手綱を持つ方の手から〕右手。
㉗素手で生け捕りにしようと。
㉘刀を合わせて戦ったが。「鎬」は、刀の刃と峰との間の、高い部分。鍔元《つばもと》から刀先へ及ぶ。
㉙どうしたのであろうか。
㉚どうしようもなくて。
㉛すぐに。
㉜兜の左右・後方に垂らして、首をおおう部分。革や鉄板を、糸や革で綴じて作る。
㉝並みはずれた。
㉞物語の途中であるが、今日、一般にはここから唄い始めている。
㉟「人々が立つ」と「立つ浪」を掛ける。「立浪会」の名称は、ここから（➡解説）。
㊱どうしたのであろうか。

㊲以下、四行ずつ、同じ節とはやし詞を繰り返していく。

㊳もう少しのところで、弓を取られそうに見えたが。

㊴増尾《ましお》十郎兼房。白髪の老将。義経の妻の養育人。

㊵愚かな。

㊶沢山の。

㊷「平家物語」には「義経は非力で、こんな弱い弓を引くと、あざけられるのが悔しいから」とある。

㊸たとえそのために。

㊹相模《さがみ》の国（旧国名）。現神奈川県ほぼ全域。

㊺平知盛。清盛の四男。

㊻二×八で、一六歳。

㊼➡注㊺。

㊽馬の名。現長野県須坂市井上育ちの、黒毛の馬の意。

㊾二・一八キロ余り。

㊿旧国名。現広島県西部。

51➡注⑨。

52生き延びても、どうしようもないと。

53平宗盛。清盛の三男。父の死後、平家一門を統率して源氏に対抗した。

54六七キロ余り。

55渡りに船を得たるが如し。都合よく、あの世へ向かう船があって。

56すべての人々を救おうとする、仏の大きな誓い。仏教語で、苦海《くがい》（人間界）を彼岸《ひがん》へ渡らせる仏の救いを「弘誓の船」と表現する。

57早く、悟りの世界（彼岸）へ。

58千年もの、長い年月。

新潟県の盆踊り唄。新潟県も日本海に浮かぶ佐《さ》渡島《どがしま》の中西端にある佐渡市相川の人たちが、お盆に唄い踊ってきたものである。
唄の履歴　この唄の源流は、西日本地方一円に広く分布する「盆踊り口説《くどき》」である。それが、海路、佐渡島へ持ち込まれて島内に広まり、相川にも伝えられた。相川は相川金山の鉱山町で、江戸幕府の鉱山奉行所が置かれていたため、多くの役人が住んでいた。

ところで、「盆踊り口説」の内容は、艶っぽい心中ものが中心である。たとえば、「番匠松蔵・機織りお竹　春の夜の夢物語」「医師の祐庵・さくらのお菊　糸桜花の白酒」「はなよ・兵十郎　心中妹背《いもせ》の虫づくし」「おさん・仙次郎　心中濃い茶染め」といったようなものが好まれた。

しかし、格式を重んじる武士としては、こういうものでは許しがたかったのであろう。また、奉行所の風紀取り締まりもからんでいたのかもしれない。役人の山田良範（のちに典膳と改名。通称は吉平）が、軍記物の「源平軍談」を作詞した。それは文政から天保（一八一八〜四四）にかけてのことである。また、一八三九年に中川赤水（本名、翁介）が五七歳の時に作ったという記録もあるところを見ると、一人の作者で全部ができたのではなく、何人かが補作した形で今日に至っているようである。

その『相川音頭』、お盆に鉱山奉行所前の広場で唄い踊られたため、「御前踊り」の名が生まれた。そのことが、のちの『相川音頭』を大きく変えた。

一九二四年六月一〇日、相川に「立浪会《たつなみ》」という、『相川音頭』の保存・普及を目的とする団体が設立された。会の名称は前掲の歌詞「義経弓流し」の冒頭「ドッと笑うて　立つ浪風の…」から取ったものである。当時、佐渡郡金沢村（現佐渡市内）の川辺時三が中心になって佐渡島の唄の普及を計っていた「あらなみ会」がすでにあったので、この会の名称を定めようとした人たちには、「〇〇ナミ会」にしようという意識があったのであろう。

そして、保存と普及は「御前踊り」らしい品位を持って、格調高くと考え、折り目正しさを前面へ出すうちに、『相川音頭』は、同じ佐渡島内の同系統の「盆踊り口説」（『国中音頭』や『真野《まの》音頭』など）とは大きく異なったものになっていった。

節まわしの型　今日広く唄われている節まわしは、立浪会の松村直吉のものである。

出雲崎《いずもざき》おけさ

定型

〽①徒《あだ》し②徒波《あだなみ》　寄《よ》せては返《かえ》すヨォ
（アァヨシタ　ヨシタ　ヨシタナ）
寄《よ》せて返《かえ》してソーレー　また寄《よ》せる
（アァヨシタ　ヨシタ　ヨシタナ）

〽おけさ踊《おど》りと　磯打《いそう》つ波《なみ》は
いつも心《こころ》が　いそ(磯)いそと

〽高《たか》い山《やま》から　谷見《たにみ》おろせば
一《いち》に入《い》り船《ふね》　③出雲崎《いずもざき》

〽煙草一葉《たばこひとは》が　千両《せんりょ》とままよ
主《ぬし》の寝煙草《ねたばこ》　絶《た》やすまい

〽今《いま》じゃ天下《てんか》の　④良寛様《りょうかんさま》も
昔《むかし》や⑤行脚《あんぎゃ》の　草枕《くさまくら》

〽朝日《あさひ》さすよな　娘《むすめ》を持《も》てば
夕日《ゆうひ》さすよな　婿《むこ》欲《ほ》しや

〽殿《との》さ帰《かえ》りゃれ　夜《よ》が更《ふ》けました
天《あま》の川原《かわら》の　西東《にしひがし》

〽行《ゆ》こか⑥柏崎《かしわざき》　帰《かえ》ろか⑦新潟《にがた》
ここが思案《しあん》の　出雲崎《いずもざき》

〽松《まつ》をすかして　⑧良寛堂《りょうかんどう》が見《み》ゆる
沖《おき》じゃ艪《ろ》の音《おと》　唄《うた》の声《こえ》

〽泣《な》いてくれるな　出船《でふね》の時《とき》は
沖《おき》で艪櫂《ろかい》が　手《て》につかぬ

地口型《じぐちがた》

〽⑨越後出雲崎《えちごいずもざき》　良寛様《りょうかんさま》は（ソレ）
破《やぶ》れ衣《ごろも》に　⑩鉄鉢《てっぱつ》持ちて（ソレ）
子供集《こどもあつ》めて　毎日日《まいにちひ》にち（ソレ）
手毬《てまり》つくやら　隠《かく》れんぼ（ソレ）
鬼《おに》にされても　その身《み》は仏《ほとけ》（ソレ）

下の句

仏心《ほとけごころ》にソーレー　⑪鬼《おに》はない
（アァヨシタ　ヨシタ　ヨシタナ）

〽オーヤオヤオヤ
海《うみ》の出雲崎《いずもざき》　ちょと来《き》て見《み》やれ
春《はる》は鰯《いわし》で　大漁《たいりょ》の浜《はま》よ
夏《なつ》は小鯛《こだい》で　舌　鼓《したつづみ》
秋《あき》は⑫秋鯖《あきさば》　嫁《よめ》には内緒《ないしょ》
冬《ふゆ》は⑬鱈汁《たらじる》　雪見酒《ゆきみざけ》

〽⑭尼瀬町《あまぜまち》には　尼《あま》はない
⑮岩船町《いわふねちょう》には　岩《いわ》がない
⑯住吉町《すみよしちょう》には　炭《すみ》がない
長《なが》い出雲崎《いずもざき》には　川《かわ》がない
川《かわ》がなければ　渡《わた》れない

〽あれに見《み》ゆるは　良寛《りょうかん》さんじゃないか
ちょいと良寛《りょうかん》さん　こちらへござれ
手毬《てまり》つこうか　おはじきしようか
⑰但《ただ》しゃいつもの　⑱草相撲取《くさずもうと》ろか
さァさ集《あつ》まれ　里《さと》の子《こ》　⑲茸《きのこ》
⑳鉢《はち》の子《こ》叩《たた》いて　遊《あそ》ぼうや

〽一《いち》に㉑出雲《いずも》の　お㉒社様《やしろさま》よ
二《に》には新潟《にがた》の　㉓白山様《はくさんさま》よ
三《さん》に㉔讃岐《さぬき》の　㉕金毘羅様《こんぴらさま》よ
四《し》には㉖信濃《しなの》の　㉗善光寺様《ぜんこうじさま》よ
五《ご》には㉘五泉《ごせん》の　㉙お阿弥陀様《あみださま》よ
六《むっ》つ㉚村上《むらかみ》　㉛石船様《いわふねさま》よ
七《なな》つ㉜長岡《ながおか》　㉝蔵王《ざおう》の権現様《ごんげんさま》よ
八《やっ》つ㉞弥彦《やひこ》の　㉟明神様《みょうじんさま》よ
九《く》には㊱国上《くがみ》の　㊲お阿弥陀様《あみださま》よ
十《とお》で㊳栃尾《とちお》の　㊴秋葉様《あきばさま》

〽オーヤオヤオヤ
㊵鉢崎《はっさき》　㊶柿崎《かきざき》　柏崎《かしわざき》
㊷下《しも》へ下《くだ》りて　出雲崎《いずもざき》
新潟《にがた》の隣《とな》りは　㊸松ケ崎《まつがさき》
㊹松前鰊《まつまえにしん》に　㊺佐渡若布《さどわかめ》
㊻五十嵐《いからし》㊼乾《ほ》しこは　㊽砂《すな》だらけ

注①無駄な。むなしい。
②いたずらに立ち騒ぐ波。人の心が浮薄で、変わりやすいことをいう。
③⬇解説。
④江戸時代後期の禅僧・歌人。出雲崎の出身。国上《くがみ》山《やま》の五合庵に住んで、農民や子供たちと親しみ、超世俗的な暮らしをした。
⑤僧が修行のために諸国を巡り歩くこと。
⑥柏崎港（柏崎市）。出雲崎港の南西方約二二キロにある。
⑦新潟港（新潟市）。出雲崎港の北東方約五八キロ、信濃川の河口にある。
⑧出雲崎町石井町にある。一九二二年に良寛の生家跡に建てられた、九尺四面の堂。
⑨旧国名。佐渡島を除く現新潟県全域。
⑩僧が、托鉢の時に米や食べ物などを受けるのに用いる、鉄製の入れ物。
⑪「敵は」は誤唱。
⑫諺の「秋鯖嫁に食わすな」をふまえたもの。
⑬「鱈の味噌汁」「鱈のおつゆで」とも。
⑭旧町名。現出雲崎町内の港町。
⑮旧町名。現村上市内。
⑯現新発田市紫雲寺町の地名。
⑰それとも。
⑱男の子の遊び。オオバコの茎などをからげて引っ張り合い、先に切れたほうが負けになる。
⑲「里の子」と「鉢の子」の間に「こ」のつく言葉を加えたもの。
⑳鉄鉢のこと。⬇注⑩。
㉑旧国名。現島根県東部。
㉒出雲大社。出雲市大社町にある。
㉓白山神社。新潟市一番堀通町にある。
㉔旧国名。現香川県全域。
㉕金刀比羅宮《ことひらぐう》。仲多度郡琴平町にある。
㉖旧国名。現長野県全域。
㉗長野市にある。
㉘現新潟県五泉市。
㉙仏性山安勝寺（浄土宗）。本尊が阿弥陀如来。
㉚現村上市。
㉛石船神社。「石動神社」は誤唱。
㉜現長岡市中心部。
㉝金峰《きんぷ》神社。蔵王堂に蔵王権現をまつる。
㉞現西蒲原郡弥彦村。
㉟弥彦神社。
㊱旧国上村。現燕市分水町内。
㊲雲高山国上寺（真言宗豊山派）。本尊が阿弥陀如来。
㊳現長岡市の地名。
㊴秋葉神社。
㊵旧鉢崎村。大部分が現柏崎市内、一部が現上越市内。
㊶現上越市柿崎町。
㊷〔自分のいる所から見て〕京都の皇居（江戸時代）

から、より遠い所をさす。ここでは北東の方。
㊸旧松ヶ崎浜村の別称。現新潟市松浜町。
㊹旧松前藩領。現北海道南西端にある渡島《おしま》半島の南西部。
㊺佐渡島。
㊻現新潟市南西部の地名。
㊼小さな鰯を煮て干したもの。いりこ。煮干し。
㊽「砂まじり」とも。

新潟県のお座敷唄・盆踊り唄。新潟県の中西部、それも対岸に佐渡島《さどがしま》を控える港町、三島《さんとう》郡出雲崎町の花柳界の宴席で、芸者衆が唄ってきたものである。また、出雲崎の人たちが、お盆に唄い踊ってきたものである。

唄の履歴　この唄の源流は、九州天草《あまくさ》の牛深《うしぶか》港（熊本県天草市牛深町）で生まれた「はいや節」（六七四ページ）である。それは、帆船の船乗りたちによって日本中の港へ伝えられたが、越後《えちご》（佐渡島を除く現新潟県全域）では、「おけさ」という女性を唄った唄（「甚句《じんく》」と思われる）の歌詞を用いて唄われるようになった（⬇四一四ページ）。

その最初が出雲崎であったか、新潟（新潟市）であったかは定かでない。ただ、天保年間（一八三〇〜四四）の「御笑草諸国の歌」（江戸の通人編）に「越後国出雲崎おけさ節」として、「おけさ正直ならそばにも寝しょが　おけさ猫のせう（性）でじゃれかかる」など七首が載っている。（「猫の性」の「猫」とは、遊女の俗称でもある。）また、一七九九年に出雲崎滞在中の新楽閑叟《しんらかんそう》が江戸の文人仲間へ出した手紙「越後だより」に、「おけさ、出雲崎のもの也。いづれの地にておけさをうたへども出雲崎のものとちがふ也。」とあるという。これらの記述だけで「おけさ」が出雲崎で生まれたという証明にはならないが、出雲崎を中心にして盛んに唄われていたことは確かである。

さて、「〽おけさ…」と唄い出す唄は、七七七五調の歌詞のしまい五音の前に「サーマ」「ソーレ」「ヤーレ」などが挿入されるのが特徴である。したがって、筆者（竹内勉）は「おけさ・サーマ型」「おけさ・ソーレ型」「おけさ・ヤーレ型」のように分類している。そこで、越後地方の「おけさ」を調べてみると、新潟（新潟市）・寺泊（長岡市寺泊町）・地蔵堂（燕市分水町）・柏崎（柏崎市）、そして魚沼三郡下とも、すべて「おけさ・ヤーレ型」である。

この『出雲崎おけさ』の場合は、平木作太郎（NHKラジオ、一九三五年九月一日放送）は「おけさ・ヤーレ型」であるが、小町南山（ビクターレコード）と小稲（コロムビアレコード）は「おけさ・ソーレ型」である。平木の唄の楽譜は「日本民謡大観」に載っているが、出雲崎町の人であること以外は不明である。小町は魚屋、小稲は芸者で、ともに昭和時代初めから三〇年代（〜一九六四）まで、出雲崎町を代表する唄い手であった。その両人が「おけさ・ソーレ型」である。

そこで、「ソーレ」のつく「はいや節」を探してみると、京都府の『宮津あいやえ踊り』（宮津市）がある。したがって、『出雲崎おけさ』は、「はいや節」の「はいや・ソーレ型」が「おけさ・ソーレ型」に変わったものと思われる。それは、越後地方各地の「おけさ」とは系統を異にし、西の宮津方面から伝わってきた「はいや節」と、「おけさ」の歌詞が結びついて生まれたものであろう。

つまり、現在の越後地方の「おけさ」は新潟を中心に広まったが、『出雲崎おけさ』だけは、それとは別に、初期の「はいや節」が出雲崎へ伝えられて「おけさ」化したものと考えられる。そして、新潟経由の「おけさ」は、野性的な「ソーレ」をやめて、品がよく、粋で、せつない感じの出る「ヤーレ」に変えたのであろう。変えたのは新潟の花柳界の人たちだと思われる。

なお、佐渡島の今日の『佐渡おけさ』や『小木《おぎ》おけさ』には「ソーレ」や「ヤーレ」がついていないので、佐渡島の「おけさ」は、島内で独自の発展をしてきたものと考えるほうがよい。

節まわしの型　今日広く唄われている節まわしは、「お座敷唄」は小稲のもの、「盆踊り唄」は小町南山のものである。

岩《いわ》室《むろ》甚《じん》句《く》

定型

〽村《むら》のヤァー子供《こども》と　①良寛様《りょうかんさま》は
（ハァ　ヨシタヤ　ヨシタヤ）
日暮《ひぐ》れ忘《わす》れてアノー　隠《かく》れんぼ
（ハァ　ヨシタヤ　ヨシタヤ）

〽②お湯《ゆ》の③岩室《いわむろ》　踊《おど》りに更《ふ》けて
月《つき》に浮《う》かんだ　④弥彦山《やひこやま》

〔以上二首、大沢錦峰作〕

〽⑤石瀬出《いしぜで》てから　⑥久保田《くぼた》の橋《はし》で
雨《あめ》も降《ふ》らぬに　袖絞《そでしぼ》る

〽恋《こい》の岩室《いわむろ》　⑦岩戸《いわと》を閉《し》めて
闇《やみ》のまんまに　いつまでも

〽弥彦《やひこ》お山《やま》に　日《ひ》は照《て》りながら
ここの岩室《いわむろ》　⑧村時雨《むらしぐれ》

〽石瀬《いしぜ》岩室《いわむろ》　⑨樋曽三《ひそさん》ヶ村《がそん》
中《なか》の⑩岩室《いわむろ》　ままならぬ

〽⑪石瀬通《いしぜがよ》いが　病《やまい》となりて
今《いま》は岩室《いわむろ》の　湯《ゆ》も効《き》かぬ

字あまり

〽俺《おら》がヤァー若《わか》い時《とき》　⑫弥彦参《やひこまい》りを　したれば
な
（ハァ　ヨシタヤ　ヨシタヤ）
⑬馴染女《なじょ》が見《み》つけて　寄《よ》りなれと　言《い》うたど
も
嬶《かか》がいたれば　返事《へんじ》がならぬ

〽⑭蝸牛蝸牛《だいろだいろ》　角出《つのだ》せ蝸牛《だいろ》
角《つの》を出《だ》さぬと　⑮曽根《そね》の代官所《だいかんしょ》へ
⑯申《もう》し上《あ》げるが　いいか蝸牛《だいろ》

〽石瀬岩室《いしぜいわむろ》　⑰片町《かたまち》ゃ山《やま》だ
前《まえ》の⑱濁《にご》り川《かわ》
すっぽん亀《かめ》の子《こ》　泥鰌《どじょう》が棲《す》む

〽俺《おら》が若《わか》い時《とき》　⑲一筆《いっぴつ》啓上《けいじょう》
しからばその後《ご》　⑳ことしきさらりと
㉑珍重《ちんちょう》珍重《ちんちょう》と　書《か》いたる㉒文《ふみ》を
嬶《かか》に読《よ》まれて　㉓手《て》が下《さ》がる

注
①江戸時代後期の禅僧・歌人。現三島《さんとう》郡出雲崎《いずもざき》町出身。国上山《くがみやま》の五合庵に住んで農民や子供たちと親しみ、超世俗的な暮らしをした。
②温泉。
③⬇解説。
④新潟県の中西部、岩室温泉の南方にそびえる山（六三八メートル）。
⑤岩室温泉の南にある集落。北陸街道浜通りの要所であった。
⑥石瀬と、南東方の久保田集落との間にある、矢川に架かる橋。
⑦神話「天の岩戸」を踏まえた表現。天照大神《あまてらすおおみかみ》（太陽神）が、弟の素戔嗚尊《すさのおのみこと》の乱暴な行動に怒り、岩屋に入って戸を閉めたため、世の中がまっ暗になったという。
⑧初冬の頃、ひとしきり激しく降っては、すぐやむ雨。
⑨旧樋曽村。岩室温泉の北にあった。南から北へ、旧石瀬村・旧岩室村・旧樋曽村（現新潟市内）。
⑩岩室の遊女は、思うようにならない。
⑪曹洞宗種月寺（越後四ヶ道場の一）・真言宗青龍寺などの、石瀬の寺へ通うこと。
⑫弥彦神社。越後の国一の宮。弥彦山の東麓にある。
⑬親しい仲の女。ここでは茶屋女。
⑭かたつむり。
⑮長岡藩の曽根代官所。現新潟市の曽根小学校敷地内にあった。
⑯「申しつけるが」とも。
⑰地形が、道の片側は人家が並んでいる町で、反対側は山の斜面になっている。
⑱石瀬・岩室集落の東を北流する矢川のこと。
⑲男が手紙の書き出しに用いる決まり文句。ちょっと文章を書いて、申し上げます、の意。
⑳いろいろな事情をさらりと〔書いた手紙を〕。
㉑御身御大切に、の意。
㉒手紙。
㉓まいったな、困ったな、の意だという。

新潟県のお座敷唄。新潟県中西部にある岩室温泉（新潟市内）の花柳界の宴席で、芸者衆が唄ってきたものである。岩室は、北陸街道の宿場町でもあった。

唄の履歴　この唄の源流は、越後《えちご》地方（佐渡島を除く現新潟県全域）一円に広く分布している盆踊り唄の「甚句」である。それが、岩室辺りでも盆踊り唄『岩室甚句』として唄い踊られていた。その唄は、「石投げ踊り」とか「石投げ甚句」と呼ばれた時代もあったが、それは、踊りが、石を投げるような振りであるところから生まれた曲名である。

さて、岩室温泉では、湯女《ゆな》が湯治客の世話をしていたが、明治時代に入ってそれが廃止されたため、芸事の師匠がその代わりを務めるようになり、やがて芸者が出現した。

その芸者の中に玉家小竜（本名、小倉ツネ）と都家初枝という鶯芸者がおり、一九三二、三三年頃、お座敷唄化を計って仲間の芸者に三味線の伴奏をつけさせた。そしてビクターレコードに吹き込んだが、小竜は蒲原訛《かんばらなま》りの激しい人で、国訛りの濃い唄い方を確立した。しかし、歌詞は、字あまりの、形の異なるものばかりを集めてレコード化したため、一般の人には唄いにくいものになった。そこで、一九五二、五三年頃、弥彦《やひこ》の地方事務所長をしていた大沢錦峰が、七七七五調の定型の歌詞（前掲一・二首目など）を作って加えた。

節まわしの型　今日広く唄われている節まわしは、玉家小竜の芸を引き継いだ久子のものである。

越後追分《えちごおいわけ》

本唄・定型

〽ハァー荒《あら》い（アァサイ）風《かぜ》にも（アァサイ）
当《あ》てない主《ぬし》をヨー
（サイ　サァイ　サイサイ　サイ）
やろか（アァサイ）ハァー①蝦夷地《えぞち》の（アァサイ）　荒海《あらうみ》へ
（サイ　サイィ　サイ）

〽蝦夷《えぞ》や②松前《まつまえ》　やらずの雨《あめ》が
七日七夜《なのかななや》も　降《ふ》ればよい

〽③北山時雨《きたやましぐ》れて　⑤越後《えちご》は雪《ゆき》か
あの雪消《ゆきき》えなきゃ　逢《あ》われない

〽寒《さむ》い風《かぜ》だよ　⑥チョボ一風《いちかぜ》だ
⑦四割五割《しわりごわり》と　吹《ふ》いてくる

〽船《ふね》は⑧出《で》る出《で》る　鷗《かもめ》は帰《かえ》る
波《なみ》は磯《いそ》打つ　日《ひ》は暮《く》れる

〽⑨佐渡《さど》へ⑩八里《はちり》の　さざ波越《なみこ》えて
鐘《かね》が聞《き》こゆる　⑪寺泊《てらどまり》

〔了山作〕

本唄・五字冠り

〽ハァー船底《ふなぞこ》の
枕《まくら》はずして（アァサイ）　⑫聞《き》く浜《はま》（サイ）千《ち》
鳥《どり》ヨー
（サイ　サァイ　サイサイ　サイ）
寒《さむ》いじゃ（アァサイ）ハァーないかい（アァサイ）　波《なみ》の⑬上《うえ》
（サイ　サイィ　サイ）

〽艪《ろ》も櫂《かい》も
波《なみ》に取《と》られて　身《み》は棄《す》て小舟《おぶね》
どこへ取《と》りつく　島《しま》もない

〽雨風《あめかぜ》に
靡《なび》く柳《やなぎ》と　他人《ひと》には見《み》せて
雪《ゆき》にも折《お》れない　⑭操竹《みさおだけ》

〽⑮山背風《やませかぜ》
別《わか》れの風《かぜ》だと　あきらめしゃんせ
風《かぜ》にまかせた　帆《ほ》が憎《にく》い

〽白鷺《しらさぎ》が
小首《こくび》かしげて　⑯二《に》の足踏《あしふ》んで
やつれ姿《すがた》を　水鏡《みずかがみ》

〽⑰まんさくや
何《なに》を頼《たよ》りに　あの雪中《ゆきなか》を
鶯初音《うぐいすはつね》を　聞《き》きたさに

〽鳥《とり》ならば
飛《と》んで行《ゆ》きたい　あの山屋根《やまやね》よ
焦《こ》がれて鳴《な》く声《こえ》　聞《き》かせたい

〽奥山《おくやま》の
滝《たき》に打《う》たれて　あの岩《いわ》さえも
いつ掘《ほ》れるともなく　深《ふか》くなる

〽奥山《おくやま》の

紅葉《もみじ》踏《ふ》み分《わ》け　鳴《な》く鹿《しか》さえも
末《すえ》に⑱文《ふみ》書《か》く　⑲筆《ふで》となる

〽泣《な》いたとて
どうせ行《ゆ》く人《ひと》　やらねばならぬ
せめて波風《なみかぜ》　穏《おだ》やかに

〽今《いま》までは
ことも決《き》まらぬ　浮気《うわき》もしたが
ことさえ決《き》まれば　辛抱《しんぼ》する

〽朝咲《あささ》いて
⑳四《よ》つにしおるる　朝顔《あさがお》さえも
しおれまいとて　からみつく

合の手

〽船《ふね》は出《で》て行《ゆ》く　港《みなと》の沖《おき》にヤラサノサー
想《おも》い忍《しの》んで　見送《みおく》れば（サイィ）
誰《たれ》も知《し》らない　㉑わたしの願《ねが》いネー（アァサ
イ）
沖《おき》の鷗《かもめ》が　知《し》るばかり
（サイィ　サイ）

〽よくも染《そ》めたよ　船頭《せんど》さんの厚司《㉒あつし》
腰《こし》には大船《たいせん》　裾《すそ》に波《なみ》

背《せな》に錨《いかり》の　紋所《もんどころ》
質《しち》には入《い》れても　流《なが》りゃせぬ

〽固《かた》い蕾《つぼみ》も　この雨《あめ》に　だまされて
心《こころ》ほぐして　開《ひら》きける
見事立派《みごとりっぱ》に　色《いろ》づいた　あの花《はな》は
通《とお》りの人々《ひとびと》　目《め》をつける
㉓てんでが折《お》れども　少《すこ》しも折《お》れない　あの
枝《えだ》は
ほかへは靡《なび》かぬ　主一人《ぬしひとり》

〽㉔立山時雨《たてやましぐ》れて　越後《えちご》は㉕雨《あめ》か
かすかに見《み》ゆるは　佐渡島《さどがしま》
佐渡《さど》と越後《えちご》の　境《さかい》の桜《さくら》
花《はな》は越後《えちご》へ　実《み》は佐渡《さど》へ

〽沖《おき》の暗《くら》いのに　白帆《しらほ》が見《み》える
㉖江差通《えさしがよ》いか　なつかしや
船《ふね》は千来《せんく》る　万来《まんく》る中《なか》に
わたしの待《ま》つ船《ふね》　まだ見《み》えぬ

〽梅《うめ》に鶯《うぐいす》　柳《やなぎ》に燕《つばめ》　松《まつ》に鶴《つる》
竹《たけ》に雀《すずめ》は　舞《ま》い遊《あそ》ぶ
義理《ぎり》に詰《つ》まれば　鶯《うぐいす》さえも
梅《うめ》の木《き》離《はな》れて　藪《やぶ》で鳴《な》く

〽春《はる》の鶯《うぐいす》　何見《なにみ》て留《と》まる
梅《うめ》の小枝《こえだ》を　見《み》て留《と》まる
わたしゃあなたの　何見《なにみ》て留《と》まる
真《しん》の心《こころ》を　見《み》て留《と》まる

〽捲《ま》いた錨《いかり》に　恨《うら》みはないが
船出《ふなで》させたる　風憎《かぜにく》や
想《おも》い棄《す》てても　小磯《こいそ》にからむ
㉗女波《めなみ》㉘男波《おなみ》が　いつまでも

〽風《かぜ》の便《たよ》りは　松吹《まつふ》くばかり
君《きみ》は姿《すがた》を　なぜ見《み》せぬ
波《なみ》は寄《よ》せても　砕《くだ》けるばかり
岩《いわ》もこの身《み》も　痩《や》せ細《ほそ》る

〽鳥《とり》も通《かよ》わぬ　㉙八丈ヶ島《はちじょうがしま》に
やらるるこの身《み》は　いとわねど
あとに残《のこ》りし　妻《つま》や子《こ》は
どうして月日《つきひ》を　送《おく》るやら

〽わたしの想《おも》いは　㉚舞子《まいこ》の浜《はま》よ
幾度通《いくどかよ》うても　㉛淡路《あわじ》(会わじ)島《しま》
鳴《な》いて㉜明石《あかし》(明かし)の　あの浜千鳥《はまちどり》
会《あ》わなきゃ心《こころ》が　㉝須磨《すま》の浦《うら》

〽㉞扇《おうぎひろ》広げて　㉟敦盛《あつもりまね》招く
返《かえ》す所《ところ》が　須磨《すま》の浦《うら》
磯《いそ》の千鳥《ちどり》の　鳴《な》く声悲《こえかな》し
沖《おき》には鷗《かもめ》が　舞《ま》い踊《おど》る

〽送《おく》りましょうか　送《おく》られましょか
せめて波止場《はとば》の　近《ちか》くまで
未練《みれん》で言《い》うのじゃ　わしゃないけれど
別《わか》れりゃいつまた　会《あ》えるやら

〽送《おく》りましょうか　送《おく》られましょか
せめてあの町《ちょう》の　茶屋《ちゃや》までも
紅葉《もみじ》のようなる　手《て》をついて
明日《あす》またおいでと　目《め》に涙《なみだ》

〽昨日《きのう》は北風《きたかぜ》　今日南風《きょうみなみかぜ》
明日《あす》は浮《う》き名《な》の　㊱辰巳風《たつみかぜ》
好《す》いたお方《かた》と　夏吹《なつふ》く風《かぜ》は
そっと入《い》れたい　我《わ》が寝間《ねま》へ

〽空《そら》を眺《なが》めて　ホロリと涙《なみだ》
あの星辺《ほしあた》りが　主《ぬし》の家《いえ》
会《あ》いたい見《み》たいは　山々《やまやま》なれど
悲《かな》しい浮世《うきよ》は　ままならぬ

〽わたしとお前《まえ》さんと　㊲身上持《しんしょも》つ時《とき》は
欅《けやき》の柱《はしら》に　瓦屋根《かわらやね》
金銀造《きんぎんづく》りの　ガラス窓《まど》
㊳鶯《うぐいす》ばりの　長廊下《ながろうか》

〽一足運《ひとあしはこ》んで　ホーホケキョ
二足忍《ふたあししの》んで　ホーホケキョ
梅橋渡《うめばしわた》れば　四畳半《よじょうはん》
様子《ようす》がよいでは　ないかいな

〽渡《わた》る浮世《うきよ》は　うつつか夢《ゆめ》か　幻《まぼろし》か
夢《ゆめ》とうつつの　もつれあい
もつれもつれて　解《と》けない髪《かみ》に
誰《たれ》がしたぞえ　させたぞえ

注①北海道の、明治以前の呼び名。
②旧松前藩領。現北海道南西端の、渡島《おしま》半島の南西部。
③金北山。佐渡島の中央部にそびえる山（一一七二メートル）。
④時雨が降って。時雨は初冬の雨で、しばらくの間激しく降ってはやみ、降ってはやみするもの。
⑤旧国名。佐渡島を除く現新潟県全域。
⑥さいころを用いて行うばくちの意から、思うようにならない。
⑦ばくちの縁語と、寒さが厳しい様子を表す言葉「しわりごわりと」を掛ける。
⑧「出て行く」とも。
⑨佐渡島。長岡市寺泊町の北西方にある。
⑩約三一キロ。本州と佐渡島の間の距離。
⑪現長岡市寺泊町。
⑫「鳴く」は、大正時代からの誤唱。
⑬「音」は誤唱。
⑭誘惑や圧力に負けずに、自分の志や思いを守り通すこと。
⑮新潟県の日本海沿岸では、山を越えて吹いてくる東風。上方方面へ向かう帆船は、この風を順風として利用したため、船の乗組員と港の女とが別れることになる。
⑯一歩目は踏み出したが、二歩目はためらって足踏みをすること。
⑰マンサク科の落葉小高木。東北地方以南の山地に自生。早春に、他の花より早く、黄色い、線形の四弁花をつける。
⑱手紙。
⑲鹿の毛が筆の穂先に用いられることをいう。
⑳昔の時刻。午前一〇時頃。
㉑「胸の内」「わたしの胸の内」とも。
㉒大阪地方で産出した、厚手の木綿織物で作った仕事着。元はアイヌ語で、オヒョウの内皮の繊維で作った衣服。
㉓それぞれの人が。
㉔富山県の南東部にそびえる山（三〇一五メートル）。
㉕「雨よ」は誤唱。
㉖江差港（北海道檜山郡江差町）。渡島半島の南西部にある。旧松前藩三港の一。
㉗打ち寄せる波のうち、低いほうの波。
㉘同じく、高いほうの波。
㉙八丈島。伊豆七島の一。東京都中心部の南方約二九〇キロの海上にある。周囲約五九キロ。江戸時代は流刑地であった。
㉚現兵庫県神戸市垂水区の海岸。「迷子」を掛ける。
㉛瀬戸内海最大の島。周囲約二四キロ。兵庫県に属する。
㉜明石ノ浦。現兵庫県明石市にある。
㉝現神戸市須磨区にある景勝地。「すまない」の意

を掛ける。以上の各地は明石海峡に面した白砂青松の地で、東から西へ須磨の浦・舞子の浜・明石ノ浦と続き、南方の海上に淡路島がある。

㉞源氏の武将熊谷《くまがい》次郎《のじろう》直実《なおざね》が。以下、一ノ谷の合戦の挿話による歌詞。沖の助け舟をめがけて馬を進める敦盛に、直実が「勝負をしろ」と呼びかける。戻ってきた敦盛をうちすえて見れば、自分の子と同じ年頃の美少年。直実は助けてやろうと思ったが、源氏勢が後に続いているため、自分の手で往生させ、後で供養しようと考え直す。

㉟姓は平。平安時代末期の平家の武将。笛の名手。

㊱南東の風。「立つ」を掛ける。

㊲所帯を持つ。

㊳廊下の床板を留めたかすがいが、人が歩く時にきしんで、音を出すようにしたもの。その音が、鶯の鳴き声のように美しいとして名づけられた。

新潟県のお座敷唄・遊芸唄。越後地方（佐渡島《さどがしま》を除く現新潟県全域）の花柳界の宴席で芸者衆が唄い、また、花柳界で覚えた人たちが唄ってきたものである。さらに、越後瞽女《ごぜ》たちは瞽女宿などで唄った。

唄の履歴　今日の『越後追分』は、「本唄」と「合の手」とで構成されている。「本唄」の源流は、信州追分宿《おいわけじゅく》（長野県北佐久郡軽井沢町追分）の飯盛《めしも》り女たちが、酒席で旅人相手に唄っていたお座敷唄「追分節」である（➡三八一ページ）。

その唄が、文化文政（一八〇四～三〇）の頃に、流行《はや》り唄として日本中へ広まった。そして新潟県下へも伝えられ、信濃川《しなのがわ》の河口に開けた港町新潟の花柳界、古町（新潟市古町）でも盛んに唄われた。

その「追分節」を覚えた船乗りたちが船上で舵《かじ》を取りながら口ずさむうちに、ゆっくり、長く伸ばして唄う節になっていった。そして、「〽蝦夷《えぞ》や松前やらずの雨が　七日七夜も降ればよい」という歌詞が好んで唄われ、その唄い出しの語から「松前節」と呼ばれるようになった。その「松前節」を船乗りたちが古町の花柳界へ持ち込んで唄ううち、芸者衆が三味線のあしらいの手で伴奏を加え、お座敷唄にした。それが今日の『越後追分』の「本唄」部分である。（『越後追分』という曲名は、『江差《えさし》追分』が有名になったため、それと区別する意味で付けられたものである。）

そして、酒席をにぎやかにするためと、「本唄」が難しくて唄いこなせない人たちにも参加させるために「合の手」が加えられた。それは地口《じぐち》の長ばやしで、「瓢箪《ひょうたん》ばかりが浮くものか　わたしの心も浮いてきた」といったようなものであった。その後、『エンヤラヤ』がはやってきたので、一八九九年から一九〇二年の間に、この「合の手」部分に『エンヤラヤ』を用いるようになった。この唄は、潮待ちや風待ちのために長崎県の田助《たすけ》港（平戸市田助町）へ港入りする帆船の船乗りたちが、伝馬船を降ろして艪《ろ》を漕《こ》ぎながら唄っていたものである。それが田助の花柳界へ入って、お座敷唄になった。そして、帆船の船乗りたちによって新潟港へ伝えられ、新潟の花柳界で唄われていた。

その『エンヤラヤ』を何回も繰り返して、「合の手」を長編の「口説節《くどきぶし》」形式に仕立てたのは、「口説節」を商売にしていた瞽女たちである。それが今日の『越後追分』の「合の手」部分で、一般的には『エンヤラヤ』二首分になっている。この長さは、「本唄」を引き立て、全体をまとめるための「合の手」として手頃であった。

『越後追分』は、古町を中心に新潟の花柳界で広く唄われたが、一九五〇年に、民謡家鈴木節美《せつみ》（新潟市附船町）は、富山司山を会長にして「越後追分保存会」を設立し、新潟芸者の唄を元にして練り上げた節まわしの普及を計った。今日、新潟市一円で広く唄われているものがそれである。

なお、『越後追分』は寺泊《てらどまり》町（現長岡市内）の花柳界にも伝わっていたが、一九六七年三月七日に藤乃井月子によって復活した。

節まわしの型　今日広く唄われている節まわしは、「お座敷唄」は鈴木節美や藤乃井月子のもの、「遊芸唄」（瞽女節）は伊平《いひら》たけのものである。

越後《えちご》松坂《まつざか》

定型・花柳界節

〽ハァー目出度目出度《めでためでた》の　この酒盛《さかも》りは
（ハァ　コリャ　コリャ）
ハァー鶴《つる》が舞《ま》います　①寒鶴《かんづる》が（ハァ）
（ハァ　オカ　オカ　バイバイ）

定　型

〽こちの座敷《ざしき》は　目出度《めでた》い座敷《ざしき》
鶴《つる》と亀《かめ》とが　舞《ま》い遊《あそ》ぶ

〽飲《の》めや②大黒《だいこく》　唄《うた》えや③恵比須《えびす》
中《なか》で酌取《しゃくと》る　④福《ふく》の神《かみ》

新潟県

〽目出度嬉《めでたうれ》しや　思《おも》うことかのうた
⑤年《とし》の暮《く》れには　千両箱《せんりょばこ》

〽これの旦那様《だんなさま》　いつ来《き》て見《み》ても
藁《わら》の⑥叺《かます》で　金計《かねはか》る

〽目出度目出度《めでためでた》の　重《かさ》なる時《とき》は
⑦天《あま》の岩戸《いわと》も　押《お》し開《ひら》く

〽⑧門《かど》に門松《かどまつ》　祝《いわ》いの松《まつ》に
かかる白雪《しらゆき》　みな黄金《こがね》

〽こちの館《やかた》の　⑨三蓋松《さんがいまつ》に
鶴《つる》が黄金《こがね》の　巣《す》をかけた

五字冠り・花柳界節

〽ハァー元日《がんじつ》に
鶴《つる》の声《こえ》する　あの⑩井戸《いど》車《ぐるま》
（ハァ　コリャ　コリャ）
ハァー瓶《かめ》（亀）に汲《く》み込《こ》む　⑪若《わか》の水《みず》（ハァ）
（ハァ　オカ　オカ　バイバイ）

五字冠り

〽大黒《だいこく》が
⑫打《う》ち出《で》の小槌《こづち》で　昼寝《ひるね》をされる
黄金《こがね》降《ふ》るとこ　夢《ゆめ》に見《み》た

〽大黒様《だいこくさま》
⑬槌《つち》を担《かつ》いで　どこ行《ゆ》かしゃんす
目出度《めでた》い座敷《ざしき》に　⑭福播《ふくま》きに

〽⑮新玉《あらたま》の
年《とし》の初《はじ》めに　筆執《ふでと》り初《そ》めて
よろずの宝《たから》を　描《か》きしるす

〽⑯高砂《たかさご》や
お前百《まえひゃく》まで　わしゃ九十九《くじゅく》まで
ともに白髪《しらが》の　生《は》えるまで

〽⑰唐傘《からかさ》の
開《ひら》くごとくに　⑱身上《しんしょ》が伸《の》びる
⑲轆轤《ろくろ》で留《と》めれば　下《さ》がりゃせぬ

〽⑳菊《きく》の香《か》で
床《とこ》も座敷《ざしき》も　みな㉑花《はな》ごもり
あがるお客《きゃく》は　福《ふく》の神《かみ》

注①厳寒の頃の鶴。
②大黒天。七福神の一。福徳・財宝・食物などの神。右手に打ち出の小槌《こづち》を持ち、左肩に大きな袋をかつぎ、米俵二俵の上に立つ。
③七福神の一。福徳・漁・商売繁昌などの神。右手に釣り竿を持ち、左手で鯛を抱える。
④人に幸せや利益をもたらす神。「宇迦の神」とも。
⑤「末は鶴亀　五葉の松」とも。
⑥蓆《むしろ》を二つに折り、左右両端を細縄でぬって作った袋。穀物・塩などを入れるもの。
⑦神話で、天上界にある岩屋の戸。天照大神《あまてらすおおみかみ》（太陽神）が、弟の素戔嗚尊《すさのおのみこと》の乱暴な行動に怒ってこの岩屋にこもったため、世の中がまっ暗になった。神々はその戸を開けるのに苦労した。
⑧家の門口。
⑨枝葉が、笠を三つ重ねたような形になっている松の木。
⑩井戸の上に吊るして綱をかけ、つるべを上下させるのに用いる滑車。「車井戸」とも。
⑪若水。元日の朝に、その年初めて井戸から汲んだ水。霊力が宿っていると考えられ、年神に供え、調理やお茶に用いる。
⑫振れば、欲しいものがなんでも出てくるという、小さな槌。それを枕にして。
⑬打ち出の小槌。
⑭「福授け」とも。
⑮「年」に係る枕詞。
⑯「結婚式や」の意。謡曲「高砂」の一節が結婚式で小謡《こうたい》として謡われるが、その謡い出しから。
⑰〔中国風のかさの意〕細く割った竹を骨とし、油紙をはった傘。
⑱その家の財産が増え、家格が上がる。
⑲傘の柄に取りつけて骨を束ね、傘を開いたり閉じたりするもの。「中は轆轤で」とも。
⑳諸歌詞集は「朝顔で」とするが、不適。
㉑花の香りが満ちること。

新潟県の祝い唄。越後地方（佐渡島《さどがしま》を除く新潟県全域）の農村の人たちが、祝いの席で唄ってきたものである。また、芸者衆が祝い座敷で唄い、越後瞽女《ごぜ》たちも祝い唄として唄った。さらに瞽女たちは、長編の語り物「祭文《さいもん》松坂」にして、各地で十八番として唄った。

唄の履歴　この唄の源流は不明である。新潟県下に伝わる『越後松坂』は、新発田《しばた》（新発田市）生まれの検校《けんぎょう》松波〔松崎〕謙良が作ったものだという伝説がある。しかし、これは全くの伝説にすぎない。松波や松崎は、松坂とする説もあり、曲名の「松坂」から来ているようである。また、謙良は、座頭の最高位「検校」の訛《なま》り「けんりょう」に漢字をあてたものである。したがって、人名のように思われている松波〔松崎〕謙良は、単に「松坂」の得意な座頭ということで、「松坂」は、座頭が唄い歩いて日本中へ広めた唄だということを意味しているのかもしれない。

さて、『越後松坂』は、新潟県の山間部、旧南魚《うお》沼《ぬま》郡・北魚沼郡下の酒席で唄われていた、「本調子」と呼ばれる唄と酷似している。したがって、江戸時代の流行《はや》り唄が、「〽松坂…」と唄い出す歌詞が出現したために、曲名が「松坂」と替わったのではないかと思われる。

十日町市中条《なかじょう》新水《しんずい》（通称、しっつい）の久保田与松《よまつ》（一八九四年生まれ）の話では、この唄は「しばた」と呼ばれていたという（一九七七年九月一四日聴取）。同名の唄は周辺に点々と残っており、能登半島の付け根、石川県七尾市石崎でも採集されている。

一八二二年成立の「浮れ草」（松井譲屋編）には「松坂節」という唄が四首載っているが、その中に、「〽柴田五万石　枯《か》らそとままよ　悪所《あくしょ》通ひは　やめはせぬ」「〽しばた松坂　習ひたかござれ　畑休んでも　教へましょ」という歌詞がある。「しばた」は、このような唄い出しの語をとって曲名にしたもののようである。ちなみに、新発田藩の二代目藩主が弟へ一万石を分与して五万石になったのは一六一〇年である。また、二首目の歌詞は、越後では「〽新潟松坂習いたかござれ　金の四五両も持ってござれ」として広く唄われている。なお、『相馬流山』（二四四ページ）の「〽相馬流山習いたかござれ…」という歌詞は、その替え唄である。

「松坂」という曲名は「東海道中膝栗毛《ひざくりげ》」に「わしも国風《くにふう》のおけさ・松坂でも語るべい」と出ているが、これは感和亭鬼武著「旧観帳」からの引用である。この本は一八〇五〜〇九年の刊行であるから、「松坂」は、文化文政年間（一八〇四〜三〇）には日本中でかなり流行していたことになる。なお、一七九九年出雲崎《いずもざき》滞在中の新楽閑叟《しんらかんそう》が江戸の文人仲間へ出した手紙「越後だより」に、「まつざか、新発田のもの也。いづれの地にてもうたへども、しばたの如く出来ぬ也。」とあるという。したがって、『新保広大寺《しんぼこうだいじ》』（四〇五ページ）の流行した安永・天明年間（一七七二〜八九）には、「松坂」はすでに盛んに唄われていたのではないかと思われる。

その「松坂」、越後瞽女によって日本中へ広められ、北海道から鹿児島県の屋久島にまで及んでいる。また、座頭が唄う「松坂」は「検校節」（訛《なま》って「けんりょう節」）と呼ばれ、東北地方の秋田県・岩手県・青森県や北海道に点在している。そして、帆船の船乗りが唄う「松坂」は、「〽新潟松坂…」「〽新潟寺町…」などの唄い出しの語をとって「新潟節」（訛って「にかた節」）の名で日本海沿岸から瀬戸内海方面にまで広まっていった。その流行期は、瞽女や座頭による「松坂」の流行期より少し後であったらしい。

なお、「けんりょう節」に「謙良」、「にかた節」に「荷方」という漢字をあてるのは、太平洋戦争前の漢字重視の風潮の中で、曲名は漢字のほうが格調が高いという考え方からなされたものである。しかし、「謙良」は人名を、「荷方節」は荷物運びの仕事唄を連想させ、唄の印象を異なったものにするので、仮名書きにするほうがよい。

さて、新潟県下には、この「松坂」とは別種の盆踊り唄『新津《にいつ》松坂』と『加茂《かも》松坂』がある。この二曲は上方《かみがた》生まれであり、それと区別するため、越後生まれの「松坂」は『越後松坂』と命名されている。

『越後松坂』の本来の詞型は七七七五調であるが、越後瞽女が「五字冠り」（五・七七七五調）の詞型を生み出した。その後、瞽女たちは、上の句（七七）と下の句（七五）の間に「祭文」を挿入する「祭文松坂」を作り、長編の物語にして商売に用いた。しかし、のちには「祭文」を唄えない人が多くなり、「祭文」の代わりに七五七五調の長い句を挿入した、長編の「口説《くどき》松坂」が生まれたが、曲名だけは旧来の「祭文松坂」を用いている。

『越後松坂』は、日本中に分布していて有名な割りには、放送やレコードには登場しなかった。本格的な唄は、三島郡出雲崎町出身の峰村利子が一九六〇年にコロムビアレコードに吹き込んだものぐらいであった。それは、峰村が長岡の花柳界のお座敷に出ていた時に身につけた『越後松坂』（厳密には「長岡松坂」とでも呼ぶべきもの）である。その後、昭和四〇年代（一九六五～）後半に入って、魚沼三郡の『越後松坂』を、地元の森山儀作が紹介したが、広まらなかった。

節まわしの型　今日広く唄われている節まわしは、峰村利子の「花柳界節」である。

小木《おぎ》おけさ

〽ハァー①小木《おぎ》の（アリャサ）岬《みさき》の　②四所《ししょ》③御所《ごしょ》
　桜《ざくら》ヨ
（アリャ　アリャ　アリャサ）
枝《えだ》は④越後《えちご》へ　⑤実《み》は⑥佐渡《さど》へ
（アリャサー　サッサ）

〽佐渡《さど》と越後《えちご》は　⑦竿差《さおさ》しゃ届《とど》く
なぜに届《とど》かぬ　我《わ》が想《おも》い

〽小木《おぎ》は⑧潤《ま》でもつ　⑨相川《あいかわ》⑩鉱山《やま》で
⑪夷　湊《えびすみなと》は　漁《りょう》でもつ

〽⑫来《こ》いちゃ来《こ》いちゃで　二度《にど》だまされた
またも来《こ》いちゃで　だます気《き》か
〔尾崎紅葉作〕

〽あ⑬いが吹《ふ》かぬか　荷《に》が無《の》うて来《こ》ぬか
または⑭新潟《にがた》の　⑮船留《ふなど》めか

〽帰《かえ》りゃしゃんすか　まだ夜《よ》は⑯深《ふか》い
月《つき》は⑰藻崎《もざき》の　上《うえ》にある

〽来《く》るか来《く》るかと　⑱上沖見《かみおきみ》れば
⑲矢島《やじま》⑳経　島《きょうじま》　影《かげ》ばかり

〽小木《おぎ》の娘《むすめ》は　錨《いかり》か綱《つな》か
出船止《でふねと》めます　恐《おそ》ろしや

〽小木《おぎ》の㉑裏町《うらまち》　㉒撞木《しゅもく》の町《まち》だ
鉦《かね》(金)がなくては　㉓叩《たた》かれぬ

〽小木《おぎ》は月夜《つきよ》の　踊《おど》りがはずむ
おけさ㉔ぞめきの　㉕夜《よ》もすがら

〽小木《おぎ》の裏町《うらまち》　㉖太市《たいち》の二階《にかい》
いつもぞめきの　絶《た》えがない

〽小木《おぎ》の女郎衆《じょろしゅ》は　茶碗《ちゃわん》の湯漬《ゆづ》け
㉗色《いろ》が白《しろ》うても　水臭《みずくさ》い

注①⬇解説。「佐渡の三崎の」とも。「三崎」は三崎半島で、佐渡島南西端の小木半島のこと。
②「五所」と同音の「御所」を導くために加えたもの。
③曹洞宗海潮寺境内にある、二本の桜。国の天然記念物。承久の乱で流刑となった順徳上皇お手植えと伝える。
④旧国名。佐渡島を除く現新潟県全域。
⑤諸歌詞集は「葉は」としている。
⑥旧国名。佐渡島全域。
⑦竹の竿を差し出せば。「棹さしゃ」は、棹を用いて舟を進めれば、の意だから不適。
⑧川口にある河港に対して、入り江や島陰を利用した港のこと。城山半島の西側を「内ノ澗」、東側を「外ノ澗」という。
⑨佐渡島中西部の地名。
⑩佐渡鉱山。金や銀を産出した。一六〇三年に大久保長安が佐渡奉行となり、大規模な採掘を開始。
⑪旧夷町と旧湊町。現佐渡市の両津地区内。
⑫おいでなさい。「濃い茶（を召し上がれ）」を掛ける。
⑬新潟では、北～東の風。
⑭新潟港。信濃川河口の港。
⑮「川留め」は誤唱。
⑯「長い」とも。
⑰城山半島の、東側の岬。
⑱小木港から見て、京都・大坂の方向（富山県の方向）の沖合い。
⑲小木港の南西方にある島。矢竹を産する。鎮西八郎為朝の矢竹は、ここのものという。
⑳矢島の北にある、矢島と地続きの島。一二七四年、佐渡島に流されていた日蓮が赦免されたので、弟子日朗が迎えに出向いたがこの島に漂着し、一夜を読経して過ごしたことから命名された。
㉑かつて遊女屋や飲み屋が並んでいた所。
㉒仏具。鉦をたたいて鳴らすための、T字形の棒。（街路も、T字形になっているのかもしれない。）
㉓遊女屋の戸を。
㉔浮かれ騒ぐこと。にぎわい。
㉕夜どおし。一晩中。

身近にあることばのおもしろ
不思議さから、多彩で深い世

ことばのおもしろ

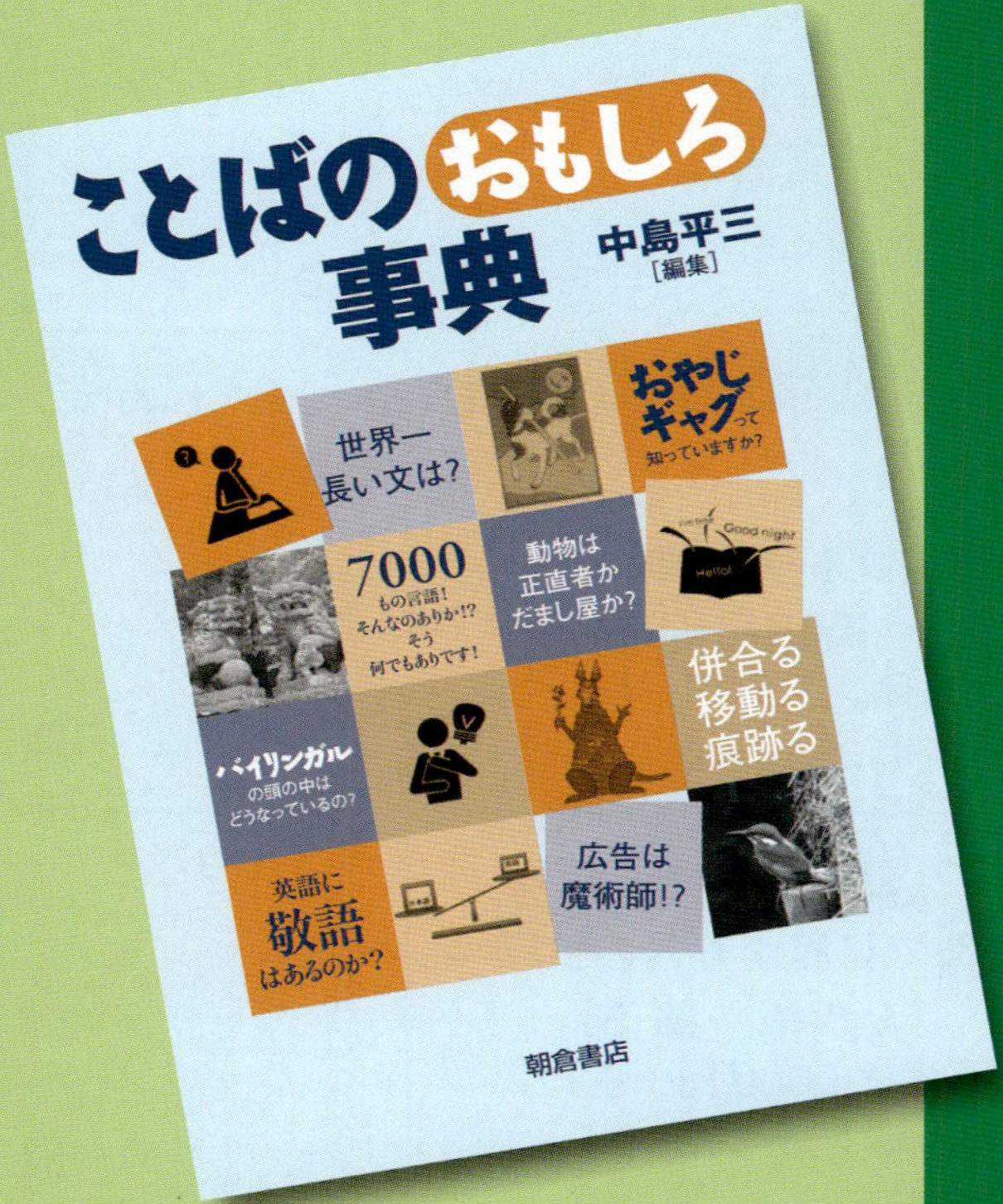

学習院大学

ISBN 978-4-254-51053-9 冊

■看板やテーマソングから最新の研究まで楽しく解説。

私たちの日本語

定延利之 編著

A5 判　160 頁　定価 (本体 2300 円＋税)

ISBN 978-4-254-51041-6 冊

■グローバルかつ複合的な視点に基づいた日本語学事典。

日本語大事典【上・下巻】

佐藤武義・前田富祺 編集代表

B5 判　2456 頁　定価（本体 75,000 円＋税）

ISBN978-4-254-51034-8 冊

■身近にある言葉のおもしろさや不思議さから、
多彩で深い世界へと招待！

辞書を読む 参加書

ことばのおもしろ事典 中島平三 編

B5 判　324 頁　定価（本体 7,400 円＋税）

ISBN978-4-254-51047-8 冊

朝倉書店　（営業部）TEL：03-3260-7631　FAX：03-3260-0180

㉖遊女屋の屋号。
㉗お茶漬けだと黄色だが、湯漬けだから色がない、の意。「肌が白くても」を掛ける。

新潟県のお座敷唄。新潟県も日本海に浮かぶ佐《さ》渡島《どがしま》の南端の港町、小木（佐渡市内）の花柳界の宴席で、芸者衆が唄い踊ってきたものである。

唄の履歴　今日伝わっている『小木おけさ』は「甚句《じんく》節」で、「新節」である。「旧節」の、「はいや節」系統の『小木おけさ』はすでに廃ってしまっているが、「はいや節」は、九州天草《あまくさ》の牛深《うしぶか》港（熊本県天草市牛深町）で生まれた唄である（⬇六七四ページ）。それは、帆船の船乗りたちによって日本中の港へ伝えられ、越後《えちご》や佐渡の港でも唄われた時代があった。

その「はいや節」、越後地方（佐渡島を除く現新潟県全域）では、「おけさ」という女性を唄った唄（「甚句」と思われる）の歌詞を用いて唄われるようになり、「おけさ節」（歌詞は「おけさ」、曲節は「はいや節」）が生まれた（⬇四一四ページ）。その頃、「はいや節」は佐渡島の小木港でも、「はんや節」の名で唄われていた。両津（現佐渡市中東部）の民謡研究家中川雀子《じゃくし》が採集した、明治時代末頃まで唄われていたという歌詞集を見ると、

〽小木の裏町　太市《たいち》の二階
　いつもぞめきの　ソーレ絶えがない

という歌詞がある。これは、七七七五調の四句目五音の前に「ソーレ」が挿入される「おけさ・ソーレ型」（三八八ページ）である。ところが、新潟県下の種々の「おけさ」を調べてみると、「ソーレ」が挿入される唄は『出雲崎《いずもざき》おけさ』（三島郡出雲崎町）しかない（他は「おけさ・ヤーレ型」）。ということは、『出雲崎おけさ』と同系統の唄が、対岸の小木港でも唄われていたことになる。

一方、今日唄われている「甚句節」の『小木おけさ』には「ソーレ」はなく、「はいや節」の唄い出しの「はいやー」（小木では「はんや節」と呼んでいたから、「はんやー」）もない。唄い出しは、「ハー」である。これは、佐渡島の相川《あいかわ》の『佐渡おけさ』（厳密には「相川おけさ」）と同じである。このように違うのは、次のような事情によるものと考えられる。

明治時代後半に入って、帆船が小木港に来なくなり、船乗り相手の花柳界が廃れていった。しかも、明治政府が盆踊りを禁止したことなどもあって、小木の「はいや節」は姿を消した。そして、その後、「ハー」の唄い出しつきの「甚句節」が越後から流行してきたため、小木の花柳界の酒席の唄は、「はいや節」に替わって、「小木甚句」になった。

さて、一八九〇年に、大阪道頓堀《どうとんぼり》の芝居小屋に出ていた、大阪歌舞伎の役者で、藤間流の踊りの師匠であった浅尾森之介が、不行跡のため、流れ流れて小木へ渡ってきた。小木では、女の子は、小学校三年生ぐらいから三味線と踊りを習い始め、半玉《はんぎょく》としてお座敷に出る風習があった。それは、帆船の寄港地共通の風習である。

浅尾は、小木芸者やその半玉たちに踊りを教えていた。そして、本人が振り付けたか、門人が振り付けたかは不明であるが、折りから流行の「小木甚句」に「十六足踊り」の振りを付けて、お座敷で踊らせた。その振りは、十六足で踊りが一巡するもので、藤間流の師匠の手になる、本格的な踊りだけに評判になった。

ところが、一九〇五年夏、小木は町の八割が焼ける大火に見舞われた。その後の復興計画で、裏町の花柳界は、海岸近くの泉町・東《あずま》町へ集団移転させられた。そして、花柳界復興運動と、盆踊り復活の時勢の中で、お座敷の芸者衆の踊り「十六足踊り」が屋外へ出てきて、しだいに町の人々の間に広まった。

ちょうどこの頃、本州側の越後では、「おけさ」の歌詞と「はいや節」の曲節が合体した、種々の「おけさ」が流行し始めていた。そこで、小木では、この「十六足踊り」で踊る盆踊り唄に『小木おけさ』という名を用いるようにした。かくして「十六足踊り」は、「小木甚句」改め『小木おけさ』の踊りとして踊られるようになって、今日に至っている。（なお、一九二四年に相川に「立浪《たつなみ》会」が結成されると、『佐渡おけさ』に小木の「十六足踊り」の振りを取り入れた。⬇四〇二ページ）

その「甚句節」の『小木おけさ』の初レコード化は一九三八年七月で、畑野村（現佐渡市内）の松本丈一《じょういち》が「小木調おけさ」の名でキングレコードに吹き込んでいる。しかし、評判にはならず、世に広まったのは一九五四年に吹き込まれた、羽茂《はもち》村（現佐渡市内）の中川千代・本間ふさ姉妹によるコロムビアレコード盤によってである。

節まわしの型　今日広く唄われている節まわしは、中川千代・本間ふさ姉妹のものである。

加《か》茂《も》松《まつ》坂《ざか》

本唄・「音頭唄」〔音頭取り〕

〽ハイイ
　（チョイ　アァリャ　アーリャサ）
①加茂《かも》のオヤァ（ハイイ）エーエ咲《さ》く花《はな》（ハ
　イイ）②矢立《やたて》で開《ひら》く（ハァ　ドシタ）
矢立《やたて》③松原《まつばら》　花所《はなどころ》

《はやし詞》〔踊り手〕

宮《みや》へーエ　宮《みや》へー
　（チョイ　アァリャ　アーリャサ）

後唄・「はやし唄」〔音頭取り〕

〽朝《あさ》の帰《かえ》りに　袖《そで》引《ひ》き止《と》めて（ハイイ）
辛抱《しんぼう》しゃんせと　目《め》に涙《なみだ》　目《め》に涙《なみだ》
　（チョイ　アァリャ　アーリャサ）

本唄・「音頭唄」

〽加茂《かも》の④明神《みょうじん》　ほのぼの明《あ》けりゃ
町《まち》へ流《なが》れる　花霞《はながすみ》

〽唄《うた》は⑤松坂《まつざか》　踊《おど》りに更《ふ》けて
更《ふ》けて今宵《こよい》も　月《つき》が出《で》る

〽蛍《ほたる》飛《と》ぶ飛《と》ぶ　⑥加茂川《かもがわ》堤《づつみ》
主《ぬし》と会《お》う瀬《せ》の　⑦八幡橋《やわたばし》

〽加茂《かも》は⑧機所《はたどこ》　⑨簞笥《たんす》の出所《でどこ》
⑩筬《おさ》と槌《つち》とが　呼《よ》び交《か》わす

〽⑪新潟砂山《にがたすなやま》　米《こめ》ならよかろ
沖《おき》の船頭《せんど》さんに　積《つ》ませたい

〽切《き》れてバラバラ　バラバラ扇子《せんす》
風《かぜ》の便《たよ》りは　さらにない

後唄・「はやし唄」

〽咲《さ》いてやさしや　山吹《やまぶ》きの花《はな》
浮気《うわき》で咲《さ》くせいか　実《み》は生《な》らぬ

〽旅《たび》で暮《く》らせば　加茂松坂《かもまつざか》の
⑫二《ふた》つ太鼓《たいこ》を　思《おも》い出《だ》す

〽更《ふ》けりゃ踊《おど》りが　締《し》まるというに
主《ぬし》の⑬扱《しご》きは　なぜゆるむ

〽加茂《かも》の⑭上条《じょうじょう》の　⑮八幡《やわた》の森《もり》は
風《かぜ》もないのに　そよそよと

〽⑯浅葱《あさぎ》染《ぞ》めでも　度重《たびかさ》なれば
末《すえ》にゃ色増《いろま》し　⑰紺《こん》となる

注①⬇解説。
②③ともに加茂市の地名。江戸時代には遊廓があった。
④青海《あおみ》神社。加茂市加茂にある。主神のほか、京都の上賀茂神社と下鴨神社の祭神も合祀している。
⑤加茂松坂。
⑥加茂市南東部の粟ヶ岳に発して加茂市内を北西流し、市の北西部で信濃川へ注ぐ川（約三キロ）。
⑦加茂市八幡の、加茂川に架かる橋。
⑧木綿の加茂縞や絹織物のほか、近年では化繊織物が生産される。
⑨桐簞笥の、日本一の生産地。
⑩機織り用具。竹を薄く切って櫛の歯のように並べ、枠をつけたもの。縦糸を整えて織物の幅と織り目の密度を決め、通した横糸をたたいて締める用具。
⑪新潟港の周辺に広がる砂丘のこと。
⑫「音頭唄」と「はやし唄」の、二通りの太鼓の打ち方のこと。
⑬扱き帯。並幅の布を、そのまま用いる帯。兵児帯・三尺帯など。
⑭旧上条村。現加茂市内。
⑮長瀬神社（俗称、八幡宮）の森。
⑯藍（タデ科の一年草）で薄く染めた、緑色を帯びた薄い青色。
⑰藍で（何度も染め返して）濃く染めた、暗い紫色を帯びた濃い青色。

　新潟県の盆踊り唄。新潟県の中央部、それも信濃《しなの》川支流の加茂川流域に開けた加茂市の人たちが、お盆に唄い踊ってきたものである。加茂は織物と木工の町であり、京都の賀茂神社の領地六四ヶ所のうちの一つでもあった。

唄の履歴　この唄は、「音頭唄」と呼ばれる「本唄」と、「はやし唄」と呼ばれる「後唄」から成っている。

「本唄」の源流は、室町時代末期から江戸時代初期にかけて上方で大流行した「伊勢踊り」である。それは、「〽松坂…」と唄い始めるところから「松坂踊り」の名で西日本地方一円へ広まったが、この加茂にも北陸道を通って伝えられたのであろう。この種の唄は、現存するものでは新潟県下の『加茂松坂』と『新津《にいつ》松坂』の二曲が北限になっている。

加茂に伝わる話によると、今から三百年前、桑名（三重県桑名市）の侍が、謡曲「羽衣くずし」を「松坂踊り」の名で踊ったのが始まりだという。侍はともかくとして、織物の関係か神社の関係かも別にして、西日本との交流があって、加茂の人が「松坂踊り」を覚えて持ち帰ったのであろうが、近くの『新津松坂』とは曲の感じが全く異なるので、移入先は異なるのであろう。

一方、「後唄」の源流は「甚句《じんく》」で、七七七五調の四句目の五音を二度繰り返す。この「後唄」は、江戸時代の後期に、「本唄」が古風で、大衆受けしにくくなってきたために追加されたものと思われる。

節まわしの型　今日広く唄われている節まわしは、加茂の堀泰一《たいち》のものである。

補足　『加茂松坂』と『新津松坂』は、新潟県下に広く分布する祝い唄『越後松坂』（三九三ページ）とは別系統の唄である。

佐渡《さど》おけさ

〽ハァー①佐渡《さど》へ（アリャサ）佐渡《さど》へと　草木《くさき》
も靡《なび》くヨォ
（アリャ　アリャ　アリャサ）
佐渡《さど》は居《い》よいか　住《す》みよいか
（アリャサー　サァッサ）

〽佐渡《さど》と②越後《えちご》は　③竿差《さおさ》しゃ届《とど》く
④なぜに届《とど》かぬ　我《わ》が想《おも》い

〽佐渡《さど》の⑤三崎《みさき》の　⑥四所《ししょ》⑦御所桜《ごしょざくら》
枝《えだ》は越後《えちご》へ　⑧実《み》は佐渡《さど》へ

〽おけさ⑨踊《おど》らば　板《いた》の間《ま》で踊《おど》れ
板《いた》の響《ひび》きで　三味《しゃみ》ゃいらぬ

〽雪《ゆき》の新潟《にいがた》　吹雪《ふぶき》に⑩暮《く》れて
佐渡《さど》は寝《ね》たかや　灯《ひ》が見《み》えぬ

〽来《こ》いと言《ゆ》たとて　行《ゆ》かりょか佐渡《さど》へ
佐渡《さど》は⑪四十九里《しじゅうくり》　波《なみ》の上《うえ》

〽波《なみ》の上《うえ》でも　来《く》る気《き》があれば
舟《ふね》にゃ艪《ろ》もある　櫂《かい》もある

〽惚《ほ》れちゃならない　他国《たこく》の人《ひと》に
末《すえ》は烏《からす》の　泣《な》き別《わか》れ

〽霞《かす》む⑫相川《あいかわ》　夕日《ゆうひ》に染《そ》めて
波《なみ》の⑬綾織《あやお》る　⑭春日崎《かすがさき》

〽⑮鉱山《やま》に黄金《こがね》の　花咲《はなさ》く佐渡《さど》は
これぞ日本《にほん》の　宝島《たからじま》

〽おけさ踊《おど》りに　つい⑯うかうかと
月《つき》も⑰踊《おど》るよ　⑱佐渡《さど》の夏《なつ》
〔紫雨作〕

〽月《つき》は傾《かたむ》く　東《ひがし》は白《しら》む
おけさ連中《れんちゅう》は　ちらほらと
〔思秋作〕

〽佐渡《さど》へ来《き》てみよ　夏冬《なつふゆ》なしに
鉱山《やま》にゃ黄金《こがね》の　花《はな》が咲《さ》く

〽佐渡《さど》の⑲金北山《きんぽくさん》は　おしゃれな山《やま》よ
いつも⑳加茂湖《かもこ》で　水鏡《みずかがみ》
〔笑子作〕

〽北《きた》は㉑大佐渡《おおさど》　南《みなみ》は㉒小佐渡《こさど》
間《あい》の㉓国中《くになか》　米所《こめどころ》

〽鳴《な》いてくれるな　都《みやこ》が恋《こい》し
鳴《な》くな㉔八幡《やはた》の　ほととぎす
〔翠岳作〕

〽㉕来《こ》いちゃ来《こ》いちゃで　二度《にど》だまされた
また も来《こ》いちゃで　だます気《き》か
〔尾崎紅葉作〕

〽咲《さ》いた花《はな》なら　散《ち》らねばならぬ
恨《うら》むまいぞえ　㉖小夜《さよ》嵐《あらし》

〽南瓜《かぼちゃ》ぼちゃぼちゃ　ぼちゃぼちゃ南瓜《かぼちゃ》
南瓜《かぼちゃ》ぼちゃぼちゃ　ぼちゃ南瓜《かぼちゃ》

〽黄金《こがね》銀《しろがね》　花咲《はなさ》く佐渡《さど》は
居《い》よい住《す》みよい　暮《く》らしよい

〽荒《あら》い波風《なみかぜ》　やさしく受《う》けて
心《こころ》動《うご》かぬ　佐渡島《さどがしま》

〽㉗小木《おぎ》は㉘潤《ま》でもつ　相川鉱山《あいかわやま》で
㉙夷湊《えびすみなと》は　漁《りょう》でもつ

〽風《かぜ》よ吹《ふ》け吹《ふ》け　吹《ふ》くなじゃないが
花《はな》を㉚三尺《さんじゃく》　よけて吹《ふ》け

〽㉛徒《あだ》し㉜徒波《あだなみ》　寄《よ》せては返《かえ》す
寄《よ》せて返《かえ》して　また寄《よ》せる

〽㉝二見夕焼《ふたみゆうや》け　三崎《みさき》は霞《かす》む
㉞真野《まの》の入《い》り江《え》に　立《た》つ鷗《かもめ》
〔藤紫作〕

〽月《つき》は東《ひがし》に　㉟能登崎《のとざき》や西《にし》に
想《おも》うお方《かた》は　海越《うみこ》えて

〽燕《つばめ》可愛《かわ》いや　千里《せんり》の波《なみ》も
恋《こい》の翼《つばさ》で　飛《と》んで来《く》る

〽島《しま》の乙女《おとめ》の　黒髪恋《くろかみこい》し
㊱またも行《ゆ》きたい　㊲花《はな》の佐渡《さど》

〽沖《おき》の㊳漁《いさ》り火《び》　涼《すず》しく見《み》えて
㊴浪路《なみじ》更《ふ》けゆく　佐渡島《さどがしま》
〔甫舟作〕

〽㊵真野《まの》の御陵《みささぎ》　松風冴《まつかぜさ》えて
袖《そで》に涙《なみだ》の　㊶村時雨《むらしぐれ》
〔為楽作〕

〽知《し》らぬ他国《たこく》の　二階《にかい》の㊷ぞめき
聞《き》けばなつかし　佐渡《さど》訛《なま》り

〽嫁《よめ》も姑《しゅうと》も　手《て》を打《う》ちならし
㊸五十三里《ごじゅうさんり》を　輪《わ》に踊《おど》る

〽鐘《かね》をつき出《だ》しゃ　霞《かすみ》が切《き》れる
切《き》れりゃ浮《う》き出《だ》す　佐渡島《さどがしま》

〽佐渡《さど》へ㊹八里《はちり》の　さざ波越《なみこ》えて
鐘《かね》が聞《き》こゆる　㊺寺泊《てらどまり》
〔了山作〕

注
①旧国名。佐渡島全域。⬇解説。
②旧国名。佐渡島を除く現新潟県全域。「柏崎や」「出雲崎」とも。
③竹の竿を差し出せば。「棹さしゃ」は、棹を用いて舟を集めれば、の意だから不適。
④「橋を架けたや　船橋を」とも。
⑤三崎半島。佐渡島南西端の小木半島のこと。
⑥「五所」と同音の「御所」を導くために加えたもの。
⑦曹洞宗海潮寺境内にある、二本の桜。国の天然記念物。承久の乱で流刑となった順徳上皇お手植えと伝える。
⑧諸歌詞集は「葉は」としている。
⑨「踊るなら」とも。
⑩「暮れる」とも。
⑪約一九二キロ。能登半島〜佐渡島間の距離だという。また、実数ではなく、佐渡は越後から遠いことを誇張して表現したもの、とも。
⑫⬇解説。
⑬交差させた縦糸または横糸の浮きが布面に斜線となって表れた、美しい絹織物。
⑭相川市街地の南西方にある、台地状の岬。
⑮佐渡鉱山。金や銀を産出した。一六〇三年に大久保長安が佐渡奉行となり、大規模な採掘を開始。
⑯「浮かされて」とも。

⑰「浮かれる」とも。
⑱「佐渡島」とも。
⑲佐渡島の中央部にそびえる山（一一七三メートル）。俗に「北山」とも。
⑳佐渡島の中東部にある。周囲約一七キロ。最深九メートル。淡水湖であったが、水害が起こったため、一九〇四年に境川（幅約三〇メートル）を開削し、海とつなげた。
㉑佐渡島の、国中平野の北方の山地。大佐渡山地。
㉒国中平野の南方の山地。小佐渡山地。
㉓「国仲」とも。国中平野。佐渡島の中央部にある。大佐渡山地と小佐渡山地に挟まれ、島中部の北東から南西へ細長く広がる。幅約八キロ、長さ約一二キロ。佐渡島産米の半分以上が収穫される。
㉔佐渡市中西部の地名。八幡宮がある。その北東約二キロに、順徳上皇の黒木御所があった。御製に「鳴けば聞く　聞けば都の恋しさに　この里過ぎよ　山ほととぎす」。
㉕おいでなさい。「濃い茶（を召し上がれ）」を掛ける。
㉖夜に吹く、強い風。
㉗佐渡島南西部の港町。
㉘川口にある河港に対して、入り江や島陰を利用した港のこと。城山半島の西側を「内ノ潤」、東側を「外ノ潤」という。
㉙旧夷町と旧湊町。現佐渡市の両津地区内。
㉚約九一センチ。
㉛無駄な。むなしい。
㉜いたずらに立ち騒ぐ波。人の心が浮薄で、変わりやすいことをいう。
㉝二見半島。佐渡島の中西端にある。
㉞真野湾。佐渡島中西部の西にある。二見半島は真野湾の西方に、三崎（小木）半島は南西方に位置する。
㉟能登半島。
㊱「一度行きたい」は誤唱。

㊲はなやかで、美しい。「佐渡島」とも。

㊳夜、魚を誘い集めるために、舟の上でたく火。「かがり火」とも。

㊴「夢に見るよな」とも。

㊵真野御陵。正式名は順徳上皇真野御火葬塚で、佐渡市真野にある。一二四二年、崩御された上皇をここで火葬にし、その灰を集めて築いた塚。

㊶初冬の頃、ひとしきり激しく降っては、すぐやむ雨。

㊷浮かれ騒ぐこと。にぎわい。

㊸約二〇八キロ。佐渡島の周囲の長さ（正確には二一七キロ余）。島の周りを輪になって踊る、の意。

㊹約三一キロ。本州〜佐渡島間の距離。

㊺寺泊港（長岡市寺泊町）。


新潟県の踊り唄・酒盛り唄。新潟県も日本海に浮かぶ佐渡島《さどがしま》の中西部にある金山の町、相川《あいかわ》（佐渡市内）の人たちが、毎年七月二五日から二七日までの「鉱山祭り」のパレードで、また、酒席で唄い踊ってきたものである。

唄の履歴　この唄の「旧節」の源流は、越後《えちご》地方（佐渡島を除く現新潟県全域）の「甚句《じんく》」が、海路、九州天草《あまくさ》の牛深《うしぶか》港（熊本県天草市牛深町）へ伝えられて変化した「はいや節」（六七四ページ）である。それは、帆船の船乗りたちによって日本中の港へ運ばれたが、佐渡島の小木《おぎ》港（佐渡市南西部）では、「はんや節」の名で、港の女たちによって盛んに唄われるようになった。

民謡研究家、町田佳聲《かしょう》は、小菅コン（旧金沢村）と長佐治平（旧真野村）が一九四一年に演唱した唄の楽譜を「日本民謡大観」（中部篇）に収録している。小菅の唄は「ハンヤエー」、長佐の唄は「ハンーヤーイヤソレ」と唄い出す「はんや節」である。この両人が在住する二村は、旧相川町の東方にあったので、「はんや節」（はいや節）は、旧相川町でも唄われていたのであろう。

「はいや節」と「甚句」の違いは、「はいやー」（「はい」は南風の意）と唄い出し、七七七五調の歌詞の四句目五音の前に「サーマ」（また、その変形の「ソーレ」や「ヤーレ」）が挿入してあれば「はいや節」、そうでなければ「甚句」と考えればよい。

四一四ページに述べたとおり、越後地方では、その「はいや節」の曲節に、「おけさ」という女性を唄った唄の歌詞をあてて、「〽おけさエー　おけさ正直なら…」のように唄い始めた。

佐渡島出身の本間茂雄（元東京女子体育大学教授）によれば、『佐渡おけさ』は、日露戦争（一九〇四〜〇五）前後までは、「〽佐渡へエー　佐渡へ佐渡へと草木も靡《なび》く…」とも唄われていたという（「月刊みんよう」一九七四年一月号）。また、一九二八年（推定）四月に佐渡島を訪れた詩人、白鳥省吾《しろとりせいご》は「佐渡おけさは別にはんやとも称し」と書いている（「旅と伝説」一九二八年七月刊）。したがって、『佐渡おけさ』（相川おけさ）も、以前は「はいや節」の曲節で唄われていたわけである。

しかし、今日の『佐渡おけさ』は、「〽ハー佐渡へ佐渡へと　草木も…」のように唄われていて、しかも四句目の五音の前には「サーマ」や「ソーレ」「ヤーレ」もない。これは、今日の『小木おけさ』も同様である。要するに、越後地方の「おけさ」の源流は「はいや節」であるが、佐渡島の今日の『佐渡おけさ』や『小木おけさ』の源流は、「はいや節」ではなく、「越後甚句」（➡四一六ページ）なのである。

さて、相川金山は一八九六年一一月に民間に払い下げられた。相川では、それを記念して、翌九七年八月一三日より三日間、盛大な「鉱山祭り」を催すことになった。この時、相川金山の鉱夫たちは、花藺笠《はないがさ》をかぶり、「選鉱場節」で町内を踊りまわった。したがって、相川では、この頃すでにこの唄で盆踊りをしていたことになる。そうでないと、突然この日からみんなで踊るというわけにはいかない。しかも、当時は「おけさ」という曲名は用いられておらず、一八九九年に出版された、尾崎紅葉の「続佐渡ぶり」には、「選鉱踊り」と書かれている。

それは、当時佐渡島の玄関口であった小木港から相川へ移入されたと思われる唄「小木甚句」に、相川の盆踊り唄「相川甚句」の振りを付けて踊っていたものである。ところが、一九二四年六月一〇日に、『相川音頭』を保存、普及する団体「立浪《たつなみ》会」が結成され、「選鉱踊り」も併せて普及を計ることになった。その頃、佐渡日報社長の浅香《あさか》寛は、観光の島佐渡を宣伝するために「佐渡大観」と題する映画を作り、芸者を連れて新潟・長野・北海道と巡業した。浅香は、「立浪会」の「選鉱踊り」の踊り指導者でもあったので、同行した芸者衆から「十六足踊り」の振りを習い覚え、立浪会会員に教えたのである。

では、その芸者衆は、「十六足踊り」をどこで習ったのかというと、小木でであった。佐渡島の芸者衆が育てられたのは、帆船の寄港地、小木でだけであったので、他の地区では、小木から芸者を借りて酒席に出していた。その小木では、大阪歌舞伎の役者であり、藤間流の師匠でもあった浅尾森之介らによって、「小木甚句」に「十六足踊り」の振りが付けられた（⬇三九七ページ）。映画の宣伝隊に加わった芸者衆も、その小木出身であった。

しかも小木では、「小木甚句」に「十六足踊り」を加えた唄を、本州側の越後で流行していた「おけさ」にあやかって『小木おけさ』と呼んだため、相川の「立浪会」でも、それまで「選鉱踊り」と呼ばれていた唄を「相川おけさ」と呼ぶようになった。そして、一九二六年四月二〇日、「立浪会」の村田文三《ぶんぞう》・松本丈一《じょういち》らが上京し、その「相川おけさ」を東京放送局（現NHK）からラジオで初放送した。同年七月三日、村田ら一行は再度上京してニッポノフォンレコード（コロムビアレコードの前身）へ吹き込んだが、その折り、担当ディレクターの川崎清が、「相川おけさ」「相川音頭」では、どこの土地の唄かわかりにくいので、「佐渡おけさ」「佐渡音頭」と改めるように求めた。しかし、「立浪会」としては、『相川音頭』は鉱山奉行に上覧に入れた由緒ある唄なので「相川」という地名は替えられないため、「おけさ」のほうだけ譲って、『佐渡おけさ』と改名することにした。そして翌日、東京放送局から二度目の放送をした。その後、『佐渡おけさ』は、佐渡島観光と村田文三の美声とによって日本中へ広まっていった。この二度の放送時の番組制作者が町田佳聲（当時は博三《ひろぞう》）で、『佐渡おけさ』改名の経緯が記録として残ったのである。

また、町田は、越後の「おけさ」の源流は「はいや節」だが、佐渡島の「おけさ」（新節）の源流は「はいや節」ではないようだと言っていた。筆者（竹内勉）は、本項と『小木おけさ』の項で説明したとおり、それを実証することができたと思う。

なお、現在相川に伝わっている『選鉱場おけさ』のほうは、「小木甚句」改め『小木おけさ』の野外唄ともいうべきものである。それは、三味線になじみのない人々が、無伴奏で酒席で唄ったり、相川鉱山で鉱石を選《よ》り分ける人たちが、単調な仕事に飽きるために口ずさんだりした「野良唄」である。極論すれば、『佐渡おけさ』は、芸者衆の、三味線伴奏つきのお座敷唄を舞台用にまとめたものであり、『選鉱場おけさ』は、三味線に無縁の大衆が手拍子などで唄っていた「野良唄」と考えればよいであろう。

節まわしの型　今日広く唄われている節まわしは、村田文三のものである。

補足　『佐渡おけさ』にすぐれた歌詞が多いのは、一九二四、二五年頃に「あらなみ会」が歌詞の創作活動を行ったからである。その歌詞は、会長の川辺時三が発行した「磯うつ波」（一九二六年七月二日刊）に掲載されているが、その中に今日の主要な歌詞がかなり載っている。他の多くの歌詞も、「あらなみ会」の活動の中から唄われるようになったのである。

三《さん》階《がい》節《ぶし》

お座敷唄

〽〔唄い手〕柏崎《①かしわざき》から　椎谷《②しいや》まで
〔付け手〕間《あい》に　荒浜《③あらはま》　荒砂《④あらすな》

⑤悪田《あくだ》の渡《わた》しが　無《な》⑥かよかろ
《繰り返し》
〔唄い手〕アァ無《な》かよかろ　間《あい》に
〔付け手〕荒浜荒砂《あらはまあらすな》　悪田《あくだ》の渡《わた》しが
　無《な》かよかろ

〽⑦米山《よねやま》さんから　雲《くも》が出《で》た
今《いま》に　夕立《ゆうだ》ちが来《く》るやら
ピッカラチャッカラドンガラリンと　音《おと》が
　する

〽⑧明《あ》けたよ　夜《よ》が明《あ》けた
寺《てら》の　鐘《かね》打《う》つ坊主《ぼうず》や
お前《まえ》のお蔭《かげ》で　夜《よ》が明《あ》けた

〽⑨しげさしげさと　声《こえ》がする
しげさ　しげさの⑩御勧化《ごかんげ》
山坂《やまさか》越《こ》えても　参《まい》りたや

〽狭《せま》い小路《こうじ》で　ちょいと出会《でお》うた
話《はな》せ　話《はな》せや語《かた》れや
胸内《むねうち》あること　みな話《はな》せ

〽高《たか》い山《やま》から　⑪谷底見《たにそこみ》れば
⑫お万《まん》　お万可愛《まんかわ》いや

染《そ》め分《わ》け襷《たすき》で　⑬布晒《ぬのさら》す

〽⑭閻魔前《えんままえ》なる　茶屋《ちゃや》の嬶《かか》
あれを　地獄《じごく》へやらぬは
さりとは閻魔《えんま》も　⑮よてを引《ひ》く

〽蝶々蜻蛉《ちょうちょとんぼ》や　きりぎりす
お山《やま》　お山《やま》で囀《さえず》る
松虫鈴虫《まつむしすずむし》　轡虫《くつわむし》

〽忘《わす》れた忘《わす》れた　寝忘《ねわす》れた
枕《まくら》　枕《まくら》の小屏風《こびょうぶ》に
朝日《あさひ》のさすまで　寝忘《ねわす》れた

〽可愛《かわ》いがられた　筍《たけのこ》も
今《いま》じゃ　伐《き》られて割《わ》られて
桶《おけ》の⑯たんがにかけられて　締《し》められた

注①現柏崎市中心部。⬇解説。
②旧刈羽郡高浜町の地名（現柏崎市内）。椎谷観音・香取神社などがある。市の中心部から北西部の椎谷までは約一四キロ。
③旧荒浜村（現柏崎市内）。日本海に面した砂丘地帯。
④荒れはてた砂丘。
⑤現柏崎市中心部と荒浜の間の、鯖石川《さばいし》河口にあった渡船場。
⑥無ければよかろう。
⑦柏崎市南西端部の山（九九三メートル）。山頂に、七一二年、泰澄の開基と伝える米山薬師がある。
⑧「明けた明けたよ」とも。
⑨「出家さん」の訛り。この唄い出しから『しげさ節』という曲名が生まれた。
⑩仏の教えを広めること。布教すること。「ごかんか」は誤唱。
⑪「谷見れば」とも。
⑫二人称代名詞「おまはん・おまん」（おまえさんの意）が、固有名詞（女性名）と解釈されるようになったものと思われる。
⑬布を水洗いし、日光に当てて白くする。
⑭柏崎市の東本町にある曹洞宗の寺、閻魔庵の前の。「閻魔」は、死んだ人の罪に判決を下す、地獄の王様。
⑮えこひいきをする。
⑯たが。

新潟県のお座敷唄・盆踊り唄。お座敷唄は「お座敷三階節」と呼ばれるが、新潟県中西部の、港町であり、北陸道の宿場町であった柏崎《かしわざき》（柏崎市）の花柳界の宴席で、芸者衆が唄ってきたものである。盆踊り唄は「野良《のら》三階節」と呼ばれるが、戸数百ばかりの漁村、旧大州《おおす》村大字中浜（現柏崎市中浜）の漁師たちが、お盆に唄い踊ってきたものである。

唄の履歴　この唄の源流は、一八二八年頃、江戸・京都・大坂の三都で大流行を見せた『ヤッシヨメ節』らしく、それが柏崎の花柳界にも、流行《はや》り唄として伝えられたようである。
『ヤッショメ節』は「ヤッショメ　ヤッショメ」とはやすところからの命名であるが、「〽出家《しげ》さん…」という唄い出しから『しげさ節』、同じ文句を三回繰り返して唄うところから「三回節」

（『三階節』の字をあてる）とも呼ばれた。

その『三階節』は、のちに周辺の農漁村へ広まって盆踊り唄に用いられるうち、節まわしにかなりの違いが生まれてきた。そのため、一口に柏崎の盆踊り唄『三階節』と言っても、海岸地帯のもの、柏崎市街地中央部の「剣野《けんの》節」（剣野町）や「四谷《よつや》節」（四谷）、市街地中央部から海岸にかけての「中浜節」などがある。

さて、花柳界の「お座敷三階節」は、一九三〇年一二月に小唄勝太郎（新潟市沼垂出身）がビクターレコードに吹き込んだ。それが評判になると、柏崎芸者澄枝がスターレコードに、続いてビクターレコードに吹き込み、『三階節』は柏崎を代表する唄になった。

そして、太平洋戦争後の民謡ブームの中で地元民謡を大切にしたいとする考え方が起こったが、この『三階節』も、花柳界ものに対抗して漁師たちの「中浜節」が名乗りをあげ、一九五九年に、泉まき（四九歳）と柏崎民謡保存会によってコロムビアレコードに吹き込まれた。その「中浜節」に「野良三階節」と命名したのは、柏崎駅前の郷土史家桑山太市である。

節まわしの型　今日広く唄われている節まわしは、「お座敷三階節」は小唄勝太郎のもの、「野良三階節」は泉まきのものである。

三条凧《さんじょうたこ》ばやし

前ばやし〔唄い手〕

〽（アァヤレ　ヤレ　ヤレ　ヤレ）
アァ三条《①さんじょ》の名物《めいぶつ》　凧揚《たこあ》げばやしは
元禄五年《②げんろくごねん》の　男《③おとこ》の節句《せっく》に（ソーレ）
陣屋侍《④じんやさむらい》の　⑤とんとんたちが
揚《あ》げる凧見《⑥いかみ》て　鍛冶屋《かじや》の小僧《こぞ》め（ソーレ）
負《ま》けてなるかよと　ぼろ凧揚《いかあ》げりゃ
親《おや》が後《あと》から　ヤレヤレヤレと（ソーレ）
小屋《こや》の空《あ》き樽《だる》　曳《ひ》きずり出《だ》して
アァぼっこ⑦れるほどに　はっ⑧たきながら
（ソーレ）
勢声掛《⑨せごえか》けたが　このはやし（ソーレ）

本　唄〔唄い手〕

〽鳶《とんび》⑩トロロよ　大風出《おおかぜだ》せや
後《あと》で豆煎《まめい》って　くれるぞえ

後ばやし〔唄い手・はやし手〕

〽ア　ヤァレコーラ　ドッコイショ（ソーレ）
ホォーラ　勝《か》ったほうがいい

本　唄

〽俺《おら》が⑪六角凧《ろっかくだこ》　⑫千枚貼《せんまいば》りだ
けちな⑬奴凧《やっこだこ》　そこを退《の》け

〽飛《⑭と》んだ奴凧《やっこだこ》　⑮一里《いちり》も二里《にり》も
俺《おら》が六角凧《ろっかくだこ》の　力見《ちからみ》よ

〽守門颪《⑯すもんおろし》を　肩背《かたせ》に受《う》けて
俺《おら》が六角凧《ろっかくだこ》　⑰越後一《えちごいち》

注①➡解説。
②一六九二年。
③端午の節句。五月五日の節句。男の子の成長と幸せを願って武者人形や鎧・兜などを飾り、武者や鍾馗《しょうき》を描いた幟や鯉幟を立てる。
④当時の三条は村上藩の飛び地であった。その、藩の役所で働く役人のこと。
⑤男の子。坊ちゃん。
⑥たこ。
⑦ぶっこわれる。
⑧たたきながら。
⑨応援の人たちが掛ける掛け声。
⑩鳶の鳴き声。また、「鳶トロロ」で鳶の別称。
⑪六角形の凧。
⑫半紙千枚を貼った大きさ。
⑬筒袖を着た奴が、両袖を左右に広げた形の凧。
⑭曳き綱を切られて飛んで行った。
⑮約三・九キロ。
⑯守門岳から吹きおろす風。守門岳は、新潟県の中東部にそびえる山（一五三八メートル）。
⑰佐渡島を除く、現新潟県全域。

新潟県の、酒盛り唄形式の新民謡。新潟県の中央部、それも北陸道の旧宿場町であり、信濃《しなの》川の河港でもあった三条市の人たちが、凧揚げの宣伝用に唄っているものである。

三条の凧揚げは、旧暦の端午《たんご》の節句に、吉凶を占うためのものとして行われてきた。江戸時代に、陣屋の侍の子供たちが凧を揚げるので、商人の子供たちもこれに負けじと凧を揚げ始めた。それが凧合戦の始まりであるという言い伝えが三条に残っている。

その後、凧合戦は町内対抗になって、凧の綱曳《ひ》きの人たちを応援する人たちが、空き樽《だる》をたたいて派手な声援を送るようになった。その応援の一環として、この『三条凧ばやし』を唄って景気づけをしている。

唄の履歴　この唄の作詞・作曲者は、新潟県下の民謡研究の草分けであった渡辺行一で、三条の凧揚げを観光用にするため、一九五四年頃に作ったものである。

「前ばやし」は、空き樽をたたくのに合わせるための、地口風《じぐちふう》で、ほとんど節のない、軽快なものとなっている。また、「本唄」の節は、『佐渡甚句』を土台にして作られている。

節まわしの型　今日広く唄われている節まわしは、地元の人たちの、唱歌風のものである。まだ、個人の芸を感じさせるようなものは確立されていない。

新保広大寺《しんぼこうだいじ》

神楽師節

〽①新保《しんぼ》サァエー　コリャ広大寺《こうだいじ》がヤーレェ
　②めっくりこいてヤ　ソラ　負《ま》けたエー
　（アァ　イイトモ　イイトモ）

さんじょうた～しんぼこう

袈裟《けさ》もサァ衣《ころも》もサ　質《しち》にヤァコラー置③《お》くテ
　バ　サァエー

〽新保広大寺《しんぼこうだいじ》に　虎《とら》の皮着《かわき》せて
　④千里飛《せんりと》べとは　ちと無理《むり》だ

〽新保広大寺《しんぼこうだいじ》の　掛《か》けたる袈裟《けさ》は
　⑤お市《いち》⑥湯文字《ゆもじ》の　⑦裏《うら》しきだ

〽新保広大寺《しんぼこうだいじ》が　⑧山《やま》の上《うえ》に寺建《てらた》てて
　人《ひと》も詣《まい》らぬ　戸《と》も開《あ》かぬ

〽新保広大寺《しんぼこうだいじ》に　⑨産屋《うぶや》ができた
　お市《いち》⑩案《あん》じな　小僧《こぞう》にする

〽新保広大寺《しんぼこうだいじ》が　葱食《ねぎく》って死《し》んだ
　見《み》れば泣《な》かれます　葱畑《ねぎばたけ》

〽新保広大寺《しんぼこうだいじ》の　⑪和讃《わさん》の中《なか》に
　色《いろ》という字《じ》が　二字《にじ》ござる

〽新保広大寺《しんぼこうだいじ》が　腰《こし》に⑫魚籠《びく》さげて
　前《まえ》の小川《おがわ》で　⑬泥鰌《どじょう》獲《と》る

注①➡解説。
②花札（ばくち）をして。
③「入れた」とも。
④約三九二七キロ。
⑤門前の豆腐屋の娘。広大寺の和尚（白岩亮端）といい仲だったという。
⑥腰巻き。
⑦裏地。
⑧現在の広大寺は平地にあるが、江戸時代末期に焼失するまで、現在地より西へ三百メートルほどの、山の中腹にあった。
⑨出産に際して用いられる、別棟の家。出産時の血の汚れをさけるためのもの。
⑩心配するな、生まれた子は寺の小僧にするから。
⑪日本語の歌詞による、仏徳を讃美する歌。
⑫獲った魚を入れておく入れ物。竹などを編んで作る。
⑬生き物を獲って食う生臭坊主だ、の意。

新潟県の遊芸唄。新潟県下の瞽女《ごぜ》や座頭が瞽女宿などで客を集めて唄ったり、伊勢太神楽《いせだいかぐら》の人たちが幕間《まくあい》に手踊りを加えて演じたりしてきたものである。

唄の履歴　『新保広大寺』という曲名とその歌詞の誕生には、次のような話がある。江戸時代に、越後《えちご》の十日町新保（現新潟県十日町市下組新保）にある曹洞宗広大寺の前を流れる信濃《しなの》川の中州の耕作権をめぐって土地争いが起こった。争ったのは現十日町市北中端の、寺島新田《てらじましんでん》と上《かみ》ノ島の農民たちであったが、寺島新田側には広大寺がつき、上ノ島側には十日町三丁目の縮問屋最上屋《ちぢみどんやもがみや》がついて、いつか広大寺と最上屋の争いになってしまった。最上屋の主人上村藤右衛門邦好は、この一件、住職を追い出すに限ると、白岩亮端《しらいわりょうたん》和尚の悪口を唄に作り、村人だけではなく、遊芸人にまで唄わせた。

　この土地争いは、小千谷《おぢや》（小千谷市）の代官所では決着せず、江戸まで持ち込まれた。そうなると、最上屋は江戸市中の遊芸人たちにも和尚の悪口唄を唄ってまわらせた。それは一七八二、八三年頃のことである。その悪口唄は、「〽新保広大寺が…」と唄い始めるため、『新保広大寺』という曲名が生まれたが、この争いは、結局、広大寺側が敗れ、一七九五年一一月六日に、白岩和尚は自害してしまった。

　ところで、『新保広大寺』の節は、現存する唄の中では、越後瞽女が門付けに用いてきた『コウトイナ』と呼ばれる唄の節に最も近い。また、その歌詞は、

〽わしのエー
わしの袂《たもと》に　いろはを書いて
主にほの字とエー　読ませたいエー
主にほの字とエー　読ませたいエー

といったものである。下の句は繰り返しになっているので、その部分を除くと、

三音＋エー
七音　七音
七音＋エー　五音＋エー

という形式である。現在の『新保広大寺』では、初めの三音を繰り返さずに唄っている。しかし、「三音＋エー」と、しまいの「五音＋エー」の「エー」は、「サーエー」と変化して現在の『新保広大寺』に引き継がれていて、それがこの唄の最大の特徴となっている。（なお、『新保広大寺』から派生した「殿さ節」では、唄い出しの三音を、「〽殿さサーエー　殿さ殿さと」のように、繰り返して唄っている。）

　その『新保広大寺』、越後瞽女が覚えて訪れた先々で唄い、また、太神楽の神楽師たちが、神楽の合い間に手踊りを付けて唄うようになった。その「神楽広大寺」の振りは、願人坊主の踊りの系統を引く「万作踊り」のような、直線的で武骨な、柔術のような感じのものであった。

　この、瞽女の「広大寺」は、のちに長編化して「細《こま》か広大寺」とか「広大寺口説《くどき》」と呼ばれて東北地方や北海道へ広まり、『秋田飴《あめ》売《う》り唄』（秋田）・『津軽じょんがら節』（青森）・『道南口説』（北海道）などへと発展していった。また、関東地方へ広まった「広大寺口説」は、「八木節《やぎぶし》」（栃木・群馬）などへと形を変えていった。

　そして、新潟から西の方へ広まった「広大寺口説」は、広大寺をはばかってか、寺の名であることがわからなくなったためか、「古代神」や「古大臣」などの文字があてられるようになった。

　さらに、神楽師によって東へ西へと広まった「神楽広大寺」は、中国地方一円では、神楽師を励ます「神楽せぎ唄」（「神楽せり唄」とも）に利用されるようになった。その「神楽せぎ唄」が、現島根県隠岐島《おきのしま》へ渡って『どっさり節』（五七七ページ）となった。

　節まわしの型　今日広く唄われている節まわしは、「瞽女節」は伊平《いひら》たけのもの、「神楽師節」は森山儀作のものである。

大《だい》の坂《さか》

〽〔音頭取り〕①大《だい》の坂《さか》ヤーレ　②七曲《ななま》がり　駒《こま》を
〔付け手〕アァ　ヤレソリャ③よく召《め》せ　旦《だん》那様《なさま》
《繰り返し》
〔音頭取り〕よく召《め》せ駒《こま》を　④南無西方《なむさいほう》
〔付け手〕よく召《め》せ　旦那様《だんなさま》

〽お寺町《てらまち》　⑤後生願《ごしょねが》う
俺《おら》も数珠《じゅず》買《こ》うて　後生願《ごしょねが》う

〽三歳《さんさい》の　⑥鹿毛《かげ》の駒《こま》
⑦江戸《えど》で値《ね》がする　八両《はちりょう》する

〽お山《やま》の　下《さ》がり藤《ふじ》
花《はな》は咲《さ》けども　実《み》は生《な》らぬ

〽召《め》せや召《め》せ　桔梗《ききょう》の⑧腰《こし》
桔梗《ききょう》はよいもの　しゃんとして

〽⑨天満町《てんまちょう》の　橋《はし》に寝《ね》て
笠《かさ》を取《と》られた　川風《かわかぜ》に

〽酒屋《さかや》の　⑩酒柄杓《さかびしゃく》

〽昼《ひる》は暇《ひま》ない　夜《よ》[11]さござれ
〽[12]十三《じゅうさん》で　糸取《いとと》れば
糸《いと》は細《ほそ》らで　身《み》が細《ほそ》る
〽十七《じゅうしち》で　籠《かご》の鳥《とり》
籠《かご》が狭《せま》くて　遊《あそ》ばれぬ
〽振《ふ》れや振《ふ》れ　肩《かた》と腰《こし》
腰《こし》を振《ふ》らねば　[13]科《しな》がない
〽[14]小川《おがわ》の　尾長鳥《おながどり》
小鮒《こぶな》くわえて　[15]ぶらしゃらと
〽油屋《あぶらや》の　[16]油火《あぶらび》は
細《ほそ》うて長《なご》うて　とろとろと
〽踊《おど》り場《ば》へ　砂《すな》を撒《ま》く
[17]夜《よ》さりゃ約束《やくそく》　[18]すな(砂)すなと
〽頼《たの》みます　[19]今宵《こよい》ばか
明日《あす》は野山《のやま》の　[20]しおれ草《ぐさ》

注①大きな坂の意だが、現大阪市のことらしい。
②坂道が幾重にも曲がりくねっていること。
③上手に乗りこなしなさい。
④西の方にある極楽浄土に生まれ変わるように。
⑤死後に極楽へ生まれ変わるように祈る。
⑥鹿のような、茶褐色の毛の馬。
⑦現東京都東部。江戸幕府の所在地。
⑧桔梗模様のついた袴のこと。「腰」は、正確には袴の細腰にあたる部分。
⑨天満橋のこと。現大阪市中東部の、旧淀川に架かる橋。
⑩酒を汲み取るのに用いる、長い柄のついた容器。
⑪夜になったらおいで。
⑫一三歳。
⑬体の動きから受ける、よい感じ。
⑭『五尺手ぬぐい』の一節に「橋の下には鶺の鳥が小鮒くわえてぶりしゃりと」。
⑮遊女などが、すねて相手の気を引くさま。
⑯灯芯を油にひたしてともした火。
⑰今夜は。
⑱するな。
⑲今夜ばかりは。
⑳生気がなくなった草。楽しい盆踊りが終わって、元気がなくなることをいう。

新潟県の盆踊り唄。新潟県の南東部、それも魚《うお》野《の》川沿いにある魚沼《うおぬま》市堀之内町の人たちが、お盆に唄い踊ってきたものである。

堀之内は、江戸時代中期よりの白縮《しろちぢみ》の名産地であるが、毎年八月一三日から一六日まで、八幡宮の境内で盆踊りが行われる。ぐる輪で踊る踊り手の列の中に、唄い手と笛が二組、三組と分散して加わり、円を描いてまわりながら踊り手と掛け合いで演じていく。笛は、一九二七年に、笛の名手小林猛（一九四三年に他界）が、郷土芸術振興会会長の林栄作と相談して加えたという。それまでは、音頭取りは円陣の中心の櫓《やぐら》の上で太鼓だけで唄っていたので、自分自身の声の高さで自由に唄うことができた。しかし、笛が加わると、それが声の高さを規制するため、高い声の出る人でなければ音頭取りが務まらなくなってしまった。

唄の履歴　この唄の源流は不明であるが、堀之内町に伝わる話によれば、江戸時代中期に、越後縮の問屋筋の人が、商取引きのために京・大坂へ行った折りに習い覚えてきたという。

「〽大の坂七曲がり…」と唄い出す唄は、近くでは十日町市（新潟県）に、遠くでは秋田県鹿角《かづの》市毛馬内《けまない》に盆踊り唄として残っており、両地とも元禄時代（一六八八〜一七〇四）に上方から伝わったという言い伝えがある。また、江戸時代の「鄙廼一曲《ひなのひとふし》」に、南部宮古《みやこ》（現岩手県宮古市）の「七月踊唄」（豊年踊りか歌垣踊りの唄で、今日の盆踊り唄にあたるもの）として、「ここは大の坂七曲がり　中の曲がりに日を暮らした」という歌詞が載っている。「鄙廼一曲」は、菅江《すがえ》真澄《ますみ》が一七八二年以後約三〇年間に東北地方などの民謡の歌詞を採集して記録した本である。しかし、これらの唄の節はかなり異なっているようであるが、堀之内と十日町のものはよく似ている。

こうした歌詞は他に類を見ないが、かつては京・大坂を中心にはやり、元禄時代頃には日本中で流行したようである。ただし、今は京都や大阪には残っていない。なお、「大の坂」は、大坂（現大阪市）をもじったものかもしれない。また、上掲一一首目の歌詞「小鮒くわえて　ぶらしゃらと」は、元禄時代に流行したことがはっきりしている『五尺手ぬぐい』の中にもある。この唄は流行期が同じなので、興味がわく。

『大の坂』は、念仏踊りの宗教性と、節の優雅さと、格調の高さの三点で、日本民謡中屈指の名曲であるが、その音頭を、昭和の六十有余年間、森山儀作が一人で取りきったようである。

なお、十日町の『大の坂』は、唄の最後に「南《な》無阿弥陀仏《むあみだぶつ》」までついている。

節まわしの型　今日広く唄われている節まわしは、森山儀作のものである。

寺泊《てらどまり》おけさ

定型

〽①厚司《あつし》ヤー（ヨイ　ヨイイ）　イヤァ②縄帯《なわおび》　腰《こし》
　には③矢立《やた》てヨ
　（アァヨイ　ヨイ　ヨイ　ヨイ）
④伝馬通《てんまがよ》いがヤーレェ　やめらりょか
　（アァヨイ　ヨイ　ヨイ　ヨイ）

〽⑤佐渡《さど》へ⑥八里《はちり》の　さざ波越《なみこ》えて
鐘《かね》が聞《き》こゆる　⑦寺泊《てらどまり》
〔了山作〕

〽朝《あさ》な夕《ゆう》なの　神信心《かみしんじん》も
一《ひと》つ⑧身《み》のため　主《ぬし》のため

〽行《ゆ》こか⑨出雲崎《いづもざき》　帰《かえ》ろか⑩新潟《にがた》
ここが思案《しあん》の　寺泊《てらどまり》

〽恋《こい》の⑪初君《はつぎみ》　渚《なぎさ》へ出《で》ては
佐渡《さど》を眺《なが》めて　すすり泣《な》く

〽佐渡《さど》と⑫越後《えちご》は　⑬竿差《さおさ》しゃ届《とど》く
⑭橋《はし》を架《か》けたや　⑮船橋《ふなばし》を

〽架《か》けた架《か》けたよ　佐渡《さど》まで橋《はし》を
天《あま》の川原《かわら》の　橋架《はしか》けた

地口型《じぐちがた》

〽⑯十七《じゅうしち》⑰島田《しまだ》（ヨー）　⑱白歯《しらは》の娘《むすめ》（ヨー）
⑲晒《さら》し手拭《てぬぐ》い　ふわりと被《かぶ》り（ヨー）
寺《てら》の大門《だいもん》　ズタバタ行《ゆ》けば（ヨー）
寺《てら》の和尚《おしょう》は　それ見《み》ておりて（ヨー）
⑳こたえられぬ（ヨー）
られないはずだよ　和尚《おしょう》の身《み》なら（ヨー）
呼《よ》ぶに呼《よ》ばれず　手《て》じゃ招《まね》かれず

下の句

崖《がけ》の桜《さくら》でヤーレェ　見《み》るばかり
（アァヨイ　ヨイ　ヨイ　ヨイ）

注①大阪地方で産出した、厚手の木綿織物で作った仕事着。元はアイヌ語で、オヒョウの内皮の繊維を織って作った衣服。
②布製の帯の代用にした、藁《わら》の縄。
③腰の帯に挟んで携帯する筆記用具。筆を入れた筒の先に墨壺がついている。
④伝馬船（小型の和船）で、本船（千石船）と港の間を往来すること。「伝馬櫂かく　ほど〔科《しな》〕のよさ」とも。
⑤佐渡島。寺泊の北西方にある。
⑥約三一キロ。本州と佐渡島の間の距離。
⑦➡解説。
⑧自分自身のため。
⑨出雲崎港（三島郡出雲崎町）。寺泊の南西方約一三キロにある。
⑩新潟港。信濃川の河口にある港。寺泊の北東方約四一キロ。
⑪平安時代末～鎌倉時代の、寺泊港の遊女。京極為兼が佐渡へ流される時に和歌を捧げた。のちに、為兼はその歌「物思ひ越路の浦の白浪も　立ち返る習ひありとこそ聞け」を「玉葉和歌集」に載せた。
⑫旧国名。佐渡島を除く現新潟県全域。
⑬竹の竿を差し出せば。「棹さしゃ」は、棹を用いて舟を進めれば、の意だから不適。
⑭「なぜに届かぬ　我が想い」とも。
⑮船を横に並べてつなぎ、その上に板を渡して作った仮橋。
⑯十七歳の娘。年頃の娘のこと。
⑰島田髷《まげ》。日本髪の髪型で、未婚の女性が結う。
⑱未婚の娘。江戸時代、女は、結婚すると、お歯黒をつけて歯を黒く染めた。
⑲水洗いし、日光に当てて白くした木綿の手拭い。
⑳こらえることができない。

新潟県のお座敷唄。新潟県の中西部、それも対岸に佐渡島を控える港町、長岡市寺泊町の花柳界の宴席で、船乗り相手の芸者衆が唄ってきたものである。

唄の履歴　この唄の源流は、九州天草《あまくさ》の牛深港《うしぶか》（熊本県天草市牛深町）で生まれた「はいや節」（六七四ページ）である。それは、帆船の船乗りたちによって日本中の港へ伝えられたが、越後《えちご》（佐渡島を除く現新潟県全域）では、「おけさ」という女性を唄った唄（「甚句」と思われる）の歌詞を用いて唄われるようになった（⬇四一四ページ）。

『寺泊おけさ』は、七七七五調の歌詞のしまい五音の前に「ヤーレ」が入る「おけさ・ヤーレ型」（⬇三八八ページ）である。これは、新潟（新潟市）・地蔵堂（燕市分水町）・柏崎（柏崎市）や魚沼《うおぬま》三郡下の「おけさ」と同系なので、新潟港を中心に広まった「おけさ」が寺泊化したものであろう。

その『寺泊おけさ』、太平洋戦争前から唄藤乃井月子・三味線大矢千代栄のコンビが守り続けてきた。三味線の残響音を撥《ばち》を持つ手の小指で押さえて切る技法は、柏崎・出雲崎・地蔵堂と共通のものである。この技法は、言葉をはっきりさせ、歯切れよくさせることと、「樽叩き」（⬇四一六ページ）の音をきりっとさせるために考え出されたものなのであろう。

節まわしの型　今日広く唄われている節まわしは、藤乃井月子のものである。

十日町小唄《とおかまちこうた》

〽①越後名物《えちごめいぶつ》　数々《かずかず》あれど
②明石縮《あかしちぢみ》に　雪《ゆき》の肌《はだ》
着《き》たら放《はな》せぬ　味《あじ》のよさ
テモサッテモ　ソジャナイカァ　テモ　ソ
ジャナイカー

〽娘盛《むすめざか》りを　③なじょして暮《く》らす
雪《ゆき》に埋《う》もれて　機仕事《はたしごと》
花《はな》の④咲《さ》くまじゃ　小半年《こはんとし》

〽窓《まど》にサラサラ　粉雪《こゆき》の音《おと》を
聞《き》いて眠《ねむ》れぬ　⑤夜《よ》もすがら
やるせないぞや　雪明《ゆきあ》かり

〽雪《ゆき》の夜語《よがた》り　囲炉裡《いろり》に更《ふ》けて
帰《かえ》しともない　人《ひと》がある
ままよ積《つ》もるなら　⑥一二丈《いちにじょう》

〽人《ひと》が来《き》たらば　横丁《よこちょ》へよけて
雪《ゆき》のトンネル　隠《かく》れ場所《ばしょ》
恋《こい》の抜《ぬ》け道《みち》　まわり道《みち》

〽雪《ゆき》が消《き》えれば　⑦越路《こしじ》の春《はる》は
梅《うめ》も桜《さくら》も　みな開《ひら》く
わしが心《こころ》の　花《はな》も咲《さ》く

〽影《かげ》は紫《むらさき》　夜明《よあ》けの色《いろ》の
晴《は》れりゃ輝《かがや》く　銀世界《ぎんせかい》
雪《ゆき》に野山《のやま》の　厚化粧《あつげしょう》

〽雪《ゆき》の半年《はんとし》　閉《と》ざした窓《まど》を
明《あ》けりゃうちさす　春《はる》の唄《うた》
小鳥《ことり》ばかりに　まかさりょか

〽越後名物《えちごめいぶつ》　数《かず》ある中《なか》で
機《はた》にすぐれた　十日町《とおかまち》
それに美人《びじん》の　雪《ゆき》の肌《はだ》

〽会《あ》いはせなんだか　⑧十日町橋《とおかまちばし》で
長《なが》さ⑨六町《ろくちょ》の　行《ゆ》き戻《もど》り
恋《こい》か涼《すず》みか　夜《よ》を更《ふ》かす

〽山《やま》と山《やま》との　谷合《たにあ》いなれば
月《つき》は遅《おそ》う出《で》て　早《は》よ落《お》ちる
踊《おど》り踊《おど》るなら　早《は》よござれ

注①旧国名。佐渡島を除く現新潟県全域。
②十日町名産の絹織物。縦糸に生糸を、横糸に縒りの強い練り糸を用いてしぼを出す。肌ざわりがよく、透けて涼感があり、夏物として好まれる。寛文年間（一六六一～七三）に明石（兵庫県明石市）の堀次郎が伝えたものが改良された。
③どのようにして。
④「咲くまでは」の約。
⑤夜どおし。一晩中。
⑥一丈は十尺。約三メートル。
⑦越前・越中・越後の国（現福井・石川・富山・新潟県）のこと。
⑧十日町市市街地南西の、信濃川に架かる橋。
⑨約六五五メートル。一町は約一〇九メートル。

新潟県の、お座敷唄形式の新民謡。新潟県中南部の織物の町、十日町市の花柳界の宴席で、芸者衆が唄ってきたものである。

唄の履歴　十日町は、古くから麻織物の産地として名声をはせていたが、明治時代の初めから絹織物へと転換し、高級織物を産出している。その十日町と織物の宣伝のために、町当局では、昭和時代初めの新民謡運動の中で、新民謡作りを計画した。そして、一九二八年八月に永井白湄《はくび》に作詞を依頼し、永井は作曲を中山晋平《しんぺい》に依頼した。翌二九年一月、永井と中山は十日町へ出向き、ピアノがないため、ギターを借りて曲を作った。ところが、地元の青年たちが気に入らず、五回目に、中山が「テモサッテモ　ソジャナイカ」というはやし詞を加え、これが今日の『十日町小唄』になった。

しかし、踊りがないと宣伝効果が薄いので、関係者が集まって簡単な振りを付け、同年四月に水谷八重子を招いて旬街座《じゅんがいざ》で発表会を開いた。そして、五月二三日に葭町《よしちょう》二三吉《ふみきち》（のちの藤本）の唄でビクターレコードに吹き込んだ。さらに八月には、二三吉と十日町芸者によってNHKラジオで初放送された。この頃の曲名は「サッテモ節」であった。

しかし、一九六〇年に、「週刊サンケイ」企画の新民謡人気投票でこの唄が一位になったあたりから『十日町小唄』のほうが通りがよくなり、節まわしも十日町芸者によるお座敷唄風のものになった。

節まわしの型　今日広く唄われている節まわしは、十日町芸者のものである。

長岡《ながおか》甚句《じんく》

〽ハァエーェヤー長岡《①ながおか》　柏《②かしわ》の御紋《ごもん》
　（ハァ　ヨシタ　ヨシタ　ヨシタ）
七万余石《③ななまんよこく》の　アリヤ城下町《じょうかまち》
　《繰り返し》〔はやし手・踊り手〕
七万余石《ななまんよこく》の　アリヤ城下町《じょうかまち》
　（ハァ　ヨシタ　ヨシタ　ヨシタ）

☆〔　〕内は、省略したと思われる語

〽〔なんだ〕お前《まえ》だか　左近《④さこん》の土手《どて》で
背中《せなか⑤》ぼんこにして　豆《まめ》の草取《くさと》りゃる

〽〔越後〕お山《⑥やま》の　千本桜《せんぼんざくら》
花《はな》は千咲《せんさ》く　生《な》る実《み》は一《ひと》つ

〽〔石が〕流《なが》れます　細谷川《⑦ほそたにがわ》よ
重《⑧かさ》ね簞笥《だんす》も　七棹八棹《ななさおやさお》

〽でんでらでん⑨の　でっかい嬶《かかも》持てば
二百十日《⑩にひゃくとおか》の　風除《かぜよ》けだ

〽〔あの娘〕可愛《かわ》いや　白歯《⑪しらは》で身持《⑫みも》ち
聞《き》けば殿御《とのご》は　旅《たび》の人《ひと》

〽〔夏の〕夜《よ》はよし　忍《⑬しの》びに出《で》たら
夕立《ゆうだ》ち村雨《⑭むらさめ》　袖絞《そでしぼ》る

〽〔ドンド〕ドンドと　鳴《な》る瀬《せ》はどこよ
下《⑮しも》のお山《やま》の　滝《たき》の音《おと》

〽〔主は⑯〕三夜《⑰さんや》の　三日月様《みかづきさま》よ
宵《よい》にちらりと　出《で》たばかり

〽〔盆の⑱〕十三日《じゅうさんにち》が　二度《にど》あるならば
親《おや》の在所《⑲ざいしょ》も　二度参《にどまい》る

〽盆《⑳ぼん》だてがんに　茄子《なす》の皮《かわ》の雑炊《ぞうすい》だ
あんまり盛《も》りつけられて　鼻《はな》のてっこ㉑を焼《や》いたとさ

〽〔いとし〕お前《まえ》さんと　末代添《まつだいそ》わば
末《すえ》は四《㉒よ》つ竹《だけ》　門《㉓かど》に立《た》つとも

〽〔いとし〕お前《まえ》さんの　声《こえ》だと聞《き》けば
眠《ねむ》る目《め》も覚《さ》め　気《き》が勇《いさ》む

〽〔憎や〕今宵《こよい》も　まただまされた
桜林《さくらばやし》に　わしをば一人《ひとり》

〽〔お寺〕育《そだ》ちの　㉔一《いち》なる㉕稚児《ちご》よ
人《ひと》の思《おも》いで　㉖鬼神《きじん》となった

注①➡解説。この前の三音「越後」を省略したと思われる。
②長岡藩主牧野氏の家紋。丸の中に柏の葉三枚を収めた図柄のもの。
③牧野氏の所領は一六二五年に七万四千二十三石余。「しちまん」とも。
④長岡市市街地の南西部、左近町辺りの、信濃川東岸の堤防。
⑤丸くして。
⑥長岡市市街地東方の悠久山公園。
⑦細い谷川。この歌詞、新潟県下の他の地方でも、その地の川の名を入れて唄われている。
⑧上の句に対して、他の人が「重い石だけでなく、立派な重ね簞笥さえも流れますよ」と唄い継いだものらしい。意表外のことを言って、踊り手を笑わせたものか。
⑨「でっかい」の「で」を導くために加えたもの。
⑩立春（二月四日頃）から数えて二百十日目の日。九月一日頃。台風が襲ってくる厄日とされる。
⑪未婚で。江戸時代、女は、結婚するとお歯黒をつけて歯を黒く染めた。
⑫妊娠していること。
⑬他人に知られないように、思う人の所へ行こうとしたら。
⑭ひとしきり激しく降って、すぐやむ雨。
⑮〔自分のいる所から見て〕京都の皇居（江戸時代）から、より遠い所をさす。ここでは北東の方。
⑯または「様は」。
⑰太陰暦で、各月の三日の夜。
⑱太陰暦七月十三日。月遅れの盆では太陽暦の八月十三日。盆の始まる日。
⑲住んでいる所。
⑳お盆だというのに。
㉑てっぺん。
㉒偏平な竹片を両手に二枚ずつ持ち、てのひらを開合させて打ち鳴らす楽器。門付け芸人が好んで用いた。
㉓門付けをするようになっても。家々の門口に立ち、四つ竹を鳴らして唄を唄って、お金などをもらい歩く境遇になっても。
㉔第一番の。
㉕公家・寺・神社などに召し使われる少年。
㉖超人間的な威力や能力を持つ人。

新潟県のお座敷唄・盆踊り唄。新潟県の中央部、それも信濃《しなの》川が町の中央を南北に流れる長岡市の花柳界の宴席で、芸者衆が唄ってきたものである。また、長岡の人たちがお盆に唄い踊ってきたものである。長岡は、牧野氏七万四千石の城下町であった。

唄の履歴　この唄の源流は『越後甚句《えちごじんく》』（➡四一六ページ）である。本来の詞型は七七七五調（二十六音）であったが、『長岡甚句』では一句目七音（また、字あまり）のうちの初め三音を略し、そこへ「ハーエーヤー」を入れて唄う場合が多い。また、四句目は本来五音で、その直前に「アリャ」が入るが、七音の歌詞の場合は、「アリャ」を入れないで唄う。そして、三・四句目を繰り返す。

長岡に伝わる話では、享保年間（一七一六〜三六）に古《こ》志《し》郡西中野俣村（現長岡市内）の小川善次右衛門と、豊詰村（現長岡市内）の川上勘兵衛が、古くから伝承されてきた唄の曲調を改めたという。また、寛政年間（一七八九〜一八〇一）に釜沢村（現長岡市内）の諸我《もろが》某《なにがし》が改めたという。誰が、どの部分を、どう変えたのかは不明であるが、唄い出しの三音省略などがそれなのかもしれない。

その『長岡甚句』、初めは盆踊り唄として唄われていたが、その後、花柳界へ持ち込まれ、お座敷唄としても唄われるようになった。現在では、そのお座敷唄を再び野外へ持ち出して、盆踊りに用いている。

節まわしの型　今日広く唄われている節まわしは、盆踊りの音頭取りのものである。

七浦甚句《ななうらじんく》

〽ハァー①南部《なんぶ》出《で》る時《とき》や　涙《なみだ》で出《で》たが
今《いま》じゃ南部《なんぶ》の　②風《かぜ》も嫌《いや》
《繰り返し》〔踊り手〕
アー風《かぜ》も嫌《いや》　今《いま》じゃ南部《なんぶ》の　風《かぜ》も嫌《いや》
（アァ　ドッコイ　ドッコイ　ドーント
コイ）

〽③二見夕焼《ふたみゆうや》け　④三崎《みさき》はかすむ
⑤真野《まの》の入《い》り江《え》に　立《た》つ鷗《かもめ》

〽海《うみ》は⑥夕凪《ゆうなぎ》　⑦釘名《くいな》の浜《はま》を
通《とお》る磯舟《いそぶね》　主《ぬし》の舟《ふね》

〽踊《おど》る⑧七浦《ななうら》　⑨甚句《じんく》に明《あ》けて
漁《りょう》に暮《く》れるか　⑩漁《いさ》り火《び》が

〽沖《おき》はさざ波《なみ》　漁《いさ》り火《び》映《は》えて
殿《との》は⑪烏賊場《いかば》か　⑫夜《よ》もすがら

〽沖《おき》の⑬敷島《しきじま》　灯《あかり》が揺《ゆ》れる
可愛《かわ》いあの娘《こ》の　栄螺《さざえ》獲《と》り　〔岩崎文二作〕

〽ドンと当《あ》たれば　砕《くだ》けて散《ち》らす
波《なみ》の飛沫《しぶき》の　⑭双《ふた》ツ岩《いわ》

〽⑮南部一番《なんぶいちばん》　北田《きただ》の娘《むすめ》
⑯反《たん》で二枚《にまい》の　着物《きもの》着《き》る

〽なんぼ北田《きただ》の　⑰とよ子《こ》だとても
反《たん》で二枚《にまい》は　着《き》りゃせまい

〽泣《な》いてくれるな　出船《でふね》の時《とき》にゃ
⑱沖《おき》で艪櫂《ろかい》も　手《て》につかぬ

〽泣《な》いたからとて　許《ゆる》すな心《こころ》
蟬《せみ》は鳴《な》き鳴《な》き　木《き》(気)を移《うつ》す

注①旧南部藩領。現岩手県中央部から青森県東部一帯。ここでは青森県の旧下北郡・上北郡をさす。
②「沙汰も」とも。
③二見半島。相川町の南端にある。
④三崎半島。佐渡島南西端の小木半島のこと。「港」は誤唱。
⑤真野湾。佐渡島の中西部にある。二見半島は真野湾の西方に、三崎（小木）半島は南西方に位置する。
⑥夕方、風がやんで、海が穏やかになること。
⑦相川町南西部の集落、稲鯨《いなくじら》の前の浜。
⑧➡解説。
⑨七浦甚句。
⑩夜、魚を誘い集めるために、舟の上でたく火。
⑪烏賊釣り漁場。
⑫夜どおし。一晩中。
⑬稲鯨の沖合いにある。
⑭双股岩のこと。相川町南端の沖合いにある島。
⑮旧南部藩領一番の金持ち、北田家の。
⑯一反の田を売って二枚買える着物。
⑰北田家の娘の名。明治時代前半頃の人らしい。
⑱「綱も錨も」とも。

新潟県の盆踊り唄。新潟県も日本海に浮かぶ佐《さ》渡島《どがしま》の中西端、佐渡市の七浦（鹿伏《かぶせ》・大浦・高瀬・橘《たちばな》・稲鯨《いなくじら》・米郷《よなごう》・二見の総称）の漁民たちが、お盆に唄い踊ってきたものである。

唄の履歴　この唄の源流は、旧南部藩領の北部でお盆に唄い踊られている『なにゃとやら』（七四ページ）である。

それを七浦へ伝えたのは、七浦の烏賊《いか》釣り漁民であった。漁民たちは、五月に入ると、本州北端の下北《しもきた》半島から北海道の渡島《おしま》半島にかけての漁場へ、烏賊を求めて出漁していった。烏賊釣り舟は一隻が八人乗りのため、漁師八人に炊事係の女一人の、合計九人で番屋暮らしをしながら、一日に二百箱（一箱五〇パイ入り）のスルメイカを取ると、番屋の周辺の浜で干し、一一月に故郷へ戻ってきた。その折りに、『なにゃとやら』を覚えて持ち帰ったのである。その唄は、「〽南部出る時ゃ…」という唄い出しの語を取って「南部節」と呼ばれたが、現在も佐渡島の各地に大同小異の節まわしで残っている。したがって、一時期は全島で流行した唄だったようである。

その唄を、一九五七、五八年頃、新潟市に住む、七浦出身の岩崎文二が、「〽沖の敷島…」（上段二首目）などの歌詞を自ら作って、キングレコードに吹き込んだ。その際、「南部節」ではおかしいというレコード会社の意見で、『七浦甚句』と改名した。

節まわしの型　今日広く唄われている節まわしは、岩崎文二のものである。

新潟《にいがた》おけさ

〽①徒《あだ》し　徒《あだ》し②徒波《あだなみ》　寄《よ》せては返《かえ》すヨー
寄《よ》せて返《かえ》してヤーレー　また寄《よ》せる
（アァヨイ　ヨイ　ヨイ　ヨイ）

〽③新潟恋《にがたこい》しや　④白山様《はくさんさま》よ
⑤松《まつ》が見《み》えます　ほのぼのと

〽雪《ゆき》の新潟《にいがた》　吹雪《ふぶき》に⑥暮《く》れて
⑦佐渡《さど》は寝《ね》たかよ　灯《ひ》が見《み》えぬ

〽⑧ままよ鹿島《かしま》⑨に　神《かみ》あるならば
逢《あ》わせたまえや　今一度《いまいちど》

〽山《やま》で伐《き》る木《き》は　数々《かずかず》あれど
思《おも》い切《き》る気《き》(木)は　さらにない

〽新潟恋《にがたこい》しや　⑩五月雨時《さみだれどき》は
⑪柳小路《やなぎこうじ》を　⑫蛇《じゃ》の目傘《めがさ》

〽情《なさ》けないぞや　今朝《けさ》降《ふ》る雪《ゆき》は
主《ぬし》の出船《でふね》も　見《み》え隠《がく》れ

〽佐渡《さど》で咲《さ》く花《はな》　新潟《にがた》で開《ひら》く
とかく新潟《にがた》は　花所《はなどころ》

〽佐渡《さど》で三十日《さんじゅにち》　⑬粟島《あわしま》で二十日《はつか》
想《おも》う新潟《にがた》で　ただ一夜《ひとよ》

〽⑭おけさ正直《しょうじき》なら　そばにも寝《ね》しょが
おけさ⑮猫《ねこ》の性《しょう》で　じゃれかかる

〽なろうか素通《すどお》り　新潟《にがた》の町《まち》を
見《み》やれ柳《やなぎ》が　あれ招《まね》く

〽濡《ぬ》れてしおしお　雨降《あめふ》る町《まち》を
燕《つばめ》可愛《かわ》いや　鳴《な》いて行《ゆ》く

〽おけさそれそれ　⑯挿《さ》し櫛《ぐし》落《お》ちる
落《お》ちて廃《すた》りょと　手《て》に取《と》らぬ

〽おけさ見《み》るとて　葦《よし》で目《め》を突《つ》いた
とかくおけさは　目《め》の毒《どく》じゃ

〽おけさ⑰踊《おど》りは　板《いた》の間《ま》で踊《おど》れ
板《いた》の響《ひび》きで　三味《しゃみ》ゃいらぬ

〽来《こ》いと言《ゆ》たとて　行《ゆ》かりょか佐渡《さど》へ
佐渡《さど》は⑱四十九里《しじゅうくり》　波《なみ》の上《うえ》

〽匂《にお》う桜《さくら》に　なまめく柳《やなぎ》
恋《こい》し⑲船江《ふなえ》の　春《はる》の月《つき》

〽橋《はし》と柳《やなぎ》の　船江《ふなえ》の町《まち》を
飛《と》んで行《ゆ》き交《か》う　濡《ぬ》れ燕《つばめ》

〽新潟港《にがたみなと》の　入《い》り船出船《ふねでふね》
恋《こい》の重荷《おもに》も　積《つ》む船頭《せんどう》

〽船《ふね》は帆《ほ》を捲《ま》く　帆《ほ》は⑳真《ま》ん中《なか》に
可愛《かわ》い殿御《とのご》は　帆《ほ》の陰《かげ》に

〽主《ぬし》の入《い》り船《ふね》　つい待《ま》ちかねて
またも登《のぼ》るよ　㉑日和山《ひよりやま》

〽櫂《かい》をゆるめて　入《い》りくる白帆《しらほ》
招《まね》く船江《ふなえ》の　㉒糸柳《いとやなぎ》

注①無駄な。むなしい。
②いたずらに立ち騒ぐ波。人の心が、浮薄で、変わりやすいことをいう。
③現新潟市。
④白山神社。新潟市一番堀通町にある。新潟市の総鎮守。「白山様の〔は〕」とも。
⑤白山神社の周辺は「越《こし》の千本松原」と呼ばれていた。
⑥「暮れる」とも。
⑦佐渡島。新潟市の西方にある島。周囲約二一七キロ。
⑧どうなろうとも。なるようにしかならないが。「様よ」は誤唱。
⑨鹿島神宮。茨城県鹿嶋市にある。常陸の国一の宮。武神であり、交通安全・縁結びなどの神。
⑩梅雨の頃。
⑪現新潟市の東堀・西堀などに沿った、柳並木の小路。(堀は、今は埋められている。)
⑫中央の丸と周辺の輪を赤・黒または紺色に塗って、蛇の目の形を表した図柄の傘。
⑬佐渡島の北東方約七〇キロ、新潟港の北方約六〇キロにある島。周囲約一八・五キロ。
⑭遊女の名。江戸時代後期に新潟港か出雲崎港(三島郡出雲崎町)にいたらしい。
⑮猫が、没落した主家を救おうとして遊女に化け、「おけい」と名乗って評判を取ったが、その遊女

の唄う「おけいさん節」が「おけさ節」になったという伝説がある。「猫」は、遊女の別称でもある。

⑯〔解き櫛・梳き櫛に対して〕女が髪に挿す、飾りの櫛。
⑰「踊るなら」とも。
⑱約一九二キロ。能登半島（石川県）から佐渡島までの距離だという。また、実数ではなく、佐渡は越後から遠いことを誇張して表現したもの、とも。
⑲現新潟市船江町。
⑳真帆のこと。帆船が順風を受けて走るために、帆を、船の進行方向に対して直角に張ること。
㉑信濃川河口の南西方、現新潟市二葉町にある小山。帆船時代はこの山に登り、天候を見定めて出航を決めたり、出船・入り船を見届けたりした。
㉒枝垂れ柳。

新潟県のお座敷唄。新潟県の中西部、それも信濃《しなの》川の河口に開けた新潟市の、古町・東堀・西堀の花柳界の宴席で、芸者衆が唄ってきたものである。

唄の履歴　この唄の源流は、越後《えちご》地方（佐渡島を除く現新潟県全域）の「甚句《じんく》」が、海路、九州天草《あまくさ》の牛深《うしぶか》港（熊本県天草市牛深町）へ伝えられて変化した「はいや節」（六七四ページ）である。それは、帆船の船乗りたちによって日本中の港へ広まったが、越後では、「おけさ」という女性を唄った唄（「甚句」と思われる）の歌詞を用いて唄われるようになった。

「はいや節」は、

〽はいやエー
　はいやはいやで　今朝《けさ》出した船は
　どこの港にサーマ　入れたやら

というように、七七七五調の歌詞の一句目の三音を独立させた形で唄い始める。その「はいや節」の曲節に「おけさ」の歌詞をあてて、

〽おけさエー
　おけさ正直なら　そばにも寝しょが
　おけさ猫の性《しょう》でサーマ　じゃれかかる

のように唄ったのである。また、しまい五音の前に入る「サーマ」は、のちには「ヤーレ」「ソーレ」とも唄われるようになった。

さて、新潟は、越後平野の米の集散地であり、日本海を往来する千石船の寄港地であった。しかも、内陸部に越後平野の豪農が控えていたため、新潟の花柳界は日本海側最大のものとなっていった。そして、その文化は千石船の船頭と豪農によって洗練され、「おけさ節」も、都会芸的な、華麗な唄へと育っていった。それが『新潟おけさ』である。

その『新潟おけさ』は、新潟の花柳界と信濃川を挟んだ所にある沼垂《ぬったり》（新潟市沼垂）出身の小唄勝《かつ》太郎《たろう》によって一九一七年頃にレコード化されたが、古町等の反発を買った。その後、一九二〇年八月には、村上家〆香《しめか》（のちの浅草〆香）による古町の『新潟おけさ』がポリドールレコードから出た。しかし、あまりに情緒的な唄であるため、一般性はなく、昭和三〇年代（一九五五〜）末頃の古町芸者千代菊を最後に、『新潟おけさ』の唄い手は、新潟の花柳界から姿を消した。今日では、新潟市の民謡家鈴木節美《せつみ》が普及している、旦那芸としての『新潟おけさ』だけになってしまっている。

節まわしの型　今日広く唄われている節まわしは、新潟の花柳界のものではなく、鈴木節美の、アマチュアの旦那芸としてのものである。

新《にい》潟《がた》甚《じん》句《く》

定型・盆踊り唄

〽ハァー①新潟恋《にがたこい》しや　②白山様《はくさんさま》よ
　（アリャサ　アリャサ）
③松《まつ》が見《み》えますエーヨォ　ほのぼのと
　（アリャサ　アリャサ　アリャサ）

定型

〽錨《いかり》下《お》ろせば　はや気《き》が勇《いさ》む
④花《はな》の新潟《にがた》に　⑤樽《たる》の音《おと》

〽新潟《にがた》⑥砂山《すなやま》　米《こめ》ならよかろ
可愛《かわ》い船頭《せんど》さんに　積《つ》ませたい

〽夜《よる》の白山《はくさん》　踊《おど》りに更《ふ》けて
樽《たる》の⑦砧《きぬた》が　冴《さ》えわたる

〽⑧押《お》せや押《お》せ押《お》せ　⑨下関《しものせき》までも
押《お》せば⑩新潟《にがた》が　近《ちか》くなる

〽今宵《こよい》一夜《いちや》は　⑪緞子《どんす》の枕《まくら》
明日《あす》は出船《でふね》で　波枕《なみまくら》

〽梅《うめ》も植《う》えましょ　桜《さくら》も咲《さ》かそ
花《はな》の新潟《にがた》を　見《み》にござれ

〽新潟恋《にがたこい》しや　⑫五月雨時《さみだれどき》は
⑬柳《やなぎ》　小路《こうじ》を　⑭蛇《じゃ》の目傘《めがさ》

〽濡《ぬ》れてしおしお　雨降《あめふ》る町《まち》を
燕《つばめ》　可愛《かわ》いや　鳴《な》いて行《ゆ》く

〽雪《ゆき》の新潟《にいがた》　吹雪《ふぶき》に⑮暮《く》れて
⑯佐渡《さど》は寝《ね》たかよ　灯《ひ》が見《み》えぬ

〽枝垂《しだ》れ柳《やなぎ》に　行《ゆ》き交《か》う燕《つばめ》
春《はる》の小雨《こさめ》に　羽濡《はねぬ》らす

〽来《こ》いと言《ゆ》たとて　行《ゆ》かりょか佐渡《さど》へ
佐渡《さど》は⑰四十九里《しじゅうくり》　波《なみ》の上《うえ》

〽夏《なつ》は白山《はくさん》　涼《すず》みにおいで
⑱弥彦《やひこ》⑲角田《かくだ》と　⑳真帆《まほ》㉑片帆《かたほ》

〽踊《おど》り疲《つか》れて　寝《ね》てみたものの
樽《たる》の砧《きぬた》で　寝《ね》つかれぬ

〽㉒下《しも》の新地《しんち》の　㉓道楽稲荷《どうらくいなり》
わしも二三度《にさんど》　だまされた

〽㉔八百屋《やおや》お七《しち》と　㉕米沢煙草《よねざわたばこ》
色《いろ》で我《わ》が身《み》を　焼《や》き殺《ころ》す

〽切《き》りし㉖前髪《まえがみ》　㉗淡島様《あわしまさま》へ
あげて頼《たの》むも　主《ぬし》のため

三音省略型

〽〔越後〕新潟《にがた》の　川真《かわま》ん中《なか》で
菖蒲《あやめ》咲《さ》くとは　しおらしや

☆〔歌詞は『新潟おけさ』と共通〕

注①現新潟市。⬇解説。
②白山神社。現新潟市一番堀通町にある。新潟市の総鎮守。「白山様の〔は〕」とも。
③白山神社の周辺は「越《こし》の千本松原」と呼ばれていた。
④はなやかで美しい。
⑤『新潟甚句』の樽たたきの音。⬇解説。
⑥新潟港周辺に広がる砂丘のこと。
⑦樽をたたく音。「砧」は、麻・楮《こうぞ》・葛《くず》などで織った布を、柔らかくしたり艶を出したりするために、石や木の台の上に置いて、木槌でたたくこと。また、その音。
⑧艪を押せや、の意。下の句の「新潟が」は、本来は「港が」で、舟の艪漕ぎ唄の歌詞として日本中で唄われている。
⑨荒川中流にあった河港下関《しもせき》（現岩船郡関川村内）のことか、あるいは信濃川河口近くの関屋（現新潟市内）のことか。関屋は、信濃川と日本海に挟まれた土地で、長岡藩の米蔵があった。
⑩「港が」とも。
⑪厚地で、光沢のある絹織物。布面に縦糸を浮かせ、横糸で紋様を織り込んだもの。高級品。
⑫梅雨の頃。
⑬現新潟市の東堀・西堀などに沿った、柳並木の小路。（堀は、今は埋められている。）
⑭中央の丸と周辺の輪を赤・黒または紺色に塗って、蛇の目の形を表した図柄の傘。
⑮「暮れる」とも。
⑯佐渡島。新潟市の西方約四五キロにある。周囲約二一七キロ。
⑰約一九二キロ。能登半島（石川県）から佐渡島までの距離だという。また、実数ではなく、佐渡は越後から遠いことを誇張して表現したもの、とも。
⑱弥彦山（六三八メートル）。新潟県中西部の海岸部にそびえる。東麓に弥彦神社がある。
⑲角田山（四八二メートル）。弥彦山の北方にそびえる。
⑳帆船が順風を受けて走るために、船の進行方向に対して直角に張った帆。
㉑帆船が横風を受けて走るために、船の進行方向に対して斜めに張った帆。
㉒信濃川河口の西側、日本海との間の新開地にあった遊里。
㉓現新潟市稲荷町にある湊稲荷神社の俗称。遊里の人たちは、船乗りが長逗留するように祈ったという。
㉔江戸本郷駒込の八百屋の娘。一六八二年、火事で避難した寺の寺小姓と恋仲になり、また火事になれば会えると考えて放火し、火あぶりの刑にされた。
㉕米沢藩（現山形県米沢市）の名産。煙草と色との関係は不詳。
㉖額の上の頭髪。髪の毛を奉納すれば、願い事がかなうという。

㉗和歌山市加太にある淡島神社の末社。白山神社境内にあったが、明治時代の初めに同神社に合祀された。

新潟県のお座敷唄・盆踊り唄。新潟県の中西部、それも信濃《しなの》川の河口に開けた港町、新潟（新潟市）の花柳界の宴席で、芸者衆が「樽《たる》たたき」を加えて唄い踊ってきたものである。また、新潟市の人たちが、お盆に唄い踊ってきたものである。

唄の履歴　この唄の源流は不明である。越後《えちご》地方（佐渡島を除く現新潟県全域）には種々の「甚句」が存在するが、それらを総称して「越後甚句」と呼んでいる。その中で、七七七五調の歌詞のしまい五音の前に「エーヨー」が挿入されるものを「エーヨー型甚句」といい、『新潟甚句』はこれに属する。（曲名の『新潟甚句』は、「新潟県の甚句」ではなく、「新潟市の甚句」という意味である。）同種の甚句に、新潟市亀田町の『亀田甚句』などがあり、長野県・岐阜県下にも広く分布している。

この『新潟甚句』がいつ頃から唄われているかは不明であるが、越後地方の五大流行《はや》り唄ともいうべき「松坂」「広大寺」「追分」「おけさ」「甚句」の中で、「甚句」は流行期が最も古い。一七九九年に出雲崎《いずもざき》滞在中の新楽閑叟《しんらかんそう》が江戸の文人仲間へ出した手紙「越後だより」に、「甚句は新潟のもの也。外の所にてうたふ甚句は大同小異にて其声音沢《つや》而新潟の如く出来ぬ也。」とあるという。文人が旅行中に接した「甚句」とは、たぶん、古町芸者が唄い踊ったものであろうが、「甚句」は江戸時代中期にはすでに唄われていたと言ってよさそうである。

なお、「樽たたき」とは、醤油《しょうゆ》の一斗樽を撞木《しゅもく》でたたいて唄の伴奏にするものである。これは、新潟港に出入りする千石船の船乗りが、積み荷の空き樽をたたきながら唄っていたのが、酒席の座興として定着したのであろう。古町など、今日の花柳界では、黒漆塗りの樽に小さな穴を二つ開け、響きをよくして用いている。この「樽たたき」の技法は、のちに関東地方へ入って『八木節』（二一六ページ）の「伴奏楽器」となった。

一方、盆踊りの音頭取りは、花柳界をまねて街頭で一斗樽をたたき、踊り手は木造の橋の上で、下駄の音を高く響かせながら踊りまくる。新潟は橋の多い町であった。

一九三四年、東伏見宮妃殿下が新潟市に見えられた折りに、民謡家鈴木節美《せつみ》（新潟市附船町）が市役所の依頼で市の青年団二十数名に唄と踊りを教えた。盆踊り唄の『新潟甚句』は、この頃から「鈴木節美節」一色に統一されていった。鈴木は、その後も『新潟甚句』を戸外用に、また大ホール用に仕立て直す工夫を重ねた。テンポを速くするために、花柳界の、せつなさを出し、表情をつける部分を略したり、唄い出し「ハアーヤー」の「ヤー」を除いたりして単純化したのである。

節まわしの型　今日広く唄われている節まわしは、鈴木節美の「盆踊り」用のものである。

新潟船方節《にいがたふなかたぶし》

上の句

〽入《い》り船《ふね》したなら（ハァイヤサカ　サッサ）
　教《おし》えておくれ（ハァイヤサカ　サッサ）

口《く》説《どき》

便《たよ》り①渚《なぎさ》の　身《み》は棄《す》て小舟《おぶね》
お主《ぬし》の御無事《ごぶじ》を　祈《いの》るゆえ
　（ハァイヤサカ　サッサ）
雪《ゆき》の降《ふ》る日《ひ》も　風《かぜ》の夜《よ》も
身《み》はしみじみと　眠《ねむ》られぬ
　（ハァイヤサカ　サッサ）
わたしの待《ま》つ身《み》に　ならしゃんせ
火《ひ》のない火鉢《ひばち》を　引《ひ》き寄《よ》せて
灰掻《はいか》きならして　紙《かみ》として
手《て》に持《も》つ火箸《ひばし》を　筆《ふで》として
想《おも》うあなたの　頭字《かしらじ》を

下の句

書《か》いて眺《なが》めてトコ　アンチャンン　夜《よ》を更《ふ》かす
　（ハァイヤサカ　サッサ）

〽②日和山《ひよりやま》から　沖眺《おきなが》むれば
沖《おき》には鷗《かもめ》の　夫婦連《めおとづ》れ
足《あし》を艪櫂《ろかい》に　身《み》を舟《ふね》に

羽《はね》を帆《ほ》にして　舟遊《ふなあそ》び
わたしの心《こころ》も　そのとおり
夫婦仲《ふうふなか》よく　そのように

〽十四《じゅうし》の時《とき》から　③勤《つと》めはすれど
いまだに④請《う》け出《だ》す　人《ひと》もない
身《み》は⑤高山《たかやま》の　石灯籠《いしどうろう》
今宵《こよい》はあなたに　灯《とも》されて
明日《あす》はいずこの　あんちゃんか
どこのどなたに　灯《とも》さりょか

〽梅《うめ》に迷《まよ》うても　桜《さくら》に迷《まよ》うな
色《いろ》よく咲《さ》いても　散《ち》りやすい
そこでお梅《うめ》の　申《もう》すには
元《もと》はわたしも　若《わか》い時《とき》
鶯《うぐいす》　鳴かせた　こともある
今《いま》はお梅《うめ》に　なったとて
人《ひと》に振《ふ》られて　落《お》とされて
塩《しお》に仲立《なかだ》ち　してもろて
紫蘇《しそ》となじんで　色《いろ》づいて
互《たが》いに小皺《こじわ》の　寄《よ》るまでも
瓶《かめ》の中《なか》にて　所帯持《しょたいも》つ

注①「ない」を掛ける。
②信濃川河口の南西方、現新潟市二葉町にある小山。帆船時代は、この山に登り、天候を見定めて出航を決めたり、出船・入り船を見届けたりした。
③廓勤め。遊女としての仕事。
④身請けする。お金を支払って、遊女の年期が来ないうちに、その仕事をやめさせる。
⑤高い山。

新潟県のお座敷唄。新潟県の中西部、それも信濃《しなの》川が日本海へ注ぐ河口に開けた港町、新潟（新潟市）の花柳界の宴席で、芸者衆が唄ってきたものである。

別名　越後《えちご》船方節。ただし、「越後」を用いると、佐渡島を除く新潟県下の港の「船方節」のすべてが含まれてしまうので、「新潟港」の唄と限定するほうがよい。この唄を普及させた鈴木節美《せつみ》も『新潟船方節』のほうを用いていた。

唄の履歴　この唄の源流は、天保年間（一八三〇〜四四）に現鳥取県の境港（境港市）にいたという遊女「さんこ」を詠んだ流行《はや》り唄『さんこ節』（五六一ページ）である。それが、出雲《いずも》の国（現島根県東部）の安来《やすぎ》港（安来市）の花柳界で、字あまりの長編『出雲節』になった。そして、千石船の船乗りによって持ちまわられ、江戸時代末期に、日本中の港町の花柳界で大流行した。曲名の『出雲節』は、「〽出雲捲き出しゃ…」とか「〽出雲で名高い…」という唄い出しの語を取ったものであるが、客の船乗りが好んで唄ったため、能登《のと》半島（石川県）以北では、いつか「船方節」と呼ばれるようになった。それが、海路、新潟港にも伝えられたのである。

新潟市で「節美会《せつみかい》」を結成した鈴木節美は、一九二九年に、その唄の節まわしを今日の形にまとめ、『新潟船方節』と命名して普及を始めた。

節まわしの型　今日広く唄われている節まわしは、鈴木節美のものである。

新津松坂《にいつまつざか》

本　唄〔音頭取り〕

（ハァ　イッチョオ）
〽イーヤァーハーァー①秋葉山《あきはやま》から　吹《ふ》き下《お》ろ
す風《かぜ》は
②新津繁昌《にいつはんじょ》とサー　吹《ふ》き下《お》ろす
〔繰り返し〕〔音頭取り〕
吹《ふ》き下《お》ろす　吹《ふ》き下《お》ろす
〔繰り返し〕〔踊り手〕
新津繁昌《にいつはんじょ》とサー　吹《ふ》き下《お》ろす
（チョロリィー　チョロリー　ハァ
返《かえ》せや返《かえ》せや）

☆〔　〕内は、省略したと思われる語

〽〔新津〕③新町《しんまち》から　④一之町《いちのちょう》かけて
⑤お主捜《ぬしさが》すに　夜《よ》が明《あ》けた

〽〔憎や〕今宵《こよい》も　まただまされた
桜林《さくらばやし》に　わし一人《ひとり》

〽〔新津〕⑥堰場山《せきばやま》　⑦七本松《しちほんまつ》は

五本《ごほん》⑧伐《き》られて　今二本《いまにほん》

〽〔新津〕⑨北上《きたかみ》の　⑩山王堂《さんのうどう》の祭《まつ》り
行《ゆ》けば帰《かえ》りに　⑪雨《あめ》(飴⑫)になる

〽〔あのや〕⑬道楽《どうらく》ばち　今《いま》⑭帰《かえ》るそな
⑮向《む》かい川原《かわら》の　鴨《かも》が立《た》つ

〽〔主の〕思惑《おもわく》　語《かた》らば今《いま》よ
明日《あす》は出船《でふね》で　波枕《なみまくら》

〽来《き》てもみしゃんせ　新津《にいつ》の里《さと》へ
音《おと》に聞《き》こえし　秋葉山《あきはやま》

〽踊《おど》れ⑯松坂《まつざか》　今宵《こよい》も明日《あす》も
月《つき》が⑰弥彦《やひこ》に　落《お》ちるまで

〽⑱揃《そろ》た揃《そろ》たよ　踊《おど》り子《こ》が揃《そろ》た
⑲女形人形様《おやまにんぎょさま》　揃《そろ》たよだ

〽なんぼ⑳しょたれでも　㉑こしらえて出《だ》せば
㉒早稲《わせ》に雀《すずめ》が　たかるよだ

〽踊《おど》り踊《おど》って　どこ宿取《やどと》りゃる
宿《やど》は野原《のはら》の　豆畑《まめばたけ》

〽㉓盆《ぼん》だてがんに　なぜ足袋《たび》はかぬ
はけば汚《よご》れる　緒《お》が切《き》れる

〽〔このや〕音頭取《おんどと》り　死《し》んだか寝《ね》たか
なんの死《し》のうば　㉔二十一《にじゅういち》

〽盆《ぼん》だか盆《ぼん》でねか　月見《つきみ》て覚《さと》れ
月《つき》ははや出《で》て　森《もり》の陰《かげ》

〽挿《さ》せや簪《かんざし》　入《い》れろや㉕髱《かもじ》
男《おとこ》泣《な》かせの　㉖投《な》げ島田《しまだ》

注
①新津市街地の南東方にある山（九一メートル）。山頂に一七六一年に大庄屋桂六郎左衛門が建立した秋葉神社がある。付近は秋葉山公園となっている。
②⬇解説。
③新津市街地の中東部にある。北陸街道の脇街道に面し、かつては妓楼や料亭が軒を連ねる歓楽街であった。
④新町の西隣りにあった。現新津駅の東、本町辺り。
⑤踊り歩いているあなたを。
⑥新津市街地南東部の滝谷《たきや》町にある。「関葉山」は誤記。
⑦領主溝口氏の命で植えたもの。
⑧「倒れて」とも。
⑨新津市街地の北部の地名。
⑩日吉神社の俗称。祭礼は四月一五日と九月一五日（現在は八月二四・二五日）。
⑪「雨となる」「雨が降る」とも。
⑫日吉神社の祭礼は「飴祭り」とも呼ばれ、参道に飴屋が立ち並ぶ。
⑬道楽娘。
⑭「帰るげな」とも。
⑮新町から日宝町へかけての、能代《のうだい》川の川原。かつては、葦の茂る湿地であった。
⑯新津松坂。
⑰弥彦山。新潟県中西部の海岸近くにそびえる山（六三八メートル）。東麓に弥彦神社がある。
⑱「揃うたてば」とも。
⑲歌舞伎の女形の人形。江戸時代初期に、江戸の操り人形芝居で小山次郎三郎が使った遊女の人形を小山人形と言った。その後、女形の人形に女形人形という字をあてた。
⑳不精者。
㉑方言で「こしろうて」とも。化粧させて。
㉒稲の品種で、早期に実るもの。「稲に」「竹に」とも。
㉓お盆だというのに。
㉔二十一歳の青年だ。
㉕女性が日本髪を結う時、自分の髪に加える髪の毛。
㉖島田髷の根を低く下げて結い、髷が後ろに反る形にした髪型。結婚した女性が結うもの。

新潟県の盆踊り唄。新潟県の中央部、それも信濃《しなの》川と阿賀野川に挟まれた河港で、越後《えちご》平野の物資の集散地であった旧城下町新津（現新潟市内）の人たちが、お盆に唄い踊ってきたものである。

唄の履歴　この唄の源流は、室町時代末期から江戸時代初期にかけて上方で大流行した「伊勢踊り」である。それは、「〽松坂…」と唄い始めるところから「松坂踊り」の名で西日本地方一円へ広まったが、この新津にも北陸道を通って伝えられたのであろう。この種の唄は、現存するものでは新潟県下の『新津松坂』と『加茂松坂』の二曲が北限になっている。
新津に伝わる話によると、天正・文禄（一五七三〜九六）の頃、新津城主新津丹波守勝資《たんばのかみかつすけ》が、武将ながらもよく風流を解して、戦国の殺伐たる時代に、領民の心を和らげるために歌舞音曲を奨励した。そして、伊勢の松阪《まつさか》（三重県松阪市）へ男女をやって踊りを習わせたという。その話はともかくとして、新津の人が西日本方面へ行った時、「松坂踊り」の評判がよいので、それを覚えて帰ったことは考えられる。しかし、この「松坂」は、新潟県下に広く分布する祝い唄の『越後松坂』（三九三ページ）とは、曲名は同じだが全く別種のものである。そのため、三重県の松阪市を意識してか、新津では「新津マッサカ」と発音しようとしているが、そこまでこだわる必要はない。

節まわしの型　今日広く唄われている節まわしは、保存会のものらしい。

補足　町田佳聲《かしょう》は、「日本民謡大観　中部篇（北陸地方）」で、『新津松坂』と『加茂松坂』を『越後松坂』と同系統の唄と見るような編集をしているが、この当時は資料不足だったためである。のちには、全く別系統の唄として扱っていた。

米《よね》山《やま》甚《じん》句《く》

〽①さァーさ参《まい》②らんしょうよ　③米山薬師《よねやまやくし》
（アァキタ　コリャコリャ）
ひとつ身《み》④のため　ササ主《ぬし》のため
（アァキタ　コリャコリャ）

〽主《ぬし》のためなら　米山様《よねやまさま》へ
裸足参《はだしまい》りも　厭《いと》やせぬ

〽⑤頸城《くびき》見納《みおさ》め　⑥米山三里《よねやまさんり》
⑦峠《とうげ》　越えれば　⑧柏崎《かしわざき》

〽⑨お山登《やまのぼ》れば　柏崎一目《かしわざきひとめ》
想《おも》うお人《ひと》は　なぜ見《み》えぬ

〽泣《な》いて別《わか》れの　涙《なみだ》の苦《にが》さ
酒《さけ》の苦《にが》さに　やるせなさ

〽別《わか》れが辛《つら》いと　小声《こごえ》で言《い》えば
締《し》めた⑩博多《はかた》の　⑪帯《おび》が泣《な》く

〽切《き》りし⑫前髪《まえがみ》　⑬お薬師様《やくしさま》へ
あげて願《ねが》うも　主《ぬし》のため

〽⑭黄楊《つげ》の⑮横櫛《よこぐし》　伊達《だて》には差《さ》さぬ
⑯切《き》りし前髪《まえがみ》　留《と》めにさす

〽見送《みおく》りましょうと　浜《はま》まで出《で》たが
泣《な》けてさらばが　言《い》えなんだ

〽⑰番神岬《ばんじんみさき》の　灯《あかり》も薄《うす》れ
波《なみ》に消《き》えゆく　⑱明《あ》けの鐘《かね》

〽⑲米山颪《よねやまおろし》が　そよそよ吹《ふ》けば
黄金波《こがねなみ》打《う》つ　⑳鏡沖《かがみおき》

〽真《しん》の夜中《よなか》に　ふと目《め》をさまし
㉑起《お》きて寝《ね》て見《み》つ　窓《まど》の雪《ゆき》

注
①「行こか参らんしょうか」とも。
②「参らんしょうか」とも。
③柏崎市南西端部の米山山頂（九九三メートル）にある薬師堂。七一二年、泰澄の開基と伝える。日本三大薬師の一。「米山の薬師」「米山さんに」とも。
④自分自身のため。
⑤越後の国（佐渡島を除く現新潟県全域）南西部の旧郡名。
⑥米山北西麓の海岸部を通る道。現柏崎市の米山町と鯨波の間約一二キロ。
⑦米山峠。米山三里の中間にある。
⑧現柏崎市中心部。⬇解説。
⑨米山のこと。
⑩博多帯。現福岡県博多地方で生産される、絹織りの帯。
⑪絹の帯が触れ合って音を出すこと。
⑫額の上の頭髪。髪の毛を奉納すれば、願い事がかなうという。
⑬米山薬師。
⑭ツゲ科の常緑小高木。本州中部以西の山地に自生し、また、庭木や生け垣にする。材は黄色で堅く、櫛・印材・将棋の駒などに用いる。
⑮髪に斜めに挿した櫛。
⑯「鬢のほつれを」とも。

⑰柏崎港の西にある岬。一二七四年、赦免されて佐渡島から寺泊へ向かった日蓮が漂着した所。のちに番神堂を建立し、法華守護三十番神を勧請した。
⑱明け六つ（午前六時頃）に寺で鳴らす鐘の音。
⑲米山から吹きおろす風。
⑳現柏崎市市街地中央部にある鏡町の沖合い。
㉑「起きて見つ」を省略したもの。

新潟県のお座敷唄。新潟県の中西部、それも日本海に面した港町であり、北陸道の宿場町であった柏崎《かしわざき》（柏崎市）の花柳界の宴席で、芸者衆が唄ってきたものである。

唄の履歴　この唄の源流は、旧南部藩領の北部でお盆に唄い踊られている「ササなにゃとやら」（➡一〇五ページ）や、秋田県下の『秋田甚句』である。それが、海路船乗りによってか、あるいは出稼ぎの人たちによってか、柏崎周辺へ伝えられ、のちに花柳界入りしたようである。

源流の唄は本来は七七七七調であったが、江戸時代に七七七五調の詞型が流行したため、四句目の五音の前に「ササ」を補って唄っている。この『米山甚句』も、「ササ」を補って七音とし、「上の句」と「下の句」の節が全く同じという、源流の唄の特徴をそのまま残している。

この唄を『米山甚句』と呼ぶのは、柏崎市の南西端近くにそびえる米山を唄った歌詞が有名になり、広く愛唱されたためらしい。米山という相撲取りが唄い始めたというのは俗説にすぎない。

その『米山甚句』、花柳界を中心に唄われていたが、一八九四、九五年の日清《にっしん》戦争頃から、浪曲師が浪曲の余興として唄ったりして日本中へ広まっていった。そして、一九三〇年三月に小唄勝太郎がビクターレコードに吹き込んだ。これによって、それまでの、尺八伴奏のゆっくりした竹物的『米山甚句』と一線を画した三味線唄として唄われるようになった。

節まわしの型　今日広く唄われている節まわしは、小唄勝太郎のものと思われるが、その母胎となっているのは、柏崎芸者小桜吉次あたりのものらしい。その後、初代峰村利子（出雲崎《いずもざき》と長岡の花柳界を経て上京）の節まわしも広まっている。

両津甚句《りょうつじんく》

定型・新節

〽ハァーェ①烏賊場漁師《いかばりょうし》は　心《しん》から可愛《かわ》い
　（コラ　サッサ）
命《いのち》帆《ほ》に掛《か》けヨンヤー　波枕《なみまくら》
（アァ　リャントー　リャントー　リャントー）

定　型

〽想《おも》うて来《き》たかよ　想《おも》わで来《こ》りょか
三沢四沢《みさわよさわ》の　沢越《さわこ》えて

〽②両津橋《りょうつばし》から　③樹崎《きざき》が見《み》える
見《み》える樹崎《きざき》の　森《もり》や恋《こい》し

〽④両津港《りょうつみなと》に　朝立《あさた》つ虹《にじ》は
主《ぬし》をやらずの　雨《あめ》となる

〽松《まつ》になりたや　⑤御番所《ごばんしょ》の松《まつ》に
枯《か》れて落《お》ちても　離《はな》りゃせぬ

〽わしとお前《まえ》は　御番所《ごばんしょ》の松《まつ》よ
枯《か》れて落《お》ちても　⑥二葉《ふたば》連《づ》れ

〽帰《かえ》りゃしゃんすか　まだ夜《よ》は深《ふか》い
月《つき》は⑦藻崎《もざき》の　上《うえ》にある

〽しんと更《ふ》けたる　夜《よ》は⑧恐《こわ》ござる
烏賊《いか》が鳴《な》きます　船底《ふなぞこ》で

〽二人《ふたり》いてさえ　両津《りょうつ》の浜《はま》で
鷗《かもめ》鳴《な》く夜《よ》は　淋《さび》しもの

〽千鳥鳴《ちどりな》け鳴《な》け　わしゃ灯台《とうだい》で
星《ほし》を眺《なが》めて　寝《ね》ずの番《ばん》

〽船《ふね》は出《で》て行《ゆ》く　鷗《かもめ》は帰《かえ》る
波《なみ》は磯打《いそう》つ　日《ひ》は暮《く》れる

〽磯《いそ》にゃ砕《くだ》けて　⑨加茂湖《かもこ》に澄《す》んで
心迷《こころまよ》わす　月《つき》の影《かげ》

〽殿《との》を見《み》たさに　⑩朝水《あさみず》汲《く》めば
水《みず》は七桶《ななおけ》　殿一目《とのひとめ》

〽燕《つばめ》可愛《かわ》いや　⑪千里《せんり》の海《うみ》も
恋《こい》の翼《つばさ》で　飛《と》んで来《く》る

〽千両持《せんりょうも》ちより　一文《いちもん》なしの
烏賊場漁師《いかばりょうし》の　殿《との》がよい

〽赤《あか》い夕焼《ゆうや》け　情《なさ》けの小焼《こや》け
胸《むね》を焼《や》く火《ひ》は　絶《た》えやせぬ

〽岩《いわ》にドンと来《き》て　ドンと散《ち》る波《なみ》は
可愛《かわ》い殿御《とのご》の　度胸試《どきょうだめ》し

〽北《きた》は⑫大佐渡《おおさど》　南《みなみ》は⑬小佐渡《こさど》
間《あい》の⑭国中《くになか》　米所《こめどころ》

〽来《く》るか来《く》るかと　浜《はま》まで出《で》れば
浜《はま》は松《まつ》（待つ）風《かぜ》　音《おと》ばかり

〽千夜泣《せんやな》こうと　嬉《うれ》しい一夜《いちや》
鳴《な》くな両津《りょうつ》の　⑮明《あ》け烏《がらす》

〽両津《りょうつ》よい所《とこ》　後《うし》ろは加茂湖《かもこ》
前《まえ》は日《ひ》の出《で》の　両津湾《りょうつわん》

〽殿《との》は烏賊《いか》釣《つ》り　寝《ね》ぬ夜《よ》は七日《なのか》
日和続《ひよりつづ》きが　恨《うら》めしい

〽⑯あいが吹《ふ》かぬか　荷《に》が無《の》うて来《こ》ぬか
⑰ただしゃ新潟《にがた》の　⑱船留《ふなど》めか

字あまり

〽⑲両津欄干橋《りょうつらんかんばし》　真《ま》ん中《なか》から折《お》りょと
⑳船《ふね》で通《かよ》うても　やめりゃせぬ

〽佐渡《さど》の㉑金北山《きんぼくさん》は　おしゃれな山《やま》よ
いつも加茂湖《かもこ》で　水鏡《みずかがみ》
〔笑子作〕

〽㉒殿《との》が可愛《かわ》いけりゃ　乗《の》る㉓水手《かこ》までも
浜《はま》に据《す》えたる　船《ふね》までも

注①烏賊釣り漁場の漁師。
②佐渡市両津地区の、湊と夷の間の、境川に架かる橋。両津欄干橋とも。
③加茂湖の中西部にある岬。その南東端に樹崎神社がある。
④⬇解説。
⑤両津橋の北詰めにある黒松。江戸時代、両津港に出入りする船と、その取引を管理する御番所がここにあった。文化年間（一八〇四～一八）に番所役人が植えたと伝えられ、県の天然記念物。「村雨の松」（尾崎紅葉の命名）とも。
⑥「離りゃせぬ」とも。
⑦佐渡島南西部の小木にある城山半島の、東側の岬。
⑧「凄うござる」とも。
⑨佐渡島の中東部にある湖。周囲約一七キロ。最深九メートル。淡水湖であったが、水害が起こったため、一九〇四年に境川（幅約三〇メートル）を開削し、海とつなげた。
⑩朝、井戸や泉から、飲料用の水を汲めば。その日に必要な分量の水を、家の中の瓶に汲み溜めておくのである。
⑪約三九二七キロ。
⑫佐渡島の、国中平野の北方の山地。大佐渡山地。
⑬国中平野の南方の山地。小佐渡山地。
⑭「国仲」とも。国中平野。佐渡島の中央部にある。大佐渡山地と小佐渡山地に挟まれ、島中部の北東から南西へ細長く広がる。幅約八キロ、長さ約一二キロ。佐渡島産米の半分以上が収穫される。
⑮夜明けの頃に鳴く烏。
⑯新潟では、北～北東の風。北海道方面から京都・大坂方面へ向かう北前船は、この風を利用した。
⑰それとも。
⑱「川留め」は誤唱。
⑲両津橋に同じ。⬇注②。
⑳遊廓へ通うこと。湊の男たちは、両津欄干橋の北にあった夷の遊廓へ、夷の男たちは、南にあった湊の遊廓へ通ったという。
㉑佐渡島の中央部にそびえる山（一一七三メートル）。俗に「北山」とも。
㉒「船頭可愛いけりゃ」とも。
㉓船の乗組員で、船頭以外の者。

新潟県の盆踊り唄・酒盛り唄。新潟県も日本海に浮かぶ佐渡島《さどがしま》の中東岸に開けた港町両津（現佐渡市内）の人たちが、お盆に、また酒席で唄い踊ってきたものである。

唄の履歴　この唄の源流は、旧夷《えびす》町の「夷甚句」であり、旧湊《みなと》町の「湊甚句」である。一九〇一年一一月に、この二町が合併して両津（二つの港の意）町となったため、曲名も『両津甚句』となった。では、「夷甚句」と「湊甚句」の源流はということだと、海路、本州より伝えられたものであることだけは確かであるが、不明である。『両津甚句』は大正時代末に大きく変化したといわれるが、比較するべき旧来の節まわしが残っていない。強いて言えば、元唄は佐渡島の外海府《そとかいふ》地方に伝わる盆踊り唄『海府甚句』のようなものではなかったかと思われる。

その『両津甚句』、お盆に、鼓を脇に抱えて打ちながら町中を流して踊る「甚句流し」の唄として利用された。節まわしは、「上の句」一息、「下の句」一息の、「旧節」と呼ばれるもので、今日、中川千代・本間ふさ姉妹の唄のみが残っている。

姉の千代は、一九五二年冬の日本民謡協会の大会で『両津甚句』を唄って優勝した。「はやし詞」は妹のふさが掛けたが、佐渡島の羽茂《はもち》村（現佐渡市内）に住んでいる両人を、日本民謡協会の初代理事長浦本政三郎（医学博士。好楽家で、『豆ひき唄』などの作詞者）が見つけて招いたものである。それが縁で五四年に両人の掛け合いでコロムビアレコードに吹き込むことになったが、その唄に合わせられる三味線のひき手がおらず、ふさの鼓の伴奏でレコード化した。その後、一九六九年に筆者（竹内勉）が依頼して国立劇場へ招いたことがある。両人が民謡界に姿を見せたのは、この三回だけである。

この『両津甚句』の「旧節」の唄い方にはかなりの技術が必要であるが、昭和時代の初めに「新節」が編み出された。畑野村（現佐渡市内）の民謡家松本丈一《じょういち》が、近所の老婆赤塚トク（かつて両津で芸者をしていた）から習ううち、「上の句」を二息で唄うことにしたのである。それが、松本の美声とともに広まった。

節まわしの型　今日広く唄われている節まわしは「新節」で、松本丈一のものである。

北陸

富山県

越中《えっちゅう》オワラ節《ぶし》

前ばやし〔はやし手〕

〽唄《うた》われよ　わしゃはやす

本　唄・定型〔音頭取り〕

①唄《うた》の町《まち》だよ　②八尾《やつお》の町《まち》は

（キタサノサァ　ドッコイサノサ）

唄《うた》で糸取《いと》る　オワラ桑《くわ》も摘《つ》む

長ばやし〔はやし手〕

③越中《えっちゅ》で④立山《たてやま》　⑤加賀《かが》では⑥白山《はくさん》

⑦駿河《するが》の富士山《ふじさん》　⑧三国一《さんごくいち》だよ

（コラアショッ）

本　唄・定型

〽来《きた》る春風《はるかぜ》　氷《こおり》が融《と》ける

嬉《うれ》しや気《き》ままに　開《ひら》く梅《うめ》

〽徒《あだ》や疎《おろ》かで　添《そ》われるならば

神《かみ》に御苦労《ごくろ》は　かけやせぬ

〽可愛《かわ》い可愛《かわ》いが　家《うち》まで知《し》れた

知《し》れたそのあと　余計可愛《よけいかわ》い

〽待《ま》てど出《で》てこず　出《で》る時《とき》ゃ会《あ》えず

ほんに⑨辛気《しんき》な　⑩蜃気楼《しんきろう》

〔大槻如電作〕

〽虎《とら》は⑪千里《せんり》の　藪《やぶ》さえ越《こ》すに

障子一重《しょうじひとえ》が　ままならぬ

〽押《お》せや押《お》せ押《お》せ　二挺艪《にちょろ》で押《お》せや

押《お》せば港《みなと》が　近《ちか》くなる

〽⑫あいや可愛《かわ》いや　いつ来《き》てみても

⑬襷《たすきな》投げやる　暇《ひま》がない

〽襷《たすきな》投げやる　暇《ひま》あるけれど

あなた忘《わす》れる　暇《ひま》がない

〽山《やま》へ登《のぼ》れば　⑭茨《いばら》が止《と》める

茨放《いばらはな》しゃれ　日《ひ》が暮《く》れる

〽手足揃《てあしそろ》えて　唄《うた》えよはやせ

⑮二百十日《にひゃくとおか》の　明《あ》けるまで

〽お風邪召《かぜめ》すなと　耳《みみ》まで着《き》せて

聞《き》かせともない　⑯明《あ》けの鐘《かね》

八尾の四季　四首　小杉放庵作

〽ゆらぐ吊《つ》り橋《ばし》　手《て》に手《て》を取《と》りて

渡《わた》る⑰井田川《いだがわ》　春《はる》の風《かぜ》

〔春〕

〽⑱富山《とやま》あたりか　あの灯《ともしび》は

飛《と》んで行《ゆ》きたや　⑲灯《ひと》取り虫《むし》

〔夏〕

〽八尾坂道《やつおさかみち》　別《わか》れて来《く》れば

露《つゆ》か⑳時雨《しぐれ》か　はらはらと

〔秋〕

〽もしや来《く》るかと　窓押《まどお》し開《あ》けて

見《み》れば立山《たてやま》　雪《ゆき》ばかり

〔冬〕

八尾八景　八首　小杉放庵作

㉑有磯海《ありそうみ》の遠帆

〽八尾日和《やつおびより》に　白帆《しらほ》が見《み》ゆる
白帆《しらほ》隠《かく》れて　松《まつ》の風《かぜ》

㉒千里の過雁《かがん》

〽降《お》りて行《ゆ》きやれ　夫婦《めおと》の雁《かり》よ
越中《えっちゅう》田《た》もよし　水《みず》もよし

㉓別荘山の明月（五字冠り）

〽ぽんと出《で》た
別荘山《べっそうやま》から　出《で》た出《で》た月《つき》が
オワラ踊《おど》りに　浮《う》かれ出《で》た

㉔十三石橋の深雪

〽雪《ゆき》はしんしん　十三石《じゅうさんごく》の
橋《はし》の袂《たもと》で　泣《な》き別《わか》れ

㉕聞名寺の鐘声（五字冠り）

〽聞名寺《もんみょうじ》
㉖初夜《しょや》の鐘《かね》まで　糸繰《いとく》り娘《むすめ》
いとし糸繰《いとく》る　霙降《みぞれふ》る

㉗落ち合いの㉘翠嵐《すいらん》

〽若葉山路《わかばやまじ》で　ふと行《ゆ》き会《お》うた
谷《たに》は落《お》ち合《あ》い　㉙青嵐《あおあらし》

㉚卯花村《うのはなむら》の暮雨

〽雨《あめ》は降《ふ》る降《ふ》る　卯花村《うのはなむら》の
日暮《ひぐ》れなつかし　ほととぎす

㉛城ヶ山《じょうがやま》の斜陽

〽花《はな》を見《み》るなら　盛《さか》りを見《み》やれ
桜《さくら》夕日《ゆうひ》の　城ヶ山《じょうがやま》

〽八尾《やつお》オワラを　しみじみ聞《き》けば
昔《むかし》山風《やまかぜ》　草《くさ》の声《こえ》

〽誰《たれ》に思《おも》いの　㉜紫《むらさき》染《そ》めた
五月八尾《ごがつやつお》の　桐《きり》の花《はな》

〔以上二首、佐藤惣之助作〕

〽オワラ踊《おど》りの　笠着《かさき》てござれ
㉝忍《しの》ぶ夜道《よみち》は　月明《つきあ》かり

〽見《み》たさ会《あ》いたさ　思《おも》いがつのる
恋《こい》の八尾《やつお》は　雪《ゆき》の中《なか》

〔小川千甕作〕

〽八尾《やつお》よい所《とこ》　オワラの本場《ほんば》
二百十日《にひゃくとおか》を　出《で》て踊《おど》る

〔渡辺紫洋作〕

〽憎《にく》や編《あ》み笠《がさ》　揃《そろ》いの浴衣《ゆかた》
誰《たれ》が主《ぬし》やら　殿御《とのご》やら

〔石黒黄牛作〕

〽唄《うた》で濡《ぬ》れたか　夜露《よつゆ》を着《き》たか
鬢《びん》がほつれた　風《かぜ》の盆《ぼん》

〽流《なが》す三味《しゃみ》の音《ね》　主《ぬし》かと思《おも》て
㉞雁木《がんぎ》へ出《で》てみりゃ　水《みず》の音《おと》

〔以上二首、長谷川剣星作〕

〽はやし聞《き》こえる　早《は》よ行《い》こまいか
主《ぬし》の踊《おど》りを　今一度《いまいちど》

〔吉田収三作〕

〽憎《にく》や時雨《しぐれ》が　宵《よい》から三度《さんど》
盆《ぼん》の逢《お》う瀬《せ》が　荒《あ》れにゃよい

〔高田蕪雪作〕

〽腰《こし》に瓢箪《ひょうたん》　酒《さけ》さえあれば
三日三晩《みっかみばん》を　踊《おど》り抜《ぬ》く

〔市江弥三松作〕

〽腰《こし》の瓢箪《ひょうたん》　酒詰《さけつ》め替《か》えて
またも踊《おど》りの　輪《わ》に戻《もど》る

〔有磯涙月作〕

本唄・五字冠り

〽色《いろ》に咲《さ》く
菖蒲切《あやめき》ろとて　袂《たもと》をくわえ
㉟文《ふみ》を落《お》とすな　水《みず》の上《うえ》

〽露《つゆ》さえも
野辺《のべ》の千草《ちぐさ》に　色持《いろも》つ頃《ころ》は
月《つき》も焦《こ》がれて　夜《よ》を更《ふ》かす

〽霜枯《しもが》れに
俵《たわら》　着《き》せたか　あの菊《きく》の花《はな》
蝶《ちょう》も焦《こ》がれて　会《あ》いに来《く》る

〽㊱雁《かりがね》の
翼《つばさ》　欲《ほ》しいや　海山越《うみやまこ》えて
わたしゃ会《あ》いたい　人《ひと》がある

〽三味線《しゃみせん》の
一《いち》の糸《いと》から　二《に》の糸《いと》かけて
三《さん》の糸《いと》から　唄《うた》が出《で》る

〽滝《たき》の水《みず》
岩《いわ》にせかれて　一度《いちど》は切《き》れて
流《なが》れ行《ゆ》く末《すえ》　また一《ひと》つ

〽文《ふみ》を書《か》く
筆《ふで》の毛先《けさき》が　二《ふた》つに割《わ》れる
もしや殿御《とのご》の　㊲二心《ふたごころ》

本唄・字あまり

〽竹《たけ》になりたや
茶《ちゃ》の湯座敷《ゆざしき》の　柄杓《ひしゃく》の　柄《え》の竹《たけ》に
いとし殿御《とのご》に　持《も》たれて汲《く》まれて
一口《ひとくち》　飲《の》まれたや

〽竹《たけ》になりたや
㊳大坂下《おおさかくだ》りの　㊴蛇《じゃ》の目《め》の㊵唐傘《からかさ》　㊶轆轤《ろくろ》の竹《たけ》に
可愛《かわ》い主《ぬし》さんの
パラリと広《ひろ》げて　㊷相傘《あいがさ》さしての
お茶屋通《ちゃやがよ》いの　㊸ほんまに　ほどのよさ

〽㊹二間梯子《にけんばしご》
一挺二挺三挺四挺《いっちょにちょさんちょよんちょ》　五六挺掛《ごろくちょか》けても　届《とど》か
ぬ主《ぬし》は
どうせ天《てん》の星《ほし》じゃと　あきらめた

〽㊺三越路《みこしじ》の　㊻中《なか》の越《こし》で　見《み》せたいものは
㊼黒部立山《くろべたてやま》　蜃気楼《しんきろう》　㊽蛍烏賊《ほたるいか》
よそで聞《き》けないものは　越中八尾《えっちゅうやつお》
本場《ほんば》の　㊾節《ふし》の綾《あや》

〽㊿花《はな》の51敦盛《あつもり》　誰《た》が手《て》にかけた
52一二《いちに》の三四《さんし》　五六七八《ごろくしちはち》
53熊谷《くまがい》さんが　手《て》にかけた

〽前《まえ》にまわりて　羽織《はおり》の紐《ひも》をば
結《むす》ぶというのも　思《おも》いが過《す》ぎる
今一度《いまいちど》　主《ぬし》の
お顔見《かおみ》たさの　そのために

長ばやし

〽浮《う》いたか瓢箪《ひょうたん》　軽《かる》そに流《なが》れる
行《ゆ》く先《さき》ゃ知《し》らねど　あの身《み》になりたや

〽七合《しちごう》と三合《さんごう》は　どこでも一升《いっしょ》だよ
一升《いっしょ》(一生)と定《さだ》まりゃ　五合桝《ごんごます》いらない

〽54三千世界《さんぜんせかい》の　松《まつ》の木《き》ゃ(待つの気ゃ)枯《か》れても
55あなたと添《そ》わなきゃ　56娑婆《しゃば》へ出《で》たかいがな
い

〽どうしたわけやら　兄《あに》さんが恋《こい》しゅなる
兄《あに》さんが恋《こい》しゅなりゃ　騒動《そうどう》の種《たね》だよ

〽去年《きょねん》の頃《ころ》から　今年《ことし》の今《いま》まで

富山県

どう咲《さ》く心《こころ》で　雪《ゆき》なら融《と》けます

〽オワラの御先生《ごせんせい》ちゃ　あんたのことかいね
その声聞《こえき》かせて　わたしをどうする

〽言《い》うことァやまやま　気《き》がねで言《い》われぬ
あんたもそうなら　わたしもそうだよ

〽一人《ひとり》でさす時《とき》や　野暮《やぼ》だが㊼番傘《ばんがさ》
二人《ふたり》でさす時《とき》や　蛇《じゃ》の目《め》の唐傘《からかさ》

〽姿《すがた》を見《み》られにゃ　声《こえ》でも聞《き》きたい
その声聞《こえき》こうとて　毎晩通《まいばんかよ》います

〽春風吹《はるかぜふ》こうが　秋風吹《あきかぜふ》こうが
オワラの恋風《こいかぜ》　身《み》に沁《し》みてならない

〽徳利《とくり》と盃《さかずき》ゃ　よい仲《なか》なれども
お酒《さけ》のない夜《よ》は　寝《ね》る所別《とこべつ》だよ

〽茶釜《ちゃがま》と㊽茶袋《ちゃぶくろ》　深《ふか》い仲《なか》なれども
中《なか》に立《た》つ柄杓《ひしゃく》が　水《みず》を注《さ》して　たまらぬ

〽見送《みおく》りましょかよ　峠《とうげ》の茶屋《ちゃや》まで
人目《ひとめ》がなければ　あなたの部屋《へや》まで

注
①作詞者は中山輝。
②⬇解説。
③旧国名。現富山県全域。
④富山県の中東部にそびえる火山（三〇一五メートル）。
⑤旧国名。能登半島を除く現石川県全域。
⑥石川県の南東部にそびえる火山帯の総称。最高峰は二七〇二メートル。信仰の山で、立山・富士山とともに日本三霊山と称せられる。
⑦旧国名。現静岡県中・東部。
⑧世界一。三国は日本・中国・インド。昔の日本人は、それで全世界と考えた。
⑨心が晴れ晴れしない。
⑩海上や砂漠などで、遠くの船や建物・オアシスなどが、空中や地表に写る現象。温度差などのために空気の密度に急激な変化が生じ、光が屈折して起こる。日本では富山湾のものが有名。
⑪約三九二七キロ。
⑫⬇解説。
⑬一休みする暇。襷を掛けて仕事をしているから。
⑭江戸時代には端女郎《はしじょろう》（下級の遊女）を「茨」とも言ったので、暗に、女が男の袖を引くことを詠じたものらしい。
⑮立春（二月四日頃）から数えて二百十日目の日。九月一日頃。台風が襲ってくる厄日とされる。
⑯明け六つ（午前六時頃）に寺で鳴らす鐘。
⑰富山県中南部の山地に発して北流し、富山市街の西方で神通川へ注ぐ川（約五〇キロ）。
⑱現富山市。
⑲夏の夜に、灯火に集まってくる虫の総称。蛾など。
⑳初冬の雨で、しばらくの間激しく降ってはやみ、降ってはやみするもの。
㉑富山湾の、高岡市から氷見市にかけての海。景勝地で、大伴家持の歌などから歌枕になった。
㉒千里もの遠い距離を飛んできて、空を通り過ぎて行く雁。雁はカモ科の水鳥で、秋に北方から日本へ飛来し、春に北方へ渡る。
㉓聞名寺の南東方にある山（一九六メートル）。
㉔聞名寺の北東方の、井田川に架かる橋。
㉕浄土真宗本願寺派の寺。一二九〇年に、本願寺三世覚如上人が美濃の国（岐阜県）各務《かがみ》郡に創建。のちに八尾町今町に移り、八尾はその門前町として発展した。『越中オワラ節』は、この寺の境内で踊ってから町へ繰り出す。
㉖戌《いぬ》の刻（午後八時頃）に、寺で読経する時に鳴らす鐘。
㉗八尾町南部の、谷川が合流する所。
㉘㉙夏の、青々と茂った草木を吹き渡る、やや強い風。
㉚旧村名。一九五三年に合併して、現八尾町内。
㉛八尾町中心街の南にある山（約二〇〇メートル）。中世に城があった所。今は公園となっている。
㉜紫は、愛・恋を表す色とされる。
㉝男が、他人に知られないように女の所へ行く。
㉞雪の多い地方で、家々の道路側の軒先に作った廂《ひさし》。木造のアーケードのようなもの。雪で道路が埋まった時、その下を通路とする。また、その通路も雁木という。
㉟手紙。
㊱かり。がん。

㊲ほかの女にも思いを寄せること。

㊳大坂で作られて、他の地方で売られている。

㊴中央の丸と周辺の輪を赤・黒または紺色に塗って、蛇の目の形を表した図柄の傘。

㊵〔中国風のかさの意〕細く割った竹を骨とし、油紙をはった傘。

㊶傘の柄に取りつけて骨を束ね、傘を開いたり閉じたりするもの。

㊷相合い傘。男女二人が一本の傘をさして。

㊸「オワラ」の代わりに入れたもの。

㊹長さ約三・六メートルの梯子。

㊺越の国。旧国名の越前（現福井県中・北部）・越中・越後（佐渡島を除く現新潟県全域）のこと。

㊻越中の国。

㊼黒部峡谷。富山県南東部の山地に発して北流する黒部川の上・中流部にある。

㊽胴長七センチほどの烏賊。体表に発光器があり、光る。晩春から初夏の産卵期に富山湾に群集する。

㊾『越中オワラ節』の節の妙味。

㊿はなやかで美しい。

51姓は平。平安時代末期の、平家の武将。笛の名手。

52「熊谷」の「ク」を導くために加えたもの。

53熊谷次郎直実。平安時代末期～鎌倉時代初期の、源氏の武将。➡三九三ページ注㉞。

54仏教語。ありとあらゆる世界。全世界。

55「お前さんと」とも。

56この世に生まれた。

57雨の時に常用する、粗末な傘。太い割り竹の骨に、厚い油紙をはったもの。

58葉茶を入れ、茶を煎じるのに用いる布袋。


富山県の盆踊り唄。富山県の中央部、それも神《じん》通《づう》川支流の井田川沿いに開けた八尾《やつお》町（現富山市内）の人たちが、お盆に唄い踊ってきたものである。また、東京などの寄席《よせ》でも、芸人によって演じられた。

唄の履歴　この唄の源流は不明である。しかし、七七七五調のしまい五音の前に「オワラ」とか「オハラ」が入る唄は、『丹波節』（北海道）・『津軽塩釜』（青森）・『オワラ米《こめ》磨《と》ぎ唄』（島根）・『鹿児島オハラ節』（鹿児島）などがあり、また、『新潟甚句』でも、時々「オワラ」を用いて唄う人がいる。これらの唄は、節がそれぞれ別種であるが、「甚句」であり、日本海の沿岸部に広く点在している。

次に、『越中オワラ節』には「〽あいや可愛いや…」という歌詞がある。これは、本来は「はいや節」（変化して「あいや節」）の歌詞である。したがって、『越中オワラ節』の源流は、江戸時代後期に日本海沿岸から伝えられた唄なのかもしれない。そして、八尾では、初めは酒盛り唄として唄われたと思われる。

さて、その八尾では、秋の台風よけに「風の盆」という行事が行われてきた。これは、現岐阜県美《み》濃《の》地方の行事が、桐野山聞名寺《とうやさんもんみょうじ》が一五五一年に美濃から越中八尾へ移ってきた時に伝わったのではないかと考えられる。その「風の盆」は、二百十日から三日間（九月一～三日）行われた。夜になると、大勢の人々が町へ出て、三味線・太鼓・月琴から石油缶まで、音が出るものならなんでも持ち出し、その時々の流行《はや》り唄を口々に大声で唄って、町はずれまで流して歩く。「虫送り」と同じような行進で、風害をもたらす風の神を町境まで送っていくのである。その唄の中に「オワラ節」もあった。それは、今日の「三拍子」に近いものだったのであろう。

一九一三年春、富山—直江津間の鉄道敷設工事が完了して、北陸本線が全線開通した。それを記念して、九月一日より五〇日間、富山市で連合共進会が催された。その催しのうちの「富山踊り」は、「射水《いみず》のひびき」「浦の初島」「小原節」の三部構成で、この「小原節」こそが今日の『越中オワラ節』であった。その歌詞は、大槻如電《おおつきじょでん》（仙台出身の考証家・戯作者）の新作、

〽御代は大正　裏日本も
　汽車が通えば　表路

や、前掲「本唄」四首目の「〽待てど出てこず…」などであった。そして、唄の指導は二世常磐《ときわ》津林《ずりん》中《ちゅう》、鳴り物は江戸長唄六世六合新三郎、振り付けは若柳吉蔵であった。これらの人々には、たぶん、のちの「越中オワラ節保存会」初代会長の川崎順二の顔で依頼したのであろう。

ちょうどこの頃は新民謡運動が芽ばえ始める時期であったが、一九二〇年には「オワラ節研究会」が設立され、性的で、露骨な歌詞に替わって新作の歌詞による「おわら大会」が、年に一回、明治座（八尾劇場の前身）で催された。そして、踊りは、三味線の師匠の江尻せきが、上の句のほうは東京の『深川節』の踊りを、下の句のほうは『カッポレ』の踊りを参考にして、「稲刈り」や「宙返り」などの所作の入った「豊年踊り」にまとめあげた。（その後、一九二九年に初代若柳吉三郎がそれに手を加えている。）その江尻せきの息子が『越中オワラ節』の名手、江尻豊治（一八九〇年生まれ）である。豊治は、進行性色弱治療のため大阪へ出たが、のちに文楽の竹本南部大夫の元へ入門した。

一九二二年春、東北民謡の父と言われる後藤桃水は、東京神田のキリスト教青年館で「第一回全国民謡大会」を開催するため、八尾町へ『越中オワラ節』の出演を依頼した。そこで町長は、大阪の江尻豊治とはやし手と三味線伴奏者の三人を参加させた。この時から、豊治は、浄瑠璃《じょうるり》で鍛えた声と節の運びで、『越中オワラ節』を、唄う技巧から語る技巧へと変えていった。その息つぎの巧みさは、いつか「上の句一息、下の句一息」の伝説まで生み出した。

ところで、『越中オワラ節』に胡弓を加えるようになったのは明治時代末期のことと思われる。旅

芸人の一座にいた松本勘玄（一八七八年、現石川県輪島市生まれ）が明治三〇年代（一八九七〜）に八尾に住みつき、周囲の人たちに胡弓を教え、普及したためである。その胡弓と、八尾の遊廓のおかげで『越中オワラ節』は育っていった。そして、「風の盆」の夜の流し唄ということから、いつか「八尾の新内」といった感じが色濃く加わって、それが今日の『越中オワラ節』の、泣くがごとく、むせぶがごとく、高い声は裏声でという技巧を生み、育てていったようである。

なお、一九二八年正月、「オワラ節研究会」会長の川崎順二は日本画家小杉放庵を八尾に招き、「八尾の四季」の歌詞を作ってもらった。また、「四季の踊り」は、二九年五月に保存会が東京の三越劇場に出演した時に、初代若柳吉三郎がその歌詞のために振り付けたものである。今日の「案山子《かかし》踊り」の振りも、その折りに作った。

さて、その『越中オワラ節』には、「素唄《すうた》」（「定型」七七七五調のこと）と「五字冠り」（五・七七七五調）と、「字あまり」とがある。また、「素唄」の中には、「七拍子」「五拍子」「三拍子」という三通りの唄い方がある。この名称は、唄い出しの三音に用いる小節の数とその組み合わせ方から生まれたものであるが、七・五・三は小節の数ではない。日本人が祝い事に好んで用いる数字を配し、小節の多いものを「七拍子」とし、少なくなるにつれて「五拍子」「三拍子」としたようである。

これら三種類の「素唄」のうち、最も古いのが「三拍子」で、八尾では糸引きなどの仕事の折りにも口ずさんだという。上の句を二つに分け、下の句も息つぎが一箇所あって、気楽に唄える「甚句」調のもので、今日より速く、さっぱりと、素朴に唄っていたのではないかと思われる。したがって、「上の句一息、下の句一息」という考え方は全くない。

「五拍子」は、上の句の七七（十四音）を続けて唄う。そのため、息の配分が難しくはなるが、感情をこめ、しみじみと唄うのに向く形になっている。しかし、下の句には息つぎ（節切り）の箇所があるので、後半では楽ができる。

「七拍子」は、太平洋戦争後から今日まで全盛のもので、上の句は小節を多用し、しかも各小節は二つ以上に分割して用いるという技巧的な唄い方である。息つぎ（節切り）は一箇所あるが、息の配分は難しい。その代わりに、下の句はあっさりと一息で唄う。

今日、『越中オワラ節』は「上の句一息、下の句一息」で唄うものだという話がまことしやかに広まっているのは、この「五拍子」の上の句と、「七拍子」の下の句のことを一緒にしてしまったためで、ついには「五字冠り」や「字あまり」まで一息で唄うというように誤解してしまったのであろう。

「五字冠り」は「五文字冠り」とも言うが、本来の七七七五調の歌詞の前に五音加えた五・七七七五調である。初めの五音で強烈な印象が出せ、唄全体の雰囲気作りも可能で、粋な情感を生み出す。これは、「追分」「松坂」などに多く見られる技法で、越後瞽女《ごぜ》が工夫したものと考えられる。『越中オワラ節』では、上の句は、五・七・七と、三つにくぎって息つぎ（節切り）の箇所を作り、下の句も息つぎ（節切り）箇所を一つ作って、ゆったりと唄えるようにしてある。

「字あまり」は、「定型」より音数が多く、その多い音をいかに配分して唄ってみせるかという技巧比べ用の唄である。たとえば、上の句を三つに分け、下の句は本来の七五より多い音は初めにまとめ、残りを七・五と分けて唄っていく。そして、その息つぎを利用して掛け合いで唄うという技巧まで加えられている。この「字あまり」の唄さえも「上の句一息、下の句一息」で唄うというのは、唄の組み立てを無視した悪習である。

次に、唄い手個人が確立した節まわしの代表的なものを掲出しておく。「オワラ名人」と呼ばれた江尻豊治の、「定型」の「三拍子」のレコードを聞くと、声の使い方は浄瑠璃の語る技法を用い、息つぎ（や節切り）の場所は四箇所で、三・四・七・七・五と五つに分けて、ゆったりと語っている。「上の句一息、下の句一息」ではない。それは、後の人々が「オワラは息のない者には唄えない」という権威づけのために作った話であろう。

「天満町節《てんまんちょうぶし》」（通称「天満町オワラ」）は、八尾町内の天満町で唄われている『越中オワラ節』である。この天満町は、川窪新町が前身名で、一八九〇年に天満町と改名した地域である。現八尾町の北東部、久婦須《くぶす》川と別荘川が井田川へ合流する所にあり、合併して広くなる以前の旧八尾町の外にあった。そのため、合併前の古形を保とうという意識が大変に強かった。そして、八尾町と周辺の一帯が「八尾町節」や「江尻豊治節」一色に同化されていく中で、天満町では、かつて、各町それぞれが独自の「オワラ」を唄っていたという伝統を守り続けている。唄は「三拍子」より素朴で、言うなれば「二拍子」に当たり、『越中オワラ節』の最も古い形の唄と見ることができる。その躍動的な唄い方は、日本舞踊の大家たちが「八尾町節」に振りを付ける以前の、本来の盆踊り時代の、野性的な性格を残している。それを今日の形に整えたのは、大正時代に天満町の音頭取りを務めていた滝川長太郎であるらしい。

その「天満町節」は、江尻豊治らから「在郷節」（田舎節）として軽視されたことが逆に活力になっていたようである。その唄を、山崎寛（八尾町西町出身）が天満町東方の小長谷の老人から習って伝えている。また、はやし詞の名人であった中田国嗣《くにつぐ》（天満町出身）のはやし詞の掛け方は、「天満町節」本来のものと考えてよいであろう。

ほかに、八尾町以外の唄として「小原万竜節」がある。小原万竜は三代目まで続いた芸名である。初代は本名を加藤初江（一九〇六年、福井県丹生郡越前町生まれ）と言い、子供の頃に門付けの尺八家水島与太郎（朝日町宮崎〈現越前町内〉）の養女となり、芸人の道を歩き出した。水島は三味線ひきの妻藤井ゆきらと小さな一座を作って福井県下を巡業しているうち、興行師松本勝次（福井県大野市出身）と巡り合った。松本は、一九二二年の「第一回全国民謡大会」で江尻豊治たちの『越中オワラ節』が人気を博したのを知ると、それまでの浪曲中心の出し物をやめ、『越中オワラ節』へ替えるように勧めた。

小原万竜は美人なので、水芸の太夫の裃《かみしも》姿をさせて座長に据え、一座は水島夫妻や、小原花房・小原艶子・佐々木静奴など二十数名で、浅草の常盤《ときわ》座で旗揚げをした。その後三年ほどたって、のちの二代目万竜（本名山野みさお、北海道岩内郡岩内町出身）が一座に加わった。この二代目万竜は『江差追分《えさしおいわけ》』の唄い手であり、佐々木静奴は『安来《やすぎ》節』の唄い手であった。そこで二代目万竜は、『越中オワラ節』を母胎にして、『江差追分』のゆったりとした粘る感じと、『安来節』のうなる節の運びを加味した、独自の「小原万竜節」を編み出した。これが大変に受けて、北は樺太《からふと》（現サハリン）から南は九州まで、さらには中国大陸にまで巡業の足をのばした。そして、ビクターレコードに吹き込みもしているが、それは昭和の初め頃のことと思われる。そのレコードは、ゆったりと唄い、感情を充分にこめられる「字あまり」がほとんどで、万竜たちの興行の中心はそうしたものだったのかもしれない。その頃、八尾の江尻豊治らもレコードに吹き込んでいるが、富山のレコード店では、小原万竜のものは飛ぶように売れたが、地元のものは全くだめだったという。

なお、芝居の「一本刀土俵入り」（長谷川伸作）でお蔦《つた》が口ずさむ『越中オワラ節』は「万竜節」であり、初代黒田幸子《さちこ》が長編の『安来節』（「さすらい」と呼ぶ）のあんこに加えているのも、やはりこの「万竜節」である。したがって、「小原万竜節」は、今日では、東京の寄席や芝居の中にのみ残ることになった。

節まわしの型　今日広く唄われている節まわしは、江尻豊治節を元にした八尾町のもの（地元節）である。また、「天満町節」は山崎寛のもの、そして、その「前ばやし」「長ばやし」は中田国嗣のものである。「小原万竜節」は二代目小原万竜のものである。

五箇山古代神《ごかやまこだいじん》

上の句

〽わしがサーエー殿《①との》まを　褒《ほ》めるじゃないが

口説《くどき》

大工木挽《だいくこび》きや　桶屋《おけや》もなさる
人《ひと》が頼《たの》めば　左官《②さかん》もなさる
③人《ひと》の頼《たの》まぬ　餌刺《④えさ》しが好《す》きで
餌刺《えさ》し出《で》る時《とき》や　衣装《いしょう》から違《ちが》う
袷《あわせ》袢纏《はんてん》に　⑤小倉《こくら》の帯《おび》よ
紺《こん》の股引《ももひ》き　⑥浅黄《あさぎ》の脚絆《⑦きゃはん》
足《あし》に白足袋《しろたび》　⑧切《き》り緒《お》の草鞋《わらじ》
青《あお》の甲掛《⑨こうが》け　ビロードの手覆《⑩てお》い
腰《こし》に鳥籠《とりかご》　手《て》に竿《さお》さげて
西《にし》の山《やま》から　東《ひがし》の山《やま》へと
⑪このま小山《こやま》を　見《み》かけて登《のぼ》る
下《した》から三丁目《さんちょめ》の　上《うえ》から二丁目《にちょめ》
合《あ》わせて五丁目《ごちょめ》の　真《ま》ん中《なか》ほどの
松《まつ》の小枝《こえだ》に　小鳥《ことり》が一羽《いちわ》
⑫そいつ刺《さ》そうとて　竿《さお》の頭《あたま》にチョイト黐《もち》つ
けて
竿差《さおさ》し伸《の》べりゃ　竿《さお》二間《⑬にけん》ある
鳥《とり》のほうへは　三間《さんけん》ほどござる
竿《さお》は短《みじか》し　中継《⑭なかつ》ぎ持《も》たず
⑮そこで小鳥《ことり》の　返答《へんとう》が憎《にく》い

⑯お前《まえ》餌《え》刺《さ》しか　わしゃ⑰立《た》つ鳥《とり》じゃ

下の句

御縁《ごえん》あるなら　次《つぎ》に来《き》て刺《さ》しゃれサーエー

〽俺《おら》ちゃお⑱背戸《せど》に　山椒《さんしょ》の木《き》がござる
そのま山椒《さんしょ》の木《き》に　蜂《はち》が巣《す》をかけた
蜂《はち》も蜂《はち》じゃが　足長蜂《あしながばち》じゃ
足《あし》が六本《ろっぽん》あって　羽《はね》が四枚《よんまい》ござる
顔《かお》に目《め》がある　尻《しり》に針《はり》ござる
わしと殿《との》まと　⑲向拝《こうはい》の縁《えん》で
隠《かく》し話《ばなし》を　打《う》ち開《あ》けましたら
わしの股太《ももた》の　柔《やわ》らかいところを
パッと来《き》て　チクリと刺《さ》し
また来《き》て　プッと刺《さ》す
わしもその時《とき》や　死《し》ぬかなアと思《おも》うた

〽俺《おら》ちゃお背戸《せど》の　⑳チョロチョロ川《がわ》に
昔《むかし》や蛇《じゃ》が棲《す》む　今亀《いまかめ》が棲《す》む
亀《かめ》も亀《かめ》じゃが　人捕《ひとと》り亀《かめ》じゃ
昨日《きのう》は四人捕《よったりと》る　今日《きょう》は五人捕《ごにんと》りゃる
合《あ》わせて九人《くにん》の　人捕《ひとと》り亀《かめ》じゃ
そんなに捕《と》ってくりゃんな　人《ひと》の種《たね》さ絶《た》える

〽㉑新潟《にがた》㉒荒町《あらまち》　問屋《とんや》が家《うち》に
その家《うち》には　娘《むすめ》がござる
姉《あね》が二十一《にじゅういち》　妹《いもと》が二十《はたち》
妹《いもと》欲《ほ》しさに　㉓御立願《ごりょがん》かけた
一《いち》に㉔乙《きのと》の　大日如来様《だいにちにょらいさま》へ
二《に》に新潟《にがた》の　㉕白山様《はくさんさま》へ
三《さん》に㉖讃岐《さぬき》の　㉗金毘羅様《こんぴらさま》へ
四《し》に㉘信濃《しなの》の　㉙善光寺様《ぜんこうじさま》へ
五《いつ》つ㉚出雲《いずも》の　㉛色神様《いろがみさま》へ
六《ろく》に㉜六角堂《ろっかくどう》の　観音様《かんのんさま》へ
七《なな》つ㉝七尾《ななお》の　㉞天神様《てんじんさま》へ
八《やっ》つ㉟八幡《やはた》の　㊱八幡様《はちまんさま》へ
九《く》に㊲熊野《くまの》の　㊳権現様《ごんげんさま》へ
十《とお》に㊴所《ところ》の　氏神様《うじがみさま》へ
かけた御立願《ごりょがん》　かなわぬ時《とき》にゃ
前《まえ》の大川《おおかわ》へ　我《わ》が身《み》を投《な》げて
男《おとこ》大蛇《だいじゃ》は　世《よ》にないけれど
㊵三十三尋《さんじゅうさんひろ》の　大蛇《だいじゃ》となって
新潟荒町《にがたあらまち》　問屋《とんや》が家《うち》を
ぐるりぐるりと　七巻《ななま》き半《はん》まで巻《ま》き込《こ》んで
姉《あね》も妹《いもと》も　みな食《く》い殺《ころ》す

注
①女性が男性を敬って言う方言。殿御。
②壁塗りを職業とする人。
③以下、前二行の節を繰り返す。
④鳥刺し。鳥もちをつけた竿を用いて小鳥を捕ること。
⑤小倉織。現福岡県北九州市の小倉地方で産出する、厚手で丈夫な綿織物。男用の帯や袴などに用いる。
⑥薄い黄色。以下、「ビロードの脚絆　浅黄甲掛け　切り緒の草鞋　腰にもち箱　手に竿持ちて　向こうの小山に　登りて見れば　松の小枝に」とも。
⑦作業や旅をする時に、足を保護するためにすねにつけ、または巻く布。
⑧木綿の布を切りさいてなった緒をつけた草鞋。
⑨作業や旅をする時に、日光やちりをさけるために手足の甲に掛ける布。
⑩手をおおって保護するための布。
⑪この。
⑫「小鳥見かけて　竿差し出せば　竿は短し」とも。
⑬約三・六メートル。
⑭竿を長くして用いるために、中間の継ぎ目に加える部分。「小鳥は高し」とも。
⑮「鳥のほうから　申することにゃ」とも。
⑯「あなた」とも。
⑰「モズの鳥」とも。
⑱家の裏口。
⑲神社や寺の正面の、屋根が張り出している場所。参詣者が礼拝する所。
⑳「ショロショロ川に」とも。
㉑現新潟市とその周辺の地域。
㉒旧新発田《しばた》藩内の村名。現新発田市豊浦町内。
㉓望みがかなうように神や仏に祈り、願うこと。「りょがん」は「りつがん」「りゅうがん」の転。
㉔新潟県北蒲原郡乙村（現胎内市乙）の乙宝寺《おっぽうじ》。真言宗智山派。大日如来は本尊。
㉕白山神社。新潟市にある。
㉖旧国名。現香川県全域。
㉗金刀比羅宮《ことひらぐう》の俗称。仲多度郡琴平町にある。
㉘旧国名。現長野県全域。
㉙長野市にある。山号は定額山。
㉚旧国名。現島根県東部。
㉛男女の縁結びの神で、出雲大社のこと。出雲市大社町にある。

㉜現京都市中京区にある天台宗紫雲山頂法寺の俗称。本堂が六角形で、西国三三所の第一八番札所。本尊は如意輪観音。
㉝現石川県七尾市。
㉞松尾天神社。竹町にある。
㉟現福岡県北九州市の西部一帯。
㊱豊山八幡神社。八幡東区春の町にある。
㊲現和歌山県南東部と三重県南部一帯。
㊳熊野三山のこと。熊野本宮大社（和歌山県田辺市本宮町）・熊野那智大社（東牟婁郡那智勝浦町）・熊野速玉大社（新宮市）の三社。
㊴その土地の。その地方の。
㊵約五〇～六〇《メートル》。一尋は、両手を左右に広げた長さ。江戸時代は五尺または六尺。明治時代に六尺に統一。

富山県の酒盛り唄。富山県の南西部、庄川《しょうがわ》の中流に広がる五箇山《ごかやま》（南砺《なんと》市内）の人たちが、酒席で唄ってきたものである。

唄の履歴　この唄の源流は、越後《えちご》の十日町新保《しんぼ》（新潟県十日町市）で生まれた『新保広大寺《しんぼこうだいじ》』（四〇五ページ）のうちの「神楽《かぐら》広大寺」（神楽師節）である。その唄と踊りを各地で演じてきた伊勢太神《いせだいかぐ》楽《ら》の人たちは、伊勢の天照皇大神《てんしょうこうだいじん》を信仰していた。そのため、曲名は、「広大寺」と「皇大神」の発音が似ているところから、「コオダイジン」が訛《なま》って「コダイジン」となり、「古代神」という文字をあてたのである。（なお、曲名「古代神」は「古大神」「古大尽」「小大仁」「小大臣」などとも書かれたが、越後近辺では、寺の「広大寺」をはばかったための「あて字」とも考えられる。）

そうした唄が越後地方一円に広まり、のちには北陸道を通って富山県下へも伝えられた。それが、瞽女《ごぜ》のような遊芸人によって、木流し職人が沢山働いていた庄川沿いの村々にも持ち込まれ、酒席の手踊り唄に用いられるようになった。

節まわしの型　今日広く唄われている節まわしは、五箇山の保存会の人たちのものである。

こきりこ節《ぶし》

定　型

〽①こきりこのオ竹《たけ》は　②七寸《しちすん》五分《ごぶ》じゃ
（コラ　サッサ）
長《なが》いはア袖《そで》の　③かなかいじゃ
（マアドノ④サンサモ　⑤デデレコデンン
ハアレノサンサモ　デデレコデンー）

〽踊《おど》りたか踊《おど》れ　泣《な》く子《こ》をいくせ⑥
⑦ささらは窓《まど》の　もとにある

〽向《む》かいの山《やま》を　⑧担《かつ》ことすれば
荷縄《になわ》が切《き》れて　⑨担《かつ》かれん

〽想《おも》いと恋《こい》と　笹舟《ささぶね》に乗《の》せりゃ
想《おも》い（重い）は沈《しず》む　恋《こい》は浮《う》く

〽⑩いろはの文字《もじ》に　心《こころ》が解《と》けて
この身《み》を⑪兄子《せこ》に　まかせつれ

〽月見《つきみ》て唄《うた》う　⑫放下《ほうか》のこきりこ
⑬竹《たけ》の夜声《よごえ》が　澄《す》み渡《わた》る

口説型《くどきがた》

上の句

〽向《む》かいのオ山《やま》に　鳴《な》く鵯《ひよどり》は
（コラ　サッサ）

口　説

鳴《な》いてはア下《さ》がり　鳴《な》いては上《あ》がり
⑭朝草《あさくさ》ア刈《か》りの　目《め》エをばさます

下の句

朝草《あさくさ》ア刈《か》りの　目《め》をさます
（マアドノサンサモ　デデレコデンン
ハアレノサンサモ　デデレコデンー）

〽向《む》かいの山《やま》に　光《ひか》るもんにゃなんじゃ
星《ほし》か蛍《ほたる》か　黄金《こがね》の虫《むし》か
今来《いまく》る嫁《よめ》の　松明《たいまつ》か
今来《いまく》る嫁《よめ》の　松明《たいまつ》ならば
⑮差《さ》しゃげて⑯燃《も》やしゃれ　優男《やさおとこ》

〽漆千杯《うるしせんばい》　⑰朱千杯《しゅせんばい》
黄金《こがね》の鶏《にわとり》　一番《ひとつがい》
朝日《あさひ》輝《かがや》き　夕日《ゆうひ》さす

三⑱つ葉空木《みつばうつぎ》の　木《き》の下《した》に
〽波《なみ》の屋島《やしま》⑲を　逃《のが》れきて
薪樵《たきぎこ》るて⑳ふ　深山辺《みやまべ》に
㉑烏帽子狩衣《えぼしかりぎぬ》　脱《ぬ》㉒ぎ棄《う》ちて
今《いま》は越路《こしじ》㉓の　㉔杣刀《そまがたな》

注①民俗楽器。よく乾燥した、直径一・五センチ、長さ一五～二三センチほどの竹。両手に一本ずつ持って打ち合わせる。
②約二二・七センチ。
③じゃまになる。
④「サンサワ」と唄う人もいるが、保存会では「サンサモ」に統一している。
⑤太鼓の口譜《くちふ》からきたものか。
⑥「いこせ」と唄う人もいるが、保存会では「いくせ」に統一している。私によこせ。
⑦棒ざさら。民俗楽器。先を細く割った竹と、ギザギザの、波形の歯をつけた竹の棒とをこすり合わせて音を出す。
⑧⑨「かつご」「かつがれぬ」は共通語。保存会では「かづこ」「かづかれん」（方言）に統一している。
⑩恋文のことか。
⑪親しい男の人。
⑫放下師。中世・近世の大道芸人。こきりこを打って歌舞を演じたり、手品や曲芸をしたりした。僧形の者や、烏帽子をかぶり、笹を背負った者など。
⑬こきりこの音の、夜空に響くのが。
⑭朝、野山へ行って、牛馬の飼料用の草を刈る人の。
⑮差し上げて。
⑯「ともしゃれ」とも。
⑰赤色の顔料。
⑱ミツバウツギ科の落葉低木。九州以北の山地に自生。高さ三メートルほど。葉は、卵形の小葉三枚からなる複葉。初夏、枝先に、空木に似た白い五弁花を総状につける。
⑲香川県高松市の北東部にある、瀬戸内海の島（現在は陸続き）。源平合戦の古戦場。一ノ谷の合戦に敗れて屋島に逃れた平家は、一一八五年二月、源義経の軍勢に急襲されて敗走。続く長門壇ノ浦の合戦で滅亡した。
⑳「てふ」は古語で、「と言う」の意。発音は「ちょう」。
㉑公家としての生活をやめて。「烏帽子」は、平安時代の公家が平服時に用いた帽子。絹や紗《しゃ》で作り、黒漆を塗ったもの。「狩衣」は、平常用いた略服。えりが丸く、脇を縫い合わせず、くくり緒のある袖を後ろ身頃に縫いつけたもの。
㉒「脱ぎ捨てて」とも。
㉓越前・越中・越後の国（現福井・石川・富山・新潟県）のこと。
㉔きこりが山仕事に用いる大鉈。「杣家かな」「杣館」とも。

富山県の祭礼唄。富山県の南西部、庄川《しょうがわ》の中流に広がる、南砺《なんと》市五箇山《ごかやま》の上梨《かみなし》（旧平村）の白山《はくさん》宮《ぐう》の祭礼で、氏子の人たちが唄い踊ってきたものである。

唄の履歴　この唄の源流は不明である。どこから伝わったものかも不明であるが、曲が持っている雰囲気は「田楽《でんがく》」である。

『こきりこ節』は白山宮の祭礼で、「コッケラコ」という名で演じられていたが、明治時代に入って、一度すっかり廃ってしまった。しかし、江戸時代の鳥翠台北茎《ちょうすいだいほっけい》著「北国巡杖記《ほっこくじゅんじょうき》」（一八〇七年刊）には、次のように書かれている。「越中五箇山に邑《むら》数七十二郷あり。ここにいにしへより神楽をどり、こきりこ唄として囃《はや》しものあり。女は常にも白絹の葛《かづら》ひもを頭にかけ、うしろへ結びたれ、白絹の石帯《せきたい》をかけて人にまみへ、踊るときもかくのごとし。（中略）されば毎仲秋のころ、こきりこ踊といへるを催すに、笛太鼓、鍬金《くわがね》にてこれをはやす。筑子《こきりこ》竹のうちやう、七五三、五五三、うちはやす女竹の長さ五寸五分、丸竹二本なり。是《これ》をこきりこのふたつの竹といへり。」

これを読んだ詩人の西条八十《やそ》が、一九三〇年夏、五箇山の上平《かみたいら》村下梨《しもなし》（現南砺市内）を訪ねた。しかし、最後の唄い手、万屋《よろずや》の八十余歳の老人が前年に死亡していて、がっかりして戻った、と「民謡の旅」（一九三〇年一〇月刊）に書いた。

この本により、高岡商業高校の教師小寺廉吉《れんきち》が、一九四一年頃から、『こきりこ節』の探索を始めた。その依頼を受けた平村上梨の高桑敬親《けいしん》が、一九五一年に、上梨の山崎スエ（七六歳）が伝承していることを突き止めて復元し、翌五二年七月にＮＨＫ富山放送局から、「こきりこ節保存会」の唄で初放送した。また、保存会は、五三年一一月、東京の日本青年館で行われた「全国郷土芸能大会」に出演した。

節まわしの型　今日広く唄われている節まわしは、旧平村上梨の「こきりこ節保存会」のものである。

補足　「北国巡杖記」には、前掲の「定型」二～四首目と、「口説型」一・二・四首目の歌詞、計六首が載っている。しかし、最後の「〽波の屋島を…」は平家伝説にちなんだもので、他の歌詞とは異質であり、鳥翠台北茎が創作したのではないかと思われる。
また、青木北海著「越中地志」（一七六三〜一八六五年刊）には、「定型」四・五首目の歌詞が載っている。

しばんば

〽イヤァーエーエわたしゃ生地《いくじ》①の（ヨォイト
ヨイトー）荒磯育《あらいそそだ》ち
（ドォッコイ　ドッコイー）
女波《めなみ》②男波《おなみ》③に　群《む》④れて
（ドォッコイ　ドッコイー）
《繰り返し》
群《む》れて咲《さ》くイヤー

〽波《なみ》⑤に流《なが》れた　新治村《にいはりむら》⑥が
今《いま》は生地《いくじ》と　名《な》が変《か》わる

〽恋《こい》しなつかし　しばんば踊《おど》り
俺《おら》が在所《ざいしょ》⑦の　盆踊《ぼんおど》⑧り

〽貂《てん》と鼬《いたち》と　猫《ねこ》さえおらにゃ
鼠《ねずみ》や世《よ》じゃもの　花《はな》じゃもの

〽来《こ》いと言《い》われず　手《て》で招《まね》かれず
笹《ささ》や根笹《ねざさ》⑨の　葉《は》で招《まね》く

〽しわくちゃ婆《ばば》さが　しばんば踊《おど》り
嫁《よめ》がけなすか　くしゃみ出《で》る

〽故郷《こきょう》離《はな》れて　暮《く》らせばとても
忘《わす》れまいぞえ　しばんば踊《おど》り

〽年《ねん》に一度《いちど》の　お精霊様《しょらいさま》⑩よ
せめて十日《とおか》も　いてほしい

〽鯉《こい》の滝登《たきのぼ》り　なんと言《い》うて登《のぼ》る
姐《あね》⑪ま水《みず》くれと　言《い》うて登《のぼ》る

注①⬇解説。
②打ち寄せる波のうち、低いほうの波。
③高いほうの波。
④「触れて」とも。
⑤⑥⬇解説。「波に」は「波で」とも。
⑦住んでいる所。また、故郷。
⑧「花と咲く」とも。
⑨山野に自生する小形の竹の総称。十数種類あり、高さ二メートルほどになるものもある。
⑩先祖の霊。「しょらい」は、「しょうりょう」→「しょうらい」からの変化。
⑪姐《ねえ》さん。

富山県の盆踊り唄。富山県北東部の、黒部《くろべ》市生地《いくじ》の人たちが、お盆に唄い踊ってきたものである。
生地の西方にあった新治村《にいはり》は、一一八五年の大津波で海中に没し、村人たちは四散した。しかし、その後、人々は生まれた土地がよいと、その近辺へ戻って再建を計り、村名を「生地」と改めたという。

唄の履歴　この唄の源流は不明である。これに似た唄は北陸地方には全く見当たらないが、瀬戸内海周辺には「ヨーホイ」というはやし詞の入る盆踊り唄が数多くある。あるいは、そのような唄が、海路、生地へ伝えられたのかもしれない。
曲名の『しばんば』は、『ばんば踊り』（中部地方・九州地方に広く分布する盆踊り）の訛《なま》ったものではないかと思われる。近年、「柴姥」という文字をあて、柴刈り唄のように解釈しようとしているが、これは少し無理がありそうだ。

節まわしの型　今日広く唄われている節まわしは、生地の人たちのものである。

トイチンサ節《ぶし》

〽わしがナァー若《わか》い時《とき》ゃ　五尺《ごしゃく》①の袖《そで》で
（ヤレ掛《か》けはやせよ　トイチンサ）
（ヤーサレーチ②　トーチレーチ③　トイチ
ンサ　トイチンサ）
道《みち》のナァー小草《おぐさ》も　サーサ靡《なび》かせた
（も一《ひと》つおまけに　トイチンサ）
（ヤーサレーチ　トーチレーチ　トイチ
ンサ　トイチンサ）

〽樋《とい》④のサイチン⑤　機織《はたお》る音《おと》に

拍子揃《ひょうしそろ》えて　唄《うた》い出《だ》す

〽鳥《とり》が唄《うた》えば　はや夜《よ》も明《あ》ける
紙屋《かみや》⑥のぞきの　窓《まど》⑦も貼《は》る

〽声《こえ》はかれても　まだ気《き》(木)はかれぬ
藤《ふじ》の花咲《はなさ》く　ほととぎす

〽来《こ》いと言《い》われず　手《て》で招《まね》かれず
笹《ささ》やいささ⑧の　葉《は》で招《まね》く

〽今夜《こんや》これぎり⑨　明日《あす》の晩《ばん》どこよ
明日《あす》は田《た》の中《なか》　お手枕《てまくら》⑩

注①振り袖（未婚女性の礼装）の袖で。五尺は鯨尺。曲尺《かねじゃく》の四尺（約一二一・二チセン）にあたる。
②③笛の口譜《くちふ》からか。
④飲料用の水を、沢から家へ引くための樋。「鳥が淋しく」とも。
⑤みそさざい。体長一〇チセンほどの、焦げ茶色の小鳥。ミソサザイ科。渓流に棲み、美声。
⑥和紙を漉く仕事場。「起きて働く　我が娘」とも。
⑦紙漉きをしている娘をのぞいて見ようとして、昨夜、若者が指で開けた窓の障子の穴に紙を貼ることをいう。
⑧小さな笹の葉で。
⑨「ここで寝て」とも。
⑩「腕枕」とも。

富山県の酒盛り唄。富山県の南西部、庄川《しょうがわ》の中流に広がる五箇山《ごかやま》（南砺《なんと》市内）の人たちが、酒席で唄ってきたものである。

別名　トイチンサ。

唄の履歴　この唄の源流は不明である。しかし、上の句の節と下の句の節がほとんど同じという形式は、岐阜県の『ホッチョセ』（四七四ページ）と似ている。

現在の『トイチンサ節』は、七七七五調（二十六音）の歌詞をあてて、しまい五音の前に「サーサ」を加え、下の句の節を少し変えて唄っているが、どうもしっくりしない。本来は七七・七七の四句（二十八音）を繰り返していく「盆踊り口説《くどき》」のようなものではなかったかと思われる。そして、はやし詞「ヤーサレーチ　トーチレーチ」は、笛の口譜《くちふ》ではないかと思われる。また、「トイチンサ」の意味は、樋を伝わる小鳥「サイチン」（みそさざい）のことだという。しかし、それは保存会会長の談話（昭和二〇年代後半）によるもので、ちょっと無理がある。

その『トイチンサ節』、一九五六年に大阪府堺市で催された「全国リクリエーション大会」に保存会が出演し、以後広く知られるようになった。

節まわしの型　今日広く唄われている節まわしは、保存会の坂井長太郎のものである。

長麦《ながむぎ》や

〔音頭取り〕

〽麦《むぎ》や

〔音頭取り・付け手〕

菜種《なたね》はアィナ　二年《にねん》でエィナー刈《か》るにヤー
麻《あさ》が刈《か》らりょかアィナァ　半土用《はんどよう》にナー

☆〔歌詞は、『麦や節』と共通。注とともに⬇四三九ページ。〕

富山県の祝い唄。富山県の南西部、庄川《しょうがわ》の中流に広がる五箇山《ごかやま》（南砺《なんと》市内）の人たちが、祝いの席で唄ってきたものである。

唄の履歴　この唄の源流については、『麦や節』（四四〇ページ）を参照されたい。

日本には、神へ捧げるための祝い唄は、祝詞《のりと》のように、長くのばして、ゆっくりと、朗々と唄うという考え方がある。『長麦や』は、『麦や節』をそのように唄って、祝い唄としての感じを持たせたものである。『麦や節』自体には、本来、祝い唄としての性格は全くない。しかし、五箇山の人たちにとっては、能登《のと》半島の輪島《わじま》（石川県輪島市）は日本海の海上交通路上の要所で（明治時代以降は陸上交通中心になったため、最も交通の不便な所になってしまったが）、そこの唄を神に捧げるという意識があった。したがって、明治の初めに『麦や節』に三味線伴奏がつけられる以前から、すでに祝い唄として長くのばす唄い方が生まれていたのであろう。

節まわしの型　今日広く唄われている節まわしは、五箇山の「麦や節保存会」のものである。

新川古代神《にいかわこだいじん》

上げ

〽ハイィ目出度《めでた》サーハイ　ヤーハン目出度《めでた》サ
ーハンヤー　コラッ　ドージャイ　ナー
ハハー
（ヤーッタリ　トーッタリ）
ヤーッタリ　トーッタリィ　新川古代神《にいかわこだいじん》が
ヨイカノ　カンヤーィ
（ヤ　アササ　アサ　ヨイカノ　カンヤ
ー）

本唄・「はねそ」①

〽ハァーそのや踊《おど》りの　アノ説《せつ》ですが
今《いま》から数《かぞ》えて　三百年前《さんびゃくねんまえ》に
寺《てら》の坊《ぼう》さんで　古代神《こだいじん》という人《ひと》が
②盆の十三日《ぼんじゅうさんにち》　ドージャイ　ナーハハー
（ヤーッタリ　トーッタリ）
アァお寺《てら》のお墓前《はかまえ》　③先生方《せんせいがた》や
（サイ　アリヤサイィ　ドッコイセー）
ハァー蝋燭《ろうそく》つけたる　提灯片手《ちょうちんかたて》
火《ひ》をつけたる　松明持《たいまつも》ちて
それを振《ふ》り振《ふ》り　唄唄《うたうた》いながら
死《し》んだ仏《ほとけ》を　ドージャイ　ナーハハー
（ヤーッタリ　トーッタリ）
アァお迎《むか》えします　先生方《せんせいがた》や
（サイ　アリヤサイィ　ドッコイセー）
ハァーそしてできたが　この踊《おど》りです
そして今《いま》なお　アノ伝《つた》えられ
踊《おど》り唄《うた》われ　ドージャイ　ナーハハー
（ヤーッタリ　トーッタリ）
アァアノおりまする　先生方《せんせいがた》や
（サイ　アリヤサイィ　ドッコイセー）

掛かり

〽サアテ　キリリト　ショーイ
（サアテ　キリリト　ショーイ）
ハイィ　ヤー出《で》ませエ　カイナ　コレワイ
ドーットコ　ヘン　ナハハー
（アリヤ　ハイトサァ　ヨイヤコラセ
ー）

あんこ・「古代神《こだいじん》」④

〽またもサァハヨーィ
さアて　これから　コレワイ　何事《なにごと》よ
うちの東《ひがし》に　お寺《てら》さんがござる
一《いち》に早起《はやお》き　二《に》に鐘撞《かねつ》きよ
三《さん》にさらりと　戸障子《としょうじ》を閉《し》めて
四《し》に静《しず》かに　学問《がくもん》なさる
五《ご》には⑤後生《ごしょ》の道《みち》　大事《だいじ》になさる
アリヤサノセェ　カーイナ　コレワイ　ド
ージャノ　ヘン　ナハハー
（アリヤ　ハイトサァ　ヨイヤコラセ
ー）
またもサァハヨーィ
さアて　これから　コレワイ　何事《なにごと》よ
六《ろく》にろくなこと　ないよになさる
七《しち》に⑥七条《しちじょう》の　袈裟掛《けさか》けなさる
八《はち》に⑦八《はち》の巻《まき》　読《よ》むよになさる
九《く》には苦《く》なこと　ないよになさる
十《とお》で⑧所《ところ》に　お寺《てら》を建《た》てたササ　ハハヨー
（アァ　ジャントコイ　ジャントコイ）

本唄・「はねそ」

〽アァ今《いま》でも古代神《こだいじん》が　ヨイカノ　カンヤー
イ
（ヤ　アササ　アサ　ヨイカノ　カンヤ
ー）
ハァー上手《じょうず》で長《なが》けりゃ　コリャよいけれど
下手《へた》で長《なが》けりゃ　皆様方《みなさまがた》の
お気《き》に障《さわ》るじゃ　ドージャイ　ナーハハー
（ヤーッタリ　トーッタリ）
どなた様《さま》じゃ　⑨声継《こえつ》ぎ願《ねが》います
（ヤ　アササ　アサ　ヨイカノ　カンヤ
ー）

本　唄（はねそ）

〽さても一座《いちざ》の　皆《みな》さん方《がた》よ
わしのようなる　⑩三角野郎《さんかくやろう》が

野郎《やろう》は三角《さんかく》　櫓《やぐら》は四角《しかく》
四角四面《しかくしめん》の　櫓《やぐら》の上《うえ》で
音頭取《おんどと》るのは　ドージャイ　ナーハハー
こりゃよいけれど　先生方《せんせいがた》や

〽離《はな》れ座敷《ざしき》で　⑪泉水眺《せんすいなが》め
ビールやお酒《さけ》を　林《はやし》のごとく
好《す》いたお方《かた》に　お酌《しゃく》をさせて
鯛《たい》の刺《さ》し身《み》で　ドージャイ　ナーハハー
うまいぐあいにゃ　ゆかないけれど
牛《うし》に縄《なわ》つけ　引《ひ》っ張《ぱ》ったように
そろりそろりと　ドージャイ　ナーハハー
文句《もんく》にかかる　先生方《せんせいがた》や

注①➡解説。
②旧歴七月十三日。月遅れの盆では新歴の八月十三日。盆の始まる日。
③盆踊りの唄や踊りを聞いたり見たりしている人たち。
④➡解説。
⑤死後に極楽へ生まれ変わること。
⑥僧が仏事に用いる、華麗な袈裟。
⑦法華経全八巻。鳩摩羅什《くまらじゅう》が漢訳した、仏教の経典「妙法蓮華経」のこと。「八重巻《やえまき》」とも。
⑧その土地に。その地方に。
⑨音頭取りを引き継いでください。
⑩四角を半分に切ると三角で、半人前の、いいかげんな男、の意。四角四面の人（折り目正しい、きまじめな人）と反対の男が。
⑪庭の池や泉。

富山県の盆踊り唄。富山県の中央部に広がる滑《なめり》川《かわ》市や上新川《かみにいかわ》郡一円の人たちが、お盆に唄い踊ってきたものである。

唄の履歴　この唄は、今日では「はねそ」の中に「あんこ」（間に挿入される唄）として「古代神」が組み込まれていて、骨組みは「上げ」「本唄（はねそ）」「掛かり」「あんこ（古代神）」「本唄（はねそ）」で構成されている。

「はねそ」は、山陰地方から北陸地方にかけての日本海側に広く分布する盆踊り唄で、「跳ねる踊り」という意味らしい。その唄を広めたのは、近畿地方からやってくる「祭文《さいもん》語り」のようである。

「あんこ」の「古代神」の源流は、越後《えちご》の十日町新保《しんぼ》（新潟県十日町市内）で生まれた『新保広大寺《しんぼこうだいじ》』（四〇五ページ）のうちの、神楽師たちが手踊りつきで演じてきた「神楽《かぐら》広大寺」（神楽師節）である。

滑川市に残る言い伝えでは、『新川古代神』は、同市大浦にある西光寺の和尚が、盆の一三日に仏の供養のために唄い出し、地元の人たちが精霊を迎える迎え火として松明《たいまつ》をかざして踊ったのが始まりだという。しかし、これは、『新川古代神』の歌詞から作り出された話であろう。

この『新川古代神』に似た早間の唄は、富山県・石川県下に点在している。しかも、伴奏楽器に胡弓を用い、「先生方や」と唄い掛け、また、あくの強い、したたかな、おどろおどろした声で唄う。これらのことを考慮すると、北陸地方にいた遊芸人「万歳」たちの演目の中に「古代神」が取り入れられて、今日の形にまとめられ、演じられ、それを地元の人たちがまねて、盆踊りに用いるようになったと思われる。

また、今日の『新川古代神』中の「コレワイ」「ドージャイ」は、島根県隠岐島《おきのしま》の『どっさり節』の中にあり、「ジャントコイ　ジャントコイ」は、越中五箇山《ごかやま》（富山県）の『麦や節』の「はやし詞」として生きている。これは、「万歳」たちの影響を示すものであり、盆踊り唄の「あんこ」部分には、多種多様なものが用いられていたようである。しかし、滑川地区では、「あんこ」は「松坂踊り」か「古代神」に、しだいに絞られてきた。

一九六〇年八月に下新川郡宇奈月《うなづき》町（現黒部市内）で催された「郷土民謡舞踊競演会」に、滑川市東加積《ひがしかづみ》の青年団員男女一四、五名が参加して入賞した。その時に演じた唄と踊りの形式が今日の『新川古代神』で、「あんこ」は「古代神」である。踊りを指導したのは滑川市改養寺在住の谷五一郎（一九七〇年に六一歳で没）であった。それ以来、この形式の『新川古代神』が、富山県を代表する唄になった。

節まわしの型　今日広く唄われている節まわしは、保存会の野末文博のものである。

布施谷節《ふせたんぶし》

☆〔どの歌詞を本唄に用いるか、後唄に用いるかは自由〕

本　唄

〽泣《な》くなハァーハネェーヤー嘆《なげ》くな（アァハーリナー）　①布施川柳《ふせがわやなぎ》ヨー

水《みず》のネエヤーァ出《で》るのも（アァ　ハーリナー）　②一盛《ひとさか》りヨー

後　唄

〽水《みず》は出《で》る出《で》る　柳《やなぎ》は踊《おど》る
川《かわ》の③石《いし》なご　音頭取《おんどと》る
（ハァリナー　ハーイィヤー　ハーイィーヨー）

〽目出度目出度《めでためでた》の　布施谷節《ふせたんぶし》を
④聞《き》けば田植《たう》えが　近《ちか》くなる

〽嫁《よめ》に行《ゆ》くなら　⑤小川寺村《おがわじむら》へ
寺《てら》は⑥三ケ寺《さんかじ》　⑦後生所《ごしょどころ》

〽三十三年《さんじゅうさんねん》　⑧小川《おがわ》の開帳《かいちょう》
鐘《かね》と太鼓《たいこ》が　鳴《な》り渡《わた》る

〽泣《な》いて⑨口説《くど》いて　⑩娑婆《しゃば》立《た》つならば
俺《おれ》も泣《な》きます　口説《くど》きます

〽唄《うと》うて聞《き》かしょか　布施谷節《ふせたんぶし》を
唄《うた》の⑪えぐりは　七《なな》えぐり

〽親《おや》は大切《たいせつ》　子《こ》は宝物《たからもの》
妻《つま》は浮世《うきよ》の　飾《かざ》りもの

〽いとし殿《との》さは　夏吹《なつふ》く風《かぜ》よ
開《あ》けて入《い》れましょ　我《わ》が部屋《へや》へ

注①魚津市北東端の僧ヶ岳に発して黒部市との境を北西流し、富山湾近くで片貝川へ注ぐ川（約一四キロ）。
②一時期だけ盛んになること。
③石のこと。
④「吹けば」は誤唱。
⑤現魚津市内。
⑥平安時代に建立された真言宗小川山千光寺の三塔頭、光学坊・心蓮坊・蓮蔵坊。
⑦死後に極楽へ生まれ変わることを祈る所。
⑧千光寺本尊の秘仏、千手観世音菩薩（体高三七センチの黄金仏）を、三三年に一度、一般の参拝者に公開すること。
⑨愚痴を言って。
⑩世間に対して顔が立つならば。
⑪唄の節で、下あごを大きくえぐるようにしてしゃくって、低い音を作る箇所。

富山県の祝い唄。富山県の北東部、それも魚津《うおづ》市と黒部《くろべ》市の境を流れる布施《ふせ》川の上流の谷間の人たちが、祝いの席で唄ってきたものである。

唄の履歴　この唄の「本唄」の源流は、「輪島《わじま》」という旧曲名が示すとおり、能登《のと》半島の輪島（石川県輪島市）方面の唄らしい。それは、江戸時代中期頃までの踊り唄か流行《はや》り唄のようなものではなかったかと思われる。その唄が、経路は不明であるが、布施川の谷、すなわち布施谷に入って祝い唄として唄われ、のちには、新川木綿《にいかわもめん》の糸紡ぎなどにも口ずさまれるようになった。

「後唄」の源流は、『麦や節』（富山）のような、江戸時代後期から明治時代にかけて流行を見せた「甚句《じんく》」である。これは、「本唄」が難しいため、祝い座敷の同席者だれもが唄える、やさしい唄が欲しいと考え、のちに加えたのではないかと思われる。

ところが、その唄は明治時代中頃には廃って、昭和時代になると、西布施村《にしふせ》（現魚津市内）の畠山三次郎（一八五六年生まれ）が一人知るだけになってしまった。しかし、その甥《おい》の畠山巳作《みのさく》がそれを覚え、小学校教師の荒木徳蔵が採譜し、巳作の唄でレコード化された。それは、新民謡運動華やかな昭和時代の初め頃で、この時に、曲名が「輪島」から『布施谷節』に改められたようである。

その後、この唄の後継者作りが計られ、佐渡島《さどがしま》の立浪《たつなみ》会へ『佐渡おけさ』の稽古に行っていた、東布施村（現黒部市内）の山根浅吉（一八九七年生まれ）に白羽の矢が立ち、山根は一九三五年から畠山巳作の元へ通うようになった。以来、唯一の唄い手、山根浅吉の美声で唄われてきた。

節まわしの型　今日広く唄われている節まわしは、山根浅吉のものである。

帆柱起《ほばしらお》こし音頭《おんど》

上　げ

〽ソリャエー①帆柱起《ほばしらお》こしでヤーレエン　ソラヤートコセー　ヨーイヤナー

本　唄

〽目出度《めでた》目出度《めでた》の　②伏木《ふしき》の浜《はま》でヨーイトナー

（ソーラン）
（アラエーノ　アリャ　アリャ　ドッコイサ）
（ヨォイトコ　ヨーィトコナー）

本　唄

〽親方《おやかた》さんの　③金釣《かねつ》る竿《さお》じゃ
　〽④島々弁天《しまじまべんてん》　⑤端々岬《はなばなみさき》
〽波《なみ》の花散《はなち》る　⑥有磯《ありそ》の海《うみ》で
　〽船《ふね》はまともに⑦　帆《ほ》は⑧真《ま》ん中《なか》に
〽一《いち》に⑨乙《きのと》の　大日如来《だいにちにょらい》
二《に》に新潟《にがた》の　⑩白山様《はくさんさま》へ
三《さん》に⑪讃岐《さぬき》の　⑫金毘羅様《こんぴらさま》へ
四《し》に⑬信濃《しなの》の　⑭善光寺様《ぜんこうじさま》へ
五《いっ》つ⑮出雲《いずも》の　⑯色神様《いろがみさま》へ
六《ろく》に⑰六角堂《ろっかくどう》の　観音様《かんのんさま》へ
七《なな》つ⑱七尾《ななお》の　⑲天神様《てんじんさま》へ
八《やっ》つ⑳八幡《やはた》の　㉑八幡様《はちまんさま》へ
九《ここの》つ㉒熊野《くまの》の　㉓権現様《ごんげんさま》へ
十《とお》に㉔所《ところ》の　氏神様《うじがみさま》へ

注①②➡解説。
③金もうけをする釣り竿。千石船の帆柱のこと。
④島々には、海上安全を祈って弁天様がまつってある。「弁天」は弁財天で、七福神の一。福徳・財宝・音楽・穀物などの神。女神で、宝冠をつけ、琵琶《びわ》を抱える。
⑤ここから見える陸地の端々《はしばし》は、みんな岬だ。
⑥富山湾の、高岡市から氷見《ひみ》市にかけての海。景勝地で、大伴家持の歌などから歌枕になった。
⑦帆船が、後方からの追い風を受けて進むこと。
⑧帆を、船の進行方向に対して直角に張ること。真帆にすること。
⑨新潟県北蒲原《かんばら》郡乙村（現胎内市乙）の乙宝寺《おっぽうじ》。真言宗智山派。大日如来は本尊。
⑩白山神社。新潟市にある。
⑪旧国名。現香川県全域。
⑫金刀比羅宮《ことひらぐう》の俗称。仲多度郡琴平町にある。
⑬旧国名。現長野県全域。
⑭長野市にある。山号は定額山。
⑮旧国名。現島根県東部。
⑯男女の縁結びの神で、出雲大社のこと。出雲市大社町にある。
⑰現京都市中京区にある天台宗紫雲山頂法寺の俗称。本堂が六角形で、西国三三所の第一八番札所。本尊は如意輪観音。
⑱現石川県七尾市。
⑲松尾天神社。竹町にある。
⑳現福岡県北九州市の西部一帯。
㉑豊山八幡神社。八幡東区春の町にある。
㉒現和歌山県南東部と三重県南部一帯。
㉓熊野三山のこと。熊野本宮大社（和歌山県田辺市本宮町）・熊野那智大社（東牟婁郡那智勝浦町）・熊野速玉大社（新宮市）の三社。
㉔その土地の。その地方の。

富山県の祝い唄。富山県の北西部、それも小矢部《おやべ》川が富山湾へ注ぐ河口の西岸に開けた港町伏木《ふしき》（高岡市）の人たちが、春に千石船の帆柱を立てる際に唄ってきたものである。

千石船は木造で、船底につく船虫を殺すのに川の真水が役立つ。そのため、毎年一一月頃から翌年三月頃まで、日本海側では小矢部川に、太平洋側では大阪の木津川につないで冬ごもりをさせた。その間、帆柱は甲板へ横倒しにして寝かせ、その上に蓆《むしろ》などを掛けて、雨や雪に晒されて傷むのを防ぐ。

この帆柱、長さは七メートルほど、直径は四〇センチ以上もある。船主は、春三月の吉日を選び、乗組員や関係者、そして近所の人たちを招いて盛大な帆柱起こしの行事を行う。これは、船の出初め式のようなもので、寝かせてある帆柱に綱をつけ、轆轤《ろくろ》を使って、集まった人たちの手で帆柱を起こす。その折りに綱を引く人たちが唄う木遣《きや》り唄が『帆柱起こし音頭』で、鉦《かね》や太鼓のにぎやかなはやしが入る。

唄の履歴　この唄の源流は、伊勢神宮の遷宮式《せんぐうしき》の際に氏子が御用材を曳く時に唄う「お木曳《きひ》き木遣り」のうちの、「松前木遣り」である。それは、「アリャリャン　コリャリャン」というはやし詞が入るのが特徴になっている。また、遷宮式は、二〇年に一度ずつ行われてきた。

その木遣り唄を、伊勢信仰に熱心な塩飽《しあく》諸島の人たちが千石船の船乗りになったことから、「舟曳き唄」とか「船おろし祝い唄」として日本中の港町へ広めた。それが伏木港にも伝えられ、帆柱起こしの行事に、綱引きの唄として利用されるようになった。

ところが、明治から大正時代にかけて帆船から機械船に変わったため、こうした行事も唄も不要になり、忘れられてしまった。そこで、一九六五年に伏木の木谷政一が、北日本放送に残る録音テープを元に復元を計った。そのテープは、一九五八年七月一三日に鶴谷鶴太郎宅で収録したもので、演唱者は車谷三次郎・広上権吉など、千石船の船乗りであった。

それを木谷政一がまとめ、三味線の伴奏を加え、長谷川勇の唄で、一九六六年六月の第一三回伏木青年文化祭で発表した。その後、六七年六月に岩黒豊治が東芝レコードに吹き込むと、それを参考にして、六八年二月、初代浜田喜一がビクターレコードに入れ、以来、その節まわしが日本中へ広まった。

節まわしの型　今日広く唄われている節まわしは、初代浜田喜一のものである。

補足　この唄を復元した時、数え唄形式の歌詞は三と九しかなかった。前掲最後の歌詞は、伏木の東を流れる庄川《しょうがわ》の中流、五箇山《ごかやま》に伝わる『五箇山古代神《こだいじん》』に同種の歌詞があるので、本書の編集者（竹内勉）が補ったものである。

麦《むぎ》や節《ぶし》

〽①麦《むぎ》や②菜種《なたね》はアィナ　③二年《にねん》でエィナー④刈《か》るに
　ヤーイナァ
⑤麻《あさ》が⑥刈《か》らりょかアィナー　⑦半《はん》ナ土用《どよう》にナー
（ジャントコイィ　ジャントコイー）

〽波《なみ》の⑧屋島《やしま》を　⑨疾《と》く逃《のが》れ来《き》て
薪《たきぎ》　樵《こ》る⑩てふ《ちょう》　深山辺《みやまべ》に

〽⑪烏帽子《えぼし》狩衣《かりぎぬ》　脱《ぬ》ぎ打《う》ち捨《す》てて
今《いま》は⑫越路《こしじ》の　⑬杣刀《そまがたな》

〽心淋《こころさび》しや　落《お》ち行《ゆ》く道《みち》は
川《かわ》の⑭鳴《な》る瀬《せ》に　鹿《しか》の声《こえ》

〽川《かわ》の鳴《な》る瀬《せ》に　⑮絹機《きぬばた》立《た》てて
波《なみ》に織《お》らせて　岩《いわ》に着《き》しょ

〽目出度目出度《めでためでた》の　若松様《わかまつさま》よ
枝《えだ》も栄《さか》える　葉《は》も繁《しげ》る

〽親父《おやじ》　⑯大黒《だいこく》　嬶様《かかさま》⑰恵比須《えびす》
間《あい》の子供《こども》が　⑱福《ふく》の神《かみ》

〽これの館《やかた》は　目出度《めでた》い館《やかた》
⑲黄金柱《こがねばしら》に　⑳銭簾《ぜにすだれ》

〽これの館《やかた》は　目出度《めでた》い館《やかた》
鶴《つる》が御門《ごもん》に　巣《す》をかけた

〽わしがあなたに　差《さ》す盃《さかずき》は
命《いのち》　長《なが》かれ　末繁昌《すえはんじょ》

〽梅《うめ》と兄弟《きょうだい》　桜《さくら》と従兄弟《いとこ》
紅葉様《もみじさま》とは　また従兄弟《いとこ》

〽㉑御坊《ごぼう》へ参《まい》りゃれ　帰《かえ》りに寄《よ》りゃれ
㉒後生《ごしょ》のいわれを　語《かた》り合《あ》お

注①米が穫れない地方の、貴重な食料であった。
②灯油の原料。
③秋に種をまいて翌年の春に、二年掛かりで収穫するが。
④「刈るが」とも。
⑤繊維を糸にして織り、衣服とする。
⑥春に種をまいてから何ヶ月もたっていないのに、刈ることができようか。
⑦土用の半ばに。「土用」は、七月二〇日頃から立秋（八月八日頃）までの、最も暑い時季。
⑧香川県高松市の北東部にある（現在は陸続き）。源平合戦の古戦場。一ノ谷の合戦に敗れて屋島に逃れた平家は、一一八五年二月、源義経の軍勢に急襲されて敗走。続く長門壇ノ浦の合戦で滅亡した。
⑨すぐに。急いで。「遠く」とも。
⑩「てふ」は古語で、「と言う」の意。発音は「ちょう」。
⑪公家としての生活をやめて。「烏帽子」は、平安時代の公家が平服時に用いた帽子。絹や紗《しゃ》で作り、黒漆を塗ったもの。「狩衣」は、平常用いた略服。えりが丸く、脇を縫い合わせず、くくり緒のある袖を後ろ身頃に縫いつけたもの。
⑫越前・越中・越後の国（現福井・石川・富山・新潟県）のこと。
⑬きこりが山仕事に用いる大鉈。「杣家かな」「杣館」とも。
⑭流れる水が音を立てている、川の浅い所。「瀬に」

は、「瀬と」とも。
⑮絹の布を、手足で操作して織る機械を備えて。音の美しい所で織れば、布も美しく織り上がる、という気持ち。「布機《ぬのばた》」とも。
⑯七福神の一。福徳・財宝・食物などの神。右手に打ち出の小槌《こづち》を持ち、左肩に大きな袋をかつぎ、米俵二俵の上に立つ。
⑰七福神の一。福徳・漁・商売繁昌などの神。右手に釣り竿を持ち、左手で鯛を抱える。
⑱人に幸せや利益をもたらす神。
⑲金で作った柱。
⑳穴のあいた銭を、ひもでつづって作ったすだれ。
㉑お寺。
㉒死後に極楽へ生まれ変われる理由を。

富山県の酒盛り唄・遊芸唄。富山県の南西部、庄川《しょうがわ》の中流に広がる、南砺《なんと》市の五箇山《ごかやま》（旧東礪波《となみ》郡上平《かみたいら》村・平村・利賀《とが》村）の人たちが、酒席で唄い踊ってきたものである。また、城端《じょうはな》町（現南砺市内）の人たちが、石川県金沢市方面へ巡業に行って演じてきた。

唄の履歴　この唄の源流は、能登半島の「麦屋」（粉屋）で、輪島素麺《わじまそうめん》の原料である小麦を石臼を用いて粉に挽《ひ》く時の「白挽き唄」（四五三ページ）である。それが、五箇山から「麦屋」へ出稼ぎに行った人たちによって持ち帰られ、粉挽き以外に、酒席でも唄われたようである。そして、「〽能登の輪島は…」という唄い出しから「輪島」と呼ばれた。

この庄川筋には、木流しの職人が沢山入ってくるため、その人たちを相手に商売しようと、瞽女《ごぜ》たちもこの地方へ入った。その一人、平村小谷《おたん》の中江に住んでいた倉野おのが、明治時代の初め頃、早間の三味線伴奏をつけ、この唄を酒席の唄にまとめあげていったようである。

一九〇九年、当時皇太子であった大正天皇が北陸路を巡幸するというので、五箇山の有力者が、この唄と踊りを上覧に供したいと考えた。そして、平村村長高田知之・利賀村西勝寺住職米沢某《なにがし》・平村小学校長山本海石・平村郵便局長横井謙吉などが相談をし、各集落でまちまちであった歌詞や踊りを統一し、前掲一首目の歌詞の唄い出しから『麦や節』と改名した。それは、石川県下の地名である「輪島」は五箇山の唄に用いたくないという理由からであったようである。

その時、歌詞は、江戸時代の「北国巡杖記《ほっこくじゅんじょうき》」（鳥翠台北茎著《ちょうすいだいほっけい》、一八〇七年刊）に載っている『こきりこ節』の歌詞「〽波の屋島を…」「〽烏帽子狩衣…」を借りたりして整えた。また、踊りは、この地方から福井県下の山間部にかけて広く分布する「笠踊り」（笠を用いて踊る）を利用し、衣装は、平家の落人部落伝説と先の歌詞から、黒紋付きに大小を差す、今日のものにしたようである。（衣装は、筆者、竹内勉の感じでは、四〇六ページに述べた「神楽広大寺」を演じる神楽師たちの衣装からきているのではないか、とも思われる。）

なお、今日元唄のような扱いになっている、前掲一首目の歌詞は、『能登麦屋節』や、庄川上流（岐阜県側）の『輪島』の「麦や小麦は二年ではらむ　米はお禄《ろく》で年ばらみ」を元に、天皇上覧用にと作り替えたのであろう。

その『麦や節』、その時は大正天皇に時間がなく、供覧できなかったが、以後、五箇山を代表する踊り唄になった。その後、五箇山の北西隣りにある旧城端町の人たちが、この唄と踊りで金沢方面へ巡業するようになり、しだいに今日のような技巧的な唄になっていった。

節まわしの型　今日広く唄われている節まわしは、城端の人たちのものである。

補足　この唄の曲名は、唄い出しの「〽麦や菜種は…」から取ったので「麦や節」、『能登麦屋節』は、麦の粉屋の意で「麦屋節」である。

ヤガエ節《ぶし》

〽①河内《かわち》②丹南《たんなん》　鋳物《いもの》の起《お》こり（ヤガエェー）③
今《いま》じゃ④高岡《たかおか》　⑤金屋町《かなやまち》エー
（ヤガエェー）⑥
（エンヤサ　ヤッサイ）
《繰り返し》〔付け手〕
今《いま》じゃ高岡《たかおか》　金屋町《かなやまち》エー
（エンヤサ　ヤッサイ）

〽⑦越中高岡《えっちゅうたかおか》　鋳物《いもの》の名所《めいしょ》
火鉢鍋釜《ひばちなべかま》　⑧手取《てど》り釜《がま》

〽⑨踏鞴《たたら》踏《ふ》み踏《ふ》み　ヤガエを⑩唄《うた》や
鉄《かね》も⑪湯《ゆ》となる　釜《かま》となる

〽火《ひ》の粉吹《こふ》き出《だ》す　あの火《ひ》のもとにゃ

いとし主《ぬし》さん　踏鞴《たたら》踏《ふ》む
〽十五夜《じゅうごや》丸《まる》うても　油断《ゆだん》はならぬ
一夜会《いちやあ》わねば　角《かど》が立《た》つ
〽目出度《めでた》目出度《めでた》の　⑫鍋宮様《なべみやさま》よ
鋳物栄《いものさか》えて　世《よ》も栄《は》える

注①旧国名。現大阪府中東部。
②旧丹南郡。現松原市・南河内郡内。
③⑥「ヤガエフー」とも。
④➡解説。
⑤現高岡市中心部の金屋町・金屋本町辺り。
⑦旧国名。現富山県全域。
⑧茶の湯の釜の一。持つためのつるがついている。
⑨➡解説。
⑩唄えば。
⑪金属が熔解することをいう。
⑫金屋町の西隣り、横田町にある有礒《ありそ》正八幡宮《しょうはちまんぐう》の俗称。六月一九・二〇日に鋳物祭りが行われる。

富山県の、仕事唄形式の新民謡。富山県の北西部、庄川《しょうがわ》と小矢部《おやべ》川の間に広がる高岡市の鋳物師たちが、炉へ風を送る踏み踏鞴《だたら》を動かす際に唄ってきた唄を、昭和時代初期に復元したものである。

前掲の歌詞にもあるように、高岡の鋳物の歴史は古い。一一八四年、河内《かわち》の国（現大阪府）丹南郡狭山郷日置庄《ひきのしょう》の一族が越前の国（現福井県）へ移り住み、建久年間（一一九〇〜九九）に加賀の国（現石川県南部）や越中の国（現富山県）へと移っていった。そして、一六一〇年、加賀藩主前田利長は、引退して高岡城を造ると、その城下へ越中礪波《となみ》郡西部《にしぶ》金屋《かなや》村（現高岡市内）から七人の鋳物師を招いて高岡鋳物を始めさせた。以来、加賀藩は鋳物師を保護したため、高岡の鋳物はしだいに有名になっていった。

踏鞴は、大型のシーソーのような仕掛けで、長さ四メートル、幅二メートルほどの板に、「板人《いたびと》」一二人が一組となって四、五人ずつ交代で乗り、夜の八時頃から翌朝の六時頃まで、休むことなく踏み続ける。板人は、片手に一・五メートルほどの息杖《いきづえ》をつき、もう一方の手で、天井から下がっている縄につかまって板を踏む。それは重労働であり、炉は高温で、板人は汗をかき、塩をなめなめ働くところから、「塩ブリの吊るし下げ」という仇名《あだな》まで生まれた。

別名　ヤガエフ。はやし詞を「ヤガエフ」とも掛けることから。

唄の履歴　この唄の源流は不明である。曲の形は「甚句《じんく》」であるが、現在の唄は昭和時代になって復元したという。あるいは、その時に、旧来の歌詞を一つ二つ利用したぐらいで、節は大幅に変えた、一種の新民謡「高岡踏鞴音頭」ではないかと思われる。というのは、曲があまりに単純で、小節も少なく、唱歌のような唄だからである。

節まわしの型　今日広く唄われている節まわしは、高岡市民謡界の人たちのものであるが、まだ、これといった節まわしは定着していない。

石川県

加賀《かが》はいや節《ぶし》

〽①はいやァー可②愛《かわ》いや　今朝《けさ》出《で》た船《ふね》はヨー
（アァラ　ヨイヨイ　ヨイヨイー）
どこの港《みなと》にソーレ　着《つ》いたやらヨー
（アァラ　ヨイヨイ　ヨイヨイー）

〽③はいや可愛《かわ》いや　いつ来《き》てみても
④襷《たすき》⑤投《な》げやる　暇《ひま》もない

〽襷《たすき》⑥投《な》げやる　暇《ひま》ならあれど
あなた忘《わす》れる　暇《ひま》はない

〽三味《しゃみ》や太鼓《たいこ》で　忘《わす》れるような
浅《あさ》い惚《ほ》れようは　せんがよい

〽一夜《ひとよ》一夜《ひとよ》に　心《こころ》が変《か》わる
誰《たれ》が横槍《よこやり》　入《い》れるやら

〽来《こ》いと言付《ことづ》け　その行《ゆ》く夜《よ》さは
足《あし》の軽《かる》さが　いつよりも

〽表《おもて》（想って）来《き》たかよ　裏《うら》から来《き》たか
わたしゃ裏《うら》から　表《おもて》（想って）来《き》た

〽ここの嬶様《かかさま》　朝起《あさお》きゃ早《はや》い
⑦表《おもて》開《ひら》いて　福《ふく》を呼《よ》ぶ

注①「はいや節」の元唄的歌詞。
②元唄は「はいやで　今朝出した船は　どこの港へ入れたやら」。
③「はいや節」の常用歌詞。
④一休みする暇〔襷を掛けて仕事をしているから〕。
⑤⑥「投げおく」とも。
⑦表戸。

石川県の酒盛り唄。石川県の南東部、白山《はくさん》連峰西裾《すそ》の山村、旧白峰村《しらみね》（現白山市内）の人たちが、酒席で唄い踊ってきたものである。

唄の履歴　この唄の源流は、九州天草《あまくさ》の牛深港《うしぶか》（熊本県天草市牛深町）の女たちが、船乗り相手の酒席で唄っていた『牛深はいや節』（六七四ページ）である。それが帆船の船乗りたちによって日本中の港へ伝えられ、各地の花柳界で、三味線による独自の伴奏が加えられてお座敷唄になった。そうした「はいや節」が、九頭竜《くずりゅう》川の河口の港町、現福井県坂井市三国《みくに》町にも定着した。その三国へ遊びに行った近郷の人たちが、村に戻って酒盛りに用いたため、それは現大野市地方一円へも広まった。

さて、白峰は山村で耕作地が少ないため、「出作り」と称して、隣国越前（福井県）の大野地方の畑を借りて耕作していた。白峰の人たちは、そこで大野の「はいや節」を覚えると、村へ持ち帰って酒席で唄ったのである。なお、白峰から大野地方にかけては、菅笠を持って踊る「笠踊り」が盛んで、「はいや節」にもこの踊りを加えたため、「笠踊りはいや」の名もある。

一九六八年、石川県金沢市在住の民謡家中村晴悦が、この白峰の「はいや節」に新しく三味線の手をつけ直した。そして、『加賀はいや節』と命名し、日本民謡協会と日本郷土民謡協会の全国大会に出場して優勝すると、たちまち石川県を代表する踊り唄になった。

節まわしの型　今日広く唄われている節まわしは、中村晴悦のものである。

柏野《かしわの》じょんがら節《ぶし》

〽ハァここは①加賀《かが》の国《くに》　②柏野宿《かしわのじゅく》よ
（〔踊り手〕ハァ　ドッコイ）
昔《むかし》や宿場《しゅくば》で　その名《な》も知られる
（〔踊り手〕ハァ　ドッコイセ　ドッコイ
セー）

〽昔《むかし》や宿場《しゅくば》で　その名《な》が知《し》られる
今《いま》は踊《おど》りで　その名《な》も高《たか》い

〽あん娘《こ》純《じゅん》な娘《こ》じゃ　わし見《み》て笑《わろ》た
わしも見《み》てやろ　アリャ笑《わろ》てやろ

〽唄《うた》の村《むら》だよ　柏野《かしわの》③在所《ざいしょ》は
田植《たう》え④草取《くさと》り　アリャ唄《うた》で取《と》る

〽馬《うま》は三歳《さんさい》　馬方《うまかた》⑤二歳《にさい》
案《あん》じますぞえ　アリャ⑥手取川《てどりがわ》

〽来《く》るか来《く》るかと　待《ま》たせておいて
どこにそれたか　アリャ夏《なつ》の雨《あめ》

〽泊《と》まりなされや　柏野宿《かしわのじゅく》に
踊《おど》り見《み》せましょ　アリャ夜明《よあ》けまで

注①旧国名。能登半島を除く現石川県全域。
②➡解説。
③田舎。また、住んでいる所や故郷。
④田の草取り。
⑤青二才。若くて、経験の足りない男。「二十歳《はたち》」とも。
⑥石川県南東部の白山連峰に発して北西流、西流し、白山市美川で日本海へ注ぐ川（約六六キロ）。

石川県の盆踊り唄。石川県の中西部、それも金沢市から北陸道を南西へ約一五キロ行った旧宿場町柏野（現白山市内）の人たちが、お盆に唄い踊ってきたものである。

唄の履歴　この唄の源流は、中国地方一円に広く分布する、七七七七の四句を一単位にして繰り返していく、長編の「盆踊り口説《くどき》」である。それが石川県下へ伝えられ、柏野でも唄われるようになった。

ところで、「じょんがら節」とは、『津軽じょんがら節』と同様に、「チョンガレ節」のことである。滋賀県の『江州《ごうしゅう》音頭』や大阪府の『河内《かわち》音頭』のような、西日本の「盆踊り口説」に、浪花節の前身である「祭文《さいもん》」が加味された唄が大流行すると、その余波が石川県下にも及んで、この種の長編の盆踊り唄を「チョンガレ節」と呼ぶようになったようである。そうした「チョンガレ節」が加賀の国一円で大流行すると、他所の「チョンガレ節」と区別する必要から、地名を冠せて「柏野チョンガレ節」と呼ぶようになった。それが訛《なま》ったのが、今日の『柏野じょんがら節』である。さて、その『柏野じょんがら節』、元は七七七七調（二十八音）の歌詞にはやし詞「ヨイコラショ」を加えて一単位とし、それを何回も繰り返していく口説節であった。しかし、一九六二年か六三年頃、地元の茶山十六という教師が、この唄を柏野の観光宣伝に利用するため、それまでの口説形式をやめてしまった。一単位の七七七七へ七七七五の歌詞をあてはめて短いものにし、四句目の二音不足する箇所には「アリャ」を補って音数を整え、はやし詞も「ドッコイセ」に替えたのである。それをさらに金沢市在住の民謡家中村晴悦（富山県の現富山市八尾町出身）が、幼い頃より得意にしてきた、玄人はだしの浪花節の語り口を盛り込んだ今日の節まわしに作り上げた。そして、兼六民謡会（中村が主宰する民謡団体）の独得の踊りとともに発表したところ、大好評であった。その後、一九六八年一一月に東京で行れた日本民謡協会全国大会に出場した中村と兼六民謡会がこの『柏野じょんがら節』で文部大臣賞を受賞すると、それがきっかけで石川県を代表する盆踊り唄になっていった。

節まわしの型　今日広く唄われている節まわしは、中村晴悦のものである。

補足　『柏野じょんがら節』の現在の歌詞は七七七五調の短いものになっているが、もう一度旧来の長編の「口説《くどき》」の歌詞へ戻すほうが、節が生きる。もし、旧来の歌詞が廃ってしまっているなら、「鈴木主水《もんど》」「宮城野しのぶ」「お吉清三」「白井権八《ごんぱち》」など、日本全国で唄われてきた「盆踊り口説」の歌詞を利用すればよい。

白峰《しらみね》かんこ踊《おど》り

定　型

問い掛け唄〔問い掛け手〕

〽①河内《こうち》の奥《おく》は　朝寒《あささむ》い所《とこ》じゃ
②御前《ごぜん》の風《かぜ》が　吹《ふ》き下《お》ろす

返し唄〔返し手〕

ハァ御前《ごぜん》のヨー風《かぜ》が　御前《ごぜん》の風《かぜ》が
御前《ごぜん》の風《かぜ》が　吹《ふ》き下《お》ろす
（ハァ舞《も》うたり　舞《も》うたり　舞《も》うたりな）

〽③かんこを腰《こし》に　粟《あわ》の草《くさ》取《と》れば
④心《こころ》は辛気《しんき》　⑤盆恋《ぼんこい》し
心《こころ》は辛気《しんき》　心《こころ》は辛気《しんき》
心《こころ》は辛気《しんき》　盆恋《ぼんこい》し

〽かんこを持《も》てば　⑥蚊《か》のめが走《はし》る
みんな一時《いちじ》に　団扇《うちわ》持《も》て
かんこを腰《こし》に　粟《あわ》の草《くさ》取《と》れば
心《こころ》は辛気《しんき》　盆恋《ぼんこい》し

〽踊《おど》れや踊《おど》れ　皆出《みなで》て踊《おど》れ
踊《おど》らにゃ明日《あす》は　悔《く》やしかろ
⑦踊《おど》らいでも明日《あす》は　悔《く》やしことないわいな
明日《あす》から山《やま》の　草取《くさと》りじゃ

かしわのじょ〜しらみねか

〽⑧お十九《じゅうく》をしょ⑨じゃこ　⑩二十歳《はたち》をしょじゃこ
⑪盆帷子《ぼんかたびら》の　袖《そで》しょじゃこ
お十九《じゅうく》もよいし　二十歳《はたち》もよいし
盆帷子《ぼんかたびら》の　袖《そで》もよい

口説《くどき》型

問い掛け唄〔問い掛け手〕

〽〔上の句〕河内《こうち》の奥《おく》に　煙《けむり》が見《み》える
〔口　説〕⑫いねや出《で》て見《み》よ　霞《かすみ》か霧《きり》か
〔下の句〕御前《ごぜん》の山《やま》が　焼《や》けるのか

返し唄〔返し手〕

〔上の句〕ハァ⑬お山《やま》のヨー焼《や》けの　煙《けむり》とあらば
〔口　説〕⑭ののが手《て》を引《ひ》き　⑮なんぼを⑯負《お》ぶせ
〔下の句〕そうして⑰陰地《おんじ》の　裏山《うらやま》へ
（ハァ舞《も》うたり　舞《も》うたり　舞《も》うたりな）

〽向《む》かいの山《やま》に　光《ひか》るものはなんじゃいな
お月《つき》か星《ほし》か　蛍《ほたる》の虫《むし》か
今来《いまく》る嫁《よめ》の　松明《たいまつ》か
今来《いまく》る嫁《よめ》の　松明《たいまつ》ならば
⑱差《さ》しゃげて灯《とも》せ　優男《やさおとこ》

〽⑲加賀《かが》の⑳白山《はくさん》　㉑白妙《しろたえ》なれど
雪《ゆき》は降《ふ》るまい　六月《ろくがつ》は
雪《ゆき》は降《ふ》るまい　㉒文月《ふみづき》㉓葉月《はづき》
唄《うと》うて舞《も》うて　お山《やま》へ登《のぼ》りゃ
雪《ゆき》の間《ま》に間《ま》に　花《はな》が㉔咲《さ》く

注①旧白峰村中心部の南東方、手取川最上流部の地域名。
②御前峰《ごぜんがみね》（二七〇二メートル）。石川県の南東部にそびえる、白山火山帯の主峰。山頂に白山比咩《しらやまひめ》神社奥宮がある。
③➡解説。
④心が晴れ晴れしないこと。
⑤働く必要がなく、楽しかったお盆が。
⑥蚊が。「蚊アめが」とも。「め」は、虫や動物名につく接尾語。
⑦踊らなくても。
⑧十九歳の妹娘が。
⑨欲しいか。
⑩二十歳の姉娘が。
⑪お盆の頃に着る、ひとえの着物。お盆の祝儀に、雇い主が雇い人へ贈る風習があった。
⑫妻よ。
⑬「御前のヨー山の　焼けるとあらば」とも。
⑭祖父の。
⑮末っ子。
⑯背負え。「負うて」とも。
⑰山の陰の。
⑱差し上げて。
⑲能登半島を除く現石川県全域。
⑳➡注②。白山は信仰の山で、富士山・立山とともに日本三霊山と称せられる。
㉑白色だけれど。
㉒陰暦七月の別称。
㉓陰暦八月の別称。

㉔「待つ」とも。

石川県の盆踊り唄。石川県の南東部、白山連峰西裾《すそ》の山村、旧白峰村（現白山市内）の人たちが、お盆に唄い踊ってきたものである。

唄の履歴　この唄の源流は不明である。また、周辺に類似する唄が見当たらないので、その由来も不明である。しかし、この盆踊り唄は、男が音頭取りになる場合と、女が音頭取りになる場合とがあり、また、音頭取りが「問い掛け唄」を唄い、異性の人が「返し唄」を唄う。したがって、この唄は、踊り場で男女が歌詞を即興で作って唄い合う掛け唄的（➡二〇一ページ）なものであったことだけは確かである。

一説に、「かんこ踊り」の「かんこ」とは、雅楽で用いる羯鼓《かっこ》（鼓のようなもので、両面を両手の桴《ばち》で打つ）のことで、「田楽《でんがく》」の名残りではないかと言われる。しかし、この「かんこ」は、野良仕事の時に、蚊取り線香を入れて腰に吊るす入れ物のことである。それを腰につけて踊るので「かんこ踊り」で、「田楽」とは無関係である。この唄は、ひょっとすると、存外新しく、源流は江戸時代後期以降の流行《はや》り唄かもしれない。

その『白峰かんこ踊り』、金沢市の民謡界で三味線の伴奏が加えられ、加戸桂子《かとけいこ》の唄で広まった。

節まわしの型　今日広く唄われている節まわしは、加戸桂子のものである。

砂取《すなと》り節《ぶし》

☆〔　〕内は省略して唄う

〽〔俺《おら》は①雇人《やとい》だ〕　ハァ②しかたの風《かぜ》だヨーィ
（ヨイ　ヨーイ）
俺《おら》は雇人《やとい》だナァ　しかたの風《かぜ》だヨォィ
〔③お日の入り端を〕　ヤーレ待《ま》つばかり
アァ入《い》り端《は》を　お日《ひ》のヨーィ
〖繰り返し〗〔漕ぎ手〕
お日《ひ》の入《い》り端《は》をヤーレヨォ　ヤンサー待《ま》つ
ばかりヤーィ
（アァエンヤー　ヤッサ　ヨイトコ
ヤッサー）

〽〔俺《おら》は④前世から〕　⑤塩浜育《しおはまそだ》ち
俺《おら》は前世《ぜんせ》から　塩浜育《しおはまそだ》ち
〔娘貰《もろ》ても〕　⑥軽《かろ》ござる
貰《もろ》ても　娘《むすめ》
娘貰《むすめもろ》ても　軽《かろ》ござる

〽〔⑦浜師男を〕　⑧馴染《なじ》みに持《も》てば
浜師男《はましおとこ》を　馴染《なじ》みに持《も》てば
〔案じますわい〕　⑨土用《どよう》の浜《はま》
ますわい　案《あん》じ
案《あん》じますわい　土用《どよう》の浜《はま》

〽〔塩をとる時ゃ〕　⑩百日浜辺《ひゃくにちはまべ》
塩《しお》をとる時《とき》ゃ　百日浜辺《ひゃくにちはまべ》
〔沖の⑪はせ舟〕　見《み》て暮《く》らす
はせ舟《ぶね》　沖《おき》の
沖《おき》のはせ舟《ぶね》　見《み》て暮《く》らす

〽〔俺が⑫殿まの〕　⑬艫取《ともと》る姿《すがた》
俺《おら》が殿《との》まの　艫取《ともと》る姿《すがた》
〔波に揺られて〕　ゆらゆらと
揺《ゆ》られて　波《なみ》に
波《なみ》に揺《ゆ》られて　ゆらゆらと

☆〔以下、省略法・繰り返し法は右に同じ〕

〽俺《おら》が殿《との》まは　どちら方枕《がたまくら》
東枕《ひがしまくら》に　窓《まど》の下《した》

〽⑭あいが吹《ふ》け吹《ふ》け　⑮くだりが吹《ふ》くな
恋《こい》しい殿《との》まが　⑯下《しも》に居《お》る

〽舟《ふね》が新造《しんぞ》で　艪櫂《ろかい》が⑰木《き》(気)でも
船頭《せんど》が乗《の》らにゃ　馳《は》せはせぬ

〽舟《ふね》の船頭《せんど》さん　六月⑱布子《ろくがつぬのこ》
寒《さむ》て着《き》るかよ　⑲身《み》の伊達《だて》か

注①揚げ浜塩田に雇われている使用人。
②能登半島では、北西〜西の風。塩田にまいた海水がよく乾き、製塩作業がはかどる風。
③日の沈みぎわ。雇われ者は、日が沈むと仕事が終わるので、その時を待つ、の意。「入《い》る場《ば》」は、唄いにくいために替えたもの。
④この世に生まれる前から。
⑤塩田。➡解説。
⑥軽薄だ。おっちょこちょいだ。
⑦製塩業者。
⑧同じ女のもとに何度も通う客。
⑨土用波（七月二〇日頃から八月七日頃に打ち寄せる大波）で危険な浜辺。
⑩➡解説。
⑪〔艪を漕いで進む「押し舟」に対して〕帆に風を受けて走る舟。
⑫女性の、男性に対する敬称。殿御。
⑬船尾で舵を取る。
⑭能登半島では、北〜東の風。北海道方面から上方方面へ向かう北前船は、この風を利用した。
⑮能登半島では、南〜南西の風。上方方面から北海道方面へ向かう北前船は、この風を利用した。
⑯「くだり」の風下。
⑰走る気でも。
⑱木綿の綿入れ。
⑲粋な、おしゃれのつもりか。

石川県の仕事唄。石川県能登《のと》半島北東部の、現珠洲《すず》市馬緤《まつなぎ》町を中心に広く行われていた「揚げ浜式塩田」の浜師（製塩業者）たちが、塩田に敷く砂を手漕《てこ》ぎ舟で運んでくる折りに唄ってきたものである。

日本海沿岸は荒波が打ち寄せるため、砂浜が少なく、また、そこへ瀬戸内海沿岸のような「入り浜式塩田」を造ると、高波でこわされてしまう。

そこで、海岸線の斜面にある棚田をつぶして「揚げ浜式塩田」を造った。海面よりかなり高い所にある棚田に砂を敷き詰め、その上へ、桶《おけ》で汲み上げた海水を散布し、日光で乾かして製塩するのだが、大量の砂が必要である。

馬緤では、その砂を、東は一里（約四キロ）離れた「寄り揚げ浜」（馬緤町赤神）から、西は五里半離れた「大川浜」（輪島市町野町大川）から、手漕ぎの舟で運んでいた。それは粒が細かく、塩田にまくと立体状に重なって、海水の塩分が付着する表面積が広くなり、通風もよいという特質があった。しかし、砂は風で飛ばされやすく、また、使っているうちに減るため、時々補う必要があった。その砂を運ぶ舟は、長さ五間（約九メートル）、胴の幅一間半、深さは五尺（約一・五メートル）ほどで、一人が艪《ろ》を押し、二人が櫂《かい》を漕ぐ、三人乗りであった。その砂運び舟の「櫂漕ぎ唄」が『砂取り節』である。

なお、製塩作業は、五月三〜五日頃より開始し、秋祭り前の十月十日頃に終了する。その間、雨天の日を除いて百日間ほどの仕事であった。

唄の履歴　この唄の源流は、江戸時代後期に日本中へ広まった「甚句《じんく》」系統の唄である。それを、能登半島地方では、初めは「歌垣《うたがき》」（➡二〇一ページ）で、若い男女の「歌問答」に用いていたようである。その形式は、

問い掛け唄〔問い掛け手〕
〽俺《おら》は雇人《やとい》だ（一句目・七音）
しかたの風だ（二句目・七音）
返し唄〔返し手〕
お日の入《い》り端《は》を（三句目・七音）
待つばかり（四句目・五音）
〔繰り返し唄〕〔同席者たち〕
ハー　しかたの風だ（二句目・七音）
俺は雇人だ（一句目・七音）
しかたの風だ（二句目・七音）
ヤーレ　待つばかり（四句目・五音）
アー　入り端を（三句目・後四音）
お日の（三句目・前三音）　ヨーイ
お日の入り端を（三句目・七音）　ヤーレヨ
ヤンサ　待つばかり（四句目・五音）

である。この「繰り返し唄」部分は、「問い掛け手」が、次の文句を考える時間を作るために加えられたものであるが、「問い掛け手」と「返し手」以外の「同席者」も楽しみたいので、複雑に「繰り返し」を重ねて、一種の「歌問答」をしていたのであろう。

能登半島地方では、その「繰り返し唄」部分だけを独立させて、種々の農作業唄として利用し始めた。それが「田切り唄」（鍬《くわ》を用いて、共同で代かきをする時に唄う）・「田植え唄」や、「搗《つ》き臼《うす》唄」「挽《ひ》き臼唄」などである。それらの唄が、のちに海上に持ち出されて、砂運び舟の櫂漕ぎ唄『砂取り節』になったと思われる。

この唄は、一九五九年（昭和三四年）八月一五日にNHKラジオ「慰安の夕べ」で、木村要作と地元連中によって放送された。そして、翌六〇年四月一八日に「馬緤民謡保存会」が設立された。また、六六年六月には保存会による唄がキングレコードから発売されたが、その時の曲名は「砂取り唄」であった。『砂取り節』と曲名が変わったのは、その後のことである。

日本民謡の曲名の命名法では、その唄を用いる時の動作を示す動詞には「唄」を添えて曲名とするので、この唄の本来の曲名は「砂取り唄」である。ところが、馬緤の人たちは、「うた」という響きが穏やかすぎ、また、発音しにくいためか、「砂を取る」という動詞ではなく、「砂取り」という作業名（名詞）に「節」を添えて、『砂取り節』としたようである。

なお、「揚げ浜式塩田」は一九五九年に廃止されたが、今も、その製法を守っている、少数の人たちがいる。

節まわしの型　今日広く唄われている節まわしは、保存会の木村要作のものである。

鶴《つる》来《ぎ》節《ぶし》

〽ハァー踊《おど》りますぞえ　①編笠山《あみがさやま》が
花《はな》の②白山《しらやま》　見《み》にござァァれー
（チョイィ　チョイ　チョイチョイ）

〽花《はな》の白山《しらやま》　いつしか過《す》ぎて
③杉《すぎ》のお宮《みや》に　ほととぎす

〽④別《べつ》に拝《おが》んだ　白山《しらやま》さんを
そっと戻《もど》りにゃ　⑤手取川《てどりがわ》

〽未練《みれん》らしいが　白山道《しらやまみち》を
も一度《いちど》御籤《みくじ》が　引《ひ》きたさに

〽主《ぬし》の心《こころ》と　白山《しらやま》さんの
とても⑥解《げ》せない　七不思議《ななふしぎ》

〽縁《えん》は異《い》なもの　⑦能美石川《のみいしかわ》の
中《なか》(仲)を⑧手取《てどり》の　⑨天狗橋《てんぐばし》

〽来《き》てもみやんせ　⑩金劔《きんけん》さんの
氏子女《うじこおんな》の　ほどのよさ

〽誓《ちか》いましょうぞ　金劔《きんけん》さんの
⑪天《あま》の真名井《まない》の　涸《か》れるまで

〽杉《すぎ》の⑫群立《むらた》つ　⑬舟岡山《ふなおかやま》に
里《さと》が見《み》えたり　隠《かく》れたり

注①編み笠の形をした山（二〇三メートル）。手取川の西、能美市辰口町和佐谷にある。
②白山比咩神社。白山市三宮町にある。⬇解説。
③金劔宮のこと。白山七社の一。白山市鶴来日詰町にある。
④世間の目を気にして、男女別々に。
⑤石川県南東部の白山連峰に発して北西流、西流し、白山市美川で日本海へ注ぐ川（約六六キロ）。「手を取る」を掛ける。
⑥「解けない」とも。
⑦旧能美郡と石川郡（現能美市・白山市一帯）。
⑧「手を取る」と手取川を掛ける。
⑨手取川に架かる橋。鶴来中心部と能美市辰口町とを結ぶ。
⑩金劔宮。⬇注③。
⑪金劔宮の境内にある、霊水の涌く井戸。別名「殿池」。
⑫群がり立っている。
⑬白山比咩神社の北方、白山市八幡町にある山（一七九メートル）。同神社の最初の鎮座地と伝える。

石川県の、お座敷唄形式の新民謡。石川県の南部、手取《てどり》川の下流に開けた白山《はくさん》市鶴来温泉の花柳界の宴席で、芸者衆が唄ってきたものである。鶴来は、加賀一ノ宮白山比咩《しらやまひめ》神社の鳥居前町であり、早くから白山《はくさん》信仰の中心地であった。

唄の履歴　この唄は、新民謡運動の華やかだった一九二七年に、阪井雅楽守《さかいうたのかみ》（本名、弥三久）が歌詞を作り、西川養枝《よしえ》（三味線の師匠）が作曲した新民謡である。阪井は金沢市の新聞記者で、川柳作家であった。

その『鶴来節』に振りが付けられ、鶴来温泉など、花柳界のお座敷で、芸者衆が踊り付きで披露するようになった。そして、一九二九年には、NHKラジオで初放送された。しかし、世間に広まったのは昭和三〇年代（一九五五〜）末で、金沢市民謡界の加戸桂子《かとけいこ》の唄によってである。

節まわしの型　今日広く唄われている節まわしは、加戸桂子のものである。

七尾《ななお》まだら

〽〔音頭取り〕①目出度《めでた》目出《めで》エヨエー度《た》のォー
〔付け手〕イヤ　ヨー　エ　エヨエー　エヨ
エ　エヨエー　エヨエー
〔音頭取り〕若《わか》まー
〔付け手〕アつー　イヨ　ホホ　ホイィ　コ
ノ　イヤハーイ様《さま》よ　ヨーエー　エヨエ
エヨエ　ハーエェー　イヨ　ホホ　ホイ
ィ　アァヨイコノサー　イヨ　ホホ　ホ
ーィ　エェ　ヨーホイサーエー
〔音頭取り〕イヤエェー　枝《えだ》ー
〔付け手〕アーもー　イヨ　ホホ　ホーィ
ヨノ　イヤ　ハァーィ　盛《さか》える　ヨーエ
ー　ヨエー　エヨエ　エヨエ　ハーエー
イヨ　ホホ　ホイィ　ハーヨイコノサー
ハー
〔付け手〕葉《は》もしー　（〔はやし手〕ハー）
〔付け手〕ヨーエ　エヨエーェ　エヨエー
ヨエー　ハァ　げる　ヨイ　サーエー

〽この②館《やかた》は　目出度《めでた》い館《やかた》
鶴《つる》が御門《ごもん》に　巣《す》をかける

〽さすぞ盃《さかずき》　中見《なかみ》てあが③れ
中《なか》は鶴亀《つるかめ》　④五葉《ごよ》の松《まつ》

〽⑤新造目出度《しんぞめでた》や　⑥弥帆《やほ》まであげて
思《おも》うた港《みなと》へ　そよそよと

〽⑦安芸《あき》の宮島《みやじま》　まわれば⑧七里《しちり》
島《しま》は⑨七浦《ななうら》　⑩七恵比須《ななえびす》

〽新造《しんぞ》造《つく》りて　⑪松前《まつまえ》へ⑫下《くだ》る
⑬上《のぼ》る⑭中荷《なかに》は　昆布《こぶ》鰊《にしん》

注①この唄は、母音の一つ一つを伸ばしたり繰り返したりして唄っていくが、ここには歌詞と母音などの、主要部分のみを記した。
②この。
③召し上がれ。
④五葉松。マツ科の常緑高木。山地に自生し、高さ三〇《メートル》、直径一《メートル》にもなる。樹皮は黒灰色。庭木や盆栽にする。針形の葉が五本ずつ小枝に密に束生し、夫婦と三人の子にたとえて一家繁栄の象徴とされる。
⑤新しく造った船。
⑥和船の舳《へさき》の方に張る、小さな帆。
⑦広島県の南西端にある厳島《いつくしま》の通称。「安芸」は旧国名で、現広島県西部。島全域が廿日市市宮島町に属する。島北部の厳島神社は、安芸の国一の宮。
⑧宮島を一周すれば、約二七・五《キロ》ある。
⑨景勝の、七つの入り江と。
⑩七つの恵比須神社がある。恵比須は七福神の一。福徳・漁・商売繁昌などの神。右手に釣り竿を持ち、左手で鯛を抱える。
⑪現北海道南西部の渡島《おしま》半島にあった松前藩領のこと。ここでは、広く北海道全域をさす。
⑫現北海道方面へ向かうこと。
⑬現北海道方面から、京都・大坂方面へ向かうこと。
⑭千石船の胴の中の積み荷。重要な荷で、船上には、濡れてもいい上荷を積む。

石川県の祝い唄。石川県能登《のと》半島の中東部、七尾湾に面した七尾市の人たちが、祝いの席で、手拍子に合わせて唄ってきたものである。

七尾には、和船（千石船など）の船主が多く、船乗りも沢山いた。船主は、旧暦の正月一一日（現在では新暦の二月一一日）の吉日に、船頭から水手《かこ》までを自宅へ招いて盛大な酒宴を催し、好んでこの『七尾まだら』を唄ってきた。手拍子は、左手を受けにし、右手を少し高めに構えて打つ。

唄の履歴　この唄の源流は、九州地方一円から瀬戸内海沿岸にかけて広く分布する、「ヨイヤナ」とか「六調子」と呼ばれる唄である。それは、江戸時代初期か室町時代にまでさかのぼれるかもしれない三味線唄で、上方の生まれらしい。

その唄が祝い唄として瀬戸内海沿岸一円で広く唄われる間に、歌詞のしまいに加えるはやし詞によって「ヨイコノ節」とか「ションガエ節」などと呼ばれるようになった。『七尾まだら』も、「ヨイコノサア」がついているので、「ヨイコノ節」の一種である。（宮城県の『エンコロ節』も、はやし詞の「ヨイコノ」が「ヨイコロ」→「エンコロ」と変化したもので、同じく「ヨイコノ節」の一種である。）

ところが、瀬戸内海の塩飽《しあく》諸島（香川県丸亀市）辺りでは、「生み字」と呼ばれる母音を多用して長く伸ばし、歌詞の意味をわかりにくくするのが神様へ伝える方法だと考えられていた。（それは、人間社会の言葉では通じないだろうという配慮である。）その唄い方が「ヨイコノ節」にも及び、唄える人以外には意味がわからないような節まわしになっていった。そうした唄が、海路、能登半島へも伝えられ、『七尾まだら』や『輪島《わじま》まだら』になった。

曲名の「まだら」の意味は不明であるが、この唄の発祥地が馬渡島《まだらしま》（佐賀県東松浦郡鎮西町）だからではないか、などともいわれてきた。しかし、筆者（竹内勉）の考えでは、この「まだら」は「摩《ま》多羅神《だらじん》」のことだろうと思う。

「摩多羅神」は、元来はインドの神で、天台宗の開祖、最澄《さいちょう》が航海の守護神として唐から将来したものという。のちに、円仁《えんにん》（慈覚大師）が唐から帰朝する時に船上に現れたので、円仁は、念仏の守護神として、天台宗寺院の常行堂《じょうぎょうどう》にまつった。常行堂は、僧が九〇日間こもって、念仏を唱え、修行するためのお堂である。

また、川村湊著「牛頭天王《ごずてんのう》と蘇民将来《そみんしょうらい》伝説」には、次のような記述がある。

「摩多羅神の祭は、京都太秦《うずまさ》の広隆寺で十月十日の夜に行われる。」「常住（行）堂から赤鬼・青鬼の先導によって牛に乗って出てきた摩多羅神は、白装束に面を被り、頭巾には北斗七星が付いている。薬師堂の前の祭壇で祭文を称えながら薬師堂を三周して、称え終るとすぐに薬師堂のなかへ駆け込むように入る。この時、周りで見物していた村人たちは、摩多羅神が残した祭文を奪い合うために押し合いへし合いを行う。これが真夜中に行われる摩多羅神の「牛祭」である。」「何か奇怪な秘祭のような感じを与えるのだが、面にしても奇妙で滑稽なものだし、その祭文も支離滅裂で、周囲の者から盛んに野次が飛んだものだったという。」「元来は、天台宗の常行堂を根拠として活躍した猿楽《さるがく》芸人が行ったものではないかと推測されていて、滑稽味のあった祭だったようだ。」

「この摩多羅神を祭る数少ない摩多羅神祭が、平泉の毛越寺《もうつうじ》でも正月に行われていて（二十日前祭）、同時に蘇民祭が行われているということは、摩多羅神信仰と牛頭天王信仰との習合性を暗示するものといえよう。毛越寺の常行堂の秘仏とされている（三十三年に一度公開される）摩多羅神は、正月二十日の夜に厄払いと無病息災の祈願を受ける。常行堂の扉が開かれ、本尊の阿弥陀如来が拝観できるが、その奥の堂に摩多羅神は鎮座している。」「祭のクライマックスは堂内で舞われる延年の舞であり、藤原三代の繁栄と栄華を伝える毛越寺の歴史と伝統の深さをしっかりと感じさせるものなのだ。」「この摩多羅神祭は、一年のなかで、この日だけ、他人の悪口が解禁される日であるという住民たちの認識は、太秦広隆寺の牛祭（摩多羅神祭）の伝承をそのまま活かしたものといえるだろう。」

その「摩多羅神」は、航海安全の神・五穀豊穣の神・疫病退散の神・災厄除去の神・念仏守護の神・芸能の神などとして、日本各地にまつられていたようである。そして、能登半島の七尾や輪島にも、かつては「摩多羅神祭り」があり、その「祝い唄」を「摩多羅神祝い唄」、略して「まだら」と呼んだのではないかと思われる。

ところが、一八六八年三月に明治政府から「神仏分離令」が出されると、この種の神々は、うさん臭いとして追放されてしまった。そのため、曲名と唄だけが残り、今日もなお、「祝い唄」として唄われているのであろう。

『七尾まだら』は、一九二八年に日本青年館主催「第三回郷土舞踊と民謡の会」に地元有志が出演したことから知られるようになった。しかし、なにしろ連続小節は唄い分けにくくて、一般化は不可能に近く、わからない唄の代名詞に使われているほどである。それでも、昭和の初めに藤蔭静枝が謡曲の素踊りのような振りをつけてからは、その踊りが古風で、優雅で、格調高く、多くの人々にあこがれさえ抱かせている。

筆者は、金沢市の兼六民謡会の会主中村晴悦（現富山市八尾町出身）にこの『七尾まだら』を唄うように勧めていたが、中村は一九七一年の日本郷土民謡協会の全国大会に出場し、この唄で優勝した。しかし、唄が難しく、舞踊家には東京でも関心が高いが、一般の人には手が出せないのが現状である。

節まわしの型　今日広く唄われている節まわしは、「七尾まだら節保存会」の人たちのものである。

能登舟漕ぎ唄《のとふなこぎうた》

定型

〽ハァー①あいの②朝凪《あさなぎ》　③くだりの④夜凪《よなぎ》

〽⑤真風《まかぜ》⑥たばかちサー　昼《ひる》に⑦凪《な》ぐ
（ソレ漕《こ》げエ　ソレ漕《こ》げ）

〽船《ふね》は⑧まともに　帆《ほ》は⑨真《ま》ん中《なか》に
いとし⑩殿《との》まは　⑪弥帆《やほ》の陰《かげ》

〽押《お》せや押《お》せ押《お》せ　船頭《せんど》も⑫水手《かこ》も
押《お》せは港《みなと》が　近《ちか》くなる

〽谷《たに》の鶯《うぐいす》　気《き》ままに鳴《な》いて
俺《おれ》の心《こころ》を　まどわせる

〽⑬佐渡島《さどがしま》には　⑭吉原《よしわら》ござる
⑮輪島《わじま》お客《きゃく》が　⑯駕籠《かご》で来《く》る

〽⑰珠洲《すず》の沖《おき》から　⑱石崎舟《いしざきぶね》が
大漁大漁《たいりょたいりょ》の　旗立《はたた》てて

三音省略型

〽〔いとし〕殿《との》まの　艪《ろ》を押《お》す姿《すがた》
⑲早稲《わせ》の出顔《でがお》で　⑳揚々《ようよう》と

二音省略型

〽〔あの〕よい子《こ》さの　㉑可愛《かわ》いさの守《も》りよ
㉓抱《いだ》きたいわの　守《も》りともに

注①能登半島では、北~東の風。
②朝、風がやんで、海が穏やかになること。
③能登半島では、南~南西の風。
④夜、風がやんで、海が穏やかになること。
⑤能登半島では、秋に吹く、北~北西の風。
⑥同じく冬に吹く、北~北西の風。
⑦風がやんで、海が穏やかになる。
⑧帆船が、後方からの追い風を受けて進むこと。
⑨帆を、船の進行方向に対して直角に張ること。真帆にすること。
⑩女性の、男性に対する敬称。殿御。
⑪和船の舳《へさき》の方に張る、小さな帆。
⑫船の乗組員で、船頭以外の者。
⑬能登半島の北東方にある島。距離は四九里（約一九二キロ）と唄われる。
⑭江戸の吉原と同じような、大きな遊廓がある、の意。ここでは小木港の遊廓をさす。吉原遊廓は現東京都台東区千束にあった。
⑮能登半島北西部の現輪島市からの遊客が。
⑯竹や木で作った、箱状の乗り物。人を乗せ、上部の棒を前後から担いで運ぶ。
⑰現珠州市。能登半島の北東端にある。
⑱現七尾市石崎町の漁船。
⑲早稲が穂を出す時のような顔をして。早稲は、稲の品種で、早期に実るもの。
⑳得意げに。誇らしげに。
㉑「よい子さの」とも。
㉒子守りの娘。
㉓「お抱きたいわの」は誤唱。

石川県の仕事唄。石川県も能登半島の中東部、七尾湾南湾に面した現七尾市石崎町の物売りの商人たちが、舟を仕立て、夫婦連れで商売してまわる、その舟を漕ぐ夫が唄ってきたものである。

能登半島は陸上交通が発達せず、石崎地区の商人たちは、商品を小舟に積み込んで夫が舟を漕ぎ、各入り江に入って舟を岸へ着けると、そこから先は妻が売ってまわった。

唄の履歴　この唄の源流は、石崎町の西方の、能登半島西海岸にある羽咋《はくい》郡志賀《しか》町辺りの盆踊り唄『青田もどき』である。それを艪《ろ》を押しながら唄ううち、長く、ゆったりとのばす唄にと変化していった。

その舟唄が初めて電波に乗ったのは、一九五八年二月三日のラジオ「民謡風土記」（ニッポン放送）で、ササイシロウという人が、「夫と妻が、船上で掛け合いで唄う」と前置きして唄った。もちろん伴奏はなかった。その後、六三年四月一五日のNHKラジオ「民謡を訪ねて」で、詩吟の師匠で民謡家の前浜信太郎が今日の節まわしに整え、「七尾艪漕ぎ唄」の名で唄ったが、七月一八日のNHKテレビ「ふるさとのうた」では曲名が「舟漕ぎ唄」になっていた。前浜は、翌六四年には東芝レコードに吹き込んだ。この唄は、この人によって世に出てきたものである。

その唄を金沢市在住の中村晴悦（富山県の現富山市八尾町出身）が覚え、唄うようになったのは、昭和四〇年代（一九六五~）に入ってからである。曲名は六七年には『能登舟漕ぎ唄』に納まったが、中村は六九年に東京の国立劇場で唄い、その秋にはコロムビアレコードに吹き込み、以後、この唄を十八番にして唄い広めた。

ところが、昭和五〇年代に別の節まわしの唄が「正調能登舟漕ぎ唄」という名で世に出てきた。しかし、それは、前浜の節まわしとあえて異なるように工夫したため、唄としては無理がある。

なお、『能登舟漕ぎ唄』には、初めの三音や二音を略す「三音省略型」「二音省略型」がある。これは、力仕事をしながら唄う唄や盆踊り唄などに時折見られるものであるが、息が切れるために省略するのである。この唄の場合は、舟唄になってから省略したのではなく、盆踊り唄の時代にすでに省略されていたと考えられる。

節まわしの型　今日広く唄われている節まわしは、前浜信太郎のものである。

能登麦屋節《のとむぎやぶし》

定型

本唄〔音頭取り〕

〽①麦《むぎ》や小麦《こむぎ》はイナァ　②二年《にねん》でイナーはらむヤ
ーイナー
米《こめ》はお③禄《ろく》でイナー　〔〔付け手〕チョイト〕
④年《とし》サーヤーイナーばらみヤー
〔繰り返し〕〔付け手〕
アラ　チョイト年《とし》ばらみヤーイナー
米《こめ》はお禄《ろく》でイナー　〔〔音頭取り〕チョイト〕
年《とし》サーヤーイナーばらみヤー

〽⑤能登《のと》の⑥七浦《しつら》で　竹伐《たけき》る音《おと》は
⑦三里《さんり》聞《き》こえて　五里響《ごりひび》く

〽⑧輪島《わじま》⑨麦屋《むぎや》は　七軒八軒《ななやけややけ》
中《なか》の麦屋《むぎや》で　市《いち》が立《た》つ

〽⑩一升二升《いっしょにしょ》なら　細《こま》こう挽《ひ》こに
細《こま》こ挽《ひ》かりょか　五升五升《ごしょごしょ》（ゴショゴショ）
と

〽わしらの⑪もの挽《び》き　唄《うた》から先《さき》じゃ
臼《うす》は後《あと》から　ゴロゴロと

〽麦《むぎ》は挽《ひ》けても　小麦《こむぎ》は嫌《いや》ぞ
嫌《いや》ぞ小麦《こむぎ》は　⑫八度挽《はちどび》き

〽長《なが》い月日《つきひ》と　わしゃ思《おも》たれど
早《はや》も⑬師走《しわす》の　今日七日《きょうなのか》

〽⑭後生願《ごしょねが》いたきゃ　もの挽《び》きに来《き》やれ
二升《にしょ》と三升挽《さんじょひ》きゃ　五升《ごしょ》（後生）となる

〽臼《うす》は⑮佐渡臼《さどうす》　相手《あいて》は殿《との》さ
臼《うす》が重《おも》かろ　はずはない

〽臼《うす》が重《おも》けりゃ　相手《あいて》のお顔《かお》
眺《なが》めますぞえ　じろじろと

〽臼《うす》は⑯新臼《しんうす》　挽《ひ》き手《て》は玄人《くろと》
臼《うす》の軽《かる》さの　おもしろさ

〽⑰輪島三町《わじまさんちょ》の　麦屋《むぎや》をやめて
いつか⑱小伊勢《おいせ》の　橋渡《はしわた》ろ

字あまり

〽竹《たけ》の伐《き》り口《くち》や　スコタンコタンと
なみなみたっぷり　溜《た》まりし水《みず》は
澄《す》まず濁《にご》らず　出《で》ず⑲入《い》らず

〽竹《たけ》の丸木橋《まるきばし》や　滑《すべ》って転《ころ》んで
危《あぶ》ないけれども　君《きみ》とならなら渡《わた》る
落《お》ちて死《し》ぬとも　諸共《もろとも》に

〽俺《おら》が若《わか》い時《とき》や　⑳佐比野《さびや》の奥《おく》の
そのまた奥《おく》の　㉑青山薄《せいざんすすき》
今《いま》はやつれて　炭俵《すみだわら》

〽俺《おら》が友達《ともだち》や　向《む》かい小山《こやま》の
段々畑《だんだんばたけ》の　㉒かたがり畑《ばたけ》の
茶《ちゃ》の木《き》の根《ね》っこに　黄色《きいろ》に真《ま》っ赤《か》に
五色《ごしき》に咲《さ》いたる　菜種《なたね》の花《はな》よ
最中過《さなかす》ぎれば　㉓ちらばらと

注①大麦。
②秋に播いた種が、次の年の春に二年がかりで実を

結ぶ。
③官に仕える者に俸禄として支給される、大切なもので。
④毎年毎年実を結ぶ。
⑤旧国名。石川県の能登半島全域。
⑥旧村名。現輪島市門前町内。
⑦約一二キロ。
⑧現輪島市。
⑨製粉業の家。
⑩約一・八リットル。
⑪穀物を石臼で粉に挽くこと。
⑫小麦を石臼で挽いてふるいにかけ、再び挽き直す、それを八回繰り返すこと。
⑬陰暦一二月の別称。
⑭死後に極楽へ生まれ変わりたいなら。
⑮能登半島の北東方にある佐渡島産の、石で作った臼。
⑯作ったばかりの臼。
⑰鳳至《ふげし》町・河井町・海士《あま》町のこと。現輪島市内。
⑱現輪島市中心街南西方の、鳳至川に架かる橋。
⑲「減らず」は誤唱。
⑳輪島市の中西部にある山（三八八メートル）。
㉑木が青々と茂った山の。
㉒傾斜地に作った畑。
㉓ちりぢりばらばらに咲いていること。

石川県の踊り唄。石川県能登半島の中西部、曹洞《そうとう》宗総持寺の門前町（輪島市門前町）の人たちが、酒席の踊り唄として唄い踊ってきたものである。

唄の履歴　この唄の源流は、かつて七浦《しつら》（中世は志津良荘）と呼ばれた農村で、輪島素麺《そうめん》の原料である小麦を石臼で挽いて粉にする粉屋職人が、仕事をしながら唄っていた「臼挽き唄」である。粉屋職人は、冬の農閑期を利用した出稼ぎであった。

現在の『能登麦屋節』は、その「臼挽き唄」に伴奏がついて踊り唄となったものであるが、「臼挽き唄」時代の名残りで繰り返しの部分がついており、今でも掛け合いで唄うようになっている。

その『能登麦屋節』、昭和三〇年代（一九五五〜）の中頃に、民謡研究家の服部龍太郎が、七浦村《しちうら》（現輪島市内）の古老から聞いて採譜し、キングレコードでレコード化した。しかし、一般には知られることなく終わった。次いで、一九六三年、東芝レコードが、石川県下の唄を集めたLPレコード「石川のうた」に、井上孝一と竹本秀雄による唄を収めた。さらに、六九年七月二九日には、能登麦屋節保存会の山岸勇（六三歳）と竹本秀雄（五〇歳）がコロムビアレコードに吹き込むと、折りからの発掘民謡ブームで、広く唄われるようになった。

なお、能登の「臼挽き唄」は、出稼ぎの粉屋職人によって庄川《しょうがわ》上流の五箇山《ごかやま》（富山県南砺《なんと》市の旧平《たいら》村・上平村・利賀《とが》村）へ持ち帰られた。それは、「〽能登の輪島は…」という唄い出しから「輪島」の名で、酒席で唄い踊られるようになり、のちに改名して『麦や節』（四三九ページ）となった。

節まわしの型　今日広く唄われている節まわしは、保存会の山岸勇・竹本秀雄のものである。

山《やま》中《なか》節《ぶし》

〽ハァー忘《わす》れしゃんすな　①山中道《やまなかみち》を

東《ひがし》や②松山《まつやま》　西《にし》や③薬師《やくし》
（チョイイ　チョイ　チョイ）

〽お前見初《まえみそ》めた　去年《きょねん》の五月《ごがつ》
五月菖蒲《ごがつしょうぶ》の　湯《ゆ》の中《なか》で

〽④山中《やまなか》　⑤山代《やましろ》　⑥粟津《あわづ》の湯《ゆ》でも
惚《ほ》れた病《やまい》は　治《なお》りゃせぬ

〽惚《ほ》れた病《やまい》も　治《なお》せば治《なお》る
想《おも》うお方《かた》と　⑦添《そ》や治《なお》る

〽昨夜《ゆうべ》習《なろ》うた　山中節《やまなかぶし》も
今朝《けさ》は別《わか》れの　唄《うた》となる

〽⑧加賀《かが》の山中《やまなか》　恐《おそ》ろし所《とこ》よ
夜《よる》の夜中《よなか》に　⑨シシが出《で》る

〽薬師山《やくしやま》から　⑩湯座屋《ゆざや》を見《み》れば
シシが髪結《かみゆ》うて　⑪身《み》をやつす

〽⑫浴衣《ゆかた》肩《かた》に掛《か》け　戸板《といた》にもたれ
足《あし》でろの字《じ》を　書《か》くわいな

〽山《やま》が高《たこ》うて　山中見《やまなかみ》えぬ

石川県

〽山中恋《やまなかこい》しや　山憎《やまにく》や
谷《たに》にゃ水音《みずおと》　峰《みね》には嵐《あらし》
間《あい》の山中《やまなか》　湯《ゆ》の匂《にお》い

〽五月菖蒲《ごがつしょうぶ》を　見《み》るたびごとに
山中恋《やまなかこい》しや　湯《ゆ》の匂《にお》い

〽送《おく》りましょうか　送《おく》られましょか
せめて⑬二天《にてん》の　橋《はし》までも

〽⑭桂清水《かつらしみず》で　手拭《てぬぐ》い拾《ひろ》た
これも山中《やまなか》　湯《ゆ》の流《なが》れ

〽飛《と》んで行《ゆ》きたや　あの山中《やまなか》へ
想《おも》いかけたる　ほととぎす

〽鉄砲《てっぽ》⑮かたねて　来《き》た山中《やまなか》で
⑯シシも撃《う》たずに　空戻《からもど》り

〽⑰桂地蔵《かつらじぞ》さんに　わしゃ恥《は》ずかしや
別《わか》れ涙《なみだ》の　顔見《かおみ》せた

〽主《ぬし》のおそばと　⑱こおろぎ橋《ばし》は
離《はな》れともなや　いつまでも

〽飛《と》んで行《ゆ》きたや　⑲こおろぎの茶屋《ちゃや》
恋《こい》の懸《か》け橋《はし》　二人連《ふたりづ》れ

〽病治《やまいなお》しの　山中《やまなか》なれど
⑳病求《やまいもと》めた　人《ひと》もある

〽お湯《ゆ》の流《なが》れで　浮《う》き名《な》を流《なが》す
湯壷《ゆつぼ》なりゃこそ　人知《ひとし》らぬ

注①現加賀市中心部から山中温泉へ至る道。山中街道。
②現在の東山（二八二メートル）。山中温泉の東方にある。
③薬師山。現在の水無山（三四八・五メートル）。山中温泉の西方にある。
④山中温泉。⬇解説。
⑤山代温泉。加賀市にある。加賀温泉郷の一。
⑥粟津温泉。小松市にある。北陸地方最古の温泉。加賀温泉郷の一。
⑦「添えや」の略。添えば。
⑧旧国名。能登半島を除く現石川県全域。
⑨湯女《ゆな》。山中温泉の隠語。人目をさけるために風呂敷などで頬かむりした姿が猪に似ていることから、という。
⑩共同浴場。
⑪化粧をする。
⑫「ユカタベーヤ」（⬇解説）が、湯治客が湯から上がるのを待っている様子。
⑬山中温泉の北方約三キロの、大聖寺川に架かる橋。「二天の茶屋」とも。
⑭山中温泉の北西端にある湧き水。樹齢約五百年の桂の根元から湧出している。
⑮かついで。
⑯猪も撃たないで。湯女と遊ばずに帰った、の意を掛ける。
⑰桂清水のそばにある地蔵尊。
⑱山中温泉南端の、大聖寺川に架かる橋。付近は景勝地。
⑲こおろぎ橋のそばにあった茶屋。
⑳恋の病を。

石川県のお座敷唄。石川県の南西部、大聖寺《だいしょうじ》川の中流にある加賀市山中温泉の芸者衆が、宴席で唄ってきたものである。

山中温泉は、天平年間（七二九〜七四九）に北陸行脚の行基が発見したと伝えられる。のち、文治年間（一一八五〜九〇）に能登《のと》の地頭長谷部信連が、鷹狩りの折りに一羽の白鷺《しらさぎ》が傷をいやしているのを見て復興し、浴場を造ったといわれている。

唄の履歴　この唄の源流は、加賀地方の盆踊り唄の「甚句《じんく》」で、七七七五調の下の句七五を二度繰り返す唄である。それを、山中温泉の「ユカタベーヤ」が暇つぶしに唄っていたのが、しだいに湯治客の間に広まっていった。「ユカタベーヤ」とは、「浴衣姉や」の訛《なま》ったものである。山中温泉は、かつては外湯（共同浴場）しかなかったため、「ユカタベーヤ」と呼ばれる少女が湯治客について行って、客が湯に入っている間、浴衣や服を持って外で待っていた。

さて、日本海を航行する帆船の船乗りたちは、その年の航海を終えた一〇月下旬から一一月にかけて、この山中温泉へよく湯治にやって来た。そのため、『山中節』は船乗りたちの間でかなりはやったようで、『江差追分《えさしおいわけ》』（北海道）の唄い手たちも、舞台でこの唄を余興として尺八伴奏で盛んに唄った。『江差追分』の神様と呼ばれる三浦為七郎が昭和の初め頃にスタークトンレコードに吹き込んだ『山中節』は、まだ下の句を二回繰り返して唄うものであった。

ところが、一九二七年か二八年頃、折りからの新民謡運動の中で、山中温泉の芸者安実清子《あんじつせいこ》（一九一〇年生まれか。源氏名は金津家米八《よねはち》）がニットオレコードに吹き込んだ。両面『山中節』であったが、ＳＰレコードは片面約三分間しか録音できないことから、繰り返しを省略し、三首で三分間（一首一分間）の速さの唄に整えた。しかし、その時のレコードの唄は、今日の節まわしとはかなり異なる。今日の節まわしは、一九三一年五月発売のビクターレコードの小唄勝太郎（新潟市出身）によるもののようなので、誰が、どう係わったかは不明であるが、一九二七年から三一年の間に今日の形に整えられたことだけは確かである。

その後、米八の名は受け継がれ、現在三代目となっている。

節まわしの型　今日広く唄われている節まわしは、小唄勝太郎のものではないかと思われる。

福井県

芦《あ》原《わら》節《ぶし》

〽花《はな》の　〔春〕
（チョイトナー　チョイ　チョイ）
雫《しずく》か　芦原《①あわら》の出湯《いでゆ》
（チョイ　チョイ）
好《す》いたどうしが　桜色《さくらいろ》 ホントうれしいわね
（チョイ　チョイ）

〽銀《ぎん》の鏡《かがみ》か　芦《あ》原《わら》の出湯《いでゆ》　〔夏〕
深《ふか》い情《なさ》けの　色競《いろくら》べ
『ホントうれしいわね』

〽月《つき》もはにかむ　芦《あ》原《わら》の出湯《いでゆ》　〔秋〕
主《ぬし》のためなら　水鏡《みずかがみ》
『ホントうれしいわね』

〽打《う》つな閨《②ねや》の戸《と》　芦《あ》原《わら》は禁猟《きんりょ》　〔冬〕
夫婦鴨《めおとがも》だよ　掘《ほ》り炬燵《ごたつ》
『ホントうれしいわね』

〽神《かみ》が授《さず》けた　芦《あ》原《わら》の出湯《いでゆ》
枯《か》れた稲《いね》さえ　穂《ほ》が実《みの》る
『ホント穂《ほ》が実《みの》る』

〽一人《ひとり》で生《う》まれて　一人《ひとり》で死《し》ぬに
なぜに一人《ひとり》じゃ　暮《く》らされぬ
『ホント暮《く》らされぬ』

納め

〽夜叉《③やしゃ》で夜《④や》の叉《しゃ》で　夜《や》の叉《しゃ》で夜叉《やしゃ》で
夜叉《やしゃ》で夜《や》の叉《しゃ》で　こちゃ知《し》らぬ
『ホントこちゃ知《し》らぬ』

注①➡解説。
②寝室。
③仏教で、仏法を守護する八部衆の一。毘沙門天の従者で、北方を守る。後世では、醜悪な顔で、怪力があり、人の精気を吸い、血肉を食らう獰猛兇悪な悪魔。この歌詞は、遊女は夜叉のように恐ろしいものだから、近づかないほうがよい、といった意味のものか。あるいは、花柳界の隠語で「嫌《や》者《しゃ》」（嫌いな人）のことか。
④「夜叉」を二つに分けたもの。

福井県の、お座敷唄形式の新民謡。福井県の北西端にある芦原温泉（あわら市）の芸者衆が、温泉客相手の宴席で唄ってきたものである。

唄の履歴　この唄は、芦原温泉の旅館、べに屋の主人奥村藤五郎が、芦原の芸者衆のためにお座敷唄として作ってもらったもので、作詞・作曲は斎藤佳三である。

芦原温泉は、一八八三年に発見された食塩泉で歴史が浅く、江戸時代からの伝承民謡がないため、隣り町の『三国《みくに》節』（四五八ページ）を酒席で唄っていた。しかし、歌詞を替えて唄ってもしっくりいかないので、奥村は、親戚の山谷進一郎を通じて、東京音楽学校（現東京芸術大学）の教授斎藤佳三に新民謡の作成を依頼した。それは、昭和の初め頃のことである。当時は新民謡運動が盛んで、各地で御当地ソングが作られた時代である。

斎藤佳三は作詞・作曲をし、依頼されてから七ヶ月後に藤野豊子の唄で発表し、踊りの振りは藤蔭静枝が付けた。その後、藤本二三吉《ふみきち》・渡辺はま子などによってレコード化され、しだいに芦原温泉の御当地ソングとして広まっていった。

なお、斎藤が作った歌詞は春夏秋冬の四首だけであったが、のちに増えて、それらの歌詞の「ホント」のあとは、七七七五のしまい五音を繰り返して唄っている。

節まわしの型　今日広く唄われている節まわしは、芦原温泉の芸者衆のものである。

三《み》国《くに》節《ぶし》

お座敷唄

〽岩《いわ》が屏風《びょうぶ》か（チョイト）　屏風《びょうぶ》が岩《いわ》か
①海女《あま》の口笛《くちぶえ》　②東尋坊《とうじんぼう》
（チョイイ　チョイ　チョイ）
〘繰り返し〙〔唄い手〕
東尋坊《とうじんぼう》（チョイト）　オイイ東尋坊《とうじんぼう》
海女《あま》の口笛《くちぶえ》　東尋坊《とうじんぼう》
（チョイイ　チョイ　チョイ）

〽③三国《みくに》三国《みくに》と　④通《かよ》う奴《やつ》ァ馬鹿《ばか》よ
⑤帯《おび》の幅《はば》ほど　ある町《まち》を

〽盆《ぼん》のお月様《つきさま》　まん丸《まる》こて丸《まろ》て
丸《まろ》てまん丸《まる》こて　角《かど》がない

〽⑥米《こめ》のなる木《き》で　草履《ぞうり》を作《つく》り
歩《ある》きゃ小判《こばん》の　跡《あと》がつく

〽主《ぬし》を待《ま》つ間《ま》の　あの東尋坊《とうじんぼう》
心《こころ》とどろく　浪《なみ》の音《おと》

〽⑦厚司《あつし》⑧縄帯《なわおび》　腰《こし》には⑨矢立《やた》て
⑩問屋通《とんやがよ》いの　ほどのよさ

〽⑪三国祭《みくにまつ》りは　⑫めめじゃこ祭《まつ》り
⑬そうけ持《も》って来《こ》い　掬《すく》うてやる

〽誰《だれ》がどう言《い》うても　⑭金津《かなづ》は在郷《ざいごう》
三国《みくに》や港《みなと》で　⑮船《ふね》が立《た》つ

〽⑯新兵衛《しんべえ》二人《ふたり》に　⑰小女郎《こじょろ》は一人《ひとり》
⑱どうせ一人《ひとり》は　浪《なみ》の上《うえ》

〽義理《ぎり》と誠《まこと》で　二人《ふたり》を立《た》てりゃ
間《あい》で小女郎《こじょろ》の　身《み》が立《た》たぬ

〽さても見事《みごと》な　⑲安島《あんとう》の⑳雄島《おしま》
地《ち》から生《は》えたか　浮《う》き島《しま》か

〽地《ち》から生《は》えもせず　浮《う》いてもおらず
昔《むかし》古代《こだい》から　ある島《しま》や

〽酒《さけ》は酒屋《さかや》で　濃《こ》い茶《ちゃ》は茶屋《ちゃや》で
㉑三国小女郎《みくにこじょろ》は　㉒松ヶ下《まつがした》

〽金《かね》が降《ふ》る降《ふ》る　三国《みくに》の㉓出村《でむら》
船《ふね》が出《で》るたび　入《はい》るたび

〽㉔新保潮風《しんぼしおかぜ》　三国《みくに》は嵐《あらし》
出村《でむら》吹《ふ》く風《かぜ》　色《いろ》の風《かぜ》

〽出村《でむら》㉕思案橋《しあんばし》　戻《もど》ろか行《ゆ》こか
何《なん》の思案橋《しあんばし》　行《ゆ》くがよい

〽三国通《みくにがよ》いを　知《し》らない人《ひと》は
世《よ》にも哀《あわ》れな　金《かね》の番《ばん》

〽主《ぬし》にゃ捨《す》てられ　後《うし》ろ指《ゆび》さされ
泣《な》いて落《お》ちます　㉖浦塩《うらじお》へ

〽㉗佐渡《さど》で十九日《じゅうくにち》　㉘酒田《さかた》で十日《とおか》
想《おも》う三国《みくに》は　ただ一夜《いちや》

〽わしの殿御《とのご》は　㉙松前通《まつまえがよ》い
積《つ》んだ荷物《にもつ》は　米《こめ》と酒《さけ》

〽㉚可愛《かわ》い殿御《とのご》の　㉛弥帆《やほ》捲《ま》く姿《すがた》
㉜枕屏風《まくらびょうぶ》の　絵《え》に㉝したい

〽沖《おき》に白帆《しらほ》が　百九十九杯《ひゃくくじゅくはい》
わしの殿御《とのご》も　あの中《なか》に

〽袖《そで》も絞《しぼ》るな　涙《なみだ》も出《だ》すな
月《つき》に㉞六斎《ろくさい》　来《く》る船《ふね》を

〽出船《でふね》入《い》り船《ふね》　風見《かざみ》る所《とこ》は
雨《あめ》が降《ふ》っても　㉟日和山《ひよりやま》

〽三国出村《みくにでむら》の　女郎衆《じょろしゅ》の髪《かみ》は
船頭《せんど》さんには　錨綱《いかりづな》

注①海中にもぐっていた海女が海面に浮かび、息を整える時に口をすぼめて出す、笛のような音。
②三国町の北西部にある海食崖。高さ二五メートルに及ぶ輝石安山岩が柱状に立ち並ぶ。国の天然記念物。
③⇩解説。
④ここを「通う人御苦労」と替えたのは昭和二〇年代（一九四五～）後半で、町の観光協会か保存会の人たちであろう。この「馬鹿」は、三国の遊廓へ通う困った人、しかたのない人、かわいそうな男、といった意味である。「御苦労」では意味が通じないし、替える必要はない。ちなみに『阿波《あわ》踊り』（徳島）では「踊る阿呆に見る阿呆」、『郡上《ぐじょう》踊り』（岐阜）では「踊り助平」という語を用いている。
⑤三国の旧町並みは、九頭竜川東岸の河口から上流へ、細長く続いていた。
⑥藁《わら》のこと。
⑦大阪地方で産出した、厚手の木綿織物で作った仕事着。元はアイヌ語で、オヒョウの内皮の繊維を織って作った衣服。
⑧布製の帯の代用にした、藁の縄。
⑨腰の帯に挟んで携帯する筆記用具。筆を入れた筒の先に墨壷がついている。
⑩船問屋。三国では、中世の頃より問丸《とんまる》と呼ばれる回船問屋が港の経済を牛耳っていた。したがって、そこで働く人は花形であった。
⑪三国神社の祭礼（五月一九～二一日）。船形神輿《みこし》と、大きな武者人形を飾った六基の山車《だし》が町を練る。北陸三大祭りの一。
⑫よく雨に降られるお祭りだ、の意。また、「めめじゃこ」はめだかのことで、お祭りに集まる人々を、雨が降る水面に群れ集まるめだかにたとえた。
⑬ざる。竹の表皮を編んで作ったもの。
⑭現あわら市内。北陸道の旧宿場町。三国町の東方にある。
⑮帆船の帆柱が立ち並ぶ。
⑯帆船の船頭で、玉屋新兵衛と出村新兵衛。一人の小女郎を巡って争ったという。二人の新兵衛と三国小女郎は芝居の好題材で、江戸時代に種々脚色され、大坂や江戸で上演された。
⑰三国小女郎。三国の遊女は、他の港町の遊女と違って格式が高く、「三国小女郎」と呼ばれた。
⑱小女郎は、ひいきの客として船乗りを何人か抱えている。一人は今船で航行中だ、の意。
⑲三国町北西部（東尋坊以北）の地名。
⑳安島岬の西方二二〇メートルほどにある島。周囲約四キロ。現在は岬と橋で結ばれている。
㉑⇩注⑰。
㉒江戸時代初期に遊廓があった所。現南本町辺り。
㉓滝谷出村。三国港（福井藩）の北西方に設けられた、丸岡藩の港。付近に遊廓があった。現三国町内。
㉔三国港の対岸（九頭竜川の西岸）の地名。
㉕三国港と滝谷出村の間にある小さな橋。出村の遊廓へ行くかやめるか思案するところからの名称。
㉖ウラジオストクのこと。ロシアの南東端にある、日本海沿岸の港湾都市。一九〇二年、敦賀《つるが》港との間に定期航路が開通した。
㉗佐渡島。新潟市の西方にある島。周囲約二一七キロ。
㉘酒田港。現山形県酒田市の、最上川河口に開けた港。
㉙現北海道南西部の渡島《おしま》半島にあった松前藩領のこと。ここでは、広く北海道全域をさす。
㉚「いとしい」とも。
㉛和船の舳《へさき》の方に張る、小さな帆。
㉜すき間風を防ぐために枕元に立てる、背の低い屏風。
㉝「欲しや」とも。
㉞一ヶ月に六回、決まった日に荷物を積み込みに来る船。
㉟三国港の北方の山。帆船時代は、この山に登り、天候を見定めて出航を決めたり、出船・入り船を見届けたりした。

福井県のお座敷唄・盆踊り唄。福井県の北西端、それも九頭竜《くずりゅう》川の河口にある港町、坂井市三国町の花柳界の宴席で、芸者衆が唄ってきたものである。また、三国町の人たちがお盆に唄い踊ってきた。

三国は、九頭竜川の河口の東岸に開けた港町で、古代より知られていたが、中世に発達し、一六七二年以降、西まわり航路が整備されると、その中心の港として回船業と遊廓が盛んになった。その遊廓は、江戸時代初期には松ヶ下にあったが、のちに上新町周辺や滝谷《たきだに》出村《でむら》へ移った。そして三国は、元禄年間（一六八八〜一七〇四）に俳人各務《かがみ》支考が訪れて以来、美濃《みの》俳諧派の拠点となり、遊女哥川《うたがわ》も多くの秀句を残した。そのため、文芸の素養のある「三国小女郎」の名は日本中へ広まった。

唄の履歴　この唄の源流は不明であるが、曲の形は「甚句《じんく》」である。たぶん、東北地方の「甚句」が海路伝えられて盆踊り唄として唄われるうち、繰り返しのつく形式になり、それが花柳界入りしてお座敷唄になったのであろう。

繰り返しの形は、盆踊り唄だった時代の『山中節』（四五三ページ）と同じなので、石川県と福井県にまたがるこの周辺の盆踊り唄に共通する形式なのかもしれない。

ところが、その繰り返しは、今日の『三国節』のお座敷唄にはついているが、盆踊り唄にはついていない。盆踊り唄の繰り返し部分は、元は踊り手が唄っていたものであり、音頭取りが唄うものではないため、いつのまにか省略されるようになったのであろう。

節まわしの型　今日広く唄われている節まわしは、「お座敷唄」は芦原《あわら》温泉の芸者衆のもの、「盆踊り唄」は三国町の保存会のものである。

岐阜県

お婆《ばば》

〽〔音頭取り〕お婆《ばば》どこ行《い》きゃるナァー　ナア
ナー　お婆《ばば》どこ行《い》きゃるナァ
〔①付け手〕　②三升樽《さんじょだる》さげてソーラバエー
（ヒュルヒュルヒュー　ヒュルヒュルヒ
ユー）
〔音頭取り〕嫁《よめ》の③在所《ざいしょ》へナァー　ナアナー
嫁《よめ》の在所《ざいしょ》へナァ
〔付け手〕　ササ④孫《まご》抱《だ》きにソーラバエー
（ヒュルヒュルヒュー　ヒュルヒュルヒ
ユー）

☆〔以下、井手蕉雨作〕

〽⑤岐阜《ぎふ》はよい⑥所《とこ》　⑦金華山《きんかざん》の麓《ふもと》
⑧小田《おだ》の蛙《かわず》が　⑨寝《ね》ちょって聞《き》ける

〽小田《おだ》の蛙《かわず》が　寝《ね》ちょって聞《き》ける
岐阜《ぎふ》の⑩長良《ながら》の　涼《すず》み台《だい》

〽君《きみ》が⑪御料《ごりょう》の　鮎獲《あゆと》る手業《てわざ》
ほかに⑫長良《ながら》の　⑬鵜飼《うか》い舟《ぶね》

〽君《きみ》に捧《ささ》ぐる　鵜飼《うか》いの鮎《あゆ》は
⑭御代《みよ》も長良《ながら》の　川育《かわそだ》ち

〽⑮鵜舟《うぶね》来《く》る来《く》る　繰《く》る⑯手縄《てなわ》にも
見《み》ゆる⑰鵜匠《うしょう》の　腕《うで》の冴《さ》え

〽景色《けしき》⑱宵闇《よいやみ》　黒絵《くろえ》の川《かわ》に
散《ち》らす⑲篝《かがり》の　金砂子《きんすなご》

〽空《そら》を茜《あかね》に　⑳船伏山《ふなぶせやま》の
㉑峡《かい》をぼかした　㉒鵜《う》の篝《かがり》

〽四季《しき》の風情《ふぜい》は　金華山《きんかざん》の眺《なが》め
花《はな》も咲《さ》き候《そろ》　月雪《つきゆき》も

〽聞《き》いて㉓稲葉《いなば》の　桜《さくら》の盛《さか》り
訪《と》うてみよかし　花《はな》の春《はる》

〽㉔千畳敷々《せんじょうじきじき》　㉕岐阜公園《ぎふこうえん》へ
来《き》ても㉖美濃路《みのじ》の　一名所《いちめいしょ》

〽㉗篠ヶ谷《しのがたに》の戸《と》　出《で》る鶯《うぐいす》の
初音《はつね》うれしき　梅林《うめばやし》

〽二人揃《ふたりそろ》って　㉘二重《ふたえ》の桜《さくら》
桜《さくら》見《み》に行《ゆ》く　面白《おもしろ》さ

〽㉙掬《むす》ぶ㉚御手洗《みたらし》　澄《す》む池水《いけみず》に
映《うつ》る蛍火《ほたるび》　ちらちらと

〽名《な》さえ㉛高富《たかとみ》　飛《と》び交《か》う蛍《ほたる》
㉜玉《たま》の光《ひかり》の　㉝石田川《いしだがわ》

注①祝い座敷の客。
②角樽。角のような二本の柄が上に出ている、三升（約五・四リットル）入りの酒樽。朱塗りで、祝儀に用いる。

③故郷。
④（祖母が初めて孫を抱くことから）子供が生まれて七日目に行うお祝い。親類縁者を招いて祝膳を供し、生児を披露して名前を決める。
⑤現岐阜市。
⑥「所だよ」「所じゃ」とも。
⑦岐阜市市街地の中東部にそびえる山（三二九メートル）。山頂に岐阜城がある。別称、稲葉山。
⑧田。また、小さな田。
⑨寝ていて。
⑩長良川。岐阜県中西部の山地に発し、南流して岐阜市の中央部を南西流し、三重県桑名市東部で揖《い》斐《び》川へ注ぐ川（約一三六キロ）。
⑪天皇や貴人の食用とするもの。昔、鵜飼いは宮中行事であった。
⑫「ない」を掛ける。
⑬鵜を使って鮎を獲る漁師が乗っている舟。
⑭「長い」を掛ける。
⑮鵜飼い舟。
⑯鵜の胸に掛けた縄と、鵜匠の手元とを結ぶ縄。
⑰鵜を使って鮎を獲る人。
⑱「良い」を掛ける。
⑲篝火。鵜飼い舟の上で、照明のために燃やす火。
⑳金華山の東方約三キロにある山（二六二メートル）。
㉑山と山との間。山峡。
㉒鵜飼い舟の篝火。
㉓稲葉山。⬇注⑦。「去なば」（もし行くならば）を掛ける。
㉔金華山西麓の旧地名。斎藤道三・織田信長の居館があった所。「敷々」と重ねたのは、「直々」を掛けたもの。
㉕道三・信長の居館跡地や旧伊奈波神社跡地等を利用して造った公園。
㉖美濃地方。現岐阜県の中部・南部一帯。「見ろ」を掛ける。
㉗岐阜市市街地の中心部にある梅林公園辺りの地名。
㉘桜の園芸品種で、花が二重のもの。
㉙両手を合わせて水をすくう。
㉚現岐阜公園の北部にある、旧伊奈波神社の池。
㉛現山県市高富町。岐阜市の北隣りにある。「高い」を掛ける。
㉜丸い玉のような光。
㉝高富町市街地の西を南流する鳥羽川の支流。かつては蛍の名所であった。

岐阜県の祝い唄。岐阜県の中心として栄えてきた旧城下町岐阜（岐阜市）とその周辺の人たちが、祝いの席で唄ってきたものである。

別名　岐阜音頭（⬇後記）。

唄の履歴　この唄の源流は不明である。歌詞は上の句が七七で、下の句が七五であるが、しまいの五音の前に「ササ」を加えて七七とし、上の句と下の句を全く同じ節で唄っている。

しかも、上の句・下の句とも、初めの七音を繰り返しているので、かつては、祝い座敷で即興で歌詞を作って唄い合った時代があるのかもしれない。また、曲名の『お婆』は前掲一番目の歌詞の唄い出しから取ったものであるが、在来の歌詞は、これ一首しかない。歌詞を即興で作り合ったために、他の歌詞は伝承されなかったものと思われる。

そこで、新民謡運動華やかな昭和時代の初めに、井《い》手《で》蕉雨《しょうう》が、前掲二首目以下の歌詞を一四首作り、曲名も、観光岐阜のために「岐阜音頭」と改めた。この「音頭」は、新民謡の曲名に好んで用いられた語で、「踊り唄」という意味であり、音頭形式の唄という意味ではない。

その唄は、柳ヶ瀬《やながせ》（岐阜市）などの花柳界のお座敷で、芸者衆によって盛んに唄われた。ところが、「岐阜音頭」という曲名は発音しにくいらしく、地元の人たちは、昭和三〇年代（一九五五～）に入ると、旧来の『お婆』を用いるようになった。

なお、「ヒュルヒュルヒュー」というはやし詞は、日本民謡中異色のもので、同系統のものは全く見当たらない。

節まわしの型　今日広く唄われている節まわしは、豆千代あたりのものらしい。豆千代は岐阜県出身で、太平洋戦争前、鶯芸者として東京のマスコミを中心に活躍していた人である。

郡上踊《ぐじょうおど》り「かわさき」

〽①郡上《ぐじょ》のナァー八幡《はちまん》　出《で》て行《ゆ》く時《とき》は
（〔付け手〕アァソンデンセ）
雨《あめ》も降《ふ》らぬに　袖絞《そでしぼ》る
〘繰り返し〙〔付け手〕
袖絞《そでしぼ》るノー　袖絞《そでしぼ》る
（〔音頭取り〕アァソンデンセ）
雨《あめ》も降《ふ》らぬに　袖絞《そでしぼ》る

〽郡上《ぐじょ》の八幡《はちまん》　出《で》て行《ゆ》く時《とき》は
三度《さんど》見返《みかえ》す　②桝形《ますがた》を

〽③天《てん》のお月様《つきさま》　④つん丸《まろ》こて丸《まろ》て
丸《まろ》て角《かど》無《の》うて　添《そ》いよかろ

〽郡上《ぐじょ》の⑤殿様《とのさま》　自慢《じまん》なものは
金《きん》の⑥弩標《どひょう》に　⑦七家老《ななかろう》

〽心中《しんじゅ》⑧したげな　⑨宗門橋《そうもんばし》で
⑩小駄良才平《こだらさいべえ》と　酒樽《さかだる》と

〽踊《おど》らまいかよ　⑪祖師野《そしの》の宮《みや》で
⑫四本柱《しほんばしら》を　中《なか》にして

〽唄《うた》も続《つづ》くが　踊《おど》りも続《つづ》く
月《つき》の明《あか》るい　夜《よ》も続《つづ》く

〽忘《わす》れまいぞえ　⑬愛宕《あたご》の桜《さくら》
縁《えん》を結《むす》んだ　花《はな》じゃもの

〽どんなことにも　よう別《わか》れんと
⑭様《さま》も一口《ひとくち》ゃ　言《ゆ》ておくれ

〽わしの⑮殿《との》まは　この川上《かわかみ》の
水《みず》の流《なが》れを　見《み》て暮《く》らす

〽踊《おど》り疲《つか》れて　はや夜《よ》が明《あ》けた
なんの話《はなし》も　できなんだ

〽今年《ことし》ゃ⑯こうでも　また来年《らいねん》は
こうもあろまい　⑰なよ殿《との》ま

〽思《おも》い出《だ》しては　くれるか様《さま》も
わしは忘《わす》れる　暇《ひま》がない

〽散《ち》ると心《こころ》に　合点《がてん》はしても
花《はな》の色香《いろか》に　つい迷《まよ》う

〽西《にし》も東《ひがし》も　南《みなみ》もいらぬ
わたしゃあなたの　北《きた》(来た)がよい

〽別《わか》れ別《わか》れに　歩《ある》いていても
いつか重《かさ》なる　影法師《かげぼうし》

〽⑱花《はな》の⑲愛宕《あたご》に　紅葉《もみじ》の⑳秋葉《あきば》
月《つき》がのぞくか　㉑吉田川《よしだがわ》

〽もはや「かわさき」　やめてもよかろ
㉒天《あま》の川原《かわら》の　西東《にしひがし》

〽婆《ばば》さ枕元《まくらもと》　㉓箱根《はこね》の番所《ばんしょ》
通《とお》り抜《ぬ》けたも　知《し》らなんだ

〽思《おも》う様《さま》なら　㉔竹樋《たけとよ》かけて
水《みず》で便《たよ》りが　してみたい

〽声《こえ》のよい衆《しゅ》は　その身《み》の徳《とく》じゃ
諸国諸人《しょこくしょにん》に　思《おも》われる

〽俺《おら》が若《わか》い時《とき》ゃ　㉕五尺《ごしゃく》の袖《そで》で
道《みち》の小草《こぐさ》も　靡《なび》かせた

〽咲《さ》いて悔《くや》しや　千本桜《せんぼんざくら》
鳥《とり》も通《かよ》わぬ　奥山《おくやま》に

〽夜明《よあ》けましたら　起《お》こしておくれ
お前頼《まえたよ》りで　寝《ね》るわいな

〽親《おや》のない子の　髪結《かみゆ》うてやれば
親《おや》が喜《よろこ》ぶ　極楽《ごくらく》で

注①➡解説。
②現八幡町市街地の南西端にあった交通取締所。宿場の出入り口を高さ六尺ほどの石垣で四角に囲い、大名や役人はその中を、一般の旅人はその脇を通って宿場に出入りした。
③「盆の」とも。
④強意の接頭語。
⑤郡上藩主青山氏。一七五八年入封、四万八千石。以後、明治維新まで襲封。
⑥土俵空穂。矢を入れる道具で、上部の筒を特に大きく作ったもの。青山氏は馬標《うまじるし》（戦陣で、大将の馬のそばに立て、その所在を示す標識）として用いた。関ヶ原の戦いや大坂の陣で活躍した青山氏に江戸幕府から贈られたという。これを掲げると、

十万石の格式をもって待遇された。

⑦七人の家老。

⑧したそうだよ。

⑨現八幡町中心部の橋本町にあった、吉田川に架かる橋。

⑩現八幡町市街地の北方、小駄良川流域に住んでいた人。酔って、宗門橋から落ちて死んだという。のちに「おっちょこちょい」の代名詞になった。

⑪八幡町の東隣り、現下呂市金山町祖師野にある八幡神社の通称。

⑫本殿・幣殿・拝殿とも室町様式で、四本柱が建物の内側に立っている。

⑬現八幡町市街地南東端の愛宕公園にある墨染めの桜。関ヶ原の戦いの頃に、八幡城主遠藤慶隆が植えたものという。

⑭あなた様も。

⑮殿御。

⑯正式に結婚していない関係でも。

⑰ねえ。

⑱桜の花。

⑲愛宕神社。愛宕公園にある。

⑳秋葉神社。旧八幡城の南にある。

㉑岐阜県中央部の山地に発して南流、南西流し、八幡町市街地の西で長良川へ注ぐ川（約三キロ）。

㉒七夕の夜に牽牛と織姫が会って、再び天の川の西と東に別れるように、私たちも西と東に別れましょう。

㉓箱根の関所のこと。箱根宿（現神奈川県足柄下郡箱根町）の北、芦ノ湖南東端の湖岸にあった。一六一九年に設置。関所は、交通の要所や藩境に設けて、通行人や荷物の取り締まりを行った施設。ここでは、若者が娘の所へ忍んで来るのを警戒して、母親が娘の手前に寝ていることをいう。

㉔「たけとい」の訛り。竹の節を抜いて作った、水を送るための筒。

㉕振り袖（未婚女性の礼装）の袖で。五尺は鯨尺。曲尺《かねじゃく》の四尺（約一二一・二センチ）にあたる。

岐阜県の盆踊り唄。岐阜県の中央部、それも長《なが》良《ら》川とその支流吉田川が合流する辺りに栄えてきた旧城下町郡上八幡《ぐじょうはちまん》（郡上市八幡町）の人たちが、お盆に唄い踊ってきたものである。『郡上踊り』で用いられる唄は、今日、一〇種あり（➡補足）、七月中旬から九月初旬までの長期間にわたって唄い踊られる。

唄の履歴　この唄の源流は、現三重県伊勢市河崎で唄われていた「河崎音頭」（今日の『伊勢音頭』、四八九ページ）である。河崎は、伊勢市の市街地を北東流、北流する勢田《せた》川の中流にあった河港の町である。船を利用して伊勢参りをする人たちは、伊勢湾から川をさかのぼってこの河港で上陸し、参詣後には河崎の花柳界で精進落としをし、そして、帰りにはここからまた乗船していた。

伊勢神宮の式年遷宮では、社殿を建て替えるための御用材を氏子が曳いて運ぶ時に「木遣《きや》り唄」を唄う。その唄が、のちに河崎の花柳界に入ってお座敷唄になり、「河崎音頭」と呼ばれていた。

ところが、一七九六年五月四日に、古市《ふるいち》遊廓（伊勢市古市町）の油屋で「九人殺し事件」が起こり、歌舞伎の「伊勢音頭恋の寝刃《ねたば》」（近松徳三作）に仕立てられた。その殺人現場の下座に「河崎音頭」が用いられ、曲名も、外題から『伊勢音頭』と呼ばれるようになった。この芝居は同年七月二五日から大坂で上演されているので、郡上八幡の人たちが「かわさき」を伊勢土産として持ち帰ったのは、九六年より前か後かは定かでないが、『伊勢音頭』という曲名が普及する前だったと見ることができる。そして、その唄は、無伴奏で、長く、ゆったりと唄う、今日の「古調かわさき」のようなものであったと思われる。また、その時の曲名は、文字違いの「川崎音頭」で、その「音頭」を略して「川崎」と書いてきた。しかし、今日では平仮名で「かわさき」と書くようになっている。

さて、「郡上郡史」の編集をしていた、八幡町の戸塚遼助は、郡上の風物をよみ込んだ舞踊「郡上曲　花のみよし野」を創作し、一九一四年三月五日に、八幡町殿町に開所した郡上郡役所の開所式で披露した。節付けは杵屋六満左《きねやろくまさ》、振り付け西川倉寿、鳴り物牧田屋門入であった。その中に挿入した「川崎」八首が、八幡町常陸町の芸者蔦助によって踊りやすく改められ、三味線・太鼓・鉦《かね》のにぎやかな伴奏に乗せて、「郡上踊り」の名で演じられた。これが、「新川崎」として、八幡町内とその周辺へ広まっていった。

その後、新民謡運動華やかな大正時代末期（一九二〇年代）に、八幡町の芸者姫松が三味線伴奏をつけ、野田光次が笛を加えた。その結果、今日の早間の、新しい「かわさき」へと変わり、それが、やがて『郡上踊り』の主役になっていった。

なお、今日では、前掲一首目の歌詞が元唄のような扱いになっているが、同類の歌詞で最も古いのは、「飛州志」（一七四五年刊）に載っている「郡上ノ八幡出テ来ル時ハ　雨ハ降ラネド蓑《みの》恋シ」であるという。それをヒントにして神谷南洋（治兵衛）が作ったのが「郡上八幡出て行く時は　雨も降らぬに袖濡らす」で、一九一七年の「郡上案内」（戸塚遼助編）に載っている。そして、一九二四年のパンフレット「郡上おどり」（神谷治兵衛編）には、今日の「…雨も降らぬに袖絞る」と改めたものが載っているから、この時には定着していたのであろう。

節まわしの型　今日広く唄われている節まわしは、坪井三郎のものである。

補足　『郡上踊り』の曲目は「古調かわさき」「三百」「まつさか」「ゲンゲンバラバラ」「ヤッチク」「春駒」「甚句」「騒ぎ」「猫の子」の一〇種である。どの順に唄い踊るという決まりはないが、「古調かわさき」で始め、「まつさか」で納めることになっている。

郡上踊《ぐじょうおど》り「古調《こちょう》かわさき」

〽郡上《ぐじょ》のナァー八幡《はちまん》コラ　出《で》て行《ゆ》く時《とき》は
（付け手）アァソンデンセ
三度《さんど》見返《みかえ》す　桝形《ますがた》を
《繰り返し》（付け手）
桝形《ますがた》をっコラ　ノー桝形《ますがた》を
（音頭取り）アァソンデンセ
三度《さんど》見返《みかえ》す　桝形《ますがた》を

☆〔歌詞は「かわさき」と共通。注とともに➡前項。〕

岐阜県の盆踊り唄。郡上市八幡《はちまん》町の人たちが、お盆に唄い踊ってきたものである。

唄の履歴　この唄の源流は、現三重県伊勢市の『河崎音頭』（今日の『伊勢音頭』、四八九ページ）である。

郡上八幡では、盆踊りの主要な唄としてこの「古調かわさき」が唄い踊られていた。ところが、一九一四年に「花のみよし野」という舞踊が上演され、その中で、三味線入りの、新節の「かわさき」が披露された。その後、この新節が普及したために、旧節の「かわさき」は姿を消していった。

しかし、郡上八幡の盆踊り唄は九種類あって、それらをまとめて『郡上踊り』と呼び、太平洋戦争後に観光の売り物にすると、切りのよい一〇種類にしたくなった。そして、旧節の「かわさき」を「古調かわさき」の名で復活させた。それは、一九五六年のことである。

現在、郡上八幡の盆踊りは、無伴奏で、ゆったりとした「古調かわさき」から始め、そのあと伴奏入りの「かわさき」（一九一四年以後のもの）、その他を演じるようになっている。

節まわしの型　今日広く唄われている節まわしは、坪井三郎のものである。

郡上踊《ぐじょうおど》り「三百《さんびゃく》」

前唄・一句目省略型

〽（誰もどなたも）　ハァ揃①《そろ》えてござれ
（付け手）ホイー）
小豆《あずき》よかすよに②　ゴショゴショと
《繰り返し》（付け手）
ゴショゴショとノー　ゴショゴショゴショと
（音頭取り）ホイー）
小豆《あずき》よかすよに　ゴショゴショと

本唄・定型

〽ハァヨーィ　ヨーイ　コリャ今年初《ことしはじ》めて
三百踊《さんびゃくおど》り
（付け手）ホイー）
おかしからずよ　他所《たしょ》の衆《しゅ》が
《繰り返し》（付け手）
他所《たしょ》の衆《しゅ》がノー　他所《たしょ》の衆《しゅ》が
（音頭取り）ホイー）
おかしからずよ　他所《たしょ》の衆《しゅ》が

本唄・定型

〽わしが出③《だ》しても　合《あ》わまいけれど
合《あ》わぬところは　御免《ごめん》なさりょ

〽暑《あつ》い寒《さむ》いの　挨拶《あいさつ》よりも
味噌《みそ》の百匁④《ひゃくめ》も　くれりゃよい

〽川《かわ》の瀬⑤《せ》でさえ　七瀬《ななせ》も八瀬《やせ》も
思《おも》い切《き》る瀬《せ》も　切《き》らぬ瀬《せ》も

〽おもしろい時《とき》や　お前《まえ》さと二人《ふたり》
苦労《くろう》する時《とき》や　わしゃ一人《ひとり》

〽寝《ね》たか寝《ね》なんだか　枕《まくら》に問《と》いやれ
枕《まくら》正直《しょうじき》　寝《ね》たと言《ゆ》た

〽⑥様《さま》となら行《ゆ》く　わしゃどこまでも
⑦枝垂《しだ》れ柳《やなぎ》の　裏《うら》までも

〽井戸《いど》の蛙《かわず》と　⑧謗《そし》らば謗《そし》れ
花《はな》も散《ち》り込《こ》む　月《つき》もさす

〽切《き》れてしまえば　ばらばら扇子《せんす》
風《かぜ》の頼《たよ》り(便り)も　さらにない

本唄・字あまり

〽声《こえ》が嗄《か》れたに　水《みず》くりょと言《ゆ》たら
汲《く》んでくれたよ　砂糖水《さとうみず》

〽おらが若《わか》い時《とき》ゃ　⑨ちょっちょらめいてちょめて
薬缶《やかん》掛《か》けるとて　⑩魚籠《びく》掛《か》けた

〽買《こ》うておくれよ　⑪朝鮮鼈甲《ちょうせんべっこう》の簪《かんざし》を
村《むら》で差《さ》さぬは　わし一人《ひとり》

本唄・一句目省略型

〽泥鰌《どじょう》⑫掬《す》いて来《き》たに
お嬶茄子《かかなすび》の　⑬ほぞ取《と》りゃれ

〽⑭越前歩荷《えちぜんぼっか》の荷《に》なら
そこへ降《お》ろすな　⑮鯖臭《さばくさ》い

〽なにもかも仲間《なかま》
茄子汁《なすじる》を煮《に》りゃ　なお仲間《なかま》

注
①揃っておいでなさい。
②桶に入れて、水で強く洗うように。
③唄っても。
④約三七五グラム。
⑤水の流れの速い所。
⑥あなた様。
⑦死んで、幽霊として柳の陰にいるようになるまでも、の意。
⑧非難するならば。
⑨おっちょこちょいで。
⑩獲った魚を入れておく入れ物。竹などを編んで作る。
⑪朝鮮半島産出の、タイマイ（海亀）の甲を煮て作った簪。
⑫すくって。
⑬へた。
⑭越前の国（現福井県中・北部）の行商人で、商品を遠くまで運んで売り歩く人。
⑮「越前歩荷」が売り歩く焼き鯖。竹串を通して、丸ごと焼いたもの。

岐阜県の盆踊り唄。郡上市八幡《はちまん》町の人たちが、お盆に唄い踊ってきたものである。

唄の履歴　この唄の源流は、長野県飯山市から

新潟県十日町市にかけて広く分布している盆踊り唄「ノヨサ節」で、節も「繰り返し」のつけ方もほとんど同じである。

しかも、長野県下の「ノヨサ節」の歌詞に、この唄は名古屋（愛知県名古屋市）から流行し始めたという文句が残っているので、八幡町の『三百』も名古屋方面から伝えられたと見るのがよいであろう。

曲名の『三百』は、唄い出しの語から取ったものと思われるが、そのような歌詞は今は残っていない。

節まわしの型　今日広く唄われている節まわしは、古井戸《こいと》道雄のものである。

補足　一七五四～五八年、郡上藩の領民は圧政に耐えかねて一揆を起こし、藩主の金森頼錦《よりかね》を追い出した。そのあと入国した青山氏は、領民に金を三百文ずつ与えた。「三百踊り」は、それを喜び、祝って領民が踊り始めたものだという説がある。しかし、それらしい歌詞はないし、一般的には、盆踊りは時の政治権力と結びつきにくいので、これは後年の付会であろう。

郡上踊《ぐじょうおど》り「猫《ねこ》の子《こ》」

一句目省略型

〽〔音頭取り〕ヤーホォー　ヨーイヨイ猫《ねこ》の子《こ》がよかろ
〔付け手〕　猫《ねこ》の子《こ》がよかろ
〔音頭取り〕猫《ねこ》で幸《しやわ》せっコラ　鼠《ねずみ》ょ獲《と》る

〔繰り返し〕〔付け手〕
鼠《ねずみ》ょ獲《と》るノー　鼠《ねずみ》ょ獲《と》る
猫《ねこ》で幸《しや》せっコラ　鼠《ねずみ》ょ獲《と》る

〽誰《たれ》か寝《ね》たよな　大笹原《おおささはら》で
跡《あと》がある

〽①忍《しの》べ②九《ここの》つ　夜《よ》は何時《なんとき》じゃ
夜《よ》は③七《なな》つ

〽口《くち》で移《うつ》せば　④一合《いちごう》の酒《さけ》も
⑤二合《にごう》となる

定　型

〽猫《ねこ》が鼠《ねずみ》獲《と》りゃ　鼬《いたち》が笑《わら》う
鼬《いたち》笑《わら》うな　われも獲《と》る

〽⑥様《さま》と三日月《みかづき》や　宵《よい》にばかござる⑦
いつかござれよ　⑧有《あ》り明《あ》けに

〽来《く》るか来《く》るかと　待《ま》つ夜《よ》は来《こ》ずに
待《ま》たぬ夜《よ》さ来《き》て　⑨門《かど》に立つ

〽様《さま》の親切《しんせつ》　煙草《たばこ》の煙《けむり》
しだいしだいに　薄《うす》くなる

〽竹《たけ》に雀《すずめ》は　⑩科《しな》よく留《と》まる
止《と》めて止《と》まらぬ　色《いろ》の道《みち》

〽⑪面《おもて》四角《しかく》で　心《こころ》は丸《まる》い
人《ひと》は見《み》かけに　よらぬもの

〽好《す》きと嫌《きら》いと　一度《いちど》に来《き》たら
⑫箒《ほうき》立《た》てたり　倒《たお》したり

〽よそで陽気《ようき》な　三味線《しゃみせん》聞《き》いて
家《うち》で陰気《いんき》な　小言《こごと》聞《き》く

〽一《ひと》つことばか　面白《おもしろ》ないで
品《しな》を替《か》えても　やろまいか

注①他人に知られないように女の家を訪ねろ。
②昔の時刻。午前零時頃。
③昔の時刻。午前四時頃。その時刻までは暗い、その後は明るくなる、の意。
④約〇・一八リットル。
⑤その人の分一合と口移しの一合とで、合計二合の酒。
⑥あなた様。
⑦ばかり。だけ。
⑧夜明けの頃。
⑨家の門口。
⑩しぐさ。体の動きから受ける感じ。
⑪顔が。
⑫隣室に箒を逆さに立てると、長居をしている人もすぐ帰るという俗信がある。

岐阜県の盆踊り唄。郡上市八幡《はちまん》町の人たちが、お盆に唄い踊ってきたものである。

唄の履歴　この唄の源流は不明であるが、石川県・福井県・富山県の山間部で広く唄われている。「ヤーホーヨイヨイ」と唄い出し、「繰り返し」がつく唄は瀬戸内海の島々にもあり、また、同系統と思われる唄は日本海の沿岸部や山間部にも点々と残っている。したがって、発祥地は不明であるが、北陸地方にも、日本海を通って広まったものと思われる。そして、郡上八幡へは、三国《みくに》港から九頭竜《くずりゅう》川を上り、現福井県大野市辺りから檜《ひのき》峠か油坂《あぶらざか》峠越えで伝えられたのであろう。

『猫の子』は、掛け合いの形式や踊りから見て、本来は「掛け唄」（二〇一ページ）で、歌詞は、若い男女が交互に即興で作って唄い合っていたものと思われる。そして、唄い出しの「ヤーホーヨイヨイ」は、歌詞を考える時間にあて、また、異性の相手の気を引こうとして煽情的な裏声を用いたのであろう。その結果、一句目（七音）を省略するようになったのかもしれない。ところが、その後、他の七七七五調の歌詞を流用して唄うようになり、「定型」の歌詞も定着したのであろう。その証拠に、字数が増えた分は畳み込んで唄っている。

節まわしの型　今日広く唄われている節まわしは、古井戸《こいど》道雄のものである。

郡上踊《ぐじょうおど》り「春駒《はるこま》」

前ばやし〔踊り手〕

〽ハァ七両《しちりょう》三分《さんぶ》の　①春駒《はるこま》　春駒《はるこま》ア
（ホイー）

本　唄〔音頭取り〕

〽②郡上《ぐじょ》は馬所《うまどこ》（ホイー）　あの③摺墨《するすみ》の
名馬《めいば》（ホイー）出《だ》したも　ササ④気良《けら》の里《さと》
（七両《しちりょう》三分《さんぶ》の　春駒《はるこま》　春駒《はるこま》ア）

〽駒《こま》は売《う》られて　いななき交《か》わす
⑤土用七日《どようなのか》の　⑥毛付市《けづけいち》

〽わたしゃ郡上《ぐじょう》の　山奥育《やまおくそだ》ち
主《ぬし》と馬曳《うまひ》く　⑦糸《いと》も引《ひ》く

〽馬《うま》は三歳《さんさい》　馬方二十歳《うまかたはたち》
つけた⑧葛籠《つづら》の　品《ひん》のよさ

☆〔以下、歌詞は「かわさき」と共通〕

注①春の野に遊ぶ馬。
②旧郡上藩。現郡上市地方。
③宇治川の合戦で先陣争いをした梶原景季《かじわらのかげすえ》の愛馬。体毛が黒いための名。
④現郡上市明宝気良。
⑤夏の最も暑い時期。七月二〇日頃から八月七日頃までの間。
⑥郡上藩主青山氏は、毎年、領内の馬を八幡城下に集めて軍馬を徴発した。その選にもれた馬を、翌日、馬場町（現八幡町殿町）の馬市に出した。その馬市のこと。
⑦繭から糸をつむぐ。
⑧藤のつる、または竹や檜《ひのき》の薄片を網代《あじろ》に編んで作った、箱状の入れ物。馬の背につける。

岐阜県の盆踊り唄。郡上市八幡《はちまん》町の人たちが、お盆に唄い踊ってきたものである。

唄の履歴　この唄の源流は、福井県下の「焼き鯖《さば》売り」が売り歩きながら唄っていた、『鯖』という唄である。

「焼き鯖」は、日本海産の生の鯖を、竹串を通して丸ごと焼いたもので、それを、「越前歩荷《えちぜんぼっか》」と呼ばれる荷負いの人たちが売り歩いた。彼らは、九《く》頭竜《ずりゅう》川沿いにさかのぼり、現郡上市白鳥《しらとり》町を経由して郡上八幡へも売りに来た。鯖の味は日本海産のものがよく、値段は太平洋産のものの二倍近くもしたという。

その『鯖』という唄のはやし詞は、「七《しち》分《ぶ》五厘《ごりん》の　焼き鯖焼き鯖」で、現在でも石川県白山市白《しろ》峰《みね》や河内《かわち》町で唄われている。焼き鯖売りが売り歩いた範囲は、かなり広かったようである。

その唄を、郡上八幡でも『鯖』の名で唄っていた。その歌詞に、艪漕《ろこ》ぎ唄の、「〽押さば押せ押せ下関までも　押さば港が　近くなる」があるが、唄い出しの「押さば」に「御鯖」をあてて唄っていたのであろう。

一九五〇年の春頃、「郡上踊り保存会」がビクターレコードに吹き込むについて、作詞家の小野金次郎と編曲者の山口俊郎が郡上八幡に打ち合わせに来て、はやし詞の「七分五厘の焼き鯖」と曲名の『鯖』はあまりにも即物的なので、なんとかならないかという話をした。そこで、保存会と町会議員たちが相談し、清水義広（町会議員）の発案で、はやし詞を「七両三分の春駒」とし、曲名を『春駒』と改めることにした。郡上八幡は、古くから馬産地として名声を馳せてきたからである。加えて、宇治川の合戦で先陣争いをした梶原景季《かじわらのかげすえ》が乗った名馬摺墨《するすみ》は、伝説によると隣村の気良《けら》（現郡上市内）の生まれであった。そのため、「七分五厘…」を「七両三分…」にし、歌詞も馬をよんだものを集めて唄うようにしたのである。

節まわしの型　今日広く唄われている節まわしは、古井戸《こいと》道雄のものである。

郡上踊《ぐじょうおど》り「まつさか」

上　げ

〽ヨーホイも一《ひと》つしょ
①（おおさてがてんしょう）
がてんと声《こえ》が　掛《か》かるなら
これから文句《もんく》に　掛《か》かりましょ

口説《くどき》・「名所案内」

〽すべてお寺《てら》は　②檀家《だんけ》から
③痩《や》せ畑作《ばたづく》りは　肥《こ》やしから
下手《へた》な音頭《おんど》も　はやしから
おはやし頼《たの》む　④総輪様《そうわさま》

⑤鵜舟《うぶね》の　⑥篝火《かがりび》　あかあかと
世《よ》にも名高《なだか》き　⑦長良川《ながらがわ》
その水上《みなかみ》の　⑧越美線《えつみせん》
⑨郡上《ぐじょ》の八幡《はちまん》　名《な》にし負《お》う
⑩三百年《さんびゃくねん》の　昔《むかし》より
士農工商《しのうこうしょう》　おしなべて
泰平祝《たいへいいわ》う　夏祭《なつまつ》り
音頭手拍子《おんどてびょうし》　面白《おもしろ》く
唄《うた》い楽《たの》しむ　盆踊《ぼんおど》り
⑪郡上《ぐじょ》の八幡《はちまん》　出《で》る時《とき》は
雨《あめ》も降《ふ》らぬに　袖絞《そでしぼ》る
これぞ真《まこと》に　この里《さと》の
人《ひと》の心《こころ》を　そのままに
いつしか唄《うた》と　なりにける
山《やま》は秀《ひい》でて　水清《みずきよ》く
春《はる》は桜《さくら》の　花《はな》に酔《よ》い
秋《あき》は紅葉葉《もみじば》　茸狩《きのこが》り
夏《なつ》は緑《みどり》の　涼風《すずかぜ》や
冬《ふゆ》また雪《ゆき》の　たわむれと
名所《めいしょ》の多《おお》き　郡《こおり》とて
訪《たず》ねる人《ひと》の　数々《かずかず》に
いざや探《さぐ》らん　道標《みちしるべ》
⑫大日《だいにち》ケ《が》岳《たけ》　仰《あお》ぎつつ
⑬阿弥陀《あみだ》ケ《が》滝《たき》を　訪《おとな》えば
⑭六十丈《ろくじゅうじょう》の　⑮虹吐《にじは》いて

夏寄《なつよ》せつけぬ　滝《たき》の音《おと》
滝《たき》の白糸《しらいと》　長々《ながなが》と
一千年《いっせんねん》の　昔《むかし》より
いわれは深《ふか》き　⑯長滝《ながたき》に
今《いま》も⑰睦月《むつき》の　六《む》つの日《ひ》を
喜《よろこ》び菊《きく》の　⑱花祭《はなまつ》り
人《ひと》は浮《う》かれて　⑲栗巣野《くりすの》の
⑳宮居《みやい》に匂《にお》う　桜花《さくらばな》
緑《みどり》も萌《も》え出《で》る　㉑楊柳寺《ようりゅうじ》
のどかなる野《の》の　㉒那留石《なるいし》の
その名《な》は高《たか》く　世《よ》に響《ひび》く
㉓宗祇《そうぎ》の流《なが》れ　今《いま》もなお
汲《く》みてこそ知《し》れ　白雪《しらゆき》の
絶《た》えせぬ水《みず》の　末《すえ》かけて
㉔積《つ》もる翠《みどり》の　山《やま》の上《え》に
㉕霞《かすみ》ケ《が》城《じょう》の　㉖天守閣《てんしゅかく》
朝日《あさひ》に映《うつ》る　金《きん》の㉗鯱《しゃち》
昔《むかし》を偲《しの》ぶ　㉘東殿《とうどの》の
山《やま》の端出《はい》ずる　月影《つきかげ》に
匂《にお》う㉙愛宕《あたご》の　㉚墨染《すみぞ》めや
㉛彼岸桜《ひがんざくら》や　山桜《やまざくら》
訪《と》い来《く》る人《ひと》の　絶《た》え間《ま》なく
㉜杖《つえ》ひくからず　㉝稚児《ちご》の峰《みね》
㉞宇山颪《うやまおろし》の　風穴《かざあな》に
㉟いでそよそよと　立《た》ちし名《な》の

浮《う》きて流《なが》るる　㊱あさが滝《たき》
深《ふか》き想《おも》いを　㊲鼎橋《かなえばし》
行《ゆ》き交《か》う人《ひと》は　㊳深草《ふかくさ》の
㊴小町《こまち》にちなむ　㊵小野《おの》の里《さと》
契《ちぎ》りは固《かた》き　石《いし》の面《も》に
映《うつ》りまします　㊶菅公《かんこう》の
冠《かんむり》ならぬ　㊷烏帽子岳《えぼしだけ》
麓《ふもと》続《つづ》きの　㊸村里《むらざと》は
㊹寿永《じゅえい》の名馬《めいば》　㊺摺墨《するすみ》の
出《い》でし所《ところ》と　言《い》い伝《つた》う
名《な》も㊻高光《たかみつ》に　ゆかりある
㊼高賀《こうが》の山《やま》の　㊽星宮《ほしのみや》
㊾矢納《やとう》ケ《が》淵《ふち》や　㊿粥川《かゆがわ》に
51鰻群《うなぎむら》がる　そのさまを
振《ふ》り返《かえ》りつつ　52蓬萊《ほうらい》の
岩間流《いわまなが》るる　長良川《ながらがわ》
河鹿《かじか》の声《こえ》の　53おちこちに
聞《き》かれて舟《ふね》に　54棹《さお》させば
浮世《うきよ》の塵《ちり》も　いつしかに
洗《あら》い捨《す》てたる　心地《ここち》する
水《みず》の都《みやこ》か　55花《はな》の里《さと》
郡上《ぐじょ》の八幡《はちまん》　出《で》る時《とき》は
雨《あめ》も降《ふ》らぬに　袖絞《そでしぼ》る
踊《おど》りと唄《うた》で　町《まち》の名《な》も
広《ひろ》く聞《き》こえて　栄《さか》えゆく

里《さと》の皆衆《みなしゅ》も　他所《たしょ》の衆《しゅ》も
音頭手拍子《おんどてびょうし》　うち揃《そろ》え
これぞ真《まこと》に　総輪様《そうわさま》
長《なが》く伝《つた》わる　この里《さと》の
郡上踊《ぐじょうおど》りの　誉《ほま》れをば
万代《よろずよ》までも　(56)伝《つた》えなん
万代《よろずよ》までも　伝《つた》えなん

口説・「およし物語」

〽(57)およし稲荷《いなり》の　物語《ものがたり》
昔《むかし》の唄《うた》の　文句《もんく》にも
(58)雉子《きじ》も鳴《な》かずば　撃《う》たれまい
父《ちち》は(59)長良《ながら》の　(60)人柱《ひとばしら》
(61)ここは郡上《ぐじょう》の　八幡《はちまん》の
霞ケ城《かすみがじょう》を　造《つく》る時《とき》
お上《かみ》の(62)評定《ひょうじょう》　ありけるが
あまた娘《むすめ》の　ある中《なか》に
およしと言《い》える　娘《むすめ》あり
里《さと》の(63)小町《こまち》と　謳《うた》われて
年《とし》は(64)二八《にはち》か　(65)二九《にく》(憎)からぬ
人《ひと》にすぐれし　器量《きりょう》よし
ついに選《えら》ばる　人柱《ひとばしら》
聞《き》きたる親子《おやこ》の　驚《おどろ》きは
なんに例《たと》えん　ものもなし
親子《おやこ》は思案《しあん》に　くれ果《は》てて
泣《な》くばかりなる　ありさまに
お上《かみ》の御用《ごよう》と　聞《き》くからは
断《ことわ》る術《すべ》も　泣《な》く(無く)涙《なみだ》
そこでおよしは　けなげにも
心《こころ》を決《き》めて　殿様《とのさま》や
お城《しろ》のためや　親《おや》のため
死《し》んで柱《はしら》に　ならんとて
明日《あす》とは言《い》わず　今日《きょう》ここに
勧《すす》んで死出《しで》の　旅支度《たびじたく》
白《しろ》の(66)綸子《りんず》の　振《ふ》り袖《そで》に
白《しろ》の(67)献上《けんじょう》の　帯《おび》を締《し》め
薄化粧《うすげしょう》なる　髪形《かみかたち》
静《しず》かに立《た》ちし　姿《すがた》こそ
霜《しも》に怯《おび》えぬ　白菊《しらぎく》の
神々《こうごう》しくも　見《み》えにける
すでに覚悟《かくご》の　一念《いちねん》に
西《にし》に向《む》かいて　手《て》を合《あ》わせ
(68)南無《なむ》や(69)西方《さいほう》　弥陀如来《みだにょらい》
後世《こうせ》を救《すく》わせ　たまえかし
また父母《ちちはは》に　暇乞《いとまご》い
先立《さきだ》つ不幸《ふこう》　許《ゆる》してと
あとは言葉《ことば》も　泣《な》く(無く)ばかり
これが今生《こんじょう》の　お別《わか》れと
後《うし》ろ髪《がみ》をば　引《ひ》かれつつ
一足《ひとあし》行《い》っては　振《ふ》り返《かえ》り
二足歩《ふたある》いて　後戻《あともど》り
親子《おやこ》の絆《きずな》　切《き》れもせず
親《おや》も泣《な》く泣《な》く　見送《みおく》りて
どうぞ立派《りっぱ》な　最期《さいご》をと
口《くち》には言《い》えず　胸《むね》のうち
ただ手《て》を合《あ》わす　ばかりなり
かくては時《とき》も　移《うつ》るとて
役人衆《やくにんしゅう》に　せかれつつ
およし一言《ひとこと》　父母《ちちはは》と
呼《よ》ばわる声《こえ》も　かすかなり
空《そら》には星《ほし》の　影《かげ》もなく
ただ一声《ひとこえ》の　ほととぎす
声《こえ》を残《のこ》して　城山《しろやま》の
露《つゆ》と消《き》えゆく　人柱《ひとばしら》
この世《よ》の哀《あわ》れ　とどめける
これぞおよしの　(70)いさおしと
伝《つた》え聞《き》いたる　人々《ひとびと》は
神《かみ》に祈《いの》りて　今《いま》もなお
およし稲荷《いなり》の　物語《ものがたり》

注①意味不詳。⬇解説。
②その寺の信徒となって葬式や法事などを依頼し、お布施などによってその寺の経営を援助する家。だんか。
③農作物を生長させる力の弱い畑を、強い畑にするのは。
④輪になって踊っている、踊り手の皆様。
⑤鵜飼い舟。鵜を使って鮎を獲る漁師が乗っている

舟。
⑥鵜飼い舟の上で、照明のために燃やす火。
⑦岐阜県中西部の山地に発して南流、南西流し、三重県桑名市東部で揖斐《いび》川へ注ぐ川（約二三六キロ）。
⑧長良川沿いに走る旧国鉄越美南線。現長良川鉄道。美濃太田（美濃加茂市）と北濃（郡上市白鳥町）を結ぶ。
⑨現郡上市八幡町。
⑩八幡町の言い伝えでは、『郡上踊り』は寛永年間（一六二四〜四四）に郡上藩主遠藤慶隆が、民心の融和をはかって、士農工商の別なく唄い踊らせたのが始まりだという。
⑪以下二行、「かわさき」の歌詞。
⑫八幡町の北西方にそびえる山（一七〇九メートル）。大日岳とも。
⑬大日ヶ岳の南面にある滝（落差約六〇メートル）。
⑭約一八二メートル。
⑮花の木聴秋の句に「虹を吐いて　夏寄せつけぬ滝の音」。
⑯白山長滝神社。白鳥町にある。
⑰陰暦正月の六日。
⑱花奪《はなば》い祭り（六日祭り）のこと。白山長滝神社の拝殿の天井から吊るした五種の造花（菊・桜・椿・芥子・牡丹）の花笠を、若者たちが人ばしごを作って奪い合う。得た花片は養蚕・商売繁昌・家内安全のお守りにする。
⑲長良川支流の、栗巣川流域の原野。現郡上市大和町辺り。
⑳明建神社のこと。大和町の中央部にある。鎌倉時代の創建という。
㉑八幡町の中西部にある寺。曹洞宗。山号は瑞宝山。
㉒長良川支流の和田川の水源地付近（白鳥町那留）で産出する石。
㉓宗祇水。八幡町市街地の北中部、小駄良川が吉田川へ注ぐ手前の東岸にある泉。宗祇は、室町時代後期の連歌師。一四七一年、東常縁《とうのつねより》から古今伝授を受けて帰る時、ここで別れを惜しんだという。
㉔八幡城は積翠城ともいう。
㉕八幡城の別称。
㉖城の中心部の高い建物。戦時には物見台や司令塔として、また、弓・鉄砲の足場として用いた。
㉗想像上の海獣で、頭は虎に似、背に鋭いとげがあり、怪魚の姿をしている。逆立ちして尾を反らせた像を作り、火伏せと装飾のために、お城など大きな建物の屋根の最上部に取り付ける。鯱鉾。
㉘東殿山（五二〇メートル）。八幡町市街地の南東方にある。一五四二年頃、山頂に東常慶が山城を築いた。
㉙現愛宕公園。八幡町市街地の南東端、東殿山の麓にある。
㉚墨染めの桜。関ヶ原の戦いの頃に、八幡城主遠藤慶隆が植えたものという。
㉛バラ科の落葉高木。山地に自生。また、庭などに植える。春の彼岸の頃に、他の桜より早く咲く。
㉜「杖を引く」と「低からず」を掛ける。
㉝稚児山。八幡町市街地の東方にそびえる山（八一七メートル）。
㉞宇山峠。八幡町と、東隣りの和良《わら》町（郡上市内）の境にある峠。
㉟「いで立つ」の間に「そよそよと」を挿入したもの。
㊱郡上市和良町方須にある。

㊲八幡町の東にある下呂市金山町中央部、馬瀬川に架かる橋。「かなえる」を掛ける。

㊳「深い草」（「小野」へ係る）と人名を掛ける。深草少将は、小野小町にあこがれて九九夜通いつめたが、百夜目は支障があって通えず、思いを遂げられなかったという伝説がある。

㊴姓は小野。平安時代前期の女流歌人。六歌仙の一。絶世の美女と伝えられる。「小町にちなむ」は、「小野」を導くために加えたもの。

㊵八幡町市街地の北東方、吉田川北岸の地名。

㊶菅原道真《すがわらのみちざね》の敬称。平安時代前期の学者・政治家。

㊷烏帽子と山名を掛ける。烏帽子は、平安時代に公家が用いた、平服時の帽子で、絹や紗《しゃ》で作り、黒漆を塗ったもの。烏帽子岳は、八幡町の北方にそびえる山（一六二五メートル）。

㊸八幡町の北隣りの旧気良《けら》村（現郡上市内）。

㊹年号。一一八二〜八五年。

㊺宇治川の先陣争いで梶原景季《かじわらのかげすえ》が乗った馬の名。源頼朝から与えられた馬で、毛並みが黒いための称。

㊻藤原高光。別名、多武峰《とうのみねの》少将。平安時代中期の官吏・僧・歌人。天暦年間（九四七〜九五七）に、瓢《ふくべ》ヶ《が》岳《たけ》（注52）の妖鬼が村人に危害を加えるため、その討伐を村上天皇から命じられた。高光は、苦心の末、虚空蔵菩薩《こくうぞうぼさつ》等の神仏の助けで、やっと退治した。「高い」を掛ける。

㊼八幡町の南西端にそびえる山（一二三四メートル）。

㊽星宮神社。高賀山の東麓（郡上市美並町）にある。高光が、再び妖鬼が現れないようにと建立した六社の一で、神仏分離前の祭神は虚空蔵菩薩であった。

㊾粥川の淵で、星宮神社の少し上流にある。高光が、妖鬼を射た矢を、二度と使わないようにと投げ込んだ所。

㊿美並町西部の山地に発して東流し、同町中央部で長良川へ注ぐ川（約七キロ）。

51国の天然記念物。高光が暴風雨の中を妖鬼退治に向かった時、道案内をしたという。

52霊山の意から、瓢ヶ岳（一二六三メートル）のこと。高賀山の南東方にある山で、鎌倉時代から仏教の道場として栄えた。

53あちらこちらに。

54竹や木の長い棒を水底へ突っぱって舟を進めれば。

55桜の花。

56伝えて欲しい。

57八幡城の南の善光寺境内にある神社。「およし」は一七歳の娘。八幡城の石垣が幾度も崩れたため、石垣工事の人柱とされた。その霊を慰めるべく建立されたもの。『郡上踊り』は、「下殿町通り　およし祭り」の名で、一夜、この前で踊られる。

㊽諺。無用なことを言わなかったならば、災難にあわずにすんだであろう、の意。以下、「何も言うな言うな　物言うた故に　父は長良の　人柱」と続く、よく知られた文句。

㊾長良川（➡注⑦）。「長良」は、本来は摂津の国の長柄《ながら》（現大阪市北区内）のことらしい。昔、淀《よど》川の架橋工事が難航した時、長柄の里の長者が「袴につづれがある者を人柱に立てよう」と言った。ところが、つづれがあったのは長者自身であったため、長者は人柱にされ、橋は完成した。その後、長者の娘は口をきかなくなったが、河内《かわち》の国（現大阪府中東部）の男へ嫁した。しかし、夫にも口をきかないので、夫は離縁しようと考え、途中まで送って行った時、野原で雉子が鳴いた。夫が弓矢で射ようとすると娘が必死で止め、初めて口をきいた。「もの言はじ　父は長柄の人柱　鳴かずば雉子も　射られざらまし」事情を知った夫は一緒に河内へ戻り、以後、二人は仲よく暮らしたという。

㊿堤防・橋・城などの難工事の完成を祈って、人をいけにえとして地中に生き埋めにすること。また、その埋められた人。

61以下は郡上八幡城の「人柱」の物語、という気持ち。

62集まって相談して決めること。

63小野小町（➡注㊴）。美人だと、多くの人々に褒めたたえられて、の意。

64二×八で、一六歳。

65一八歳になっていない。

66糯子織りの地に、裏組織で紋様を織り出した絹織物。厚くてなめらかで光沢がある。

67献上博多織の略。黒田藩主が毎年三月に江戸幕府へ献上した、博多織の、絹の帯地。現福岡県博多地方で産出。独鈷《とっこ》（仏具。中央に握りがあり、両端がとがった、短い棒）の縞模様が特徴。

68〔仏名の前につけて、その〕仏を信じ、敬い、仏に帰依する、の意を表す。

69「西方阿弥陀如来」の略。「西方」は西方浄土で、西の方角にある極楽のこと。「阿弥陀」は、極楽を主宰する仏の名。「如来」は尊称。

70社会に対する功績。


岐阜県の盆踊り唄。郡上市八幡《はちまん》町の人たちが、お盆に唄い踊ってきたものである。

唄の履歴　この唄の源流は、『越後松坂』ではなく、西日本地方一円に広く分布する「松坂踊り」である。その由来は不明であるが、江戸時代初期か、その前の室町時代に伊勢の松阪（三重県松阪市）辺りで生まれた踊り唄で、七五七五調四句を一単位にして繰り返していく「口説《くどき》」形式のものであったようである。その「松坂踊り」は日本海側に広く点在しているので、その方面から郡上八幡へ伝えられたのであろう。

「上げ」の「おおさてがてんしょう」の意味は不明であるが、江戸時代前期から踊り唄に用いられていた形跡がある。今日でも「小町踊り」系統の盆踊り唄の中に見られ、東京の「まんまる踊り」などでは、「おおさとがてんじょう」と唄っている。また、「上げ」の終わりに「松坂踊りを　一踊り」のような「下の句」（七五）があったものと思われるが、郡上八幡ではすでに失われてしまっている。

節まわしの型　今日広く唄われている節まわしは、桝田耕三《ますだこうそう》のものである。

高山音頭《たかやまおんど》

〽①飛騨《ひだ》の②高山《たかやま》　高《たか》いといえど
（チョコ　チョイト）
③山《やま》も高《たか》いが　名《な》も高《たか》い

〽古《ふる》い④出格子《でごうし》　大戸《おおど》の艶《つや》に
飛騨《ひだ》の⑤匠《たくみ》の　血《ち》が通《かよ》う

〽⑥木曽《きそ》で⑦御嶽《おんたけ》　⑧武州《ぶしゅう》で⑨御岳《みたけ》
飛騨《ひだ》じゃ⑩乗鞍《のりくら》　⑪槍ケ岳《やりがたけ》

〽飛騨《ひだ》の高山《たかやま》　お城《しろ》の⑫御番《ごばん》
勤《つと》めかねたよ　⑬加賀《かが》の衆《しゅ》が

〽もうし兄様《あんさま》　⑭矢立《やた》てが落《お》ちる
矢立《やた》て⑮落《お》ちぬが　顔見《かおみ》たい

〽長《なが》い⑯鳶口《とびぐち》　伊達《だて》には持《も》たぬ
⑰五寸丸太《ごすんまるた》で　⑱瀬《せ》を下《くだ》る

〽川《かわ》の⑲七瀬《ななせ》の　⑳どんどの上《うえ》を
躍《おど》り越《こ》すとや　若鮎《わかあゆ》が

〽来《こ》いと言《い》われて　行《ゆ》くその㉑夜《よ》さは

足《あし》の軽《かる》さよ　うれしさよ

〽㉒宮《みや》の八兵衛《はちべえ》は　酒好《さけず》きで
酒三杯《さけさんばい》と　嬶《かか》替《か》えた

〽嬶《かか》を替《か》えたは　よけれども
㉓酔《よ》いがさめたら　悔《くや》しかろ

〽㉔灘《なだ》の㉕中山《なかやま》　夕日《ゆうひ》が落《お》ちりゃ
浮《う》かぶ墨絵《すみえ》の　㉖国分寺《こくぶんじ》

〽祈《いの》りますぞえ　㉗八幡様《はちまんさま》へ
㉘踊《おど》り七夜《ななよ》は　降《ふ》らぬよに

〽㉙上野平《うわのたいら》で　高山見《たかやまみ》れば
㉚浅葱暖簾《あさぎのれん》が　そよそよと

〽浅葱暖簾《あさぎのれん》に　何屋《なにや》と書《か》いて
二人暮《ふたりく》らすは　いつじゃやら

〽音頭《おんど》取《と》りめが　橋《はし》から落《お》ちて
橋《はし》の下《した》から　音頭《おんど》取《と》る

〽飛騨《ひだ》の高山《たかやま》　悠長《ゆうちょう》な所《ところ》
鳴《な》らぬ日《ひ》もなや　三味線《しゃみせん》の

〽㉛花《はな》の高山《たかやま》　自慢《じまん》の名所《めいしょ》
春《はる》は㉜城山《しろやま》　㉝桜山《さくらやま》

〽八重《やえ》の山路《やまじ》を　はるばる越《こ》えて
山《やま》の都《みやこ》の　高山《たかやま》へ

〽高《たか》い山《やま》でも　登《のぼ》れば下《くだ》る
わたしゃあなたに　㉞片登《かたのぼ》り

〽鳥《とり》も通《かよ》わぬ　高山《たかやま》なれど
住《す》めば都《みやこ》に　思《おも》われる

〽祭《まつ》りばやしの　太鼓《たいこ》の音《おと》に
黄金波打《こがねなみう》つ　㉟名田田圃《なだたんぼ》

注①旧国名。現岐阜県北部。
②⬇解説。
③「山は高うない（のうて）　名が高い」「低いお江戸は　見えやせぬ」とも。
④外側へ張り出して造った格子。格子は、細い角材を縦横に、すき間をあけて組んだもの。
⑤大工や細工師。
⑥長野県南西部の、木曽川上流域地方。
⑦御嶽山。岐阜県の中東部、長野県との境にそびえる山（三〇六三メートル）。修験道の信仰の山で、日本三霊山の一。
⑧武蔵の国（旧国名）の別称。現東京都・埼玉県と、神奈川県北東部。
⑨御岳山。東京都の北西部にある山（九二九メートル）。山頂に御嶽神社。
⑩乗鞍岳。岐阜県の北東部、長野県との境にそびえる山（三〇二六メートル）。
⑪乗鞍岳の北方約二八キロの、同県境にそびえる山（三一八〇メートル）。
⑫⑬一六九二年、高山藩主金森氏は出羽の上山《かみのやま》（山形県上山市）へ移封。江戸幕府は高山を直轄とし、一時、加賀藩（現石川県南部）に警護させた。
⑭腰の帯に挟んで携帯する筆記用具。筆を入れた筒の先に墨壺がついている。
⑮「落ちねど　顔見たや」とも。
⑯引っかけて、木材を引き寄せるのに用いる道具。棒の先に、鳶のくちばしのような、鉄のかぎをつけたもの。
⑰直径約一五センチの丸太。
⑱川の流れの速い所。
⑲〔実数ではなく〕沢山の瀬。
⑳水が音を立てて流れ落ちる所。
㉑よるは。
㉒大野郡宮村（現高山市内）に住んでいた人の名。
㉓「酒が」とも。
㉔高山地方の古い呼称。
㉕中山丘陵。高山盆地の西方にある。西山丘陵とも。
㉖飛騨国分寺。現高山駅の北東三百メートルほどの所にある。三重の塔がある。
㉗桜山八幡宮。高山市街地の北東部にある。秋の高山祭りはこの神社の例祭である。
㉘〔実数ではなく、「八幡」との語呂合わせ〕盆踊りが行われる間の何夜も。
㉙高山市市街地の北方、上野《うわの》町・丹生川《にゅうかわ》町にある高台。
㉚緑色を帯びた、薄い青色。
㉛桜の花。
㉜高山城があった山。高山市市街地の南東方にある。

㉝桜山八幡宮。
㉞片思いをすること。
㉟高山市市街地の南西方に広がる田園。

岐阜県の盆踊り唄。岐阜県北中部の高山盆地にある高山市の人たちが、お盆に唄い踊ってきたものである。高山は、金森《かなもり》氏六代の城下町であったが、一六九二年以後は明治維新まで、江戸幕府の直轄地とされていた。

唄の履歴　この唄の源流は不明であるが、本来は「口説《くどき》」形式の盆踊り唄であった。そして、『高山音頭』という曲名は昭和三〇年代（一九五五〜）に入ってからのものらしく、それまでは「高山踊り」と呼ばれていた。また、その前の一九二九年までは「キッソー踊り」と呼ばれ、「吉左右踊り」の文字があてられていた。「吉左右」とはよい便りという意味であるが、歌詞や節には関係なさそうだし、あるいは「木曽踊り」の訛ったものなのかもしれない。

この唄、本来は七七七七調四句を一単位として繰り返していく、長編の「口説」形式であったが、高山ではその一単位を独立させ、そこへ七七七五調の歌詞をあてはめたようである。

その『高山音頭』、一九六五年頃より、NHK名古屋放送局から保浅太郎・二村由之助の唄で放送されるようになった。その後、一九六八年に東京在住の民謡家がコロムビアレコードに吹き込む折りに、唄一首分では短いからと、二首唄ってから間奏を入れるという、今日の形式になった。そのため、地元の唄と、東京を中心とする都会の唄と、異なった演出の唄が共存しているが、本来の地元の形式へ戻すほうがよい。

節まわしの型　今日広く唄われている節まわしは、二村由之助のものである。

ホッチョセ

〽ここはナァー山家《やまが》①じゃ　お医者《いしゃ》はないで
（アァホッチョセ　ホッチョセ）
可愛《かわ》い殿《との》さを　見殺《みごろ》しに
（アァホッチョセ　ホッチョセ）

〽様《さま》②と旅《たび》ょすりゃ　月日《つきひ》も忘《わす》れ
鶯《うぐいす》鳴《な》くよな　春《はる》じゃそな

〽月《つき》の出頃《でごろ》と　約束《やくそく》したが
月《つき》は山端《やまは》に　わしゃここに

〽遠《とお》い畦道《あぜみち》　よう来《き》てくれた
裾《すそ》が濡《ぬ》③れつら　豆《まめ》の葉《は》で

〽こぼれ④紅葉《もみじ》の　友禅《ゆうぜん》⑤敷《し》いて
小唄《こうた》⑥聞《き》きたや　聞《き》かせたや

〽恵那《えな》⑦の中津《なかつ》⑧を　出《で》て行《ゆ》く時《とき》は
三度《さんど》見返《みかえ》す　恵那《えな》⑨の山《やま》

注①山の中の家。
②あなた様。
③濡れたであろう。
④地上に散った紅葉。
⑤友禅染めの布を。友禅染めは、京都の宮崎友禅が始めたと伝えられる文様染め。多彩な色で、花鳥などの文様を絵画的に染め出す。ここでは、地上に落ちた紅葉が友禅染めのように見えることをいう。
⑥流行《はや》り唄。
⑦恵那地方。岐阜県南東部の、現恵那市・中津川市一帯。
⑧旧町名。現中津川市内。「中津川」とも。
⑨恵那山。中津川市の南東部、長野県との境にある山（二一九〇メートル）。

岐阜県のお座敷唄。岐阜県の南東端、中山道《なかせんどう》の宿場町として栄えた現中津川市の花柳界の宴席で、芸者衆が唄ってきたものである。

唄の履歴　この唄の源流は、江戸時代後期から日本中で大流行した「甚句《じんく》」である。それも、上の句の節と下の句の節が全く同じの、初期の「甚句」である。その唄が中津川に伝えられて、上の句の節まわしが少し変わったようである。それを、中津川一円の農民たちが盆踊りに用いて、「中津川甚句」と呼んでいた。（その踊りの振りは、長野県の『木曽《きそ》節』の踊りに利用されている。）

その盆踊り唄が、のちに中津川の花柳界に入ってお座敷唄となり、はやし詞から『ホッチョセ』と呼ばれるようになった。中津川地方の人たちは、ほととぎすの鳴く声を「ホッチョカケタ　ホッチョカケタ」と表現しているので、はやし詞は、その「ホッチョ」に「セー」を加えたものなのであろう。

節まわしの型　今日広く唄われている節まわしは、東京の民謡界のものである。しかし、中津川の花柳界の節まわしとは異なりすぎるので、地元の節へ戻すほうがよい。

静岡県

下田節《しもだぶし》

本唄

〽①伊豆《いず》の②下田《しもだ》に　長居《ながい》はエーおよし
（アァ　ヨイ　ヨーイー）
③縞《しま》の財布《さいふ》が　④軽《かる》くなるエー

長ばやし〔酒席の同席者の一人〕

ヤーレェ下田《しもだ》の沖《おき》に　⑤瀬《せ》が四《よっ》つ
思《おも》い切《き》る瀬《せ》に　切《き》らぬ瀬《せ》に
エェ取《と》る瀬《せ》にやる瀬《せ》が　ないわいなエー
（オォサ　酔《よ》った　酔《よ》った）

本唄

〽⑥相模《さがみ》や⑦ならいで　⑧石廊崎《いろうざき》や⑨西《にし》よ
間《あい》の下田《しもだ》は　⑩だしの風《かぜ》

〽伊豆《いず》の下田《しもだ》を　⑪朝山《あさやま》捲《ま》けば
晩《ばん》にゃ⑫志州《ししゅう》の　⑬鳥羽《とば》の浦《うら》

〽行《ゆ》こか⑭柿崎《かきざき》　戻《もど》ろか下田《しもだ》
ここが思案《しあん》の　⑮間戸ヶ浜《まどがはま》

〽下田《しもだ》出《で》る時《とき》ゃ　涙《なみだ》で出《で》たが
⑯相《あい》の山《やま》をば　唄《うた》で越《こ》す

〽わたしゃ下田《しもだ》の　⑰城山育《しろやまそだ》ち
ほかに木《き》(気)はない　松《まつ》(待つ)ばかり

〽ならい吹《ふ》け吹《ふ》け　千百日《せんひゃくにち》も
綱《つな》も錨《いかり》も　朽《く》ちるまで

〽船頭《せんどう》必《かなら》ず　⑱高帆《たかほ》を捲《ま》くな
風《かぜ》に情《なさ》けが　あるものか

〽日和《ひより》まだまだ　⑲はやては強《つよ》い
⑳はやて躱《がわ》しの　㉑西恐《にしこわ》い

〽色《いろ》の黒《くろ》いを　なぜ気《き》にしゃんす
㉒かつぎやめれば　白《しろ》くなる

長ばやし

〽㉓伝馬《てんま》を漕《こ》いで　㉔弥帆《やほ》捲《ま》いて
㉕帆足揃《ほあしそろ》えて　行《ゆ》く時《とき》は
下田《しもだ》を恋《こい》しと　思《おも》い出《だ》して
泣《な》きゃがれ　泣《な》きゃがれ

〽千日千夜《せんにちせんや》さ　逢《あ》わずとも
㉖先《さき》さえ心《こころ》が　変《か》わらなきゃ
なんでわたしが　変《か》わろうぞ
㉗日々《ひび》に思《おも》いが　増《ま》すわいな

〽山中通《やまなかとお》れば　鶯《うぐいす》が
梅《うめ》の小枝《こえだ》に　昼寝《ひるね》して
花《はな》の散《ち》るのを　夢《ゆめ》に見《み》て
花咲《はなさ》け咲《さ》けと　鳴《な》くわいな

〽お前《まえ》を棄《す》てて　㉘徒枕《あだまくら》
交《か》わす心《こころ》は　なけれども
㉙勤《つと》めの身《み》なれば　是非《ぜひ》もない

少《すこ》しゃ察《さっ》して　おくんなんしょ

注①旧国名。現静岡県南東部の伊豆半島全域と、伊豆諸島。
②⬇解説。
③京都府の『宮津節』に同種の歌詞がある。どちらが古いかは不明。
④遊廓で遊びすぎて、の意。「空になる」とも。
⑤潮の流れの速い所。
⑥相模灘。伊豆半島の東方で、伊豆大島と三浦半島南端を結ぶ線の西方の海域。
⑦伊豆半島では、北東～東の風。
⑧伊豆半島の南端にある岬。
⑨西風。
⑩下田では、内陸から川沿いに吹いてくる北風。
⑪帆船の帆を朝方に捲き上げれば。船出すれば、の意。
⑫志摩の国（旧国名）の別称。現三重県南部。
⑬鳥羽港。現三重県鳥羽市にある。
⑭下田港北東方の旧村名（現下田市内）で、曹洞宗玉泉寺がある。この寺は、一八五六年から三年間、ハリスが初のアメリカ領事館として使用した。
⑮下田港北岸の地名。現下田市中心部と柿崎の中間にある。（唐人お吉が迷っていた場所であろう、の意）
⑯下田港の西方約二・五キロ にある山（二五三メートル）。
⑰下田港の西の岬にある山。小田原北条氏の水軍の城があった。現在、下田公園となっている。
⑱大型船の中央にある帆柱の、最上部用の帆を張る な。
⑲急に激しく吹き起こる風。疾風。
⑳「はやて」に替わって吹いてくる。
㉑西風。
㉒水中に潜って漁をすること。
㉓伝馬船。小型の和船。本船に積んでいる小舟で、本船と港の間の、荷物の運搬に用いる。
㉔和船の舳《へさき》に、小さな帆を張って。
㉕帆の下端が動かないように甲板に結びつける、何本もの麻綱。
㉖先様。先方。相手。
㉗「日に日に」とも。
㉘男女が、その場かぎりの情交を結ぶこと。
㉙廓勤めの身。遊女のこと。

静岡県のお座敷唄。静岡県の南東端、それも伊《い》豆《ず》半島の突端にある港町、下田（下田市）の花柳界の宴席で、芸者衆が唄ってきたものである。

唄の履歴　この唄の源流は、現茨城県潮来《いたこ》市の花柳界のお座敷唄『潮来音頭』と同系の唄らしい。ただし、今日の『潮来音頭』には、繰り返しと、はやし詞「ションガエ」がついている。（なお、⬇「補足」）

上方方面から江戸へ向かう帆船は、下田の沖合いを通る。江戸幕府は、一六三六年に下田に海の関所「船改め番所」を設け、江戸へ往来する船はすべて下田へ立ち寄らせて検問した。

一方、東北方面から江戸へ向かう帆船にとっては、伊豆半島沖を吹き抜けてくる強い西風を受けながら江戸湾へ曲がるのは、大変危険であった。そのため、千石船は銚子《ちょうし》（千葉県銚子市）から利根《とね》川へ入り、潮来で荷物を高瀬舟に積み替えて利根川を上り、関宿《せきやど》（野田市関宿町）から江戸川を下って江戸へ入った。これを「内海江戸まわり航路」と言う。また、潮来の高瀬舟は、利根川を下り、銚子から房総半島の沿岸をまわって江戸入りした（「外海江戸まわり航路」）。そして、千石船の中には、潮来に立ち寄ったあと、江戸湾の入り口を横切って下田港や三崎港（神奈川県三浦市）に入り、今度は順風に乗って江戸へ向かうものもあった。潮来と下田は位置的には遠く離れているが、帆船時代はすぐ隣りの港だったのである。したがって、唄もまた船に乗って運ばれた。

節まわしの型　今日広く唄われている節まわしは、下田の芸者衆のものである。

補足　『下田節』の源流は「どどいつ」や「三下りよしこの節」であるとする説があるが、正しくない。昭和三〇年代（一九五五～）の初めに、NHK名古屋放送局が、現三重県志摩市磯部《いそべ》町の渡鹿野《わたかの》島で、『渡鹿野下田節』（下田から伝えられた「下田節」）を、地元芸者のとみえたちの唄で収録した。その折りに、朝潮ホテルの主人林藤太郎が、酒席のざれ唄であるからとして「渡鹿野どどいつ」と命名した。そのため、「どどいつ」の古調と思われ、以後の研究者たちが『下田節』の源流は「どどいつ」の古いもの（「よしこの節」）だという説を展開し始めたのである。

チャッキリ節《ぶし》

〽唄《うた》はチャッキリ節《ぶし》　男《おとこ》は①次郎長《じろちょう》
②花《はな》は③橘《たちばな》　夏《なつ》は橘《たちばな》　茶《ちゃ》の香《かお》り
（チャッキリ　チャッキリ　チャッキリ
ヨォ　きゃァる(蛙)が④鳴《な》くんて　⑤雨《あめ》
ずらよー）

〽茶山茶所《ちゃやまちゃどころ》　茶《ちゃ》は縁所《えんどころ》
⑥ねェね⑦行《ゆ》かずか　やァれ行《ゆ》かずか　お茶摘《ちゃっ》
みに

〽⑧駿河《するが》よい国《くに》　茶《ちゃ》の香《か》が匂《にお》うて
いつも日和《ひより》の　沖《おき》は日和《ひより》の　大漁船《たいりょぶね》

〽さァさ行《い》こ行《い》こ　茶山《ちゃやま》の原《はら》に
⑨日本平《にほんだいら》の　山《やま》の平《たいら》の　お茶摘《ちゃっ》みに

〽⑩日永《ひなが》そよ風《かぜ》　南《みなみ》が晴《は》れて
茶摘《ちゃっ》み鋏《ばさみ》の　お手《て》の鋏《はさみ》の　音《おと》のよさ

〽山《やま》で鳴《な》くのは　藪鶯《やぶうぐいす》よ
茶摘《ちゃっ》み日和《びより》の　晴《は》れた日和《ひより》の　⑪気《き》のとろさ

〽帯《おび》はお茶《ちゃ》の葉《は》　⑫鶯《うぐいす》　染《ぞ》めよ
赤《あか》い襷《たすき》の　揃《そろ》た襷《たすき》の　ほどのよさ

〽唄《うた》え唄《うた》えよ　茶山《ちゃやま》の藪《やぶ》で
惚《ほ》れて唄《うた》わにゃ　揃《そろ》て唄《うた》わにゃ　日《ひ》がたた
ぬ

〽⑬三保《みほ》の海苔舟《のりぶね》　今朝《けさ》まだ寒《さむ》い
せめて⑭棹《さお》さそ　⑮連《つ》れて棹《さお》さそ　逆《さか》さ富士《ふじ》

注
①清水の次郎長。本名は山本長五郎。江戸時代末期～明治時代初期の侠客。清水港を本拠にして、大政・小政や森の石松など数百人の子分を従え、街道一の大親分と称された。
②芭蕉の句「駿河路や花橘も茶の匂ひ」による表現。
③みかんのこと。
④「鳴くんで」ではない。
⑤雨が降るでしょうよ。
⑥「娘さん」の意とする歌詞集もあるが、不適。次の「やァれ」との関連語。
⑦行こうよ。
⑧旧国名。現静岡県中部・東部。
⑨静岡市南東部にある有度山《うどさん》（三〇八メートル）山頂部の平原。茶園・みかん園・いちご園などに利用。富士山・駿河湾・三保の松原・伊豆半島などが一望できる景勝地。
⑩春になって、昼間が長く感じられるようになること。
⑪気持ちがのんびりすること。
⑫鶯の羽の色（茶色がかった緑色）に染めたもの。
⑬静岡市南東端にある三保半島一帯の地名。三保の松原は、天女の羽衣伝説で有名。
⑭竹や木の長い棒を水底へ突っぱって舟を進めよう。
⑮二人で一緒に。

静岡県の、お座敷唄形式の新民謡。静岡県の中心、静岡市の花柳界の宴席で、芸者衆が唄ってきたものである。

唄の履歴　一九二六年、静岡電鉄（現静岡鉄道）が、沿線に「狐ヶ崎遊園地」を造った。そして、その中の翠紅園《すいこうえん》という人工温泉付きの料亭兼旅館の酒席で芸者衆が唄う「お座敷唄」を作ることになり、作詞を詩人の北原白秋に依頼した。作曲は、白秋の紹介で町田嘉章《かしょう》（のちに佳聲）がすることとなった。

白秋の歌詞が静岡電鉄へ送られたのは、消印によると、一九二七年二月一四日であったという。曲ができたのは、それから半年ほどあとである。その『チャッキリ節』、一九三一年六月に市丸《いちまる》がビクターレコードに吹き込んだ。市丸は五四年二月にも同レコードに吹き込んだが、これが日本中へ広まった。

白秋は、静岡に来て大歓迎を受けたあと、翌日から連日タクシーを雇って、お菓子を積み、芸者を連れて遊びに出ては、老人や子供たちにお菓子を与えて遊んでいた。会社側の人たちは怒り、「白秋を帰せ」という話も出たほどである。しかし、白秋はこの間に歌詞を作るための材料集めをし、大学ノート数冊に、茶の作り方から種類や値段に至るまで書き取っていたという。そして、最後の段階で「はやし詞」が作れなくて悩んでいたが、静岡市の二丁町遊廓で、老妓の〆吉《しめきち》が、障子を開けながら「きゃある（蛙）が鳴くんて、雨ずらよ」と言うのを聞いて、その場ですぐに歌詞のまとめに入った。まとめあげた歌詞は三〇首にもなった。白秋は替え唄を嫌ったのである。

節まわしの型　今日広く唄われている節まわしは、市丸のものである。

補足　『チャッキリ節』が北原白秋と町田嘉章によって作られたのは、新民謡運動華やかなりし昭和時代の初めである。白秋は、民謡は低俗だから嫌いだとして、静岡電鉄の遊園部長長谷川貞一郎が白秋宅を訪ねた時は、「民謡は作ったことがないので」と言って断った。そこで長谷川は、小説家の正宗白鳥に紹介状をもらって訪ね直し、やっと引き受けてもらった。

当時、町田は白秋の作った童謡の歌詞に曲づけをして子供たちに唄わせ、踊らせていた。一九二七年四月、町田は東海道線の車中で白秋と出会ったが、その時に『チャッキリ節』の話が出て作曲を依頼された。

中木節《なかぎぶし》

〽ハァ伊豆《いず》①の中木《なかぎ》②の　アァ小城《こじろ》③の浜《はま》で
（アァ④　ヨイトコラ　サイサイ）
泣《な》いて別《わか》れた　イヨーこともある

長ばやし〔酒席の同席者の一人〕

〽アァお前《まえ》にやるもの　なんにもない
紙屑籠《かみくずかご》⑤でも　背負《しょ》ってきな
（アァ⑥　ヨイトコラ　サイサイ）
〽里《さと》⑦と小城《こじろ》の　どあい⑧の桜《さくら》
花《はな》は小城《こじろ》に　実《み》は里《さと》に
〽松《まつ》になりたや　小城《こじろ》の松《まつ》に
上《のぼ》り⑨下《くだ》りを　見《み》て暮らす
〽押《お》せや押《お》せ押《お》せ　石廊崎《いろうざき》⑩までも
押《お》せば中木《なかぎ》が　近《ちか》くなる
〽こちよ⑪吹《ふ》け吹《ふ》け　千百日《せんひゃくにち》も
綱《つな》や錨《いかり》が　朽《く》ちるまで
〽日和《ひより》ゃまだまだ　やまで⑫が強《つよ》い
やまで⑬躱《がわ》しの　西《にし》⑭ゃ恐《こわ》い

長ばやし

〽一昨昨日《いっさくさくじつ》⑮　差《さ》し上《あ》げた
お手紙《てがみ》ゃ御返事《ごへんじ》　どでごんす
〽よい所中木《ところなかぎ》だ　またおいで
今度《こんど》は泣《な》くまい　泣《な》かせまい
〽いいから貸《か》すから　飲《の》んできな
ある時勘定《ときかんじょう》は　たァんとたんと
〽エーヤッチョメヤッチョメ　ヤッチョメ　ヤッチョメナ
荒波立《あらなみた》つから　掻《か》い込《こ》め掻《か》い込《こ》め

注①旧国名。現静岡県南東部の伊豆半島全域と、伊豆諸島。
②➡解説。
③中木港付近の地名。
④⑥「アーショメー　ショメショメ」「カイコメカイコメ」とも。
⑤紙屑などの廃品を回収して売る職業の人が、背に負う籠。
⑦中木港の北西方の地名。
⑧間の。
⑨伊豆半島の沖合い（東まわり航路）を往来する千石船を。「上り」は上方方向、「下り」は青森方向へ向かう船。
⑩伊豆半島の南端にある岬。
⑪静岡県では、東~南東の風。
⑫南伊豆町では、南西風。
⑬「やまで」に替わって吹く。
⑭西風。伊豆半島の南端付近は特に強い。
⑮一昨日の前日。三日前。

静岡県のお座敷唄。静岡県の南東端、それも伊豆《いず》半島突端の石廊崎《いろうざき》の西にある中木港（賀茂《かも》郡南伊豆町中木）の宴席で、遊女たちが唄っていたものである。

大坂と江戸を結ぶ「東まわり航路」の千石船は、風の都合で難所の石廊崎をまわりきれない場合、この中木港を風待ち港として利用した。港の遊女たちは、その帆船が碇泊している間、船乗りと同居して現地妻のような暮らし方をしていた。

唄の履歴　この唄の源流は、江戸時代後期に大流行した「甚句《じんく》」の一種である。「甚句」は七七七五調であるが、四句目の五音の前に「イヨー」の入る唄は、ほかにない。「エヨー」の入る唄は新潟県・長野県下に広く見られるので、あるいはそうした唄が、海路中木港に伝わり、「エヨー」より力の入れやすい「イヨー」に変化したのかもしれない。

なお、中木では、同じ唄が、天草《てんぐさ》を採るために海底にもぐる潜水夫に空気を送るポンプを押しながら唄う「ポンプ押し唄」として唄われていた。また、岩海苔《いわのり》を採る時にも唄われたというが、伊豆半島東海岸の現伊東市新井には、岩海苔を掻《か》き取る時の仕事唄「海苔掻き唄」として残っている。

節まわしの型　今日広く唄われている節まわしは、南伊豆町の人たちのものである。

三島《みしま》ノーエ節《ぶし》

〔唄い手〕

〽富士《ふじ》の白雪《しらゆき》ゃノーエ　富士《ふじ》の白雪《しらゆき》ゃノーエ
ー　富士《ふじ》のサイ　サイー

〔酒席の同席者〕

白雪《しらゆき》ゃ　朝日《あさひ》で融《と》ける（ソレー）
①融《と》けて流《なが》れて　②三島《みしま》③へ下《くだ》る
④三島女郎衆《みしまじょろしゅ》は　お化粧《けしょう》が長《なが》い
お化粧長《けしょなが》けりゃ　お客《きゃく》が⑤怒《おこ》る
お客《きゃく》⑥怒《おこ》れば　⑦石《いし》の地蔵《じぞ》さん
石《いし》の地蔵《じぞ》さんは　頭《あたま》が丸《まる》い
頭丸《あたままる》けりゃ　烏《からす》が留《と》まる
烏《からす》留《と》まれば　⑧娘島田《むすめしまだ》
娘島田《むすめしまだ》は　情《なさ》けで⑨解《と》ける

注①以下、同じ節とはやし詞を繰り返す。
②➡解説。
③「へ（に）注ぐ」「へ落ちる」とも。
④三島宿の飯盛り女たち。
⑤「困る」とも。
⑥「困れば」とも。
⑦石の地蔵のように、むっつりする、の意。
⑧地蔵の頭に烏が留まれば、娘さんの島田髷《まげ》に見える、の意。島田髷は日本髪の髪型で、未婚の女性が結うもの。
⑨ここから「融けて流れて」へ戻って、いつまでも唄えるようになっている。

静岡県の酒盛り唄。静岡県の中東部、東海道の宿場町として、また三嶋大社の鳥居前町としてにぎわった三島（三島市）の人たちが酒席で唄ってきたものである。のちにはお盆にも唄い踊られた。

別名　ノーエ節。農兵節（➡後記）。

唄の履歴　この唄の源流は、現神奈川県の『横浜ノーエ節』（野毛山節）である。それは、一八六二年頃、横浜の野毛山（横浜市中区）辺りの芸者衆が、酒席で、拳《けん》遊び（狐・庄屋・鉄砲で勝負を決める）の下座ばやしにのせて唄っていたものらしい。歌詞は「〽野毛の山からノーエ　異人館を見れば鉄砲かついでノーエ　並び足（整列する、の意）オッピキヒャラリコノーエ　ちいち（しらみの幼児語）がたかってノーエ　オッピキヒャラリコノーエ」といった、たわいないものであった。野毛山下の居留地で外国の兵隊が、日本人を脅かすために連日軍事調練をしていた、その様子を眺めていた人たちが作ったのであろう。

それが流行《はや》り唄になり、東海道沿いに広まって三島宿にも伝えられ、花柳界で唄われていたのであろう。その唄は、やがて周辺の農村部へ広まり、流行り唄として酒席で唄われていたが、のちには盆踊り唄へ転用されていった。

ところで、江戸時代末期に、三島の南方、現田《た》方《がた》郡韮山《にらやま》町に、伊豆《いず》の代官江川太郎左衛門が、銃砲を鋳造する反射炉を造った。そして、国防のために、農民に西洋式の軍事調練をさせた。その時に唄わせた行進曲が、この「農兵節」であるという由来話があり、今も、お盆に、代官と農兵の仮装姿で唄い踊られている。

しかし、これは作り話にすぎない。昭和時代初めの新民謡運動の中で多くの御当地ソングが作られたが、創作民謡であることを前面に押し出した所と、伝承民謡などを利用した所とがある。後者の場合、当地が発祥の地であると主張したい気持ちと、唄の由来は、より古く、より格式高くと望む気持ちが強く、このような伝説を各地で生んだ。この唄の場合も、『横浜ノーエ節』の「鉄砲かついで」という一節と反射炉の江川とを結びつけ、「ノーエ節」に「農兵節」の漢字をあてたことから生まれた伝説である。したがって、「農兵節」という曲名には無理がある。本書では、本来の「ノーエ節」へ戻し、神奈川県の『横浜ノーエ節』と区別する意味で、『三島ノーエ節』としておく。

その『三島ノーエ節』を世に広めたのは、三島の平井源太郎である。彼は三島特産の大根や人参《にんじん》を宣伝するため、幟《のぼり》を立て、陣笠をかぶって、この唄を唄い、踊り歩いた。それは、昭和の初めのことである。この宣伝と、野毛山時代の流行り唄としての記憶とが重なって、『三島ノーエ節』は日本全国の酒席で広く唄われるようになっていった。

節まわしの型　今日広く唄われている節まわしは、「農兵節普及会」のものなのであろう。

愛知県

五《ご》万《まん》石《ごく》

〽〔音頭取り〕①五万石《ごまんごく》でも　②岡崎様《おかざきさま》は
〔付け手〕アー　ヨイコノ　シャンセー
〔音頭取り〕お③城下《しろした》まで　船《ふね》がンン着《つ》くショ
ンガイナァ
アー　ヤーレコノ船《ふね》が着《つ》く
お城下《しろした》まで　船《ふね》がンン着《つ》くションガイ
ナァ
〔付け手〕アー　ヨーイィ
〔音頭取り〕ヨーイ　ヨイィコノ　シャンセ
ー
〔付け手〕まだまだ　囃《はや》そう

〽見《み》たか聞《き》いたか　岡崎様《おかざきさま》の
④お馬標《うまじるし》の　⑤三《み》つ団子《だんご》

〽わしが心《こころ》は　⑥矢作《やはぎ》の白帆《しらほ》
行方《ゆくえ》⑦白波《しらなみ》　水《みず》のまま

〽⑧花《はな》は桜木《さくらぎ》　人《ひと》なら武士《ぶし》よ
武士《ぶし》と⑨言《い》やれば　⑩三河武士《みかわぶし》

〽天下《てんか》取《と》りたきゃ　矢作《やはぎ》の川《かわ》の
水《みず》で産湯《うぶゆ》を　浴《あ》び直《なお》せ

〽安《やす》く見《み》やんな　岡崎生《おかざきう》まれ
天下《てんか》取《と》ったは　三河武士《みかわぶし》

〽矢作上《やはぎのぼ》れば　⑪お城《しろ》が⑫見《み》ゆる
葦《あし》の葉越《はご》しの　松《まつ》の間《ま》に

注①⬇解説。
②岡崎藩主、本多氏。⬇解説。
③⬇解説。
④戦陣で、大将の馬のそばに立て、その所在を示す標識。
⑤三つ串団子。三つの白丸を串で貫き、斜めにした図柄。白丸は敵の首を意味する。
⑥岐阜・長野県境の山地に発して愛知県中央部を南西流し、西尾市の西で知多湾へ注ぐ川（約一三七キロ）。
⑦「知らない」を掛ける。
⑧花の中では桜が、人の中では武士が最もすぐれている。
⑨言うのであれば。
⑩三河の国（現愛知県東部）出身の武士は、徳川家康と一緒に江戸へ出て徳川三百年の歴史を築いたため、武士の中でも主流派中の主流派であった。
⑪岡崎城。
⑫「見える」とも。

愛知県のお座敷唄。愛知県の中央部、それも矢《や》作《はぎ》川と大平川が合流する辺りに開けた城下町岡崎（岡崎市）の花柳界の宴席で、芸者衆が唄ってきたものである。

岡崎の中心である岡崎城は、一四五二年に西郷《さいごう》弾正左衛門《だんじょうざえもん》が築いたものである。その後、一五二四年に松平清康の居城となった。その孫が徳川家康で、一五四二年にこの城で生まれている。したがって、岡崎城は徳川家にとっては由緒ある城で、常に譜代大名に守らせてきたが、一七六九年に本多忠粛《ただとし》が封《ほう》じられて以後は、明治維新に至るまで本多氏が五万石（約九千キロリットルの米が収穫できる土地）の殿様であった。

江戸時代の大名とは、一万石以上の領地を持つ領主のことであるが、五万石は小藩である。その劣等感と、家康ゆかりの地という自尊心が「お城

下まで　船が着く」という文句を作らせたのであろう。船は大量の物資を運ぶ交通機関であり、海から直接城の下まで船が来れるという地の利は、大変なものであった。当時は、岡崎城のすぐ南、現在の殿橋から菅生神社辺りまでを「お船着き」と呼び、かなり大きな船でも、知多湾から矢作川を上り、支流の大平川（地元では菅生川と呼ぶ）を利用して城下まで入ることができた。

別名　岡崎五万石。

唄の履歴　この唄の源流は、江戸から東海地方にかけて広く唄われてきた『ヨイコノ木遣《きや》り』である。それがお座敷唄化し、さらに端唄や小唄の『五万石』になったものと思われる。

さて、前掲一首目の歌詞によく似たものが、小寺玉晁編「小唄のちまた」に載っている。それは、一八三三年秋に流行した「まねき節」の、東海道五十三次の宿場づくしの歌詞で、岡崎のところには、

〽五万石でも　岡崎殿さ　ヲヽイ〳〵
　城の下まで　船がつく
　えらい物じゃ　えらい物じゃへ

とある。この歌詞のままでは今日の『五万石』の節にはあてはまらないから、別の唄であろう。しかし、徳川家康が生誕した岡崎城に関するこの歌詞は、家康が主である江戸城の城下町で好まれないわけはない。やがて江戸で好んで唄われるようになり、江戸木遣りや端唄・小唄の中で生きてきた。ところが、当の岡崎では絶えてしまっていた。

その端唄の『五万石』を、浅草芸者の吉原〆治《しめじ》（鶯芸者の第一号）がニッポノフォンレコードに吹き込んだ。それは、明治維新後四五年以上も過ぎた大正時代の初めである。岡崎の人たちにとっては、我が郷土の、それも徳川家ゆかりの岡崎城の唄なので復元を計り、〆治のもとへ岡崎芸者二人を習いに行かせて、岡崎へ移植した。その後、岡崎芸者の中村くに（唄）と大西もと（三味線）がその『五万石』を得意にして、岡崎のお座敷唄として定着させたのである。

ただし、歌詞は、吉原〆治から習った「〽五万石でも…」と、「〽目出度目出度の若松様よ　枝も栄えて葉も繁る」の二首しかなかった。そこで、新民謡運動華やかなりし一九二七年に三河日報社が歌詞を懸賞募集して作った『新五万石』（別名「岡崎小唄」、野口雨情補作）の中などから『五万石』に向くものを流用した。それが、前掲の二首目以降の歌詞である。

節まわしの型　今日広く唄われている節まわしは、たぶん、吉原〆治の端唄「五万石」そのままなのであろう。

十四山音頭《じゅうしやまおんど》

〽ハァーエわしの心《こころ》と（ハイ　ハイィ）　①御嶽《おんたけ》
　山《やま》の
　峰《みね》の氷《こおり》は　アーいつ融《と》ける
　（トーカ　テンテンッ　トーカ　テンテ
　ンー）
〽祝《いわ》い踊《おど》れよ　②十四山踊《じゅうしやまおど》り
　豊年続《ほうねんつづ》きだ　夜明《よあ》けまで
〽③十四山《じゅうしやま》から　産《う》み出《だ》す海苔《のり》は
　いつか④浅草《あさくさ》　海苔《のり》となる
〽⑤尾張名所《おわりめいしょ》の　数《かず》ある中《なか》に
　釣《つ》りで名高《なだか》い　十四山《じゅうしやま》
〽十四山《じゅうしやま》から　遠音《とおね》のはやし
　会《あ》いに来《こ》いとや　気《き》が揉《も》める
〽⑥海苔採《のりと》り辛《つら》さの　涙《なみだ》でないよ
　と言《い》うて目《め》を拭《ふ》く　潮《しお》の指《ゆび》
〽わたしゃ野《の》に咲《さ》く　タンポポの花《はな》
　人《ひと》に踏《ふ》まれて　横《よこ》に咲《さ》く

注①岐阜県の中東部、長野県との境にそびえる山（三〇六三メートル）。修験道の信仰の山で、富士山・立山とともに日本三大霊山と称せられる。
②『十四山音頭』による盆踊り。
③➡解説。
④一級品の海苔、の意。「浅草海苔」は高級な干し海苔で、江戸の品川・大森海辺で採れ、浅草で加工したもの。
⑤旧国名。現愛知県西部。
⑥厳寒の早朝に海中へ手を入れ、海苔を摘む、その寒さ、冷たさのこと。

愛知県の盆踊り唄。愛知県の南西端、それも木曽《きそ》川が作り出した三角州の、海面より一・五メートルも低い湿地帯にあった旧海部《あま》郡十四山村（現弥富《やとみ》市内）の人たちが、お盆に唄い踊ってきたものである。

唄の履歴　この唄の源流は不明である。西日本地方一円では「盆踊り口説《くどき》」が広く唄われているが、それは、七七七七調二十八音を一単位にして繰り返していく、長編の盆踊り唄である。ところが、江戸時代後期から明治時代に日本中で大流行した「甚句《じんく》」は七七七五調である。『十四山音頭』は、その影響を受けて、

〽わしの心と　御嶽山の
　峰の氷は　いつまた融ける

の最後の七音から「また」を省いたため、今日の形式になったのであろう。

なお、「はやし詞」の「トーカテンテン」は、太鼓の口譜《くちふ》の「トンカカテンテン」のようなものが変化したのではないかと思われる。

その『十四山音頭』、名古屋の中村遊廓の女将《おかみ》佐藤志か（一八八四年生まれ。現名古屋市港区南陽町福田出身）が、娘の頃に唄っていた。一九五五年頃、七二歳の同女から、名古屋の民謡家川崎滝雄がそれを習い、今日の節まわしにまとめてキングレコードに吹き込んだ。しかし、当時は、歌詞が「〽わしの心と…」と「〽わたしゃ野に咲く…」の二首しかなかったので、川崎とその弟子の竹内和弘が補作した。

節まわしの型　今日広く唄われている節まわしは、川崎滝雄のものである。

名古屋甚句《なごやじんく》

前唄

〽ハァーエー鯉《こい》のイヤァー鯉《こい》の鯉《こい》の鯉《こい》の滝登《たきのぼ》
　りゃ　なんと言《い》うて登《のぼ》るエー
山《やま》をヤァ川《かわ》にしょうと　コリャァー言《い》うて
　登《のぼ》るエー

本唄

〽ハァー宮①《みや》の熱田②《あつた》の　二十五丁橋③《にじゅごちょうばし》でエー
ハァー西行法師④《さいぎょうほうし》が　腰《こし》を掛《か》け
東西南北《とうざいなんぼく》　見渡⑤《みわた》して
これほど涼《すず》しい　この宮《みや》を
誰《たれ》が熱田《あつた》とヨーホホォ　ハァー名《な》をつけた
　エー
　（トコ　ドッコイ　ドッコイショォ）

名古屋名物

〽名古屋名物⑥《なごやめいぶつ》　おいてちょうでエもに⑦
好⑧《す》かたらんに　おきゃせ⑨
ちょっとも埒⑩《だち》ゃかんと　ぐざるぜエも⑪
　《地《じ》　口《ぐち》》
「そうきゃもそうきゃも　なんでィアも
行《い》きゃすかおきゃすか　どうしゃアす
おみゃ⑫様《さま》この頃《ごろ》　どうしゃアた
どこぞに姫⑬《ひめ》でも　できてんか
できたらできたと　言《い》やアせも
わたしも勘考⑭《かんこ》が　あるわアも」
恐⑮《おそ》ぎゃぜエも

前唄

〽さらばこれから　甚句《じんく》を替《か》えて
今《いま》の流行《はや》りの　ドットコ⑯節《ぶし》でも聞《き》いておく
　れ

本唄

〽花⑰《はな》の名古屋《なごや》の　碁盤割⑱《ごばんわ》りは
都⑲《みやこ》に負《ま》けない　京町⑳《きょうまち》や
竜宮㉑《りゅうぐう》浄土㉒《じょうど》の　魚㉓《うお》の棚《たな》
七珍㉔《しっちん》万宝㉕《まんぽう》　詰《つ》め込《こ》みし
大黒殿㉖《だいこくどの》の　袋町㉗《ふくろまち》
広小路㉘《ひろこうじ》から　見渡《みわた》せば
なかなか届《とど》かぬ　鉄砲町㉙《てっぽうちょう》
しだいしだいに　末広㉚《すえひろ》の
家並《やな》みは続《つづ》く　門前町㉛《もんぜんちょう》
さても名古屋《なごや》の　繁昌《はんじょ》ぶり

〽尾張大納言㉜《おわりだいなごん》さんの
金《きん》の鯱鉾㉝《しゃちほこ》の　言《い》うこと聞《き》けば
文明開化㉞《ぶんめいかいか》の　世《よ》なりとて
高《たか》い城《しろ》から　下《お》ろされて
離《はな》れ離《ばな》れの　箱《はこ》の中《なか》

科《とが》ないわたしに　縄《なわ》をかけ
蒸気船《じょうきせん》にと　乗《の》せられて
東京《とうきょう》までも　送《おく》られて
㉟博覧会《はくらんかい》にと　晒《さら》されて
㊱数百万《すうひゃくまん》の　ソノ人《ひと》に
鯱《しゃち》じゃ鯱《しゃち》じゃと　指《ゆび》さされ
こんなに㊲辛《つら》い　ことはない
いっそ死《し》んだが　ましかいな
一人《ひとり》で死《し》ぬのは　㊳よいけれど
お前《まえ》と一緒《いっしょ》に　死《し》んだなら
人《ひと》が㊴真鍮《しんちゅう》(心中)じゃと　言《い》うであろ

〽娘十七八《むすめじゅうしちはち》　嫁入《よめい》り盛《ざか》り
簞笥《たんす》　㊵長持《ながもち》　㊶挟《はさ》み箱《ばこ》
これほど持《も》たせて　やるからは
必《かなら》ず戻《もど》ると　思《おも》うなよ
もうし母《かあ》さん　そりゃ無理《むり》じゃ
西《にし》が曇《くも》れば　雨《あめ》となる
東《ひがし》が曇《くも》れば　風《かぜ》となる
㊷千石積《せんごくつ》んだる　船《ふね》でさえ
風《かぜ》が変《か》われば　出《で》て戻《もど》る

〽昨夜横丁《ゆうべよこちょ》でさ　㊸先《さき》のお嬶《かか》に出会《でお》うてね
お嬶《かか》㊹まめなか　達者《たっしゃ》なか
まめであろうが　あるまいが
三年以前《さんねんいぜん》に　㊺暇《ひま》もろて
今《いま》では大事《だいじ》な　人《ひと》がある
お前《まえ》さんのお世話《せわ》にゃ　なりゃしまい

注①宮の宿。東海道の旧宿場町。現名古屋市熱田区神戸町・伝馬辺り。
②熱田神宮。
③石の板二五枚で造られた太鼓橋。熱田神宮海上門前の、参道の小川に架かっていた。一九五五年に、表参道の西に復元。
④平安時代末期~鎌倉時代初期の僧侶で、歌人。日本中を巡り歩き、漂泊の詩人といわれる。歌集に「山家集」。
⑤「眺むれば」とも。
⑥名古屋弁を、名物として並べた。
⑦やめてくださいよ、に。
⑧いけ好かない、に。
⑨おやめなさい。
⑩らちがあかないと。だめだと。
⑪怒りますよ。
⑫お前さんは。
⑬情婦。
⑭考えがありますよ。
⑮恐ろしいですよ。承知しないわよ。
⑯『名古屋甚句』の本唄のこと(はやし詞から)。
⑰はなやかで美しい。
⑱碁盤の目のように、縦横に整然と分けること。
⑲現京都市。
⑳江戸時代の名古屋城下の町名。現名古屋市中区丸の内三丁目。
㉑竜宮城。海の底にあるという、竜王の宮殿。
㉒仏が住む、苦しみのない世界。極楽。ここでは、海の底にある極楽といった意味か。
㉓名古屋城の南方、現丸の内一~三丁目にあった、東西に通じる道路の俗称。「棚」は「店」で、付近は魚屋が多かった。
㉔仏教で、七種の宝物。七宝。経典によって異なるが、金・銀・瑠璃《るり》・碼碯《めのう》・真珠・硨磲《しゃこ》(貝殻の一)・玫瑰《まいかい》(赤色の玉)。真珠以下は水晶・琥珀《こはく》・玻璃《はり》などとも。
㉕多くの宝物。
㉖大黒天。七福神の一。福徳・財宝・食物などの神。右手に打ち出の小槌《こづち》を持ち、左肩に大きな袋を担ぎ、米俵二俵の上に立つ。
㉗江戸時代の名古屋城下の町名。現中区錦二丁目。大黒天が担いでいる袋と町名を掛ける。
㉘名古屋城南方の、東西に通じる、広い道路。一六六〇年の大火後に造られた。幅約二七《メートル》。
㉙江戸時代の名古屋城下の町名。現中区錦二~三丁目・栄二~三丁目。
㉚町名を掛ける。末広町は、江戸時代の名古屋城下の町名。現中区栄二~三丁目・大須二~三丁目。
㉛江戸時代の名古屋城下の町名。現中区門前町・上前津一丁目・橘一丁目辺り。
㉜尾張藩の殿様のこと。尾張は旧国名で、現愛知県西部。大納言は、行政の最高機関である太政官の次官にあたる役職で、左右大臣に次ぐ。
㉝名古屋城の天守閣の屋根にそびえる、黄金をはった、雌雄一対の鯱鉾。戦災で焼失し、現在のものは一九五八年に新造された。鯱鉾は想像上の海獣で、頭は虎に似、背に鋭いとげがあり、怪魚の姿をしている。逆立ちして尾を反らせた像を作り、火伏せと装飾のために、お城など大きな建物の屋根の最上部に取り付ける。鯱。
㉞明治時代初期に、日本が西洋の思想・文化・社会制度を取り入れて近代化したことをいう。
㉟内国勧業博覧会。明治政府が、生産物や文化財などを展示して観覧させ、産業や文化の振興に役立てようとしたもの。一八七七年に東京上野公園で第一回が行われ、一九〇二年まで五回開催された。
㊱「幾十万の人々に」とも。

㊲「悔しい」とも。

㊳「よけれども」とも。

㊴銅と亜鉛との合金で、色は黄。黄銅とも。黄金製ではなく、黄銅製の鯱鉾だと言うだろう、の意。

㊵衣類・調度品などをしまっておくための、大きな箱。木製で、ふたつき。

㊶衣類などを持ち運ぶための、浅い箱。ふたに取り付けた棒を担ぐ。「鋏箱」ではない。

㊷千石の米。四斗（約七二・二リットル）入りの俵で二千五百俵分。

㊸先妻。

㊹元気であるか。

㊺妻のほうから申し出て、離婚して。


愛知県のお座敷唄。愛知県の西部、尾張徳川家の城下町として栄えてきた名古屋（名古屋市）の花柳界の宴席で、芸者衆が唄ってきたものである。

唄の履歴　この唄の「前唄」と「本唄」の源流は、江戸時代末期から明治時代初期に日本中の花柳界で大流行した「本調子甚句」である。それを相撲取りが花柳界で覚え、地方巡業や花相撲で、簡単な振りをつけて踊りながら唄ってみせたため、日本中へ広まった。これを「相撲甚句」という。

一八七九年頃、名古屋で「説教源氏節身振り手踊り芝居元祖」と称する女太夫、岡本美佐松が人気を博した。それは、新内節と説経祭文《せっきょうざいもん》を混合させた語り物に合わせて、若い娘たちが身振りや手踊りをするものであった。その「源氏節芝居」の幕間《まくあい》に、折りから流行の「相撲甚句」の節に乗せて唄を唄った。歌詞は、客席から題をもらって即興で作るもので、内容はお題づくしや謎解《なぞと》きであった。しかし、即興で作って唄ってみせるのが主眼であったから、今日の『名古屋甚句』の歌詞としては何首も残っていない。

その後、福田屋の「鍵《かぎ》」という芸者がこの唄で評判を取ると、「甚鍵《じんかぎ》」（甚句の鍵、の意）と呼ばれて有名になった。その「甚鍵」から、荒川の「ふく」（のちに「甚ふく」と呼ばれた）が芸を受け継ぎ、さらに登代子《とよこ》へと伝えられて「甚登代」の芸として確立され、節まわしも固定化されていった。

さて、一九六四年に、高木栄一郎（名古屋邦楽協会理事）らを中心にして「正調名古屋甚句」が設定された。その形式は、「前唄」（八八調）二首、「本唄」三首（「〽宮の熱田の…」「〽花の名古屋の…」「〽尾張大納言さんの…」）と、「名古屋名物」の三つ揃いである。しかし、現実には「本唄」一首と「名古屋名物」という組み合わせで唄われるのが一般的である。

「名古屋名物」の源流も、「本調子甚句」である。江戸時代が終わり、明治新政府の誕生と廃藩置県によって役人の移動が激しくなった時、その土地の花柳界では、国訛《なま》りづくしの歌詞を作って唄い、他所からの客に聞かせることがはやった。『おてもやん』（別名「熊本甚句」。熊本）・『金沢訛り』（石川）・『土佐訛り』（高知）などは、そうして生まれた唄である。『名古屋名物』は、その名古屋版である。

節まわしの型　今日広く唄われている節まわしは、「甚光《じんみつ》」（長屋光子）のものである。

三重県

伊勢音頭《いせおんど》

本唄〔音頭取り〕

〽伊勢①《いせ》はナァー津②《つ》でもつ　津《つ》は伊勢《いせ》でもつ
（ヨイ　ヨイイ）
尾張③《おわり》名古屋④《なごや》は　城⑤《しろ》でもつ
〔音頭取り〕ヤートコォセーノ　ヨイヤナ
〔踊り手〕アララァ　コレワイセー
〔音頭取り〕コノ　ヨイトコ　イイセー

〽伊勢《いせ》へ七度《ななたび》　熊野⑥《くまの》へ三度《さんど》
愛宕様⑦《あたごさま》には　月参《つきまい》り

〽伊勢《いせ》へ伊勢《いせ》へと　萱⑧《かや》の穂《ほ》も靡《なび》く
伊勢《いせ》は萱葺⑨《かやぶ》き　柿葺⑩《こけらぶ》き

〽わしが国《くに》サは　お伊勢《いせ》が遠《とお》い
お伊勢恋《いせこい》しや　参《まい》りたや

〽帯《おび》に短《みじか》し　襷《たすき》に長《なが》し
お伊勢参《いせまい》りの　笠《かさ》の紐《ひも》

〽お伊勢《いせ》　参⑪《まい》りに　この子《こ》ができて
なんとつけましょ　伊勢松《いせまつ》と

〽お伊勢《いせ》よい所《とこ》　菜《な》の花続《はなつづ》き
唄《うた》もなつかし　伊勢音頭《いせおんど》

〽伊勢《いせ》の豊久野⑫《とよくの》　銭掛⑬《ぜにか》け松⑭《まつ》は
今《いま》は枯⑮《か》れても　名《な》は残《のこ》る

〽お伊勢音頭《いせおんど》に　心《こころ》が浮《う》いた
わしも踊《おど》ろか　輪《わ》の中《なか》で

〽馬《うま》は豆好《まめず》き　馬子酒《まごさけ》が好《す》き
乗《の》せたお客《きゃく》は　唄《うた》が好《す》き

〽お伊勢参《いせまい》りに　扇《おうぎ》を拾《ひろ》て
扇目出度《おうぎめでた》や　末繁昌《すえはんじょ》

〽伊勢《いせ》は津⑯《つ》よりも　松阪⑰《まつさか》よりも
心留《こころと》めるは　間⑱《あい》の松《まつ》

〽大坂離⑲《おおさかはな》れて　はや玉造⑳《たまつくり》
笠《かさ》を買《か》うなら　深江笠㉑《ふかえがさ》

注①伊勢神宮。⬇解説。
②港。江戸時代、伊勢参りが盛んで、勢田川中流の河崎や、河口の神社《かみやしろ》港・大湊《おおみなと》が、船を利用する参拝客でにぎわった。
③旧国名。現愛知県西部。尾張藩主は徳川御三家の一。
④現名古屋市中心部。
⑤名古屋城。一六〇九～一四年に、徳川家康が西国の外様大名ら二十余名に命じて築かせた。
⑥熊野三山。熊野本宮大社（和歌山県田辺市本宮町）・熊野速玉大社（新宮市）・熊野那智大社（東牟婁郡那智勝浦町）の三社。
⑦愛宕神社。京都市北西端の愛宕神社を総本社とする、各地の末社。
⑧屋根を葺くのに用いる、丈の高い草の総称。薄《すすき》・刈安・刈萱《かるかや》・葦《あし》・菅など。
⑨萱で葺いた屋根。
⑩四角の、小さな、薄い板を重ね合わせて葺いた屋

根。
⑪「戻りに」とも。
⑫現三重県津市大里睦合《むつみあい》町の地名。
⑬伊勢別街道沿いにあった松の大木。この木に小銭を吊るしておくと道中安全に旅ができると考えられていた。
⑭「松よ」とも。
⑮古くは「枯れ木で　朽ちかかる」。
⑯現津市。
⑰現松阪市。城下町で、伊勢参宮街道の宿場町であった。
⑱津と松阪の間、雲出《くもず》川南岸の西小野江（現松阪市小野江町内）にあった松の大木。
⑲現大阪市中央部。
⑳現大阪市天王寺区・中央区の地域名。
㉑現大阪市東成区深江で生産された菅笠。伊勢神宮の儀式用であったが、のちに伊勢参りの人たちが使用した。

三重県の、祝い唄的なお座敷唄。三重県の南東部、現伊勢市にある伊勢神宮周辺の花柳界（河崎や古市《ふるいち》）の宴席で、遊女たちが、精進落としをする伊勢参拝客のために唄い踊ってきたものである。

河崎は、伊勢市の市街地を北東流、北流する勢《せ》田《た》川の中流にあった河港の町である。船を利用して伊勢湾から伊勢神宮へ向かう参拝客は、この港で乗り降りしたため、遊廓が栄えていた。また、古市は、伊勢神宮の外宮《げくう》（豊受大神宮《とようけだいじんぐう》）と内宮《ないくう》（皇《こう》大神宮《たいじんぐう》）とを結ぶ街道の中間にあった遊廓街である。

唄の履歴　この唄は、伊勢神宮の式年遷宮で、社殿建て替え用の御用材を氏子たちが曳いて運ぶ折りの「お木曳《きひ》き木遣《きや》り」として生まれたものである。その遷宮式は二〇年に一度ずつ行われてきたが、「木遣り唄」は、その都度新曲が作られ、奉納されたようである。

現在、『伊勢音頭』と呼ばれている、「ヤートコセー」というはやし詞を持つ唄は、江戸時代のいつのものかは不明である。また、今日では、御用材を車に積んで伊勢神宮まで運び、その戻りに空車を曳いて神宮から帰っていく時に唄われている。したがって、存外新しい唄なのか、格として軽い唄だったのではないかと思われる。

なお、他の有名な「お木曳き木遣り」としては、「アリャリャン　コリャリャン　ヨーイトナー」というはやし詞を持つ「松前木遣り」や、「イロシャノスイシャデ　キワザンザ」というはやし詞を持つ「ザンザ節」などがある。のちに、その「松前木遣り」は『桑名の殿さん』（三重）や『帆柱起こし音頭』（富山）などを生み、「ザンザ節」は『岳《だけ》の新太郎さん』（佐賀）などを生んだ。

「お木曳き木遣り」は、伊勢神宮の御用材を曳く時の唄であるから、全部が「伊勢音頭」であるが、今日では「ヤートコセー」というはやし詞を持つ唄だけを「伊勢音頭」と呼んでいる。そのため、ここでは他の「お木曳き木遣り」と区別する意味で、「ヤートコセー」を曲名にして話を進めることにする。

その木遣り唄の「ヤートコセー」は河崎や古市の花柳界へ入り、三味線の伴奏がつけられてお座敷唄になったが、河崎では「河崎音頭」という名で唄い踊られた。それは、のちに岐阜県下の郡上《ぐじょう》八幡《はちまん》へ伝えられて、盆踊り唄『郡上踊り』の「かわさき」になった。

一方、古市は伊勢参宮街道沿いの、遊芸人でにぎわう「間《あい》の山」を登りつめた所にあり、妓楼七十余軒、遊女の数は実に千数百人から成る大歓楽街であった。ここに、『伊勢音頭』という曲名を生み出すきっかけとなった妓楼「油屋」があった。（一九四五年七月の空襲で焼失）

その油屋で、一七九六年五月四日の夜、客の孫《まご》福斎《ふくいつき》という医者が、酒の上から九人を斬殺する大事件が起こった。それを伊勢の巡業先で知った歌舞伎役者の嵐三五郎が、「伊勢《いせ》土産《みやげ》菖蒲《しょうぶ》刀《がたな》」という芝居にまとめて、すぐに松阪（三重県松阪市）で上演した。油屋の事件が五月の節句の前夜だったので、「菖蒲刀」としたのであろう。

嵐は、京都に戻ると奈河篤助に台本を書き直させ、八月四日から京都で再び上演した。外題《げだい》は「いせみやげ川崎踊拍子《おんど》」であった。この「川崎おんど」は、伊勢の河崎の音頭ということである。事件が古市で起こったのに「古市音頭」としなかったのは、当時、河崎の花柳界のほうが、「ヤートコセー」を演じる上では、古市より有名であったのかもしれない。

ところで、油屋の斬殺事件は大坂へも伝えられ、歌舞伎作者の近松徳三が三日間で台本を書き上げ、七月二五日から上演した。その内容は、九人斬りを十人に増やし、加害者を医者から御師《おんし》（伊勢参りの人たちの世話を焼く下級神官）に替え、名前を福岡貢とした。そして、油屋の遊女「お紺」をからませ、斬殺場面の下座音楽に「ヤートコセー」を用いた。その歌舞伎の外題は「伊勢音頭　恋の寝刃《ねたば》」であった。伊勢から遠く離れた地方の人たちには、古市と河崎の区別はつきにくいので、だれにでもわかるように「伊勢音頭」としたのである。これがきっかけで「ヤートコセー」は『伊勢音頭』と呼ばれ、伊勢を代表する唄になっていった。この曲名は、伊勢以外の所で命名されたものである。

　伊勢参りの人たちは精進潔斎をしているため、伊勢神宮参拝がすめば、精進落としと称して、古市や河崎の花柳界で、遊女をあげて派手な散財をした。その席では必ず『伊勢音頭』の総踊りが披露されたので、客はこの唄を伊勢土産として故郷へ持ち帰っていった。そのため、その地方の風物や生活をよみ込んだ唄が、日本中で沢山生まれた。

　今日の『伊勢音頭』は、古市や河崎の花柳界の総踊りで遊女が演じて見せていた踊り唄であったが、客にとっては単なるお座敷唄ではなく、伊勢の祝い唄として聞いていたと考えるほうがよいであろう。

節まわしの型　今日広く唄われている節まわしは、東京の民謡家が、俗曲の「伊勢音頭」をまねたものである。もう一度、伊勢の芸者衆の節まわしへ戻すことが必要である。

尾《お》鷲《わせ》節《ぶし》

本唄

〽①尾鷲《おわせ》よい所《とこ》　朝日《あさひ》を受《う》けてヨーイソレー
②浦《うら》で③五丈《ごじょう》の　網《あみ》を曳《ひ》くノンノコ　サイサイ
ー
（ヤッサホーラエェー　ヤッサホーラエ
ー）

道中唄

〽④中村山《なかむらやま》の　お⑤灯明《とうみょう》あげ
⑥国市《くにいち》の　国市様《くにいちさま》の　⑦夜籠《よごも》り
（ヤッサホーラエェー　ヤッサホーラエ
ー）

本唄

〽ままになるなら　あの⑧八鬼山《やきやま》を
鍬《くわ》でならして　通《かよ》わせる

〽起《お》きて沖見《おきみ》りゃ　沖《おき》や⑨白波《しらなみ》よ
殿御《とのご》やらりょか　あの中《なか》へ

〽尾鷲《おわせ》　⑩長浜《ながはま》　⑪長六河岸《ちょうろくがし》で
泣《な》いて別《わか》れた　こともある

〽⑫八幡山越《やはたやまこ》え　⑬汐鼻越《しおはなこ》えて
会《あ》いに来《き》たもの　帰《かえ》さりょか

〽色《いろ》が黒《くろ》うても　心配《しんぱい》するな
沖《おき》で⑭鰹《かつお》の　色男《いろおとこ》

〽⑮矢《や》ノ川越《こここ》ゆれば　尾鷲《おわせ》が見《み》える
見《み》える昨夜《ゆうべ》の　宿《やど》の娘《こ》が

〔吉川英治作〕

〽誰《たれ》と別《わか》れか　長浜《ながはま》あたり
夜明《よあ》け烏《がらす》が　泣《な》いて行《ゆ》く

〽いつも月夜《つきよ》で　夜《よ》も⑯八月《はちがつ》で
殿《との》も二十五《にじゅうご》で　おればよい

〽わしの心《こころ》と　⑰国市《くにし》の浜《はま》は
ほかの気《き》(木)はない　待《ま》つ(松)ばかり

〽⑱お獅子《しし》⑲しんぐる舞《ま》いの　⑳虎《とら》さんの笛《ふえ》は
㉑一里聞《いちりき》こえて　二里響《にりひび》く

〽島《しま》は七島《ななしま》　㉒弁財《べざい》でさえも
潮《しお》の満《み》ち引《ひ》き　ままならぬ

道中唄

〽お前《まえ》とならば　どこまでも
奥山《おくやま》の　㉓猿掛《さるか》け茨《いばら》の　中《なか》までも

〽お前《まえ》は浜《はま》の　お㉔奉行《ぶぎょ》㉕さん
潮風《しおかぜ》に　吹《ふ》かれてお色《いろ》は　まっ黒《くろ》け

〽十七八《じゅうしちはち》は　眠《ねむ》いもの
井戸端《いどばた》の　㉖米《こめ》かし桶《おけ》を　枕《まくら》に

〽㉗お前《まえ》に貰《もろ》た　㉘テンテン手拭《てぬぐ》いを
㉙カンカン川端《かわばた》の　柳《やなぎ》の㉚コンコン小枝《こえだ》に
引《ひ》っ掛《か》け　置《お》いてきた

〽㉛お江戸《えど》の橋《はし》で　金拾《かねひろ》て
女郎買《じょろか》おか　刀買《かたなか》おか
刀《かたな》は抱《だ》いて　寝《ね》らりょか

〽㉜精進《しょうじん》じゃ　精進《しょうじん》じゃと　何《なに》が精進《しょうじん》じゃ
今朝《けさ》も㉝托鉢戻《たくはつもど》りに　鮑買《あわびこ》うて食《く》って
それでも精進《しょうじん》か

注①➡解説。
②浜辺。入り江。
③長さ約一五メートルの網。ただし、「任《まか》せ網」（巻き取り網漁法）制度で一八一〇年に天満・中井・堀北・南・林に五つの漁場が認可された、それが「五帖」の網だと尾鷲では言う。
④尾鷲市市街地中央部の山（約五〇メートル）。山頂に愛宕神社があった（一九一〇年に尾鷲神社へ合祀）。
⑤尾鷲の人たちは、大漁や海上安全を祈って、また灯台代わりに、愛宕神社へ多くの灯明を奉納した。
⑥国市の浜の国市神社（一九一〇年に尾鷲神社へ合祀）。正称は「くにし」だが、「くにいち」と唄っている。
⑦尾鷲の人たちは、毎年一回、国市神社に泊まり込んで、海上安全を祈った。
⑧尾鷲市市街地の南方にある山（六五三メートル）。この歌詞は、天保年間（一八三〇〜四四）に矢ノ浜村（現尾鷲市内）の大工喜久八と、八鬼山の南、三木里浦の庄屋の娘、柳の悲恋物語から生まれたものだという。
⑨「白波の」は誤唱。
⑩尾鷲湾北岸の地名。江戸時代からの船着き場で、遊廓があった。
⑪「長六」は、昭和時代初期まで続いた回船問屋の屋号。「河岸」は船着き場。「長六の角で」とも。ただし、「角」だと遊女と一般の客との別れに限られる。「河岸」だと船乗りとの別れも含まれ、幅が広くなる。
⑫尾鷲湾北西端近くの小丘。八幡神社がある。
⑬八幡神社の東にある、小さな岬。その東方に長浜の遊廓があった。
⑭鰹を釣り上げると小脇に抱え込むことから、鰹を抱くので色男と言った。
⑮矢ノ川峠（八〇八メートル）。尾鷲市の南西部、熊野市との境にある。尾鷲から熊野へ向かう街道の難所であった。
⑯陰暦八月の月夜で。中秋の名月で、の意。
⑰尾鷲市市街地の中東端にあった、白砂青松の浜。現在は埋め立てられて火力発電所の敷地になっている。
⑱尾鷲神社（北浦町）に伝わる太神楽の獅子舞い。一二座ある。
⑲獅子舞いの、悪魔払いの演目名。
⑳北浦町にいた、太神楽の笛の名手。
㉑約三・九三キロ。
㉒尾鷲湾南岸近くの弁財島にまつられている弁財天。弁財天は七福神の一。福徳・財宝・音楽・穀物などの神。また、川や海の水の神。女神で、宝冠をつけ、琵琶《びわ》を抱える。弁天。
㉓猿捕り茨のこと。ユリ科の蔓性落葉小低木。山野に自生。高さ五〇〜二〇〇センチ。雌雄異種。茎は節ごとに曲がり、とげを持つ。
㉔すべてを取り仕切る、偉い人。
㉕「殿」とも。
㉖米をとぐ時に用いる、木の桶。
㉗「あの娘に」とも。手拭いは、男女が愛情を示すために手渡す風習があった。
㉘㉙㉚いずれも、次の語を導くために加えたもの。
㉛現東京都東部。江戸幕府の所在地。
㉜肉や魚を食べず、心身を清らかにして仏道に励むこと。
㉝修業中の僧が、経文を称えながら各家の前に立ち、施しの食物や金銭を鉢に受けてまわること。

三重県のお座敷唄。三重県の南西部、それも熊野灘《なだ》に面した港町尾鷲（尾鷲市）の花柳界の宴席で、芸者衆が唄ってきたものである。尾鷲は漁港であり、また、江戸・大坂間を往来する千石船の、風待ち、日和待ちの港としてもにぎわった。

唄の履歴　この唄は、「本唄」と「道中唄」の二曲から成る組唄である。

「本唄」の源流は、江戸時代後期から明治時代に日本中で大流行した、酒盛り唄の「甚句《じんく》」の一種で、「ノンノコ節」である。

「ノンノコサイサイ」というはやし詞を持つ唄は、江戸時代後期の雑録集「巷街贅説《こうがいぜいせつ》」（一八二九年に序文執筆）に載っている。

〽やれ出たそれ出た　亀の甲が出たによ　親ももぐれば　子ももぐるの
ノンノコサイサイ　ノンノコサイサイ

このような流行《はや》り唄が江戸方面で流行し、海路、尾鷲にも伝えられたのであろう。また、『尾鷲節』には「ヤサホーラエー」という、網曳きの掛け声も加えられているので、いろいろな曲を合成してまとめあげたものと思われる。

「道中唄」の源流は、『コチャエ節』（➡三三七ページ）である。「コチャエ」というはやし詞から、こう呼ばれた流行り唄で、江戸の品川宿辺りから、東海道を通って西日本地方へ広まったのであろう。

さて、『尾鷲節』の「本唄」は「ノンノコ節」であり、「道中唄」は「コチャエ節」である。しかし、鹿児島県の加世田《かせだ》（南さつま市）に伝わる酒盛り唄『ノンノコ』は、「前唄」が「コチャエ節」、「本唄」が「ノンノコ節」で、『尾鷲節』とは「本唄」の順序が逆になっている。

では、「コチャエ節」を「道中唄」と呼ぶのはなぜか。江戸時代末期には、飴売りが地方の村々をまわって飴を売り歩いたが、客を集める時には「コチャエ節」を「道中唄」に用いて唄い歩いた。そして、客が集まってきたところで、江戸方面などでは長編の「新保広大寺口説《しんぼこうだいじくどき》」（⬇四〇六ページ）を唄い、踊りを披露し、それから飴を売った。九州地方では、「ノンノコ節」を、四つ竹を打ちながら唄い踊ったようである。したがって、尾鷲には飴売りがどの方面からやって来たかは不明であるが、彼らが伝えた「ノンノコ節」と「コチャエ節」が、のちに花柳界へ入って『尾鷲節』になったと考えてよさそうである。

ところで、歌詞は、「本唄」のほうは七七七五調なので、尾鷲ゆかりのものがすぐ作れた。しかし、「道中唄」は七五五七四という変型なので作りにくかったと見えて、「中村山の…」のほかは、すべて流行り唄『コチャエ節』の歌詞そのままである。

また、「ヤサホーラエー」に続けて「オッチョマンコノケー」というはやし詞をつけることがあるが、地元では「お曙光満港の景」と、こじつけの文字をあてている。しかし、これは女性性器のことである。たぶん、廓帰りに怒鳴るように唄っていたのか、酒席で唄う色唄のはやし詞だったのであろう。日本には、節がついている時は無礼講という考えがあるが、尾鷲のためには活字化はさけるほうがよいであろう。

なお、『尾鷲節』の元唄は「なしょまま節」であるとされるが、その歌詞は「なしょまま　なしょままならぬ　なしょになる身を　持たせたや」である（「なしょ」は「なぜ」の意）。これは、「惚れて惚れられて　惚れられて惚れて」のような、同じ言葉を繰り返す面白さが人気を呼んだもので、かつては瀬戸内海一円で大流行した。しかし、それは歌詞のことで、節は土地によりまちまちで、現在の『尾鷲節』とは直接関係はない。

その『尾鷲節』、一九四九年に、尾鷲観光協会の要請で、地元の舞踊家勝貝伊三栄が、袢纏《はんてん》にパッチ・腰蓑《こしみの》の衣装で、女子高校生がマスゲームで演じるような振りを付けた。そのため、元気で、野性的で、健康美だけの踊りになり、唄までがそれに合わせて、荒くて、雑な、早間のものになってしまった。野外用はそれでもよいが、本来の「お座敷唄」としての、品のある、粋な唄い方も復活させ、二通りを共存させていくべきである。そうしないと、『尾鷲節』は、民謡の初心者用の、元気のよい唄というだけのものになってしまいかねない。

節まわしの型　今日広く唄われている節まわしは、「尾鷲節保存会」のものである。

桑名《くわな》の殿《との》さん

八八調

〽①桑名《くわな》の②殿《との》さんヤーンレー　ヤットコセェー
ヨイヤナー　桑名《くわな》の殿《との》さん　③時雨《しぐれ》で茶々《ちゃちゃ》
漬《づ》けヨォーイトォナー
アァレーワ（アリャリャン　リャアン）
ヨイートコ　ヨォイートコ　ナー
（ハァ　ソコダヨ）

〽やれ出《で》るそれ出《で》る　④矢橋《やばせ》の舟《ふね》だよ

〽あァれは⑤当麻《たいま》の　⑥中将姫《ちゅうじょうひめ》だよ

字あまり

〽泣《な》き泣《な》き入《い》れるは　⑦六条《ろくじょう》さんの賽銭箱《さいせんばこ》

七七七五調

〽源氏《げんじ》は白旗《しらはた》　平家《へいけ》は赤旗《あかはた》
⑧天保山《てんぽうざん》は　⑨沖《おき》の旗《はた》

注①②⬇解説。
③時雨蛤《しぐれはまぐり》。蛤のむき身をしょうゆで煮しめたもので、桑名の名物。元禄時代（一六八八〜一七〇四）末頃、蕉門十哲の各務《かがみ》支考が命名した。
④現滋賀県草津市の地名。琵琶湖の南東端にあった渡船場。「矢橋の帰帆」は近江八景の一。

⑤当麻寺。奈良県北西部の北葛城郡当麻町にある、高野山真言宗・浄土宗の寺。正称は二上山禅林寺。
⑥伝説上の女性。継母に憎まれ、当麻寺に入山。曼《まん》茶《だ》羅を蓮の糸で一晩で織り上げて極楽往生した。能・浄瑠璃・歌舞伎に脚色。
⑦京都市下京区六条通の、東本願寺と西本願寺のこと。
⑧現大阪市港区の安治川河口南岸にあった、人工の小山。天保二年（一八三一）頃、川底の土砂を積み上げて防波堤とし、高灯籠を置いた。当時の長さ約二百メートル、高さ約二〇メートル。
⑨海上の船の目印。

三重県のお座敷唄。三重県北東端の港町桑名（桑名市）の花柳界の宴席で、芸者衆が唄ってきたものである。

唄の履歴　この唄の源流は、伊勢神宮の式年遷宮で、神殿建て替え用の御用材を氏子たちが曳いて運ぶ時に唄う「お木《き》曳《ひ》き木《き》遣《や》り」のうちの、「松前木遣り」である。その遷宮式は二〇年に一度ずつ行われてきた。

「松前木遣り」と呼ぶからには、松前藩（北海道）にかかわりがあるのであろうが、詳しいことは不明である。ただ、千石船の船乗りたちによって、日本中の沿岸部へ祝い唄として広められたことだけは確かである。そして、新造船の船おろし、大漁祝い、正月二日の海の仕事始め、千石船の船曳きなどで唄われてきた。その歌詞は、「八八調」と、それより新しい「七七七五調」の二種類がある。

桑名は、本多平八郎以来の桑名藩の城下町であるが、北と東は揖《い》斐《び》川、西南は町屋川、南は伊勢湾と、川と海に挟まれているため、伊勢湾の要港として栄えてきた。しかも、東海道の宮の熱《あつ》田《た》（名古屋市熱田区）への、「海上七里の渡し」の渡船場があり、木《き》曽《そ》や飛《ひ》騨《だ》の木材の集散地でもあった。そのようににぎわった町なので、「松前木遣り」は、桑名の花柳界で育って『桑名の殿さん』になったのである。

この唄は唄い出しの「桑名の殿さん」を二回繰り返すが、前のほうは音頭取りが唄い、二回目はその他の人たちが唄っていた名残りと思われる。したがって、お座敷唄になる前は、新造船の船おろしか、千石船の船曳きのような、重いものを大勢で曳く折りに唄われていたのであろう。

なお、曲名の「殿さん」は「旦那衆」といった意味であって、桑名藩主のことではない。しかし、大正時代の初めに名古屋の芸者荒川小柳・福（『名古屋甚句』の名手）が日蓄（コロムビアレコードの前身）に吹き込んだレコードでは、すでに「桑名の殿様」となっている。そして、地元桑名の一部の人たちも、桑名城の歴代の城主松平氏のことだと思いたい気持ちが働いて、「殿様」と唄っている。しかし、松平氏のことではない。

また、その「殿様」という言葉から、「紀州の殿様　蜜《み》柑《かん》で茶々漬け」「薩《さつ》摩《ま》の殿様　お芋で茶々漬け」などと名産品を当てはめて、現実には存在しないものまで替え唄にするのもさけるべきである。

それにしても、この『桑名の殿さん』には、地元の風物や生活をうたった歌詞があまりにも少ない。桑名の花柳界で流《は》行《や》り唄程度に扱ったために、民謡として定着するところまでいっていなかったのかもしれない。

その『桑名の殿さん』、桑名芸者のやんちゃ（本名内田あい）が太平洋戦争前から七〇年ほど唄い続けてきた。

節まわしの型　今日広く唄われている節まわしは、やんちゃのものである。

鈴《すず》鹿《か》馬《ま》子《ご》唄《うた》

〽①坂《さか》は（ハァイ）照《て》る照《て》る　②鈴《すず》鹿《か》は曇《くも》る
（ハァイ　ハイ）
③間《あい》の④土山《つちやま》　エェ雨《あめ》が降《ふ》る
（ハァイ　ハイ）

〽⑤与作想《よさくおも》えば　照《て》る日《ひ》も曇《くも》る
⑥関《せき》の小万《こまん》の　涙雨《なみだあめ》

〽馬《うま》は⑦去《い》んだが　⑧お主《ぬし》は見《み》えぬ
関《せき》の小万《こまん》が　泊《と》めたやら

〽関《せき》の小万《こまん》の　⑨米《こめ》かす音《おと》は
⑩一里聞《いちりき》こえて　二里響《にりひび》く

〽馬《うま》がもの言《い》うた　鈴鹿《すずか》の⑪坂《さか》で
⑫おさん⑬女郎《じょろ》なら　⑭ただ乗《の》しょと

〽馬子衆《まごしゅ》の癖《くせ》か　高声《たかごえ》出《だ》して
鈴《すず》を頼《たよ》りの　⑮小室節《こむろぶし》

注①坂之下宿。鈴鹿峠東麓の旧宿場町。現亀山市関町坂下。
②鈴鹿峠。東海道の難所。⇩解説。
③不詳。東から西へ坂之下宿→鈴鹿峠→土山宿なので、土山は坂之下と峠の「間《あい》」ではなく、「間の宿《しゅく》」の意でもない。古くから、「坂」は土山宿の西方の坂だなどと議論されてきたが、この歌詞は、地名を替えて各地で唄われている。これも、鈴鹿峠付近の地名に替えただけのことか。
④土山宿。鈴鹿峠西麓の旧宿場町。現滋賀県甲賀市土山町の中心部。坂之下宿から約一〇キロ。
⑤⑥⇩解説。
⑦行ってしまったが。「去んだに」「戻《も》んだに」とも。
⑧与作のこと。
⑨米をとぐ音。
⑩約三・九三キロ。
⑪「関で」とも。
⑫ごくありふれた、娘の名。ここには、馬子が知っている娘の名を入れて唄ったのであろう。
⑬娘の名の下につける敬称。「娘女郎なら」とも。
⑭「乗しょと言うた」とも。
⑮江戸時代に江戸で流行した、駄賃付け馬子唄の一種。現在は伝わっていない。ここでは、近松の浄瑠璃の外題を用いたもの。

三重県の仕事唄。三重県と滋賀県の境にそびえる鈴鹿山脈の南端、東海道の鈴鹿峠（三五七メートル）を登り下りする旅人相手の駄賃付け馬子たちが、馬を曳《ひ》きながら唄ってきたものである。駄賃付け馬子とは、人や荷物を馬の背にのせて運ぶ人たちのことで、農家の副業であった。

唄の履歴　この唄の源流は、東北六県に広く分布する、博労の「夜曳《よび》き唄」（一七七ページ）である。それが関東地方の主要街道にまで及んで、駄賃付け馬子もまねて唄うようになった。その唄が、さらに東海道を西へ広まり、鈴鹿峠の駄賃付け馬子たちの間でも唄われるようになった。

さて、丹波の国（京都市中部から兵庫県中東部）生まれの馬子与作（美男）と、鈴鹿の関の遊女小万（美女）との情愛物語は、江戸時代の流行《はや》り唄に唄われ、また歌舞伎で上演されて有名であった。近松門左衛門はそれを浄瑠璃《じょうるり》「丹波与作待夜の小室節《たんばのよさくまつよのこむろぶし》」に脚色して、大坂の竹本座で上演した。初演は一七〇七年か八年であったという。

丹波の大名の姫君（一〇歳）は、江戸の高家の養女に迎えられ、東海道を下ることになるが、出発当日、行くのがいやだと泣き出す。馬子の三吉（一一歳）は頼まれて東海道の道中双六《すごろく》をやって見せ、姫君は機嫌を直す。乳母の滋《しげ》ノ井は、その馬子が与作との間に生まれた我が子だと知るが、姫君と馬子とが乳兄妹《ちきょうだい》であることを家中に覚られてはならず、母と名乗れない。この場面で、三吉が泣きながら唄う馬子唄として、前掲一首目の歌詞を太夫が義太夫節で語る。

それから四十余年後の一七五一年、吉田冠子と三好松洛《しょうらく》がその近松の浄瑠璃を改作して「恋女房染分手綱《そめわけたづな》」にまとめ、同じ竹本座で上演した。乳母の名は重ノ井となっているが、前記の場面は近松作とほとんど同じである。この二つの作品は、その後浄瑠璃でも歌舞伎でもたびたび上演され、この歌詞も有名になっていった。しかし、その鈴鹿峠の馬子唄は芝居上の作りものなのか、当時、民謡として存在した唄なのかは不明である。

ところが、鈴鹿峠の茶屋の女主人神谷《かみや》はつよ（一八六一年九月二一日生まれ）が、前の街道を往来する馬子たちの唄う唄を聞き覚えていた。その唄を、一九五七年二月二一日に、名古屋の民謡家多田夏代が神谷宅（当時は鈴鹿郡関町〈現亀山市内〉在住）で教わった。そして、五九年度の「ＮＨＫのど自慢全国コンクール」で、愛知県代表として唄った。多田は、以後三年連続出場してこの『鈴鹿馬子唄』を唄ったため、しだいに広まっていった。

ただ、多田夏代は、秋田県の現にかほ市出身で、太平洋戦争前には秋田の民謡家加納初代の弟子になり、『秋田馬子唄』（一一六ページ）を得意にしていた。そのため、神谷の唄を復元する折りに、『鈴鹿馬子唄』に秋田の博労たちの「夜曳き唄」の節まわしを加味した。したがって、駄賃付け馬子唄の、きりっとして歯切れよい感じが、朗々と唄う「夜曳き唄」風の、重く、暗く、粘る感じになってしまった。

失われた唄を世に出した多田の功績は大きいが、節のまとめ方はもう一度神谷はつよのところへ戻して、駄賃付け馬子の唄らしく唄うべきである。つまり、馬の背に人や荷物をのせて、目的地までなるべく早く到着しようとする駄賃付け馬子の唄らしい、軽快な、歯切れのよい節まわしにまとめ直すほうがよい。

節まわしの型　今日広く唄われている節まわしは、多田夏代のものである。

道中《どうちゅう》伊勢《いせ》音頭《おんど》

定　型・芸者節

〽アァ　ヨーイナー①伊勢《いせ》に行《ゆ》きたい（ハァ
ヨーイ　ヨーイ）　②伊勢路《いせじ》が見《み》たい
（ハァ　ヨーイセー　トコセー）
せめてナァー一生《いっしょう》にヨーイソレー　一度《いちど》でも
〔はやし手〕ヤァトコセー　ヨーイヤナー
アララァ　コレワイセー　コノ　ヨーイ
トセー

口説型《くどきがた》・芸者節

上の句

〽アァ　ヨーイナー明日《あす》はお立《た》ちか（ハァ
ヨーイ　ヨーイ）　お名残《なご》り③惜《お》しゅや
（ハァ　ヨーイセー　トコセー）

口　説

〔④宮川《みやがわ》渡《わた》しまで　送《おく》りましょ
宮川渡《みやがわわた》しでは　まだ早《はや》い
⑤櫛田《くしだ》の川《かわ》まで　送《おく》りましょ
櫛田《くしだ》の川《かわ》では　まだ早《はや》い
⑥松阪大橋《まつさかおおはし》まで　送《おく》りましょ
松阪大橋《まつさかおおはし》では　まだ早《はや》い〕
ハァ⑦六軒茶屋《ろっけんちゃや》まで　送《おく》りましょ
六軒茶屋《ろっけんちゃや》の　⑧曲《ま》がり途《と》で
紅葉《もみじ》のような　手《て》をついて
糸《いと》より細《ほそ》い　声《こえ》を出《だ》し
皆《みな》さん⑨さよなら　お⑩静《しず》かに
また来春《らいはる》も　来《き》ておくれ
来春来《らいはるく》るやら　来《こ》ないやら
姐《ねえ》さんいるやら　いないやら
これが別《わか》れの　盃《さかずき》と
思《おも》えば涙《なみだ》が　先《さき》に立《た》つ

下の句

雨《あめ》のナー十日《とおか》もヨーイ　⑪御連中《ごれんじゅ》さんよ　降《ふ》ればよい
〔はやし手〕ヤァトコセー　ヨーイヤナー
アララァ　コレワイセー　コノ　ヨー
イトセー

定　型

〽帯《おび》に短《みじか》し　襷《たすき》に長《なが》し
お伊勢参《いせまい》りの　笠《かさ》の紐《ひも》
☆〔歌詞は『伊勢音頭』と共通〕

口説型

〽今年《ことし》や⑫世《よ》がようて　鶯《うぐいす》が⑬参宮《さんぐう》
鶯小鳥《うぐいすことり》が　伊勢参宮《いせさんぐう》
お伊勢《いせ》の町《まち》は　広《ひろ》いけど
一夜《いちや》の宿《やど》も　取《と》りかねて
梅《うめ》の木小枝《きこえだ》に　宿《やど》を取《と》り
一《いち》の枝《えだ》から　二《に》の枝三《えださん》の枝《えだ》
⑭護摩札集《ごまふだあつ》めて　巣《す》を作《つく》り
⑮十二《じゅうに》の卵《たまご》を　生《う》みつけて
十二《じゅうに》が十二《じゅうに》　孵《かえ》りまして
親諸共《おやもろとも》に　立《た》つ時《とき》は
⑯七福神《しちふくじん》が　舞《ま》いをする
⑰恵比須《えびす》⑱大黒《だいこく》　酌《しゃく》をして
金《きん》の銚子《ちょうし》に　黄金《こがね》の　盃《さかずき》
金《きん》の小壺《こつぼ》の　⑲取《と》り肴《ざかな》
これでお伊勢《いせ》が　繁昌《はんじょう》する

〽こちの座敷《ざしき》は　目出度《めでた》い座敷《ざしき》
上《うえ》なる天井《てんじょう》が　鶴《つる》の舞《ま》い
敷《し》いたる畳《たたみ》が　青松葉《あおまつば》
床《とこ》の間掛《まか》け軸《じく》が　竹《たけ》に虎《とら》
そのまた⑳花筒《はなづつ》　梅《うめ》の木《き》で
梅《うめ》に鶯《うぐいす》が　来《き》て留《と》まる

〽お伊勢参《いせまい》りに　宿取《やどと》りましょう
㉑縞《しま》さん㉒紺《こん》さん　寄《よ》てかんせ
あっちゃのえ　こっちゃのえ
腕《うで》に㉓倶利迦羅《くりから》　㉔入《い》れぼくろ
鉢巻《はちま》きしたのが　㉕江戸《えど》の衆《しゅう》

お泊《と》まりならば　泊《と》まらんせ
お風呂《ふろ》もどんどん　沸《わ》いておる
ついでに行灯《㉖あんどん》も　貼《は》り替《か》えた
畳《たたみ》も昨日《きのう》　表替《おもてが》え

〽ここは月本《㉗つきもと》　向《㉘む》こうは雲出《㉙くもず》
六軒茶屋《ろっけんちゃや》の　女中《じょちゅう》たちが
今日《きょう》は結構《けっこう》な　お天気《てんき》さん
御機嫌《ごきげん》よろしく　お静《しず》かに
一日二日《いちにちふつか》と　日《ひ》を繰《く》って
あなたのおいでを　待《ま》ちかねる

〽ここは山田《㉚やまだ》じゃ　広小路《㉛ひろこうじ》でござる
向《む》こうへ見《み》えるは　御本社《ごほんしゃ》かな
あれは外宮様《㉜げくうさま》の　御本社《ごほんしゃ》じゃ
外宮様《げくうさま》とは　豊受様《㉝とようけさま》と書《か》くわいな
「とよ」という字《じ》は　豊年《ほうねん》の
「ほう」の字《じ》と　読《よ》むわいな
今年《ことし》も豊年《ほうねん》　また来年《らいねん》も　豊年《ほうねん》じゃ
これも豊受様《とようけさま》の　御蔭《おんかげ》じゃ
お礼《れい》しなされ　参拝《さんぱい》せえ

〽ここは上《㉞うえ》の町《まち》　古市《㉟ふるいち》でござる
何屋《㊱なにや》の何兵衛《㊲なにべえ》の　手前《㊳てまえ》でござんする
あなたのおいでを　待《ま》ちかねた

奥《おく》には鶴《つる》の間《ま》も　あるわいな
亀《かめ》の間《ま》も　あるわいな
上《うえ》から鶴《つる》が　舞《ま》い下《さ》がる
下《した》から亀《かめ》が　舞《ま》い上《あ》がる
鶴《つる》と亀《かめ》とが　舞《ま》いをする

注①伊勢神宮。
②伊勢神宮へ通じる道。また、伊勢地方。
③一般には、ここから「口説」の七行目「ハァ六軒茶屋まで…」へ続ける。
④外宮の西方を北流する宮川の渡し場。宮川橋の辺りに「桜の渡し」、度会《わたらい》橋の辺りに「柳の渡し」があった。本来は、以下六行の歌詞が唄われていた（松阪市在住の刀根《とね》政郎氏教示）。
⑤三重県中西部の山地に発して北東流し、松阪市東部で伊勢湾へ注ぐ川（約八五キロ）。
⑥松阪城の北東方にある、伊勢参宮街道の橋。阪内《さかない》川に架かる。
⑦現松阪市六軒町の、三渡川南岸にあった六軒の茶屋。江戸時代中期以降は、もっと軒数があった。
⑧六軒茶屋が伊勢参宮街道の追分で、奈良・大坂方面の人たちは西へ曲がり、初瀬街道を通って帰って行った。
⑨この後へ「御機嫌よろしゅう」を入れることもある。
⑩荒波が立たないように。平穏無事に。
⑪伊勢参りの御一行さんよ。「それ皆さん」とも。
⑫農作物のできぐあいがよくて。
⑬伊勢参りをすること。
⑭密教で、不動明王や愛染明王などの前で木を燃やして、悪魔を鎮め、病災害を除く修法を行う時の、祈りの言葉を書く紙や板。
⑮一年は十二ヶ月なので、それに合わせた数字。
⑯福徳をもたらす七体の神。恵比須《えびす》・大黒天・毘沙《びしゃ》門《もん》天・弁財天・布袋《ほてい》・福禄寿・寿老人。
⑰七福神の一。福徳・漁・商売繁昌などの神。右手に釣り竿を持ち、左手で鯛を抱える。
⑱大黒天。七福神の一。福徳・財宝・食物などの神。右手に打ち出の小槌《こづち》を持ち、左肩に大きな袋をかつぎ、米俵二俵の上に立つ。
⑲酒の肴で、各自のお膳に盛り分けたもの。
⑳花を生ける筒。
㉑縞の着物の人よ。
㉒紺色の着物の人よ。
㉓「倶利迦羅紋紋」の略。入れ墨。
㉔入れ墨で、腕などに愛人の名前を彫り込んだもの。
㉕現東京都東部。江戸幕府の所在地。
㉖竹や木の枠に紙をはり、中に火をともす照明具。
㉗月本追分（現松阪市中林町）。伊勢参宮街道と奈良道の分岐点。
㉘雲出川の北方。
㉙旧雲出村（現津市雲出島貫町）。伊勢参宮街道の宿場。
㉚旧山田町。現伊勢市の中心部で、伊勢神宮外宮の鳥居前町。
㉛山田大路。現伊勢市駅と外宮を結ぶ大通り。
㉜伊勢神宮の外宮。
㉝豊受大神宮。祭神は豊宇気毘売神《とようけひめのかみ》で、食物の神。
㉞現古市町南部の、丘の上に位置する町。油屋があった辺り。北部の坂の辺りを下の町、中間を中の町と言った。
㉟伊勢神宮外宮と内宮を結ぶ街道の中間にあった遊廓街。古市遊廓は現古市町より広い地域で、天明年間（一七八一～八九）には妓楼が七十余軒あり、遊女が千数百人いた。
㊱㊲ここには、具体的な屋号と主人名を入れて唄う。
㊳すぐ前。

三重県の道中唄・お座敷唄。三重県の伊勢湾沿岸部を南北に走る伊勢参宮街道を往来する参拝人たちが、伊勢参りのテーマソングとして、あるいは伊勢講仲間の連帯感を強めるために、歩きながら唄ってきたものである。また、伊勢神宮周辺の花柳界の宴席で、遊女たちが参拝客相手に唄い踊ってきた。

伊勢参りは、単に伊勢神宮へ参拝するだけではなく、一生に一度の全国的旅行を兼ねていた。そのため、伊勢講を作って費用を積み立て、旧暦二月から四月にかけての農閑期を利用して長旅にでた。各藩では、伊勢参りは「四〇日以内」とか「六〇日以内」とか定めたが、それは、それ以上の長旅をする人が多かったことを意味している。

さて、伊勢参りの旅姿は、手に杖を持ち、男は菅笠に雨合羽《あまがっぱ》、手甲脚絆《てっこうきゃはん》に草鞋《わらじ》ばきで、着物の裾をはしょる。女は小袖に、紅白の派手な脚絆に、結い付け草履。あとは最少限度の身のまわり品を背負い、氏神に参拝してから、伊勢参りの経験者を先達にして村を出発する。村人は村はずれまで送っていく。

伊勢参宮街道は、東海道と日永追分《ひながおいわけ》（三重県四日市市追分）で分かれて南下し、二里三五町で神戸《かんべ》―一里半で白子《しろこ》―一里半で植野―二里半で津―二里で雲出《くもず》―二里で松阪―四里で小畑―一里で山田、そして伊勢神宮へ至る。この間に、津で京都方面からやってくる伊勢別街道の人たちと合流し、月《つき》本《もと》追分（松阪市中林町）や六軒（松阪市六軒町）で、奈良・大坂方面からやってくる奈良道や初瀬《はせ》街道の人たちと合流するなど、各地からの伊勢参りの人々が集まって伊勢へ伊勢へと向かう。

伊勢では、御師《おんし》（伊勢神宮参拝の人たちの世話をする下級神官）の案内で伊勢神宮の外宮《げくう》（豊受大神《とようけだいじん》宮《ぐう》）と内宮《ないくう》（皇大神宮《こうたいじんぐう》）を参拝し、伊勢で二泊ぐらいはする。そして、古市《ふるいち》や河崎の花柳界で精進落としの酒宴を張る。古市は、外宮と内宮を結ぶ街道の中間にあった。また、河崎は、伊勢市の市街地を北東流、北流する勢田《せた》川の中流にあった河港の町で、船で伊勢湾から上ってくる参拝客がここで乗り降りした。

その花柳界で『伊勢音頭』の総踊りを見、遊女たちが、参拝客との別れの唄として酒宴の終わりに好んで唄い踊る『道中伊勢音頭』を楽しんだ。それが最新流行の唄を覚える機会であり、故郷への土産話にもなった。

唄の履歴　この唄の源流は、古市や河崎の『伊勢音頭』（四八九ページ）である。伊勢参りの人たちには伴奏楽器はなく、また、覚えたての唄を歩きながら唄うため、素唄である。そして、伊勢近辺の地名に興味があったようで、伊勢参宮街道の道中づくしの、長編の歌詞が好まれた。とりわけ、前掲の「口説《くどき》型」一首目の、六軒の茶屋を舞台にした歌詞は大変に人気を呼んで、『道中伊勢音頭』を代表するものになった。

その歌詞、現在は一般に「上の句」から、すぐ「口説」の七行目「六軒茶屋まで…」へつなげて唄われている。しかし、その間に前掲のように六行分あることを、筆者（竹内勉）は、一九八七年五月一〇日に、六軒宿場の北口の三渡《みわたり》橋の上で刀根《とね》政郎（松阪市上ノ庄町在住。一九一八年生まれ）に教えてもらった。これだと、伊勢神宮に参拝して、伊勢参宮街道を北へ戻って行く道中づくしになっている。

節まわしの型　今日広く唄われている節まわし

は、名古屋市在住の川崎滝雄のものである。

民謡豆知識

●民謡の指導者

後《ご》藤《とう》桃《とう》水《すい》

東北民謡の指導者。一八八〇年一〇月二五日に現宮城県東松島市（旧桃生《ものう》郡鳴瀬《なるせ》町大塚）に生まれた。本名は正三郎。仙台第二高等学校（現東北大学）時代、普化《ふけ》尺八の小梨錦水に師事し、桃水と号した。一九〇五年、日本大学に入学したが、二年で中退。神田《かんだ》猿楽《さるがく》町（現東京都千代田区内）に「追分節《おいわけぶし》道場」を開き、弟子の太田北海（本名、山田敏之）と「追分節」（現『江差《えさし》追分』）の普及を始めた。そして、一九一九年に神田美土代《みとしろ》町のキリスト教青年館で「追分節大会」を開き、二〇年一〇月には同館に有名民謡家を集めて「全国民謡大会」を催した。これが、「民謡」という語を初めて用いた大会といわれる。二三年九月一日の関東大震災で焼け出された桃水は、尺八をたずさえ、小犬を連れて故郷へ帰り、以後、宮城県下の民謡発掘と普及を行った。

一九二八年には仙台放送局が開局したが、桃水は民謡番組の制作者となり、東北民謡をラジオで放送するために、歌詞や節や曲名の整理を行った。『大漁唄い込み』は、その代表的な唄である。また、多くの門弟を育て、尺八の弟子には「水」、唄い手には「桃」の字を号として贈った。（ただし、初期の弟子は、唄い手も「水」であった。）門弟は東北六県に及んでおり、桃水は「東北民謡育ての親」と呼ばれた。しかし、遊芸人を嫌ったため、津軽の遊芸唄などは放送しなかった。一九六〇年八月八日に他界。

成《なり》田《た》雲《うん》竹《ちく》

青森県民謡の唄い手。青森県の民謡の発掘と普及に尽力した人。一八八八年一月一五日に現青森県つがる市（旧西津軽郡森田村月見野）に生まれた。本名は武蔵《たけぞう》。養家の義理の祖父、山本与助は唄好きで、ひざの上の武蔵の腹を指でたたいて拍子を取るなどして、いろいろな民謡を教えた。その一曲が、のちの『津軽音頭』である。

武蔵は鉄道員や電信工夫として働いたのち、一九〇八年に青森県の警察官となった。そして、一三年四月、防火講演会の余興で、防火を主題にした歌詞を即興で作り、津軽民謡の節で唄ったため、「唄う警察官」として有名になった。この頃、流行中の浪花節にあこがれ、桃中軒雲右衛門の語り口をまねて、近所の医師、工藤京蔵から「雲竹」という名をもらった。

一九一七年、青森県警を辞して北海道警に再就職、佐々木冬玉から「追分節《おいわけぶし》」の本格的な稽古を受けた。しかし、この時代は、唄は、働くのが嫌いな道楽者が唄うもの、盲人などの遊芸人が三味線を抱えて門付けをしながら唄うものとしてさげすまれていたので、二四年には上司から依願退職を勧められた。そこで雲竹は「追分道場」を開き、「国風雲竹流」を掲げた。そして、「新民謡運動」が盛んであったから、各地の勤務先で覚えた唄を整理して、青森県民謡として発表した。それが今日の『津軽けんりょう節』や『津軽山唄〔東通り山唄〕』である。

しかし、雲竹は、警察官であったため、きまじめで、声質が固く、芸風は折り目正しく、きっちりとしていたので、遊芸人が得意とする「津軽三つ物」（『津軽じょんがら節』『津軽ヨサレ節』『津軽オハラ節』）や『江《え》差《さし》追分』には不向きであった。したがって、興行には向かず、三八年には引退興行を行った。

一九五〇年、弟子の成田雲竹女の紹介で、高橋定蔵（のちの竹山）を三味線伴奏者として迎え、『津軽音頭』『弥三郎節』『十三《とさ》の砂山』『鰺ヶ《あじが》沢《さわ》甚句』などに三味線の新しい手をつけさせた。そして、「雲竹節」を作り上げ、五一年からキングレコードやビクターレコードに次々と吹き込んだ。折りから民間放送が開局し、以後、雲竹はラジオやテレビに出演したり舞台で唄ったりして「津軽民謡の神様」と呼ばれた。一九七四年五月二二日に他界。

堀内《ほりうち》秀《ひで》之《の》進《しん》

相馬民謡の指導者。一八七六年一月二〇日、現福島県相馬市柏崎に、旧相馬藩家老職の孫として生まれた。一〇歳で大坪流の馬術師範、木村公定に師事し、一八九一年に「相馬野馬追い」に初参加。九七年に大坪流馬術師範となり、「野馬追い」のために馬術指導を始めた。また、この行事で唄われる『相馬流山』の歌唱指導のため、「中村城下民謡研究会」を結成した。会員は男だけであり、加えて堀内は武家の家柄なので、三味線を用いずに無伴奏で指導した。したがって、相馬民謡は、格調と重厚さを重んじ、低音部を生かした唄い方が好まれるようになっていった。

その後一九三八年まで、堀内は、「野馬追い」で旧相馬藩主の名代《みょうだい》を務めた。一九五七年七月一二日に他界。

町《まち》田《だ》佳《か》聲《しょう》

邦楽・民謡研究家。一八八八年六月八日に現群馬県伊勢崎市三光町に生まれた。幼名は英《はなぶさ》、のちに博三《ひろぞう》、嘉章《かしょう》。六三年に佳聲《かしょう》と改名したのは、後継者の筆者（竹内勉）が育つようにとの願いからであった。

一九一三年に東京美術学校（現東京芸術大学）を卒業し、時事新報、中外商業新聞（現日本経済新聞）を経て、二五年に東京放送局（現NHK）の邦楽番組制作者になった。以後、各地の民謡を放送するため、多くの民謡家と交流し、二七年には『チャッキリ節』を作曲した。

一九三四年、NHKを退局し、邦楽・民謡の研究家として独立。三七年には特製の「写音機」を持って東北地方へ向かったが、それは、日本最初の、民謡の録音採集旅行であった。町田は民謡の楽譜集を作りたかったので、翌三八年からは、作曲家藤井清水《きよみ》と組んで、各地で採譜を行った。その頃、NHKは、軍部の圧力のため、番組で洋楽が使えなくなった。しかし、邦楽は軟弱で艶っぽく、国威発揚には向かないので日本民謡に着目し、二人が作成した楽譜を中心にした「日本民謡大観」を出版しようと考えた。ところが、民俗学者の柳田国男を監修者に据えたことから、企画の意図は、単なる楽譜集から、民俗学的な手法による民謡研究書へと発展した。その「日本民謡大観」が刊行されたのは、最初の「関東篇」が一九四四年、最終の第九巻「九州篇（南部）・北海道篇」が八〇年であった。町田は翌一九八一年九月一九日に他界した。（筆者、竹内勉が同書の編集に加わったのは一九六三年で、「近畿篇」からである。）

●民謡の用語

仕《し》事《ごと》唄《うた》

仕事をする時に唄う唄。

古くは、田畑を耕して農作物を栽培する場合も、豊作を希求するのに神の力を借りようとした。農作業をしながら唄を唄って、神に豊作を「祈願」したのである。その代表的なものが、中国地方の「はやし田」のような、古風な「田植え唄」である。

ところが、道具や技術が進歩してくると、神への依存度が低くなっていった。それにつれて、仕事をしながら唄う唄も、「祈願」の部分が薄れ、「仕事の拍子を取るため」「大勢の人たちの動作をそろえるため」「単調な仕事に飽きないようにするため」「孤独な作業からくる淋しさを紛らわすため」などに唄うようになってきた。

したがって、用いる唄も、仕事の拍子を取る場合は「掛け声」部分が重要視されたが、その他の場合は、節まわしの美しいもの、誰もが知っているもの、唄いやすいものということから、「盆踊り唄」「酒盛り唄」や、単なる流行《はや》り歌が転用された。それが、各地で一定の仕事をする時に唄われるようになって、「仕事唄」として定着していった。

しかし、太平洋戦争後、道具が機械化され、技術が進歩したために、人の力を動力源とする「仕事」が激減し、「仕事唄」もまた消え去っていった。日本民謡の中で最も早く姿を消したのが、実は仕事唄である。

なお、戦後、左翼系の文化人が「労作唄」「労働唄」「作業唄」という名称を好んで用いるようになった。「労働者」と「資本家」という、対立した図式を持ち込もうとしたもののようであるが、民謡の世界では、そのようなむずかしい語は用いずに、「仕事唄」と呼ぶほうが自然である。

祝《いわ》い唄《うた》

身の安全や、物事の成功などを祈願し、また、豊作を予祝し、あるいは成就《じょうじゅ》したことを感謝して、神へささげる唄。また、目出度いことを祝って唄う唄。

道具や技術が未発達の時代には、神に成功を祈願し、成功した折りには神に感謝をした。そうした席で唄われてきたのが「祝い唄」である。

ところで、神の世界には、人間界の言葉とは異なった、神の言葉があると考えられていたようである。しかし、人間は神の言葉を知るわけがないので、人間界の目出度い言葉を集め、母音《ぼいん》を長く長く伸ばし、奇妙な抑揚《よくよう》を加えて、朗々と、唄うがごとく、語るがごとくの、神道の「祝詞《のりと》」のような唄が作り出された。その、母音部分（生み字）を重ねた、意味不明の、「神様言葉」にしたつもりの「祝い唄」の代表が、石川県の「七尾《ななお》まだら」である。

ところが、道具や技術が進歩して生産力が高まり、神の力を借りる必要がなくなってくると、神の存在がしだいに薄れていった。祝いの席での唄もまた、神へ向けての唄から、同席している人々にもわかりやすい唄へと移行していった。しかし、目出度づくしの言葉を並べ、長く伸ばして、ゆっくりと、朗々と唄う点は、古来の流れを受け継いでいると言える。そして、江戸時代中期以降になると、

〽目出度目出度の　若松様よ
　枝も栄えて　葉も繁る
〽この家座敷は　目出度い座敷
　鶴と亀とが　舞い遊ぶ

などの歌詞が、日本中で好んで唄われた。

現代社会では道具が機械化され、技術が進歩し、神への依存度がなくなったため、物の生産にまつわる祝い唄は、しだいに姿を消している。しかし、「人間の一生」にかかわる儀礼だけは相変わらず「神頼み」で、「婚礼祝い唄」のような祝い唄は、今日でも盛んに唄われている。

酒盛《さかも》り唄《うた》

大勢の人が集まって、酒をくみかわしながら唄う唄。宴席で芸者衆が唄う唄は、「お座敷唄」として区別する。

古来、酒を飲めば、酔うことによって神の世界へ近づけると考えられてきたようである。そして、酒盛りは、神の力を借りるために祈願する場合や、神の力を借りたことによって成就《じょうじゅ》したことを感謝する場合に行われたものであり、神へ供えた御神酒《おみき》を、一堂に会した者たちが一緒に飲むことに始まる直会《なおらい》でもある。したがって、そこで唄われる「酒盛り唄」は、一種の「祝い唄」であったと思われる。

ところが、時代が下ってくると、唄を聞かせる相手が、神から人へと移ってきた。そして、最初に登場した「酒盛り唄」は、山形県の『あがらしゃれ』のような、客に酒を勧めるための唄ではなかったかと思われる。

その後、酒席をにぎやかにということが主眼になって、種々の流行《はや》り唄を唄うようになっていった。しかし、それでも、酒盛りは参会者全員が仲間意識を共有するのが目的と考えられて、唄を合唱したり、順に唄ったり、他の者が手拍子を加えたりして、一つの共同体を作り出すものであった。

お座敷《ざしき》唄《うた》

「お座敷」の「お」は、本来は丁寧の意を表す接頭語であったが、のちには「お座敷」で一語となり、花柳界で、芸者衆が同席する宴席をさすようになった。したがって、「お座敷唄」は、花柳界で、宴席を盛り上げるために、芸者衆が三味線の伴奏に乗せて唄う唄のことである。一般の者が芸者衆をまじえない宴席で唄う唄は、「酒盛り唄」として区別する。

甚《じん》句《く》

酒盛りや盆踊りに参加した者が、順番に唄い踊る形式の酒盛り唄や盆踊り唄。詞型は「七七七五」であるが、節はさまざまである。

「甚句」は江戸時代末期から明治時代に流行した唄で、現在、「○○甚句」という曲名の唄は、東日本を中心にして、南は中部地方にまで分布している。西日本では、『熊本甚句』（熊本県）のような「本調子甚句」系統の唄が数曲と、『祖谷《いや》甚句』（徳島県）のような「二上り甚句」系統の唄が数曲点在しているだけである。広島県の『室尾《むろお》甚句』（安芸《あき》郡倉橋町室尾）も「二上り甚句」系統であるが、かつては「東京甚句」と呼ばれていたので、西日本の「甚句」は、「江戸」が「東京」と改名した明治以降の移入であろう。

ところで、秋田県・岩手県・宮城県下には、「甚句」ならぬ「甚コ」と呼ばれる盆踊り唄が点々と残っている。東北地方では、名詞の後に「コ」を加えて、「娘っコ」といった言い方をする。したがって、「甚句」の場合は「甚句っコ」となるはずであるが、なぜか「甚コ」である。

さて、西日本の盆踊り唄は、「七七七七」または「七五七五」の四句を一単位にして繰り返していく「口説《くどき》形式」で、一人の音頭取りが延々と語って、踊り手を踊らせる。これに対して東日本の盆踊り唄は、特定の音頭取りではなく、踊り手が踊りながら「七七七五調」などの短詞型の唄を代わる代わる唄い合って、踊ってきた。

これらのことを併せ考えると、「ジンコ」は、「順」の訛ったもので、「ジンコ」は、「順コ」、すなわち「順番コ」のことで、本来は「音頭取り形式」に対する「順番コ形式」のことではなかったかと、筆者（竹内勉）は推測した。それは、一九七四年八月一六日に、秋田県鹿角《かづの》市八幡平《はちまんたい》字石鳥《いしどり》谷《や》で、盆踊りの「甚コ」を見物していて気がついたことである。その「順コ」の「コ」も「ク」と変化し、いつの時代かに「甚句」という文字をあてたのであろう。なお、東北地方の酒盛り唄も、参会者が順に唄い、踊る形式になっている。

「甚句」の語源については、次のような説がある。①「神供」で、神に奉納する唄や踊り。②「地《じ》ん句」で、その地その地の唄。③越後の甚九という男が大坂で身請けした遊女が「甚九甚九は　越後の甚九…」と唄ったことから。④長崎の豪商、えび屋甚九郎を唄った唄から。しかし、いずれも説得力のあるものではない。

口《く》説《どき》

日本民謡の「口説」とは、歌詞が、長い物語になっているもののことをいう。

「口説」の代表的な形式は、「七七七七」または「七五七五」の四句を一単位にするもので、前半の二句を高く、後半の二句を低くというように、対照的な節を並べ、それを繰り返して唄っていく。

その「七七七七調」は、「御詠歌」の詞型「五七五七七」の、しまい「七七」を利用したものらしい。音頭取りが上の句「五七五」を唄うと、他の人たちが下の句「七七」を付ける。その「七七」を繰り返すと「七七・七七」となるが、繰り返し「七七」の節に少し変化をつけて唄っているうちに、「七七・七七、七七・七七、…」という長編の「口説」が生まれたのではないか、と筆者（竹内勉）は考えている。かつては、長編の物語を唄い納める時は、最後の「七七」を二度繰り返して「止め」の節にしていたのは、その一つの証左であろう。

また、「七五七五調」は、「和讃《わさん》」を活用したもののようである。

このほかに、「七七七」の三句を一単位にして繰り返していくものや、「八八八八」または「八八八」を一単位にして繰り返していくものもある。

盆《ぼん》踊《おど》り唄《うた》

盆踊りに唄われる唄。

「盆」は、「盂蘭盆《うらぼん》」の略称で、「お盆」ともいう。先祖の「魂祭《たままつ》り」を中心とした、仏教の行事で、旧暦七月一三日夜に迎え火をたいて自宅に先祖の霊を迎え、種々の供物を供えて供養し、一六日夜に送り火をたいてその霊を送る。この期間に大勢の人たちが集まって供養のために踊るのが盆踊りで、輪になって踊る「輪踊り」と、行列を作って進んでいく「行進踊り」とがある。前者は寺の境内や町の広場や、新仏の家の庭先などで踊り、後者は街路などで踊る。

「盂蘭盆」は、「仏説盂蘭盆経」に由来する仏事であった。目連《もくれん》が、餓鬼道に落ちた母を救うため、師の釈迦《しゃか》の教えに従って、七月一五日に僧たちに飲食《おんじき》を供したことによる。その法会《ほうえ》は、中国では五三八年に行われたのが最初であるが、日本でも推古一四年（六〇六）に催されたという記録がある。そして、その後、僧を供応するよりも、先祖の霊を供養するという性格が濃くなって民間へ広まった。

さて、その盆行事は大陰暦（旧暦）七月に行われていたが、太陽暦（新暦）が採用されると、新暦七月は旧暦七月より一ヶ月ほど早いため農作業が忙しく、仕事のくぎりがつかないことなどもあって、新暦八月に行うようになった。ところが、旧暦八月には「八月踊り」と総称される踊りが四種類もあった。

その一つは、旧暦八月の満月の夜に、男女が異性を求めて唄い踊る「歌垣《うたがき》」を源流とするもので、東北地方の「甚句踊り」もこの系統である。歌詞は性的なものが多く、煽情的な感じを出すために裏声を用いたりする。青森県の『ホーハイ節』の裏声や、奄美《あまみ》大島・沖縄県の「八月踊り」の指笛などは、その名残りである。

二つ目は、「豊年祈願踊り」（通称「豊年踊り」）である。春には田の神を田へ招き、音取取りと早乙女が「田植え唄」を唄って豊作を祈願する。そして、稲が開花する旧暦八月に唄い踊って、田の神に再度豊作を祈願する。

今日盆踊り唄とされている、香川県の『一合播《ま》いた』の歌詞は、「〽一合播いた　籾《もみ》の種子《たね》　その桝《ます》有り高は　一石《いちこく》一斗一升　一合と一勺《いっしゃく》」であり、福島県の『相馬盆唄』の歌詞は、「〽今年ゃ豊年だよ　穂に穂が咲いて　道の小草にも　米が生《な》る」である。したがって、本来は、田の神に豊作の暗示をかけ、豊作を祈願する「豊年踊り」の唄であった。

三つ目は、「虫送り」の行事である。大きな音の出るものをたたいて、村境や川・海まで踊りながら行進していき、村内から害虫や悪病を追い払う。青森県の『黒石ヨサレ節』や徳島県の『阿波《あわ》踊り』などは、その名残りである。

そして、鎌倉時代には、「南無阿弥陀仏《なむあみだぶつ》」を唱えながら踊る「念仏踊り」が生まれた。これを源流とするものは福島県の『ジャンガラ念仏』や東京都の『佃島《つくだじま》盆踊り』などで、歌詞の中に「南無阿弥陀仏」が詠み込まれている。

その後、仏教国日本では、これら四種類の「八月踊り」は、踊る時期が同じであるため、いつか、死者や先祖を慰める「供養踊り」としての「盆踊り」に統合されていった。

盆踊《ぼんおど》り　西・東

「盆踊り」は、西日本と東日本では全く異なった形式になっている。西日本では、専門の音頭取りが「盆踊り口説《くどき》」（長い物語）を唄って踊り手を踊らせる「音頭取り形式」である。これに対して東日本では、踊り手が代わる代わる唄って踊る「甚句踊り形式」である。

また、「盆踊り唄」の詞型は、西日本では、「七七七七」または「七五七五」の四句を一単位にして繰り返していく、長編のものである。東日本では、「七七七五調」などの短詞型のものである。

盆唄《ぼんうた》と盆踊《ぼんおど》り唄《うた》

今日では、「盆唄」は「盆踊り唄」を略した呼び方のように思われているが、本来は別のものである。「盆唄」は、お盆に、一二、三歳ぐらいまでの女の子だけ（時には男の子がまじる場合もある）が町内を流して歩く「小町踊り」の名残りを伝えるもので、大人は加わらない。大阪府の『おんごく』、京都府の『さのやの糸桜』、愛知県の『盆ならさん』、富山県の『さんさい』などがそれである。

したがって、『北海盆唄』（北海道）や『相馬盆唄』（福島県）は、『北海盆踊り唄』や『相馬盆踊り唄』と呼ぶほうがよい。

新《しん》民《みん》謡《よう》

大正時代以降に、古くから伝えられてきた「伝承民謡」風に、新たに作られた唄。「創作民謡」とも。曲名・歌詞・節の三つが、独自の創作でなければならない。曲名だけを替えた場合は「転用」、歌詞だけを作り替えた場合は「替え唄」か「補作」であろう。曲名と歌詞が現存していて、失われている節を推測して作った場合は「復元」である。

曲名索引

太字は本巻に収録されていることを示す。

別名索引

太字は本巻に収録されていることを示す。

●し

●す

●せ

●そ

●た

●ち

●つ

●と

●な

●に

唄い出し索引

太字は本巻に収録されていることを示す。

●う

●え

●お

●か

●き

●く

●け

●こ

●さ

●し

●す

●せ

●そ

●た

●ね

●の

●は

●ひ

●ふ

●へ

●ほ

●ま

竹内　勉（たけうち　つとむ）

●編著者略歴
民謡研究家・民謡評論家。
1937 年 5 月，東京都杉並区に生まれた。12 歳から近所の古老を訪ね歩いて，東京の民謡採集を開始し，25 歳から町田佳聲（かしょう）に師事。
現地調査を第一として北海道～鹿児島県を隈なく歩き，研究を続けた。
2015 年 3 月 24 日，死去。
1965 年，「民謡源流考—江差追分と佐渡おけさ—」（コロムビア）で芸術祭奨励賞（レコード部門）受賞。
レコード各社「日本民謡全集」の監修や解説を担当。
「日本民謡大観」近畿篇・中国篇・四国篇・九州篇・北海道篇（日本放送出版協会）の中心スタッフ。
NHK ラジオ「ミュージックボックス・民謡」（水曜日夕方）を，2006 年 3 月まで，30 年間担当。

●主な著書

「うたのふるさと」（音楽之友社）	1969
「新保広大寺—民謡の戸籍調べ—」（錦正社）	1973
「日本の民謡」（日本放送出版協会）	1973
「民謡に生きる—町田佳聲　八十八年の足跡—」（ほるぷ出版）	1974
「民謡のふるさとを行く。—わたしの採集手帖—」正・続（音楽之友社）	1978・1983
「追分節—信濃から江差まで—」（三省堂）	1980
「民謡—その発生と変遷—」（角川書店）	1981
「民謡のふるさと—北海道・東北—」（保育社）カラーブックス	1981
「民謡のこころ」1 ～ 8 集（東研出版）	1982 ～ 1995
「生きてごらんなさい」百歳の手紙　1 ～ 9 集（本阿弥書店）	1995 ～ 2002
「民謡地図①　はいや・おけさと千石船」（本阿弥書店）	2002
「民謡地図②　じょんがらと越後瞽女」（本阿弥書店）	2002
「民謡地図③　追分と宿場・港の女たち」（本阿弥書店）	2003
「民謡地図④　東京の漁師と船頭」（本阿弥書店）	2004
「民謡地図⑤　東京の農民と筏師」（本阿弥書店）	2004
「民謡地図⑥　田植えと日本人」（本阿弥書店）	2006
「民謡地図⑦　稗搗き節の焼き畑と彼岸花の棚田」（本阿弥書店）	2009
「民謡地図⑧　恋の歌垣　ヨサコイ・おばこ節」（本阿弥書店）	2011
「民謡地図⑨　盆踊り唄　踊り念仏から阿波踊りまで」（本阿弥書店）	2014
「民謡地図⑩　ヤン衆のソーラン節とマタギの津軽山唄」（本阿弥書店）	2016
「民謡地図・別巻　民謡名人列伝」（本阿弥書店）	2014

日本民謡事典Ⅱ　関東・甲信越・北陸・東海　定価はカバーに表示

2018 年 5 月 1 日　初版第 1 刷

編著者　竹　内　　勉
発行者　朝　倉　誠　造
発行所　株式会社　朝　倉　書　店

東京都新宿区新小川町 6-29
郵 便 番 号　162-8707
電　話　03（3260）0141
FAX　03（3260）0180
http://www.asakura.co.jp

〈検印省略〉

新日本印刷・牧製本

ISBN 978-4-254-50027-1　C 3539　Printed in Japan